U1000266

资源环境经济模型、方法及应用

Resource and Environmental Economic Models, Methods and Applications

雷涯邻◎主编　　吴三忙　闫晶晶◎副主编

中国经济出版社
CHINA ECONOMIC PUBLISHING HOUSE
·北 京·

图书在版编目（CIP）数据

资源环境经济模型、方法及应用/雷涯邻主编；吴三忙，闫晶晶副主编．--北京：中国经济出版社，2024.11．--ISBN 978－7－5136－7994－7

Ⅰ．F062.1；X196

中国国家版本馆 CIP 数据核字第 2024E47Q24 号

责任编辑　郭国玺
责任印制　马小宾
封面设计　任燕飞工作室

出版发行　中国经济出版社
印 刷 者　北京富泰印刷有限责任公司
经 销 者　各地新华书店
开　　本　710mm×1000mm　1/16
印　　张　28.75
字　　数　472 千字
版　　次　2024 年 11 月第 1 版
印　　次　2024 年 11 月第 1 次
定　　价　128.00 元
广告经营许可证　京西工商广字第 8179 号

中国经济出版社 **网址** http：//epc.sinopec.com/epc/ **社址** 北京市东城区安定门外大街 58 号 **邮编** 100011
本版图书如存在印装质量问题，请与本社销售中心联系调换（联系电话：010－57512564）

版权所有　盗版必究（举报电话：010－57512600）
国家版权局反盗版举报中心（举报电话：12390）　　服务热线：010－57512564

序　言

工业革命以来，人类在创造巨大物质财富的同时，也加快了对自然资源的攫取，人与自然深层次矛盾日益显现。正确处理好人与自然的关系、经济社会发展与生态环境保护的关系，成为摆在全人类面前的共同课题。党的十八大以来，以习近平同志为核心的党中央从中华民族永续发展的高度出发，把促进经济社会发展全面绿色转型作为解决我国资源环境生态问题的基础之策，强调要坚持全面转型、协同转型、创新转型、安全转型，并把生态文明建设作为统筹推进“五位一体”总体布局和协调推进“四个全面”战略布局的重要内容，提出了一系列新理念新思想新战略，开展了一系列根本性、开创性、长远性工作，推动经济社会高质量发展和生态环境高水平保护发生历史性、转折性、全局性变化。

2022 年 4 月，习近平总书记在中国人民大学考察时强调：“要以中国为观照、以时代为观照，立足中国实际，解决中国问题，不断推动中华优秀传统文化创造性转化、创新性发展，不断推进知识创新、理论创新、方法创新，使中国特色哲学社会科学真正屹立于世界学术之林。”我国解决资源环境生态问题的积极探索和推进生态文明建设的伟大实践，为运用多学科方法开展资源环境经济问题研究，实现知识创新、理论创新、方法创新提供了丰富的给养，为构建体现中国立场、中国实践、中国话语的资源环境经济教材体系，构建中国特色哲学社会科学自主知识体系奠定了坚实的基础。

中国地质大学（北京）作为具有鲜明行业特色的研究型大学，在地质、资源、环境等领域形成了鲜明的特色优势。应用经济学作为学校的新兴学科，坚持以习近平总书记在哲学社会科学工作座谈会上的重要讲话精神为指引，以学校优势学科为依托，面向能源资源安全、绿色低碳转型等国家重大战略需求，立足中国实践、总结中国经验，探索学科交叉融合创新发展路径，推动研究范式变革和研究方法创新，建设中国特色资源环境经济教材，构建扎根中国大地，彰显中国特色，体现地大特质的哲学社会科学学科体系、学术体系和话语体系。从2016年开始，中国地质大学（北京）面向应用经济学硕士生和博士生开设经济模型与方法、资源环境经济等课程，本书便是我校长期从事资源环境经济领域教学和科研成果的系统总结，充分体现了以下特点：

一是基本实现了资源经济领域模型方法的全覆盖。本书对资源环境经济领域主要研究模型方法，特别是投入产出方法、最优化方法、时间序列分析模型、神经网络模型、能源环境因素分解模型、GTAP－E模型、环境健康效应经济损失模型、生命周期评价和双重差分方法等进行了全面系统的介绍。

二是实现了多学科模型和方法的交叉融合。要解决复杂多变的资源环境生态问题，单一学科的知识往往难以全面应对，不仅需要运用经济学、管理学、资源科学、环境科学等模型和方法，还需要运用互联网、大数据、人工智能等一些现代信息技术，需要将不同领域的模型方法有机结合，形成新的研究视角和解决方案。本书的显著特点是将不同学科模型方法进行交叉融合，为培养具有综合素质和创新能力的资源环境专业人才提供有力支撑。

三是注重应用中国案例，增强育人功能。本书不仅介绍了资源环境经济领域的主要模型方法，而且以我国资源环境领域现实问题为导向，开展深入应用研究，为培养具有中国情怀、世界眼光、国际视野的资源环境经济专业人才以及推进课程思政建设提供丰富的素材。

本书共包括9章，各章主要内容介绍如下。

第一章为投入产出方法及应用。本章简要介绍了投入产出方法、投入产出表类型、投入产出基本模型等，对投入产出方法的主要应用领域进行了系统综述，并运用投入产出方法从中国制造业整体、部门、部门—贸易国层面核算了制造业出口隐含碳排放，从不同角度追溯了碳排放的主要来源和消费去向，探讨了不同出口方式下制造业出口隐含碳排放的异质性特征，为投入产出方法应用提供了具体的案例。

第二章为最优化方法及LINGO的应用。本章阐述了最优化方法的基本概念、发展历史与特点、具体分类，讨论了不同类型最优化方法应用领域，从实际案例的建模与求解逻辑角度介绍了不同类型最优化方法的应用，并展示了LINGO软件的实际操作方法。

第三章为时间序列分析模型及应用。本章基于时间序列数据的趋势、周期性及变量间的相关性等特征，从时域和时频两个维度全面地介绍了时间序列分析模型，综述了时间序列分析模型在原油、天然气、煤炭、矿产资源和碳市场5个领域的研究进展，并基于价格变量的复杂特征和国内外原油期货价格的相互影响，提出多时间尺度相互影响模型，探究国内外原油期货价格在不同时间延迟和不同样本期中的相互影响特征。

第四章为神经网络模型及应用。本章介绍了神经网络模型的概念、结构、原理以及经典的神经网络模型，对比了深度学习网络和传统神经网络之间的差异，介绍了卷积神经网络、循环神经网络等深度学习网络模型，综述了神经网络模型在工商管理、金融、政策评价等方面的应用，并通过真实案例，详细演示了如何利用神经网络模型解决资源环境经济问题。

第五章为能源环境因素分解模型及应用。本章详细阐述了指数分解分析模型和结构分解分析模型的加性分解式与乘性分解式的一般形式，介绍了两类因素分解模型的方法拓展，综述了因素分解模型在资源环境经济研究领域的适用范围和未来的研究方向，并以京津冀区域为案例，从产业链视角运用结构分解分析模型对关键产业链路径上碳排放的影响因素进行识别，以此展示该模型的具体分析步骤和应用场景。

第六章为GTAP－E模型介绍及其应用。本章介绍了GTAP－E模型产生的背景和主要应用领域，从生产模块、消费模块、碳排放模块、碳税模块、贸易与运输模块等方面对GTAP－E模型进行详细介绍，并运用GTAP－E模型对欧盟实行碳关税的经济效应进行详细分析。

第七章为环境健康效应经济损失模型及应用。本章详细阐述了环境健康效应经济损失模型和健康效应经济损失评价方法，并以我国煤炭消费产生的$PM_{2.5}$排放的健康效应经济损失为例，探讨了环境健康效应经济损失模型的具体应用。

第八章为生命周期评价及应用。本章介绍了生命周期评价方法的基本知识，包括方法的起源与发展、框架步骤、典型的生命周期评价工具以及生命周期清单的三类编制方法，归纳总结了生命周期评价方法的主要应用领域，基于层级混合分析方法建立了废弃物处理技术的生命周期碳排放评价体系，并在此基础上分析了我国无废城市建设试点先进适用技术的生命周期碳排放及减碳成本收益。

第九章为双重差分法及应用。本章在引入因果关系与潜在结果框架的基础上，介绍了双重差分法的基本原理、基本假设、平行趋势检验的检验方法，交错 DID 情形下的异质性处理效应稳健估计方法以及 DDD 方法、强度 DID 方法、合成 DID 方法等扩展方法，对双重差分法在资源环境经济领域的应用进行综述，并通过 4 个具体案例展示了双重差分法及其扩展方法的应用。

本书是集体智慧的结晶，在书稿撰写过程中，首先由雷涯邻教授提出了本书的总体构思、设计本书的总体框架，吴三忙教授、闫晶晶教授对全书进行统稿和审定，周玲玲副教授承担了书稿撰写和出版过程中具体的沟通工作。书稿具体完成情况如下：吴三忙、李秋萍撰写了第一章，闫晶晶（及闫冬、王雪）、黄书培（及陈伟佳、杜培杰）、方伟（及王佳楠、房津玉、张鹏宇）、杨谨（及唐琳、张迈月）、周玲玲、李莉（及任晨旭、崔艳芳、汪增川）、邵玲（及撒兴昌）、张鑫宇分别撰写了第二章至第九章。

本书的撰写历时多年，尽管我们秉持科学的态度、高度负责的精神撰写书稿，但是，资源环境经济领域的模型与方法涉及的知识面广、交叉性强，书中难免有值得商榷甚至谬误之处，恳请读者批评指正。当然，在本书的撰写过程中，我们参考了诸多学者、专家的研究成果，这些前期研究对本书的完成提供了有益的帮助，在此向各位表示衷心的感谢，如有遗漏，敬请谅解！

最后，感谢中国经济出版社郭国玺编辑团队为本书出版付出的辛勤努力！

雷涯邻

2024 年 12 月

目　录

第一章　投入产出方法及应用

本章主要阐述了投入产出方法及应用，具体包括简要介绍投入产出方法、投入产出表类型、投入产出基本模型及投入产出方法的主要应用领域，并以核算中国制造业出口隐含碳排放为例，介绍了投入产出方法应用。

第一节　投入产出方法介绍

一、投入产出方法简介

在国民经济的不同部门之间存在着交流关系。这种交流可以看作一个循环系统（见图1－1）。对这一循环系统的研究称为投入产出分析。投入产出分析是利用数学方法和计算机研究经济系统各部门的投入与产出之间的数量关系，特别是研究和分析国民经济各部门在产品的生产和消耗之间数量依存关系的数量经济分析方法。经济系统可以是整个国民经济，也可以是地区、部门或企业，还可以是多个地区、多个部门、多个国家。投入产出作为一种科学的分析方法和理论，在国内外曾有过各种名称，如投入产出方法、投入产出技术、产业关联分析方法、部门联系平衡法等。具体而言，投入产出方法通过投入产出表、投入产出模型来对产业间“投入”与“产出”的数量比例关系进行分析。

投入产出方法由美国经济学家沃西里·里昂惕夫（Wassily Leontief）在20世纪30年代后期开创。1936年，里昂惕夫发表了《美国经济制度中投入产出的数量关系》一文，标志着投入产出分析的正式创立。1941年，里昂惕夫出版了《美国经济结构1919—1929年》；1966年，又出版了专著《投入产出经济学》；1973年，里昂惕夫被授予诺贝尔经济学奖。因此，人们也常将投入产出模型称为里昂惕夫模型。

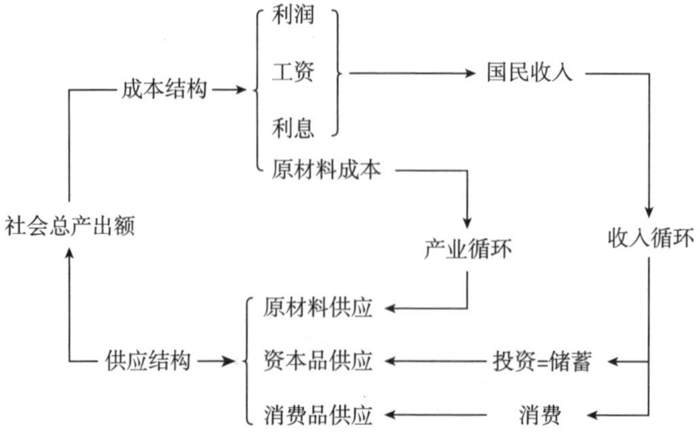

图 1-1　国民经济循环系统

投入产出方法中的“投入”是指进行一项活动的消耗。例如，生产过程的投入是指在进行某项生产活动时对各种实物产品（如原材料、电力等）和劳务等的消耗。投入产出中的总投入包括中间投入与最初投入两部分。中间投入（Intermediate Input）是指生产过程中对系统各部门产品的消耗，如对材料、动力和劳务等的消耗。最初投入（Primary Input）是指生产过程中对初始要素（如固定资产、劳动等）的消耗，表现为固定资产折旧、从业人员报酬等。“产出”是指进行一项活动的结果。例如，生产活动的结果为本系统各部门生产的产品（物质产品和劳务）。各项经济活动的投入与产出之间具有一定的数量规律性。

二、投入产出表类型

运用投入产出方法进行分析，投入产出表是基础。所谓投入产出表，是指将经济系统内各部门间的投入与产出的数量关系编制成的矩形表格。按照投入产出表编制形态划分，可分为实物型投入产出表和价值型投入产出表。

（一）实物型投入产出表

实物型投入产出表是以产品的标准单位或自然单位计量的，用于显示国民经济各部门主要产品的投入与产出关系，即这些主要产品的生产、使用情况以及它们在生产消耗上的相互联系和比例关系。

实物型投入产出表的一般形式如表 1-1 所示。

表 1-1　简化的一般实物型投入产出表

投入	单位	中间产品							最终产品	总产品
		产品 1	产品 2	……	产品 j	……	产品 n	合计		
产品 1		X_{11}	X_{12}	……	X_{1j}	……	X_{1n}	U_1	Y_1	X_1
产品 2		X_{21}	X_{22}	……	X_{2j}	……	X_{2n}	U_2	Y_2	X_2
……		……	……		……		……	……	……	……
产品 i		X_{i1}	X_{i2}	……	X_{ij}	……	X_{in}	U_i	Y_i	X_i
……		……	……		……		……	……	……	……
产品 n		X_{n1}	X_{n2}	……	X_{nj}	……	X_{nn}	U_n	Y_n	X_n
劳动力		L_1	L_2		L_j		L_n	L	—	L

表 1-1 中，X_{ij}是指第 j 种产品生产时所消耗第 i 种产品的数量，或者是第 i 种产品提供给第 j 种产品生产时的需要量。例如 X_{12}，既表示生产第二种产品所需第一种产品的投入数量，又表示满足第二种产品生产所需第一种产品的产出数量。其中，Y_i 是指第 i 种产品用作最终产品使用的数量，X_i 是指第 i 种产品的生产总量，L_j 是指 j 部门生产产品的劳动力需要量，L 是指各种产品所需劳动力数量之和。

表 1-1 的横行反映了各类产品和劳动力的分配使用情况，其中包括作为中间产品的分配使用和作为最终产品的分配使用。表 1-1 的纵列反映了各类产品在生产过程中所消耗的各种产品数量和劳动力数量，反映了整个社会主要最终产品的构成和各种产品的总量。由于采用实物单位计量，表 1-1 的纵列各项元素不能相加，也就不能反映产品的价值运动。

（二）价值型投入产出表

最常用的是用统一货币单位计量的价值型投入产出表，其简化的一般形式如表 1-2 所示。

表 1-2　价值型投入产出表

投入		中间需求					最终需求			总产出
		部门 1	部门 2	……	部门 n	合计	消费	资本形成	净出口	
中间投入	部门 1	Ⅰ					Ⅱ			X_1
	部门 2									X_2
	……	z_{ij}					f_i			……
	部门 n									X_n

续表

<table>
<tr><th colspan="2" rowspan="2">投入</th><th colspan="5">中间需求</th><th colspan="3">最终需求</th><th rowspan="2">总产出</th></tr>
<tr><th>部门1</th><th>部门2</th><th>……</th><th>部门 n</th><th>合计</th><th>消费</th><th>资本形成</th><th>净出口</th></tr>
<tr><td rowspan="4">最初投入</td><td>固定资产折旧</td><td colspan="5" rowspan="4">Ⅲ
v_j</td><td colspan="4" rowspan="5">Ⅳ</td></tr>
<tr><td>从业人员报酬</td></tr>
<tr><td>生产税净额</td></tr>
<tr><td>营业盈余</td></tr>
<tr><td colspan="2">总投入</td><td colspan="5">x_j</td></tr>
</table>

1. 第Ⅰ象限

第Ⅰ象限由中间投入和中间需求两部分交叉组成。水平方向和垂直方向上部门的分类方式、部门的数量以及排列顺序完全一致，形成一个方阵。从水平方向看，它表示某部门的产品用于满足各部门中间需求的情况，或者说某部门产品在各部门间的分配；从垂直方向看，它表示某部门对各部门产品的中间消耗。第Ⅰ象限描述了国民经济各部门之间的投入产出关系，故称为中间消耗关系矩阵或中间流量矩阵，是投入产出表中最重要的一个象限。表1－2 中，z_{ij}表示第 j 部门对第 i 部门产品的直接消耗量。

2. 第Ⅱ象限

第Ⅱ象限由中间投入和最终需求两部分交叉组成，是第Ⅰ象限在水平方向上的延伸，称为最终需求矩阵，由国民经济 n 个部门组成的行和最终需求类型组成的列构成。从水平方向看，它表示各部门产品用作不同最终需求的数量；从垂直方向看，它表示各种最终需求（消费、资本形成、净出口）的部门构成。表1－2 中，f_i表示第 i 部门的产品作为最终需求的数量。

3. 第Ⅲ象限

第Ⅲ象限由最初投入和中间需求两部分交叉组成，是第Ⅰ象限在垂直方向上的延伸，称为最终投入矩阵，又称增加值矩阵，由增加值的构成部分（固定资产折旧、从业人员报酬、生产税净额和营业盈余）组成的行和国民经济 n 个部门组成的列构成。从水平方向看，它表示增加值各构成部分的数量及部门构成；从垂直方向看，它表示各部门增加值的数额和构成。表 1－2 中，v_j表示第 j 部门的增加值数额。

4. 第Ⅳ象限

第Ⅳ象限由最初投入和最终需求两部分交叉组成，由第Ⅱ象限在垂直方向的延长部分和第Ⅲ象限在水平方向的延长部分交叉所得，称为再分配象限，表示各部门在第Ⅲ象限提供的最初投入通过资金运动转变为第Ⅱ象限最终需求的转换过程，以反映国民收入再分配的情况。但由于资金运动和再分配的运动过程及机理较为复杂，难以在一个简单的象限中准确、完整地描述出来，因此，目前编制的投入产出表一般不考虑该象限。

三、投入产出表的基本平衡关系

价值型投入产出表可以按行、按列以及在行与列之间分别建立起平衡关系。

第一，各行的平衡关系：各行的中间需求 + 各行的最终需求 = 各行的总产出。其数学表达式为：

$$\sum_{j=1}^{n} z_{ij} + f_i = x_i \quad i = 1,2,\cdots,n \tag{1-1}$$

这些平衡关系反映了各产业部门产品的流向。

第二，各列的平衡关系：各列的中间投入 + 各列的最初投入 = 各列的总投入。其数学表达式为：

$$\sum_{i=1}^{n} z_{ij} + v_j = x_j \quad j = 1,2,\cdots,n \tag{1-2}$$

各列的平衡关系说明了各产业部门价值形成的产出过程，反映了每一产业部门的产出与各产业部门为之投入的平衡关系。

对式（1－1）、式（1－2）所示方程组求和，分别可得：

$$\sum_{i=1}^{n}\sum_{j=1}^{n} z_{ij} + \sum_{i=1}^{n} f_i = \sum_{i=1}^{n} x_i \tag{1-3}$$

$$\sum_{j=1}^{n}\sum_{i=1}^{n} z_{ij} + \sum_{j=1}^{n} v_i = \sum_{j=1}^{n} x_j \tag{1-4}$$

因为 $\sum_{i=1}^{n}\sum_{j=1}^{n} z_{ij} = \sum_{j=1}^{n}\sum_{i=1}^{n} z_{ij}, \sum_{i=1}^{n} x_i = \sum_{j=1}^{n} x_j$，所以：

$$\sum_{i=1}^{n} f_i = \sum_{j=1}^{n} v_i \tag{1-5}$$

四、投入产出模型

投入产出模型由系数、变量的函数关系组成的数学方程组构成。其模型建立一般分两步：一是先依据投入产出表计算各类系数；二是在此基础上，依据投入产出表的平衡关系，建立起投入产出的数学函数表达式，即投入产出模型。

（一）各类系数

1. 直接消耗系数

直接消耗系数又叫投入系数，其经济含义是生产单位 j 产品所直接消耗的 i 产品的数量，直接消耗系数的计算公式为：

$$a_{ij} = \frac{z_{ij}}{x_j} \quad i,j = 1,2,\cdots,n \tag{1-6}$$

式中，a_{ij} 表示第 j 部门生产单位产品对第 i 部门产品的直接消耗量，将 a_{ij} 称为第 j 部门对第 i 部门产品的直接消耗系数。它反映了在一定技术水平下第 j 部门与第 i 部门间的技术经济联系，因此又将直接消耗系数称为技术系数、投入系数。n 个部门间的直接消耗系数可以用矩阵形式表示如下：

$$\boldsymbol{A} = \begin{bmatrix} a_{11} & a_{12} & \cdots & a_{1n} \\ a_{21} & a_{22} & \cdots & a_{2n} \\ \vdots & \vdots & & \vdots \\ a_{n1} & a_{n2} & \cdots & a_{nn} \end{bmatrix} \tag{1-7}$$

矩阵 $\boldsymbol{A}$ 就是直接消耗系数矩阵，反映了投入产出中各产业部门间技术经济联系和产品之间的技术联系。直接消耗系数是建立模型最重要、最基本的系数。

2. 完全消耗系数

由于各产业的产品在生产过程中除与相关产业有直接联系外，还与有关产业有间接联系，从而各产业的产品在生产中除直接消耗外，还存在间接消耗，完全消耗系数是这种直接消耗联系与间接消耗联系的全面反映。完全消耗系数在投入产出分析中起着重要的作用，它能深刻地反映一个部门的生产与本部门和其他部门发生的经济数量关系，因此它比直接消耗系数更本质、更全面地反映部门内部和部门之间的技术经济联系，这对正确地分析国民经济、产业结构十分重要。除此之外，它对经济预测和计划制订也起着重要的作用。

完全消耗系数的经济含义是指某产业部门单位产品的生产，对各产业部门产品的直接消耗量和间接消耗量的总和。也就是说，完全消耗系数等于直接消耗系数与间接消耗系数之和。用公式表示为：

$$b_{ij} = a_{ij} + \sum_{k=1}^{n} b_{ik}a_{kj} \quad i,j = 1,2,\cdots,n \tag{1-8}$$

式中，b_{ij} 为完全消耗系数，表示生产单位 j 产品所直接和间接消耗的 i 产品数量之和（$i = 1,2,\cdots,n$）；a_{ij} 为直接消耗系数，其含义如前述；$\sum_{k=1}^{n} b_{ik}a_{kj}$ 为间接消耗系数，其中 k 为中间产品部门，$\sum_{k=1}^{n} b_{ik}a_{kj}$ 表示通过 k 种中间产品而形成的生产单位 j 产品对 i 产品的全部间接消耗量。

用矩阵表示，即 $B = (I - A)^{-1} - I$。

（二）投入产出模型

按行平衡关系式建立的投入产出模型，由直接消耗系数 $a_{ij} = \frac{z_{ij}}{x_j}$，得到 $z_{ij} = a_{ij}x_j$，并将其代入式（1-1），得到以下投入产出模型：

$$\sum_{j=1}^{n} a_{ij}x_j + f_i = x_i \quad i = 1,2,\cdots,n \tag{1-9}$$

令 $X = (x_1, x_2, \cdots, x_n)'$，$F = (f_1, f_2, \cdots, f_n)'$，则式（1-8）用矩阵表示为：

$$AX + F = X \tag{1-10}$$

进一步变形得到：

$$(1 - A)X = F \tag{1-11}$$

$$X = (1 - A)^{-1}F \tag{1-12}$$

式（1-10）为里昂惕夫模型，是投入产出技术中最核心、最重要的公式。它反映了最终需求与总产出之间的关系。$(I - A)^{-1}$ 称为里昂惕夫逆矩阵（Leontief Inverse Matrix），该矩阵全面地揭示了国民经济各部门之间错综复杂的经济关联关系，将其记为：

$$\tilde{B} = (1 - A)^{-1} \tag{1-13}$$

将 $z_{ij} = a_{ij}x_j$ 代入式（1-2），可得：

$$\sum_{i=1}^{n} a_{ij}x_j + v_j = x_j \quad j = 1,2,\cdots,n \tag{1-14}$$

令 $\hat{\Phi}$ 表示由中间投入率向量 $(\sum_{i=1}^{n} a_{i1}, \sum_{i=1}^{n} a_{i2}, \cdots, \sum_{i=1}^{n} a_{in})'$ 产生的对角阵，$V=(v_1,\ v_2,\ \cdots,\ v_n)'$，则式（1－10）可用矩阵表示为：

$$\hat{\Phi}X+V=X$$

该方程可变为：

$$X-\hat{\Phi}X=V$$

$$(1-\hat{\Phi})X=V \tag{1-15}$$

$$X=(1-\hat{\Phi})^{-1}V$$

式（1－11）表示各部门的增加值除以其对应的增加值率等于该部门的总产出，反映了各部门总产出和增加值之间的逆向运算关系。

第二节　投入产出方法主要应用领域

自20世纪70年代起，投入产出方法扩大应用于包括分析产业结构、核算环境污染、收入分配、财富与资金流量、国际贸易预测等新领域。里昂惕夫宣称投入产出方法是“把200英寸的望远镜交给经济学科学，今天这门科学需要它的研究成果”。如今，里昂惕夫所提出的基本概念已成为各种经济分析的关键组成部分，投入产出方法也成为经济学应用最广泛的方法之一（Baumol，2000）。

一、隐含能源流动研究

基于投入产出方法的隐含能源流动研究，主要从三个层面、两种视角进行，三个层面分别是地方层面、国家（地区）层面和全球（国际）层面；两种视角分别是地理空间视角和产业空间视角。地理空间视角分析的是隐含能源在不同国家（地区）之间的流动，而产业空间视角研究的是隐含能源在产业或者部门之间的流动。

（一）地方层面的隐含能源流动研究

地方层面的隐含能源流动研究主要指市级、省级、省际的分析，可以进一步细化为地方产业间隐含能源流动研究（产业空间视角）和地方间隐含能源流动研究（地理空间视角）。前者主要是市级和省级的分析，而后者主要是省际的分析。随着地方层面投入产出数据库的丰富和研究视角的微观化，地方层面的隐含能源流动研究成了现在的一个研究热点（Shan et al.，2016；Shan et al.，2017）。经济系统是由产业以及产业之间投入产出关系构成的一个网络（Leontief，1974）。基于投入产出表，通过产业之间隐含能源流动研究，可以系统了解经济系统对环境系统的影响以及经济系统的转型，完整了解各个产业的能源消耗情况、产业之间的能源转换情况以及最终需求的能源消耗情况（Miller and Blair，2009）。Lenzen 等（2004）利用投入产出分析方法，核算了澳大利亚悉尼居民的能源需求，发现直接能源需求在各收入阶层的居民中都只占能源总需求的一小部分，更重要的是间接能源需求。因此，政府政策应该鼓励一体化的可持续消费行为。Zhang 等（2014b）利用北京市 1987—2007 年的 9 张投入产出表，分析了北京市及 30 个产业部门的隐含能源流动情况，发现北京市已经从生产型（Production - based）经济转型为消费型（Consumption - based）经济；房地产业的快速发展是间接能源消耗增长的主要动力；交通运输业和服务业是隐含能源消耗的主要产业。Chen 和 Chen（2015b）利用隐含能源流动分析、投入产出分析以及生态网络分析，系统比较了三种核算框架下城市能源消费的差异。此外，越来越多的学者利用投入产出表研究城市代谢和能源—水资源耦合（Urban Metablism and Energy - water Nexus）（Chen，2016；Chen and Chen，2015a；Chen and Lu，2015；Wang et al.，2017）。

地方层面隐含能源流动分析的第二个方面是贸易中的隐含能源情况。因为地区之间的资源禀赋差异、制度差异和发展阶段差异，一国地区之间会存在客观的比较优势差异。从理论上讲，地区间的贸易一般会有利于各自发挥比较优势，促进各自的经济增长。与此同时，贸易带来的产业转移和进出口模式的转变会带来各地区能源及其他资源利用的转变，这种转变会给各地区带来何种程度的生态影响，是地区贸易中隐含能源的一个研究热点。贸易中的隐含能源流主要有两种处理方式，一种是利用双边总贸易流直接计算隐含在贸易中的能源流，另一种是区别用于中间生产和最终消费的贸易产品，基于多地区投入产出表（Multi - Regional Input - Output Table，MRIO）来核算隐含能源流（Peters，2008）。基于 MRIO 的隐含能源核算方式更贴近现实，并有一定的数据库支撑，是目前主流的核算方式。

中国幅员辽阔，省际的资源禀赋和发展阶段差异非常明显，快速增长的省际贸易量带来巨量的省际隐含能源流。为了分析省际贸易对中国各地区的能源使用影响，Zhang 等（2013）构建了一个省际投入产出模型，模型结果显示中国 19 个省（市）有隐含能源盈余，11 个省（市）存在隐含能源赤字（港澳台以及西藏除外），山西是最大的隐含能源赤字省，广东是最大的隐含能源盈余省。利用中国 2007 年省际投入产出表，Zhang 等（2015a）分析了 4 个直辖市最终需求中的隐含能源流以及各自省际贸易中的隐含能源流，发现上海的隐含能源消耗总量和人均消耗量都是最高的，北京和重庆的投资中隐含能源最高，而上海和天津的出口中隐含能源最高；上海（98.9%）、北京（92.1%）、天津（51.2%）和重庆（35.6%）的隐含能源来自中国其他省份。Zhang 等（2016a）基于 MRIO 分析了中国 2002—2007 年隐含能源流的时空演化情况，发现 2002—2007 年，省际贸易中的隐含能源增长了 3 倍；西北、中部、东北和西南地区是隐含能源净流出地区，东部沿海地区是隐含能源净流入地区。基于中国 2010 年省际投入产出表，Sun 等（2017c）研究了中国省际间的隐含能源流，发现长三角（93.1%）、珠三角（85.1%）和京津冀地区（63.4%）的隐含能源使用主要来自陕西、内蒙古和山西等地；一半以上的省际隐含能源流是由长三角、珠三角和京津冀三地的最终需求诱发的。

（二）国家（地区）层面的隐含能源流动研究

基于投入产出表的隐含能源流动研究始于国家（地区）层面的研究，因为数据因素，这一层面的研究也是最为广泛和深入的。国家（地区）层面的隐含能源流动研究是从产业间隐含能源流动和国家（地区）间隐含能源流动两个方面进行的。产业间隐含能源流动研究可以进一步细化为存量分析和流量分析（Hong et al.，2016；Zhang et al.，2017a）。1973 年的石油危机和环保意识的高涨推动了国家（地区）产业间的隐含能源流动研究（Bullard and Herendeen，1975；Bullard et al.，1978；Costanza，1980；Costanza and Herendeen，1984），这些研究为隐含能源概念的提出和核算框架奠定了理论基础。存量分析主要从每个产业的隐含能源消耗总量、产业的最终需求隐含资源消耗量和隐含能源消耗强度等方面来进行。Jiang 等（2011）从隐含能源强度、进口隐含能源依赖指数、隐含能源平衡和城乡隐含能源消耗不平衡四个方面分析了 2002 年中国 42 个部门的隐含能源消耗情况。Lenzen（1998）分析了澳大利亚 45 个产业的最终需求隐含能源消耗量，发现热电生产产业、非金属冶炼和压延加工业的最终需求隐含能源消耗量最高。Chen 等（2010）系统分析了中国各产业的隐含能源及其他隐含物的流动情况。Liu 等（2014）比较了中美产业的隐含能源消耗，发现中国单位 GDP 隐含能源消耗大于美国单位 GDP 隐含能源消耗。除了分析和比较所有行业的隐含能源流动存量，还有一些学者选择个别产业或个别需求进行分析。Liu 等（2012b）比较了工业 29 个部门的直接能源消耗和隐含能源消耗，发现大部分能源都隐含在产业链中，尤其是建筑部门和其他服务部门。Cao 等（2010）分析了农业部门的隐含能源消耗情况，发现化肥、农药的大量使用降低了农业的总体能源使用效率。基础设施建设在中国经济中起到了重要作用，Liu 等（2012a）分析了 1992—2007 年中国基础设施建设中的隐含能源使用情况，发现中国基础设施建设的隐含能源使用在总能源消耗中的比例不断提高。利用投入产出分析研究国家（地区）间隐含能源流动始于 Fieleke（1975），其使用的是单一地区投入产出模型（Single－Region Input－Output Model，SRIO）。Machado 等（2001）核算了巴西国际贸易中的隐含能源流动情况，巴西的出口隐含能源为 831 拍焦①，而进口的隐含能源为 679 拍焦，生态逆差为 152 拍焦。Mongelli 等（2006）利用 SRIO 模型和意大利的投入产出数据去检验“污染天堂”的假说，其模型结果并不支持这一假说。Ghertner 和 Fripp（2007）利用 SRIO 模型估算了美国通过贸易转移的环境影响。Peters 等（2007）分析了中国的进出口带来的净环境影响。中国学者利用 SRIO 分析了国家（地区）对外贸易的隐含能源流动及其演化，发现中国是隐含能源的净出口国（Li et al.，2007）。

SRIO 模型有两个缺陷：第一，该类模型不能区别进口产品在最终使用和中间使用的分配，这一假设使得该类模型不能很好地模拟全球化的产业链生产；第二，该类模型假设同一产业或部门的国内生产技术和进口产品的生产技术一样（Wiedmann，2009b），在这一假设条件下，贸易中隐含的能源并不是真正隐含在贸易产品生产中的能源，而是贸易替代中的能源（Shao et al.，2017）。因此，这一假设会造成核算的误差，当进口国的产业能耗低于本国相应产业的能耗强度时，会造成核算的高估；而当进口国的产业能耗高于本国相应产业的能耗强度时，会造成核算的低估。为了克服 SRIO 的这两个缺陷，

① PJ 是 Petajoule 的缩写，是能量和做功的国际单位。1 拍焦 $=10^{15}$ 焦耳 =1000 万亿焦耳。

产业生态领域的学者们开发了 MRIO 模型。MRIO 模型有两种，一种是将 SRIO 通过双边贸易连接的 MRIO 模型（EEBT），这种模型仍不能有效克服 SRIO 在产业链分析方面的缺陷；另一种是将各国的进出口全部内生化到一个模型中，以真正克服 SRIO 的这两个缺陷，实现全球的产业链分析以及区别进口产品在中间使用和最终使用上的分配。正因如此，内生化的 MRIO 模型近年来成为产业生态领域的主要分析工具（Wiedmann，2009b）。Liang 等（2007）采用 MRIO 模型估算了中国最终需求驱动的能源需求。Wiedmann（2009a）利用 UK - MRIO 模型核算了 2002 年英国贸易中的隐含能源并与全球生态足迹网络（Global Footprint Network）的 PLUM 模型结果比较发现，PLUM 模型并没有考虑服务贸易以及能源产品的上游产品，这是导致 MRIO 模型与 PLUM 模型结果差异的主要原因。Cui 等（2015）利用 MRIO 模型分析了中国对外贸易中的隐含能源流动，发现中国的隐含能源盈余从 2001 年的 1.56 亿吨油当量上升到 2007 年的 5.14 亿吨油当量，并且发现中国的高能耗产业出口限制政策可以有效减少国家（地区）的能源消耗。Kucukvar 等（2016）利用 MRIO 模型分析了土耳其制造业全球产业链中所隐含的能源流动。

（三）全球（国际）层面的隐含能源流动研究

随着 GTAP、WIOD、Eora 等 MRIO 数据库的建立和更新，越来越多的学者开始利用内生化 MRIO 模型分析全球化的生态环境影响和隐含要素流以及研究一国最终需求变动带来的全球生态环境影响。Chen 和 Chen（2011）利用系统投入产出模型和 GTAP 数据分析了所有经济活动中的隐含能源存量，而不仅限于最终需求中的隐含能源。Chen 和 Chen（2013b）更新了 Chen 和 Chen（2011）的研究结果。陈占明（2014）系统分析了世界经济的隐含要素存量和国家（地区）间的隐含能源流动。Chen 和 Wu（2017）利用系统投入产出模型和 MRIO 数据研究了全球一次能源开发、产业链和最终需求中的能源利用，利用同样的分析框架，Wu 和 Chen（2018）分析了世界经济中的隐含煤炭使用。Lan 等（2016）利用 Eora 数据分析了 1990—2010 年全球 186 个国家（地区）隐含能源流动量的消长，并利用结构分解技术研究了这种消长的原因。Gasim（2015）利用基于投入产出分析的结构分解技术，分析了专业化在全球贸易中隐含能源流动所起的作用，发现专业化能够解释 50% 左右的隐含能源流动。

二、隐含碳转移研究

目前，隐含碳转移研究已形成大量学术积累（Tukker and Dietzenbacher，2013），尤其是利用投入产出方法开展隐含碳转移的研究颇受关注（Peters，2008；Peters and Hertwich，2008）。具体可分为利用单区域投入产出模型（SRIO）和区域间投入产出模型（MRIO）进行隐含碳转移的研究。

（一）基于SRIO模型的隐含碳转移研究

SRIO模型测量的是一个国家（地区）在与其他所有国家的贸易中产生的隐含碳，将其他所有国家视为一个整体。因此，SRIO模型基于以下重要假设：本国与外国在产品生产上具有同样的技术水平。这种进口同质性假设意味着本国的碳排放系数和国外是一样的。Wiedmann（2009）研究表明，学者们已用SRIO模型测量了超过20个国家的对外贸易隐含碳。例如，Schaeffer和de Sá（1996）对巴西1970—1993年非能源商品进出口中隐含碳的评估表明，1980年以来巴西出口的隐含碳量远高于进口，其中，1990年净出口占巴西总碳排放的11.4%。Tolmasquim和Machado（2003）的研究也发现，巴西在20世纪90年代国家贸易的专业化更加倾向能源密集型，导致其净出口了显著数量的隐含能源和隐含碳，其中工业部门约6.6%的最终能源使用和7.1%的碳排放是由国际贸易促使的。Sánchez - Chóliz和Duarte（2004）对西班牙的研究表明，虽然西班牙是一个弱的隐含碳净出口国，净出口量仅占总需求排放的1.31%，但进口和出口的隐含碳排放分别占总需求排放的36%和37%左右。而且，从部门的角度看，其中也隐藏着非常显著的污染交换，部门之间隐含碳的进出口呈现明显的两极分化。

对中国国际贸易隐含碳的研究表明，近年来，中国出口商品的内涵能源和碳排放高于进口商品的内涵能源和碳排放，即中国存在大规模的贸易内涵碳排放顺差（Weber et al.，2008；彭水军等，2016）。例如，根据陈迎等（2008）的测算，2002年中国内涵能源顺差达214亿吨标准煤，约占当年中国一次能源消费总量的16%。张友国（2010）的研究显示，2007年中国内涵碳排放顺差为19.95亿吨碳，占当年生产部门碳排放的13.98%。大量的贸易内涵碳排放顺差意味着中国为外国消耗了大量碳排放，对外贸易增加了国内的减排压力。

虽然 SRIO 模型简便易行，但是不同国家的能源结构、技术水平各不相同，其碳排放系数也必然不同，因此进口同质性假说必然会增大隐含碳测量误差。Peters 和 Hertwich（2008）加入技术异质性假设，运用 MRIO 模型测量了挪威的碳排放量。其结果表明，SRIO 模型大大低估了挪威对外贸易中的隐含碳量，且未考虑很多国家会将进口产品作为原料投入生产后再出口这一事实。SRIO 模型的这些不足需要用区域间投入产出模型来弥补。

（二）基于 MRIO 模型的隐含碳转移研究

相对于 SRIO 模型，MRIO 模型摒弃了进口同质性假说，认为不同国家的技术水平是不同的，因此不同国家的碳排放系数也是不同的。同时，不同于 SRIO 模型将进口品全部归类为总消费的做法，MRIO 模型将进口品分为最终消费和中间产品消费两部分，从而考虑了加工贸易对隐含碳测量的影响。

近年来，MRIO 模型凭借较高的测算准确性而在研究中被广泛应用。Rodrigues 等（2010）以及 Peters 和 Solli（2015）都认为 MRIO 模型是测量一个国家对外贸易中隐含碳的最佳方法。Kanemoto 和 Tonooka（2009）用 MRIO 模型计算了 1995 年、2000 年和 2005 年日本与 26 个国家和地区对外贸易中的隐含碳。其研究结果显示，日本进口贸易中的隐含碳量由 1995 年的 2.76 亿吨上升至 2005 年的 4.03 亿吨，占当年全国碳排放量的比例从 1995 年的 22% 上升至 2005 年的 30%。虽然出口贸易中的隐含碳也在上升，但是比进口贸易中的隐含碳低——1995 年和 2005 年日本出口贸易中的隐含碳量分别占当年全国碳排放量的 12% 和 22%。因此，在消费者责任制下（只计算进口部分），日本对外贸易中的碳排放量比生产者责任制（仅计算出口部分）下的要高。Qi 等（2014）用 MRIO 模型计算了中国净出口中的隐含碳。其研究发现，中国出口隐含碳占比最高的部门是机械及设备生产部门，而非能源密集型产品（如钢和铝）的生产部门；2007 年中国净出口中的隐含碳为 11.77 亿吨，占当年全国碳排放量的 22%。

彭水军和余丽丽（2016）基于 GTAP 数据库构建了 MRIO 模型，测算和分析了 2004—2011 年附件Ⅰ国家与非附件Ⅰ国家间贸易中的转移排放，并重点考察中国对外贸易转移排放的变化趋势、国别（区域）流向及其主要影响因素。结果发现，研究期间附件Ⅰ国家对非附件Ⅰ国家存在大量转移碳排放，而中国成为附件Ⅰ国家转出排放的主要目的国，占比高达49.4%～54.7%。2004—2011年中国对外贸易导致大规模的碳排放“净转入”，而其中62%～75%来自美国、欧盟、日本三大发达经济体。中国对美国、能源净出口国的贸易顺差效应是其净转入排放的主要原因，而对于其他贸易伙伴，中国净转入排放主要是中国较高的污染贸易条件所致。

学者们利用MRIO模型除了研究国际贸易隐含碳转移，还将一国经济作为异质多区域的集成，研究多区域碳排放的区域互动以及与区域经济发展的联系，文献数量也较多，针对中国的研究有姚亮和刘晶茹（2010）、石敏俊等（2012）、刘红光和范晓梅（2014）、肖雁飞等（2014）、唐志鹏等（2014）、Zhang等（2015）、Wu等（2017）等。

三、全球价值链研究

随着货物和资本市场的自由化、运输成本的降低以及信息和通信技术领域的不断创新，全球贸易流动急剧增加，国际劳动分工发生巨大变化。跨国企业（Multi－National Enterprises，MNEs）越来越多地将生产转移到国外，并建立了全球分布的供应商网络（Dünhaupt et al.，2020）。生产的不同阶段经常被分布在不同的国家，中间投入可以多次跨越国界。此后，克鲁格曼（Krugman，1995）在波特价值链理论的基础上提出了全球价值链的概念，主要指在全球生产分工网络中，每个国家或地区由于特定生产阶段的活动而获得增加值利益分配。近年来，学者们在宏观经济背景下使用投入产出分析对全球价值链活动进行了更系统的研究。

（一）全球价值链（GVC）嵌入测度研究

GVC有效整合了不同国家或地区的比较优势，将一种产品的多个生产环节分布在各个国家或地区，已经成为国际分工的新常态（白俊红、余雪微，2022）。GVC已经成为全球贸易生产的主要方式，约70%的国际贸易涉及GVC（OECD，2013）。GVC通过国际分工网络对生产要素和贸易流向空间再配置的过程亦是环境污染全球再布局的过程（Ahmad and Wyckoff，2003；Nakano et al.，2009），这也使得各个国家和地区因嵌入GVC的程度和位置不同，获得的经济绩效和环境绩效各异（Liu et al.，2018）。

1. GVC 嵌入程度测度研究

GVC 嵌入程度是指一国（地区）参与 GVC 的程度。Hummels 等（2001）开创性地对狭义垂直专业化（Vertical Specialization，VS）进行了界定，将包含在一国出口中国外中间产品的投入称为 VS，并将供他国生产中间出口使用的国内产品价值称为 VS1。在此基础上，Koopman 等（2010）利用一国出口单位价值产品直接和间接创造的贸易增加值份额衡量一国嵌入 GVC 的程度（KWW）。Wang 等（2017）将 GVC 的分析框架从出口阶段延伸到生产阶段，更准确地刻画了国家及部门在 GVC 中的作用，并提出国家和部门层面 GVC 嵌入程度的测算方法（WWZ）。潘安（2017）、吕越和吕云龙（2019）等借鉴 KWW 对我国 GVC 嵌入程度进行测算并展开相关研究。Wang 等（2020）和黄蕙萍等（2018）借鉴 WWZ 分别对 13 个经济体与我国 46 个产业、5 个典型发展中国家与其产业和我国制造业的 GVC 嵌入程度进行了测算。

2. GVC 嵌入位置测度研究

GVC 嵌入位置能够反映一国在 GVC 的地位。现有文献可将 GVC 嵌入位置分为物理地位和经济地位两类。

第一，GVC 嵌入的物理地位侧重各经济体在何种环节进行生产。Fally（2011）、Antràs 等（2012）分别用递归法和迭代法计算某一国家或产业到最终需求的距离，将其定义为上游度，上游度指数越高，表明该国或该产业所处 GVC 的分工地位越高。Miller 和 Temurshoev（2017）对下游度进行了定义，即要素的初始生产部门到某国某产业所经历的平均生产阶段。实证研究方面，苏庆义和高凌云（2015）借鉴 Antràs 等（2012）测算 GVC 地位并总结其演进规律：随着人均国内生产总值的提升，一国出口上游度会越来越低。彭水军和吴腊梅（2022）采用此方法对中国嵌入 GVC 的位置进行测算，研究发现 2005—2015 年中国在 GVC 的位置有所上升，中国制造业企业的出口上游度有一定程度的上升，进口下游度波动较大。

第二，GVC 嵌入的经济地位侧重对价值创造能力的衡量。Koopman 等（2010）和 Wang 等（2017）在提出 GVC 嵌入程度测算方法的同时也构建了位置指数对 GVC 地位进行测量。研究可分为国家层面与部门层面：国家层面，葛海燕等（2021）借鉴 KWW 测度各国的 GVC 地位，认为我国分工地位已经取得了较大提升，但国际排名仍比较靠后，中国在 GVC 中“低端锁定”的困境较为严峻。戴翔和宋婕（2021）利用 KWW 测度了“一带一路”共建国家的 GVC 地位，并通过实证表明“一带一路”建设显著提升了嵌入国的 GVC 地位。黎峰（2015）、吴三忙等（2016）、刘景卿等（2019）也利用 KWW 对研究对象的 GVC 地位进行了测度。乔小勇等（2017）对比分析了我国与其他国家服务业的 GVC 地位，发现我国服务业在 GVC 中总体上还处于中下游位置。黄繁华和洪银兴（2020）、马盈盈（2019）测度了我国制造业 GVC 地位，并分别探讨生产性服务业发展水平、服务贸易自由化程度对我国制造业嵌入 GVC 地位的影响。以上基于投入产出模型的 GVC 嵌入位置的研究只能测算国家宏观层面或部门中观层面，无法深入企业微观层面。

需要说明的是，目前关于企业层面 GVC 嵌入程度和位置的测算尚未形成具有较高的代表性而被学术界广泛采用的方法。Ghor 等（2014，2021）试图测算微观企业的 GVC 位置，但是其利用 SRIO 模型测算产品部门位置，存在较多不足。张杰等（2013）、吕越等（2015）、Kee 和 Tang（2016）等均利用企业出口国外附加值率，即企业出口中国外附加值与企业出口的比值，来衡量企业在 GVC 的嵌入程度，只是对企业出口国外附加值的测量尺度存在差异。这些研究均只考虑了企业 GVC 的嵌入程度，未考虑企业 GVC 的参与位置。

（二）GVC 嵌入的影响研究

20 世纪 80 年代初以来，国际贸易结构经历了重大转变，人们称之为“全球价值链时代”到来。近 20 年时间里，与 GVC 相关的贸易额在全球贸易总额中的占比提高了 12%（World Bank，2020），GVC 的兴起对社会发展具有重要意义。现有文献从多维度、多视角对 GVC 嵌入的影响展开研究，整体而言，包括经济发展、贸易利得、技术变革与环境污染四大方面（World Bank，2020）。

1. GVC 嵌入对经济发展的影响

现有文献关于“嵌入 GVC 对经济发展的影响”的研究主要聚焦于经济增长与劳动力就业两方面。

一方面，考察 GVC 与经济增长的文献众多。部分学者得出嵌入 GVC 有利于经济增长的结论（Wang et al.，2022）；也有学者认为会抑制经济增长（Fagerberg et al.，2018），尤其是对于经济落后的发展中国家。Raei 等（2019）通过对比分析189个不同发展水平的国家（地区），发现不同国家（地区）间存在较大的异质性，嵌入GVC对发展中国家经济增长的积极影响显著低于发达国家。盛斌等（2020）、苏丹妮和邵朝对（2017）均指出，嵌入GVC对于中国经济增长的影响效应在时间上存在异质性，全球金融危机爆发后促进作用明显减弱。从空间维度，苏丹妮和邵朝对（2017）利用面板SDM模型实证检验了嵌入GVC的空间溢出效应，盛斌等（2020）则证明嵌入GVC对中国区域经济增长的影响存在空间异质性，沿海地区嵌入GVC的经济增长效应能够得到更有效的发挥。

另一方面，GVC对劳动力市场具有重要影响（Montalbano and Nenci，2022）。学者们就嵌入GVC是否能够促进本国就业、缩小收入差距等展开探讨，张少军（2015）研究发现GVC通过价格驱动、低端锁定和世界劳动力市场一体化降低发展中国家劳动力的工资；而林玲和容金霞（2016）实证检验了GVC嵌入度的提高有助于缩小工人工资的收入差距，尤其是在发展中国家这一负向关系更为明显；与上述文章不同，李磊等（2017）放宽线性齐次假定，通过引入GVC嵌入度的平方发现，企业嵌入GVC对劳动力就业的影响呈倒“U”形，当企业GVC嵌入度为0.62时影响最大。

2. GVC嵌入对贸易利得的影响

不同的GVC嵌入程度与位置使得各国在贸易中获得不同收益。GVC加强了国家之间的经济联系，这意味着一个国家的政策和经济状况会影响其贸易伙伴，进而在全球范围内造成波动。例如，GVC嵌入度的提高会增加一国的贸易顺差与外汇储备进而引发通货膨胀（张少军等，2020）。直观上，嵌入GVC还会传导汇率波动带来的消极影响，但王孝松等（2022）发现GVC嵌入能够通过进口中间产品价格抵消机制等缓解汇率波动对出口的不利影响。

GVC会导致全球失衡，处于GVC上游位置的国家在国际收支中呈现贸易顺差，而处于中下游位置的国家则呈现贸易逆差（魏如青等，2020），进而加大发展中国家与发达国家的贫富差距。一方面，行业的贸易收益由该部门在GVC中的国际分工地位决定（黎峰，2015），而落后国家往往承担最终组装、装配等低端环节，分工地位普遍较低；另一方面，随着GVC嵌入度的提高，发展中国家所能得到的贸易利益更加微薄，贸易条件将不断恶化（张少军、侯慧芳，2019）。GVC对贸易的影响还体现在贸易摩擦上，余振等（2018）

借鉴 Erbahar 和 Zi（2017）建立三国模型，从收益决策机制出发分析嵌入 GVC 对贸易摩擦的影响，发现 GVC 地位的提升会增加发生贸易摩擦的频率，而 GVC 嵌入度越高，相关贸易摩擦越容易解决。

3. GVC 嵌入对技术变革的影响

GVC 对技术变革有重要影响。理论上，嵌入 GVC 伴随各种技术溢出等正外部性，有利于推动技术进步（Wang et al.，2021；Qian et al.，2022）。然而，在发达国家主导的 GVC 下，发展中国家以劳动密集型产品出口为主，容易受到俘获效应、低端锁定效应及门槛效应（余东华、田双，2019）的影响，从而阻碍发展中国家产业结构升级、抑制企业研发创新（吕越等，2018）。

全要素生产率被视为衡量技术进步的重要指标。王玉燕等（2014）使用 SR 索洛残差法计算我国行业全要素生产率，并探究我国工业行业的 GVC 嵌入程度对其的影响，发现由于发达国家设置壁垒等抑制效应的存在，GVC 嵌入与工业行业全要素生产率之间呈倒"U"形非线性关系，高技术工业行业存在过度嵌入。吕越和吕云龙（2016）、苏丹妮（2020）均使用 LP 半参估计法测算企业全要素生产率，分别发现嵌入 GVC 会显著提高企业的全要素生产率，企业在 GVC 下游环节嵌入度的提高会显著抑制其生产率的改善，即阻碍技术进步。吕越等（2018）则利用企业申请专利数量作为衡量企业自主研发水平指标得出相似结论，由于技术外溢的过度依赖、技术吸收能力不足以及发达国家的俘获效应，我国企业嵌入 GVC 对研发创新行为具有显著的抑制作用。

4. GVC 嵌入对环境污染的影响

嵌入 GVC 对环境污染的影响可以区分为对污染物排放与非污染物（如二氧化碳）排放的影响。全球面临日益严峻的环境问题，国际社会制定了一系列规则以应对气候变化，GVC 作为重塑国际分工与贸易体系的重要力量，嵌入 GVC 对环境的影响受到广泛关注（Chen et al.，2021）。部分学者利用废水、废气等污染排放数据构建指标体系对环境污染水平进行测度（吕延方、崔兴华，2020）。余泳泽和段胜岚（2022）利用单位 GDP 工业废气（二氧化硫、烟尘）和工业废水排放量作为衡量环境污染的指标，发现中国嵌入 GVC 对环境产生的正向影响大于负向影响。余娟娟（2017）构建 Copeland - Taylor 的经典环境污染供需模型（Antweiler et al.，2001），从微观层面考察 GVC 嵌入对企业污染排放强度的影响，发现中国企业的 GVC 嵌入会增加单位产值的污染排放。进一步，苏丹妮（2020）考察不同嵌入方式下对企业产生的环境效应，发现企业在 GVC 上游环节嵌入会通过实施环境管理战略和承担环境社会责任促进企业绿色技术进步而减少污染排放，而在下游环节嵌入则会通过俘获效应抑制企业绿色技术进步而加剧企业污染排放。

随着 GVC 的不断延展细化，国际分工与贸易体系得以重塑，各国或地区利用自身资源禀赋嵌入 GVC 中。与此同时，贸易隐含资源在各地区间转移。目前，投入产出方法被广泛应用于定量测算贸易中的隐含资源转移，包括隐含碳、虚拟水（郑洁等，2022）、隐含化肥资源（朱安丰等，2022）、隐含空气污染排放物（黄永明、陈小飞，2018）等。其中，碳排放量作为全球气候治理的重要检测对象，其相关研究最为丰富。基于此，学者们对 GVC 嵌入对碳排放影响展开了激烈讨论。

从产品生产环节来看，发达国家往往处于 GVC 的高技术、高附加值环节，而高排放、高污染的生产环节则在发展中国家进行（Yan et al.，2020），因此，各国在 GVC 的分工地位存在明显差异。众多研究普遍认为，发展中国家嵌入 GVC 对碳排放存在积极与消极两方面影响。积极方面的影响在于，发展中国家的原始设备制造商通过 GVC 嵌入可以在技术和管理经验上受益，进而对碳排放效率产生正向影响（Li and Lin，2018）。消极方面的影响则在于，发展中国家通常在能源和碳密集型行业中占据全球生产的主要地位，GVC 嵌入会增加能源消耗和二氧化碳排放，进而对碳排放效率产生不利影响（Liu et al.，2018）。

考虑到抑制与促进两方面的作用，白俊红和余雪微（2022）构建动态多维固定效应模型对 43 个经济体 GVC 嵌入的节能减排效应进行实证考察，发现 GVC 嵌入能够降低碳排放强度，这一影响在发展中国家更加显著，这与 Liu 和 Zhao（2021）、Sun 等（2019）的研究结论一致。我国嵌入 GVC 对碳排放的影响相关研究显示，GVC 嵌入可以显著降低我国的碳排放水平，并且沿海省份嵌入 GVC 对碳排放的抑制作用更加突出（吕越、马明会，2021）。有学者发现，位置指数的提高有助于减少出口贸易隐含碳（赵玉焕等，2021），而徐博等（2020）利用全球主要经济体的面板数据进行研究，发现嵌入 GVC 地位的上升对碳排放的影响呈倒“U”形关系。Wang 等（2019）利用 1995—2011 年 62 个国家和地区的面板数据进行研究，发现 GVC 嵌入度与人均二氧化碳排放量之间也存在倒“U”形关系。

部分学者对行业层面进行深入研究，吕越和吕云龙（2019）通过实证研究我国 14 个工业行业 GVC 嵌入对碳排放的影响也得到积极结论，即 GVC 嵌入能够显著减少工业行业的贸易隐含碳排放。由于行业异质性，GVC 嵌入对技术密集型行业的环境改善效应更强（吕越、吕云龙，2019；高鹏、岳书敬，2022；许冬兰、韩婧彤，2022）。区分不同的 GVC 嵌入模式，GVC 前向嵌入对产业部门隐含碳排放的影响呈倒“U”形，GVC 后向嵌入则对隐含碳排放存在促进作用（高鹏、岳书敬，2022；蔡礼辉等，2020）。

第三节　投入产出方法应用案例

随着对气候变化及相关能源和环境问题的日益关注，投入产出分析已成为环境政策分析的重要工具（Tukker and Dietzenbacher，2013）。在 MRIO 模型中加入环境要素，即环境扩展的 MRIO 模型，可以在整个国际生产和供应链中描绘经济和环境之间的复杂关系，在衡量出口贸易隐含碳方面有广泛应用（Zhang et al.，2018）。本节运用投入产出方法，从中国制造业整体、部门、出口去向、部门—贸易国层面测度出口中隐含的国内碳排放，从不同角度追溯碳排放产生的来源以及消费的去向，并探讨不同出口方式下的异质性特征。

一、方法模型及数据

（一）出口隐含碳排放核算方法

国家间投入产出表（Inter - Country Input - Output Table，ICIO）展示了跨国家和跨部门的相互联系，可以实现对国家和部门之间直接贸易与间接贸易联系的深入分析（Miller and Blair，2009）。它可以根据国家和行业之间的投入产出结构测算生产一单位产出所需的中间投入的类型和数量，并追踪生产一单位最终产品在所有生产阶段所引致的总产出，是进行宏观经济分析和国际贸易问题研究的有力工具（Leontief，1936）。在区分了中国一般贸易（用 CN 表示）和加工贸易（用 CP 表示）的世界投入产出表中，假设有 G 个国外地区，每个地区有 n 个产业部门。由于加工贸易是进口中间产品进行生产再出口的活动，其产出全部用于出口，所以加工贸易的国内使用部分为0，具体见表1-3。

表1-3 区分中国贸易异质性的世界投入产出表的基本结构

		中间使用					最终需求			总产出
		国家1	……	国家 G	中国 CN	中国 CP	国家1	国家 G	中国 C	
中间投入	国家1	Z^{11}	……	Z^{1G}	Z^{1CN}	Z^{1CP}	Y^{11}	Y^{1G}	Y^{1C}	X^1
	……	……	……	……	……	……	……	……	……	
	国家 G	Z^{G1}	……	Z^{GG}	Z^{GCN}	Z^{GCP}	Y^{G1}	Y^{GG}	Y^{GC}	X^G
	中国 CN	Z^{CN1}	……	Z^{CNG}	Z^{CNCN}	Z^{CNCP}	Y^{CN1}	Y^{CNG}	Y^{CNC}	X^{CN}
	中国 CP	Z^{CP1}	……	Z^{CPG}	0	0	Y^{CP1}	Y^{CPG}	0	X^{CP}
增加值		VA^1	……	VA^G	VA^{CN}	VA^{CP}				
总投入		X^1	……	X^G	X^{CN}	X^{CP}				

定义直接碳排放强度为单位产出的碳排放量 $f_i^r = \frac{c_i^r}{x_i^r}$，中国不同贸易方式下各部门碳排放系数为 $F^C = (f_1^C \quad \cdots \quad f_n^C \quad \cdots \quad f_{2n}^C)$。根据表1-3，将总产出分为国内使用和出口部分：

$$\begin{aligned} X^C &= \underbrace{A^{CC}X^C + Y^{CC}}_{\text{国内使用}} + \underbrace{\sum_{r \neq C}^{G}(A^{Cr}X^r + Y^{Cr})}_{\text{出口}} \\ &= (I - A^{CC})^{-1}Y^{CC} + (I - A^{CC})^{-1}\sum_{r \neq C}^{G}(A^{Cr}X^r + Y^{Cr}) \\ &= L^{CC}Y^{CC} + L^{CC}E^C \end{aligned} \tag{1-16}$$

式中，$L^{CC} = (I - A^{CC})^{-1}$ 为中国国内生产技术矩阵，E^C 为中国总出口。中国的总生产排放由国内需求排放（EH）和出口需求排放（CE）组成，即：

$$P^C = \hat{F}^C X^C = \underbrace{\hat{F}^C L^{CC} Y^{CC}}_{EH} + \underbrace{\hat{F}^C L^{CC} E^C}_{CE} \tag{1-17}$$

式中，$\hat{F}^C$ 是中国各部门碳排放强度向量的对角化。式（1-17）从生产者角度追溯中国生产部门为满足其他部门的需求而产生的排放。区分具体的出口去向，根据中国向国家 r 的出口产品进行跨境贸易所经历的不同价值链途径，将中国向国家 r 的总出口中隐含的国内排放分解为以下几条途径：

$$
\begin{aligned}
CE^{Cr} &= F^C L^{CC} \hat{E}^{Cr} \\
&= \underbrace{F^C L^{CC} \hat{Y}^{Cr}}_{\text{最终产品出口}} + \underbrace{F^C L^{CC} (A^{Cr} \sum_{t}^{G,C} B^{rt} \sum_{u}^{G,C} Y^{tu})^T}_{\text{中间产品出口}} \\
&= \underbrace{F^C L^{CC} (A^{Cr} \sum_{t}^{G,C} B^{rt} Y^{tC})^T}_{REE} + \underbrace{F^C L^{CC} \hat{Y}^{Cr}}_{EG1} + \underbrace{F^C L^{CC} (A^{Cr} L^{rr} Y^{rr})^T}_{EG2} + \\
&\quad \underbrace{F^C L^{CC} (A^{Cr} \sum_{t}^{G,C} B^{rt} Y^{tr} - A^{Cr} L^{rr} Y^{rr})^T}_{EG3} + \underbrace{F^C L^{CC} (A^{Cr} \sum_{t}^{G,C} B^{rt} \sum_{u \neq C,r}^{G} Y^{tu})^T}_{EG4}
\end{aligned}
\tag{1-18}
$$

式中，T 表示矩阵的转置运算。式（1－18）从出口部门的角度追溯出口贸易中隐含的国内排放，在部门层面分解中国出口隐含碳是通过哪些部门进行出口的。根据排放最终吸收地的不同对出口途径进行区分，分别为：REE 表示中间产品出口后经过 GVC 生产最终返回国内吸收；$EG1$ 表示最终产品出口被进口国吸收的排放；$EG2$ 表示中间产品出口后被直接进口国用来生产供自身消费的最终产品而产生的排放；$EG3$ 表示中间产品出口经过 GVC 生产最终被直接进口国吸收的排放；$EG4$ 表示中间产品出口最终被第三国吸收的排放。

（二）结构分解分析模型

结构分解分析（Structural Decomposition Analysis，SDA）方法以投入产出方法为理论基础，将经济系统中某因变量的变动分解为相关自变量各种形式变动的和，以测度各自变量对因变量变动贡献的大小，是一种完全分解方法（Su and Ang，2012）。SDA 适用于解释其他行业的结构和生产力变化通过中间产品投入传导对一个行业的间接影响，由此深入地研究经济体内部结构变化通过生产联系对碳排放产生的影响。为了解开 GVC 的关键特征及其对出口隐含碳排放的影响，首先将出口写成中间产品出口与最终产品出口之和：

$$E^C = Y^C + \sum_{r}^{G} A^{Cr} X^r = Y^C + I^C \tag{1-19}$$

最终产品出口总量为 $FT^C = \mu Y^C$，中间产品出口总量为 $IT^C = \mu I^C$，总出口量为 $T^C = \mu E^C$。$IS^C = (I_1^C/T^C \quad \cdots \quad I_n^C/T^C \quad \cdots \quad I_{2n}^C/T^C)'$ 为中间产品出口结

构，$FS^C=(Y_1^C/T^C \quad \cdots \quad Y_n^C/T^C \quad \cdots \quad Y_{2n}^C/T^C)'$为最终产品出口结构，$S^C=(E_1^C/T^C \quad \cdots \quad E_n^C/T^C \quad \cdots \quad E_{2n}^C/T^C)'$为出口结构。由此，中国出口隐含碳排放分解为：

$$\begin{aligned} CE^C &= F^C L^{CC} E^C \\ &= F^C L^{CC} S^C T^C \\ &= F^C L^{CC}(IS^C + FS^C)(IT^C + FT^C) \end{aligned} \tag{1-20}$$

在时期 t 到时期（$t+1$）期间，出口隐含碳的变化为：

$$\begin{aligned} \Delta CE^C &= CE_{t+1}^C - CE_t^C \\ &= F_{t+1}^C L_{t+1}^{CC}(IS_{t+1}^C + FS_{t+1}^C)(IT_{t+1}^C + FT_{t+1}^C) - F_t^C L_t^{CC}(IS_t^C + FS_t^C)(IT_t^C + FT_t^C) \\ &= c(\Delta F) + c(\Delta L) + c(\Delta IS) + c(\Delta FS) + c(\Delta IT) + c(\Delta FT) \end{aligned}$$

（1－21）

式中，Δ 表示 t 到（$t+1$）时期的变化量。结构分解会有多种不同的分解形式，若一个变量由 n 个变量共同决定，则其变化如果从不同的因素开始分解，可以得到 $n!$ 个分解形式（Dietzenbacher and Los，1998），这里采用 SDA 两极分解方法（Li et al.，2020a）。

$$\begin{aligned} \Delta CE_1^C &= \Delta F^C L_{t+1}^{CC} S_{t+1}^C T_{t+1}^C + F_t^C \Delta L^{CC} S_{t+1}^C T_{t+1}^C + F_t^C L_t^{CC} \Delta IS^C T_{t+1}^C + \\ &\quad F_t^C L_t^{CC} \Delta FS^C T_{t+1}^C + F_t^C L_t^{CC} S_t^C \Delta IT^C + F_t^C L_t^{CC} S_t^C \Delta FT^C \\ &= c^1(\Delta F) + c^1(\Delta L) + c^1(\Delta IS) + c^1(\Delta FS) + c^1(\Delta IT) + c^1(\Delta FT) \\ \Delta CE_2^C &= \Delta F^C L_t^{CC} S_t^C T_t^C + F_{t+1}^C \Delta L^{CC} S_t^C T_t^C + F_{t+1}^C L_{t+1}^{CC} \Delta IS^C T_t^C + \\ &\quad F_{t+1}^C L_{t+1}^{CC} \Delta FS^C T_t^C + F_{t+1}^C L_{t+1}^{CC} S_{t+1}^C \Delta IT^C + F_{t+1}^C L_{t+1}^{CC} S_{t+1}^C \Delta FT^C \\ &= c^2(\Delta F) + c^2(\Delta L) + c^2(\Delta IS) + c^2(\Delta FS) + c^2(\Delta IT) + c^2(\Delta FT) \\ \Delta CE^C &= \frac{1}{2}(\Delta CE_1^C + \Delta CE_2^C) \end{aligned}$$

（1－22）

式中，$c(\Delta F)$ 表示碳排放强度变化的贡献，$c(\Delta L)$ 表示国内中间产品投入结构变动的贡献，$c(\Delta IS)$ 表示中间产品出口结构变化的贡献，$c(\Delta FS)$ 表示最终产品出口结构变化的贡献，$c(\Delta IT)$ 表示中间产品出口规模变化的贡献，$c(\Delta FT)$ 表示最终产品出口规模变化的贡献。

由此，将出口隐含碳排放的变化分解为 6 个影响因素，即碳排放强度效应、国内生产技术效应、中间产品出口结构效应、最终产品出口结构效应、中间产品出口规模效应和最终产品出口规模效应。每项代表的含义是当保持其他变量不变时，各驱动因素的变化对出口隐含碳排放变化的贡献。

（三）结构路径分析模型

产业结构由一系列复杂的增值活动组成，但 IO 方法从单个产业的整体宏观角度出发，不提供贯穿整个供应链生命周期过程的细节。结构路径分析（Structural Path Analysis，SPA）可以搭建起生产与消费之间清楚的链条关系，并量化生产链中不同生产层级产生的碳排放，从而识别出隐含碳排放最高的生产路径（Skelton et al.，2011）。它将某种产品的最终需求追溯到其上游的生产部门，形成从需求端到生产端的链条。它主要是运用里昂惕夫逆矩阵的泰勒展开式 $(I-A)^{-1}=I+A+A^2+A^3+\cdots+A^N+\cdots$，放入世界中间产品生产矩阵有：

$$\left\{I-\begin{pmatrix}A^{11} & \cdots & A^{1G} & A^{1C}\\ \vdots & \ddots & \vdots & \vdots\\ A^{G1} & \cdots & A^{GG} & A^{GC}\\ A^{C1} & \cdots & A^{CG} & A^{CC}\end{pmatrix}\right\}^{-1}=I+\begin{pmatrix}A^{11} & \cdots & A^{1G} & A^{1C}\\ \vdots & \ddots & \vdots & \vdots\\ A^{G1} & \cdots & A^{GG} & A^{GC}\\ A^{C1} & \cdots & A^{CG} & A^{CC}\end{pmatrix}+$$

$$\begin{pmatrix}\sum_{u=1}^{C}A^{1u}A^{u1} & \cdots & \sum_{u=1}^{C}A^{1u}A^{uC}\\ \vdots & \ddots & \vdots\\ \sum_{u=1}^{C}A^{Cu}A^{u1} & \cdots & \sum_{u=1}^{C}A^{Cu}A^{uC}\end{pmatrix}+\begin{pmatrix}\sum_{p=1}^{C}\sum_{u=1}^{C}A^{1u}A^{up}A^{p1} & \cdots & \sum_{p=1}^{C}\sum_{u=1}^{C}A^{1u}A^{up}A^{pC}\\ \vdots & \ddots & \vdots\\ \sum_{p=1}^{C}\sum_{u=1}^{C}A^{Cu}A^{up}A^{p1} & \cdots & \sum_{p=1}^{C}\sum_{u=1}^{C}A^{Cu}A^{up}A^{pC}\end{pmatrix}+\cdots$$

（1－23）

由此，由 r 国的最终需求引致的中国的产出 X^{Cr} 可以表示为：

$$X^{Cr}=Y^{Cr}+\sum_{u=1}^{C}A^{Cu}Y^{ur}+\sum_{p=1}^{C}\sum_{u=1}^{C}A^{Cu}A^{up}Y^{pr}+\sum_{t=1}^{C}\sum_{p=1}^{C}\sum_{u=1}^{C}A^{Cu}A^{up}A^{pt}Y^{tr}+\cdots$$

（1－24）

乘以碳排放系数得到 r 国最终需求引起的各生产层级上中国的碳排放为：

$$C^{Cr}=F^{C}X^{Cr}$$

$$=\underbrace{F^{C}Y^{Cr}}_{\text{第0层}}+\underbrace{F^{C}\sum_{u=1}^{C}A^{Cu}Y^{ur}}_{\text{第1层}}+\underbrace{F^{C}\sum_{p=1}^{C}\sum_{u=1}^{C}A^{Cu}A^{up}Y^{pr}}_{\text{第2层}}+\underbrace{F^{C}\sum_{t=1}^{C}\sum_{p=1}^{C}\sum_{u=1}^{C}A^{Cu}A^{up}A^{pt}Y^{tr}}_{\text{第3层}}+\cdots$$

（1－25）

各个层级上从生产到消费的产业链可以分解为：

$$
\begin{aligned}
&C_{\text{第0层}} = F_i^C Y_i^{Cr}(\text{中国部门 } i \to r \text{ 国})\\
&C_{\text{第1层}} = F_i^C A_{ij}^{Cu} Y_j^{ur}(\text{中国部门 } i \to u \text{ 国部门 } j \to r \text{ 国})\\
&C_{\text{第2层}} = F_i^C A_{ij}^{Cu} A_{jg}^{up} Y_g^{pr}(\text{中国部门 } i \to u \text{ 国部门 } j \to p \text{ 国部门 } g \to r \text{ 国})\\
&\cdots\cdots
\end{aligned}
\tag{1-26}
$$

式（1-26）可以追溯一国最终需求引发中国产业部门生产的完整产业路径，层级越低，越靠近最终需求。第 0 层的路径表示某产业部门的产品直接用作最终需求而未经过任何生产环节。处于第 1 层的产业路径表示生产部门的产品被用作一次中间产品，处于第几层级就表示生产部门的产品被用作几次中间产品。比如，处于第 2 层级的产业路径 $F_i^C A_{ij}^{Cu} A_{jg}^{up} Y_g^{pr}$ 表示中国部门 i 生产的产品，出口到 u 国被用作 u 国部门 j 的中间产品，u 国再出口到 p 国用作 p 国部门 g 的中间产品，最后 p 国生产出最终产品出口至 r 国并满足 r 国的最终需求，用产业链表示为中国部门 $i\to$ u 国部门 $j\to$ p 国部门 $g\to$ r 国最终需求，由此形成了 r 国的最终需求通过产业链引起中国部门 i 的生产的完整产业路径。SPA 将隐含排放分解为具有无限多个分支和生产层级的树形网络。层级数量的增加意味着需要更多的生产阶段，需要更多部门的投入，因此供应链会延长（Meng et al.，2015）。随着供应链的不断延长，每层路径的数量呈指数级增长。更重要的是，产业链越长，每条路径上的经济和环境影响就越弱（Castaño et al.，2019），因此，影响较大的路径应给予更多关注。本书采用“砍树”的方式，将从一个生产节点引出的产业链看作一个子树，通过设定阈值，忽略掉阈值以下的子树，提取出产生碳排放的关键路径，具体操作流程见 Li 等（2020b）。

若想了解具体产业路径上影响排放变化的因素，可以将 SPA 与 SDA 结合起来分解一段时期内在结构上引起路径排放变化的贡献因素，分析各因素影响排放变化的方向与影响大小（Wood and Lenzen，2009）。由于每层路径上排放的计算方法不一致，因此每层路径上影响排放变化的因素个数也不一样，以第 2 层的路径为例：

$$
\begin{aligned}
\Delta C &= F_{t+1}^C A_{t+1}^{Cu} A_{t+1}^{up} Y_{t+1}^{pr} - F_t^C A_t^{Cu} A_t^{up} Y_t^{pr}\\
&= c(\Delta F^C) + c(\Delta A^{Cu}) + c(\Delta A^{up}) + c(\Delta Y^{pr})
\end{aligned}
\tag{1-27}
$$

式中，$c(\Delta F^C)$ 表示中国碳排放强度变化的贡献；$c(\Delta Y^{pr})$ 表示 r 国对 p 国最终需求变化的贡献；$c(\Delta A^{Cu})$ 表示 u 国生产单位产出对中国中间投入品需求变化的贡献，如果 u 表示中国，则为国内生产投入结构变化的贡献；$c(\Delta A^{up})$ 为 p 国生产单位产出对 u 国中间投入品需求变化的贡献，为国外生产投入结构变化的贡献。

（四）数据来源及处理

本书使用的碳排放数据来源于中国碳核算数据库（CEADs）①，该数据库提供了1997—2019年中国分部门统计的与能源有关（17种化石燃料）的排放和工业生产过程中（水泥生产）的排放数据（Shan et al.，2018；Shan et al.，2020；Guan et al.，2021），数据涵盖45个产业部门。为保证分析的一致性，本章使用的投入产出表与前文保持一致，将排放清单合并为24个部门，其中含16个制造业部门，并做以下处理：

1. 碳排放量计算

由于本书的研究时段是1995—2018年，首先需要将排放清单进行扩展。按照CEADs的碳排放核算方法，从《中国能源统计年鉴》② 中的能源平衡表（实物量）及工业分行业终端能源消费量（实物量）获得1995年和1996年中国45个行业的能源消费数据，相应部门与能源相关的二氧化碳排放量是根据联合国政府间气候变化专门委员会（IPCC）2006（Eggleston et al.，2006）的指导方针估算的。假设能源种类有 m 种，则部门 i 能源消耗过程中产生的排放为：

$$C_i^{\text{energy}} = \sum_k^m C_i^k = E_i^k N^k F^k O_i^k \tag{1-28}$$

式中，C_i^k 表示第 i 部门使用第 k 种能源产生的排放；E_i^k 表示第 i 部门对第 k 种能源的能源消耗量（实物量）；N^k 表示第 k 种能源的净发热值，即单位化石燃料燃烧产生的净热值；F^k 表示第 k 种能源的排放因子，即单位净热值产生的碳排放；O_i^k 表示第 i 部门对第 k 种能源的氧化效率。使用的排放因子、分部门氧化效率均来源于Shan等（2018）。

假设一共有 k 种产生碳排放的工业生产过程，则部门 i 工业过程中的排放为：

---

① CEADs数据库，https：//www. ceads. net. cn/。

② 通过CNKI数据库下载，http：//cnki. nbsti. net/CSYDMirror/trade/Yearbook/Single/N2005120869?z = Z024。

$$C_i^{\text{process}} = \sum_{t}^{k} Q_i^t P_i^t \quad (1-29)$$

式中，Q_i^t 表示第 i 部门的第 t 种工业产品的产量，P_i^t 表示第 i 部门的第 t 种工业产品生产过程中的碳排放因子。由于工业过程中产生的排放主要产生于水泥的生产过程中（约占过程排放的 75%），为了与 CEADs 计算方法一致，只计算了水泥生产过程中的排放，排放因子参考 Shan 等（2019），取 0.2906。水泥生产量数据来源于《中国统计年鉴》①。

2. 不同贸易方式下的碳排放计算

由于加工出口的中间投入主要来自国际进口，而一般出口的中间投入主要来自国内供应。因此，制造业加工出口和一般出口的投入结构大不相同，使得这两类出口的排放强度是不同的（Su et al.，2013）。各行业的碳排放数据只有总量数据，而没有区分一般和加工不同贸易方式的排放数据。现有文献大致有以下三种处理方法：①Dietzenbacher 等（2012）提出两种方式：一是假设一般贸易和加工贸易有相同的排放系数，二是依据不同贸易方式下各产业对国内中间投入的依赖程度来计算排放系数。②假设中国加工出口排放强度与代表性加工贸易区域（如广东省、福建省、江苏省等）的排放强度相同（Su and Thomson，2016）。③基于能源消耗量而不是排放系数，即依赖于一般贸易和加工贸易的能源中间投入，假设一种能源被用于所有行业不同贸易方式都具有相同的价格，利用能源结构的信息将中间消费分成能源要素和非能源要素，以此来估计碳排放量（Xia et al.，2015）。本书使用加工贸易和一般贸易的国内中间产品投入比例对部门碳排放进行拆分（Jiang et al.，2015）。其原理是加工贸易的生产严重依赖于进口投入和一些用于组装的劳动力，它的生产链只有很小一部分位于中国，而一般贸易的生产链中有很大一部分位于中国。因此，加工贸易行业的排放量也只是一般贸易行业的一小部分是比较合理的。排放系数的估计是根据产业对国内中间投入的依赖程度而定的。总的中间投入系数为 $\rho = \mu A$（μ 表示对矩阵求列和的行向量），则一般贸易和加工贸易国内中间投入系数分别为 $\rho d^{CN} = \mu A^{CNCN}$、$\rho d^{CP} = \mu A^{CNCP}$。

一般贸易和加工贸易国内中间投入占总中间投入的比重分别为 $\lambda^{CN} = \rho d^{CN} / \rho^{CN}$、$\lambda^{CP} = \rho d^{CP} / \rho^{CP}$。各行总的排放强度为 f，则一般贸易和加工贸易的

① 数据来源：国家统计局，http：//www. stats. gov. cn/sj/ndsj/。

排放强度分别为：

$$f_i^{CN} = \lambda_i^{CN} f_i$$
$$f_i^{CP} = \lambda_i^{CP} f_i \quad (1-30)$$

存在关系，

$$f_i^{CN} x_i^{CN} + f_i^{CP} x_i^{CP} = f_i x_i = c_i \quad (1-31)$$

由此，总排放量被分解为一般贸易排放与加工贸易排放。

二、出口隐含碳排放演化趋势分析

（一）总体趋势

中国制造业一般出口排放占比始终高于加工出口排放，且差距逐渐增大，出口隐含排放在总生产排放中的比重趋于稳定（见图1－2）。2001年以后，制造业一般出口排放占总出口排放的比重呈上升趋势并逐渐稳定在55%左右，而制造业加工出口排放占总出口排放的比重呈下降趋势并趋于35%左右。制造业整体出口排放约占中国总出口排放的90%，说明中国绝大部分的出口排放是通过制造业部门出口的，制造业在中国出口隐含排放中占据关键地位。中国出口隐含碳占中国总生产排放的比重呈先上升后下降的变化趋势。中国每年以生产为基础的排放中有15%～25%是由出口需求造成的。在2001—2008年出口导向型发展模式下，出口了大量隐含排放，并在2010年之后呈现下降趋势，这与Mi等（2018）的研究结果基本一致。他们还发现，在中国进入新常态发展阶段之后，出口隐含排放比重的下降主要来源于能源效率的提高和生产结构的优化。在双循环经济发展新格局下，扩大内需以内循环促进经济增长的导向使出口贸易排放逐渐下降。

中国制造业一般出口中隐含的国内排放从1995年的16613万吨上升到2018年的87729万吨，上升了4.28倍，而同期加工出口中的隐含碳排放从14263万吨增长到50618万吨，增长了2.55倍。经过长期的演化，一般出口与加工出口之间出口排放的差距持续扩大，2018年有63.41%的出口排放是通过一般贸易方式出口的，一般出口成为引致中国生产排放的主要原因。出口贸易引致国内碳排放的同时也会为国内带来增加值收益，从单位增加值收益的碳排放量来看，一般出口获得单位增加值产生的碳排放始终比加工出口高，也就是加工出口比一般出口相对来说更清洁，这与Du等（2020）的研究结论一致。尤其是自1999年中国开始对部分高污染类型的加工出口实行限制和禁止后，加工出口带来的单位增加值碳排放量持续下降。

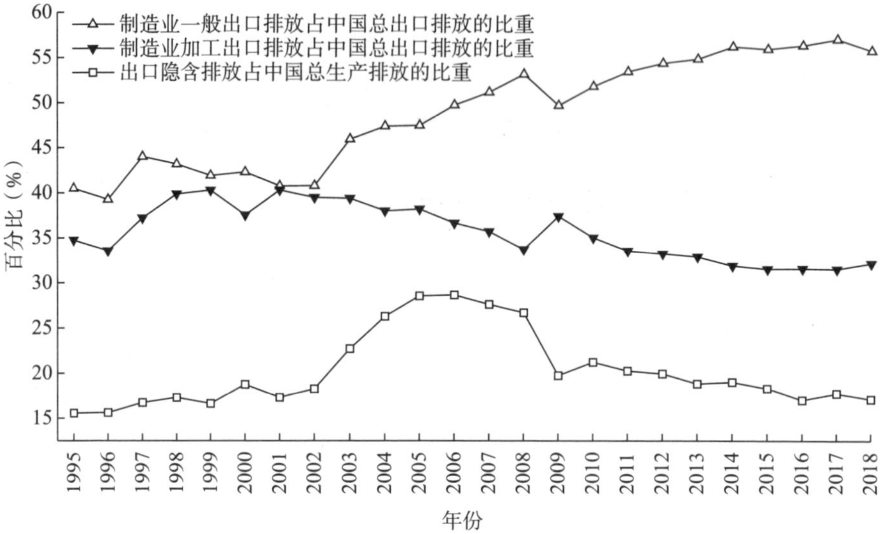

图1－2　中国制造业出口排放占总出口排放以及出口隐含排放占总生产排放的比重的变化趋势

从出口排放的演化趋势来看，大致可以分为五个阶段（见图1－3）。第一阶段是1995—2002年出口排放缓慢增长阶段。这一阶段，一般出口和加工出口中的隐含排放量大致相当，一般贸易和加工贸易在中国出口中占据着同等重要的地位，出口排放的增长幅度也大致相当，分别上涨了47.30%和66.09%。对比出口国内增加值来看，一般出口和加工出口获得的增加值分别上涨了131.03%和162.87%，单位出口增加值的碳排放持续下降。但是由于这一时期中国在生产过程中的碳排放强度高，单位出口增加值的排放仍然处于较高水平。第二阶段是2003—2008年中国加入世界贸易组织（WTO）之后到金融危机之前的快速扩张阶段。这一阶段，一般出口相较于加工出口增长更为快速，一般出口隐含碳增长了276.7%，加工出口隐含碳增长了146.87%，一般出口排放与加工出口排放之间的差距持续拉大。得益于中国加入WTO之后的出口快速扩张，出口带来的国内增加值也大幅上涨，由此带动了国内经济的快速增长。但是应该看到这个时期出口带来的经济收益是以大量的国内排

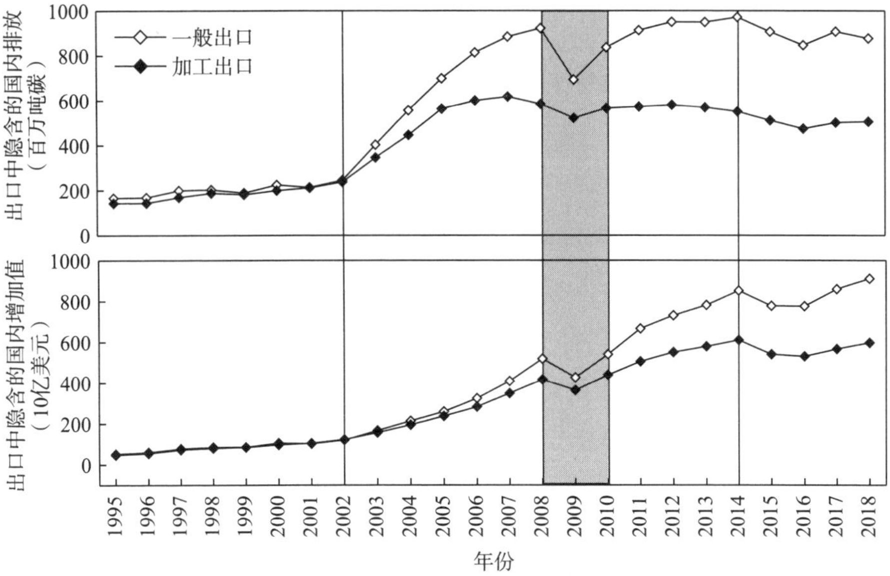

图 1－3　中国制造业出口隐含国内排放及出口隐含国内增加值的演化趋势

放为代价的，快速增长的排放与当时追求能源密集型、重工业增长模式密切相关，粗放式的生产给国内碳排放带来了巨大的压力。加工出口在 2002—2005 年经历了迅猛增长，是加工出口排放增长最快的时期，年均增长达到 33. 43%。加工出口活动在经历快速扩张之后，加工生产方式面临转型调整，此后阶段不再有大幅增长。第三阶段是 2009—2010 年金融危机阶段。这一阶段，经历了出口量的下跌以及恢复。面对国际金融危机的冲击，一般出口受到的影响比加工出口更为强烈，出口隐含排放下跌幅度更大，恢复得也更快。比如，2009 年一般出口隐含碳环比下降了 24. 79%，在 2010 年增长了 20. 70%，同期加工出口受到的影响分别为 10. 78% 和 8. 42%。加工出口受到外部冲击影响较一般出口小的原因可能是加工贸易主要是承接加工组装任务，外包任务完成之后产品全部用于出口，生产流程及出口去向较为明确，出口量下降的原因更多来自所承接的任务量的减少。而一般贸易所生产的产品大部分用于国内消费，一部分用于出口，一旦外部环境变化，出口受阻，就会转化为内销，由此带来出口量的急剧下降。金融危机导致中国对国际市场的长期依赖急剧下降，加速了中国的经济结构调整，逐步放弃威胁生态环境的粗放经济增长模式。第四阶段是 2010—2014 年出口排放趋于稳定阶段。这一阶段，出口隐含碳排放增速大幅放缓，一般出口排放小幅上涨了 16.07%，加工出口排放下降了 2.57%，排放趋于平稳。值得注意的是，这一阶段的出口国内增加值仍在快速上升，一般出口增加值增长了 57.84%，加工出口增加值增长了 39.09%。可以看出，出口带来的增加值收益对于以国内碳排放为代价的关联性降低，为获取出口经济收益所承受的国内排放的压力减小了，经济发展低碳化特征显现。尤其是随着加工贸易逐渐进入转型阶段，在总贸易中的比重下降，出口贸易方式结构的转变在一定程度上反映出制造业生产方式和技术要素含量的升级（马光明等，2019），这种转变影响了相应的碳排放的变化。第五阶段是 2014—2018 年出口排放缓慢下降阶段。这一阶段，一般出口排放下降了 9.68%，加工出口排放下降了 8.17%，出口排放逐渐呈下降趋势，而出口国内增加值仍处于上升趋势，体现为出口带来的经济增长与出口引致排放之间的脱钩。为获取单位出口增加值收益的国内碳排放成本进一步下降，一般出口单位增加值的碳排放从 2014 年的 1.14 吨/千美元下降到 2018 年的 0.96 吨/千美元，降幅为 15.79%，加工出口则从 0.90 吨/千美元下降到 0.85 吨/千美元，降幅为 5.56%。中国经济发展已进入新常态阶段，经济迅猛增长进入减速再平衡阶段，经济转型从能源密集型和重工业向技术密集型和低能耗行业的结构性转变，经济的高质量发展以及生产结构的变化使中国的出口隐含碳排放进入长期下降趋势（Mi et al.，2018），出口的综合效益得到提升。

中国制造业出口贸易中快速增长的隐含碳排放主要是由中间产品贸易引起的（见图 1-4）。中间产品贸易盛行使价值链愈加复杂，相应地，隐含碳转移也变得更加难以追踪。一般出口中有大约 67% 的出口排放是通过中间产品出口而产生的，高于加工出口排放中通过中间产品出口的比重，这是一般出口在国际分工中的地位高于加工出口的反映。一般出口的中间产品出口比重较高，在 GVC 中主要扮演提供中间产品的角色，由此引致的中间产品出口排放也更高。加工出口主要依靠提供最终产品嵌入 GVC，尤其在加入 GVC 初期与最终产品贸易相关的排放份额更大，但是应该看到在 2005 年之后加工出口排放中通过中间产品出口的比重呈上升趋势，这与加工出口 GVC 分工位置的攀升是对应的。与最终产品贸易相比，国际生产碎片化导致的中间产品贸易有助于更大限度地减少能源消耗造成的碳排放（Zhang，2015），随着中国在国际分工中更多地承担中间产品生产环节，出口贸易带来的排放有望得到抑制。

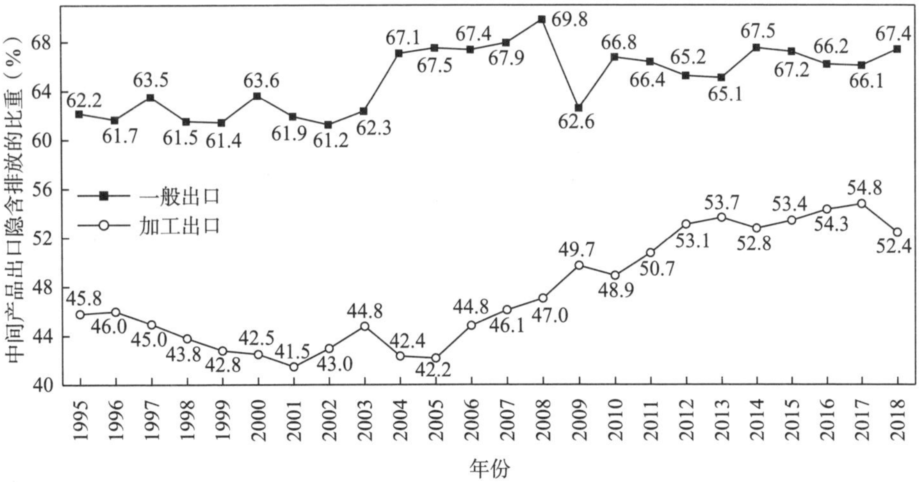

图 1－4 不同出口方式下中间产品出口中隐含排放占出口隐含排放的比重的演化趋势

不同演化阶段驱动出口隐含排放变化的因素作用大小不尽相同，碳排放强度效应起主要的抑制作用，出口规模效应起主要的促进作用（见图 1－5）。为了分析各阶段导致出口排放变化的结构性因素，使用 SDA 对影响出口排放变动的贡献因素进行分解，为出口排放的变化提供直观的解释。1995—2002 年，碳排放强度的下降是导致排放下降的主要因素，出口规模的增加是引起排放增长的主要因素，其中最终产品出口规模为主要影响因素。例如，碳排放强度的下降使这一时期加工出口中的隐含排放下降了 46.07%，而最终产品出口规模的增长使排放增长了 72.25%。国内生产技术得到小幅改进，出口产品结构变化产生的影响较小。2002—2008 年，碳排放强度大幅下降。不同的是，中间产品贸易是导致一般出口排放增长的主要因素，不仅表现为中间产品出口规模的扩大，中间产品出口结构的变化也使一般出口排放上升，反映为在一般出口的中间产品中高排放部门的比重增大。由于加工出口相对处于产业链生产的末端，以出口最终产品为主，所以最终产品贸易仍然是引致加工出口排放增长的主要因素。与其他阶段的表现不同，这一时期国内生产技术的变化加重了出口排放，在生产过程中所使用的中间投入增加或者投入高排放部门中间产品的比例增加都会使生产技术恶化，从而引起更多的排放。有研究表明，该阶段中间投入率的快速上升主要是由中国加入 WTO 后的分工细化和制造业内部产业结构转变引起的（张一兵等，2023）。2010—2014 年，碳排放

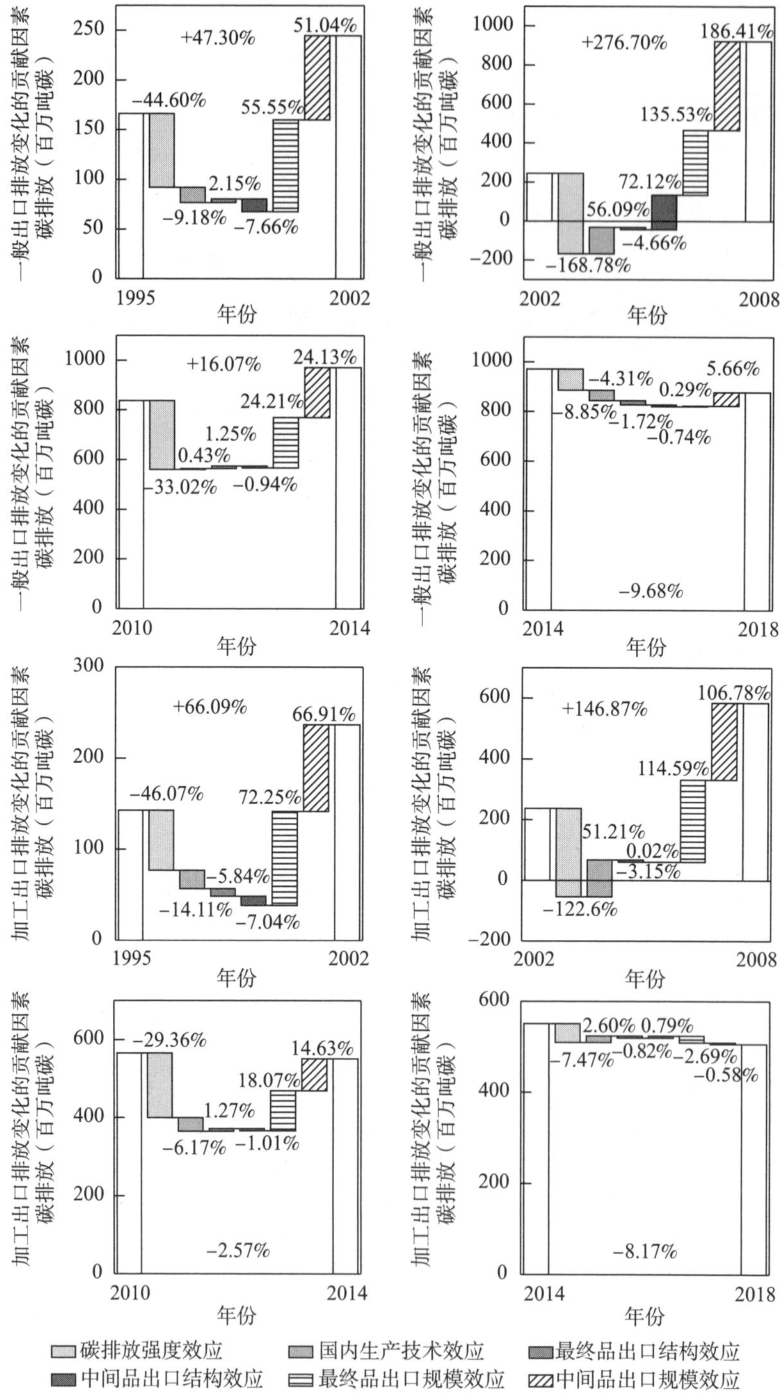

图1-5　不同演化阶段制造业出口隐含国内排放变化的贡献因素分解

强度进一步下降。出口规模的增加仍然主导着出口排放的增长，但是增长幅度较之前的阶段放缓，这一时期出口排放增长速度的下降来源于出口规模增速的下降。2014—2018 年，排放出现小幅下降，碳排放强度的进一步下降以及出口增速的放缓对抑制排放增长起主要作用。生产技术、出口结构均趋于稳定，发生的变化比较小，因此，对出口排放的影响也较小。该阶段加工贸易出口量出现下降，贸易规模的收缩使相应的出口排放下降。

（二）部门层面分析

一般贸易和加工贸易的出口部门结构存在较大差异，在研究期间不同贸易方式下出口排放的部门结构发生了显著变化。

1. 后向产业关联的视角

从后向产业关联的视角看，一个部门的出口排放中隐含着所有上游中间投入部门的生产排放。中国充足的廉价劳动力和不那么严格的环境限制导致了劳动密集型制造业和能源密集型制造业引致大量的出口隐含碳。1995 年，凭借中国低廉的劳动力成本，纺织业成为中国国民经济中的优势产业，无论是在一般贸易还是在加工贸易生产方式下都有大量的纺织品出口，由此纺织行业成为引致出口隐含排放最大的部门，分别占一般出口排放和加工出口排放的 24. 92% 和 22. 58% ，大规模的出口是纺织业出口隐含碳排放高的主要原因。并且，纺织行业有 67% 的排放是由最终产品出口引致的，中国纺织品行业在全球产业分工中主要为其他国家提供最终产成品。除此之外，化学工业、金属冶炼和非金属矿物的一般出口中隐含的碳排放也相对较高，不一样的是这些部门主要提供中间产品出口。这几个部门的出口碳强度都比较高，中国在高碳产业具备的竞争优势使出口贸易结构向这些行业倾斜（朱启荣，2010），进一步推高了整体排放。加工出口排放较高的部门有电子光学设备和其他制造业，主要通过最终产品出口。到 2018 年，纺织业出口排放所占比重大幅下降，尤其是纺织业加工出口排放占制造业加工出口排放的比重从 22. 58% 下降到了 2. 80% 。一般出口排放集中在基础行业（如金属冶炼、金属制品、非金属矿物等），主要通过中间产品出口为其他国家的生产提供中间投入品。加工出口排放集中在设备类行业（如电子光学设备、电气设备、交通设备等），通过最终产品出口和中间产品出口的比重相当，这些部门产品具有作为最终产品和作为中间投入的双重性质。1995—2018 年，加工出口排放的部门结构呈集聚化发展，出口排放越来越向少数几个主要部门集中。例如，2018 年电子光学设备和电气设备加工出口的隐含排放在制造业加工出口排放中的比重高达 61.16%，是重要的引致国内生产排放的来源，这两个部门的出口活动对上游生产部门排放的影响更加重要。而一般出口排放的部门结构呈分散化发展，出口部门更加多元。许多研究表明，中国经济发展新常态的特点是从能源密集型部门向能源密集度较低的部门的结构转型（黄群慧，2014），部门的结构调整对相应的出口排放结构产生了重要影响。生产成本的上升进一步削弱了中国在资源密集型和劳动密集型产品市场上的竞争力，因此，出口结构正在转向技术、效率和附加值更高的生产，使得出口排放密集度降低。

2. 产业类型视角

从产业类型来看，一般出口排放主要集中在中技术和中高技术制造业，加工出口排放主要集中在中高技术和高技术制造业（见图 1－6）。对比 1995 年和 2018 年出口隐含国内碳排放的部门结构可以看出，无论是一般出口还是加工出口，主要出口部门逐渐向拥有更高技术含量的部门转移，技术水平更高的部门的出口量增加了，出口部门结构得到了优化。尤其是加工出口，制造业的加工出口活动涉及比一般出口生产更复杂的产品、更先进的技术和更高的生产效率（Brandt et al.，2019），因此加工出口排放主要集中在高技术行业。此外，一般中间产品出口排放比重从 1995 年的 62.17% 上升到 2018 年的

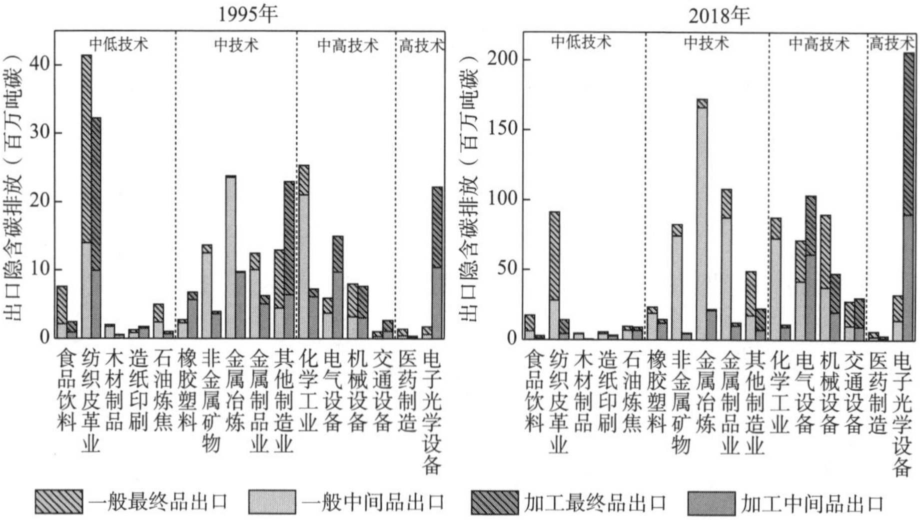

图 1－6　不同出口方式下出口隐含国内碳排放的部门结构

67.40%，而加工中间产品出口排放比重从52.14%下降到51.23%。一般出口产业链得以提升，分工位置向中间产品生产环节移动，带来中间产品出口排放比重的增加。而加工出口排放向最终产品出口排放倾斜是加工出口结构向电子光学设备行业集中的结果，该行业以最终产品生产为主，最终产品出口排放占比为56.33%，带动了加工出口中最终产品出口排放比重的增加。

3. 出口隐含排放的演变趋势视角

具体从各制造业部门出口隐含排放的演变趋势来看，各部门表现出不同的演化特征（见图1－7）。化学工业、非金属矿物、金属冶炼、金属制品业这几个部门的一般出口隐含排放从2001年开始呈快速增长趋势并维持在较高水平，而加工出口隐含排放一直处于较低水平，这是由于这几个部门的生产中存在产生高能耗、高污染的生产环节，这些类型的产品是加工出口禁止类商品，所以这几个部门的加工出口较少。虽然加工出口被限制使得加工出口

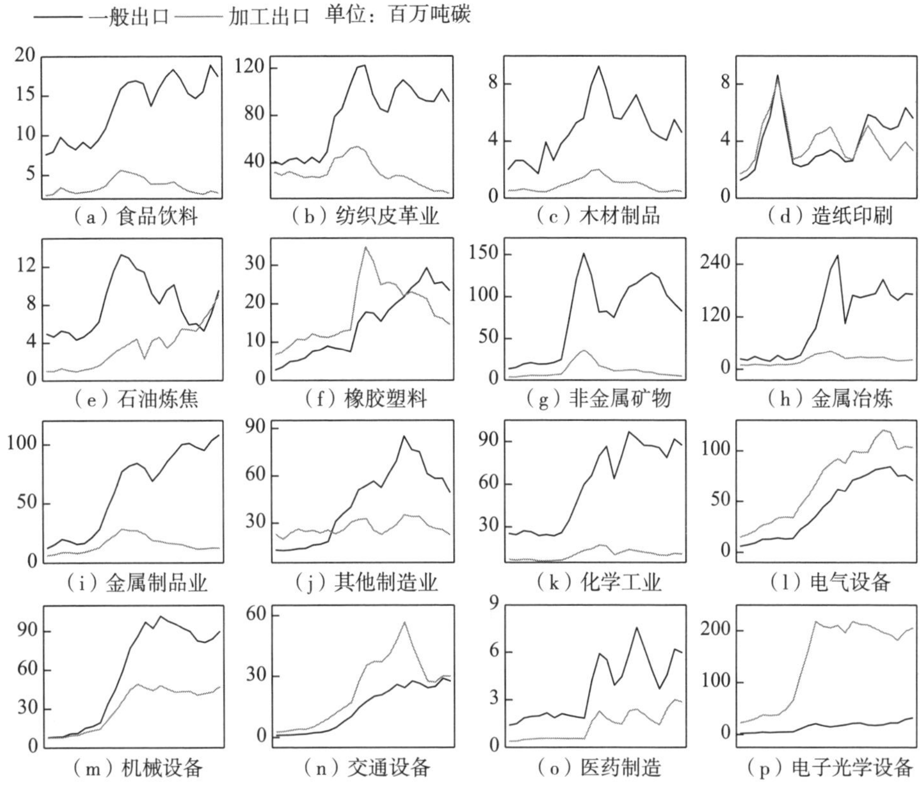

图1－7 1995—2018年制造业部门出口隐含国内碳排放的演化趋势

排放处于较低水平，但是国外仍然存在从中国进口产品的需求，这部分需求转向以一般贸易方式来满足，所以加工出口被限制的行业往往一般出口排放都比较高。除这几个部门以外，低技术含量类制造业（如食品饮料、纺织皮革业、木材制品）主要以一般贸易方式出口排放且呈增长趋势，加工出口排放较低且呈下降趋势。有研究观察到产业在国际贸易价值链上扩张时普遍表现出从加工出口向一般出口过渡的模式，尤其是自中国加入 WTO 以来，加工出口的免关税优势被弱化后中国加工出口份额缓慢下降（Bai et al.，2021）。电子光学设备、电气设备、交通设备这几个技术含量较高的行业加工贸易出口排放增长迅速。中国加入 WTO 后电子光学设备的加工出口排放迅速增大，从 2001 年的 4776 万吨增长到 2018 年的 20621 万吨，增长了 3.32 倍。该行业作为“朝阳产业”（新兴且快速增长的行业），对于计算机等更接近最终产品的需求大大增大，世界其他国家的需求沿着产业链拉高了该行业的出口排放。电子光学设备行业是实现中国产业调整和 GVC 升级目标的核心部门之一，引导该行业的出口向高质量和可持续的方式扩张具有重要意义。

4. 引起各部门出口排放变化的因素

从引起各部门出口排放变化的因素来看，碳排放强度的下降是所有部门出口排放下降的主要贡献因素，部门出口量的增加是出口排放增长的主要贡献因素（见图 1－8）。自《中华人民共和国节约能源法》[①] 实施以来，高排放、高污染、低效率的生产受到限制，制造行业能源效率的持续提升在很大程度上抑制了排放的增长。一般出口排放增长较多的行业有金属冶炼、非金属矿物、金属制品业和化学工业，这些部门出口排放的增长主要由中间产品出口规模的扩张引起。例如，金属冶炼在研究期间出口排放增长了 14829 万吨，中间产品出口规模的增加使其排放增加了 15364 万吨。随着国际生产分工活动的扩散，中间产品贸易活动增加，对出口排放产生的影响越来越重要，成为导致出口排放上升的主要贡献因素。对于纺织业这样处于产业链相对下游、主要提供最终产品出口的行业来说，最终产品规模是影响其出口排放的主导因素。纺织行业出口规模增长使其排放上升，但纺织业出口在制造业总出口中所占比重下降成为导致其排放下降的因素。国内生产技术对所有部门

① 《中华人民共和国节约能源法》自 1998 年起实施，http：//www. npc. gov. cn/npc/c12435/201811/045c859c5a31443e855f6105fe22852b. shtml。

的出口排放产生的影响都较小，这是由于生产技术的发展变革需要很长的时间，短期内很难发生变化。但是纺织业的一般出口和电子光学设备的加工出口的国内生产技术的变化对出口排放增长产生较大的影响，这是由于生产中使用国内投入的比例增加了，一部分进口投入被国内要素替代，导致国内生产排放增加。对于出口量大的行业，生产结构、贸易结构的微小变动都可能对出口排放产生较大影响，这些部门应该重点关注。

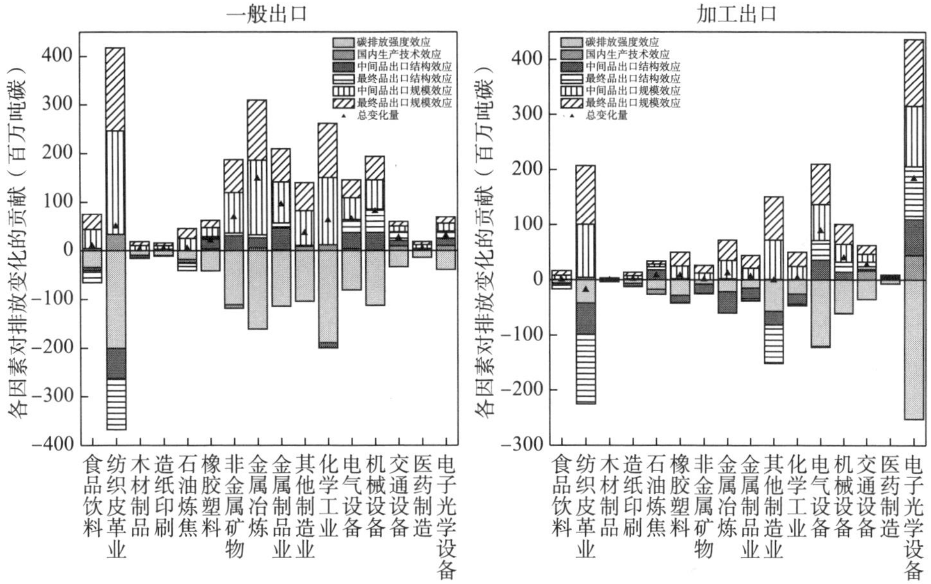

图 1－8　1995—2018 年制造业部门出口隐含国内排放变化的贡献因素

5. 出口排放的来源部门

从出口排放的来源部门看，制造业出口隐含碳排放的来源集中在少数几个部门，而且有向基础行业集聚的趋势特征（见图 1－9）。由于生产分工的深入，制造业部门的生产越来越依赖于其他行业提供的原材料或中间产品，这就不可避免地会引起上游生产部门的排放。1995 年，电力行业、金属冶炼、化学工业、非金属矿物是产生排放最多的部门。电力作为基础产业，是许多出口到国外的制造产品生产过程中必不可少的中间投入，这带来了大量的中间需求，下游的生产引起上游基础产业的排放。由于中国电力行业碳排放强度很高，3/4 的能源消耗来源于煤炭，使得电力行业单位产出产生的碳排放居高不下，促进可再生能源发电和提高输配电过程的效率可以在一定程度上减轻供电行业对环境的负面影响（张海龙，2014）。到 2018 年，超过七成的出口排放来源于电力行业和金属冶炼，它们在生产过程中排放的变化将广泛影响产业链中的大多数部门。这两个部门单位产出的碳排放量是所有生产部门中最高的，如果能进一步降低这两个部门生产过程中的碳排放强度，将在很大程度上改善出口排放。在大多数上游部门，特别是在电力部门，较高的进入壁垒降低了相关上游部门的市场竞争和国际技术转让水平，而且中国大多数与能源相关的上游行业主要由国有企业控制，政府补贴的支持水平相对较高，碳减排监管力度较弱（查建平等，2012），因此，越来越多的排放产生于出口供应链上游的基础产业中。对生产部门的能源投入结构进行调整，鼓励低碳能源替代高碳能源，例如以天然气和可再生能源替代焦炭和石油，可以有效促进能源转型（刘平阔、王志伟，2019），降低相应生产过程中的排放。除此以外，出口引致的交通运输部门的排放大幅上涨，生产过程碎片化和全球供应链延伸使离岸外包不断增长，这个过程增加了中间进口和产品在不同阶段到达最终消费者的距离（Cadarso et al.，2010），从而增加了运输过程中产生的排放，且这些排放高于其他部门由于国际分工增长的排放。

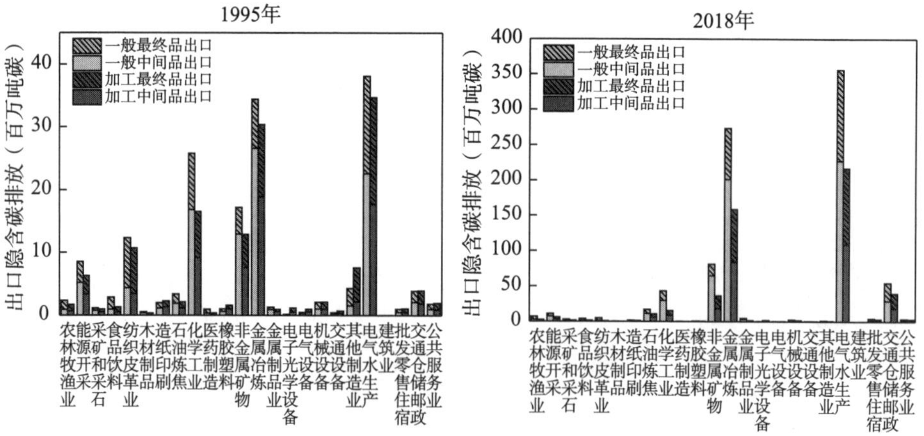

图 1-9　中国制造业出口隐含碳排放的生产部门来源

上游生产排放的部门和下游出口产品的部门存在较大差异。生产排放高的部门可能并不通过本部门直接出口，出口排放高的部门可能由本部门产生的排放很少。例如，来源于金属冶炼的加工出口排放很高，而通过金属冶炼进行出口的排放却很少，说明在金属冶炼的加工贸易生产中有很大一部分排放是隐含在其他部门生产的产品中进行出口的。又如，电子光学设备生产的排放很少，而出口中隐含的排放却很多，说明有大量的排放来源于上游的生产部门，而非本部门的生产排放。这也反映出碳排放从上游生产部门通过产业链一步步传递到下游出口部门的复杂性（见图1－10、图1－11）。

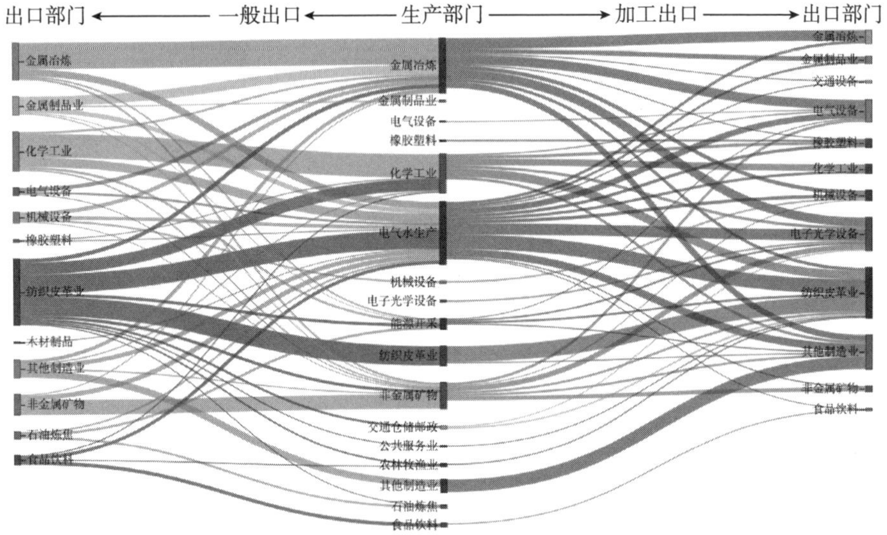

图1－10　1995年不同出口方式下生产部门向出口部门排放的转移

注：分别绘制了一般出口和加工出口中出口部门引致国内生产部门排放的前50条排放流向，下同。

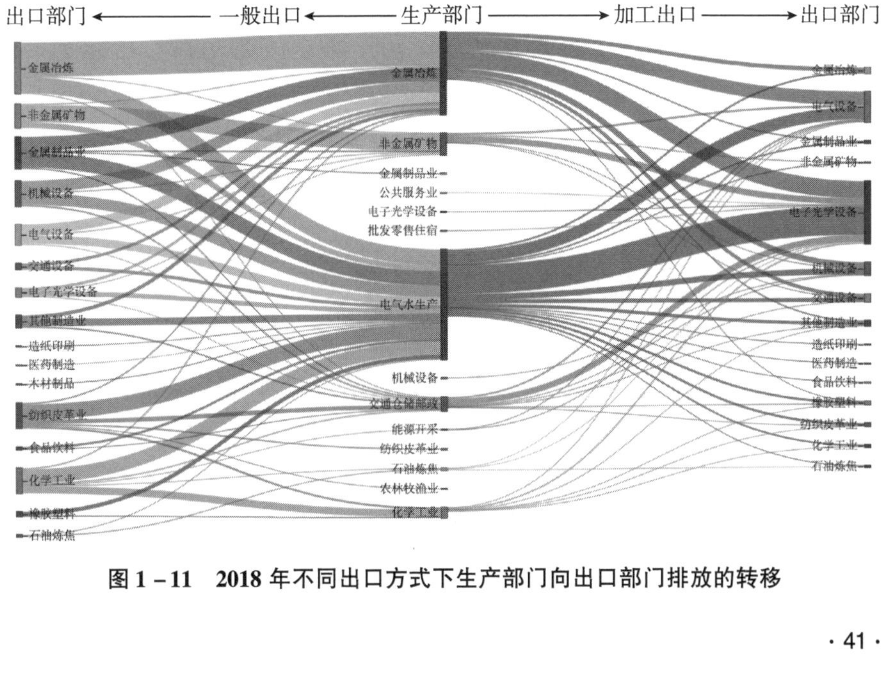

图1－11　2018年不同出口方式下生产部门向出口部门排放的转移

各部门生产要素投入结构存在差异，但出口部门引致排放的生产部门结构的差异在缩小。金属冶炼、化学工业、非金属矿物、其他制造业的出口中来源于本部门排放的比重较高，电子光学设备和电气设备出口中来源于本部门的直接排放较少。作为一般出口最大的部门，纺织业出口主要靠电气水行业、化学工业、纺织业、交通运输业的中间投入而间接引起这些行业的排放。加工出口最大的电子光学设备行业主要导致金属冶炼、电气水生产、非金属矿物、交通运输业的间接排放。由于生产链中各部门之间的中间生产投入关联，一个部门的碳排放不仅受到自身的影响，还受到其他上游或下游部门的影响，因此，需要构建跨部门合作机制来减少碳排放。从中国继续推进融入全球生产分工的进程来看，中间投入过程中造成的间接碳排放将继续增加，因此，生产过程仍然是减少碳排放的重点。更甚者，生产排放主要集中在能源密集型行业，且存在向高排放强度行业集中的趋势。各制造业部门对于上游行业的需求结构差异不大，实现有效减排的重点应该放在降低主要上游部门的生产排放上而不是调整出口部门结构。Zhang 和 Tang（2015）认为，中国出口隐含排放主要取决于投入结构和技术效率的改善，而出口结构变化对排放的影响不大。与通过降低能源密集型产品在出口中的比重来调整出口结构相比，优化生产结构可以从源头上大幅降低出口产品的隐含碳排放。中国自 2015 年起启动供给侧改革，它强调优化供给结构对于提高供给侧的效率和质量至关重要，需要创建以技术创新为导向的绿色供应链管理体系，消化上游资源型产业的过剩产能来进一步深化供给侧改革（胡鞍钢等，2016）。电气水生产、金属冶炼、非金属矿物处于中国国内供应链的上游，降低这些部门生产排放强度是减排的重点。低碳政策在依靠技术创新来提高这些部门的能源效率的同时，还需提高清洁能源在生产过程中的比重。

各部门出口途径结构在一般出口和加工出口中的差异较小，在研究期间内的变化也较小，产业生产结构以及出口需求结构没有发生显著变化（见图 1－12）。制造业部门的出口途径根据各部门的生产特征以及在产业链中所处生产环节的不同表现出不一样的结构。食品饮料、纺织皮革业、医药制造、交通设备主要以出口最终产品的方式出口排放，反映出这些部门在国际生产分工中主要承担相对靠后的生产环节。例如，纺织品的一般出口中有 69.06% 是通过最终产品进行出口的。金属冶炼、非金属矿物、金属制品业、木材制品等行业主要以中间产品出口的方式出口排放，在产业分工中主要承担提供中间投入品的角色，融入 GVC 生产分工的程度较高。例如，金属冶炼行业有 96.35% 的出口排放以出口中间产品的途径实现。中间产品出口比重较高的部门，中间产品出口后被第三国吸收的比重也相对较高，即其他国家的需求通过中国的直接贸易伙伴国间接引起了中国国内的排放。部门出口结构在不同出口方式下的差异不大，但从总体上看，一般贸易中间产品出口排放比重高于加工贸易，说明一般贸易偏向于中间产品出口排放比重高的部门，而加工贸易更偏向于最终产品出口排放比重高的部门。

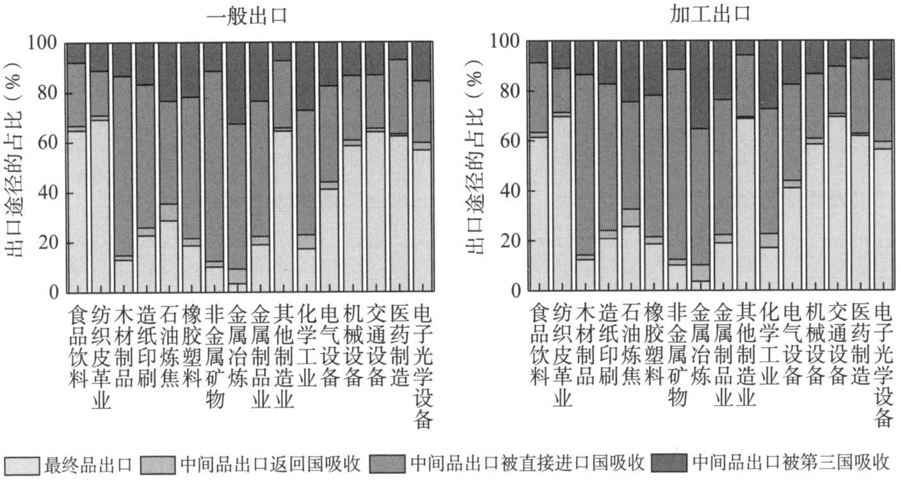

图 1－12　2018 年各部门隐含碳排放不同出口途径的比较

（三）出口去向分析

中国向发展中国家（地区）的出口排放比重呈增长趋势，而向发达国家（地区）出口排放的比重在下降，出口排放去向呈多元化发展趋势（见图 1－13）。随着全球产业链分工的深化，其他国家（地区）的最终需求通过出口贸易对中国国内排放的影响日益加深，伴随 GVC 发展带来的碳排放归属划分及责任分配过程越来越错综复杂。向下追溯制造业出口排放的去向可以知道中国的出口排放是由哪些国家的需求引起的。中国制造业出口排放的主要去向有美国、日本、中国香港、韩国、德国等国家和地区，出口去向集中度降低，呈向更多国家（地区）出口的分散化特征。1995 年，由美国和日本的最终需求

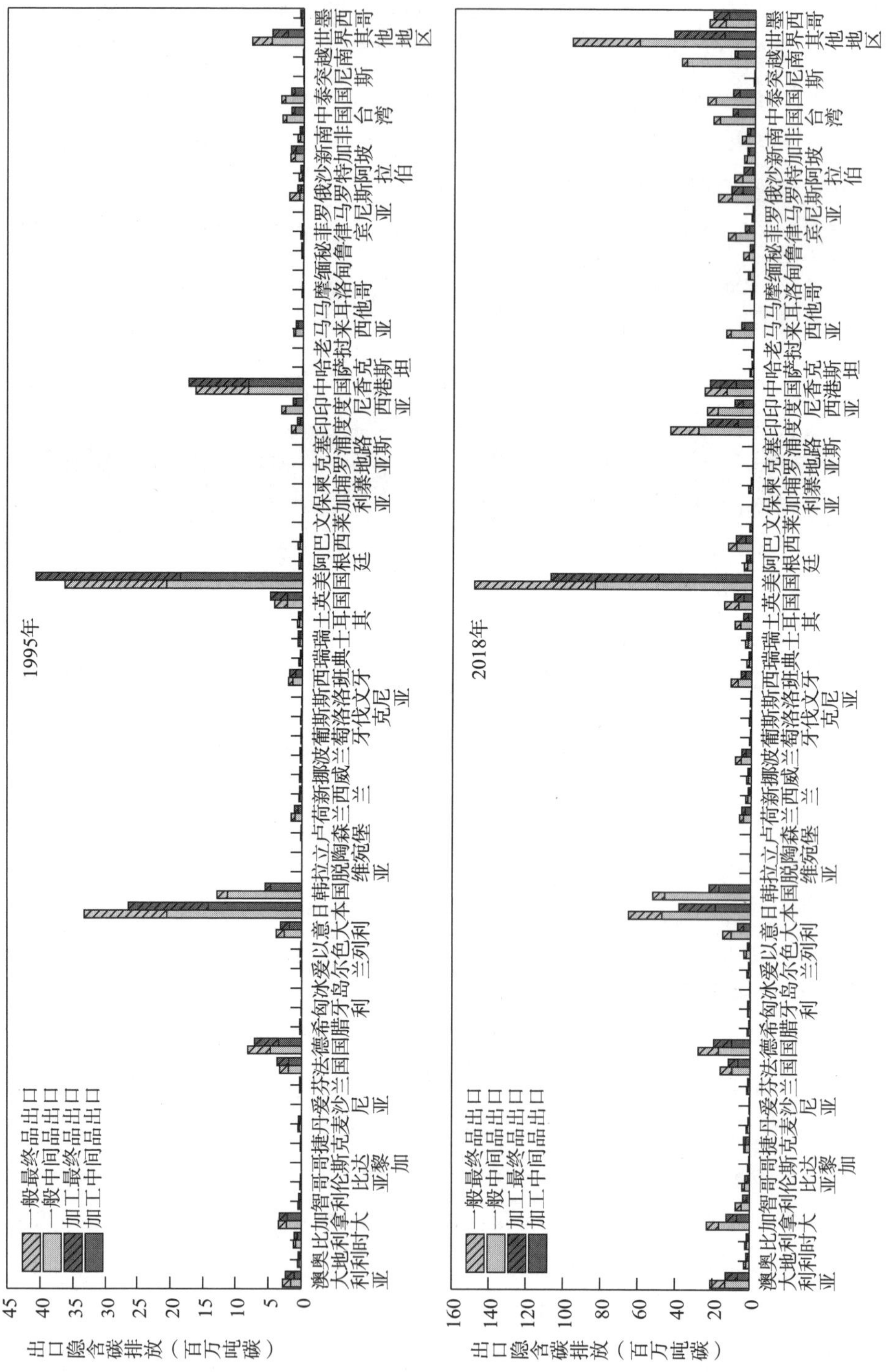

图1－13　制造业出口中隐含国内排放的出口去向

引致的中国一般出口排放占比达 43.26%，加工出口排放占比达 47.56%，到 2018 年，该占比分别降至 26.97% 和 31.01%。由于受“一带一路”倡议等一系列政策影响，中国向印度、印度尼西亚、马来西亚、泰国、越南、墨西哥等发展中国家的出口排放有较大的增长幅度。例如，1995 年中国向越南的出口排放仅为 28 万吨，而 2018 年增长到 4987 万吨，增长了约 177 倍。这与中国和发展中国家之间贸易往来更加频繁及合作加深有关，比如“一带一路”建设使中国与发展中国家之间的联系更加紧密，彼此间的生产与贸易关联加深，“一带一路”共建国家成为中国出口的重要目的地。此外，中国向发展中国家（地区）的出口排放中来源于中间产品出口的比例比发达国家（地区）要高。2018 年，中国向越南的一般中间产品出口排放占一般出口排放的 93.4%，中国主要向越南提供中间产品，在越南产业链中处于相对上游位置。相较而言，中国向美国的一般中间产品出口排放比例为 56.39%。中国国内碳排放出口目的地集中化以及出口目的地过于依赖发达国家（地区）的情况得以缓解，在面对贸易争端等严峻的外部环境下，出口目的地呈多元化发展，这对中国外贸稳定具有重要意义。随着“一带一路”的发展和亚洲基础设施投资银行对发展中国家的支持，中国与发展中国家之间的多边贸易将继续强劲增长。

中国制造业在嵌入 GVC 的同时，已高度融入贸易隐含碳转移网络，出口排放大幅增加且部门及贸易国（地区）集中度呈下降趋势（见图 1－14 和图 1－15）。制造业部门排放出口去向呈分散式发展，这是中国拥抱多元市场化，吸引外国直接投资，积极参与国际市场的结果。除美国、日本、中国香港一直以来是中国出口排放的主要去向地以外，中国向印度、印度尼西亚、泰国、俄罗斯、越南、世界其他地区、墨西哥、韩国、德国的出口隐含碳大幅增长，一般出口排放在中技术行业增长较快（如金属冶炼），加工出口排放在高技术行业增长较快（如电子光学设备）。排放增长的主要原因是中国在特定部门中与贸易伙伴的国际贸易规模大幅增加，因此与这些国家（地区）制定环境友好型外贸战略至关重要。

由于各国资源禀赋、生产水平和消费需求的差异，中国对其他国家（地区）的出口排放及结构有显著差异（见图 1－16 ~ 图 1－19）。通过提取中国出口部门通过中间产品或最终产品向主要贸易伙伴的出口排放较大的流向可以了解中国出口部门与贸易国之间的贸易关联及演变方向，以便能够针对不

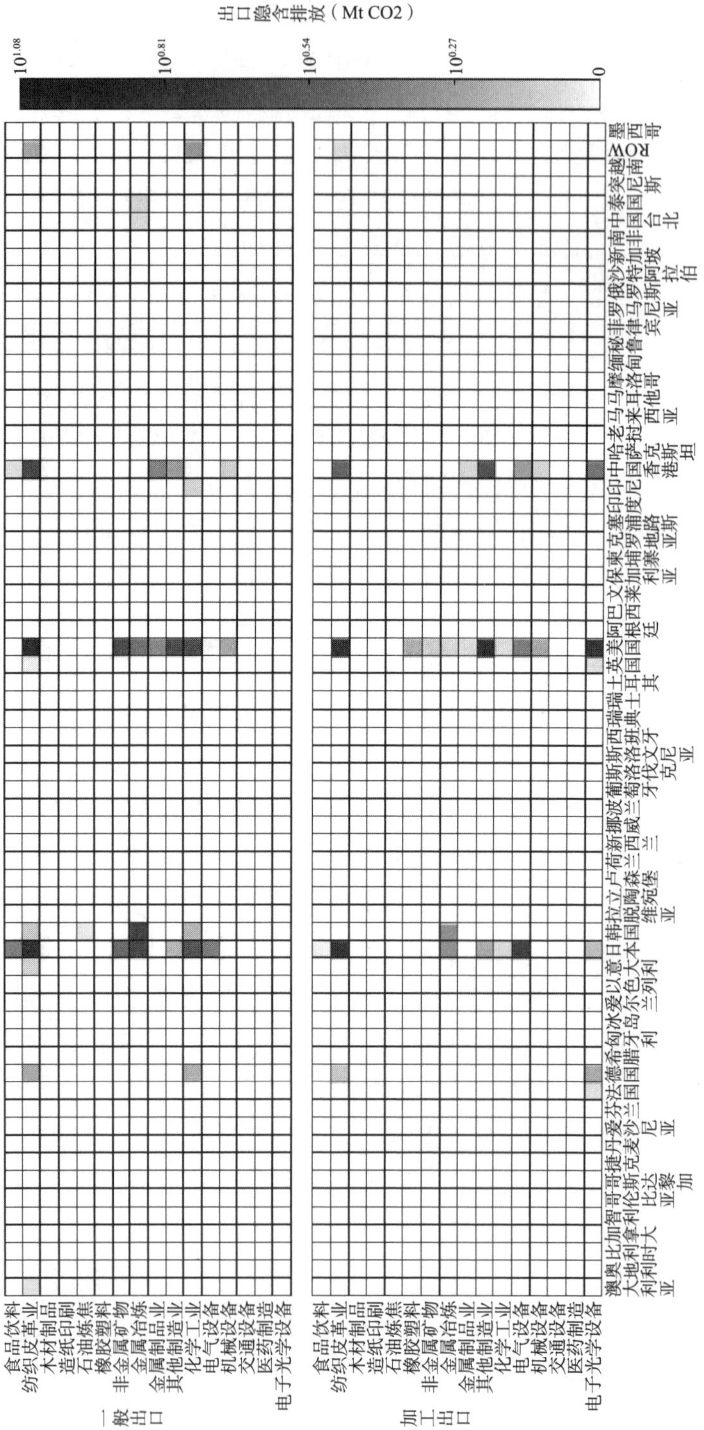

图 1-14　1995 年不同出口方式下中国制造业部门向贸易国（地区）的出口隐含碳排放

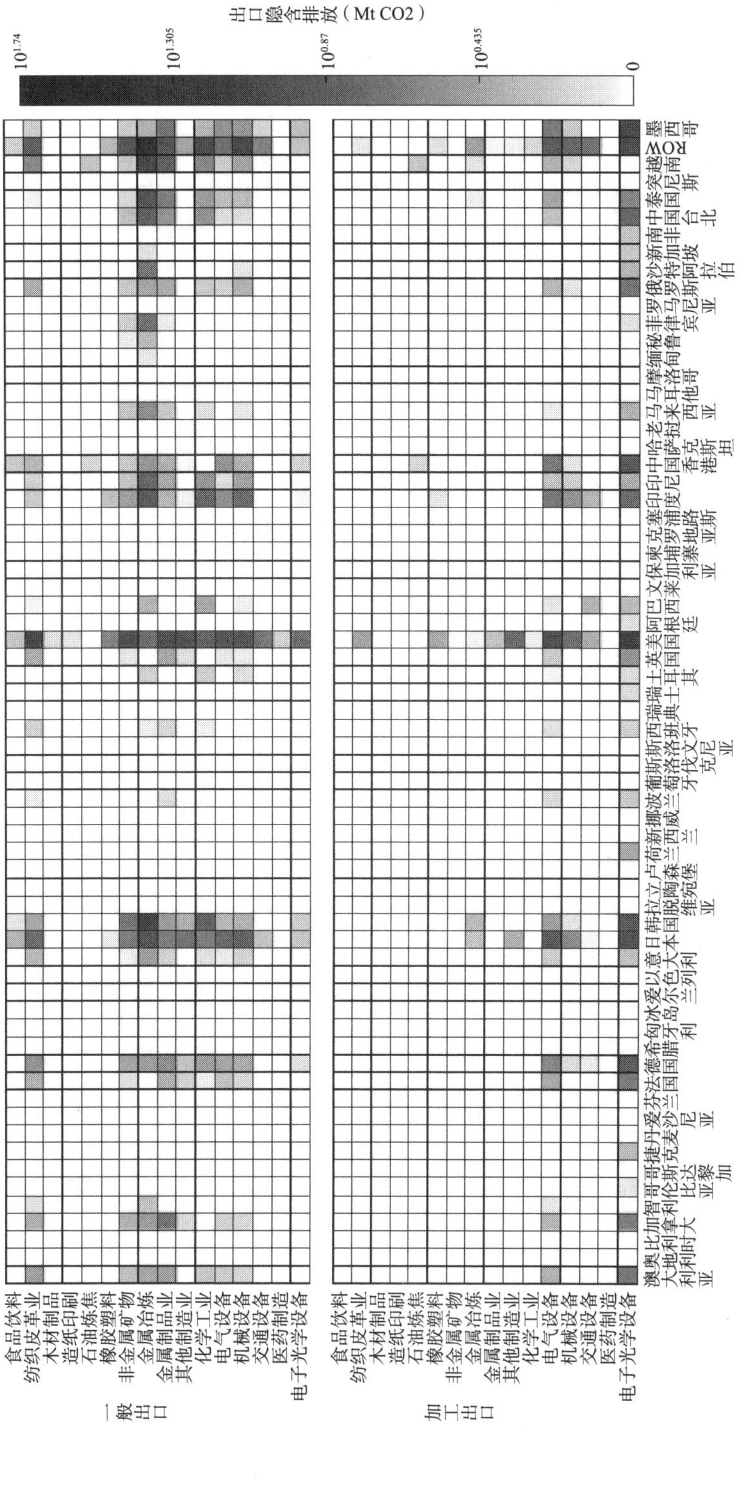

图 1－15　2018 年不同出口方式下中国制造业部门向贸易国（地区）的出口隐含碳排放

同的贸易伙伴调整贸易额和结构。一般贸易下，中间产品在其他经济体向中国的排放转移中发挥了重要作用。一般出口排放以中间产品出口为主，主要流向美国、日本、韩国和中国香港，向世界其他地区、越南、印度、泰国的中间产品出口流向显著增多。例如，1995 年一般中间产品出口排放的主要流向是金属冶炼、非金属矿物和化学工业的中间产品流向美国、日本和韩国，2018 年一般中间产品出口排放的主要流向是金属冶炼的中间产品流向世界其他地区、韩国、越南、印度和泰国。中国向发展中经济体，尤其是东南亚国家的出口排放增加。一般最终产品出口排放的主要出口部门与中间产品出口部门有较大差异，且向主要贸易国的出口流向在减少。1995 年一般最终产品出口排放的主要流向是纺织皮革业、其他制造业和食品饮料的最终产品流向美国、日本和中国香港。2018 年一般最终产品出口排放的主要流向是纺织皮革业、其他制造业、机械设备的最终产品流向美国、世界其他地区和印度。加工贸易下，主要出口排放转移以最终产品为主，主要流向发生显著变化。1995 年加工最终产品出口排放的主要流向由纺织皮革业、电子光学设备和其他制造业流向美国、日本和中国香港，2018 年加工最终产品出口排放的主要流向由电子光学设备、电气设备、机械设备流向美国、日本、世界其他地区。

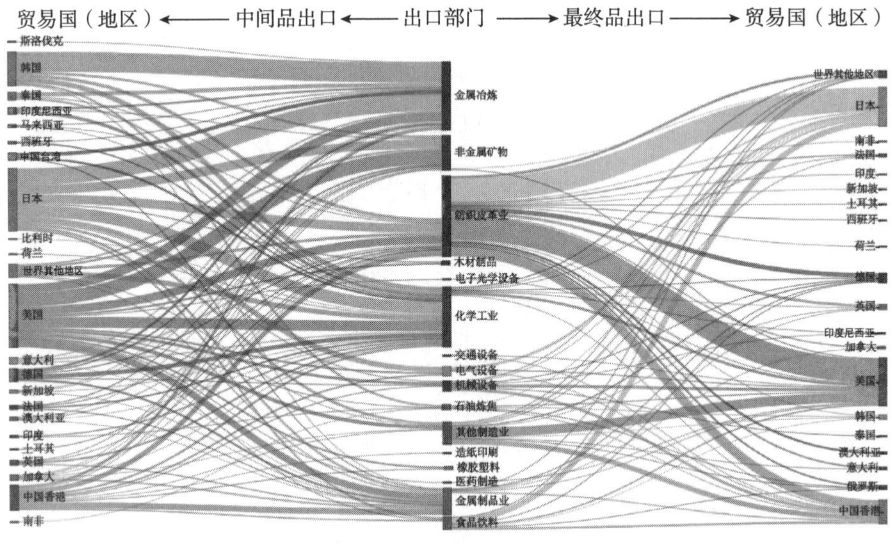

图 1－16　1995 年一般贸易出口中隐含碳排放的主要流向

注：中国部门向贸易国（地区）的出口隐含碳排放大于 20 万吨的流向。

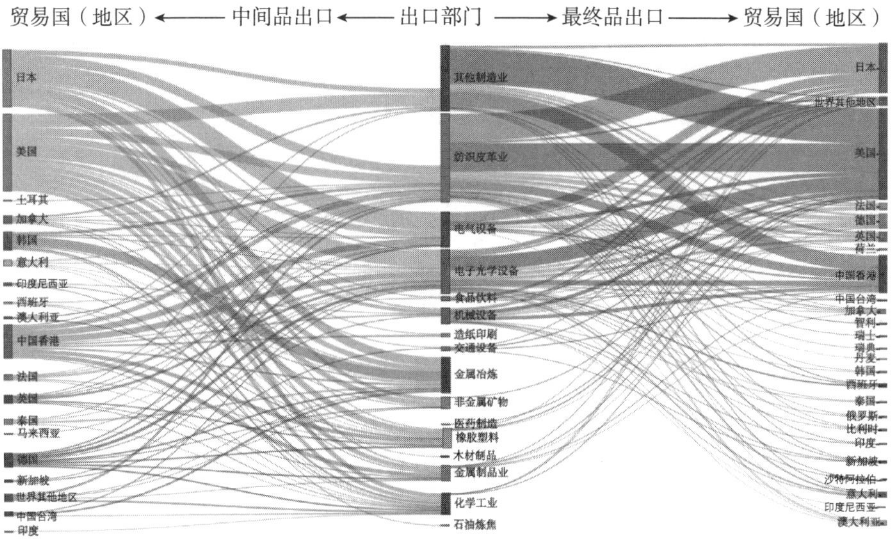

图 1－17　1995 年加工贸易出口中隐含碳排放的主要流向

注：中国部门向贸易国（地区）的出口隐含碳排放大于 10 万吨的流向。

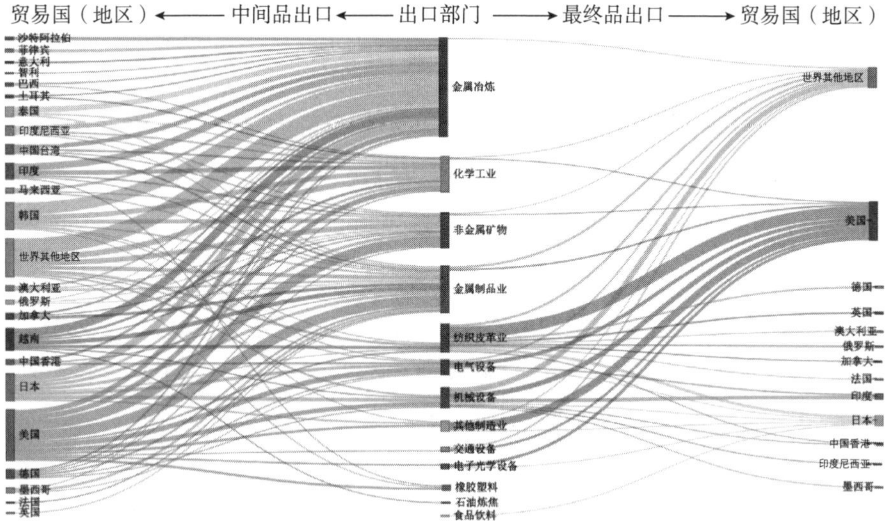

图 1－18　2018 年一般贸易出口中隐含碳排放的主要流向

注：中国部门向贸易国（地区）的出口隐含碳排放大于 200 万吨的流向。

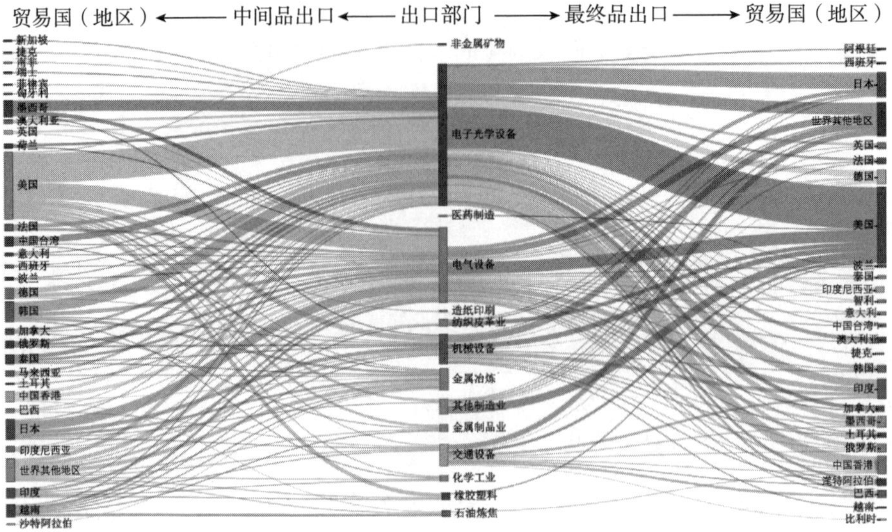

图 1－19　2018 年加工贸易出口中隐含碳排放的主要流向

注：中国部门向贸易国（地区）的出口隐含碳排放大于 100 万吨的流向。

由上文对中国部门出口排放主要流向的分析，分别找出一般出口和加工出口中从 1995 年到 2018 年变化最大的前 5 条出口流向，具体分析影响这些出口排放变化的主要贡献因素（见图 1－20）。对于具体的出口流向来说，影响排放的贡献因素在不同的出口部门、不同贸易国（地区）、不同出口方式中都表现出不一样的影响，但碳排放强度在所有出口流向中都是促进出口排放下降的主要贡献因素。流向美国的一般出口排放的变化主要受出口规模的影响，且最终产品出口规模的影响大于中间产品出口规模的影响。而流向发展中国家和地区（世界其他地区、越南）的一般出口排放变化的主要贡献因素是中间产品出口，且中间产品出口结构的影响大于中间产品出口规模的影响。例如，非金属矿物向美国的一般出口排放增长了 1400 万吨，其中最终产品和中间产品出口规模的变化分别贡献了 2400 万吨和 1800 万吨的排放增长。金属冶炼向越南的一般出口排放增长了 1300 万吨，其中中间产品出口结构和中间产品出口规模分别贡献了 1200 万吨和 1100 万吨的增长。与一般出口排放的变化不同，加工出口排放的变化主要受最终产品出口的影响，最终产品出口结构是影响加工出口排放变化的重要因素。例如，电子光学设备向日本的加工出口排放增长了 1200 万吨，最终产品出口结构贡献了 1600 万吨的增长。

国内生产技术效应的贡献虽然较小，但它在加工出口排放变化中的作用大于一般出口，且是导致排放增长的因素，需要引起重视。

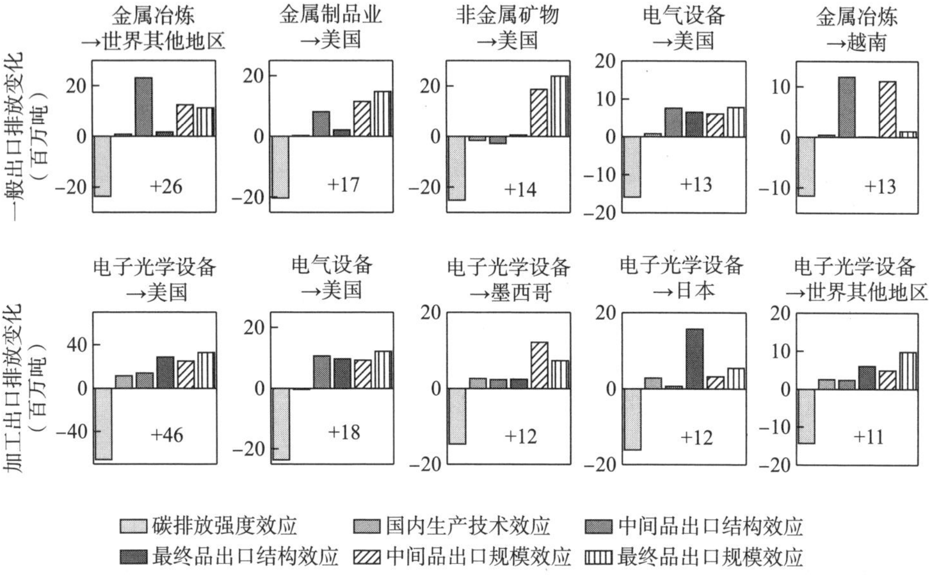

图 1-20　1995—2018 年中国部门向贸易国（地区）的出口中隐含排放变化的贡献因素

三、出口隐含碳排放的全球价值链路径分析①

产业链是一个相互关联而复杂的系统，对经济活动中隐含排放的分析不仅应关注供应链的两端，还应包括经济体之间的中间生产过程。前文分析了中国制造业向世界其他国家（地区）的出口排放特征，但要了解国外需求通过 GVC 引起中国部门排放的过程，需要使用 SPA 分解由最终需求通过国家及行业之间的生产关联一步步引起中国生产排放的产业链，厘清从生产到消费的碳排放转移过程，追踪中国制造业在全球供应链中的隐含碳排放的关键路径。

（一）层级特征分析

GVC 生产层级结构反映了一个部门在 GVC 中引发的生产及被最终吸收的

① 本节讨论的全球价值链路径排放是出口隐含排放中的一部分，不包括出口隐含排放中的最终产品出口排放以及出口后被进口国（地区）直接吸收的部分。

过程产生的排放所经历的生产阶段的长度分布。一般出口排放的层级分布与加工出口排放没有太大区别，研究期间各层级排放在总排放中的占比基本保持稳定，GVC 中产生排放经历的生产阶段未发生显著变化。由加工出口排放靠前的生产层级排放占比相对较低，靠后的生产层级排放占比相对较高，可以看出加工出口在 GVC 中产生排放的产业链比一般出口的产业链要长（见图 1－21）。第 1 层的排放较低，说明制造业部门直接出口本部门产品产生的排放较少，更多的是制造业作为出口部门引起上游中间产品投入部门的生产而产生排放。大部分排放集中于第 2～5 层，也就是 GVC 引起中国部门的排放大多要经历 2～5 次的国家或部门间中间产品的生产过程。一般出口在第 3 层产生的排放最多，占一般出口排放的 17.99%。加工出口在第 4 层产生的排放最多，占加工出口排放的 17.69%。在第 4 层之后，层级越高，出口排放量越低，生产链条越长对排放产生的影响就越小。

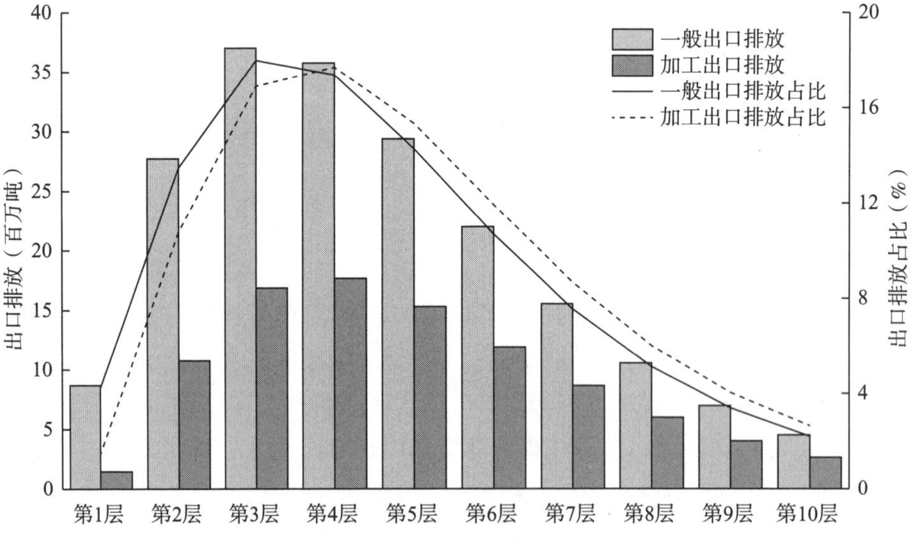

图 1－21　2018 年中国制造业参与 GVC 产生出口排放的产业层级分布

（二）主要路径分析

中国在 GVC 中的排放不仅受到其出口的影响，还受到供应链中其他国家（地区）出口的影响。使用 SPA 方法对不同出口方式下全球供应链通过制造业部门引起中国碳排放的具体产业路径进行分解，通过设定阈值进行筛选，提取出其中排放量最大的前30条路径进行分析（图1－22和图1－23）。

对于一般出口，以嵌入不同国家价值链中的产业链进行分类，主要产业路径大致有以下几类。一是向墨西哥和加拿大的出口，主要产业路径是墨西哥和加拿大的交通设备行业满足美国的最终需求进而通过中国金属冶炼和金属制品业引起中国金属冶炼和电气水行业的排放，完整的产业路径为中国的金属冶炼/电气水生产（生产部门）→中国的金属冶炼/金属制品业（出口部门）→墨西哥/加拿大的交通设备（最终产品生产）→美国（最终需求）。在主要路径中，金属冶炼除本身作为出口产品外，还为其他出口部门提供中间投入，因而对产业链中的碳排放起到重要的控制作用，其高碳排放的性质不仅局限于该部门本身，更是通过路径传导到其他部门的生产之中。二是向越南的出口，主要产业路径为美国对越南纺织皮革业的需求引起越南从中国进口纺织皮革的需求，进而引起中国电气水行业及交通仓储邮政的排放，即中国的电气水生产/交通仓储邮政→中国的纺织皮革业→越南的纺织皮革业→美国，以及中国的金属冶炼→中国的金属制品业→越南的其他制造业→美国。此外，还有通过向韩国和日本出口金属冶炼来满足美国对交通设备的需求，通过对泰国的出口满足澳大利亚和菲律宾的需求，产业路径为中国的金属冶炼→韩国/日本的交通设备→美国、中国的金属冶炼→泰国的交通设备→澳大利亚/菲律宾。总体来看，中国一般出口排放的主要全球价值链路径大多服务于美国的最终需求，美国最终需求引起中国排放的GVC路径几乎涉及了所有中国主要的出口贸易国（地区），产业链遍布范围宽广。同时，GVC产业路径又表现出一定的区域性，亚洲国家（地区）之间也存在联系较为紧密的产业链。例如，涉及越南的产业链服务于日本的需求，涉及韩国的产业链服务于印度的需求，涉及泰国的产业链服务于菲律宾的需求（见图1－22）。

对于加工出口，产生排放的主要路径比较单一，可以归纳为中国通过嵌入墨西哥价值链来满足美国的需求，具体为中国金属冶炼/电气水生产/交通仓储邮政/非金属矿物（生产部门）→电子光学设备/电气设备（出口部门）→墨西哥的电子光学设备/交通设备（最终产品生产）→美国（最终需求）。电子光学设备的生产链条复杂，所经历的生产过程长，碳排放涉及多个生产环节。从产业链中排放产生的来源部门来看，电气水生产、金属冶炼和非金属矿物是主要的上游部门，这三个部门为制造业部门的生产提供了大量中间投入品，中国制造业在嵌入GVC过程中通过产业链生产关联给这三个部门带来

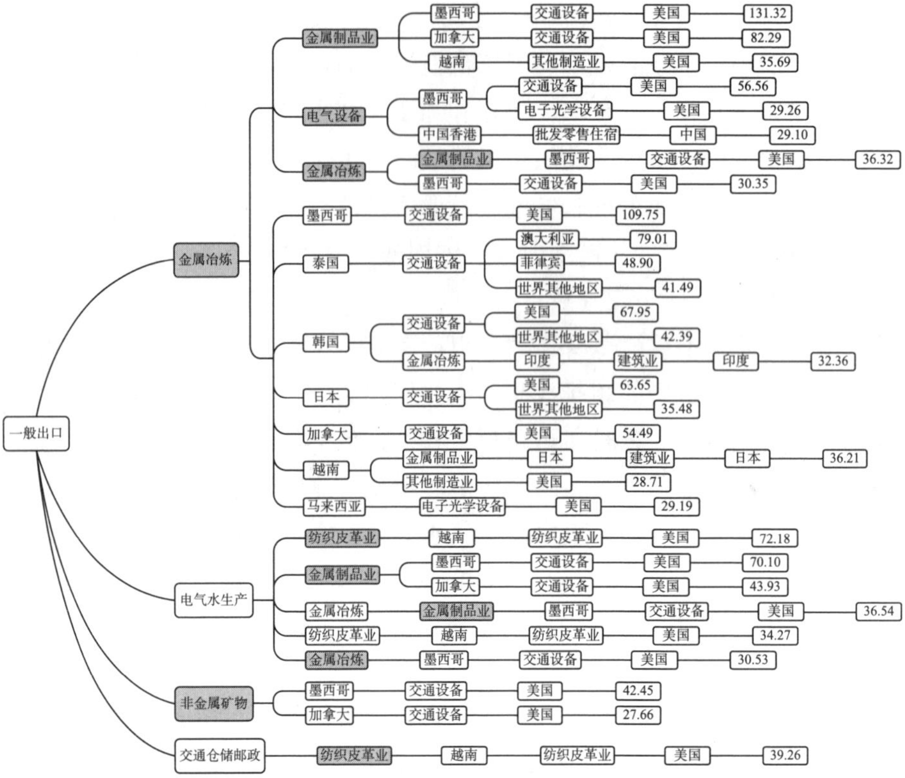

图 1-22　2018 年中国制造业一般出口排放的全球价值链路径（单位：千吨碳）

注：提取前 30 条排放最大的路径，带阴影部门表示出口部门，下同。

了大量碳排放。这些部门排放高的原因除了对中间产品需求量大，还来源于部门本身的碳排放强度较高，它们的碳排放强度是所有部门中最高的，尤其是电气水生产行业，排放强度远高于其他部门。由此，对于控制全球产业链上的排放，这些主要的提供中间产品的部门在生产环节本身必须着重实现低碳化，降低生产单位产出带来的碳排放。同时，随着中国深度参与全球产业链，需要加强对这些部门的减排控制和产业链管理，并在下游部门生产时提高对中间产品的使用效率。高能耗的行业是产生排放的来源，供应链中具有重要间接关系的部门在相关政策的影响传播中起着重要作用，如电子光学设备和电气设备。这两个部门技术含量较高，产生的直接碳排放相对较小，但它们高度依赖排放密集型的上游产业的投入。因此，产业政策不仅需关注贸易产业，还需关注所有国内生产链上产业部门之间的排放传导（见图 1-23）。

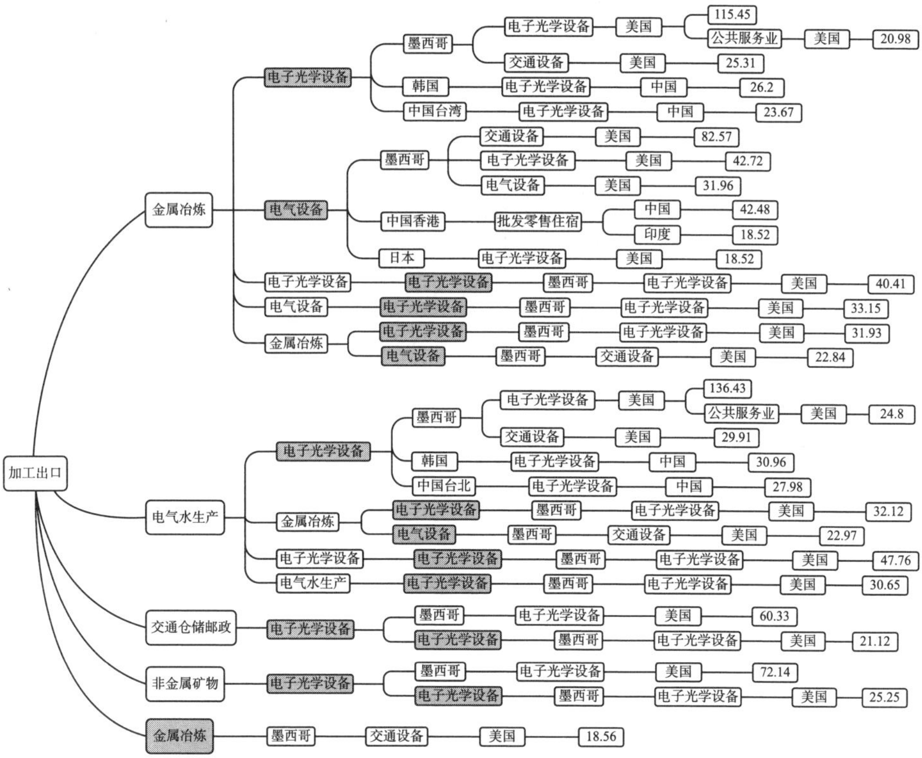

图 1－23　2018 年中国制造业加工出口排放的全球价值链路径（单位：千吨碳）

（三）产业路径排放变化的贡献因素

在提取出产生出口排放的主要产业链的基础上，进一步利用结构路径分解来探索驱动主要路径排放变化的贡献因素。以下分解了不同出口方式下出口排放排名前十的主要产业路径在研究期间导致排放变化的影响因素，可以看到各因素对供应链中排放变化的影响各不相同（见表 1－4 和表 1－5）。但是普遍来看，碳排放强度是导致主要路径中碳排放下降的主导因素，国外生产技术和最终需求是导致主要路径中碳排放上升的主导因素，国内生产投入对排放的影响因路径而异。例如，在一般出口中，金属冶炼→金属制品→墨西哥（交通设备）→美国这条路径 1995—2018 年排放增加了 130.88 千吨，其中金属冶炼行业排放强度的下降使该条路径的排放下降了 103.56 千吨，金属制品业在生产中对于金属冶炼中间投入品需求的减少使该条路径的排放下降了 36.65 千吨，而墨西哥的交通设备行业在生产中对于中国金属制品业的中间投入品需求的增加使路径上的排放增加了 216.99 千吨，最后，美国对墨西哥交通设备需求的上升使排放增加了 54.09 千吨。代入影响因素的具体变化来看，金属冶炼的排放强度从 1995 年的 2.82 吨/美元下降到 2018 年的 1.09 吨/美元，即金属冶炼生产 1 美元的产出产生的排放下降了 1.73 吨。金属制品生产单位产出所需的金属冶炼的中间投入从 0.31 下降到 0.26，这个下降可能来源于两个方面：一是生产技术的进步，金属制品生产单位产出所需的中间投入品减少了；二是存在进口替代，通过从其他国家（地区）进口金属冶炼产品来替代原来对本国的需求。类似地，墨西哥交通设备生产单位产出所需的中国金属制品的中间投入从 3.69×10^{-5} 增长到 0.0066，这个增长同样可能来源于墨西哥中间投入率的上升或者从原本对其他国家（地区）的需求转向对中国的需求。最后，美国对墨西哥交通设备的需求从 1349500 万美元增长到 7085200 万美元。在全球生产链中，最终消费国对第三国需求的上升会通过国家之间的生产关联沿着产业链引起中国部门的排放。对于加工出口来说，主要路径排放的上升是由国外最终需求的增加和国际产业联系日益加强推动的。具体表现为美国对墨西哥电子光学设备行业的需求增加以及墨西哥电子光学设备对中国电子光学设备中间投入比例的增加，在涉及相关行业的产业链中引起中国排放大幅上升。鉴于生产部门碳排放强度的下降推动主要路径的排放大幅下降，因此提高节能减排技术水平，特别是降低国内金属冶炼、电气水生产、非金属矿物的碳排放强度是控制关键路径排放转移的重点。

表 1-4 中国一般出口主要全球价值链路径在 1995—2018 年排放变化的贡献因素

单位：千吨碳

全球价值链路径	总变化量	碳排放强度	国内生产投入	国外生产投入	最终需求
金属冶炼→金属制品→墨西哥（交通设备）→美国	130.88	-103.56	-36.65	216.99	54.09
金属冶炼→墨西哥（交通设备）→美国	109.32	-86.58		150.52	45.37
金属冶炼→金属制品→加拿大（交通设备）→美国	76.33	-66.64	-23.16	169.21	-3.09
金属冶炼→泰国（交通设备）→澳大利亚	79.00	-62.23		94.27	46.96

续表

全球价值链路径	总变化量	碳排放强度	国内生产投入	国外生产投入	最终需求
电气水生产→纺织皮革业→越南（纺织皮革业）→美国	72.17	-59.16	-22.27	115.86	37.75
电气水生产→金属制品→墨西哥（交通设备）→美国	70.02	-57.48	53.28	45.67	28.56
金属冶炼→韩国（交通设备）→美国	56.06	-57.16		65.24	47.98
金属冶炼→日本（交通设备）→美国	57.05	-52.15		106.99	2.22
金属冶炼→电气设备→墨西哥（交通设备）→美国	56.20	-44.66	0.18	77.01	23.67
金属冶炼→加拿大（交通设备）→美国	45.75	-45.59		93.54	-2.20

表 1-5　中国加工出口主要全球价值链路径在 1995—2018 年排放变化的贡献因素

单位：千吨碳

全球价值链路径	总变化量	碳排放强度	国内生产投入	国外生产投入	最终需求
电气水生产→电子光学设备→墨西哥（电子光学设备）→美国	135.57	-112.08	24.68	172.67	50.30
金属冶炼→电子光学设备→墨西哥（电子光学设备）→美国	114.55	-91.19	-13.72	176.68	42.79
金属冶炼→电气设备→墨西哥（交通设备）→美国	81.61	-65.32	-4.87	116.35	35.44
非金属矿物→电子光学设备→墨西哥（电子光学设备）→美国	71.38	-97.16	-5.51	147.04	27.00
交通仓储邮政→电子光学设备→墨西哥（电子光学设备）→美国	60.13	-35.59	30.81	42.92	22.00
电气水生产→电子光学设备→墨西哥（电子光学设备）→美国	47.55	-39.21	25.29	43.98	17.49
金属冶炼→电气设备→墨西哥（电子光学设备）→美国	42.31	-33.77	-2.52	62.67	15.93

续表

全球价值链路径	总变化量	碳排放强度	国内生产投入	国外生产投入	最终需求
金属冶炼→电气设备→中国香港（批发零售）→中国	39.09	-34.49	-2.53	50.83	25.28
金属冶炼→电子光学设备→墨西哥（电子光学设备）→美国	40.20	-31.90	12.60	44.64	14.85
金属冶炼→电气设备→电子光学设备→墨西哥（电子光学设备）→美国	32.94	-26.17	4.07	42.82	12.23

本章参考文献

[1] Ahmad N, Wyckoff A. Carbon dioxide emissions embodied in international trade of goods [R]. OECD Science, Technology and Industry Working Papers, 2003.

[2] Antonelli C. Localized technological change new information technology and the knowledge – based economy: The european evidence [J]. Journal of Evolutionary Economics, 1998 (8): 177 – 198.

[3] Antràs P, Chor D, Fally T, et al. Measuring the upstreamness of production and trade flows [J]. American Economic Review, 2012, 102 (3): 412 – 416.

[4] Antweiler W, Copeland B R, Taylor M S. Is free trade good for the environment? [J]. A-merican Economic Review, 2001, 91 (4): 877 – 908.

[5] Bai X, Hong S, Wang Y. Learning from processing trade: Firm evidence from China [J]. Journal of Comparative Economics, 2021 (49): 579 – 602.

[6] Brandt L, Li B, Morrow P M. Is processing good: Theory and evidence from China [M]. Beijing: RUC Mimeo, 2019.

[7] Bullard C W, Herendeen R A. The energy cost of goods and services [J]. Energy Policy, 1975 (3): 268 – 278.

[8] Bullard C W, Penner P S, Pilati D A. Net energy analysis: Handbook for combining process and input – output analysis [J]. Resources & Energy, 1978 (1): 267 – 313.

[9] Cadarso M – Á, López L – A, Gómez N, et al. CO_2 emissions of international freight transport and offshoring: Measurement and allocation [J]. Ecological Economics, 2010 (69): 1682 – 1694.

[10] Cao S Y, Xie G D, Zhen L. Total embodied energy requirements and its decomposition in China's agricultural sector [J]. Ecological Economics, 2010 (69): 1396 - 1404.

[11] Castañ O A, Lufin M, Atienza M. A structural path analysis of Chilean mining linkages between 1995 and 2011. What are the channels through which extractive activity affects the economy? [J]. Resources Policy, 2019 (60): 106 - 117.

[12] Chen B, Chen S Q. Urban metabolism and nexus [J]. Ecological Informatics, 2015 (26): 1 - 2.

[13] Chen B, Lu Y. Urban nexus: A new paradigm for urban studies Preface [J]. Ecological Modelling, 2015 (318): 5 - 7.

[14] Chen G Q, Wu X F. Energy overview for globalized world economy: Source, supply chain and sink [J]. Renewable & Sustainable Energy Reviews, 2017 (69): 735 - 749.

[15] Chen S Q, Chen B. Urban energy consumption: Different insights from energy flow analysis, input - output analysis and ecological network analysis [J]. Applied Energy, 2015 (138): 99 - 107.

[16] Chen S, Akimoto K, Sun Y, et al. The sustainability of regional decarbonization through the global value chain analytical framework: A case study of Germany [J]. Journal of Cleaner Production, 2021 (317): 128335.

[17] Chen Z M, Chen G Q, Zhou J B, et al. Ecological input - output modeling for embodied resources andemissions in Chinese economy 2005 [J]. Communications in Nonlinear Science and Numerical Simulation, 2010 (15): 1942 - 1965.

[18] Costanza R, Herendeen R A. Embodied energy and economic value in the united - states - economy - 1963, 1967 and 1972 [J]. Resources and Energy, 1984 (6): 129 - 163.

[19] Costanza R. Embodied energy and economic valuation [J]. Science, 1980 (210): 1219 - 1224.

[20] Cui L B, Peng P, Zhu L. Embodied energy, export policy adjustment and China's sustainable development: A multi - regional input - output analysis [J]. Energy, 2015 (82): 457 - 467.

[21] Dietzenbacher E, Los B. Structural decomposition techniques: Sense and sensitivity [J]. Economic Systems Research, 1998 (10): 307 - 324.

[22] Du H, Liu H, Zhu K, et al. Re - examining the embodied air pollutants in Chinese exports [J]. Journal of Environmental Management, 2020 (253): 109709.

[23] Eggleston H, Buendia L, Miwa K, et al. 2006 IPCC guidelines for national greenhouse gas inventories.

[24] Erbahar A, Zi Y. Cascading trade protection: Evidence from the US [J]. Journal of International Economics, 2017 (108): 274 - 299.

[25] Fagerberg J, Lundvall B Å, Srholec M. Global value chains, national innovation systems and economic development [J]. The European Journal of Development Research, 2018 (30): 533 - 556.

[26] Fally T. On the fragmentation of production in the US [J]. University of Colorado mimeo, 2011.

[27] Fieleke N S. The energy trade: The United States in deficit [J]. New England Economic Review, 1975: 25 - 34.

[28] Gasim A A. The embodied energy in trade: What role does specialization play? [J] Energy Policy, 2015, 86 (11): 186 - 197.

[29] Ghertner D A, Fripp M. Trading away damage: Quantifying environmental leakage through consumption - based, life - cycle analysis [J]. Ecological Economics, 2007 (63): 563 - 577.

[30] Guan Y, Shan Y, Huang Q, et al. Assessment to China's recent emission pattern shifts [J]. Earth's Future, 2021, 9 (11): 13 - 26.

[31] Hong J K, Shen Q P, Xue F. A multi - regional structural path analysis of the energy supply chain in China's construction industry [J]. Energy Policy, 2016 (92): 56 - 68.

[32] Hummels D, Ishii J, Yi K M. The nature and growth of vertical specialization in world trade [J]. Journal of International Economics, 2001, 54 (1): 75 - 96.

[33] Jiang M M, Chen B A, Zhou S Y. Embodied Energy Account of Chinese Economy 2002 [C]. //Chen B, Zhou S. International workshop from the international congress on environmental modeling and software [M]. Amsterdam: Elsevier Science Bv, 2011.

[34] Jiang X, Zhu K, Green C. China's energy saving potential from the perspective of energy efficiency advantages of foreign - invested enterprises [J]. Energy Economics, 2015 (49): 104 - 112.

[35] Kanemoto K, Tonooka Y. Embodied CO_2 emissions in Japan's international trade [J]. Journal of Japan Society of Energy and Resources, 2009, 30 (2): 15 - 23.

[36] Kee H L, Tang H. Domestic value added in exports: Theory and firm evidence from China [J]. American Economic Review, 2016, 106 (6): 1402 - 1436.

[37] Khayum M. The impact of service sector growth on intersectoral linkages in the united states [J]. Service Industries Journal, 1995, 5 (1): 35 - 49.

[38] Koopman R, Powers W, Wang Z, et al. Give credit where credit is due: Tracing value

added in global production chains [R]. NBER Working Paper No. 16426, 2010.

[39] Kucukvar M, Cansev B, Egilmez G, et al. Energy – climate – manufacturing nexus: New insights from the regional and global supply chains of manufacturing industries [J]. Applied Energy, 2016 (184): 889 – 904.

[40] Lan J, Malik A, Lenzen M, et al. A structural decomposition analysis of global energy footprints [J]. Applied Energy, 2016 (163): 436 – 451.

[41] Lenzen M, Dey C, Foran B. Energy requirements of Sydney households [J]. Ecological Economics, 2004 (49): 375 – 399.

[42] Lenzen M. Primary energy and greenhouse gases embodied in Australian final consumption: An input – output analysis [J]. Energy Policy, 1998 (26): 495 – 506.

[43] Leontief W W. Quantitative input and output relations in the economic systems of the United States [J]. The Review of Economics and Statistics, 1936 (18): 105 – 125.

[44] Li H, Zhang P D, He C Y, et al. Evaluating the effects of embodied energy in international trade on ecological footprint in China [J]. Ecological Economics, 2007 (62): 136 – 148.

[45] Li K, Lin B. How to promote energy efficiency through technological progress in China? [J]. Energy, 2018 (143): 812 – 821.

[46] Li Q, Wu S, Lei Y, et al. Dynamic features and driving forces of indirect CO_2 emissions from Chinese household: A comparative and mitigation strategies analysis [J]. Science of the Total Environment, 2020 (704): 135367.

[47] Li Q, Wu S, Lei Y, et al. Evolutionary path and driving forces of inter – industry transfer of CO_2 emissions in China: Evidence from structural path and decomposition analysis [J]. Science of the Total Environment, 2021 (765): 17 – 30.

[48] Liang Q – M, Fan Y, Wei Y – M. Multi – regional input – output model for regional energy requirements and CO_2 emissions in China [J]. Energy Policy, 2007 (35): 1685 – 1700.

[49] Liu C, Zhao G. Can global value chain participation affect embodied carbon emission intensity? [J]. Journal of Cleaner Production, 2021 (287): 125069.

[50] Liu H T, Polenske K R, Guilhoto J J M, et al. Direct and indirect energy use in China and the United States [J]. Energy, 2014 (71): 414 – 420.

[51] Liu H, Li J, Long H, et al. Promoting energy and environmental efficiency within a positive feedback loop: Insights from global value chain [J]. Energy Policy, 2018 (121): 175 – 184.

[52] Liu Z, Geng Y, Lindner S, et al. Embodied energy use in China's industrial sectors [J].

Energy Policy, 2012 (49): 751 – 758.

[53] Machado G, Schaeffer R, Worrell E. Energy and carbon embodied in the international trade of Brazil: An input – output approach [J]. Ecological Economics, 2001 (39): 409 – 424.

[54] Meng J, Liu J, Xu Y, et al. Tracing primary $PM_{2.5}$ emissions via Chinese supply chains [J]. Environmental Research Letters, 2015 (10): 054005.

[55] Mi Z, Meng J, Green F, et al. China's "exported carbon" peak: Patterns, drivers, and implications [J]. Geophysical Research Letters, 2018 (45): 4309 – 4318.

[56] Miller R E, Blair P D. Input – output analysis: Foundations and extensions [M]. Cambridge: Cambridge University Press, 2009.

[57] Miller R E, Temurshoev U. Output upstreamness and input downstreamness of industries/countries in world production [J]. International Regional Science Review, 2017, 40 (5): 443 – 475.

[58] Mongelli I, Tassielli G, Notarnicola B. Global warming agreements, international trade and energy/carbon embodiments: An input – output approach to the Italian case [J]. Energy Policy, 2006 (34): 88 – 100.

[59] Montalbano P, Nenci S. Does global value chain participation and positioning in the agriculture and food sectors affect economic performance? A global assessment [J]. Food Policy, 2022 (108): 102235.

[60] Nakano S, Okamura A, Sakurai N, et al. The measurement of CO_2 embodiments in international trade: Evidence from the harmonised input – output and bilateral trade database [R]. OECD Science, Technology and Industry Working Papers, 2009.

[61] Peters G P, Hertwich E G. CO_2 embodied in international trade with implications for global climate policy [J]. Environmental Science & Technology, 2008, 42 (5): 1401 – 1407.

[62] Peters G P. From production – based to consumption – based national emission inventories [J]. Ecological Economics, 2008 (65): 13 – 23.

[63] Peters G, Solli C. Global carbon footprints, Methods and import/export corrected results from the Nordic countries in global carbon footprint studies [J]. Policy, 2015 (86): 186 – 197.

[64] Qi T, Winchester N, Karplus V J, et al. Will economic restructuring in China reduce trade – embodied CO_2 emissions? [J]. Energy Economics, 2014 (42): 204 – 212.

[65] Raei M F, Ignatenko A, Mircheva M B. Global value chains: What are the benefits and why do countries participate? [M]. Washington D. C.: International Monetary Fund, 2019.

[66] Rodrigues J F D, Domingos T M D, Marques A P S. Carbon responsibility and embodied emissions: Theory and measurement [M]. New York: Routledge, 2010.

[67] Schaeffer R, de Sá A L. The embodiment of carbon associated with Brazilian imports and exports [J]. Energy Conversion and Management, 1996, 37 (6): 955 - 960.

[68] Shan Y L, Liu J H, Liu Z, et al. New provincial CO_2 emission inventories in China based on apparent energy consumption data and updated emission factors [J]. Applied Energy, 2016 (184): 742 - 750.

[69] Shan Y L, Zheng H R, Guan D B, et al. Energy consumption and CO_2 emissions in Tibet and its cities in 2014 [J]. Earths Future, 2017 (5): 854 - 864.

[70] Shan Y, Guan D, Zheng H, et al. China CO_2 emission accounts 1997 - 2015 [J]. Scientific Data, 2018 (5): 170 - 201.

[71] Shan Y, Huang Q, Guan D, et al. China CO_2 emission accounts 2016 - 2017 [J]. Scientific Data, 2020 (7): 54.

[72] Shan Y, Zhou Y, Meng J, et al. Peak cement - related CO_2 emissions and the changes in drivers in China [J]. Journal of Industrial Ecology, 2019 (23): 959 - 971.

[73] Shao L, Guan D B, Wu Z, et al. Multi - scale input - output analysis of consumption - based water resources: Method and application [J]. Journal of Cleaner Production, 2017 (164): 338 - 346.

[74] Skelton A, Guan D, Peters G P, et al. Mapping flows of embodied emissions in the global production system [J]. Environmental Science & Technology, 2011 (45): 10516 - 10523.

[75] Su B, Ang B W. Structural decomposition analysis applied to energy and emissions: Some methodological developments [J]. Energy Economics, 2012 (34): 177 - 188.

[76] Su B, Thomson E. China's carbon emissions embodied in (normal and processing) exports and their driving forces, 2006 - 2012 [J]. Energy Economics, 2016 (59): 414 - 422.

[77] Sun C, Li Z, Ma T, et al. Carbon efficiency and international specialization position: Evidence from global value chain position index of manufacture [J]. Energy Policy, 2019 (128): 235 - 242.

[78] Sun X D, Li J S, Qiao H, et al. Energy implications of China's regional development: New insights from multi - regional input - output analysis [J]. Applied Energy, 2017 (196): 118 - 131.

[79] Sánchez - Chóliz J, Duarte R. CO_2 emissions embodied in international trade: Evidence for Spain [J]. Energy Policy, 2004, 32 (18): 1999 - 2005.

[80] Tolmasquim M T, Machado G. Energy and carbon embodied in the international trade of Brazil [J]. Mitigation and Adaptation Strategies for Global Change, 2003, 8 (2): 139 – 155.

[81] Tukker A, Dietzenbacher E. Global multiregional input – output frameworks: An introduction and outlook [J]. Economic Systems Research, 2013 (25): 1 – 19.

[82] Tukker A, Dietzenbacher E. Global multiregional input – output frameworks: An introduction and outlook [J]. Economic Systems Research, 2013, 25 (1): 1 – 19.

[83] Wang J, Rickman D S, Yu Y. Dynamics between global value chain participation, CO_2 emissions, and economic growth: Evidence from a panel vector autoregression model [J]. Energy Economics, 2022 (109): 105965.

[84] Wang J, Wan G, Wang C. Participation in GVCs and CO_2 emissions [J]. Energy Economics, 2019 (84): 104561.

[85] Wang S G, Cao T, Chen B. Urban energy – water nexus based on modified input – output analysis [J]. Applied Energy, 2017 (196): 208 – 217.

[86] Wang S, He Y, Song M. Global value chains, technological progress, and environmental pollution: Inequality towards developing countries [J]. Journal of Environmental Management, 2021 (277): 110999.

[87] Wang Z, Wei S, Yu X, et al. Measures of participation in global value chains and global business cycles [R]. National Bureau of Economic Research, 2017a.

[88] Weber C L, Peters G P, Guan D, et al. The contribution of Chinese exports to climate change [J]. Energy Policy, 2008, 36 (9): 3572 – 3577.

[89] Wiedmann T. A first empirical comparison of energy Footprints embodied in trade – MRIO versus PLUM [J]. Ecological Economics, 2009 (68): 1975 – 1990.

[90] Wiedmann T. A review of recent multi – region input – output models used for consumption – based emission and resource accounting [J]. Ecological Economics, 2009, 69 (2): 211 – 222.

[91] Windrum P, Tomlinson M. Knowledge – intensive services and international competitiveness: A four country comparison [J]. Technology Analysis and Strategic Management, 1999, 11 (3): 391 – 408.

[92] Wood R, Lenzen M. Structural path decomposition [J]. Energy Economics, 2009 (31): 335 – 341.

[93] World Bank. Trading for development in the age of global value chains [J]. World Development Report, 2020.

[94] Wu S, Lei Y, Li S. Provincial carbon footprints and interprovincial transfer of embodied CO_2 emissions in China [J]. Natural Hazards, 2017, 85 (1): 537 – 558.

[95] Xia Y, Fan Y, Yang C. Assessing the impact of foreign content in China's exports on the carbon outsourcing hypothesis [J]. Applied Energy, 2015 (150): 296 – 307.

[96] Yan Y, Wang R, Zheng X, et al. Carbon endowment and trade – embodied carbon emissions in global value chains: Evidence from China [J]. Applied Energy, 2020 (277): 115592.

[97] Zhang B, Qiao H, Chen B. Embodied energy uses by China's four municipalities: A study based on multi – regional input – output model [J]. Ecological Modelling, 2015 (318): 138 – 149.

[98] Zhang B, Qiao H, Chen Z M, et al. Growth in embodied energy transfers via China's domestic trade: Evidence from multi – regional input – output analysis [J]. Applied Energy, 2016 (184): 1093 – 1105.

[99] Zhang L X, Hu Q H, Zhang F. Input – output modeling for urban energy consumption in Beijing: Dynamics and comparison [J]. Plos One, 2014 (9): 11.

[100] Zhang W, Liu Y, Feng K, et al. Revealing environmental inequality hidden in China's inter – regional trade [J]. Environmental Science & Technology [J]. 2018 (52): 7171 – 7181.

[101] Zhang Y, Tang Z. Driving factors of carbon embodied in China's provincial exports [J]. Energy Economics, 2015 (51): 445 – 454.

[102] Zhang Y. Provincial responsibility for carbon emissions in China under different principles [J]. Energy Policy, 2015 (86): 142 – 153.

[103] 白俊红，余雪微．全球价值链嵌入对节能减排的影响：理论与实证 [J]. 财贸经济，2022，43 (6)：144 – 159.

[104] 蔡礼辉，张朕，朱磊．全球价值链嵌入与二氧化碳排放：来自中国工业面板数据的经验研究 [J]. 国际贸易问题，2020 (4)：86 – 104.

[105] 查建平，唐方方，别念民．结构性调整能否改善碳排放绩效：来自中国省级面板数据的证据 [J]. 数量经济技术经济研究，2012 (29)：18 – 33.

[106] 陈占明．世界经济的体现生态要素流分析 [M]. 北京：经济日报出版社，2014.

[107] 程大中．中国服务业增长的特点、原因及影响：鲍莫尔—富克斯假说及其经验研究 [J]. 中国社会科学，2004 (2)：18 – 32.

[108] 戴翔，宋婕．“一带一路”倡议的全球价值链优化效应：基于沿线参与国全球价值链分工地位提升的视角 [J]. 中国工业经济，2021 (6)：99 – 117.

[109] 高鹏，岳书敬．全球价值链嵌入是否降低了中国产业部门隐含碳：兼论产业数字化的调节效应［J］．国际贸易问题，2022（7）：53－67.

[110] 葛海燕，张少军，丁晓强．中国的全球价值链分工地位及驱动因素：融合经济地位与技术地位的综合测度［J］．国际贸易问题，2021（9）：122－137.

[111] 侯永志，陈波．中国服务业的结构特征［C］//李善同，华而诚．21世纪的中国服务业［M］．北京：经济科学出版社，2002.

[112] 胡鞍钢，周绍杰，任皓．供给侧结构性改革：适应和引领中国经济新常态［J］．清华大学学报（哲学社会科学版），2016（31）：17－22，195.

[113] 黄繁华，洪银兴．生产性服务业对我国参与国际循环的影响：基于制造业全球价值链分工地位的研究［J］．经济学动态，2020（12）：15－27.

[114] 黄群慧．"新常态"、工业化后期与工业增长新动力［J］．中国工业经济，2014（319）：5－19.

[115] 黄永明，陈小飞．中国贸易隐含污染转移研究［J］．中国人口·资源与环境，2018，28（10）：112－120.

[116] 黎峰．全球生产网络下的国际分工地位与贸易收益：基于主要出口国家的行业数据分析［J］．国际贸易问题，2015（6）：33－42.

[117] 李磊，盛斌，刘斌．全球价值链参与对劳动力就业及其结构的影响［J］．国际贸易问题，2017（7）：27－37.

[118] 李善同，华而诚．21世纪的中国服务业［M］．北京：经济科学出版社，2002.

[119] 林玲，容金霞．参与全球价值链会拉大收入差距吗：基于各国后向参与度分析的视角［J］．国际贸易问题，2016（11）：65－75.

[120] 刘红光，范晓梅．中国区域间隐含碳排放转移［J］．生态学报，2014，34（11）：3016－3024.

[121] 刘景卿，于佳雯，车维汉．FDI流动与全球价值链分工变化：基于社会网络分析的视角［J］．财经研究，2019，45（3）：100－113.

[122] 刘平阔，王志伟．中国"能源转型"是否合理？——能源替代—互补关系的实证研究［J］．中国软科学，2019（344）：14－30.

[123] 吕延方，崔兴华．中国全球价值链嵌入与生态环境的耦合协调机制分析［J］．宏观经济研究，2020（1）：112－123.

[124] 吕越，陈帅，盛斌．嵌入全球价值链会导致中国制造的"低端锁定"吗？［J］．管理世界，2018，34（8）：11－29.

[125] 吕越，吕云龙．全球价值链嵌入会改善制造业企业的生产效率吗？——基于双重稳健—倾向得分加权估计［J］．财贸经济，2016（3）：109－122.

［126］吕越，吕云龙．中国参与全球价值链的环境效应分析［J］．中国人口·资源与环境，2019，29（7）：91－100.

［127］吕越，罗伟，刘斌．异质性企业与全球价值链嵌入：基于效率和融资的视角［J］．世界经济，2015，38（8）：29－55.

［128］吕越，马明会．全球价值链嵌入对中国碳减排影响的实证研究［J］．国际经济合作，2021（6）：24－36.

［129］马光明，唐宜红，郭东方．中国贸易方式转型的环境效应研究［J］．国际贸易问题，2019（4）：143－156.

［130］马盈盈．服务贸易自由化与全球价值链：参与度及分工地位［J］．国际贸易问题，2019（7）：113－127.

［131］潘安．全球价值链分工对中国对外贸易隐含碳排放的影响［J］．国际经贸探索，2017，33（3）：14－26.

［132］彭水军，吴腊梅．中国在全球价值链中的位置变化及驱动因素［J］．世界经济，2022，45（5）：3－28.

［133］彭水军，余丽丽．全球生产网络中国际贸易的碳排放区域转移效应研究［J］．经济科学，2016（5）：58－70.

［134］彭水军，张文城，卫瑞．碳排放的国家责任核算方案［J］．经济研究，2016，51（3）：137－150.

［135］乔小勇，王耕，郑晨曦．我国服务业及其细分行业在全球价值链中的地位研究：基于“地位—参与度—显性比较优势”视角［J］．世界经济研究，2017（2）：99－113，137.

［136］盛斌，苏丹妮，邵朝对．全球价值链、国内价值链与经济增长：替代还是互补［J］．世界经济，2020，43（4）：3－27.

［137］石敏俊，王妍，张卓颖，等．中国各省区碳足迹与碳排放空间转移［J］．地理学报，2012，67（10）：1327－1338.

［138］苏丹妮．全球价值链嵌入如何影响中国企业环境绩效？［J］．南开经济研究，2020（5）：66－86.

［139］唐志鹏，刘卫东，公丕萍．出口对中国区域碳排放影响的空间效应测度：基于1997—2007年区域间投入产出表的实证分析［J］．地理学报，2014，69（10）：1403－1413.

［140］王孝松，陈金至，武睆，等．汇率波动、全球价值链嵌入与中国企业出口［J］．中国工业经济，2022（10）：81－98.

［141］王玉燕，林汉川，吕臣．全球价值链嵌入的技术进步效应：来自中国工业面板数据

的经验研究［J］. 中国工业经济，2014（9）：65－77.
［142］魏如青，苏慧，王思语，等. 全球价值链分工对全球失衡的影响研究：基于全球生产分解模型下GVC参与方式的视角［J］. 国际金融研究，2020（4）：3－12.
［143］吴三忙，陈炜明，范振婷. 全球价值链背景下我国制造业转型升级策略研究［A］//李善同，黄群慧. “十三五”时期我国经济社会发展若干重大问题的政策研究［M］. 北京：科学出版社，2016.
［144］肖雁飞，万子捷，刘红光. 我国区域产业转移中“碳排放转移”及“碳泄漏”实证研究：基于2002年、2007年区域间投入产出模型的分析［J］. 财经研究，2014，40（2）：75－84.
［145］徐博，杨来科，钱志权. 全球价值链分工地位对于碳排放水平的影响［J］. 资源科学，2020，42（3）：527－535.
［146］许冬兰，韩婧彤. 双环流价值链嵌入对低碳全要素生产率的影响效应研究［J］. 中国地质大学学报（社会科学版），2022，22（1）：99－114.
［147］姚亮，刘晶茹. 中国八大区域间碳排放转移研究［J］. 中国人口·资源与环境，2010，20（12）：16－19.
［148］余东华，田双. 嵌入全球价值链对中国制造业转型升级的影响机理［J］. 改革，2019（3）：50－60.
［149］余娟娟. 全球价值链嵌入影响了企业排污强度吗：基于PSM匹配及倍差法的微观分析［J］. 国际贸易问题，2017（12）：59－69.
［150］余振，周冰惠，谢旭斌，等. 参与全球价值链重构与中美贸易摩擦［J］. 中国工业经济，2018（7）：24－42.
［151］张海龙. 中国新能源发展研究［D］. 长春：吉林大学，2014.
［152］张杰，陈志远，刘元春. 中国出口国内附加值的测算与变化机制［J］. 经济研究，2013，48（10）：124－137.
［153］张少军，侯慧芳. 全球价值链恶化了贸易条件吗：发展中国家的视角［J］. 财贸经济，2019，40（12）：128－142.
［154］张少军，罗旭，刘鼎铭. 全球价值链对中国通货膨胀的传导机制：区分产业链上游与下游的分析［J］. 经济学家，2020（7）：96－107.
［155］张少军. 全球价值链降低了劳动收入份额吗：来自中国行业面板数据的实证研究［J］. 经济学动态，2015（10）：39－48.
［156］张一兵，李善同，唐泽地. 中国中间投入率的演变特征及其对发展水平的影响［J］. 统计与决策，2023（39）：105－110.
［157］张友国. 中国贸易含碳量及其影响因素：基于（进口）非竞争型投入产出表的分析

[J]. 经济学（季刊），2010，9（4）：1287－1310.

[158] 赵玉焕，郑璐，刘似臣. 全球价值链嵌入对中国出口贸易隐含碳的影响研究［J］. 国际贸易问题，2021（3）：142－157.

[159] 郑洁，吴三忙，李善同，等. 中国出口导致的地区间虚拟水消耗与增加值收益的不公平交换［J］. 中国人口·资源与环境，2022，32（4）：164－176.

[160] 朱安丰，郭正权，解伟，等. 全球价值链视角下中国农产品贸易隐含氮、磷、钾研究［J］. 自然资源学报，2022，37（1）：221－232.

[161] 朱启荣. 中国出口贸易中的 CO_2 排放问题研究［J］. 中国工业经济，2010（262）：55－64.

第二章　最优化方法及 LINGO 的应用

最优化方法是运筹学的一种规划方法，其主旨是以数学的思想讨论系统最优化问题。根据约束函数的特点，数学规划可以分为线性规划、非线性规划两大类。线性规划的目标函数和约束条件都是线性函数，而目标函数或约束条件任何一方面为非线性函数的数学规划均为非线性规划。目标函数为二次函数而约束条件为线性函数的问题，一般被称为二次函数。除此之外，进一步细分还有整数规划、几何规划和多目标规划等。

由于自然科学和社会科学中许多问题可以被线性规划问题近似抽象，因此，线性规划在数学规划的分支中应用最广。线性规划理论的研究及发展主要经历过三个高潮：第一个高潮是单纯形法的研究，由 Dantzig 最先提出；随着计算复杂性理论的发展，线性规划迎来了第二个高潮，即椭球算法；随后，多项式时间算法的提出将其带入第三个高潮。非线性规划始于对梯度法和牛顿法的研究，在 20 世纪 70 年代得到飞速发展，但与线性规划相比，非线性规划的软件应用还相对不够完善。

对于不同的最优化问题有不同的最优化方法，解析法、直接法、数值计算法是最优化问题的主要求解方法。其中，解析法也叫间接法，在解析式的表达目标函数和约束条件明显的情况下适用，一般通过求导等方式进行问题简化。直接法对复杂或无法用解析式表示的目标函数适用，解析法求不出解的情况，主要通过搜索迭代求解最优解，多采用消去法和插值法。数值计算法是解析与数值计算相结合的方式（郑峰，2014）。

第一节　最优化方法（模型）介绍

一、最优化方法（模型）

（一）含义

最优化理论是通过建立最优化模型，在系统目标分析、环境分析和系统预测的基础上通过模型的求解实现系统定量化的过程和方法，为系统在最优状态下运行提供科学决策依据的过程和方法的总称。而最优的含义一般包括最小成本、最大收益、最多利润、最少时间、最短距离等，也就是在资源给定的条件下寻找最佳的目标或在目标确定的情况下使用最少的资源。最优化过程是指系统目标极值在一定的限制条件下达到实现的过程。该过程一般包括：①从系统思想出发，定性定量分析系统评估的目标；②定性定量分析系统约束条件；③建立最优化模型；④模型求解；⑤分析求解结果和系统因素变化时对求解结果的影响。

最优化方法是以定性分析为最优化过程中的指导，用数学的形式描述系统目标、约束条件，建立数学模型并求解的方法，应用最优化方法所建立的模型称为最优化模型。

最优化模型的一般形式为：

$$\min(\max) z = f(x_j)$$
$$s.t. \begin{cases} g_i(x_j) \leqslant b_j & i = 1, 2, \cdots, m \\ d_j \leqslant x_j \leqslant D_j & j = 1, 2, \cdots, n \end{cases} \tag{2-1}$$

式中，$z = f(x_j)$ 为目标函数，x 为决策变量，$g_i(x_j) \leqslant b_j$ 和 $d_j \leqslant x_j \leqslant D_j$ 为约束条件。

最优化问题一般求解规律见图 2-1。

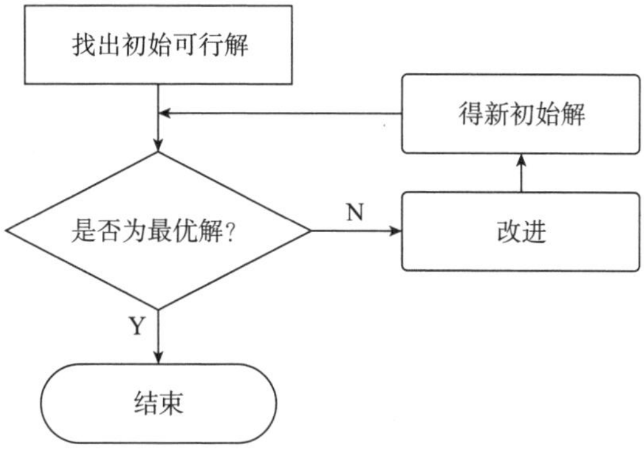

图 2-1　最优化问题一般求解规律

最优化方法的目的在于针对研究系统，求解最优的人力、物力、财力组合配置，使系统运行效率得以发挥和提高，实现系统最优的目标。数学意义上的最优化是指求极值的一种方法，即使目标函数在一组有约束的等式或不等式条件下达到极值。从经济意义上讲，就是在有限的人力、物力、财力等资源条件下，或者在规定的生产、经济任务下，最少限度地投入资源，使经济效果达到最大（范小勤，2023）。

（二）发展历史

最优化理论始于古希腊学者欧几里得，他提出正方形在周长相等的矩形中面积最大。微积分在17世纪前后确立，适用于求函数极值，艾萨克·牛顿（Isaac Newton）和戈特弗里德·威廉·莱布尼茨（Gottfried Wilhelm Leibniz）提出多自变量的实值函数的最值求解方法，奠定最优化理论基础。后续研究变分法，用于求带有未知函数的函数极值。此时，最优化方法被称为古典最优，在之后的两个世纪中，变分法由最优化技术拓展产生。最优化理论随着科学技术、数学规划技术、信息技术的迅猛发展和应用，在更广泛的范围内得到了应用（刘凌霞，2007；张为民，2010）。

最优化理论的发展大致经历了四个阶段：第一阶段主要依靠人类天生感知进行优化，即通过人类自我知觉、经验和思维逻辑进行优化。第二阶段，数学规划的出现推动了最优化理论的发展，并借助计算机的发展不断扩大应用范围。第三阶段，最优化理论不再局限于数学领域，开始被其他领域专家进行工程优化。第四阶段，最优化理论发展逐渐现代化，优化方法可以通过自动化选择与控制，寻找最优决策的方式趋于智能化（郭田德、韩丛英，2019）。

（三）特点

最优化理论主要有三个特点：第一，解决问题的高效性和精确性；第二，处理多变量优化问题的有效性；第三，可以通过数学模型进行有效求解（施光艳、董加礼，2002）。最优化理论遵循局部效应服从整体效应的原则，在处理局部与整体关系时，以整体优化作为主要目标，研究各组成部分的功能以及其相互之间的影响，解决各部门之间的冲突矛盾，寻找最优的行动方案。除此之外，最优化理论遵从多级优化目标，是从目标、模型到政策评价三个方面进行逐级多阶段优化，以保证系统整体优化目标的实现，由于研究对象的复杂性和多因素性，最优化方法内容具有跨学科性和综合性。

（四）最优化模型的建立

应用最优化模型方法分析和解决问归根结底是一个科学决策的过程，这个方法重点是要建立最优化模型，并对模型进行分析、求解。那么，如何来分析和求解模型呢？

最优化方法的求解步骤如下：

（1）提出并形成问题。首先要进行深入调查和分析系统，确定问题的界限，选准问题的目标。

（2）构建模型。目标认定后，需要用数学语言描述问题，建立目标函数，分析问题所处的环境，进而确定约束方程，探求与问题有关的决策变量等，最后选用合适的方法建立最优化模型。

（3）分析求解。通过分析所建模型的性质及数学特征，选择合适的方法求解，如图表法、试错法、迭代法或模拟法等，求出模型的最优解。

（4）检验评价。得到模型分析和计算结果后，需评价模型结构及其参数以检验结果是否有误。若有误，则考虑替换或修正模型，增加计算过程中用到的资料或数据。

（5）应用或实施模型解。依据模型的解，提供给决策者一套有科学依据的数据、信息或方案，为决策者在处理和解决问题时提供参考依据（石贵泉、吴迪，2006）。

二、最优化方法（模型）分类

（一）线性规划

1. 定义

在给定约束条件下，数学规划为求一个目标函数的最小（大）值的优化模型，包括约束型数学规划和无约束型数学规划两种。

在数学规划问题中，变量是数值取实数的连续变量，线性函数是目标函数，有关变量的线性等式或不等式是约束条件，这样规划问题的数学模型称为线性规划（Linear Programming）。

决策变量、约束条件和目标函数组成了线性规划数学模型的三个要素。

（1）决策变量：某一方案中的每个问题都可以用一组未知数来表示，未知数为非负数。

（2）约束条件：生产经营必须完成的任务存在一定的限制条件，这些限制条件即约束条件，其表达形式为一组线性等式或线性不等式。

（3）目标函数：表现了在有限资源条件下生产经营者想要达到的生产经营目标，这个目标可用一组未知数的线性函数来表示（解可新、韩健，2004；何坚勇，2007；曹卫华、郭正，2005）。

2. 模型

（1）线性规划模型的基本特征

线性规划问题需要满足以下特征：①某一方案可用一组决策变量 x_1，x_2，…，x_n 表示，变量取值在一般情况下是非负的；②存在目标函数，使其表示变量的线性函数；③用决策变量的线性等式或线性不等式来表示约束条件；④依据实际问题，目标函数达到最大化（max）或最小化（min）（解可新、韩健，2004；何坚勇，2007；曹卫华、郭正，2005）。

（2）线性规划模型的一般形式

目标函数：

$$\min(\max) z = c_1x_1 + c_2x_2 + \cdots + c_nx_n \tag{2-2}$$

满足约束条件：

$$s.t.\begin{cases} a_{11}x_1 + a_{12}x_2 + \cdots + a_{1n}x_n \leqslant (=, \geqslant) b_1 \\ a_{21}x_1 + a_{22}x_2 + \cdots + a_{2n}x_n \leqslant (=, \geqslant) b_2 \\ \cdots \\ a_{m1}x_1 + a_{m2}x_2 + \cdots + a_{mn}x_n \leqslant (=, \geqslant) b_n \\ x_1, x_2, \cdots, x_n \geqslant 0 \end{cases} \tag{2-3}$$

式中，x_1，x_2，…，x_n 为决策变量；c_1，c_2，…，c_n 为价值系数；a_{11}，a_{12}，…，a_{1n}为消耗系数；b_1，b_2，…，b_n 为资源限制系数（解可新、韩健，2004；何坚勇，2007；曹卫华、郭正，2005）。

（3）线性规划模型的标准形式

为便于研究，我们将标准形定义为：对目标函数求最小值，决策变量是非负变量，约束条件除变量的非负条件外都是等式约束。具体模型如下：

$$\begin{aligned} &\min z = \sum_{j=1}^{n} c_jx_j \\ &s.t. \sum a_{ij}x_j = b_i (i = 1,2,\cdots,m) \\ &x_j \geqslant 0 \ (j = 1,2,\cdots,n) \end{aligned} \tag{2-4}$$

式中，a_{ij}、b_i、c_j 是常数，且 $b_i \geqslant 0$（$i=1$，2，…，m）。

线性规划模型在现实生活中的应用是多种多样的，为便于计算，可以使用多种方法将其转化为等价的标准形。线性规划模型转化为标准形的方法如下：

第一，如果目标函数为最大值，即 $\max z$，则令 $f=-z$，将原问题转化为在相同约束条件下求 $\min f$。

第二，若约束条件里具有不等式约束 $\sum a_{ij}x_j \leqslant b_i$，引入新变量 x_i^{τ}，从而不等式约束条件转化为以下形式：

$$\begin{aligned} \sum a_{ij}x_j + x_i^{\tau} &= b_i \\ x_i^{\tau} &\geqslant 0 \end{aligned} \tag{2-5}$$

此时，称变量 x_i^{τ} 为松弛变量。

第三，如果约束条件里存在不等式约束 $\sum a_{ij}x_j \geqslant b_i$，引入新变量 x_i^{η}，从而将不等式约束条件转化为两个公式约束条件：

$$\begin{aligned} \sum a_{ij}x_j - x_i^{\eta} &= b_i \\ x_i^{\eta} &\geqslant 0 \end{aligned} \tag{2-6}$$

此时，称变量 x_i^{η} 为剩余变量。

第四，如果约束条件有 $x_j \geqslant h_j$（$h_j \neq 0$），引入新变量 $y_j = x_j - h_j$，代替原来的变量 x_j，进而原问题中的约束条件 $x_j \geqslant h_j$ 就转化为新约束条件 $y_j \geqslant 0$。

第五，如果不规定变量 x_j 的正负，我们通过引入 y_i^{τ} 和 y_i^{η} 两个新变量，以 $x_j = y_i^{\tau} - y_i^{\eta}$ 代入问题的目标函数和约束条件，消去 x_j，增加两个约束条件：$y_i^{\tau} \geqslant 0$，$y_i^{\eta} \geqslant 0$，变量 y_i^{τ} 和 y_i^{η} 为自由变量（解可新、韩健，2004；何坚勇，2007；曹卫华、郭正，2005）。

【例 1】 将线性规划化为标准形。

$$\max 3x_1 + 2x_2$$

$$s.t.\begin{cases} 3x_1 + 5x_2 \leqslant -10 \\ 4x_1 + 8x_2 \geqslant 7 \\ x_1 - 3x_2 = 6 \\ x_1 \geqslant 0, x_2 \geqslant 0 \end{cases}$$

解：令 $f=-(3x_1+2x_2)$，引入变量 x_3、x_4，并令 $x_2=x_3-x_4$，其中 x_3、$x_4\geqslant 0$；引入松弛变量 x_5 和剩余变量 x_6，则原问题转化为标准形：

$$\min f=-3x_1-2x_2$$

$$s.t.\begin{cases}3x_1+5x_3-5x_4+x_5=-10\\4x_1+8x_3-8x_4-x_6=7\\x_1-3x_3+3x_4=6\\x_j\geqslant 0,j=1,2,\cdots,6\end{cases}$$

(4) 线性规划问题求解的基本方法

①单纯形法

单纯形法（Simple Method）是用来求解线性规划问题的常用办法。单纯形法的基本思想是先找出一个基本可行解，逐步改进目标函数的取值，直到找到最优基本可行解。

由此，根据线性规划基本定理，我们可以采用以下步骤求解：

首先，求得一个基本可行解；其次，查验上述基本可行解是否为最优解，若不是，则再求出一个没有检查过的基本可行解；最后，上述方法反复进行，直到找出某基本可行解是最优解。

②图解法

图解法是指在线性规划问题中利用几何特征来求最优解。这种方法只能求解线性规划问题中两个变量（最多三个变量）的问题。多数线性规划问题的变量个数大于等于3，因此图解法的应用不多。但该方法可以帮助我们直观地学习线性规划问题求解的基本原理。

图解法的基本步骤如下：首先，建立以 x_1、x_2 为坐标轴的直角坐标系，画出线性规划问题的可行域；其次，求目标函数 $z=c_1x_1+c_2x_2$ 的梯度 $\nabla z=(c_1,\ c_2)$；最后，任意选择一个等值 $c_1x_1+c_2x_2=z_0$，并沿梯度 ∇z 向正方向平移（如果是极小化问题，则沿 $-\nabla z$ 平移），找出等值线即将离开但又未离开可行域时，其与可行域的交点。

如果交点存在，该点坐标为最优解 X^*（解可新、韩健，2004；何坚勇，2007；曹卫华、郭正，2005）。

【**例 2**】求解线性规划：

$$\min \ -x_1 - 2x_2$$

$$s.t. \begin{cases} x_1 + x_2 \leqslant 4 \\ -x_1 + 2x_2 \leqslant 6 \\ x_1 \geqslant 0, x_2 \geqslant 0 \end{cases}$$

解：这个问题的可行域如图 2－2 所示，它是平面上的一个多边形，顶点是（0，0），（4，0），$(\frac{2}{3}, \frac{10}{3})$，（0，3）。

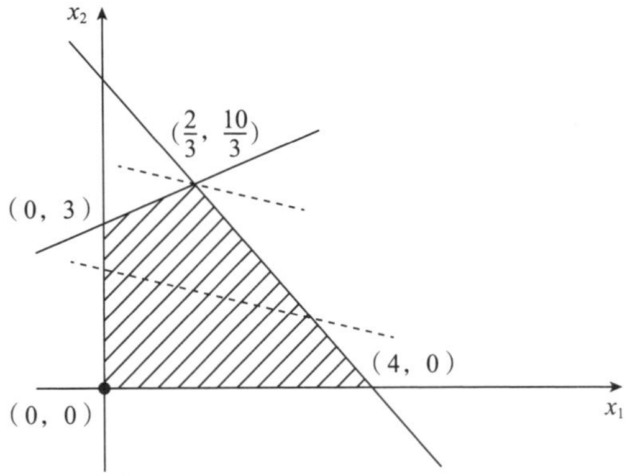

图 2－2　可行域

目标函数等值线的方程为：

$$-x_1 - 2x_2 = \alpha$$

当 α 取不同数值时，得到不同的等值线。

目标函数的梯度即等值线的法向量 $\vec{n} = (-1, -2)^T$，指向目标函数增大的方向，因此沿方向 n 移动等值线时，线上各点目标函数值增大，而沿着相反方向移动等值线时，目标函数值减小，为计算求解极小值点，沿 $-n$ 方向移动等值线，使它达到如果再移动，等值线与可行域的交集为空集，进而得到极小值点 $(\frac{2}{3}, \frac{10}{3})^T$。

线性规划解的几种可能结果：

可行域是空集、有唯一最优解、有无穷最优解、无界解（无最优解）、无可行解。

线性规划问题中，无界解指的是最优解无界。可使目标函数值 $z\to+\infty$ 解决极大化问题；可使目标函数值 $z\to-\infty$ 解决极小化问题，无界区域通常是无界解的可行域；无可行解是指存在部分线性规划问题的可行域是空集（解可新、韩健，2004；何坚勇，2007；曹卫华、郭正，2005）。

（5）线性规划的基本原理

将线性规划问题化为标准形：

$$\min\ -x_1-2x_2$$
$$s.t.\begin{cases}-4x_1-3x_2\geqslant-10\\-2x_1+x_2\geqslant-4\\x_1\geqslant0,x_2\geqslant0\end{cases}\tag{2-7}$$

$$\min\ -x_1-2x_2$$
$$s.t.\begin{cases}-4x_1-3x_2-x_3=-10\\-2x_1+x_2-x_4=-4\\x_1,x_2,x_3,x_4\geqslant0\end{cases}\tag{2-8}$$

其可行域有 4 个顶点，对应的变量值为$(0,\ 0,\ -10,\ 4)^T$，$(0,\ \frac{10}{3},\ 0,\ \frac{22}{3})^T$，$(\frac{11}{5},\ \frac{2}{5},\ 0,\ 0)^T$，$(2,\ 0,\ 2,\ 0)^T$。

可以发现，4 个顶点的共同点是对应的变量值中都有两个坐标为 0。分析可知，平面上凸多边形的顶点必然为两条边界直线的交点，如果边界直线为坐标轴，则相应的一个坐标为 0；若非坐标轴，则化标准形时所引进的松弛变量或剩余变量就应是 0。

综上，得到一般规律：在仅有两个决策变量的线性规划标准形的形式下，顶点所对应的变量（包括决策变量、松弛变量、剩余变量）值为 0 的个数大于等于 2 个。

对于线性规划标准形，有以下定理成立。

【定理】 如果存在一个可行解，则一定存在一个基本可行解；如果存在一个最优可行解，则一定存在一个最优基本可行解（解可新、韩健，2004；何坚勇，2007；曹卫华、郭正，2005）。

（二）非线性规划

1. 定义

若目标函数或约束条件中包含非线性函数，则称这种规划问题为非线性规划问题。一般来说，求解非线性规划比求解线性规划要困难和复杂得多，目前还未出现适用于能解决各种问题的非线性规划一般算法，当前存在的每种方法都有自身特定的不同适用范围。

【例 3】 某公司共有 m 个项目供投资者进行投资选择，并且投资者至少对其中一个进行投资。已知该公司的投资资金总额为 N 元，假设投资第 i（$i=1, 2, \cdots, n$）个项目需要花费资金 α_i 元，预计可获取投资收益 b_i 元，求解最优投资方案。

解： 设投资决策变量为：

$$x_i\begin{cases}1, \text{决定投资第 } i \text{ 个项目}\\0, \text{决定不变,投资第 } i \text{ 个项目}\end{cases}, i=1,2,\cdots,m$$

则投资总额为 $\sum_{i=1}^{m}\alpha_i x_i$，投资总收益为 $\sum_{i=1}^{m}b_i x_i$。由于该公司至少要投资其中一项，并且要满足投资金额总和不超过全部资金 N 的前提条件，所以有限制条件：

$$0 < \sum_{i=1}^{m}\alpha_i x_i \leqslant N$$

另外，由于 x_i（$i=1, 2, \cdots, n$）只取值 0 或 1，所以还有：

$$x_i(1-x_i)=0, i=1,2,\cdots,m$$

最佳投资决策应该是投资额最少而总收益最大的方案，因此这个问题可以归结为在总资金和决策变量（取 0 或 1）的限制条件下，总收益和总投资之比的极大化问题。因此，其数学模型为：

$$\max Q = \frac{\sum_{i=1}^{m}b_i x_i}{\sum_{i=1}^{m}a_i x_i}$$

$$s.t. 0 \leqslant \sum_{i=1}^{m}a_i x_i \leqslant N$$

$$x_i(1-x_i) = 0,\ i = 1,2,\cdots,m$$

上述例题是在一组等式或不等式的限制条件约束下，存在至少一个非线性函数的条件下，求得一个函数的最大值（或最小值）问题，这类问题统称为非线性规划问题。可概括为一般形式：

$$\min f(x)$$

$$s.t.\begin{cases} g_i(x)=0, i=1,2,\cdots,p \\ h_i(x)=0, i=1,2,\cdots,q \end{cases} \tag{2-9}$$

式中，$x=[x_1,\cdots,x_n]^T$ 是模型（NP）的决策变量，$f(x)$ 是目标函数，$g_i(i=1,2,\cdots,p)$ 和 $h_i(i=1,2,\cdots,q)$ 是约束函数。另外，$g_i(x)=0(i=1,2,\cdots,p)$ 称为等式约束，$h_i(x)\leqslant 0(i=1,2,\cdots,q)$ 称为不等式的约束。

在面对一个现实问题，将它归为非线性规划问题时，一般需要关注以下几点：

（1）确定供选方案：首先要充分收集与问题相关的资料及数据，在全方面熟悉问题的前提下，确定问题可供选择的方案，并用一组变量进行表示。

（2）提出追求目标：通过对比分析已获取的资料，依据实际情况所需及其可能性，确定所需达到的目标应是极大化还是极小化。再运用各种其他科学和技术原理，将其用数学关系进行表达。

（3）给出价值标准：在确认追求目标之后，要评估并确定预设目标的“好”或“坏”的价值标准，并以相应的数量形式来进行描述。

（4）寻求约束条件：由于所要实现的决策目标往往要在特定条件下达到极大化或极小化效果，因此找到问题中的全部约束条件也是必要的步骤，这些约束条件通常用变量之间的某些不等式或等式表示。

2. 求解非线性规划的基本迭代格式

非线性规划中所求的解可能是局部可行区域的极值点，但不一定是整个可行区域的全局最优解。

给定 $f(x)$ 的极小点位置的一个初始估计 $x^{(0)}$，以此计算产生一系列点 $x^{(k)}(1, 2, \cdots, n)$，希望点列 $x^{(k)}$ 的极限 x^* 就是 $f(x)$ 的一个极小点。计算公式为：

$$x^{(k+1)}=x^{(k)}+\lambda_k d^{(k)} \tag{2-10}$$

式中，λ_k 表示步长，$d^{(k)}$ 表示搜索方向，使用迭代方法求解（NP）的一个重点是如何构造每一轮的搜索方向并选择合适的步长。

设 $\bar{x} \in R^n$，$p \neq 0$，若存在 $\delta > 0$，使

$$f(\bar{x} + tp) < f(\bar{x}),\ \forall t \in (0,\delta) \quad (2-11)$$

称向量 $\vec{\boldsymbol{p}}$ 时 f 在 $\bar{x}$ 处的下降点。

设 $\bar{x} \in R^n$，$p \neq 0$，若存在 $t > 0$，使

$$\bar{x} + tp \in K \quad (2-12)$$

称向量 $\vec{\boldsymbol{p}}$ 时 f 在 $\bar{x}$ 处关于 K 的可行方向。

一个向量 $\vec{\boldsymbol{p}}$，如果是函数 f 在点 x 处的下降方向，又是这一点关于区域 K 的可行方向，则称它为函数 f 在点 x 处关于 K 的可行下降方向。

用基本迭代法求解（NP）的一般步骤如下：

（1）适当选取初始点 $x^{(0)}$，令 $k = 0$。

（2）检验 $x^{(k)}$ 是否满足停止迭代的条件，如果满足，则停止迭代，用 $x^{(k)}$ 求近似问题的最优解，否则转至（3）。

（3）按某种规则确定 $x^{(k)}$ 处的搜索方向。

（4）从 $x^{(k)}$ 出发，沿方向 $x^{(k)}$，按某种方法确定长 λ_k，使得

$$f[x^{(k)} + \lambda_k d^{(k)}] < f[x^{(k)}] \quad (2-13)$$

（5）令 $x^{(k+1)} = x^{(k)} + \lambda_k d^{(k)}$，然后置 $k = k + 1$，返回（2）。

3. 非线性规划的常用模型

（1）凸函数、凸规划

设 $f(x)$ 为定义在 n 维欧氏空间 $E^{(n)}$ 中某个凸集 R 上的函数，若对任何实数 α（$0 < \alpha < 1$）以及 R 中的任意两点 $x^{(1)}$ 和 $x^{(2)}$，恒有

$$f[\alpha x^{(1)} + (1-\alpha)x^{(2)}] \leqslant \alpha f[x^{(1)}] + (1-\alpha)f[x^{(2)}] \quad (2-14)$$

则称 $f(x)$ 为定义在 R 上的严格凸函数。

考虑非线性规划：

$$\begin{cases} \min f(x),\ x \in R \\ R = \{x \mid g_j(x) \leqslant 0, j = 1,2,\cdots,l\} \end{cases} \quad (2-15)$$

假定其中 $f(x)$ 为凸函数，$g_j(x) \leqslant 0 (j = 1,2,\cdots,l)$ 为凸函数，这种非线性规划被称为凸规划。

可以通过计算证明得到，凸规划的可行域为凸集，求解所得的局部最优解也是全局最优解，其最优解的集合构成了凸集。当凸规划的目标函数 $f(x)$ 为严格凸函数时，其最优解必定唯一（假定最优解存在）。由此可见，凸优化

问题是一种既容易理解又具有重要理论价值的非线性优化问题。

(2) 无约束问题

无约束问题可以表述为：

$$\min f(X), X \in E^n \tag{2-16}$$

无约束极值的问题包括局部极值和全局极值。

$f(x)$ 为定义在 n 维欧氏空间 E^n 中某个凸集 R 上的函数，$x = [x_1, \cdots, x_n]^T$。设对于 $x^* \in R$，若存在 $\varepsilon \geqslant 0$，使 $x \in R$ 且 $\|x - x^*\| < \varepsilon$，都满足不等式 $f(x) \geqslant f(x^*)$，则称 $f(x^*)$ 为局部极小值。如果对于 $x \neq x^*$，$x \in R$ 且 $\|x - x^*\| < \varepsilon$，$f(x) > f(x^*)$，则称 $f(x^*)$ 为严格局部极小值。若点 $x^* \in R$，对于所有 $x^* \in R$ 都有 $f(x) \geqslant f(x^*)$，则称 $f(x^*)$ 为全局极小值。如果对于所有 $x \neq x^*$，$x^* \in R$，都有 $f(x) > f(x^*)$，则称 $f(x^*)$ 为严格全局极小值。

求解无约束问题的迭代法一般为解析法和直接法。解析法就是利用函数的一阶导数或二阶导数，通常包括梯度法、牛顿法、变尺度法等；直接法则只使用函数值，通常使用 Powell 方法（戴彧虹、刘新为，2014）。

接下来介绍梯度下降法和 Powell 方法。

①梯度下降法

梯度下降法是目前应用较为广泛的一种求解最优化问题的方法。梯度下降法的基本思想是按照梯度的反方向进行参数更新，以逐渐接近函数的最低点。

梯度下降法解无约束机制问题的步骤如下：首先，给定初始近似点 x^0 及精度 $\varepsilon > 0$，如果 $\|\nabla f(x^0)\|^2 < \varepsilon$，则 x^0 为近似极小点。其次，如果 $\|\nabla f(x^0)\|^2 > \varepsilon$，则求步长 λ，并计算 $x^1 = x^0 - \lambda_0 \nabla f(x^0)$。步长 λ 可以采用泰勒展开求得，也可以采用任意一种一维搜索法求得。最后，设已经迭代到点 x^k，如果 $\|\nabla f(x^0)\|^2 < \varepsilon$ 成立，则 x^k 为所求的近似解；如果 $\|\nabla f(x^0)\|^2 > \varepsilon$，则求步长 λ_k，并确定下一个近似点 $x^{k+1} = x^k - \lambda_k \nabla f(x^k)$；如此反复，直到达到要求的精度。

②Powell 方法

Powell 方法主要由基本搜索、加速搜索和调整搜索方向三部分组成。具体步骤如下：

a. 选取初始点 x^0 和 n 个线性无关初始方向，组成初始搜索方向组 $\{p^0, p^1, p^2, \cdots, p^{n-1}\}$。给定终止误差 $\varepsilon=0$，令 $k=0$。

b. 令 $y^0=x^k$，沿 $\{p^0, p^1, p^2, \cdots, p^{n-1}\}$ 中的方向进行搜索，得到辅助迭代点 $y^1, y^2, \cdots, y^n$。

c. 令 $p^n=y^n-y^0$，若 $\|p^n\|<\varepsilon$，停止迭代，输出 $x^{k+1}=y^n$，否则进行第 d 步。

d. 按照 $f(y^{m-1})-f(y^m)=\max\{f(y^{j-1})-f(y^j)\mid 1\leqslant j\leqslant n\}$ 找出 m。若 $f(y^0)-2f(y^n)+f(2y^n-y^0)<2[f(y^{m-1})-f(y^m)]$ 成立，进行第 e 步，否则进行第 f 步。

e. 令 $x^{k+1}=y^n+t_n p^n, f(y^n+t_n p^n)=\min\limits_{t\geqslant 0} f(y^n+tp^n)$，同时令 $\{p^0, p^1, p^2, \cdots, p^{n-1}\}_{k+1}=\{p^0, \cdots, p^{m-1}, p^{m+1}, \cdots, p^{n-1}, p^n\}$，$k=k+1$，转到第 b 步。

f. 不调整搜索方向组。令 $x^{k+1}=y^n$，$k=k+1$，转到第 b 步。

（3）约束极值问题

在求解非线性规划问题时，存在可行的下降方向求解困难、难以判断不等式约束是否起作用等问题。因此，目前尚无一种普遍适用于此类问题的求解方法，更没有可靠的软件。有些方法从线性约束最优化的实践仍然可以被采纳，但算法将变得非常复杂。比较容易实现的方法是各类罚函数法（李杰等，2016），定义一组带有惩罚项的目标函数，用一系列无约束优化问题的解逼近约束问题的解，这样的方法又称为序列无约束最小化方法，其特点是易于实施，但是收敛慢而且惩罚很重时问题适定性很差，因此很难获得较为精确的结果。另一种方法是在每步迭代时构造一个二次规划子问题作为近似，通过求解一系列二次规划问题逼近一般非线性约束问题的解，这种方法称为序列二次规划法，是现在较好的方法。

（三）二次规划

1. 定义

二次规划问题作为非线性规划的一种特殊情况，具有目标函数是二次实函数和线性约束的特点，并定义为寻找一个变量向量 x，以最小化具有二次目标函数和线性约束的问题。其标准形式如下：

最小化：$f(x)\leqslant\frac{1}{2}x^TQx+c^Tx$。

其中，x 是包含优化变量的列向量，Q 是一个对称正定矩阵，c 是一个列向量。问题的目标是找到 x，使得上述目标函数最小化。

同时，可能存在一些线性等式和不等式约束：

线性等式约束：$Ax=b$。

线性不等式约束：$Gx\leqslant h$。

其中，A、G 是矩阵，b、h 是列向量（孙煜超，2023）。

2. 二次规划常用模型

二次规划（Quadratic Programming，QP）在实际应用中有多种常用模型，以下是其中一些常见的模型。

（1）线性二次规划：这是二次规划中最简单的模型，具有二次目标函数和线性约束。标准形式如前文所述。

（2）二次约束二次规划：在这种情况下，不仅目标函数是二次的，约束也是二次的。这种情况下的问题可以表述为：

最小化：$f(x)\leqslant\frac{1}{2}x^THx+c^Tx$。

约束条件：$x^TAx+b^Tx+c\leqslant 0$。

其中，H 是对称正定矩阵，A 也是对称矩阵，b 和 c 是列向量。

（3）正则化二次规划：这种模型用于机器学习和统计建模中的正则化问题，通常用于支持向量机（SVM）等。在这种情况下，目标函数包含数据项和正则化项，以平衡模型的拟合和复杂度。标准形式如下：

最小化：$f(x)\leqslant\frac{1}{2}x^THx+c^Tx$。

约束条件：$Ax\leqslant b$。

其中，H 代表对称正定矩阵，b、c 代表列向量，A 代表矩阵（陈宝林，2005）。

这些是二次规划的一些常见模型，实际应用中的问题可能涉及更复杂的变种或组合，选择适当的模型取决于具体问题的性质和约束条件。

3. 二次规划的 Lagrange 方法

考虑二次规划问题：

$$\begin{aligned}&\min f(x)\leqslant\frac{1}{2}x^THx+c^Tx\\&s.t.\ Ax=b\end{aligned}\tag{2-17}$$

式中，x 是包含优化变量的列向量，H 是 n 阶对称矩阵，A 的秩为 m，b 是 m 的维列向量。

首先定义 Lagrange 函数：

$$L(x,\lambda)=\frac{1}{2}x^THx+c^Tx-\lambda(Ax-b) \tag{2-18}$$

令：

$$\nabla_x L(x,\lambda)=0,\nabla_\lambda L(x,\lambda)=0 \tag{2-19}$$

得到方程组：

$$\begin{aligned}&Hx+c-A^T\lambda=0\\&-Ax+b=0\end{aligned} \tag{2-20}$$

将此方程组写成：

$$\begin{pmatrix} H & -A^T \\ -A & 0 \end{pmatrix}\begin{pmatrix} x \\ \lambda \end{pmatrix}=\begin{pmatrix} -c \\ -b \end{pmatrix} \tag{2-21}$$

系数矩阵 $\begin{pmatrix} H & -A^T \\ -A & 0 \end{pmatrix}$ 称为 Lagrange 矩阵。

设上述 Lagrange 矩阵可逆，则可表示为：

$$\begin{pmatrix} H & -A^T \\ -A & 0 \end{pmatrix}^{-1}=\begin{pmatrix} Q & -R^T \\ -R & S \end{pmatrix} \tag{2-22}$$

由于：

$$\begin{pmatrix} H & -A^T \\ -A & 0 \end{pmatrix}^{-1}=\begin{pmatrix} Q & -R^T \\ -R & S \end{pmatrix}=I_{m+n} \tag{2-23}$$

可得：

$$\begin{aligned}&QH+A^TR=I_n\\&-HR^T-A^TS=0_{n\times m}\\&-AQ=0_{n\times m}\\&ART=I_m\end{aligned} \tag{2-24}$$

假设逆矩阵 H^{-1} 存在，由上述关系得到矩阵 Q、R、S 的表达式：

$$\begin{aligned}&Q=H^{-1}-H^{-1}A^T(AH^{-1}A^T)^{-1}AH^{-1}\\&R=(AH^{-1}A^T)^{-1}AH^{-1}\\&S=-(AH^{-1}A^T)^{-1}\end{aligned} \tag{2-25}$$

由方程组左右两端同乘 Lagrange 逆矩阵，可得到二次规划问题的最终解：

$$\begin{aligned} \bar{X} &= -Qc + R^T b \\ \bar{\lambda} &= Rc - Sb \end{aligned} \qquad (2-26)$$

【例 4】 用 Lagrange 方法求解下列问题：

$$\min\ x_1^2 + 2x_2^2 + x_3^2 - 2x_1x_2 + x_3$$

$$s.t.\ x_1 + x_2 + x_3 = 4$$

$$2x_1 - x_2 + x_3 = 2$$

解：已知

$$\boldsymbol{H} = \begin{pmatrix} 2 & -2 & 0 \\ -2 & 4 & 0 \\ 0 & 0 & 2 \end{pmatrix}, \boldsymbol{c} = \begin{pmatrix} 0 \\ 0 \\ 1 \end{pmatrix}, \boldsymbol{A} = \begin{pmatrix} 1 & 1 & 1 \\ 2 & -1 & 1 \end{pmatrix}$$

H 的逆矩阵：

$$\boldsymbol{H}^{-1} = \begin{pmatrix} 1 & \frac{1}{2} & 0 \\ \frac{1}{2} & \frac{1}{2} & 0 \\ 0 & 0 & \frac{1}{2} \end{pmatrix}$$

由式（2－25）可得：

$$\boldsymbol{Q} = \frac{4}{11} \begin{pmatrix} \frac{1}{2} & \frac{1}{4} & -\frac{3}{4} \\ \frac{1}{4} & \frac{1}{8} & -\frac{3}{8} \\ -\frac{3}{4} & -\frac{3}{8} & \frac{9}{8} \end{pmatrix}, \boldsymbol{R} = \begin{pmatrix} \frac{3}{4} & \frac{7}{4} & \frac{1}{4} \\ \frac{3}{4} & -1 & \frac{1}{4} \end{pmatrix}, \boldsymbol{S} = -\frac{4}{11} \begin{pmatrix} 3 & -\frac{5}{2} \\ -\frac{5}{2} & 3 \end{pmatrix}$$

把 $\boldsymbol{Q}$、$\boldsymbol{R}$ 代入式（2－26），得到问题的最优解：

$$\bar{x} = \begin{pmatrix} x_1 \\ x_2 \\ x_3 \end{pmatrix} = \begin{pmatrix} \frac{21}{11} \\ \frac{32}{22} \\ \frac{3}{22} \end{pmatrix}$$

4. 二次规划的起作用集方法

考虑具有不等式约束的二次规划问题：

$$\begin{aligned} &\min f(x) \overset{def}{=} \frac{1}{2}x^T Hx + c^T x \\ &s.t.\ Ax \geqslant b \end{aligned} \tag{2-27}$$

式中，H 是 n 阶对称正定矩阵，c 是 n 维列向量，A 是 $m\times n$ 的矩阵，A 的秩为 m，b 是 m 的维列向量，$x\in R^n$。

由于有不等式约束，所以问题不能直接使用消元法、Lagrange 方法求解，需用起作用集方法将它转化为求解等式约束问题。

运用起作用集方法，在每次迭代中，以已知的可行点为起点，把在该点起作用约束作为等式约束，在此约束下极小化目标函数 $f(x)$，而其余的约束暂且不管。求得新的比较好的可行点后，再重复以上做法，下面加以具体分析。

设在第 k 次迭代中，已知可行点 $x^{(k)}$，在该点起作用约束指标集用 $I^{(k)}$ 表示，这时需要求解等式约束问题：

$$\begin{aligned} &\min f(x) \\ &s.t.\ a^i x = b_i, i\in I^{(k)} \end{aligned} \tag{2-28}$$

式中，a^i 是矩阵 A 的第 i 行，也是在 $x^{(k)}$ 处起作用约束函数的梯度。

为方便起见，现将坐标原点移至 $x^{(k)}$，令：

$$\delta = x - x^{(k)} \tag{2-29}$$

则：

$$\begin{aligned} f(x) &= \frac{1}{2}[\delta + x^{(k)}]TH[\delta + x^{(k)}] + c^T[\delta + x^{(k)}] \\ &= \frac{1}{2}\delta^T H\delta + \delta^T Hx^{(k)} + \frac{1}{2}x^{(k)T}Hx^{(k)} + c^T x^{(k)} \\ &= \frac{1}{2}\delta^T H\delta + \nabla f[x^{(k)}]T\delta + f[x^{(k)}] \end{aligned} \tag{2-30}$$

于是式（2－29）转化成求校正量 $\delta^{(k)}$ 的问题：

$$\begin{aligned} &\min \frac{1}{2}\delta^T H\delta + \nabla f[x^{(k)}]T\delta \\ &s.t.\ a^i\delta = 0, i\in I^{(k)} \end{aligned} \tag{2-31}$$

解二次规划，求出最优解 $\delta^{(k)}$，然后区别不同情形，决定下面应采取的步骤。

如果 $x^{(k)}+\delta^{(k)}$ 是可行点，且 $\delta^{(k)}\neq 0$，则在第 $k+1$ 次迭代中，已知点取作 $x^{(k+1)}=x^{(k)}+\delta^{(k)}$。

如果 $x^{(k)}+\delta^{(k)}$ 不是可行点，则令方向 $d^{(k)}=\delta^{(k)}$，并沿 $d^{(k)}$ 搜索，令 $x=x^{(k)}+\alpha_k d^{(k)}$。

现在分析怎样确定沿 $d^{(k)}$ 方向的步长 α_k。根据保持可行性的要求，α_k 的取值应使对于每个 $i\notin I^{(k)}$ 成立，则存在：

$$\alpha^i[x^{(k)}+\alpha_k d^{(k)}]\geqslant b_i \tag{2-32}$$

由于 $x^{(k)}$ 是可行点，$\alpha^i x^{(k)}\geqslant b_i$，因此由式（2－32）可知，当 $\alpha^i d^{(k)}\geqslant 0$ 时，对于任意的非负数 α_k，式（2－32）总成立；当 $\alpha^i d^{(k)}<0$ 时，只要取正数 $\alpha_k\leqslant \min\left\{\dfrac{b_i-\alpha^i x^{(k)}}{\alpha^i d^{(k)}}\mid i\notin I^{(k)},\ \alpha^i d^{(k)}<0\right\}$，对于每个 $i\notin I^{(k)}$，式（2－32）成立。

记 $\hat{\alpha}_k=\left\{\dfrac{b_i-\alpha^i x^{(k)}}{\alpha^i d^{(k)}}\mid i\notin I^{(k)},\ \alpha^i d^{(k)}<0\right\}$，由于 $\delta^{(k)}$ 是问题的最优解，为在第 k 次迭代中得到较好的可行点，应取 $\alpha_k=\min\{1,\ \hat{\alpha}_k\}$，并令 $x^{(k+1)}=x^{(k)}+\alpha_k d^{(k)}$。

如果：

$$\alpha_k=\frac{b_i-\alpha^i x^{(k)}}{\alpha^i d^{(k)}}<1 \tag{2-33}$$

则在点 $x^{(k+1)}$，有：

$$\alpha^p x^{(k+1)}=\alpha^p[x^{(k)}+\alpha_k d^{(k)}]=b_p \tag{2-34}$$

因此，在 $x^{(k+1)}$ 处，$\alpha^p x^{(k)}\geqslant b_p$ 为起作用约束。这时，把指标 p 加入 $I^{(k)}$，得到在 $x^{(k+1)}$ 处的起作用约束指标集 $I^{(k+1)}$。

如果 $\delta^{(k)}=0$，则 $x^{(k)}$ 是式（2－29）的最优解。这时应判断 $x^{(k)}$ 是否为式（2－28）的最优解。为此，需计算起作用约束的乘子 $\lambda_i^{(k)}[i\in I^{(k)}]$。如果这些 $\lambda_i^{(k)}\geqslant 0$，则点 $x^{(k)}$ 是式（2－28）的 $K-T$ 点。由于式（2－28）为凸规划，因此，$x^{(k)}$ 是最优解。如果存在 $q\in I^{(k)}$，使得 $\lambda_q^{(k)}<0$，则 $x^{(k)}$ 不可能是最优解。可以验证，当 $\lambda_q^{(k)}<0$ 时，在 $x^{(k)}$ 处存在可行下降方向。比如，设 $A^{(k)}$ 是起作用约束系数矩阵，且 $A^{(k)}$ 满秩，令方向：

$$d=A^{(k)T}[A^{(k)}A^{(k)T}]^{-1}e_q \tag{2-35}$$

e_q 是单位向量，对应下标 q 的分量为 1，则有：

$$d^T\nabla f[x^{(k)}]=e_q^T[A^{(k)}A^{(k)T}]^{-1}A^{(k)}A^{(k)T}\lambda^{(k)}=\lambda_q^{(k)}<0 \qquad (2-36)$$

因此，d 是在 $x^{(k)}$ 处的下降方向，容易验证 d 也是可行方向。

当 $\lambda_q^{(k)}<0$ 时，把下标 q 从 $I^{(k)}$ 中删除。如果有几个乘子同时为负数，令：

$$\lambda_q^{(k)}=\min\{\lambda_i^{(k)}\mid i\in I^{(k)}\} \qquad (2-37)$$

将对应 $\lambda_q^{(k)}$ 的约束从起作用约束集中去掉，再解问题。

【例 5】 用起作用集方法求解下列问题：

$$\min\ 9x_1^2+9x_2^2-30x_1-72x_2$$
$$s.t.\ -2x_1-x_2\geqslant -4$$
$$x_1,x_2\geqslant 0$$

取初始可行点 $x^{(1)}=(0,\ 0)^T$。

解： 记 $f(x)=9x_1^2+9x_2^2-30x_1-72x_2$，则：

$$\nabla f(x)=\begin{pmatrix}18x_1-30\\18x_2-72\end{pmatrix},H=\nabla^2 f(x)=\begin{pmatrix}18&0\\0&18\end{pmatrix},H^{-1}=\begin{pmatrix}\frac{1}{18}&0\\0&\frac{1}{18}\end{pmatrix}$$

约束系数矩阵 $A=\begin{pmatrix}a^{(1)}\\a^{(2)}\\a^{(3)}\end{pmatrix}=\begin{pmatrix}-2&-1\\1&0\\0&\\1&\end{pmatrix}$，约束右端向量 $b=\begin{pmatrix}b^{(1)}\\b^{(2)}\\b^{(3)}\end{pmatrix}=\begin{pmatrix}-4\\0\\0\end{pmatrix}$。

第 1 次迭代：

初始点 $x^{(1)}=\begin{pmatrix}0\\0\end{pmatrix}$，$g_1=\nabla f[x^{(1)}]=\begin{pmatrix}-30\\-72\end{pmatrix}$，起作用约束集 $I_1^{(1)}=\{2,\ 3\}$，$A_1=\begin{pmatrix}1&0\\0&1\end{pmatrix}$。

求校正量 $\delta=\begin{pmatrix}\delta_1\\\delta_2\end{pmatrix}$：

$$\min\ \frac{1}{2}\delta^T H\delta+\nabla f[x^{(1)}]T\delta$$
$$s.t.\ A_1\delta=0$$

即：

$$\min 9\delta_1^2+9\delta_2^2-30\delta_1-72\delta_2$$
$$s.t.\ \delta_1=0$$
$$\delta_2=0$$

解得 $\bar{\delta}=\begin{pmatrix}0\\0\end{pmatrix}$。下面判别 $x^{(1)}$ 是否为最优解。

计算 Lagrange 乘子：

$$\lambda=\begin{pmatrix}\lambda_1\\\lambda_2\end{pmatrix}=(A_1H^{-1}A_1^T)^{-1}A_1H^{-1}g_1=\begin{pmatrix}-30\\-72\end{pmatrix}$$

$x^{(1)}$ 还不是最优解。从式中去掉第 2 个约束，置 $I_2^{(1)}=\{2\}$，再求校正量：

$$\min 9\delta_1^2+9\delta_2^2-30\delta_1-72\delta_2$$
$$s.t.\ \delta_1=0$$

解得 $\bar{\delta}=\begin{pmatrix}0\\4\end{pmatrix}$。令：

$$d^{(1)}=\bar{\delta}=\begin{pmatrix}0\\4\end{pmatrix}$$

从 $x^{(1)}$ 出发，沿 $d^{(1)}$ 搜索，令：

$$x^{(2)}=x^{(1)}+\alpha_1 d^{(1)}$$

取步长 $\alpha_1=\min\{1,\hat{\alpha}_1\}$，其中：

$$\hat{\alpha}_1=\left\{\frac{b_i-\alpha^i x^{(1)}}{\alpha^i d^{(1)}}\,\middle|\,i\notin I_2{}^{(1)},\alpha^i d^{(1)}<0\right\}=\frac{b_1-\alpha^{(1)}x^{(1)}}{\alpha^{(1)}d^{(1)}}=1,$$

令 $\alpha_1=1$，得：

$$x^{(2)}=x^{(1)}+\alpha_1 d^{(1)}=\begin{pmatrix}0\\4\end{pmatrix}$$

在 $x^{(2)}$，起作用约束集为 $I_3^{(1)}=\{1,2\}$。

第 2 次迭代：

初始点 $x^{(2)}=\begin{pmatrix}0\\4\end{pmatrix}$，$g_2=\nabla f[x^{(2)}]=\begin{pmatrix}-30\\0\end{pmatrix}$，起作用约束集 $I_1^{(2)}=\{1,2\}$，起作用约束矩阵为：

$$A_1=\begin{pmatrix}-2&-1\\1&0\end{pmatrix},\alpha_1=1。$$

计算 Lagrange 乘子：

$$\lambda=(A_1H^{-1}A_1{}^T)^{-1}A_1H^{-1}g_2=\begin{pmatrix}0\\30\end{pmatrix}$$

从 $I_1^{(2)}$ 中去掉2，置 $I_2^{(2)}=\{1\}$，$A_1=(-2\quad -1)$，求校正量 $\delta=\begin{pmatrix}\delta_1\\\delta_2\end{pmatrix}$。

$$\min\ \frac{1}{2}\delta^TH\delta+\nabla f[x^{(2)}]^T\delta$$

$$s.t.\ A_1\delta=0$$

即：

$$\min\ 9\delta_1^2+9\delta_2^2-30\delta_1$$

$$s.t.\ -2\delta_1-\delta_2=0$$

解得 $\bar{\delta}=\left(\frac{1}{3},\ -\frac{2}{3}\right)^T$。

令 $d^{(2)}=\bar{\delta}=\left(\frac{1}{3},\ -\frac{2}{3}\right)^T$，从 $x^{(2)}$ 出发沿 $d^{(2)}$ 搜索，令：

$$x^{(3)}=x^{(2)}+\alpha_2d^{(2)}$$

其中，搜索步长 $\alpha_2=\min\ \{1,\ \hat{\alpha}_2\}$。

其中，$\hat{\alpha}_2=\min\left\{\frac{b_i-\alpha^ix^{(2)}}{\alpha^id^{(2)}}\middle|\ i\notin I_2^{(2)},\ \alpha^id^{(2)}<0\right\}=\frac{b_3-\alpha^{(3)}x^{(2)}}{\alpha^{(3)}d^{(2)}}=6$，

因此，取 $\alpha_2=1$，后继点

$$x^{(3)}=\begin{pmatrix}0\\-4\end{pmatrix}+\begin{pmatrix}\frac{1}{3}\\-\frac{2}{3}\end{pmatrix}=\begin{pmatrix}\frac{1}{3}\\\frac{10}{3}\end{pmatrix}。$$

第3次迭代：

初始点 $x^{(3)}=\begin{pmatrix}\frac{1}{3}\\\frac{10}{3}\end{pmatrix}$，$g_3=\nabla f[x^{(3)}]=\begin{pmatrix}-24\\-12\end{pmatrix}$，起作用约束集 $I_1^{(3)}=\{1\}$，$A_1=(-2\quad -1)$，$\alpha_2=1$，计算 Lagrange 乘子：

$$\lambda=(A_1H^{-1}A_1^T)^{-1}A_1H^{-1}g_3>0,$$

因此，$x^{(3)}$ 是最优解，最优值 $f_{\min}=-149$。

第二节　最优化方法（模型）主要应用领域

一、最优化方法（模型）的应用领域

最优化理论自提出以来短时间内便得到广泛应用与推广，其主要解决最优计划、最优分配、最优决策、最优设计、最优方案等最优化问题，主要涉及科学工程、交通、管理、经济、金融、计算机等领域。

在工程领域，最优化理论可以用于解决资源分配、能源分配和工程优化等问题。曾翔亮等（2013）在考虑了木材供应总量和需求量的基础上，通过LINGO软件对木材直达和中转混合运输模式进行优化，从而得到不同木材供应商和不同需求点之间木材运输的最优路线和最低的运输成本。王志杨等（2022）提出了一种数据与模型混合驱动的双层优化调度政策，上层采用混合整数规划，下层采用基于卷积神经网络和门控循环单元的数据驱动决策网络，对区域综合能源系统的调度问题进行优化。

在经济领域，最优化理论可以用于解决市场中交易、价格优化、风险处理以及经济模型优化等问题。曾辉等（2023）以环境风险源至敏感目标中心的距离和敏感系数的最小值作为优化目标，以危险源的敏感性权重和决策函数为约束条件，对资源选址问题进行分析，并分析了环境系统优化方法的优劣之处。王鹏飞等（2023）通过对共享停车系统的运营成本和容纳数量进行优化来寻找停车系统的最优化，并发现停车系统达到最优时存在最优运营成本和最优泊车数量。

在金融领域，最优化理论主要用来解决财务优化问题、保险业绩优化问题和金融模拟优化问题。徐婕等（2009）以不同银行贷款组合的收益最大化为优化目标，以用户可以随时取现、不发生拆借为约束条件，采用单纯形法对银行存贷的结构进行优化。杨友等（2020）通过衡量债券的等级、到期年限、地方名义税率和债券到期前的利率等指标，建立线性规划模型寻找不同债券分类下收益最大的债券投资组合。

最优化理论在规划中的应用分为生产调度优化、物流配送优化、资源调度优化和投资组合优化等。生产调度主要应用于制造业，通过合理安排生产线工作时间和顺序，提高生产率和利润。例如，可以通过使用线性规划，以最小化生产成本或最大化产量，实现生产调度高效和优化。物流配送涉及货物运输、仓储和派送等环节，通过选择最优派送路径和货物配送安排，考虑各节点之间和路径之间的距离、时间、成本，选择最佳派送方案。例如，使用整数规划寻找最小化运输成本或最短路径，提高物流配送效率和精准度。资源调度是将有限资源进行合理配置，以资源最大利用率和满足不同程度任务需求，考虑资源的供需关系、约束条件和目标，找到最佳分配方案。例如，通过动态规划求解最大资源利用率或最小化资源浪费，提高生产效率和经济效益。投资组合优化主要应用于金融领域，旨在合理分配资金，最大化投资收益和最小风险，通过考虑资产收益率、风险和相关因素，寻找最佳投资组合。例如，可以使用二次规划以最大化投资回报或最小化风险，帮助投资者做出理性的投资决策。最优化理论可以帮助组织和企业提高生产效率、降低成本、优化决策，从而可以取得更好的经济效益和社会效益。

在进行管理决策问题时，较常使用边际分析法。边际收入和边际成本相等在产品产量、资源投入量、价格、广告费支出不受限制的情况下是最优化的原则，也就是边际收益为零时，收益最大，这个时候是最优的决策。货币、时间、生产能力存在预算约束时，可能存在不等式约束，可以采用线性规划利用拉格朗日法进行解决（张为民，2010）。

二、不同类型最优化方法（模型）的应用领域

（一）线性规划

线性规划通常解决两个问题：①如何统筹安排以达到利用最少的资源来完成某项任务的目标；②如何统筹安排以达到使用有限的资源完成最多的任务。

在实际生产与工作中，生产计划安排、交通调度、投资组合、生产调度、资源分配、运输与物质调配、人员安排、配料、管道设计、背包负荷装载等都可以用线性规划的数学模型来描述（解可新、韩健，2004；何坚勇，2007；曹卫华、郭正，2005）。

【例 6】 恒星工厂主要生产两种化工品 H_1、H_2，生产中使用三种原料 F_1、F_2、F_3。已知生产 1 吨 H_1 化工品需要 F_1 9 吨、F_2 4 吨、F_3 3 吨；生产 1 吨化工品H_2需要 F_1 4 吨、F_2 5 吨、F_3 10 吨；化工品 H_1 的利润是 700 元/吨，化工品 H_2 的利润是 1200 元/吨。恒星工厂每天能够使用的原料为 F_1 360 吨、F_2

200 吨、F_3 300 吨。恒星工厂每日生产多少吨化工品 H_1、H_2 才能获得最大利润?

解：设恒星工厂每天生产化工品 H_1、H_2 分别为 α_1 吨、α_2 吨，建立模型如下：

$$\max\ 7\alpha_1+12\alpha_2$$

$$s.t.\begin{cases}9\alpha_1+4\alpha_2\leqslant 360\\4\alpha_1+5\alpha_2\leqslant 200\\3\alpha_1+10\alpha_2\leqslant 300\\\alpha_1\geqslant 0,\alpha_2\geqslant 0\end{cases}$$

由此绘出如图 2－3 所示的图形。

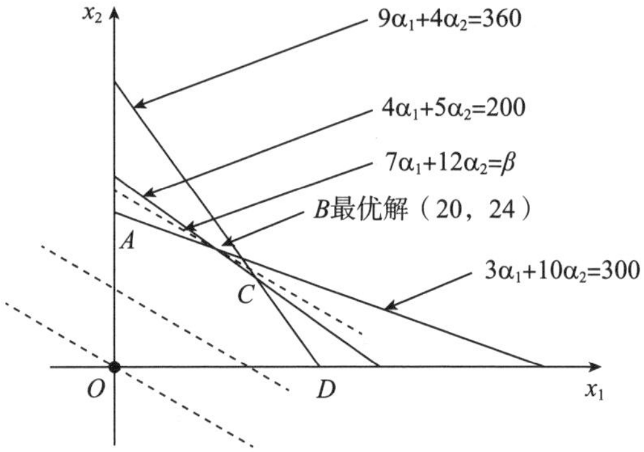

图 2－3　线性规划的可行解区域与最优解示意

综上，满足全部约束条件的点的集合为五边形 *ABCDO* 边界上及内部所有点，$7\alpha_1+12\alpha_2=\beta$ 是平行等值线族，β 越大，直线越在右上方（图中虚线）。由图 2－3 可知，*B* 点是五边形上使 β 最大的点，即最优解。*B* 点是直线 $3\alpha_1+10\alpha_2=300$ 和直线 $4\alpha_1+5\alpha_2=200$ 的交点，即 $\alpha_1=20$，$\alpha_2=24$。

因此，恒星工厂每天生产化工品 H_1 20 吨、H_2 24 吨，方可实现利润最大，为 42800 元。

（二）非线性规划

经济领域的很多问题都是一个经济主体面临多个（甚至是无限个）选择的问题，而按照具体的情形，可以将其划分为一个经济个体的决策问题和两个以上的有选择相互作用的经济个体的决策问题。接下来，将以单个主体的决策分析作为一个例子，学习经济学中如何应用最优化原理展开理论分析（石贵权、吴迪，2006）。

【例 7】 消费者行为分析——效用最大化问题

消费者最优消费选择的问题，可模型化为如下非线性规划问题：

$$\max\ U(x_1,x_2,\cdots,x_n)$$

$$s.t.\ p_1x_1+p_2x_2+\cdots+p_nx_n\leqslant y$$

由 Fritz John 一阶最优性条件可知，在消费的最优选择点，存在（λ，μ）$\geqslant 0$，使得以下 Lagrange 函数：

$$L(x,\lambda,\mu)=\lambda U(x_1,x_2,\cdots,x_n)+\mu(y-p_1x_1-p_2x_2-\cdots-p_nx_n)$$

对 x 的一阶导数为 0，即：

$$\lambda U_{x_i}-\mu p_i=0,i=1,2,\cdots,n$$

在考虑 $p>0$ 的情况下，如果 $\lambda>0$，则 $\mu=0$，但因为（λ，μ）$\geqslant 0$，所以，$\lambda\neq 0$ 时消费者最优选择的条件是：

$$\frac{U_{x_1}}{p_1}=\frac{U_{x_2}}{p_2}=\cdots=\frac{U_{x_n}}{p_n}=\frac{\mu}{\lambda}$$

该方程即表示消费的边际等值原理，指出最优的消费选择必须是使每单位货币购买不同的消费品带来的边际效用相同。

为更详细讨论其经济学含义，上式可变形为：

$$\frac{U_{x_i}}{U_{x_j}}=\frac{p_i}{p_j},\forall i,j=1,2,\cdots,n$$

方程左边为 i 商品和 j 商品的边际替代率，右边为经济替代率，最优选择要求二者必须相等。如果二者不相等，比如：

$$\frac{U_{x_i}}{U_{x_j}}=\frac{1}{1}\neq\frac{2}{1}=\frac{p_i}{p_j}$$

显然，若消费者放弃一单位的 i 商品而购置两单位的 j 商品可提高效用。

由以上分析还可知 $\mu\neq 0$，根据互补松弛条件，此时最优选择必须满足：

$$p_1x_1+p_2x_2+\cdots+p_nx_n=y$$

即不等式约束是有效的。其直观意义：如果还有剩余财富，显然追加消费可增大效用。实际上，上述的不等式约束也反映了消费者的预算约束，因此，此时预算达到均衡才是最优的。

一方面，当 $\lambda \neq 0$ 时（满足 Kuhn - Tucker 条件），可设 $\lambda = 1$。此时 $\mu = \frac{U_{x_i}}{p_i}$，也表示单位货币用于消费时的边际效用。

以上利用的是 Fritz John 最优性条件，在该问题中容易知道 Slater 制约规范被满足，因而也可直接利用 Kuhn - Tucker 最优性条件，设 $\lambda = 1$。事实上，在大多数经济问题的应用中，设计的多是凸函数或凹函数，相关的制约规范会被满足，因此在很多情况下可以直接利用 Kuhn - Tucker 最优性条件。

另一方面，在以上最优化的约束条件中，实际上还有约束 $x_i \geqslant 0$，$i = 1$，2，…，n，这也是不等式约束。但一般情况下，假设当某消费品的消费量非常小时，其边际效用非常大。当 $x_j = 0$，其边际效用无穷大，此时，微量的 j 消费品也会导致较大量的效用的增加，所以，$x_j = 0$ 不可能成为最优选择。因此，通常考虑内点解，即 $x_i \geqslant 0$，$i = 1$，2，…，n。而由前面的分析可知，严格的不等式约束是无约束效力的，所以在某些问题中通常会省略类似于 $x_i \geqslant 0$ 的约束。但一些在数学上无约束效力的不等式约束却有着特殊的经济学含义。因此，在某些情况下，对无约束效力的不等式约束的选择，往往要取决于其经济学的约束意义。

（三）二次规划

二次规划在经济学中有广泛的应用，特别是在优化和决策问题方面。以下是一些二次规划在经济学中的常见应用领域。

1. 投资组合优化

二次规划可用于优化资产组合，帮助投资者选择最佳的投资组合，以在风险和收益之间取得平衡。

2. 生产计划与调度

在制造业中，二次规划可以用来规划生产线的排程和资源分配，以最大化产出或利润，同时考虑资源限制和成本。

3. 供应链管理

二次规划可用于优化供应链中的库存管理、运输和分配策略，以降低成本并提高效率。

4. 货币政策分析

经济学家可以使用二次规划来分析货币政策的影响，以确定最佳的货币政策策略，以实现通货膨胀和经济增长的目标。

5. 市场定价和竞争策略

企业可以使用二次规划来确定最佳的价格策略，以在市场上获得最大利润，同时考虑市场竞争和消费者需求。

6. 风险管理

在金融领域，二次规划可以用于确定投资组合的风险，并帮助投资者制定风险管理策略，以降低金融损失的可能性。

这些只是二次规划在经济学中的一些示例应用，实际上它可以用于解决各种经济和商业中的复杂优化问题，有助于做出更明智的决策和资源分配。

第三节 最优化方法（模型）主要应用案例

一、最优化方法（模型）建模与求解

以常见的线性类型为例，这里说明最优化问题的建模与求解过程。利用线性规划方法解决最优化问题的步骤如下。

（一）审查应用条件

在具体应用前，应对被查内容进行分析，判断其是否具备使用线性规划方法的条件。一般而言，应用线性规划技术解决的问题必须具备四个条件：一是应有明确的目标；二是有多种方案可供选择；三是资源确实受到限制；四是影响被审事项的各种因素能够建立数学模型，而且是线性函数。

（二）建立数学模型

列出全部约束条件，建立数学模型解决规划问题。一般形式是求一组变量的值，令其满足全部约束条件，求解目标函数最优值。

（三）求变量的值及函数值

建立模型后，运用线性规划的求解方法，求出变量值及目标函数值。

（四）评价与建议

依据计算得出的变量值与目标函数值，提供改进意见与措施（石贵泉、吴迪，2006）。

【例 8】广盛公司生产两种产品甲、乙，相关数据如下。

产品	销售价格（元）	单位变动成本（元）	所需工时（小时）
甲	4	2	1
乙	7	3	3

在安排的时间内，可供生产使用的总工时是 200 小时，市场需求产品甲的最大数量为 150 件，广盛公司如何安排生产才能使总利润最大？

解：根据线性规划分析的步骤，首先确定该管理问题符合利用线性规划技术的前提条件，然后确立数学模型，即依据规范将管理问题转化为数学问题，将“在有限的资源条件下如何安排生产使总利润最大”转化为“在约束限制条件下，求出使目标函数达到最优的解”，转化的过程如下。

首先，确定自变量和目标函数。待求解的甲、乙产品的产量即自变量，分别设为 x 和 y，实现的目标是总利润最大，总利润即目标函数，总利润描述为：

$$\text{总利润} = (4-2)x + (7-3)y - \text{固定成本}$$
$$= 2x + 4y - \text{固定成本}$$

根据给定的条件，已知甲、乙产品的售价和单位变动成本，计算利润还需要固定成本总额，但题中并未给出。依据成本习性的特点，固定成本的总额是不变的，要使利润最大化即“$2x+4y-$固定成本”最大化，也就是使 $2x+4y$（边际贡献总额）最大化，目标函数为 $Z=2x+4y$。

其次，将受限的资源条件转化为约束条件方程组。可供生产使用的总工时是 200 小时，市场需求产品甲的最大数量为 250 件，分别转化为约束条件，同时因为求解的是甲、乙产品的产量，不是一个纯数学概念，还隐含着 x、y 不为负数的前提。转化后的约束条件方程组是：

$$\begin{cases} x+3y \leqslant 200 \\ x \leqslant 150 \\ x, y \geqslant 0 \end{cases}$$

目标函数 Z 为 $\max Z = 2x+4y$。

至此，生产运营决策问题转化成了数学模型，下一步利用相应的方法来求解（石贵泉、吴迪，2006）。

二、不同类型最优化方法（模型）的应用案例

（一）线性规划

线性规划在实际生产生活中应用广泛，下面将举例说明线性规划问题的具体应用场景。

生产的线性规划问题示例见例 9。

【例 9】 广达工厂有 3 台生产玩具的设备，分别是 S_1、S_2、S_3，3 台设备生产两种不同类型的玩具 Y_1 和 Y_2。每台设备每日的使用时长是有限的，使用时间过长会导致设备因发热过多而加快寿命受损速度。3 台设备加工两种玩具的加工时长如表 2－1 所示。问：广达工厂应该生产多少 Y_1 和 Y_2 才能使 3 台设备的使用总时长达到最大值？

表 2－1　生产的线性规划问题示例

机器	加工时长（小时/件）		每日可用时长（小时）
	Y_1	Y_2	
S_1	2	3	10
S_2	1	2	15
S_3	0.5	1.2	13
合计	3.5	6.2	

运输的线性规划问题示例见例 10。

【例 10】 星耀公司主营业务是生产笔记本电脑，其共有 3 家工厂，这 3 家工厂分别分布在北京、郑州和深圳 3 个城市，该公司的经销商遍布全国多个城市。星耀公司在北京、郑州和深圳的笔记本库存分别为 40 台、50 台和 35 台。根据经销商的订单，公司需要向上海、长沙、西安和青岛分别运送 45 台、30 台、20 台和 30 台笔记本电脑。每台笔记本电脑在不同城市间的运费如表 2－2 所示。

表 2－2　运输的线性规划问题示例　　单位：元

工厂所在城市	上海	长沙	西安	青岛	供货量
北京	6	8	4	5	40
郑州	5	6	3	7	50
深圳	7	4	8	9	35
订单量	45	30	20	30	125

租车的线性规划问题示例见例 11。

【例 11】 2023 年 10 月，中国地质大学（北京）组织全体师生（共 n 人）去香山郊游。北地后勤共有 5 辆大巴车、8 辆中巴车，其中大巴车能载 48 人，中巴车能载 32 人，已知每辆大巴车每日往返次数为 3 次，每辆中巴车每日往返 5 次；大巴车的运输费用为每次往返 80 元，中巴车的运输费用为每次往返 50 元。问：每天应该各派出大巴车和中巴车多少台才能使运输费用最少？

购买的线性规划问题示例见例 12。

【例 12】 冬季来临，天气变冷，某蔬菜基地需要购买塑料薄膜来建设蔬菜大棚，已知需要面积 100 平方米、80 平方米和 50 平方米的塑料薄膜数量分别为 10 个、12 个和 32 个。为降低购买成本，蔬菜基地负责人准备从厂家直接以批发的形式订购，已知该工厂只有统一面积为 200 平方米的塑料薄膜。问：蔬菜基地该如何购买塑料薄膜才能使浪费的塑料薄膜最少？

配制的线性规划问题示例见例 13。

【例 13】 西米利亚连锁咖啡馆制作两种咖啡，A 咖啡每杯需要原料牛奶 9 克、咖啡豆 4 克、方糖 3 克；B 咖啡每杯需要原料牛奶 4 克、咖啡豆 5 克、方糖 10 克。每天总公司给连锁店提供的原料是有限的，其中牛奶 3600 克、咖啡豆 2000 克、方糖 3000 克。A 咖啡每杯净收益为 0.7 元、B 咖啡每杯净收益为 1.2 元，假设每日在原料的使用限额内制作出来的咖啡全部都能售出。问：每日应配制两种咖啡各多少杯才能使利润最大？

（二）非线性规划

针对静态的最优化问题，当目标函数或约束条件中存在未知量的非线性函数时，若难以进行线性化，或者勉强线性化后会导致较大误差，则可以采用非线性规划的方法来解决此类问题。例如，在满足某一特定目标的情况下，如何将电力系统内所有电厂的负荷量进行合理配置，使得发电成本最小；如何在确保供给的情况下，合理地安排储备，以达到最低的仓储成本；如何更好地处理好客户要求和最大限度地提高企业的资金流动等问题都可以用非线性规划的方法解决。

选址问题示例见例 14。

【例 14】 现有两个临时木场，每个木场每天储量为 20 吨，工地的具体位置坐标以及每日需求量如表 2－3 所示。

表 2－3　选址问题示例

	工地 1	工地 2	工地 3	工地 4	工地 5	工地 6
横坐标	1.25	8.75	0.50	5.75	3.00	7.25
纵坐标	1.25	0.75	4.75	5.00	6.5	7.25
日需求量	3 吨	5 吨	4 吨	7 吨	6 吨	11 吨

请问在哪个位置建立木场吨千米数最小？

解：设工地坐标为（p_i，q_i）（$i=1$，2，…，6），木材每日用量为 d_i，从第 j 个木场运往第 i 个工地的木材重量为a_{ij}吨，设木场坐标为（x_j，y_j）（$j=1$，2），每个工地所需要的木材重为 d_i（$i=1$，2，…，6）。

使总的吨千米数最小，则可以列出目标函数：

$$\min z = \sum_{i=1}^{6}\sum_{j=1}^{2} a_{ij} \times \sqrt{(p_i - x_j)^2 + (q_i - y_j)^2}$$

木场的日储量为 20 吨，约束条件 1 为：

$$\sum_{i=1}^{6} a_{ij} \leqslant 20, j = 1,2$$

工地的需求为d_i，约束条件 2 为：

$$\sum_{j=1}^{2} a_{ij} \leqslant d_i, i = 1,2,\cdots,6$$

每个木场所需要的吨数大于零，约束条件 3 为：

$$a_{ij} \geqslant 0, i = 1$$

解得：吨千米最小为 82.82565。两个木场坐标：木场 1（3.254881，5.652335），木场 2（7.25，7.25）。

使吨千米数最小的运输方案如表 2－4 所示。

表 2－4　运输方案示例

工地	木场 1	木场 2
工地 1	3	0
工地 2	0	5
工地 3	4	0
工地 4	7	0
工地 5	6	0
工地 6	0	11

第四节　LINGO 软件实操

一、LINGO 基本介绍

最优化理论主要通过 LINGO 软件编程实现。线性规划和非线性规划问题通常可以使用 LINGO 软件来简化和解决。其中，优化运输路线问题、石油管道的最优路线规划问题、最优增长问题（有效投资）、区域间投资的最优分配问题、环境技术的最优组合等问题通常采用 LINGO 软件进行建模求解。1980 年前后，由芝加哥大学的 Linus Schrage 教授为求解连续优化和整数规划问题而开发。

（一）LINGO 软件界面

1. LINGO 软件主界面

LINGO 软件界面主要包括模拟窗口、主窗口、状态行、时间显示窗口（见图 2－4）。

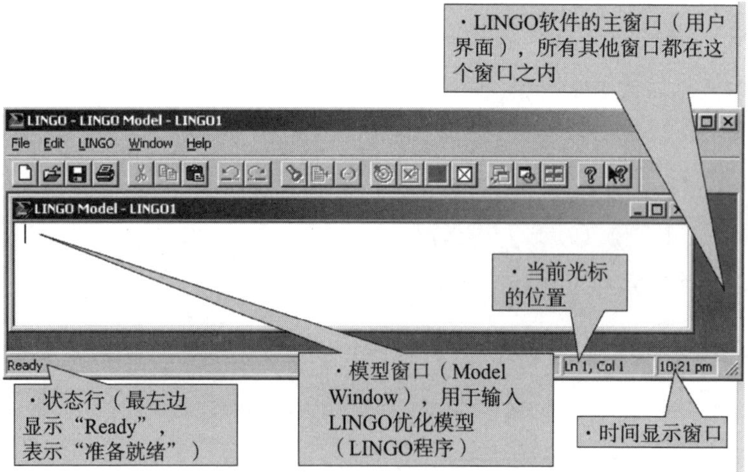

图 2－4　LINGO 软件界面

LINGO 软件工具栏功能包括求解模型、显示解答、模型图示等，具体功能如图 2－5 所示。

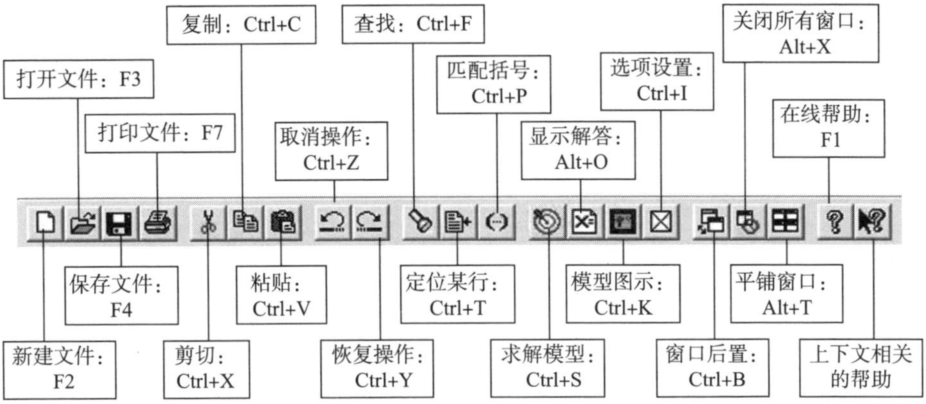

图 2－5　LINGO 软件工具栏

文件保存类型主要包括五种，分别为“lg4”“lng”“ldt”“ltf”“lgr”（见图 2－6）。

图 2－6　文件保存类型

“lg4”是 LINGO 软件中保存文本和其他对象的文件，并且只能被 LINGO 软件读出，不能用其他软件打开；“lng”是 LINGO 软件的一种文本文件；“ldt”是 LINGO 软件的一种数据文件。除“lg4”文件外，上述其他文件均为普通的文本文件，可以通过其他文本的编辑器进行操作。

2. LINGO 软件菜单——File

File 界面包括新建、打开、保存、另存为、关闭、打印、打印设置、打印预览、输出到日志文件、提交脚本文件、引入 LINGO 文件、退出等功能（见图 2-7）。对应具体如下。

（1）新建（New）

创建一个新的“Model”窗口可以通过单击“新建”按钮或通过按 F2 键来实现。

（2）打开（Open...）

打开一个已经存在的文本文件可以通过单击“Open”按钮或通过按 F3 键来实现。

（3）保存（Save）

可以通过单击“Save”按钮或直接按 F4 键来实现保存模型结果。

（4）另存为（Save As...）

可以通过菜单中“Save As...”命令或直接按 F5 键来实现，可以将任何窗口的内容均保存为文件。

（5）关闭（Close）

关闭当前活动窗口可以通过在菜单中选择“Close”按钮或直接按 F6 键来实现。

（6）打印（Print...）

可以通过单击菜单中的“Print...”按钮或直接按 F7 键来实现。

（7）打印设置（Print Setup...）

将文件输出到指定的打印机可以通过“Print Setup...”命令或直接按 F8 键来实现。

（8）打印预览（Print Preview）

打印预览可以通过“Print Preview”命令或直接按 Shift + F8 键来实现。

（9）输出到日志文件（Log Output...）

从菜单中选择“Log Output...”或直接按 F9 键打开一个对话框来实现。

（10）提交脚本文件（Take Commands...）

可以通过“Take Commands...”命令或直接按 F11 键来实现。

（11）引入 LINGO 文件（Import Lingo File...）

打开一个 LINGO 格式模型的文件可以通过从文件中选择“Import Lingo

File..."命令或直接按 F12 键来实现。

（12）退出（Exit）

退出 LINGO 系统可以通过从菜单中选择"Exit"或直接按 F10 键来实现。

3. LINGO 软件菜单——Edit

Edit 界面主要包括恢复、剪切、复制、粘贴、粘贴特定、全选、匹配小括号、粘贴函数等功能（见图 2－8）。对应具体功能如下。

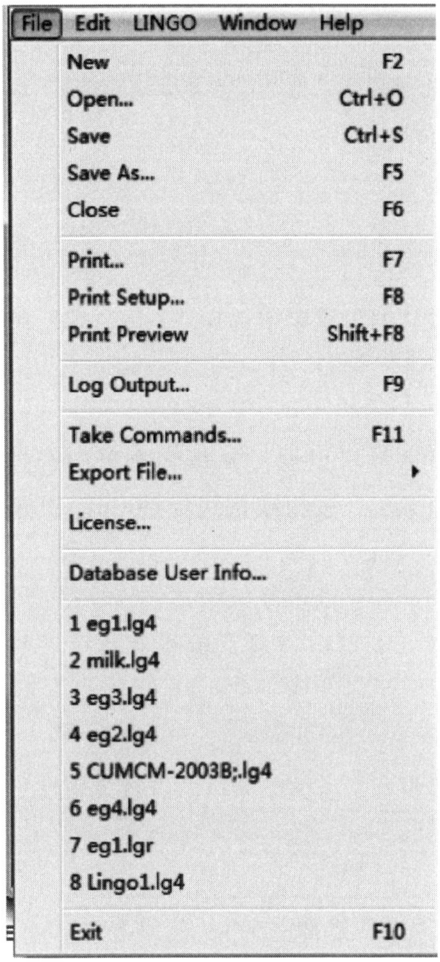

图 2－7　File 界面

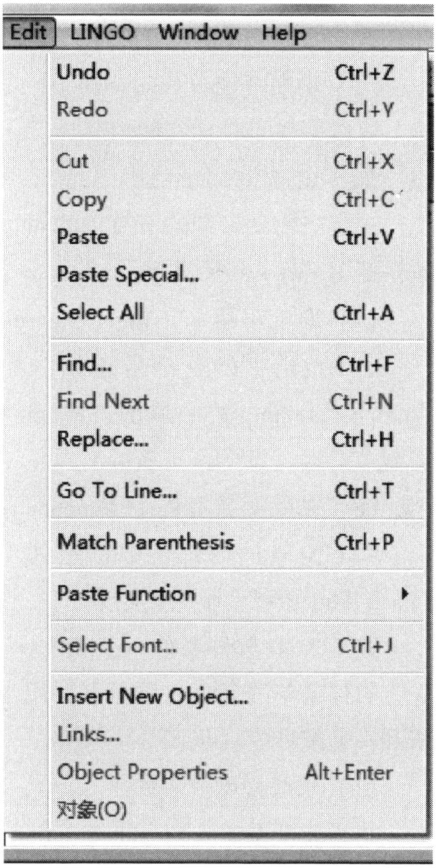

图 2－8　Edit 界面

（1）恢复（Undo）

撤销上次操作、恢复其之前的状态可以通过从编辑菜单中选择"Undo"

或按快捷键 Ctrl + Z 来实现。

(2) 剪切 (Cut)

将当前选中的内容剪切至剪贴板中可以通过从编辑菜单中选择 “Cut” 或按快捷键 Ctrl + X 来实现。

(3) 复制 (Copy)

将当前选中的内容复制到剪贴板中可以通过从编辑菜单中选择 “Copy”、单击 “复制” 按钮或按快捷键 Ctrl + C 来实现。

(4) 粘贴 (Paste)

粘贴板中的内容可以通过从编辑菜单中选择 “粘贴”、单击 “Paste” 按钮或按快捷键 Ctrl + V 来实现。

(5) 粘贴特定 (Paste Special...)

可以粘贴不是文本的内容。

(6) 全选 (Select All)

选定当前窗口中的所有内容可以通过从编辑菜单中选择 “Select All” 或按快捷键 Ctrl + A 来实现。

(7) 匹配小括号 (Match Parenthesis)

为当前选中的开括号查找匹配的闭括号可以通过从编辑菜单中选择 “Match Parenthesis”、单击 “Match Parenthesis” 按钮或按快捷键 Ctrl + P 来实现。

(8) 粘贴函数 (Paste Function)

将 LINGO 的内部函数粘贴到当前插入点可以通过从编辑菜单中选择 “Paste Function” 命令来实现。

4. LINGO 软件菜单——LINGO

软件菜单的 LNGO 界面主要用于求解模型、求解结果以及进行灵敏性分析和模型统计等 (见图 2-9)。

(1) 求解模型 (Solve)

将当前模型送入内存求解可以通过从菜单中选择 “Solve”、单击 “Solve” 按钮或按快捷键 Ctrl + U 组合来实现。

(2) 求解结果 (Solution...)

可以通过选择 “Solution...”、单击 “Solution...” 按钮或直接按快捷键 Ctrl + W 来实现，并且可以指定求解结果内容。

(3) 灵敏性分析 (Range, Ctrl + R)

可以对模型的灵敏性进行分析：选择 LINGO | Options...，然后选择 General Solver Tab，在 Dual Computations 中，选择 Prices and Ranges。

(4) 选项 (Options...)

改变一些影响 LINGO 模型求解时的参数可以通过在菜单中选"Options..."、单击"Options..."按钮或直接按快捷键 Ctrl + I 来实现。

(5) 模型通常形式 (Generate)

通过从菜单中选择"Generate"或直接按快捷键 Ctrl + G 来实现。

(6) 图片 (Picture)

(7) 调试 (Debug)

(8) 模型统计 (Model Statistics)

(9) 查看 (Look...)

查看全部的或选中的模型文本内容可以通过从菜单中选择"Look..."或直接按快捷键 Ctrl + L 来实现。

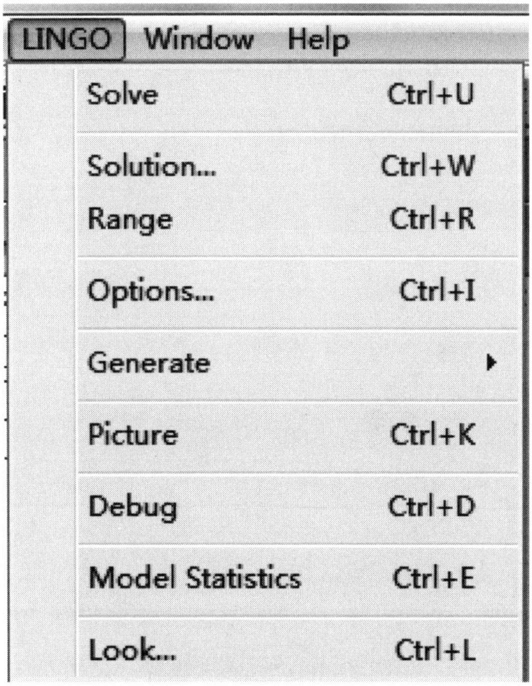

图 2-9　LINGO 界面

5. LINGO 软件菜单——Window

Window 窗口界面包括命令行窗口、状态窗口、回到模型窗口、关闭所有窗口、并行放置窗口、层叠放置窗口和放置图标等（见图 2 – 10）。

（1）命令行窗口（Command Window）

通过从菜单中选择“Command Window”或直接按快捷键 Ctrl + 1 来实现。

（2）状态窗口（Status Window）

打开 LINGO 的求解窗口可以通过从窗口的菜单中选择“Status Window”或直接按 Ctrl + 2 来实现。

（3）回到模型窗口（Sent To Back，Ctrl + B）

（4）关闭所有窗口（Close All，Ctrl + 3）

（5）并行放置窗口（Tile，Ctrl + 4）

（6）层叠放置窗口（Cascade，Ctrl + 5）

（7）放置图标（Arrange Icons，Ctrl + 6）

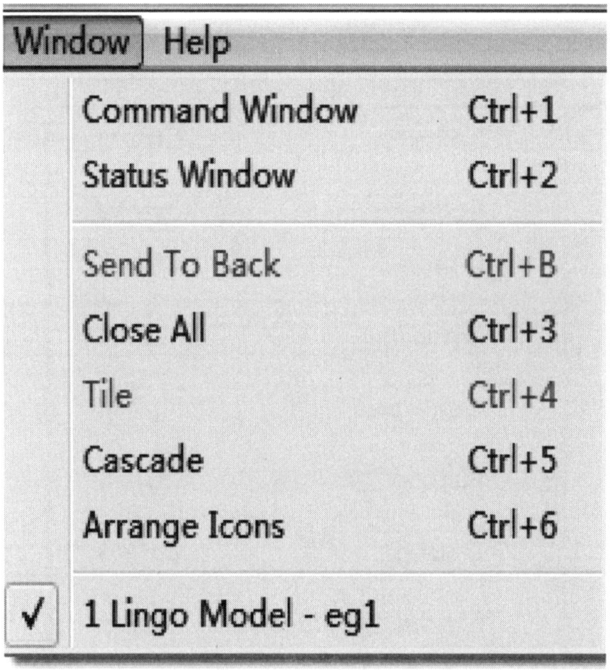

图 2 – 10　Window 界面

6. LINGO 软件菜单——Help

Help 界面包括帮助主题、注册信息、自动更新、关于 LINGO 四项功能展示（见图 2－11）。

（1）帮助主题（Help Topics）

打开 LINGO 的帮助文件可以通过从帮助菜单中选择“Help Topics”来实现。

（2）注册信息（Register）

填写注册信息。

（3）自动更新（AutoUptate）

自动升级。

（4）关于 LINGO（About Lingo）

关于当前 LINGO 的版本信息等。

图 2－11　Help 界面

（二）软件运行状态窗口内的参数解释

运行状态窗口右侧包括变量数量、约束数量、非零系数数量、内存使用量、求解花费的时间五部分内容（见图 2－12）。

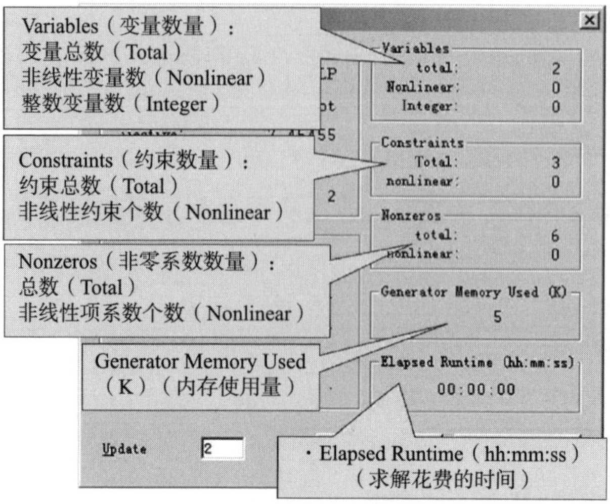

图 2－12　变量运行窗口

运行状态窗口左上方为求解器，包括当前模型的类型、状态、目标函数值以及不满足约束的数量、迭代次数（见图 2－13）。

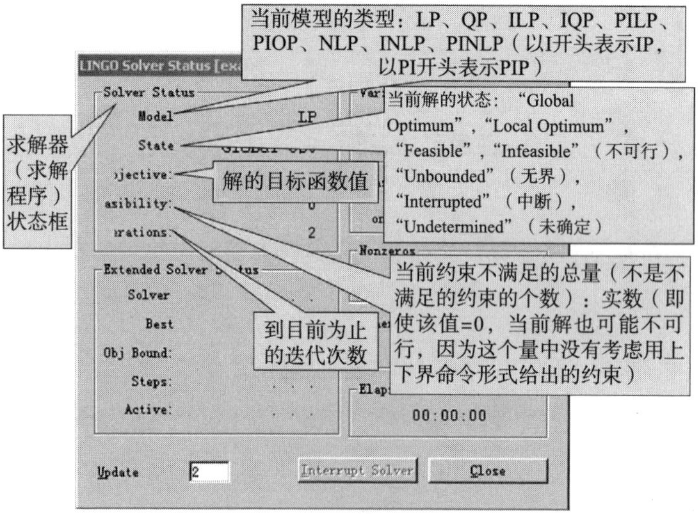

图 2－13　求解器运行窗口

运行状态窗口左下方是扩展的求解器，包括特殊求解程序、可行解的最佳目标函数值、目标函数值的界特殊求解程序当前运行步数和有效步数等（见图 2－14）。

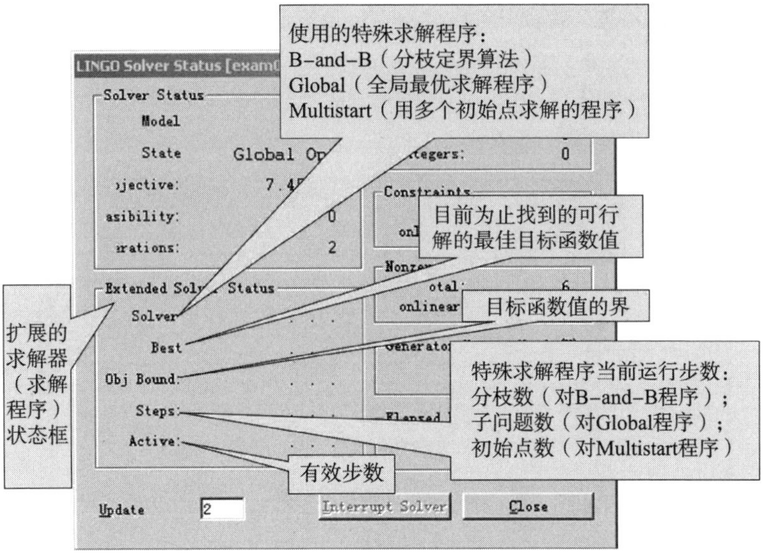

图 2-14　扩展求解器运行状态

二、LINGO 建模语言

LINGO 模型最基本的组成要素主要包括集合段、目标与约束段和数据段。

(一) 集合段

用来定义模型所必需的集合变量以及其包含的元素和具有的属性。标准状态下以“ sets:”开始，“endsets”结束。

(二) 目标与约束段

一般要用到内部函数，没有段的开始和结束标记。

(三) 数据段

通常保存模型所需要的数据，以“data:”开始，“enddata”结束。

如图 2-15 所示，该模型定义了 3 个数据集合，在前两个集合需求和供给的基础上定义 LINK。其中，“data”表示集合 DEMAND 和 SUPPLY 的元素组合成的有序二元组就是集合 LINK 中的元素，从数学上看，LINK 是指需求和供给的笛卡儿积。

类似供给和需求这种直接把元素列举出来的集合，称为基本集合；把这种基于其他集合派生出来的二维或多维集合称为派生集合。

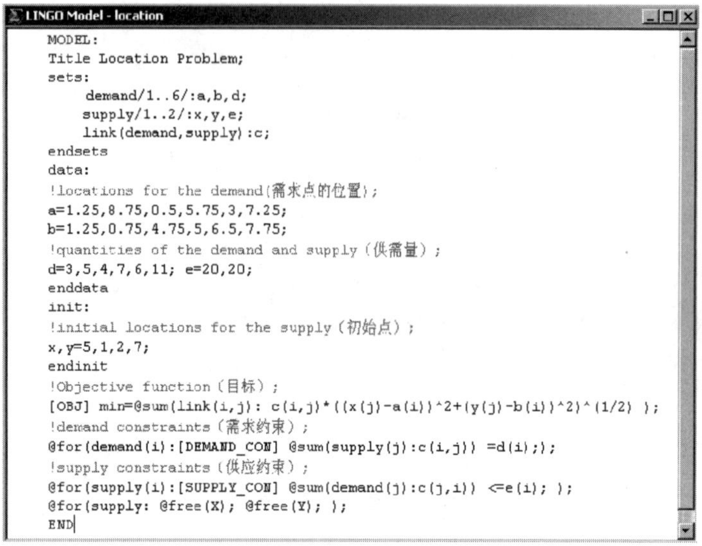

```
LINGO Model - location
MODEL:
Title Location Problem;
sets:
    demand/1..6/:a,b,d;
    supply/1..2/:x,y,e;
    link(demand,supply):c;
endsets
data:
!locations for the demand(需求点的位置);
a=1.25,8.75,0.5,5.75,3,7.25;
b=1.25,0.75,4.75,5,6.5,7.75;
!quantities of the demand and supply (供需量);
d=3,5,4,7,6,11; e=20,20;
enddata
init:
!initial locations for the supply (初始点);
x,y=5,1,2,7;
endinit
!Objective function (目标);
[OBJ] min=@sum(link(i,j): c(i,j)*((x(j)-a(i))^2+(y(j)-b(i))^2)^(1/2) );
!demand constraints (需求约束);
@for(demand(i):[DEMAND_CON] @sum(supply(j):c(i,j)) =d(i););
!supply constraints (供应约束);
@for(supply(i):[SUPPLY_CON] @sum(demand(j):c(j,i)) <=e(i); );
@for(supply: @free(X); @free(Y); );
END
```

图 2－15　基本集合与派生集合

限制污染问题示例见例 15。

【例 15】 使用设备 A、设备 B 对外排放污染物质种类和单位排放量分别如表 2－5 所示。

表 2－5　限制污染问题示例

	GHG	SO_x	COD
A 设备	5	4	1
B 设备	1	3	3
日常污染约束	50	54	36

使用设备 A、设备 B 的单位收益分别为 2 和 3，求污染限制下的最大利润。

解：

设 x_1 和 x_2 分别为设备 A 和设备 B 的使用数量，则数学模型为：

$$\max\ 2x_1 + 3x_2$$

$$s.t.\ 5x_1 + x_2 \leqslant 50$$

$$4x_1 + 3x_2 \leqslant 54$$

$$x_1 + 3x_2 \leqslant 36$$

$$(x_i \geqslant 0, i=1,2)$$

对应 LINGO 语言为：

```
Model:
[OBJ]Max =2 * x1 +3 * x2;
5 * x1 +x2 < =50;
4 * x1 +3 * x2 < =54;
x1 +3 * x2 < =36;
End
```

用矩阵表示的数学模型为：

$$Max(2\quad 3)\begin{pmatrix}x_1\\x_2\end{pmatrix}$$

$$s.\ t.\ \begin{pmatrix}5 & 1\\4 & 3\\1 & 3\end{pmatrix}\begin{pmatrix}x_1\\x_2\end{pmatrix}\leqslant\begin{pmatrix}50\\54\\36\end{pmatrix}$$

对应 LINGO 语言为：

```
Model:
Sets:
ind / 1..2 / : X;
Endsets
[OBJ]Max =2 * X(1) +3 * X(2);
5 * X(1) +X(2) < =50;
4 * X(1) +3 * X(2) < =54;
X(1) +3 * X(2) < =36;
End
```

如果向量是三维的：/1..3/，对应 LINGO 语言为：

```
Model:
Sets:
ind / 1..2 / : X,B;
raw / 1..3 / : C;
Endsets
```

```
[OBJ]Max =B(1) * X(1) +B(2) * X(2);
5 * X(1) +X(2) < =C(1);
4 * X(1) +3 * X(2) < =C(2);
X(1) +3 * X(2) < =C(3);
Data:
B =2 3;
C =50 54 36;
Enddata
End
```

LINGO 应用的注意事项：

①使用直接输入模式；②LINGO 不区分大小写字母；③每个语句必须以“;”结尾；④可以通过以“!”开头插入注释；⑤向量和矩阵的名称与维度必须在集合部分声明。

三、LINGO 编程实例

（一）@SUM 函数应用

当 X 是 Y 和 Z 的内积时，用@ Sum 表示 X。

对应 LINGO 语言为：

```
Sets:
time/1..5/:Y,Z;
Endsets
X =@SUM( time(t):Y(t) * Z(t));
```

（二）@FOR 函数应用

【例 16】

$$X = X(1), X(2), X(3), X(4), X(5)$$

$$Y = Y(1), Y(2), Y(3), Y(4), Y(5)$$

用一个公式表示 $Y(t) = 0.5X(t)$ 关于 t 的所有关系。

解：

对应 LINGO 语言为：

```
Sets:
time/1..5/:X,Y;
Endsets
@FOR (time(t):Y(t) =0.5 * X(t));
```

【例 17】

用一个公式表示包括所有 i 和 t 的 $Y(t,i)=A(i)*X(t)$。

解：

对应 LINGO 语言为：

```
Sets:
time/1..5/:X;
Ind/1..10/:A;
Mat(time,ind):Y;
Endsets
@FOR (time(t):@FOR(ind(i):Y(t,i) =X(t) * a(i)));
```

（三）实例

【例 18】

直接求解以下二次规划的问题：

$$\max\ 98x_1+277x_2-x_1^2-0.3x_1x_2-2x_2^2$$
$$s.t.\ x_1+x_2\leqslant 100$$
$$x_1\leqslant 2x_2$$
$$x_1,x_2\geqslant 0\text{为整数}$$

解：

对应 LINGO 语言为：

```
x1 +x2 <100;
max =98 * x1 +277 * x2 -x1^2 -0.3 * x1 * x2 -2 * x2^2;
x1 < =2 * x2;
@gin(x1);@gin(x2);
```

对应 LINGO 输入界面为：

```
LINGO Model - LINGO1
x1+x2<100;
max=98*x1+277*x2-x1^2-0.3*x1*x2-2*x2^2;
x1<=2*x2;
@gin(x1);@gin(x2);
```

输出结果为：

```
Solution Report - LINGO1
  Local optimal solution found at iteration:          457
  Objective value:                                11077.50

                       Variable           Value        Reduced Cost
                             X1        35.00000           -8.500020
                             X2        65.00000           -6.500069

                            Row    Slack or Surplus      Dual Price
                              1        0.000000            0.000000
                              2        11077.50            1.000000
                              3        95.00000            0.000000
```

则求得最优整数解 x_1 值为 35，x_2 值为 65。

【例 19】 表 2－6 表示 A、B、C 3 个人一周的实物花销，请计算每个人一周的总费用。

表 2－6　最优整数解示例　　单位：元

	星期一	星期二	星期三	星期四	星期五
A	1000	1200	1500	1100	1000
B	2700	3200	4000	1500	2000
C	600	700	300	600	500

解：

对应 LINGO 语言为：

```
Sets:
person/1..3/:X;
date/1..5/::
matrix(person,date):Y;
```

```
Endsets
@FOR (person(i):X(i) =
            @SUM(date(j):Y(i,j)));
Data:
Y =1000   1200   1500 1100 1000
     2700 3200 4000 1500 2000
     600 700 300 600 500;
Enddata
End
```

求解结果为：

```
Variable           Value
    X( 1)         5800.000
    X( 2)         13400.00
    X( 3)         2700.000
```

对应 LINGO 输入界面为：

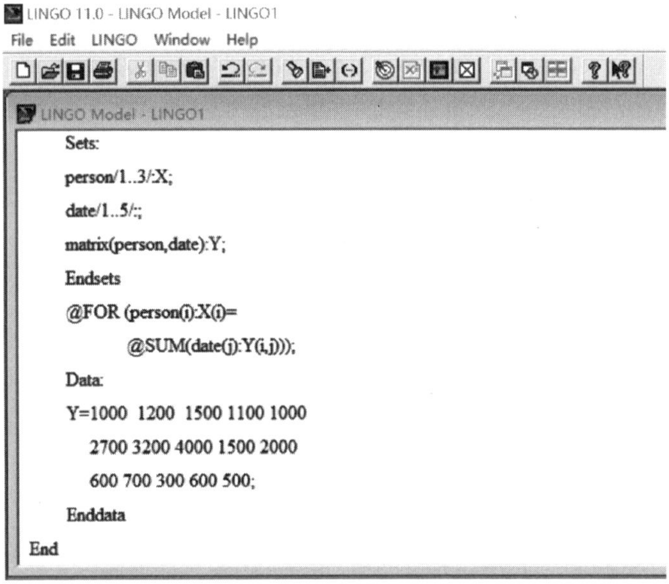

对应输出界面为：

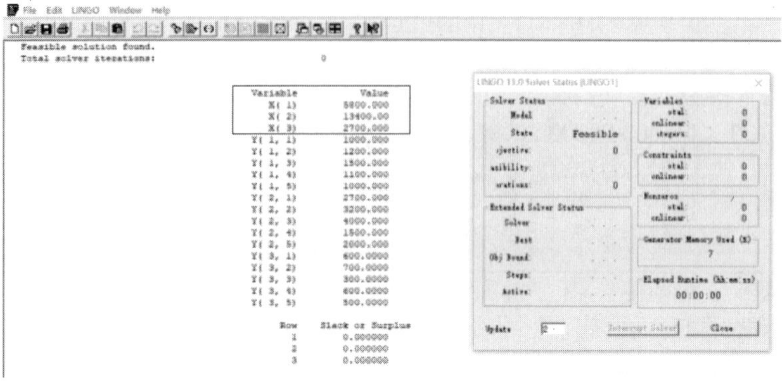

结果表明 A、B、C 3 人一周的实物花销费用分别为 5800 元、13400 元和 2700 元。

本章参考文献

［1］Anderson W M. Practical methods ok optimization，volume 2：CONSTRAINED OPTIMIZATION，R. Fletcher，Wile'，Chichester［J］. Optimal Control Applications and Methods，1984，5（2）：195.

［2］陈宝林. 最优化方法理论与算法［M］. 北京：清华大学出版社，2005.

［3］戴彧虹，刘新为. 线性与非线性规划算法与理论［J］. 运筹学学报，2014，18（1）：69－92.

［4］范小勤. 经济、金融中的优化问题模型［J］. 边疆经济与文化，2023（11）：60－63.

［5］郭田德，韩丛英. 从数值最优化方法到学习最优化方法［J］. 运筹学学报，2019，23（4）：1－12.

［6］李杰，刘兆鹏，苏婷. 非线性规划约束极值问题求解方法与应用［J］. 洛阳理工学院学报（自然科学版），2016，26（4）：83－86.

［7］刘凌霞. 最优化在经济中的应用［J］. 商场现代化，2007（12）：51.

［8］邵宜航. 数理经济学精要——经济理论中的最优化数学分析［M］. 北京：科学出版社，2007.

［9］施光艳，董加礼. 最优化方法［M］. 北京：高等教育出版社，2002.

［10］石贵泉，吴迪. 管理中的“最优化方法”与“规划求解”实现［J］. 中国管理信息

化，2006（4）：6－8.
［11］孙煜超．区间值模糊二次规划问题及其求解方法［D］．大连：辽宁师范大学，2023.
［12］王鹏飞，王景鹏，刘鹏，等．共享停车系统的泊位供给与运营成本优化研究［J］．系统工程理论与实践，2023，43（9）：2685－2700.
［13］王志杨，张靖，何宇，等．数据与模型混合驱动的区域综合能源系统双层优化调度决策方法［J］．电网技术，2022，46（10）：3797－3813.
［14］徐婕，李赵祥，雷芬．银行存贷结构的优化问题［J］．中央民族大学学报（自然科学版），2009，18（1）：91－96.
［15］杨欣欣．最优化理论研究发展、现状及其展望［J］．经济研究导刊，2022（5）：150－152.
［16］杨友，谢宇鹏，李晗，等．基于 LINGO 的债券组合投资方案优化［J］．河北北方学院学报（自然科学版），2020，36（11）：45－49.
［17］曾辉，彭王敏子，孔新红．应用 LINGO 软件对区域环境风险源进行布局优化的初探［J］．能源研究与管理，2012（3）：47－51.
［18］曾翔亮，董希斌，崔莉．LINGO 软件在木材运输优化模型中的应用［J］．黑龙江大学工程学报，2013，4（1）：70－74.
［19］张为民．最优化方法［M］．北京：科学出版社，2010.
［20］郑峰．企业战略决策最优化模型构建与最佳路径［J］．统计与决策，2014（11）：172－174.

第三章　时间序列分析模型及应用

本章全面深入地探讨了时间序列分析模型及其在不同领域的运用。首先，探讨了时间序列分析模型，包括时域和频域的方法，深入分析了其基本概念和原理。其次，综述了时间序列分析模型在原油、天然气、煤炭、矿产资源和碳市场领域的应用。最后，依据国内外原油期货价格的跨时间尺度相互影响模型，深入分析了国际与国内原油期货价格在不同时间维度上的相互作用。本章对时间序列分析模型及其应用进行全面研究，为进一步探索和应用时间序列分析提供了坚实的基础。

第一节　时间序列分析模型介绍

本节重点阐述采用时域及时频技术的时间序列分析模型。其中，基于时域的计量时间序列分析方法又分为单变量序列模型、多变量序列模型、波动率模型、协整与因果关系；基于时频的方法主要为小波变换、经验模态分解和变分模态分解。

一、时域的方法——计量时间序列分析

时间序列分析模型在计量经济学模型中占据着重要的地位，如自回归模型、移动平均模型、两者相结合产生的平均自回归模型、ARCH、GARCH 簇模型，这些都是在时域内进行的经典非线性时间序列分析技术。下面对不同模型进行详细介绍。

（一）单变量序列模型

1. 自回归模型（AR）

自回归模型（Autoregressive Model），也被称为 AR 模型，是在时间序列

分析中广泛使用的一种模型，它主要用于刻画时间序列数据中的自相关关系。该模型的核心理念是：在特定时间点的观测值与之前若干个时间点的观测值之间存在一种内在的相关性。也就是说，当前时刻的观测值可以通过先前观测值的线性组合来估计。AR 模型的一般形式可以表示为：

$$Y_t = c + \beta_1 Y_{t-1} + \beta_2 Y_{t-2} + \cdots + \beta_p Y_{t-p} + \varepsilon_t \quad (3-1)$$

式中，Y_t是时间点 t 处的观测值；c 是常数项；β_1，β_2，…，β_p是模型的参数，表示过去 p 个时间点的自回归系数；Y_{t-1}，Y_{t-2}，…，Y_{t-p}是过去时间点 $t-1$，$t-2$，…，$t-p$ 处的观测值；ε_t是误差项，代表随机扰动。AR 模型的应用包括时间序列预测、数据平滑、信号处理、金融市场分析等。为了确定 AR 模型的参数，学者们通常采用最小二乘法（Least Squares Estimation）或最大似然估计（Maximum Likelihood Estimation）等统计学方法进行计算。一旦估计出模型的参数，就可以用于生成未来时间点的预测或分析时间序列中的自相关结构。作为时间序列分析的基本模型之一，AR 模型常常与其他模型（如移动平均模型、自回归滑动平均模型等）联合应用，目的是更有效地揭示和刻画时间序列数据的特性及其内在规律。

2. 移动平均模型（MA）

移动平均模型（Moving Average Model），也被称为 MA 模型，是一种用来表征时间序列数据的统计模型。MA 模型的主要目的是捕捉时间序列中的随机波动或噪声成分，并通过对这些噪声成分的线性组合来建模数据：

$$Y_t = c + \varepsilon_t + \theta_1 \varepsilon_{t-1} + \theta_2 \varepsilon_{t-2} + \cdots + \theta_q \varepsilon_{t-q} \quad (3-2)$$

式中，Y_t是时间点 t 处的观测值；c 是常数项（截距项）；ε_t是白噪声误差项，代表时间序列中的随机波动或噪声，通常假设成均值为 0、方差为常数的独立同分布随机变量；θ_1，θ_2，…，θ_q是模型的参数，表示过去 q 个时间点的噪声项的权重系数。对 MA 模型与 AR 模型的比较表明，两者在被用于分析时间序列数据时各有侧重点，前者主要关注随机波动成分，后者关注时间序列数据的自相关性。AR 模型主要研究时间序列中当前观测值与历史观测值的相关性，而 MA 模型则专注于当前观测值与过去噪声项之间的关系。在实际的研究中，为了更深入地理解和描述时间序列数据的性质，常常会将 AR 模型和 MA 模型结合成自回归移动平均模型（ARMA 模型）。

MA 模型的应用包括金融市场分析、经济数据分析、信号处理、股票价格波动建模等领域，它可以用于预测未来时间点的观测值，将随机波动成分进行隔离，并对时间序列数据中的噪声构成进行分析。

3. 自回归移动平均（ARMA）、自回归积分滑动平均模型（ARIMA）、季节性 ARIMA 等衍生模型

ARMA（p，q）模型（Autoregressive Moving Average Model）是一种综合了 AR 模型与 MA 模型的时间序列分析模型。AR（p）表示自回归模型，它考虑了时间序列中过去 p 个时间点的自相关关系，通常用于描述序列自身的内在依赖性。MA（q）表示滑动平均模型，它考虑了时间序列中过去 q 个时间点的白噪声误差项的滞后，用于捕捉随机噪声的影响。ARMA 模型的主要目标是通过调整模型的阶数 p 和 q 来拟合时间序列数据，并用于预测未来观测值。

ARIMA（p，d，q）模型（Autoregressive Integrated Moving Average Model）在 ARMA 模型的基础上引入了差分项以适应非平稳时间序列数据的分析。在这个模型中，AR（p）和 MA（q）部分与 ARMA 模型保持一致，分别对应自回归和移动平均部分。I（d）表示差分操作，其中，d 表示需要进行的差分次数，它用于将非平稳序列转化为平稳序列，使模型更容易拟合。ARIMA 模型的核心目标是确定适当的阶数 p、d 和 q，进而对时间序列进行有效的拟合和预测。

SARIMA（p，d，q）模型（Seasonal ARIMA Model）是对标准 ARIMA 模型的扩展，考虑了时间序列数据中的季节性影响。S 代表季节性周期的持续时间，比如，对于季度数据而言，它的季节性周期通常设为 4。参数 p、d 和 q 分别对应于季节性自回归、差分和移动平均部分，这与非季节性 ARIMA 模型中的相应阶数有相似之处。SARIMA 模型特别适用于那些具有季节性特征的时间序列，因为它能够更精确地识别和预测季节性数据中的变化规律和发展趋势。

这些扩展模型被广泛运用于时间序列数据的建模与预测工作，尤其在经济学、金融学、气象学、销售预测等多个领域。通过精心挑选合适的模型和参数配置，能够更深入地洞察时间序列数据的性质，更准确地预测未来的数值，并有效分析时间序列中的趋势性、季节性以及周期性模式。

4. 自回归分布滞后模型（ARDL）

自回归分布滞后模型（Autoregressive Distributed Lag Model），也被称为 ADL 模型，是一种结合了时间序列分析和回归分析的统计工具。它融合了 AR

模型和分布滞后模型（Distributed Lag Model，DL 模型）的特征，用于描述因变量和自变量之间的关系，并考虑了自回归效应和滞后效应：

$$Y_t = \beta_0 + \beta_1 X_t + \alpha_1 Y_{t-1} + \alpha_2 Y_{t-2} + \cdots + \alpha_p Y_{t-p} + \varepsilon_t \tag{3-3}$$

式中，Y_t是时间点 t 处的观测值；X_t是自变量，表示时间点 t 处的自变量的值；β_0代表截距项，而β_1代表自变量X_t的系数，揭示了自变量对因变量直接作用的强度；α_1，α_2，…，α_P是自回归系数，表示因变量Y_t的过去观测值对当前值Y_t的影响；Y_{t-1}，Y_{t-2}，…，Y_{t-p}是因变量Y_t在过去时间点 $t-1$，$t-2$，…，$t-p$ 的滞后值；ε_t是白噪声误差项，代表模型不能解释的随机误差。

ADL 模型允许分析自变量和因变量之间的直接关系，同时考虑了因变量自身的滞后效应，以及自回归系数的影响。这使得模型能够捕捉时间序列数据中的动态关系和时间滞后效应。ADL 模型的应用领域广泛，包括经济学、金融学、环境科学、公共卫生等领域。它可以用于预测、因果分析、政策评估以及对自变量和因变量之间的复杂关系进行建模。模型的具体形式和阶数通常需要根据实际问题和数据特点而定。

5. 非线性自回归分布滞后模型（NARDL）

非线性自回归分布滞后模型（Nonlinear Autoregressive Distributed Lag Model），也被称为 NARDL 模型，是一种专门用于分析时间序列数据的统计工具。它结合了非线性自回归模型（Nonlinear Autoregressive Model，NAR 模型）和 DL 模型的特点，用于建模时间序列数据中的非线性关系以及滞后效应：

$$Y_t = f(Y_{t-1}, Y_{t-2}, \cdots, Y_{t-p}, X_t) + \varepsilon_t \tag{3-4}$$

式中，Y_t是时间点 t 处的观测值；$f(*)$ 是一个非线性函数，用于描述因变量Y_t与滞后的 Y 和自变量X_t之间的关系，这个函数的具体形式通常需要根据问题和数据来确定；Y_{t-1}，Y_{t-2}，…，Y_{t-p}是因变量Y_t在过去时间点 $t-1$，$t-2$，…，$t-p$ 的滞后值；X_t是自变量，表示时间点 t 处的自变量的值；ε_t是白噪声误差项，代表模型不能解释的随机误差。NARDL 模型的主要特点是可以捕捉非线性关系，因为它的函数$f(*)$ 可以采用各种非线性形式，如多项式函数、对数函数、指数函数等。此外，它还考虑了滞后效应，即过去观测值Y_{t-1}，Y_{t-2}，…，Y_{t-p}对当前观测值Y_t的影响。NARDL 模型的应用包括经济学、金融学、环境科学、社会科学等领域，特别适用于分析时间序列数据中的非线性动态关系和滞后效应。

（二）多变量序列模型

1. 向量自回归模型（VAR）

VAR 模型起源于 20 世纪 70 年代，Christopher Sims、Lawrence Klein、Sven W. R. Koenker 等都为其发展做出了贡献。它是一种建模方法，用于探究多个时间序列变量之间的相互关系。VAR（p）模型标准公式为：

$$y_t = c + A_1 \times y_{t-1} + A_2 \times y_{t-2} + \cdots + A_p \times y_{t-p} + \varepsilon_t \tag{3-5}$$

式中，y_t是一个 k 维向量，包含所有时间序列变量在时间 t 的取值；c 是一个 k 维截距向量；A_1，A_2，…，A_p是 $k \times k$ 的系数矩阵，分别对应于滞后期为 1 至 p 的时间序列变量的影响；ε_t是一个 k 维白噪声误差向量，通常假定具有均值为零和协方差矩阵为对角阵的性质。

VAR（p）模型可以通过估计系数矩阵A_1，A_2，…，A_p来捕捉多个时间序列变量之间的动态关系，能够进行预测、冲击分析和因果关系推断等研究。VAR 模型在多个领域（如经济学、金融学和宏观经济政策分析）中有着广泛的应用。它的主要用途包括：在宏观经济学领域内预测经济发展趋势，评价政策的影响力；在金融市场分析方面，用于估算金融风险和预测市场的波动性；在宏观金融政策制定中应用模型来制定货币政策、财政政策等。

2. 向量误差修正模型（VECM）

VECM 模型在 20 世纪 80 年代由英国经济学家 David F. Hendry 和 Mary S. Morgan 以及挪威经济学家 Søren Johansen 共同发展而来。它起源于计量经济学领域，目的是解决协整关系和长期均衡之间的关联，以及研究多个变量之间的短期和长期动态关系。模型标准公式为：

$$\Delta Y_{it} = \alpha_i + \beta_i' Y_{t-1} + \sum_{j=1}^{p} \Gamma_{ij} \Delta Y_{jt} + \varepsilon_{it} \tag{3-6}$$

式中，ΔY_{it}是第 i 个时间序列变量在时间 t 的一阶差分；α_i是第 i 个时间序列变量的截距项；β_i是自回归系数，表示第 i 个变量在 $t-1$ 期的值对其在 t 期的一阶差分的影响；Y_{t-1}是包含所有时间序列变量在 $t-1$ 期的值的向量，Γ_{ij}是协整关系矩阵，表示第 j 个时间序列变量对于第 i 个时间序列变量在 t 期的一阶差分的影响；ε_{it}是误差项，通常假定为独立同分布的白噪声。

VECM 模型是一种多元时间序列分析模型，专门用于处理存在协整关系的非平稳时间序列数据。VECM 模型通过引入差分后的变量、协整关系和误差修正项，建立一个动态系统，描述了变量之间的短期和长期关系。误差修正项用于捕捉协整关系的恢复速度，确保模型的长期均衡性。通过估计VECM模型中的系数矩阵，可以分析变量之间的短期和长期动态关系。VECM模型在经济学、金融学和宏观经济政策分析中具有广泛应用，可用于研究变量之间的均衡关系、冲击分析、预测和政策制定。

3. 时变参数向量自回归模型（TVP－VAR）、面板向量自回归模型（PVAR）等衍生模型

VAR的衍生模型包括许多变体和扩展，用于解决不同类型的时间序列数据和分析问题。以下是一些常见的VAR衍生模型：

（1）向量自回归滑动平均模型（VARMA）

VARMA模型旨在处理时间序列数据中的滞后自相关和滞后平均误差。该模型广泛应用于宏观经济学、金融市场分析和气象学等领域，用于分析和预测多变量时间序列数据中的动态关系和波动。VARMA（p，q）模型的一般形式如下：

$$Y_{it} = c_i + \sum_{j=1}^{p} \phi_{ij} Y_{jt-1} + \sum_{k=1}^{q} \theta_{ik} \varepsilon_{kt} + \varepsilon_{it} \tag{3-7}$$

（2）时变参数向量自回归模型（TVP－VAR）

TVP－VAR模型旨在捕获时间序列数据中随时间演变的参数动态，这在经济学、金融学和宏观经济政策分析的时间序列预测与建模中尤为重要。TVP－VAR模型的一般形式如下：

$$Y_t = \Phi_t Y_{t-1} + \varepsilon_t \tag{3-8}$$

（3）贝叶斯向量自回归模型（BVAR）

BVAR模型在估算过程中考虑了先验信息，这有助于增强参数估计的稳定性和优化模型选择。这种模型经常被用于时间序列分析，特别是在经济学、金融学和其他相关领域。BVAR模型的一般形式如下：

$$Y_t = A_0 + \sum_{I=1}^{P} A_i Y_{t-i} + \varepsilon_t \tag{3-9}$$

（4）面板向量自回归模型（Panel VAR）

Panel VAR模型通常用于分析跨单位的时间序列数据，该模型广泛应用于经济学、金融学和社会科学等领域，用于分析面板数据中的多个变量之间的动态关系，特别是在宏观经济研究、政策评估和金融市场分析中。Panel VAR模型的一般形式如下：

$$Y_{it} = A_0 + \sum_{i=1}^{p} A_i Y_{it-1} + \sum_{i=1}^{p} B_i X_{it} + \varepsilon_{it} \tag{3-10}$$

（三）波动率模型

1. 自回归条件异方差模型（ARCH）

ARCH 模型由 Robert F. Engle 于 1982 年首次提出，旨在刻画和构建时间序列数据中波动性（异方差）的动态变化。该模型的标准数学表达式为：

$$Var(\epsilon_t) = \alpha_0 + \sum_{i=1}^{p} \alpha_i \epsilon_{t-i}^2 \tag{3-11}$$

式中，Var（ϵ_t）是时间 t 的残差方差；ϵ_t是时间 t 的残差，即观测值与其在时间序列模型中的预测值之间的差异；α_0是模型中的常数项，表示方差的基本水平；α_i是模型的参数，用于表示过去 i 期残差的影响权重。

ARCH 模型是一种统计工具，专门用于表征时间序列数据中异方差（波动性）的变化特性。其基本原理在于过去的残差平方影响当前的方差水平，因此方差在时间上变化。可用于捕捉数据中的波动性特征，尤其在金融领域，如股票价格波动分析、风险管理、期权定价等方面应用广泛。ARCH 模型帮助识别和建模时间序列中的波动性，并为投资者、分析师和政策制定者提供有关市场风险和不确定性的重要信息。

2. 广义自回归条件异方差模型（GARCH）

GARCH 模型是一种用于时间序列分析的统计模型，特别用于捕捉时间序列数据中的异方差性（波动性的变化）。其标准公式为：

$$\sigma_t^2 = \omega + \sum_{i}^{p} \alpha_i \epsilon_{t-i}^2 + \sum_{j=1}^{q} \beta_j \alpha_{t-j}^2 \tag{3-12}$$

式中，σ_t^2是时间点 t 的方差；ω 是模型中的常数项，表示方差的基本水平；α_i和β_j是模型的参数，用于表示过去残差的影响权重；ϵ_{t-i}是时间点 t 的滞后残差；p 和 q 分别是模型的滞后阶数，用于控制模型的复杂度。

GARCH 模型的基本原理是，在时间序列数据中，过去的观测值的波动程度可以影响当前的波动程度。模型假设每个时间点的方差是过去一段时间内的平方残差的线性组合，其中每个时间点的平方残差又受到之前时间点的方差的影响。GARCH 模型的主要应用领域包括金融市场分析、风险管理、股票价格波动建模、期权定价等，因为它有助于量化和预测资产价格的波动性和风险。

3. 动态条件相关自回归条件异方差模型（DCC－GARCH）等 GARCH 族衍生模型

GARCH 模型的衍生模型包括多种变体和扩展，目的是更准确地捕捉时间序列数据中的波动性和相关性。以下是一些常见的 GARCH 族衍生模型：

BEKK－GARCH 模型是一种扩展版模型，专门用于构建多变量时间序列数据中的波动性。该模型主要应用于金融领域，如资产组合风险管理、金融市场波动预测和多资产投资策略研究，以帮助投资者更好地理解和量化不同资产之间的波动性和相关性关系。其一般形式如下：

$$H_t^{(i)} = D^{(i)} + A^{(i)}\varepsilon_{t-1}\varepsilon'_{t-1}A^{(i)'} + B^{(i)}H_{t-1}^{(i)}B^{(i)'} \tag{3-13}$$

DCC－GARCH 模型用于多元时间序列数据中的波动性和相关性建模，旨在捕捉不同变量之间的条件相关性如何随时间变化。该模型在金融学、经济学和其他领域得到广泛应用，以帮助研究者更好地理解和预测多元时间序列数据的波动性和相关性。其一般形式如下：

$$r_{it} = \mu_i + \epsilon_{it} \tag{3-14}$$

$$\epsilon_{it} = \sigma_{it}z_{it} \tag{3-15}$$

$$\sigma_{it}^2 = \omega_i + \sum_{j=1}^{p} \alpha_{ij}\,\epsilon_{i,t-j}^2 + \sum_{k=1}^{q} \beta_{ik}\,\sigma_{i,t-k}^2 \tag{3-16}$$

EGARCH 模型用于描述时间序列数据中的波动性，并特别强调非对称的波动特征。该模型在金融领域应用广泛，特别是在股票价格波动、期权定价和风险管理等方面，以帮助捕捉非对称的波动性特征。其一般形式如下：

$$\ln(\sigma_t^2) = \omega + \sum_{i=1}^{p} \alpha_i\left(|\varepsilon_{t-i}| - \sqrt{\frac{2}{\pi}}\right) + \sum_{j=1}^{q} \beta_j\ln(\sigma_{t-j}^2) + \sum_{k=1}^{r} \gamma_k\,\varepsilon_{t-k}^2 \tag{3-17}$$

（四）协整与因果关系

1. 协整检验

协整检验是一种用于宏观经济计量分析的模型，由 Balk 和 Fomby 于 1997 年提出，称为阈值协整（Threshold Cointegration）方法。这种方法揭示了经济变量之间的非线性调整机制，并随着经济理论的进步，弥补了传统线性协整分析在交易成本和政策反应方面的不足。协整的概念：如果序列X_t是 d 阶单整的，记为$X_t \sim I$（d），如果存在一个非零向量β使 $Y=\beta X_t \sim I$（$d-b$），则称X_t具有 d，b 协整关系，记为$X_t \sim CI$（d，b），则β称为协整向量。

协整理论的重要性在于它能够准确地阐释和预测经济现象。误差修正模型（Error Correction Model，ECM）是一种用于分析时间序列数据的计量经济学模型。ECM 模型主要用于描述变量之间的长期均衡关系以及短期调整过程。这种模型的理论基础是协整（Cointegration），它表明即使短期内变量之间可能存在偏离，长期来看它们仍会保持稳定的关系。格兰杰定理进一步确立了协整关系与 ECM 模型之间的正式联系。它表明，如果几个一阶非平稳的经济变量之间存在协整关系，那么这些变量之间必然存在一个 ECM 模型。反过来，如果可以建立一个有效的 ECM 模型，那么这也可以证明变量之间存在协整关系。协整检验在金融市场和经济领域扮演着重要的角色并具有深远的意义。它可以帮助我们确定时间序列之间的长期关系，构建有效的交易策略验证经济理论和模型的有效性以及研究变量之间的因果关系。

2. 线性格兰杰因果检验

格兰杰因果检验用于检验一组时间序列是否为另一组时间序列的原因，通过格兰杰因果关系检验结果得到两两变量间的因果关系是单向的还是双向的。首先，建立 VAR 模型：

$$Y_t = \sum_{i=1}^{m} \alpha_i X_{t-1} + \sum_{i=1}^{m} \beta_i Y_{t-1} + \mu_{1t} \tag{3-18}$$

$$X_t = \sum_{i=1}^{m} \lambda_i Y_{t-1} + \sum_{i=1}^{m} \delta_i X_{t-1} + \mu_{2t} \tag{3-19}$$

分四种情况讨论：

（1）X 是引起 Y 变化的原因，即存在由 X 到 Y 的单向因果关系，α 整体不为零，λ 整体为零。

（2）Y 是引起 X 变化的原因，即存在由 Y 到 X 的单向因果关系，α 整体为零，λ 整体不为零。

（3）X 和 Y 彼此互为因果，意味着 X 对 Y 有单向的因果关系，同时 Y 也对 X 有单向的因果关系，且 α 和 λ 整体不为零。

（4）X 和 Y 是相互独立的，或者 X 与 Y 之间不存在因果关系，α 和 λ 整体为零。

格兰杰因果检验目标是预测 Y 的变化，加上 X 的预测结果要比只有 Y 的预测结果好，那么，X 和 Y 之间存在格兰杰因果关系。也就是说，X 的变化可以解释 Y 的变化。格兰杰因果关系检验广泛应用于经济学、金融学、生物学等领域，帮助研究人员探究变量间的因果联系。

3. 非线性格兰杰因果检验

传统的格兰杰因果检验主要研究变量间的线性关系，但宏观经济和金融时间序列通常表现出复杂的非线性动态变化。因此，传统检验方法在很多情况下受到限制。为了解决这个问题，Hiemstra 和 Jones（1994）以及 Diks 和 Panchenko（2006）等提出了非线性因果检验方法。这些非线性模型为：

$$X_t = \beta Y_{t-L} X_{t-M} + \varepsilon_t \quad (3-20)$$

式中，$\{Y_t\}$ 和ε_t是满足独立同分布的 N（0，1）的时间序列；β 表示相关程度；L 和 M 表示滞后时间，X_t取决于Y_t的过去值。如果使用格兰杰因果检验则会出现错误指示二者之间不存在滞后动态关系，因为自相关和交叉相关等于零。通过使用非线性格兰杰因果检验，可以避免出现这种结果。其目标是像处理线性情况一样，利用非线性函数来估计时间序列之间的格兰杰因果关系。在经济学、金融学和计量经济学领域，格兰杰因果关系检验已经成为一种非常有用的工具，用于检验时间序列之间的因果关系。而非线性格兰杰因果检验则是在此基础上，研究针对实际经济运行中经济变量发生的结构性突变引发的体制区间效应呈现的非线性特征。

二、时频的方法

（一）小波变换

小波变换的概念最初是由法国数学家 Jean Morlet 在 1980 年提出的，早期主要应用于信号和图像处理领域。与傅立叶变换相比，小波变换具有更多的优势，如能够更好地处理非平稳信号和局部特征等。小波变换的标准公式为：

$$WT(a,b) = \frac{1}{\sqrt{a}} \int_{-\infty}^{\infty} f(t) \times \varphi\left(\frac{t-b}{a}\right) dt \quad (3-21)$$

式中，a 代表小波的尺度；b 代表小波的平移量；t 表示时间。尺度参数 a 负责调整小波函数的伸缩程度，而平移参数 b 用于确定小波函数的平移位置。在小波变换中，尺度参数 a 与频率成反比关系，即它类似于频率的表示；平移参数 b 则相当于小波在时间轴上的移动步长。

小波变换的基本原理是通过不同尺度的小波基函数与信号进行内积运算，从而实现原始信号序列的分解与重构。小波变换拥有多尺度分析的功能。通过选择适当的小波基函数和尺度变换，小波变换可以提供更好的局部特性和时频分辨率，适用于非平稳信号和图像的分析与处理。小波变换在许多领域中都有广泛的应用，在经济、金融时间序列的多尺度分析中也产生了丰富的成果。

（二）经验模态分解（EMD）

经验模态分解（Empirical Mode Decomposition，EMD）是由黄锷（N. E. Huang）提出的一种自适应信号时频分解方法。对比小波变换需要进行基函数设定，该方法不需要依赖任何预定义的基函数或频谱信息，属于非参数数据分析方法，可将任意复杂信号拆分为一组固有的本征模态函数（Intrinsic Mode Functions，IMF）。EMD 的公式为：

$$I(n) = \sum_{m=1}^{M} IMF_m(n) + Res_M(n) \tag{3-22}$$

式中，$I(n)$ 表示输入信号，$IMF_m(n)$ 表示本征模态函数，$Res_M(n)$ 表示残差。

EMD 的基本原理是将信号分解成一组 IMF，其中每个 IMF 代表数据中的一个本征模态。IMF 有两个特点：第一，在时间尺度上呈现局部特征；第二，在零均值条件下包含等数量的极大值和极小值。EMD 是一种适用于非线性和非平稳信号分析的数据处理方法。它通过自适应地将信号分解为本征模态函数，提供了一种有效的分析工具，广泛应用于信号处理、振动分析、经济金融等领域。

（三）变分模态分解（VMD）

变分模态分解（Variational Mode Decomposition，VMD）是由 Konstantin Dragomiretskiy 在 2014 年提出的一种信号处理方法，它能够有效地减少经验模态分解中可能出现的模态混叠问题。用于将非平稳信号分解成一系列模态函数。VMD 的公式为：

$$\min\left\{ \sum_{k} \int [(V_{k(t)})^2 + \alpha (W_{k(t)})^2] dt + \lambda \sum_{k} \int [(V_{k(t)})^2] \mathrm{d}t \right\} \tag{3-23}$$

式中，$V_{k(t)}$ 表示第 k 个模态函数；$W_{k(t)}$ 表示第 k 个辅助函数；α 是一个平衡参数，控制了平滑性和频谱稀疏性之间的权衡；λ 是一个正则化参数，用于控制模态函数的平滑度。

VMD 通过优化能量函数来实现信号的分解，该能量函数包括信号的平滑性和信号的频谱稀疏性两部分。通过不断迭代优化过程，VMD 能够得到一系列频率递增的模态函数。VMD 在信号处理领域有广泛的应用。它可以用于分析非平稳信号的频率成分，如地震信号、生物信号、经济数据等。VMD 可以提供对信号的局部特征分析，从而帮助研究人员更好地理解信号的内在结构和变化规律。此外，VMD 还可以应用于图像处理、音频处理等领域，用于信号降噪、特征提取等任务。

第二节　时间序列分析模型主要应用领域

时间序列分析模型主要应用在能源领域，如原油市场、天然气市场、煤炭市场、矿产资源市场和碳市场。通过文献分析发现，时间序列分析模型常被用于预测原油、天然气等能源价格波动、供需变化、风险评价、库存预测等方面。

一、原油市场

原油作为一种重要的大宗商品，不仅具有商品的特性，还具备金融和战略上的重要意义。原油市场作为一个专门针对原油交易的市场，它展现了原油的供求状况和价格的波动情况。原油市场起源于 19 世纪末的宾夕法尼亚州，并经历了 20 世纪 70 年代的石油危机、20 世纪 80 年代油价的急剧下降以及 21 世纪初油价的急剧上升等多个关键事件，它始终是全球经济结构中不可或缺的一部分。特别是美国西得克萨斯、北海布伦特和 OPEC 主导的几大原油交易市场，其价格变动对全球经济的稳定和发展具有直接影响。随着市场复杂性和全球化程度的加深，经济学者和市场分析师越来越关注原油市场的价格波动及其背后的驱动因素。

目前，现有关于原油市场的文献研究主要包括原油价格波动的影响因素和原油价格预测（Li et al.，2019；朱小能、袁经发，2019）。一方面，就原油价格波动的影响因素研究，学者们通常关注政治事件、宏观经济政策、供需关系、生产与储存成本、市场参与者的投机行为以及炼油厂的生产策略（Ji et al.，2020；Singhal et al.，2019）；同时，其他市场的价格变动与原油市场的关联也是关注的热点方向（冯钰瑶等，2020；卢全莹等，2022；魏宇等，2022；Demirer et al.，2020）。张跃军和李书慧（2020）研究了投资者的关注度如何影响西得克萨斯中质油（WTI）与布伦特原油的现货和期货市场之间的波动传递效应，结果表明投资者关注度对国际原油市场收益率有单向波动溢出效应。杨坤等（2023）基于小波多分辨的非参数分位数因果检验方法讨论了地缘政治风险对我国原油期货收益与波动的非线性影响。Hailemariam 等（2019）通过构建具有时变系数的非参数面板数据模型，研究发现在全球总需求激增推动油价上涨的年份，油价的估计时变系数函数为负。Le 等（2023）借助广义 VAR 和溢出指数研究了油价与清洁能源存量之间的关系，发现生物燃料和能源管理股票与油价的联系最紧密，而风能、地热、燃料电池股票与油价的联系最小。此外，原油价格波动也会对宏观经济、能源投资等产生影响。Xie 等（2022）借助 VAR 模型研究了石油价格波动对重要国际宏观经济指标的影响，发现当油价下跌时，新冠疫情和全球金融问题会对经济活动产生重大影响。Malik 等（2020）基于 ARDL 模型和 NARDL 模型研究了油价、外国直接投资和经济增长对碳排放的对称和不对称影响，结果表明从长远来看，油价上涨会降低碳排放量，而油价下跌会增加碳排放量。值得关注的是，国际原油市场风险溢出和风险传染也可能会导致一国原油市场交易的波动，然而较少研究考虑市场深度、市场成熟度或海外风险输入冲击对原油价格的影响机理。另一方面，就原油价格预测来说，学者们主要致力于序列预测研究，即利用历史数据和（或）其他相关变量预测原油价格序列的未来走势（Li et al.，2019）。刘金培等（2020）开发了一种结合小波多尺度分解和区间时间序列的混合预测方法，并运用 Holt's 指数平滑法、ARIMA 模型以及支持向量回归（SVR）这三种不同的单一预测技术来对西得克萨斯中质原油（WTI）的价格进行预测。Wu 等（2019）利用 LSTM 网络构建改进基于集合经验模态分解（EEMD）的原油价格预测模型，研究发现在 WTI 原油现货价格的不同预测模型中，所提出的 EEMD－LSTM 模型表现最佳。

然而，原油市场价格波动存在结构性突变现象，因此，常参数模型可能无法更精确地捕捉多个市场之间的风险传染特征。现有研究从原油价格波动的影响因素和原油价格预测两个方面深入分析了原油市场，对原油市场价格波动的风险管理影响机制还有待进行深入研究。

二、天然气市场

天然气市场是一个复杂的市场，它涉及供需关系、库存、金融市场、地缘政治等多个方面。天然气作为一种洁净的化石能源，主要由甲烷构成，以其高效能量利用、较低的环境污染和减少的碳排放而受到重视。国际天然气市场的发展始于 19 世纪末，当时美国率先实现了商业规模的天然气运营，标志着天然气产业的兴起。当前，国际天然气消费占初级能源总消费的比例大约是 23.5%。根据国际机构的普遍预测，到 21 世纪 30 年代，天然气在全球初级能源消费中的份额预计将增长至 30%。随着我国经济的快速发展，天然气市场需求不断增加，市场规模也在不断扩大。与此同时，有关天然气市场的行情波动及其背后的驱动因素也受到更多的关注，引发众多学者的研究兴趣。

目前，现有关于天然气市场的文献研究主要包括天然气价格波动的影响因素、天然气市场风险管理、天然气市场供需定量预测三个方面（柴建等，2022）。

第一，天然气价格波动的影响因素包括地缘冲突、经济和环境政策、国家安全水平、宏观经济不确定性、原油供需关系、生产与储存成本、市场参与者的投机行为以及炼油厂的生产策略等（Wang et al.，2019，2020；Lin and Li，2021）。Uribe 等（2022）基于条件分位数回归模型，研究发现市场一体化水平是造成国家差异的主要因素，丹麦、芬兰、瑞典和德国是在困境下最容易受到天然气价格冲击的市场。Wang 等（2022）采用动态模型平均（DMA）方法探讨了中国液化天然气（LNG）进口价格随时间推移的决定性因素，结果表明，国内经济发展和煤炭价格对 LNG 进口溢价水平产生重大影响。Shi 和 Shen（2021）采用标准的 SVAR 框架来分析宏观不确定性冲击对天然气价格形成的影响，认为宏观经济不确定性除推动这些经济体的商业周期波动外，它们在决定天然气价格波动中也扮演着关键角色。Rioux 等（2019）构建了一个混合互补模型以分析取消受管制天然气需求行业的价格上限、改善第三方使用管道和再气化基础设施的情况对 LNG 行业价格的影响。李山和张荣（2021）通过构建天然气进出口国的动态博弈模型，研究了出口国的投资效率、投资成本系数、进口国对储备的偏好以及销售价格如何影响天然气的进出口策略。Feng 等（2021）基于 ADF 单元根测试、约翰森协整检验、单变量 LM 测试研究了天然气价格与生产之间的长期关系。然而，现有研究较少考虑储运安全、市场安全、环境安全等供应链关键环节对天然气价格波动的影响。

第二，天然气市场风险管理方面，Zarei 等（2017）采用贝叶斯网络就天然气站点的动态安全水平进行了评估。郭明晶等（2018）运用组合赋权法从总体、区域和省域三个层面对我国天然气安全状况进行了评价，结果发现我国呈现出“东部天然气安全性最好，中部次之，西部和东北偏低”的特征。Movafaghpour（2023）基于趋势回归树（TRT）方法和 K 最近邻回归（K－NN）方法预测了管道项目可能出现的延误，以降低未来天然气输送项目的完工风险。Abdoul 等（2021）就天然气管线的风险进行了量化。然而，现有研究局限于天然气内部风险，较少考虑天然气市场与环境、所在地区外部能源市场状况等交互的外部风险研究。

第三，与其他能源市场研究类似，天然气市场研究也常利用历史序列数据和其他相关变量来预测天然气供给和需求数量的未来走势（Brehm，2019）。李洪兵和张吉军（2021）构建“最佳”逐步回归柯布－道格拉斯（C－D）生产函数模型以预测未来天然气需求走势，认为到 2030 年我国天然气需求量将达到约 5660 亿立方米。Jana 和 Ghosh（2022）基于残差驱动的继承机器学习算法对新冠疫情前后的天然气价格进行了预测。涂闯等（2023）基于 Logistic 改进模型预测了我国 2019—2036 年的天然气产量，并得出天然气产量将在 2028 年达到峰值（3311.3 亿立方米）。然而，由于天然气价格变动展示出不确定性、复杂非线性以及影响因素众多的特征，传统的静态时间序列分析模型可能无法达到精确的单点预测，因此可以考虑采纳动态贝叶斯网络模型等进行研究。

现有研究大致是对天然气市场的价格波动影响因素、市场风险和供给和需求量方面进行的研究，然而天然气市场对其他清洁能源之间的交互影响机制还有待进一步研究。

三、煤炭市场

煤炭在我国一次能源消费结构的比重一直在 70% 左右，为国民经济和社会长期平稳较快发展提供了可靠的能源保障，做出了许多贡献。近年来，我国经济产业和民生的不规则周期性波动都和煤炭的市场状况有着不少的渊源，究其根本原因是煤炭这种传统资源产品的无可替代性。无论经济体制发展到哪个阶段，无论国际贸易和双循环如何变化，其他任何商品都无法像煤炭一样影响攸关。随着科技的进步，煤炭行业也在不断发展和改进并融入了智能化技术。然而在环境问题愈加严重的今天，煤炭行业也面临着向环保方向发展的趋势，在未来，随着可再生能源的不断发展，煤炭行业也面临着新的挑战和机遇，争取可持续发展。

目前关于煤炭市场及相关的煤电市场领域的研究成果主要有以下三个方面。第一，煤炭市场及相关煤电市场领域的依赖关系分析。Ma 和 Wang（2019）通过格兰杰因果分析以及协整检验，分别研究了频域和时域价格序列之间的因果关系以及原油、天然气、动力煤和铁矿石价格与澳元和人民币汇率之间的依赖结构。Zhang 等（2019）在煤炭价格波动的研究中提出煤炭定价政策的新分类并引入预期系数和前瞻性系数，利用广义矩法（GMM）检验了煤炭价格波动与定价政策之间的关系。以上研究探究了煤炭市场及相关煤电市场领域的相关关系，但忽略了煤炭价格的潜在影响机制分析。第二，煤炭市场的影响因素分析。Ai 等（2021）使用双重差分法（DID）和伪 DID 来研究脱硫电价补贴带来对我国煤电厂的减排量。Wang 等（2023）采用 DID 模型定量评估煤炭去产能政策对煤炭价格的影响，量化近年来供给侧结构性改革的核心政策对煤炭市场的影响。Chai 等（2023）建立了基于 TVP－VAR 的模型并构建了煤炭价格结构变化时变、时滞效应分析模型，从金融市场角度对煤炭价格进行分析，然后利用 PPM－DBSCAN 模型识别煤炭价格波动突变点，然后通过路径分析并提取影响煤炭价格的核心驱动因素。以上研究通过计量经济学模型对煤炭价格的影响因素进行分析，对煤炭价格的内生驱动机制考虑较少。第三，煤炭价格冲击的机制分析。Lin 和 Wang（2021）采用 GMM 模型分析了煤炭价格冲击的潜在影响机制，结合中国能源消费结构，进一步探讨了电价调控对煤价冲击的影响。Jie 等（2021）建立多区域煤炭供应模型，讨论了非化石能源发展和碳价格的影响并以此为框架来探讨中国煤炭供应体系的未来优化。Zhao 等（2022）使用最近开发的数据驱动的非参数方法来估计美国煤电厂排放的二氧化碳、二氧化硫、氮氧化物的影子价格。从煤炭价格冲击的潜在影响机制出发深入研究煤炭价格，但是缺少多个市场联动的机制分析。风险管理研究主要应用于处理和预测风险并提出合适的策略加以预防。

现有研究从煤炭市场及相关煤电市场领域的依赖关系、影响因素、煤炭价格冲击的机制三个方面深入探讨了煤炭市场，对煤炭价格的内生驱动机制以及多个市场联动的机制还有待进一步研究。

四、矿产资源市场

矿产资源是特殊的资源，在经济和社会的发展中占据十分重要的地位，所以矿产市场在经济发展中起着重要作用。当前，世界正处于一个世纪以来前所未有的巨大变动之中，全球的政治与经济结构正在经历深刻的转型，同时，矿产资源的供需模式也在迅速调整和重构。受经济衰退和应对气候变化影响，全球化石能源与大宗矿产消费出现明显下降，清洁能源与新能源矿产需求逆势增长，越来越多的学者关注矿产市场供需关系与价格的变化。

目前，关于矿产品市场的研究主要集中在战略性关键矿产、大宗矿产、矿产品市场预测三个方面。首先是关于战略性关键矿产方面的研究。稀土股票和金融市场之间存在价格溢出效应（Reboredo and Ugolini，2020）。Madaleno 等（2023）基于分位数时频连通性模型和交叉量谱依赖方法研究了稀土矿产和可再生能源之间的溢出效应。以上关于战略性关键矿产的研究主要集中在价格溢出效应方面，而对价格间的动态联动研究较少。

关于大宗矿产方面的研究主要集中在三个方面。第一，大宗矿产价格间的动态溢出效应和依赖关系研究。胡振华等（2018）应用以向量误差修正模型（VEC）和结构向量自回归模型（SVAR）为核心的分析方法，对中国铁矿石期货价格与国内外现货价格之间的相互作用及领先—滞后关系进行了实证研究。Ma（2021）使用溢出指数和 Copula 模型方法研究了铁矿石价格、行业债券收益率和钢铁价格之间的动态溢出效应和依赖关系。以上关于大宗矿产价格间动态联动研究忽略了价格的时变和时滞性。第二，大宗矿产价格间的依赖关系的时变性研究。Wei 等（2022）通过 ICEEMDAN 方法、格兰杰因果检验和 TVP-VAR 模型研究了铁矿石期货与现货价格的格兰杰因果关系及其时变特征。Ma 等（2019）基于多变量 GARCH 模型方法研究铁矿石现价和市场的关系，发现中国钢铁产量仅影响铁矿石现货价格的波动。Deng（2021）基于动态 TEA 分析研究了供需关系在稀土元素回收技术经济评估中的应用。周颖哲等（2020）利用 VP-SVAR-SV 模型，考察金融化对有色金属各行业产出影响的时变性及结构性变化。Chen 等（2023）研究了铁矿石价格和布伦特原油价格之间的依赖关系具有时变和时滞性。关于大宗矿产价格间的依赖关系的时变性的深入研究有助于进一步理解价格间的时变结构特征，但是对于大宗矿产价格间的依赖关系的传导路径还有待进一步研究。第三，大宗矿产价格受突发事件冲击的传导路径研究。朱学红等（2022）在压力—状态—响应（PSR）模型的框架下，以铜为例，建立了一个系统动力学模型来分析不同类型的紧急情况对金属资源安全的影响强度和传递途径。对于大宗矿产价格受突发事件冲击的研究有助于风险管理，但忽略了其传导路径的内在机制分析。

现有研究从大宗矿产价格间的动态溢出效应、价格间的依赖关系的时变性和受突发事件冲击的传导路径三个方面探讨了大宗矿产价格，这对于把握大宗矿产市场价格特征有重要意义，然而对于大宗矿产价格预测方面还需进一步深入研究。

目前，学者们常采用单一机器学习模型或组合机器模型来预测矿产品市场价格。第一，单一算法预测矿产品市场，如混合的 GARCH 模型和 LSTM - ANN 模型（Hu，2020）、自适应模型遗传算法（Alameer et al.，2019）、SVM 法（Astudillo 等，2020）。第二，综合算法预测矿产品市场，如基因表达编程、人工神经网络、自适应神经模糊推理系统和蚁群优化算法（Khoshalan et al.，2021）；多层感知器、神经网络、K 近邻、SVM 法、梯度增强法和随机森林（Zhang et al.，2021；Alameer et al.，2020）；决策树、随机森林和梯度增强回归树（Juan et al.，2020）。以上通过单一算法和综合算法对矿产品市场预测有利于把握市场未来价格，但缺少对内在的价格演变机制的研究。

现有的矿产品市场主要从战略性关键矿产、大宗矿产、矿产品市场预测三个方面进行研究，对矿产资源市场的演变特征进行了深入探讨，然而矿产品市场的内在传导机制需进一步研究。

五、碳市场

碳市场，就是碳交易市场，现在国际趋势倡导降低碳排放量，对每个国家的碳排放量进行约束。在碳市场中，供应方主要由那些项目开发者、排放实体中减少排放成本较低者、国际金融组织、碳基金、银行等金融实体、咨询公司以及技术开发商和转让商组成。而需求方则主要包括那些减排成本较高的排放实体，即合规买家，以及基于企业社会责任或准备履行碳交易义务的企业、政府、非政府组织和个人，即自愿买家。金融机构的参与为碳市场带来了中介机构，如经纪商、交易所和交易平台、银行、保险公司和对冲基金等。作为全球第二大温室气体排放国，中国被视为具有巨大减排潜力的国家。通过建立自愿碳交易市场并鼓励企业自发参与减排活动，不仅能够增强企业和个人对于减少排放的社会责任意识，还能够促进企业加速技术革新，推动向绿色低碳的转型，这对于实现中国的节能减排目标至关重要。随着市场重要程度的提升，越来越多的学者开始关注碳排放市场背后的驱动因素。

目前，学者们对碳市场的研究主要集中在碳市场与能源市场的协同、风险传染效应和碳价格预测等方面。一方面是碳市场和金融市场、电力市场及其他能源市场之间的协同效应以及风险传染效应分析。王超和杨宝臣（2021）研究了碳市场和商品市场、金融市场之间的溢出效应。碳市场和能源市场、电力市场之间的传染效应同时备受关注。部分文献选用 VAR 模型、GARCH 模型测度新能源市场、传统能源市场与中国碳市场之间的动态关联性（王许等，2021；刘建和等，2020；Adekoya et al.，2021；Fleschutz et al.，2021；李兴等，2022；宋鹏等，2023）。以上关于碳市场和其他能源市场的协同效应以及风险传染效应研究对于把握碳市场和其他能源市场之间的动态关联有很重要的作用，然而缺少对市场间相互作用的机理分析。另一方面是碳价格预测分析。崔焕影和窦祥胜（2018）在研究碳交易价格的波动特性，包括其趋势和周期性时，采用了基于时频的方法和机器学习模型，以及这些模型的组合，来对中国碳市场的价格进行短期和长期预测分析。

通过单一算法和组合模型对碳价格进行预测，然而忽略了从碳价格形成的内在机制出发进行预测分析。现有研究从碳市场和其他能源市场之间的动态关联关系和价格预测两个方面进行了分析，深入探讨了碳市场和其他能源市场的协同效应以及风险传染效应，为风险管理提供了科学依据，但是缺乏对市场间相互作用机制的研究。

第三节　时间序列分析模型应用案例

针对国内外原油期货价格的相互影响问题，考虑到价格变量间的相互影响具有时滞性、时变性和多尺度传导性等复杂特征，本节提出了一个包含多时间尺度分解、滑动窗、回归树和复杂网络等多种方法相融合的国内外原油期货价格多时间尺度相互影响模型，该模型可以从多时间尺度的视角探究国内外原油期货价格在不同时间延迟和不同样本期中的相互影响特征。

一、国内外原油期货价格多时间尺度相互影响模型构建

本书构建的国内外原油期货价格多时间尺度相互影响模型综合考虑了国内外原油期货价格相互影响的时变性、滞后性和多尺度传导性。该模型的构建主要有以下几步。第一，本书通过 EEMD 方法将国内外原油期货价格时间序列分解成不同波动频率（周期）的时间序列。第二，利用固有模态函数（IMF）重构方法——零均值 t 检验分析方法将不同波动频率（周期）的时间序列重构为短波动周期序列和中波动周期序列，并保留经 EEMD 分解所得的趋势项作为长期价格趋势序列，其目的是从短期、中期和长期三个尺度分析国内外原油期货价格间的相互影响关系。第三，本书参考了 Finkle 等（2018）提出的 SWING 研究框架，采用滑动窗的方法将提取到的不同时间尺度的价格序列划分为不同的时间窗口，并利用基于回归树的机器学习算法——GENIE3 算法，识别了国内外原油期货价格在不同时间尺度和时间延迟下的时变相互影响特征。第四，本书综合了不同时间滞后和不同样本期下国内外原油期货价格的相互影响，定义了国内外原油期货价格间的实际相互影响，并利用复杂网络的方法将变量之间的实际影响进行了可视化。其具体流程如图 3－1 所示。

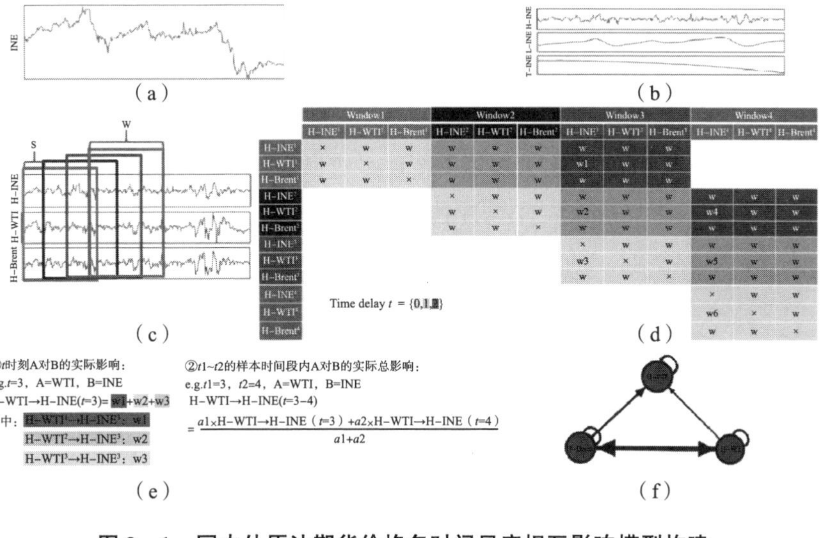

图 3－1　国内外原油期货价格多时间尺度相互影响模型构建

（以短期尺度的相互影响为例）

（一）EEMD 分解方法进行多尺度分解

首先，使用 EEMD 分解方法，将国内外原油期货价格时间序列分解为不同波动频率（周期）的时间序列（屈慧芳，2019）。该方法是由 Wu 和 Huang（2018）提出的一种对 EMD 分解方法的改进，它解决了 EMD 分解方法模态混叠的问题。

通过 EMD 分解方法，一个时间序列可以分解为多个 IMF 和一个残差项。用公式表示为：

$$x(t) = \sum_{i=1}^{n} I_i(t) + r_n(t) \tag{3-24}$$

式中，$I_i(t)$ 表示第 i 个 IMF，n 表示 IMF 的个数，$r_n(t)$ 代表残差项。IMF 和残差项与价格时间序列 $x(t)$ 具有同样的长度。假设一共有 n 个 IMF，则 $I_1(t)$ 和 $I_n(t)$ 分别代表价格序列最高频和最低频的波动。而残差项 $r_n(t)$ 则代表价格时间序列 $x(t)$ 的长期趋势。

EEMD 方法对 EMD 方法所做的改进就在于把一个时间序列进行了多次 EMD 分解，然后将每次分解的结果进行集成。其具体的分解集成步骤主要有以下几步：

（1）在时间序列 $x(t)$ 中加入均值为 0、方差为常数的白噪声序列 $\omega(t)$，得到一组新的时间序列 $X(t)$。用公式表示为：

$$X(t) = x(t) + \omega(t) \tag{3-25}$$

（2）对新获得的时间序列 $X(t)$ 进行 EMD 多时间尺度分解，获得多个 IMF。

（3）将步骤（1）和步骤（2）重复 N 次，但是每次都加入不同的白噪声序列 $\omega_j(t)$（其中 $j \in N$）。对经 EMD 分解所得到的 N 个 $I_{ij}(t)$（其中 $j \in N$）进行集成，求取平均，从而得到最终的 $I_i(t)$。

当使用 EEMD 分解方法进行多时间尺度分解时，需要设置两个参数，包括加入白噪声的次数 N（集成的次数）和加入白噪声的幅度 ε。Wu 和 Huang（2018）指出加入白噪声的幅度 ε 一般设置为原始时间序列标准差的 0.2 倍，并指出加入白噪声所导致误差的标准差 ε_n 与白噪声的幅度 ε 以及加入白噪声的次数 N 有着以下关系：

$$\varepsilon_n = \frac{\varepsilon}{\sqrt{N}} \tag{3-26}$$

当$\varepsilon_n \leqslant 0.01$时，加入白噪声序列所引起的分解误差可以被忽略。一般情况下，可以直接把ε_n设置为0.01。因此，可以通过计算原始序列的标准差，利用上述公式求得加入白噪声的次数N。

（二）IMF重构算法提取短、中波动周期的价格序列

由于分解出的IMF数量较多，对每个IMF都赋予明确的经济意义是非常困难的。Zhang等（2008）提出了一种由粗略到精细的IMF重构方法——零均值t检验分析方法，该方法可以将多个有着不同波动频率的IMF序列重构为两个序列，即高频序列和低频序列，其中高频序列即短波动周期序列表征了变量的短期波动，低频序列即中波动周期序列表征了变量的中期波动。大多数文献中，这种方法一般伴随EEMD分解方法共同使用。该方法有以下几个步骤：

（1）计算每个IMF的平均值。

（2）根据T检验方法，判断出第一个均值显著不为零的IMF，记为$I_k(t)$。

（3）由于通过EEMD方法分解得到的每个IMF都是相互独立且正交的，因此可以把$I_1(t)$到$I_{k-1}(t)$相加，即可重构为高频序列；把$I_k(t)$到$I_N(t)$相加，即可重构为低频序列。

（三）基于回归树的GENIE3算法识别相互影响

本书使用GENIE3算法识别了价格变量的相互影响关系。虽然GENIE3算法是利用高通量的基因表达时间序列数据去推断基因之间调控关系的算法，但是该算法将目标基因的调控基因定义为能够直接影响或预测目标基因表达的基因子集，因而这种算法的本质是基于回归树的方法根据变量的时间序列数据去推断变量之间广义的格兰杰因果关系，因此这种算法同样适用于经济金融领域。并且这种算法是基于机器学习的方法，相较于格兰杰因果、多元Garch等计量经济模型，这类统计推断的方法对变量及变量之间的关系没有要求，并且可以检验变量之间的非线性依赖关系。

在下面的内容中，将对GENIE3算法的基本程序进行简要介绍。假设存在p个价格变量，并且第j个价格变量在时间点k处的价格表示为$x_j(k)$，其中$k \in (1,N)$，$j \in (1,p)$。价格变量表现出的价格被视作变量呈现的特征，而把每个时间点上各个价格变量的价格数据的集合看成一个样本，则样本集可表示为：

$$LS = \{x_1, x_2, x_3, \cdots, x_p\} \tag{3-27}$$

其中，第 k 个样本可表示为：

$$L(k) = \{x_1(k), x_2(k), x_3(k), \cdots, x_p(k)\} \tag{3-28}$$

GENIE3 算法的基本思想是将 p 个变量之间相互影响关系的推断问题分解为 p 个不同的回归问题，每个子问题都是识别能够直接影响或预测某个变量的变量子集。这个算法假设在给定条件下每个变量的表达是剩余 $p-1$ 个变量表达的函数（加上一些随机噪声），用 x_{-j}（k）表示包含除变量 j 以外的所有变量在时间点为 k 时的价格表达：

$$x_{-j}(k) = \{x_1(k), \cdots, x_{j-1}(k), x_{j+1}(k), \cdots, x_p(k)\} \tag{3-29}$$

则，x_j（k）可以表述成下述式子：

$$x_j(k) = F_j[x_{-j}(k)] + \varepsilon_k \tag{3-30}$$

式中，ε_k 是一个均值为 0 的随机扰动项。因此，求解变量之间的相互影响关系就相当于找出能够预测某个变量的变量子集。而这个问题等价于机器学习中的特征选择问题。GENIE3 算法采用回归树的机器学习算法解决特征选择问题。该算法通过输入学习样本 LS_j，可以返回与影响作用相对应的权值大小 W_{ij}（$i \neq j$）。其中输入的学习样本 LS_j 表示为：

$$LS_j = \{x_{-j}(k), x_j(k), k = 1, \cdots, N, j = 1, \cdots, p\} \tag{3-31}$$

GENIE3 算法采用了集成的方法，平均了多个树的预测，对单个树产生的结果进行了改进。在运行 GENIE3 算法时，其需要设定的参数包括树的类型、在一棵树的每个节点上随机选择属性的数量 K、树的数量，本书根据该算法的指导手册选择了默认参数。

（四）滑动窗方法考虑不同时间延迟和不同样本期的相互影响

由于国内外原油期货价格间的相互影响可能具有时间滞后性，并且这种相互影响可能会随着时间的不同而发生变化，因此本书参考了 Finkle 等提出的 SWING 研究框架，采用了滑动窗的方法，将有限时间段中的样本划分为不同的样本集，从而考虑了时间的因素（时滞性和时变性），实现了国内外原油期货价格在不同时间滞后和不同时间点的相互影响分析。

此外，考虑不同时间延迟下变量间的滞后影响时需要设定最小滞后期 t_{min} 和最大滞后期 t_{max}。最大滞后期意味着在允许的滞后期中，变量之间可能是存在相互影响的，而超出滞后期之后，变量之间将假定不存在影响。在识别不同时间尺度下价格波动变量间的滞后影响时，不同时间尺度对应着不同的滞后期。在短期尺度下，$t_{min}=0$，$t_{max}=5$（一周的交易日）；在中期尺度下，$t_{min}=0$，$t_{max}=60$（三个月的交易日）；在长期尺度下，$t_{min}=0$，$t_{max}=120$（半年的交易日）；在跨时间尺度下，$t_{min}=1$，$t_{max}=120$（半年的交易日）。

（五）原油期货价格间实际相互影响网络构建

在识别了国内外原油期货价格分别在短期、中期和长期尺度下相互之间的动态时滞影响后，本书定义了变量在某一时刻的实际影响和在样本时间段内的实际总影响。本书将原油期货价格变量X_i对价格变量X_j在 t 时刻的实际影响定义为在允许滞后效应存在的范围内，即从 $t-t_{max}$到 $t-t_{min}$的时间段内，变量X_i对变量X_j的滞后影响的累积。用公式表示为：

$$W_{X_iX_j}(t) = \sum_{\tau=t_{min}}^{t_{max}} W_{X_i(t-\tau)X_j(t)} \tag{3-32}$$

式中，$W_{X_iX_j}$（t）为变量X_i对变量X_j在时刻 t 的实际影响；t_{max}和t_{min}是存在时滞效应的最大滞后期和最小滞后期，$W_{X_i(t-\tau)X_j(t)}$是X_i（$t-\tau$）对X_j（t）滞后 τ 期的影响权重。

本书将变量X_i在整个样本时间段内对变量X_j的实际总影响定义为变量X_i在不同时刻对变量X_j的实际影响的加权平均。考虑到离样本时间段初始时刻越近的时刻所对应的实际影响对当前时刻的参考价值越小，因此，在对不同时刻的实际影响取加权平均时，离样本时间段初始时刻越近的时刻所对应的实际影响在进行加权平均时所取权重越小。

假设整个样本时间段中，保留的滑动窗口数量为 N'，则在整个样本时间段内，变量X_i对变量X_j的实际总影响$W'_{X_iX_j}$的计算公式为：

$$W'_{X_iX_j} = \sum_{t=1}^{N'} \frac{t}{\sum_{i=1}^{N'} i} W_{X_iX_j}(t) \tag{3-33}$$

计算出价格变量在整个样本时间段内的实际总影响后，本书构建了国内外原油期货价格分别在短期、中期和长期尺度下的实际相互影响网络（共三个网络）。在网络中，节点是在某一时间尺度下的原油期货价格变量，在时间尺度为 sc 的节点集合N^{sc}可以表示为：

$$N^{sc} = \{X_1^{sc}, X_2^{sc}, X_3^{sc}\} \tag{3-34}$$

式中，时间尺度 $sc\in$ ｛短期，中期，长期｝；X_1^{sc}、X_2^{sc}、X_3^{sc}分别表示 INE、WTI、Brent 原油期货在时间尺度为 sc 时的价格序列。网络的有向边则是变量的影响方向，权重则是变量间影响的大小，在时间尺度为 sc 下的网络连边集合E^{sc}用公式可表示为：

$$E^{sc}=\begin{Bmatrix} W'_{X_1^{sc}X_1^{sc}} & W'_{X_1^{sc}X_2^{sc}} & W'_{X_1^{sc}X_3^{sc}} \\ W'_{X_2^{sc}X_1^{sc}} & W'_{X_2^{sc}X_2^{sc}} & W'_{X_2^{sc}X_3^{sc}} \\ W'_{X_3^{sc}X_1^{sc}} & W'_{X_3^{sc}X_2^{sc}} & W'_{X_3^{sc}X_3^{sc}} \end{Bmatrix} \tag{3-35}$$

式中，$W'_{X_i^{sc}X_i^{sc}}$和$W'_{X_i^{sc}X_j^{sc}}$分别表示在时间尺度为 sc 时，整个样本时间段内，价格变量X_i对自身的实际总滞后影响和变量X_i对变量X_j的实际总影响。

（六）复杂网络方法分析各变量间的实际相互影响

通过结合 EEMD 分解方法和 IMF 重构算法，提取了国内外原油期货价格的短波动周期（高频）序列I_H（t）、中波动周期（低频）序列I_L（t）、长期趋势序列R_T（t）。因此，在识别国内外原油期货价格跨时间尺度的相互影响时，一共涉及以上 9 个价格变量，为简单明了，在本章将以上 9 个变量重新命名为X_{sc-A}，其变量集合 V 表示为：

$$V=\{X_{sc-A},sc\in\{H,L,T\},A\in\{INE,WTI,Brent\}\} \tag{3-36}$$

式中，H、L、T 分别代表短期、中期和长期尺度；X_{sc-A}表示 A 原油期货在时间尺度为 sc 时的价格序列。

假设在时间尺度为 sc 时，A 原油期货在时刻 t 的价格表示为X_{sc-A}（t）（其中$t\in$ ［1，N］，N 为价格序列样本长度），滑动窗的窗口宽度为 wd，滑动步长为 b，价格变量间滞后影响的最大滞后期、最小滞后期分别为$t_{\max}$、$t_{\min}$，则价格变量X_{sc-A}（t）在第 s 个滑动窗的价格序列可表示为：

$$X_{sc-A}^{Windows}=\{X_{sc-A}(s),X_{sc-A}(s+1),\cdots,X_{sc-A}(s+wd-1)\} \tag{3-37}$$

则在计算变量X_{sc_1-A}对X_{sc_2-B}在第 s 个滑动窗下的滞后影响时（sc_1，$sc_2\in$ ｛H，L，T｝，且$sc_1\neq sc_2$，A，$B\in$ ｛INE，WTI，$Brent$｝，A 和 B 可以相同），变量X_{sc_1-A}的滞后变量集合 φ'为：

$$\varphi'=\{X_{sc_1-A}^{Windows-t_{max}},X_{sc_1-A}^{Windows-t_{max}+1},\cdots,X_{sc_1-A}^{Windows-t_{min}}\} \tag{3-38}$$

因此，通过这样的方式便可以基于 GENIE3 算法计算国内原油期货价格变量之间跨时间尺度的动态滞后影响。舍弃前$t_{\max}-t_{\min}$个滑动窗口的权重计算结果，仅保留和分析第$t_{\max}-t_{\min}+1$个窗口之后的变量间的相互影响，并将时间窗宽度 wd 设置为$\frac{N}{2}$，步长 b 设置为 1。

考虑到这种跨时间尺度的影响一般是滞后影响，例如当前的短期和中期价格波动难以影响当前的长期价格趋势。另外，为了在考虑足够的时间滞后影响的同时又能获得丰富的滑动窗口，本书将不同价格变量之间存在跨时间尺度影响的最大时间延迟设置为与各变量长期价格趋势相互滞后影响的最大延迟相同，即 120 天，最小时间延迟设置为 1 天。

（七）国内外原油期货跨时间尺度的实际相互影响网络构建

通过变量在某一时刻的实际影响和在样本时间段内的实际总影响的定义，同样可以计算变量X_{sc_1-A}对X_{sc_2-B}在 t 时刻的实际影响$W_{X_{sc_1-A}X_{sc_2-B}}(t)$和在样本时间段内的实际总影响$W'_{X_{sc_1-A}X_{sc_2-B}}$：

$$W_{X_{sc_1-A}X_{sc_2-B}}(t) = \sum_{\tau=t_{min}}^{t_{max}} W_{X_{sc_1-A(t-\tau)}X_{sc_2-B(t)}} \tag{3-39}$$

$$W'_{X_{sc_1-A}X_{sc_2-B}} = \sum_{t=1}^{N'} \frac{t}{\sum_{i=1}^{N'} i} W_{X_{sc_1-A}X_{sc_2-B}}(t) \tag{3-40}$$

式中，$W_{X_{sc_1-A(t-\tau)}X_{sc_2-B(t)}}$是$X_{sc_1-A}(t-\tau)$对$X_{sc_2-B}(t)$滞后 τ 期的影响权重，N'为整个样本时间段中保留的滑动窗口数量。

考虑到国内外原油期货价格跨时间尺度相互影响的复杂性，且由于篇幅的限制，本章将不再对不同时间滞后下各价格变量跨时间尺度的动态影响进行分析，而仅对变量跨时间尺度的实际动态影响和样本时间段内变量跨时间尺度的总实际影响进行分析。

计算出价格变量在整个样本时间段内的实际总影响后，本书构建了国内外原油期货价格跨时间尺度实际相互影响网络。在变量跨时间尺度实际相互影响网络中，节点是在短期、中期和长期尺度下的国内外原油期货价格变量，节点集合与变量集合 V 相同。

网络的边是变量的影响方向，权重则是变量间影响的大小，节点连边的集合 E'可表示为：

$$\begin{Bmatrix} 0 & W'_{X_{H-INE}X_{H-WTI}} & W'_{X_{H-INE}X_{H-Brent}} & \cdots & W'_{X_{H-INE}X_{T-Brent}} \\ W'_{X_{H-WTI}X_{H-INE}} & 0 & W'_{X_{H-WTI}X_{H-Brent}} & \cdots & W'_{X_{H-WTI}X_{T-Brent}} \\ W'_{X_{H-Brent}X_{H-INE}} & W'_{X_{H-Brent}X_{H-WTI}} & 0 & \cdots & W'_{X_{H-Brent}X_{T-Brent}} \\ \vdots & \vdots & \vdots & \vdots & \vdots \\ W'_{X_{T-Brent}X_{H-INE}} & W'_{X_{T-Brent}X_{H-WTI}} & W'_{X_{T-Brent}X_{H-Brent}} & \cdots & 0 \end{Bmatrix} \tag{3-41}$$

由于本书考虑的是国内外原油期货价格跨时间尺度的相互影响，因此，在构建此网络时不考虑变量的自身影响，故节点连边的集合 E' 的对角线为 0。

为了深入分析国内外原油期货价格跨时间尺度的相互影响特征，本书对加权出度、加权入度、边权等网络拓扑指标进行了分析。

1. 加权出度

一个节点的加权出度等于从该节点出发到其所有邻居节点的边的权重之和。节点加权出度越大，说明其价格波动的影响力越大。加权出度用公式表示为：

$$WD_i^{out} = \sum_{j=1}^{N} W_{ji} \tag{3-42}$$

式中，WD_i^{out} 表示节点 i 的加权出度，j 表示节点 i 的所有邻居节点的集合，W_{ji} 表示节点 i 到节点 j 的边的权重。

2. 加权入度

一个节点 i 的加权入度等于从节点 i 的所有邻居节点出发到节点 i 的边的权重之和。节点加权入度越大，说明该节点受其他节点价格波动传导的影响越大。加权入度用公式表示为：

$$WD_i^{in} = \sum_{j=1}^{N} W_{ij} \tag{3-43}$$

式中，WD_i^{in} 表示节点 i 的加权入度，j 表示节点 i 的所有邻居节点的集合，W_{ij} 表示节点 j 到节点 i 的边的权重。

3. 边权

边权是指从源节点指向目标节点的边的权重。边权越大，说明边的源节点对目标节点的影响越大。

二、国内外原油期货在短、中、长期尺度下的价格序列提取结果

（一）国内外原油期货价格多尺度分解结果

本书利用 Matlab 软件，采用 EEMD 分解方法对 INE、WTI、Brent 原油期货价格时间序列进行了多时间尺度分解，每个价格序列经分解后都分别得到了 9 个不同波动频率（周期）的时间序列数据，包括 8 个 IMF 和 1 个长期趋势项。图 3－2 对 INE 原油期货价格序列分解后的结果进行了展示，WTI、Brent 原油期货的分解结果不再展示。

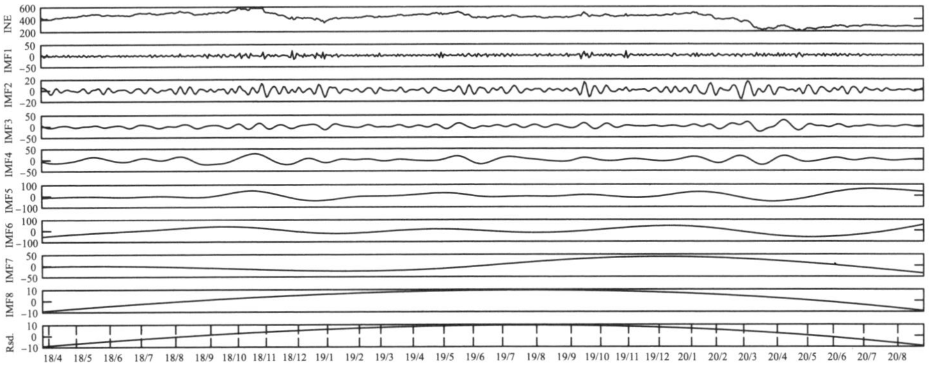

图 3－2　INE 原油期货价格序列的 EEMD 分解结果

从图 3－2 中可以观察到，从 IMF1 到 IMF8，再到长期趋势项，其波动频率是逐渐减小，即周期是逐渐增大的。

（二）国内外原油期货短、中期价格波动和长期价格趋势分析

采用 EEMD 分解方法对 INE、WTI、Brent 原油期货价格时间序列进行多时间尺度分解，每个价格序列经分解后都分别得到了 9 个不同波动频率（周期）的时间序列数据，包括 8 个 IMF 和 1 个长期趋势项。采取 IMF 重构算法——零均值 t 检验分析方法重构了 INE、WTI、Brent 原油期货价格的短波动周期（低频）序列和中波动周期（低频）序列，并保留三个时间序列经 EEMD 分解所得的残差项（趋势项）作为三个原油期货长期价格趋势序列。对每个固有模态函数 IMF 进行了 t 检验，其 t 检验的零假设为对应 IMF 分量的均值为 0。表 3－1 列出了每个 IMF 的均值和统计量 t 值。

表 3－1　IMF 的均值和统计量 *t* 值

分量	INE			WTI			Brent		
	均值	*t* 值	*P* 值	均值	*t* 值	*P* 值	均值	*t* 值	*P* 值
IMF1	－0.001	－0.008	0.994	0.028	0.628	0.530	0.003	0.119	0.906
IMF2	0.010	0.054	0.957	0.006	0.183	0.855	0.001	0.042	0.967
IMF3	－0.032	－0.113	0.910	－0.017	－0.362	0.718	－0.003	－0.070	0.944
IMF4	－0.298	－0.746	0.456	－0.015	－0.217	0.828	0.031	0.625	0.533
IMF5	2.805*	2.630	0.009	0.851*	4.006	0.000	0.875*	3.535	0.000
IMF6	－3.526	－3.075	0.002	－0.141	－0.883	0.378	－0.091	－0.622	0.534
IMF7	2.514	2.822	0.005	－0.254	－1.739	0.083	－0.282	－2.277	0.023
IMF8	3.117	13.446	0.000	0.246	12.108	0.000	0.463	13.089	0.000

注：* 表示在 5% 的显著性水平下拒绝零假设（均值不为零）。

由表 3－1 可知，INE、WIT、Brent 原油期货的第一个均值显著偏离 0 的 IMF 都为 IMF5。因此，分别把 INE、WTI、Brent 的 IMF1～IMF4 叠加为各自的高频序列，把 IMF5～IMF8 叠加的结果视作各自的低频序列。图 3－3 对重构的结果进行了展示。

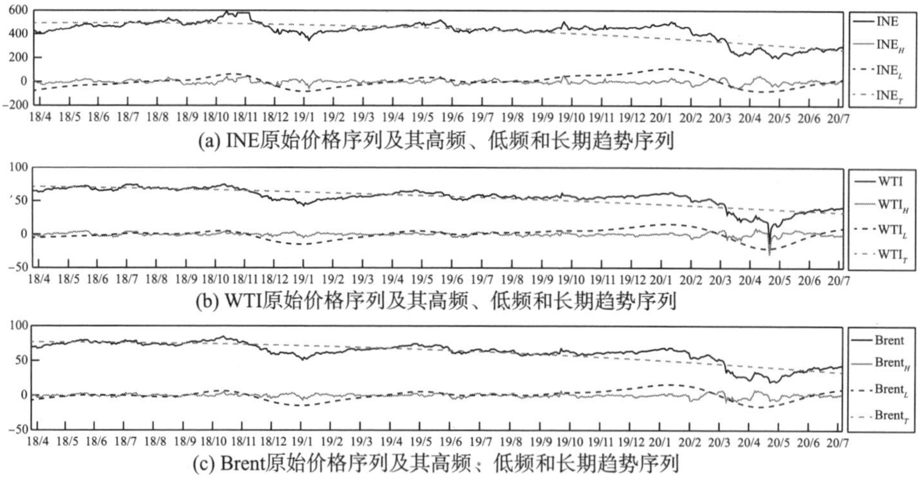

(a) INE原始价格序列及其高频、低频和长期趋势序列

(b) WTI原始价格序列及其高频、低频和长期趋势序列

(c) Brent原始价格序列及其高频、低频和长期趋势序列

图 3－3　INE、WTI、Brent 原油期货价格的 IMF 重构结果

注：横坐标是时间（年/月），纵坐标是价格。*H* 代表高频序列，*L* 代表低频序列，*T* 代表长期趋势项。

Zhang 等（2008）指出重构的高频序列，即短波动周期（短期）序列，表征了变量的短期价格波动，这种价格波动一般是由市场的供求不平衡或者其他市场活动引起的；重构的低频序列，即中波动周期（中期）序列，表征了变量的中期价格波动，这种波动一般与发生的重大事件相关；趋势项，即长期价格趋势（长期）序列，表征了变量的长期价格趋势，这种长期价格趋势一般和世界经济的发展走势以及长期的供求关系相关。

首先，从图3－3中可以看出，INE、WTI、Brent原油期货各自的长期价格趋势非常相似，从2018年3月26日（数据下载日期）到2018年10月初，其长期价格走势几乎和横轴平行，这意味着原油的价格较为平稳，而从2018年10月到2020年8月，其价格一直呈下降趋势，其中2018年10月到2020年1月，价格呈缓慢下降趋势，其价格下降主要是由于美国页岩油产量创历史新高，从而使原油供应增加导致的。而从2020年1月开始，油价呈现急剧下降趋势，这主要是由全球经济速度放缓和石油需求下降导致的。

其次，本节对各个原油期货价格的中期波动进行了分析。从图3－3中可以看出，INE、WTI、Brent原油期货价格在中期尺度下的波动也存在明显的相似性。在样本时间段内，主要有两次较大的中期价格波动。第一次发生在2018年9月至2019年3月，这次的价格波动可能是由美国制裁伊朗这一事件导致的。第二次发生在2019年12月至2020年7月，这次的价格波动可能是由新冠疫情导致各地对原油的需求减少，世界经济低迷，民众对未来经济发展和原油消费呈现悲观态度等造成的。通过对每一个重大事件引起的价格波动情况进行分析，可以帮助预测下一个同类型重大事件发生所引起的价格波动。

最后，通过比较INE、WTI、Brent原油期货三者的短期价波动发现，在不同的时间段中，三者的短期价格波动在2020年4月20日前后存在细微差异。这一差异是由于2020年4月20日WTI原油期货价格首次跌入负值，导致其短期价格波动与INE和Brent原油期货的短期价格波动呈现较为显著的差异。

三、国内外原油期货价格在短期尺度下的相互滞后影响分析

（一）短期尺度下各价格变量对INE原油期货价格的动态时滞影响强度分析

本节对短期尺度下各价格变量对INE原油期货价格的动态时滞影响强度

进行了可视化，如图 3 –4 所示。

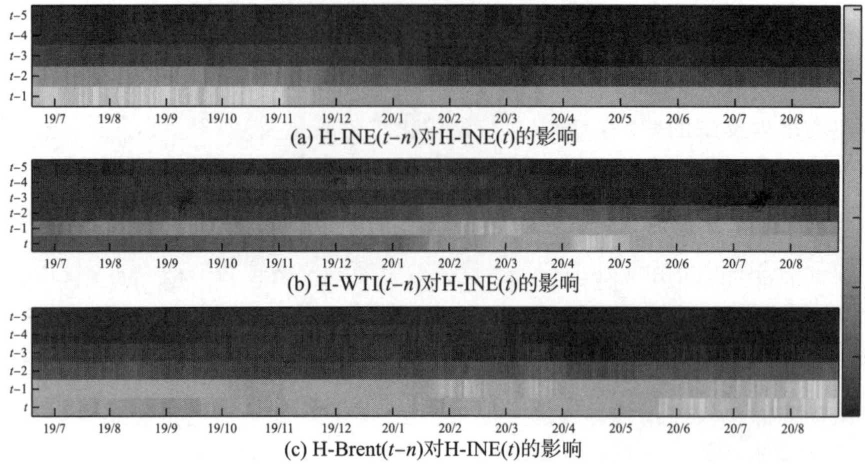

图 3 –4　短期尺度下各价格变量对 INE 原油期货价格的动态时滞影响强度

注：颜色越深，表明在短期尺度下价格变量间的影响越大；颜色越浅，则表明影响越小。横轴代表不同滑动窗的时间段，为简单起见，仅使用滑动窗口的结束日期（年/月）来表示其所对应的时间段；纵轴表示不同的时间滞后。H – A 表示短波动周期（短期）的 A 原油期货价格序列，H – A（$t-n$）代表短波动周期（短期）的 A 原油期货价格序列的滞后 n 期，A ∈（INE，WTI，Brent），n ∈（0，1，2，3，4，5），下同。

从图 3 –4 中可以看出，在短期尺度下，各变量对 INE 原油期货价格的影响强度均存在明显的时间滞后性和动态性。

首先，通过比较 H – INE 的滞后阶对 H – INE 当期的影响，可知 H – INE 的当期主要受自身滞后一阶和滞后二阶的影响，且受自身滞后一阶的影响远大于受自身滞后二阶的影响。具体来说，H – INE 的当期受自身滞后一阶和滞后二阶的平均影响分别占自身各阶滞后总影响的 69.29% 和 17.76%。

其次，H – WTI 和 H – Brent 在不同时刻对 H – INE 的影响表现出一定的相似性和差异性。相似性表现为在所有滞后阶数中，H – WTI 和 H – Brent 的当期、滞后一阶和滞后二阶对 H – INE 的当期存在较为显著的影响，且其滞后一阶在不同时刻的影响力均略大于其他滞后阶数。具体来说，H – WTI 的当期、滞后一阶和滞后二阶对 H – INE 当期的平均影响占 H – WTI 对 H – INE 总影响的百分比分别为 32.34%、41.33%、10.18%；而 H – Brent 的当期、滞后一阶和滞后二阶对 H – INE 当期的平均影响占 H – Brent 对 H – INE 总影响的百分比分别为 36. 99%、42. 79%、8. 67%。差异性表现在 H – Brent 当期、滞后一阶和滞后二阶对 H – INE 当期的影响随时间呈上升趋势，而 H – WTI 未表现出这样的趋势。这说明 INE 原油期货刚推出时由于还未实现与国际的接轨，因此，在短周期下，其价格受 Brent 原油期货价格的影响较小，随后，随着自身的逐渐发展而逐步实现与国际接轨，其价格会较大程度地受到 Brent 当期和前一交易日价格波动的影响。

（二）短期尺度下各价格变量对 WTI 原油期货价格的动态时滞影响强度分析

本节对短期尺度下各价格变量对 WTI 原油期货价格的动态时滞影响强度进行了可视化，如图 3 – 5 所示。

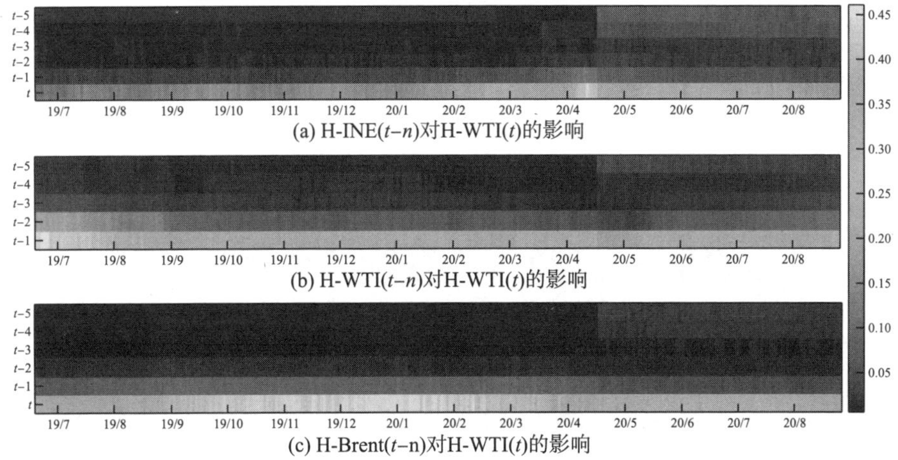

图 3 – 5　短期尺度下各价格变量对 WTI 原油期货价格的动态时滞影响强度

从图 3 – 5 中可以看出，三个子图在 2020 年 4 月与 2020 年 5 月之间有一个明显的分界线，这个分界线所处的位置正是 2020 年 4 月 20 日 WTI 原油期货价格历史上首次跌入负值的时刻，由前文分析可知，在这一时刻 WTI 原油期货的短期波动也和 INE、Brent 原油期货的短期价格波动有明显不同。WTI 原油期货价格跌入负值，主要是由全球疫情冲击导致原油需求下降，原油运输业因疫情受阻，全球储油市场接近饱和，美国原油库存屡创新高，储油成本随之飙升，从而使 WTI 原油期货市场的多方强行平仓导致的。分界线后各变量对 H – WTI 当期的影响有着明显不同，这说明 WTI 原油期货价格跌入负值的这一天所产生的短期价格波动对未来一段时间内 WTI 原油期货的价格产生了深远影响。分界线是由油价跌到负值造成了全球市场普遍恐慌的情绪，投资者避险情绪增加，且这种避险心态会持续一段时间导致的。

此外，分别比较各个变量在不同时间滞后下对 H – WTI 当期的影响，可知在不同的时间滞后期下，H – INE 和 H – Brent 对 H – WTI 当期的影响主要存在于滞后零阶和滞后一阶，H – INE 的滞后零阶和滞后一阶对 H – WTI 当期的平均影响分别占 H – INE 对 H – WTI 总影响的 51. 36% 和 14. 64% ，而 H – Brent 的滞后零阶和滞后一阶对 H – WTI 当期的平均影响分别占 H – Brent 对 H – WTI 总影响的 72. 83% 和 15. 70% ；而 H – WTI 当期受自身滞后阶的影响主要包括滞后一阶和滞后二阶，其平均影响分别占 H – WTI 所有滞后阶总影响的 66. 19% 和 18. 01% 。

（三）短期尺度下各价格变量对 Brent 原油期货价格的动态时滞影响强度分析

短期尺度下，各价格变量对 Brent 原油期货价格的动态时滞影响强度，如图 3 – 6 所示。

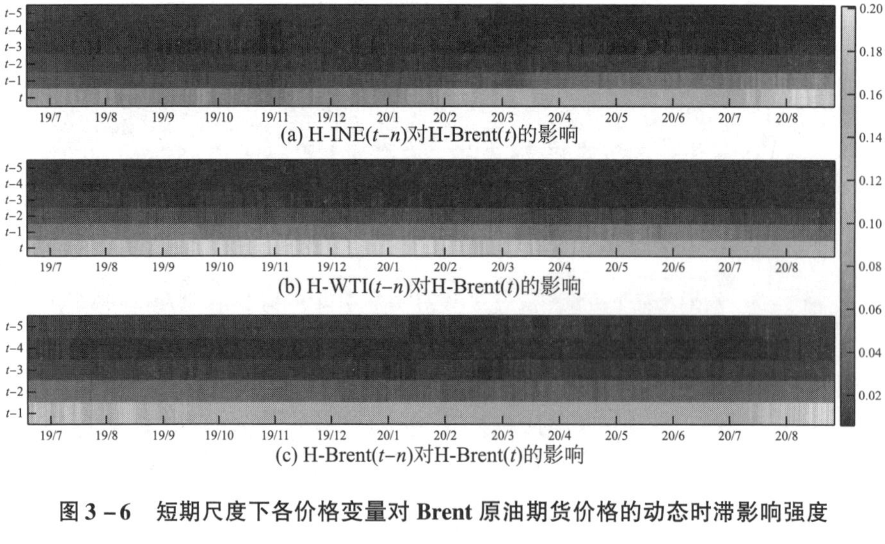

图 3 – 6　短期尺度下各价格变量对 Brent 原油期货价格的动态时滞影响强度

由图 3 – 6 可知，H – Brent 受自身滞后阶的影响与 H – INE 和 H – WTI 受自身滞后阶的影响类似，都主要受自身滞后一阶和滞后二阶的影响，其平均影响分别占 H – Brent 所有滞后阶总影响的 72. 42% 和 14. 90% 。

由图 3 – 6 还可知，H – INE 和 H – WTI 在不同时间滞后下对 H – Brent 当

期的影响表现出明显的差异性。首先，H－INE 对 H－Brent 当期的滞后影响主要存在于滞后 0～1 天，其对 H－Brent 当期的平均影响分别占 H－INE 对 H－Brent 总影响的 60.22% 和 17.67%；而 H－WTI 对 H－Brent 当期的滞后影响主要存在于滞后 0～2 天，其对 H－Brent 当期的平均影响分别占 H－WTI 对 H－Brent 总影响的 70.05%、19.18% 和 5.69%，且很明显，这些滞后影响都随滞后天数的增加而减小。这是因为在短期尺度下，原油期货的价格波动传递速度较快，虽然不同原油期货价格的波动会对其他原油期货价格产生一定的时间滞后影响，但是原油期货市场当期的价格更多的是受到其他原油期货市场当期价格波动的影响，而非历史价格波动的影响。其次，H－INE 的滞后零阶和滞后一阶对 H－Brent 当期的影响随时间的推移呈现出增长趋势，而 H－WTI 对 H－Brent 当期的影响未呈现明显的趋势。这在一定程度上说明随着时间的推移，INE 的国际地位在随之提升，其短期价格波动也会对 Brent 当期价格产生一定的影响。

（四）短期尺度下国内外原油期货价格间实际相互影响强度和方向分析

本节计算了在短期尺度下，各原油期货价格在整个样本时间段内的实际总影响强度，并利用复杂网络的方法对这种实际相互影响强度进行了可视化，如图 3－7 所示。图中节点表示在短周期下的原油期货价格变量，有向边则表示一个变量对另一个变量的实际总影响强度，边的箭头大小和影响力成正比，即若一个变量对另一个变量的影响力越大，则箭头越大（下同）。网络图中共有 3 个节点和 9 条边。

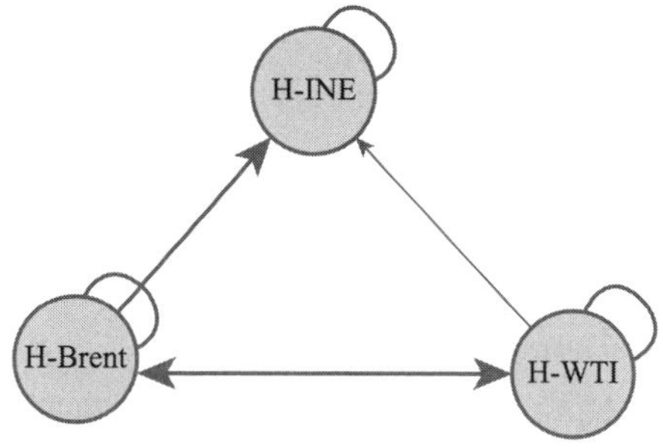

图 3－7　短期尺度下各原油期货价格的实际相互影响网络

首先，通过图 3－7 可以发现，在短期尺度下，INE 原油期货价格几乎不会对 WTI 和 Brent 原油期货价格产生影响，而 WTI 和 Brent 原油期货的价格会对 INE 原油期货价格产生较大的影响。这说明 INE 原油期货的国际影响力虽然随着时间的推移而有所增强，但是与国际原油基准相比，其影响力相对较小，在短期尺度下，其价格较大程度地受国际原油期货短期价格波动的影响。因此，中国的政策制定者应该警惕国际原油期货短期价格波动对 INE 价格的影响，当国际原油价格发生波动时，应该注意防范其价格传导所引发的市场风险。另外，这一结果也表明 INE 原油期货和国际原油基准存在一定的差距。考虑到 INE 原油期货才上市两周年，而 WTI 和原油期货已经上市了几十年，因此，未来 INE 原油期货市场仍有较大的发展潜力。

其次，在短期尺度下，各原油期货价格都存在较强的自相关性。自相关性产生的原因之一是经济系统的经济行为都具有时间上的惯性。自相关性越强，说明我们越有可能通过今天的价格数据去预测明天的价格。

再次，相较于 WTI 原油期货短期价格波动对 INE 价格的影响，Brent 原油期货短期价格波动对 INE 价格产生的影响更大，这说明 Brent 原油期货市场的短期价格波动更易传导给 INE 原油期货市场，因此，中国原油期货的管理者更应注意 Brent 原油期货市场短期价格波动的传导所造成的市场风险。这是因为 WTI 原油是美国原油，它主要针对美国本土原油计价，因此其价格有较强的针对性，而 Brent 原油是一种北海原油，目前世界上除了部分中东和远东原油，绝大部分地区（如北海、非洲、拉丁美洲、加拿大以及部分中东和远东地区）的原油现货交易都参照布伦特原油价格进行定价。而中国的原油进口国主要来自中东和非洲等地，因此相较于 WTI 原油期货的短期价格波动，Brent 原油期货的短期价格波动对 INE 原油期货短期价格波动产生的影响更大。

最后，在短期尺度下，WTI 原油期货价格和 Brent 原油期货价格相互之间有着相当的影响力。通过计算两者之间的净影响可知，WTI 原油期货市场的短期价格波动对 Brent 原油期货价格的影响略大。这是由于美国页岩油革命的影响，使美国原油出口增加，进口减少。从供给的角度来讲，美国原油出口增加使美国的 WTI 原油期货的短期价格波动更易传导给 Brent 原油期货市场。从需求的角度来讲，美国原油进口减少使 WTI 原油期货的市场价格更不易受到 Brent 原油期货市场价格波动的影响。

四、国内外原油期货价格在中期尺度下的相互滞后影响分析

（一）中期尺度下各价格变量对 INE 原油期货价格的动态时滞影响强度分析

本节对中期尺度下各价格变量对 INE 原油期货价格的动态时滞影响强度进行了可视化，如图 3－8 所示。

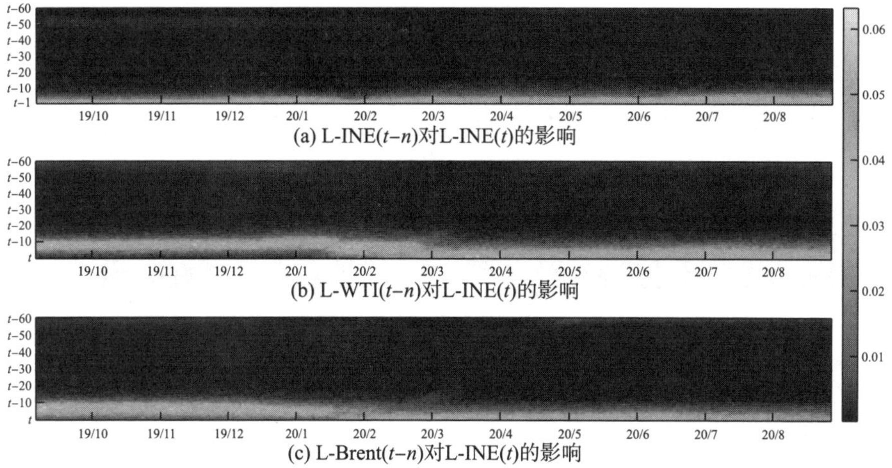

图 3－8　中期尺度下各价格变量对 INE 原油期货价格的动态时滞影响强度

注：颜色越深，表明在中期尺度下价格变量间的影响越大；颜色越浅，则表明影响越小。横轴代表不同滑动窗的时间段，为简单起见，仅使用滑动窗口的结束日期（年/月）来表示其所对应的时间段；纵轴表示不同的时间滞后。L－A 表示中波动周期（中期）的 A 原油期货价格序列，L－A（$t-n$）代表中波动周期（中期）的 A 原油期货价格序列的滞后 n 期，A ∈（INE，WTI，Brent），$n \in$（0，1，…，60），下同。

对图 3－8 进行分析可知，在 L－INE 的所有滞后阶中，L－INE 的滞后一阶至滞后八阶对 L－INE 当期产生了较为显著的影响，其滞后一阶至滞后八阶的总影响占自身总滞后影响的 84.74%，并且这种滞后影响也是随着滞后时间的增加而消减。而 L－WTI 和 L－Brent 对 L－INE 的影响表现相似，在 INE 原油期货推出前期，L－WTI 和 L－Brent 对 L－INE 的滞后影响主要存在于滞后零阶至滞后十二阶，且其对 L－INE 的主要滞后影响并不随滞后时间的增加而消减，在所有的滞后影响中，最大滞后影响出现在滞后六阶至滞后八阶；在 INE 原油期货推出后期，L－WTI 和 L－Brent 对 L－INE 的滞后影响主要存在

于滞后零阶至滞后十阶，且这种滞后影响随滞后阶的增加呈下降趋势。这说明中期尺度下，在 INE 原油期货推出前期，其中期价格波动较为滞后，与国际原油基准 WTI 和 Brent 原油期货的价格存在较为明显的时间延迟，而随着 INE 原油期货的逐渐发展，在 INE 原油期货推出后期，逐渐开始与国际原油期货价格进行同步联动，但是总体来说，国际原油期货的中期价格波动仍然对 INE 原油期货的价格存在一定的滞后影响。

（二）中期尺度下各价格变量对 WTI 原油期货价格的动态时滞影响强度分析

本节对中期尺度下各价格变量对 WTI 原油期货价格的动态时滞影响强度进行了可视化，如图 3－9 所示。

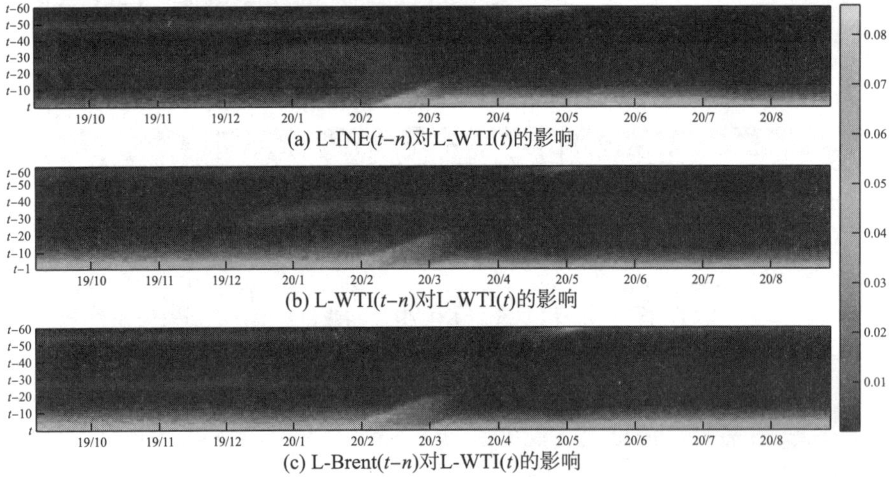

图 3－9　中期尺度下各价格变量对 WTI 原油期货价格的动态时滞影响强度

由图 3－9 可知，L－INE 的各阶滞后在 2020 年 2 月上旬之前几乎对 L－WTI 没有影响，但是从 2020 年 2 月中旬开始，L－INE 的表现与 L－Brent 相似，并对 L－WTI 产生了较为显著的影响，且这种影响主要集中在滞后 0～12 天，且 L－INE 对 L－WTI 的影响也表现为随滞后时间的增加而逐渐降低。

L－WTI 和 L－Brent 的滞后阶对 L－WTI 当期的影响表现出一定的相似性。在 2020 年 3 月上旬之前，L－WTI 和 L－Brent 对 L－WTI 当期的影响分别主要集中在滞后 1～12 天和滞后 0～12 天。在 2020 年 3 月中旬后，L－WTI

和 L－Brent 对 L－WTI 当期的影响分别主要集中在滞后 1～9 天和滞后 0～9 天。

此外，L－WTI 与 L－Brent 的滞后阶对 L－WTI 当期的影响也表现出些许差异性，即 L－Brent 滞后各阶对 L－WTI 当期的影响在样本时间段内一直较为稳定，而从 2020 年 2 月中旬开始，L－WTI 的滞后阶对 L－WTI 当期的影响较 2020 年 2 月中旬之前的影响有些许下降，这可能是由 L－INE 的滞后各阶对 L－WTI 当期从 2020 年 2 月中旬开始有较为显著影响所导致的。

（三）中期尺度下各价格变量对 Brent 原油期货价格的动态时滞影响强度分析

图 3－10 是中期尺度下各价格变量对 Brent 原油期货价格的动态时滞影响强度的可视化结果。

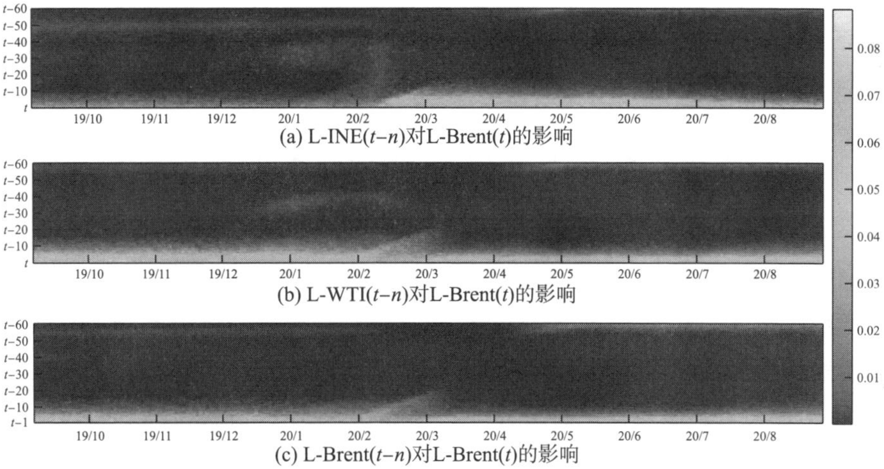

图 3－10　中期尺度下各价格变量对 Brent 原油期货价格的动态时滞影响强度

对图 3－10 进行分析可知，L－INE 各阶滞后对 L－Brent 当期的影响与其对 L－WTI 当期的影响十分相似。在 2020 年 2 月上旬之前，L－INE 各阶滞后几乎对 L－Brent 当期没有影响，但是之后，对 L－Brent 当期有着较为显著的影响，且这种影响主要集中在滞后 0～12 天。

L－WTI 与 L－Brent 的滞后各阶对 L－Brent 当期的影响表现出较为明显的相似性，在 2020 年 3 月上旬之前，L－WTI 和 L－Brent 的滞后各阶对 L－Brent 当期的影响分别主要集中在滞后 0～12 天和滞后 1～12 天；在 2020 年 3 月中旬后，L－WTI 和 L－Brent 滞后阶对 L－Brent 当期的影响有所改变，其滞后影响分别主要集中在滞后 0 ~ 9 天和滞后 1 ~ 9 天。

由图 3 – 10 还可知，当滞后阶数等于 0 天、1 天、2 天……9 天时，L – WTI 和 L – Brent 的各阶滞后对 L – Brent 当期的影响在整个样本期间内是较为稳定的。

（四）中期尺度下国内外原油期货价格间实际相互影响强度和方向分析

本节计算了在中期尺度下，各原油期货价格在整个样本时间段内的实际总影响，并利用复杂网络的方法对这种实际相互影响强度进行了可视化，如图 3 – 11 所示。与图 3 – 7 唯一的不同是，在图 3 – 11 中，网络节点表示在中周期尺度下的原油期货价格变量。

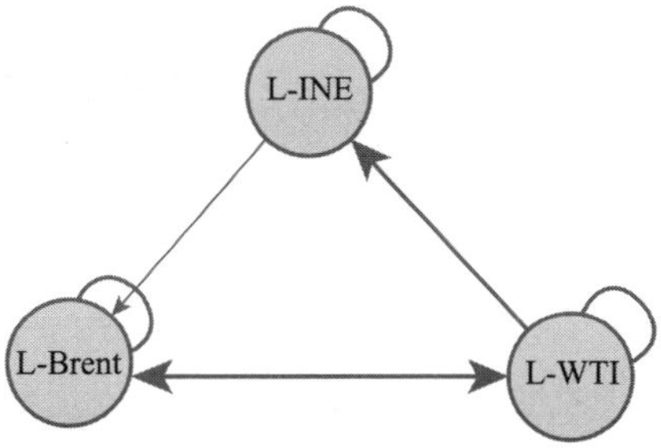

图 3 – 11　中期尺度下各原油期货价格的实际相互影响网络

首先，在中期尺度下，WTI 和 Brent 原油期货价格之间的相互影响关系与在短期尺度下，两者之间的相互影响关系非常类似，即两者之间都存在相当的影响力，这表明两个国际原油基准之间的关系非常紧密。

其次，在中期尺度下，INE 原油期货价格的影响力与其在短期尺度下的影响力有较为明显的不同。在短期尺度下，INE 原油期货价格主要被动地受国际原油期货 WTI、Brent 价格波动的影响，但是在中期尺度下，INE 原油期货价格会主动对国际原油基准产生一定影响，且 INE 原油期货价格主要受 WTI 原油期货价格波动的影响。具体来说，在中期尺度下，INE 原油期货的中期价格波动会对 Brent 原油期货产生一定的影响，且这种影响大于 Brent 原油期货中期价格波动对 INE 原油期货价格的影响。但相较于 WTI 原油期货中期价格波动对 INE 原油期货价格的影响，INE 原油期货中期价格波动对 WTI 原油期货价格的影响略小。

五、国内外原油期货价格在长期尺度下的相互滞后影响分析

本节对长期尺度下国内原油期货价格间的时变滞后影响进行了计算。在计算长期尺度下价格变量间的滞后影响时，本节将最大时间延迟设置为120天（6个月公共交易日天数），最小时间延迟设置为0天。

本节在对长期尺度下INE、WTI、Brent原油期货价格之间的动态滞后影响进行分析和可视化时，发现相较于在短期和中期尺度下，在长期尺度下，三个原油期货价格间的相互影响是不断变化的，并未呈现出明显的规律性。因此，图3－12仅对长期尺度下各变量对INE原油期货价格的动态滞后影响进行了展示，其余结果不再展示。

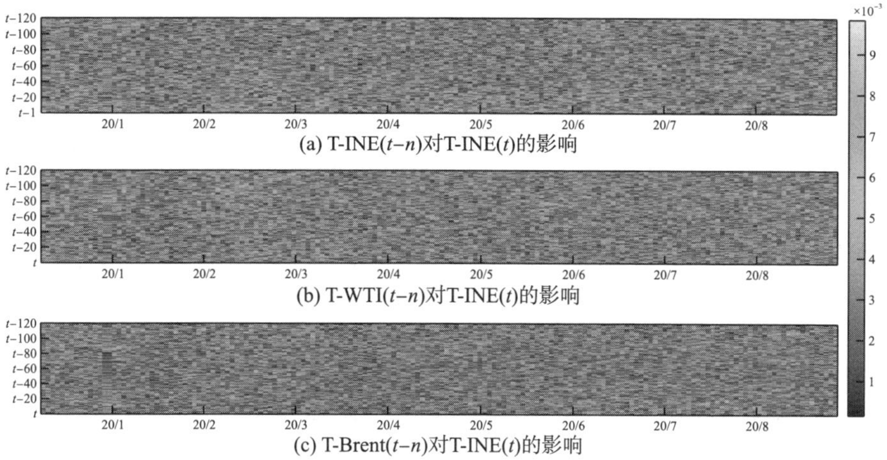

图3－12 长期尺度下各价格变量对INE原油期货价格的动态时滞影响强度

注：横轴代表不同滑动窗的时间段，为简单起见，仅使用滑动窗口的结束日期（年/月）来表示其所对应的时间段；纵轴表示不同的时间滞后。T－A表示长期尺度下的A原油期货价格序列，T－A（$t-n$）代表长期尺度下A原油期货价格序列的滞后n期，A∈（INE，WTI，Brent），$n\in$（0，1，2，3，4，…，120），下同。

为了进一步挖掘长期尺度下，INE、WTI、Brent原油期货价格间的相互影响规律，本书综合了不同时间滞后下的相互影响权重，计算了三个长期趋势间的实际动态影响，其结果如图3－13所示。

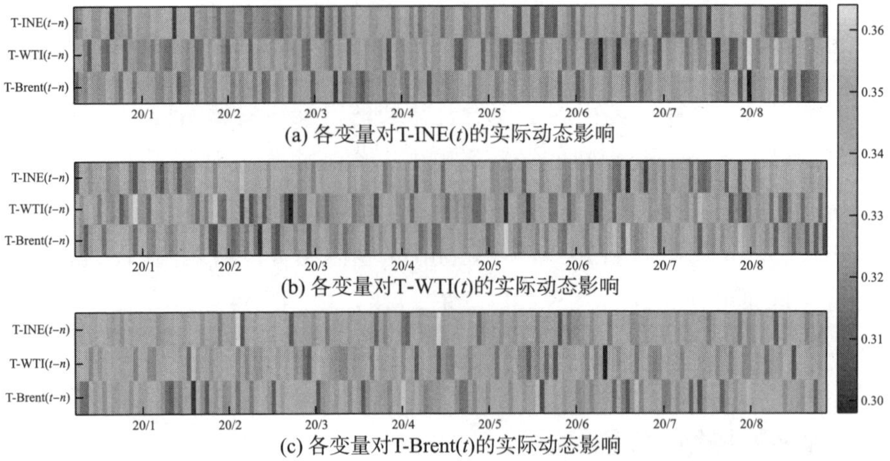

图 3－13　INE、WTI、Brent 原油期货长期价格趋势间的实际动态影响强度

从图 3－13 中可以看出，所计算的长期价格趋势间的实际动态影响并未呈现明显的规律特征。

以上结果说明在长期尺度下，INE、WTI、Brent 原油期货价格间的相互影响不存在明显的滞后效应，且其相互影响具有随机性。由于原油期货的长期价格趋势是由原油的供需量、世界的经济发展走势等基本面信息决定的，因而原油期货的管理者可以通过基本面信息对原油期货的长期价格走势进行预测。

六、各尺度价格变量对 INE 原油期货价格跨时间尺度的动态影响强度分析

图 3－14 展示了各尺度的价格变量对 INE 原油期货价格跨时间尺度的实际动态影响强度。

对各尺度价格变量对短期尺度的 INE 原油期货价格的跨期动态影响［图 3－14（a）］分析可知，L－INE、L－WTI、L－Brent 对 H－INE 的影响在随时间的演变过程中，呈现上升趋势，而 T－INE、T－WTI、T－Brent 对 H－INE 的影响则呈现下降趋势。这是由于在 INE 原油期货推出前期，市场上的投资者和投机者在决策时侧重基于原油的长期价格趋势等基本面信息做出交易决策，而在后期，由于原油的长期价格趋势在短期内一般不会发生太大变化，因而此时投资者和投机者更加侧重分析过去重大事件的相关信息，因此

随着时间的推移，由交易者行为等因素引起的价格的短期波动受长期价格趋势的影响会逐渐减小，而受中期价格波动的影响会逐渐增大。

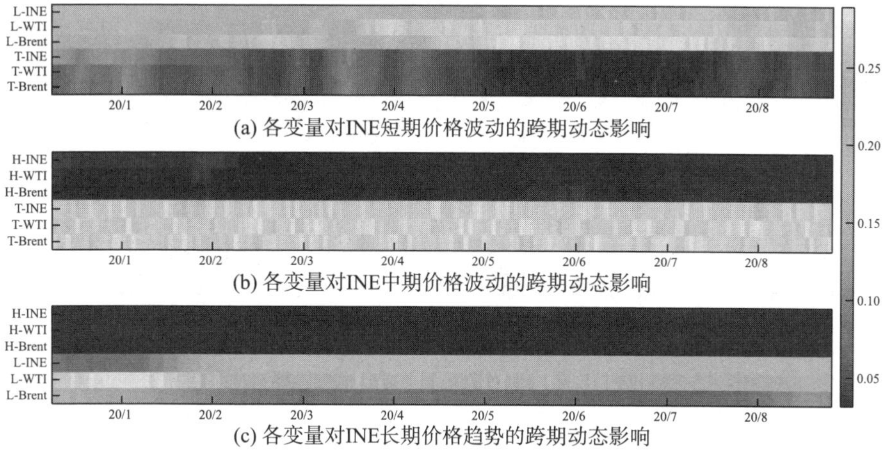

图 3－14　各尺度的价格变量对 INE 原油期货价格跨时间尺度的实际动态影响强度

注：横轴代表不同滑动窗的时间段，为简单起见，仅使用滑动窗口的结束日期（年/月）来表示其所对应的时间段；纵轴代表对 INE 原油期货价格变量有影响的处于各时间尺度的价格变量。颜色越暖表明影响越大，颜色越冷，则表明影响越小，下同。

对各尺度价格变量对中期尺度的 INE 原油期货价格的跨期动态影响强度［图 3－14（b）］分析可知，H－INE、H－WTI、H－Brent 在各个时间点对 L－INE 都几乎没有影响。而 T－INE、T－WTI、T－Brent 对 L－INE 有较为明显的影响，且这种影响在各个时间段都较为稳定，没有明显的上升或者下降趋势。较为稳定的原因是由于长期价格趋势主要由原油长期的供需量和世界经济的走势决定，而这种供需量和经济的增长一般是较为恒定的，从而导致各长期价格趋势变量对中波动周期下的 INE 原油期货价格的影响较为稳定。

对各尺度价格变量对 INE 原油期货长期价格趋势的跨期动态影响强度［图 3－14（c）］分析可知，H－INE、H－WTI、H－Brent 在各个时间点对 T－INE 几乎没有影响，而 L－INE、L－WTI、L－Brent 对 T－INE 有较为明显的影响，且 L－INE、L－WTI、L－Brent 对 T－INE 的影响表现出较大的不同。具体来说，在三个中期价格变量中，L－WTI 对 T－INE 的影响在不同的时间段中是最大的，且这种影响随着时间演化呈现下降的趋势，而 L－INE 和 L－Brent 对 T－INE 的影响随时间分别呈现上升趋势和先降后升的趋势。

七、各尺度价格变量对 WTI 原油期货价格跨时间尺度的动态影响强度分析

本节综合了在不同时间延迟下各尺度下的价格变量对 WTI 原油期货价格跨时间尺度的滞后影响强度，得到了其实际动态影响强度，结果如图 3-15 所示。

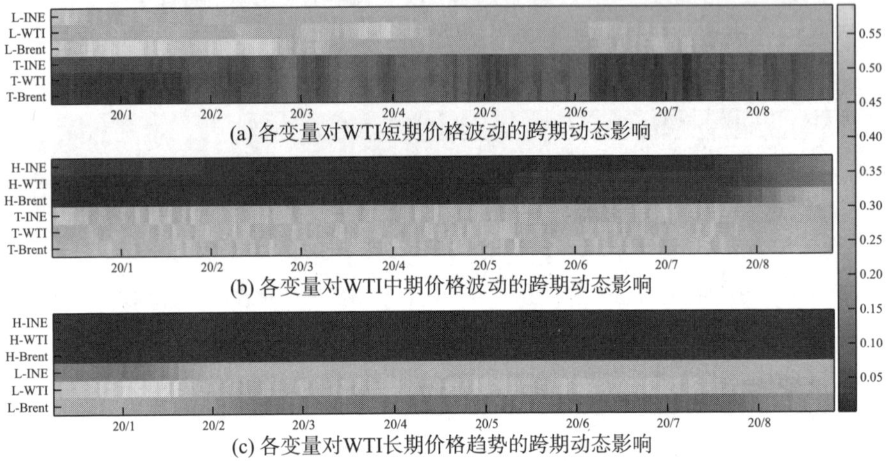

图 3-15 各尺度的价格变量对 WTI 原油期货价格跨时间尺度的实际动态影响强度

对各尺度价格变量对短期尺度的 WTI 原油期货价格的跨期动态影响强度［图 3-15（a）］分析可知，L-INE、L-WTI、L-Brent 和 T-INE、T-WTI、T-Brent 对 H-WTI 的影响在不同样本时间段的变化是较为剧烈的。2020 年 2 月至 6 月，T-INE、T-WTI、T-Brent 对 H-WTI 的影响明显大于其他样本时间段，这可能是由于在 2020 年 2 月到 6 月，全球新冠疫情正处于比较严重的时期，在此期间，美国页岩油产量也在不断增加，疫情冲击导致的原油需求量下降和美国页岩油产量的增加导致美国原油库存储量在此期间屡创新高，因此使得全球原油供需量极其不确定，从而促使受供需量影响较大的原油长期价格趋势在这一期间对 H-WTI 的影响明显大于其他样本时间段。

对各尺度价格变量对中期尺度的 WTI 原油期货价格的跨期动态影响强度［图 3-15（b）］分析可知，H-INE、H-WTI、H-Brent 和 T-INE、T-

WTI、T－Bren 对 L－WTI 的影响表现出较大的差异性。具体来说，在不同的时间点下，H－INE、H－WTI、H－Brent 对 L－WTI 的影响明显小于 T－INE、T－WTI、T－Bren 对 L－WTI 的影响，且在 2020 年 8 月开始表现 H－INE、H－WTI、H－Brent 和 T－INE、T－WTI、T－Bren 对 L－WTI 的影响分别呈现上升趋势和下降趋势。

对各尺度价格变量对 WTI 原油期货长期价格趋势的跨期动态影响强度［图 3－15（c）］分析可知，H－INE、H－WTI、H－Brent 和 L－INE、L－WTI、L－Brent 对 T－WTI 的影响与对 T－INE 的影响极其相似。在各个时间点，H－INE、H－WTI、H－Brent 对 T－WTI 几乎不存在影响，而 L－INE、L－WTI、L－Brent 对 T－WTI 有较为明显的影响。这一结果表明由重大事件引起的原油期货中期价格波动相较于短期的价格波动可能更能影响未来原油期货的长期价格走势。

八、各尺度价格变量对 Brent 原油期货价格跨时间尺度的动态影响强度分析

图 3－16 展示了各尺度的价格变量对 Brent 原油期货价格跨时间尺度的实际动态影响强度。

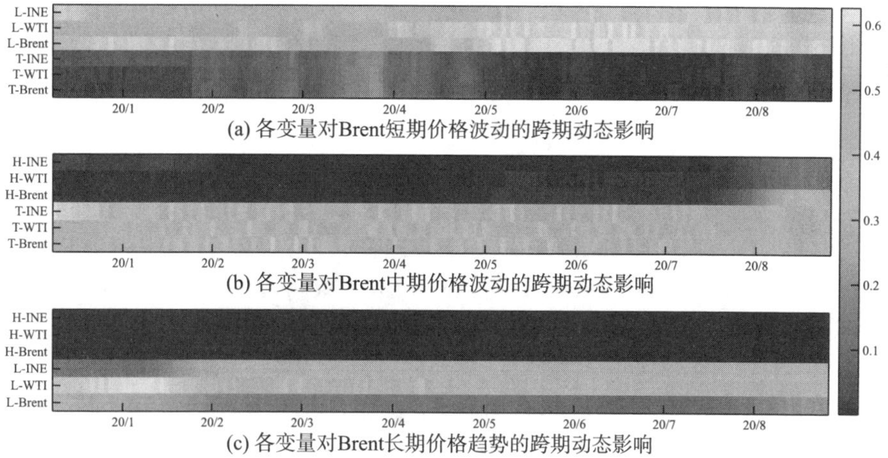

图 3－16　各尺度的价格变量对 Brent 原油期货价格跨时间尺度的实际动态影响强度

通过对比图 3－15 和图 3－16 可知，各尺度的价格变量对 Brent 原油期货

价格跨时间尺度的动态影响和对 WTI 原油期货跨时间尺度的动态影响几乎相同，这说明 WTI 和 Brent 原油期货这两种原油期货关系十分紧密，几乎可以相互替代。因此，这里将不再分析各尺度的价格变量对 Brent 原油期货价格跨时间尺度的实际动态影响。

九、国内外原油期货价格跨时间尺度的实际相互影响强度和方向分析

为了考察国内外原油期货价格在样本时间段内跨时间尺度的实际相互影响，本书综合了不同时间延迟和不同样本期的计算结果，计算了国内外原油期货价格波动在样本时间段内跨时间尺度的总影响强度，并以不同时间尺度下的 INE、WTI、Brent 原油期货价格为节点，以节点跨时间尺度的总影响为边，以总影响的大小为权，构建了国内外原油期货价格跨时间尺度相互影响网络，如图 3－17 所示。

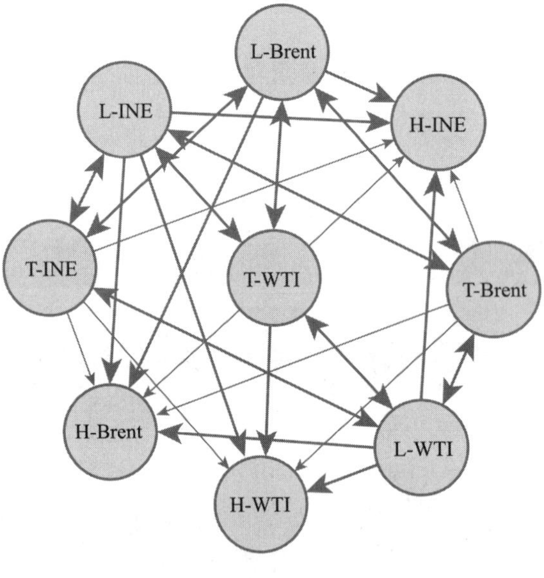

图 3－17　INE、WTI、Brent 原油期货价格跨时间尺度的相互影响网络

网络中共有 9 个节点，54 条有向边，边的宽度和箭头与影响的大小成正比。为了对国内外原油期货价格跨时间尺度的影响特征进行分析，本书对加权出度、加权入度、边权等网络拓扑指标进行了分析。

（一）具有较大影响力的价格变量分析

为了识别 INE、WTI、Brent 原油期货价格跨时间尺度相互影响网络中具有较大影响力的价格变量，本节对节点的加权出度进行了分析。

在表 3－2 中列出了网络中 9 个节点的加权出度排名。

表 3－2　网络节点加权出度排名

序号	节点	加权出度	累积加权出度/总加权出度
1	L－WTI	2.402505904	26.40%
2	L－INE	2.026389122	48.66%
3	L－Brent	1.264012441	62.55%
4	T－INE	1.087854151	74.50%
5	T－Brent	1.084830862	86.42%
6	T－WTI	1.046041202	97.91%
7	H－Brent	0.09201396	98.93%
8	H－WTI	0.04969212	99.47%
9	H－INE	0.04813380	100.00%

从表 3－2 中可以看出，相较于其他尺度，INE、WTI、Brent 原油期货价格在中期尺度下具有最大的跨时间尺度影响力，其影响力占所有变量总影响力的 62.55%，其中 WTI 原油期货价格的影响力大于 INE 和 Brent；INE、WTI、Brent 原油期货长期价格趋势的影响力次之，三个长期价格趋势变量的影响力占所有变量总影响力的 35.36%，其中 INE 长期价格趋势的影响力大于 Brent 和 WTI；INE、WTI、Brent 原油期货价格在短期尺度下具有最小的跨时间尺度影响力，其影响力占所有变量总影响力的 2.09%，其中 Brent 的影响力大于 WTI 和 INE。这一结果启示原油期货市场的管理者应该尤其警惕原油期货过去的中期价格波动对未来原油期货短期价格波动和长期价格趋势跨时间尺度的影响。

（二）受影响较大的价格变量分析

为了识别 INE、WTI、Brent 原油期货价格跨时间尺度相互影响网络中受价格波动传导影响最大的价格变量，本节对节点的加权入度进行了分析。

在表 3－3 中列出了网络中 9 个节点的加权入度排名。

表 3-3 网络节点加权入度排名

序号	节点	加权入度	累积加权入度/总加权入度
1	T-Brent	1.168943	12.84%
2	T-INE	1.155920	25.54%
3	T-WTI	1.139568	38.06%
4	L-INE	1.006525	49.12%
5	L-WTI	0.997781	60.09%
6	L-Brent	0.976710	70.82%
7	H-INE	0.904507	80.76%
8	H-Brent	0.900415	90.65%
9	H-WTI	0.851105	100.00%

对表 3-3 进行分析可知，相较于其他的时间尺度，INE、WTI、Brent 原油期货价格在长期尺度中受价格波动跨时间尺度传导的影响最大，三个长期价格趋势变量的加权入度占总加权入度的 38.06%，其中 Brent 长期价格趋势的加权入度大于 INE 和 WTI；INE、WTI、Brent 原油期货价格在中期尺度下受价格波动跨时间尺度传导的影响次之，三个变量的加权入度占总加权入度的 32.76%，其中 INE 的加权入度大于 WTI 和 Brent；三个原油期货价格在短期尺度下受价格波动跨时间尺度传导的影响最小，其加权入度占总加权入度的 29.18%，其中 INE 的加权入度大于 Brent 和 WTI。这一结果表明各原油期货在不同时间尺度的价格都会不同程度地受到其他不同时间尺度价格波动传导的影响，虽然其受价格波动传导的影响有一定的差别，但是其受影响的相差幅度不超过 6%。

（三）具有较大影响强度的方向分析

为了识别 INE、WTI、Brent 原油期货价格跨时间尺度相互影响网络中具有较大价格波动传导强度的方向，本节对网络中边的权重进行了分析。边的权重越大，说明边的源节点对目标节点的影响越大。

在表 3-4 中，分别列出了 INE、WTI、Brent 原油期货价格跨时间尺度相互影响网络中边权排名前十的边。

表 3－4　网络边权排名前十的边

序号	源节点	目标节点	边权
1	L－WTI	T－INE	0.555337
2	L－WTI	T－Brent	0.550706
3	L－WTI	T－WTI	0.5358
4	L－INE	T－Brent	0.457387
5	L－INE	T－INE	0.439424
6	L－INE	T－WTI	0.427702
7	T－INE	L－INE	0.345822
8	T－Brent	L－INE	0.331616
9	T－Brent	L－WTI	0.317961
10	T－WTI	L－INE	0.310703

从表 3－4 中可以看出，WTI 原油期货在中期尺度下的价格对 INE、WTI、Brent 原油期货长期价格趋势的影响在所有变量的跨尺度影响中是最大的，其中在中期尺度下的 WTI 原油期货价格对 INE 长期价格趋势的跨尺度影响大于对 Brent 和 WTI 长期价格趋势的跨尺度影响。而在中期尺度下的 INE 原油期货价格对 INE、WTI、Brent 原油期货长期价格趋势的跨尺度影响次之，其中在中期尺度下的 INE 原油期货价格对 Brent 长期价格趋势的跨尺度影响大于对 INE 和 WTI 长期价格趋势的跨尺度影响。另外，表 3－4 中最后排名依次是 INE、WTI、Brent 原油期货的长期价格趋势对 INE 和 WTI 原油期货在中期尺度下的价格的影响。这一结果表明 WTI 和 INE 原油期货价格中由重大事件所引发的中期价格波动对 INE、WTI 和 Brent 原油期货未来的长期价格趋势有较大的影响，且 INE 原油期货的中期价格波动受 INE、WTI、Brent 原油期货过去的长期价格趋势影响很大，INE 原油期货的市场管理者可据此对原油期货市场的未来价格进行预判。

十、小结

笔者基于国内外原油期货价格跨时间尺度相互影响模型研究了国内外原油期货价格跨时间尺度的相互影响。本章首先对国内外原油期货价格跨时间尺度的实际动态影响强度进行了分析，随后通过综合不同时间点的相互影响结果，计算了国内外原油期货价格在整个样本时间段内跨时间尺度的实际相互影响强度，并利用复杂网络的方式对这一实际影响强度进行了可视化，通过分析加权出度、加权入度和边权等拓扑指标，识别了影响力较大的价格变量、受影响较大的价格变量和具有较大影响强度的方向。

通过比较不同时间尺度下价格变量的实际动态影响强度，一方面，笔者发现在随时间的演化过程中，L－INE、L－WTI、L－Brent 对 H－INE 的滞后影响呈现上升趋势，而 T－INE、T－WTI、T－Brent 对 H－INE 滞后影响呈现下降趋势。这说明各原油期货过去的中期价格波动对 INE 短期价格的滞后影响随时间而逐渐增大，这为未来预估 INE 原油期货的短期价格波动提供了参考。另一方面，笔者发现在不同时刻，各尺度的价格变量对 INE 原油期货价格跨时间尺度的动态影响明显不同于各变量对国际原油期货 WTI、Brent 价格变量的影响，而各变量对国际原油期货 WTI 和 Brent 价格变量的动态影响存在明显的相似性。这一结果同样说明中国原油期货和国际原油期货有明显的不同。

通过对各价格变量在整个样本时间段内跨时间尺度的实际总影响强度进行分析，主要有以下几点发现。首先，在影响力方面，中期价格波动的影响力大于长期价格趋势的影响力，而长期价格趋势的影响力又大于短期价格波动的影响力。在中期尺度下，INE 价格的影响力在各中期价格变量中排名第二；在长期尺度下，INE 长期价格趋势的影响力在各长期价格趋势变量中排名第一。这说明 INE 原油期货已具备了一定的国际影响力。其次，在受价格波动传导影响方面，各原油期货在不同时间尺度的价格都会不同程度地受到其他不同时间尺度价格波动传导的影响，从受价格波动传导影响的大小来看，长期价格趋势受价格波动跨期传导的影响最大，中期价格次之，短期价格最弱。INE 长期价格趋势受价格波动传导的影响在各长期价格趋势变量中排名第二，其中期和短期价格受价格波动传导的影响分别在各中期和短期价格变量中排名第一。由此看出，INE 原油期货虽具备一定影响力，但是其也在很大程度上受国际原油期货价格波动传导的影响。另外，虽然其受价格波动传导的影响有一定的差别，但是其受影响的相差幅度不超过 6%。最后，通过识别具有较强影响强度的方向，发现 WTI 的中期价格波动会对 INE、WTI、Brent 的长期价格趋势产生较强的跨尺度影响，尤其对 INE 长期价格趋势的跨尺度影响最大。另外，INE 原油期货的中期价格波动对 INE、WTI、Brent 原油期货的长期价格趋势也具有较强的影响，其中 INE 中期价格波动对 Brent 长期价格趋势的跨尺度影响最大。

本章参考文献

[1] Wang X, Liu C, Chen S, et al. Impact of coal sector's de－capacity policy on coal price－Science Direct [J]. Applied Energy, 2023, 265 (5): 114802.1－114802.9.

[2] Abdoul Nasser A H, Ndalila P D, Mawugbe E A, et al. Mitigation of risks associated with gas pipeline failure by using quantitative risk management approach: A descriptive study on gas industry [J]. Journal of Marine Science and Engineering, 2021.

[3] Adekoya O B, Oliyide J A, Noman A. The volatility connectedness of the EU carbon market with commodity and financial markets in time－and frequency－domain: The role of the U. S. economic policy uncertainty [J]. Resources Policy, 2021, 74 (3): 102252.

[4] Ai H, Zhou Z, Li K, et al. Impacts of the desulfurization price subsidy policy on SO_2 reduction: Evidence from China's coal－fired power plants [J]. Energy Policy, 2021 (157): 1－13.

[5] Alameer Z, Elaziz M A, Ewees A A, et al. Forecasting copper prices using hybrid adaptive neuro－fuzzy inference system and genetic algorithms [J]. Natural Resources Research, 2019 (28): 1385－1401.

[6] Astudillo G, Raúl Carrasco, Christian Fernández－Campusano, et al. Copper price prediction using support vector regression technique [J]. Applied Sciences, 2020, 10 (19): 6648.

[7] Sda B, Dp C, Icn C. A dynamic price model based on supply and demand with application to techno－economic assessments of rare earth element recovery technologies [J]. Sustainable Production and Consumption, 2021, 27 (7): 1718－1727.

[8] Brehm P. Natural gas prices, electric generation investment, and greenhouse gas emissions [J]. Resource and Energy Economics, 2019, 58 (11): 101106.

[9] Chen Y F, Xu J, Miao J F. Dynamic volatility contagion across the Baltic dry index, iron ore price and crude oil price under the COVID－19: A copula－VAR－BEKK－GARCH－X approach [J]. Resources Policy, 2023, 81 (3): 103296.

[10] Demirer R, Ferrer R, Shahzad S J H. Oil price shocks, global financial markets and their connectedness [J]. Energy Economics, 2020, 88 (5): 104771.

[11] Feng G F, Wang Q J, Chu Y, et al. Does the shale gas boom change the natural gas price－production relationship? Evidence from the US market [J]. Energy Economics, 2021, 93 (1): 104327.

[12] Finkle J D, Wu J J, Bagheri N. Windowed Granger causal inference strategy improves discovery of gene regulatory networks [J]. PNAS, 2018, 115 (9): 2252 - 2257.

[13] Fleschutz M, Bohlayer M, Braun M, et al. The effect of price - based demand response on carbon emissions in European electricity markets: The importance of adequate carbon prices [J]. 2021, 295 (8): 117041. 1 - 117040. 15.

[14] Hiemstra C, Jones J D. Testing for Linear and Nonlinear Granger Casuality in the Stock Price - Volumn Relation [J]. The Journal of Financial and Quantitative Analysis, 1994, 54 (5): 1639 - 1664.

[15] Hailemariam A, Smyth R, Zhang X. Oil prices and economic policy uncertainty: Evidence form a nonparametric panel data model [J]. Energy Economics, 2019, 6 (10): 40 - 51.

[16] Hu J W L. A hybrid deep learning approach by integrating LSTM - ANN networks with GARCH model for copper price volatility prediction [J]. Physica, A. Statistical Mechanics and its Applications, 2020 (557): 124907. 1 - 124907. 14.

[17] Jana R K, Ghosh I. A residual driven ensemble machine learning approach for forecasting natural gas prices: Analyses for pre - and during - COVID - 19 phases [J]. Annals of Operations Research, 2022, 23 (1): 1 - 22.

[18] Ji Q, Liu B Y, Zhao W L, et al. Modelling dynamic dependence and risk spillover between all oil price shocks and stock market returns in the BRICS [J]. International Review of Financial Analysis, 2020, 68 (3): 101238.

[19] Juan D Díaz, Hansen E, Cabrera G. A random walk through the trees: Forecasting copper prices using decision learning methods [J]. Resources Policy, 2020, 69 (12): 101859.

[20] Khoshalan H A, Shakeri J, Najmoddini I, et al. Forecasting copper price by application of robust artificial intelligence techniques [J]. Resources Policy, 2021, 73 (10): 102239.

[21] Le T H, Pham L, Do H X. Price risk transmissions in the water - energy - food nexus: Impacts of climate risks and portfolio implications [J]. Energy Economy, 2023, 124 (8): 106787.

[22] Li X, Shang W, Wang S. Text - based crude oil price forecasting: A deep learning approach [J]. International Journal of Forecasting, 2019, 35 (4): 1548 - 1560.

[23] Lin B, Wang C. Impacts of coal prices on the performance of Chinese financial institutions: Does electricity consumption matter? [J]. International Review of Economics & Finance, 2021, 76 (11): 884 - 896.

[24] Lin B, Li Z. Does natural gas pricing reform establish an effective mechanism in China: A

policy evaluation perspective [J]. Applied Energy, 2021.

[25] Ma Y, Wang J. Co - movement between oil, gas, coal, and iron ore prices, the Australian dollar, and the Chinese RMB exchange rates: A copula approach [J]. Resources Policy, 2019, 63 (10): 101471.

[26] Ma Y. Dynamic spillovers and dependencies between iron ore prices, industry bond yields, and steel prices [J]. Resources Policy, 2021, 63 (1): 101471.

[27] Madaleno M, Taskin D, Tzeremes P. A dynamic connectedness analysis between rare earth prices and renewable energy [J]. Resources Policy, 2023, 85 (8): 103888.

[28] Malik M Y, Latif K, Khan Z, et al. Symmetric and asymmetric impalt of oil price, FDI and economic growth on carbon emission if pakistam: Evidence from ARDL and non - linear ARDL approach [J]. Science of the Total Environ - ment, 2020, 726 (4): 138 - 155.

[29] Movafaghpour M. Predicting project delays using the novel trended regression tree method [J]. Journal of Quality Engineering and Production Optimization, 2023.

[30] Reboredo J C, Ugolini A. Price spillovers between rare earth stocks and financial markets [J]. Resources Policy, 2020, 66 (6): 101647.

[31] Rioux B, Galkin P, Murphy F, et al. The economic impact of price controls on China's natural gas supply chain [J]. Energy Economics, 2019, 80 (5): 394 - 410.

[32] Shi X, Shen Y. Macroeconomic uncertainty and natural gas prices: Revisiting the Asian Premium [J]. Energy Economics, 2021, 94 (2): 105081.

[33] Singhal S, Choudhary S, Biswal P C. Return and volatility linkages among international crude oil price, gold price, exchange rate and stock markets: Evidence from Mexico [J]. Resources Policy, 2019, 50 (12): 276 - 288.

[34] Uribe J M, Mosquera - López S, Arenas O J. Assessing the relationship between electricity and natural gas prices in European markets in times of distress [J]. Energy Policy, 2022, 166 (7): 113018.

[35] Wang T T, Zhang D, Broadstock D C. Financialization, fundamentals, and the time - varying determinants of US natural gas prices [J]. Energy Economics, 2019, 80 (5): 707 - 719.

[36] Wang T, Qu W, Zhang D, et al. Time - varying determinants of China's liquefied natural gas import price: A dynamic model averaging approach [J]. Energy, 2022.

[37] Wang T, Zhang D, Ji Q, et al. Market reforms and determinants of import natural gas prices in China [J]. Energy, 2020, 196 (4): 117105.

[38] Wu Y X, Wu Q B, Zhu J Q. Improved EEMD - based crude oil price forecasting using

LSTM networks [J]. Physica A: Statistical Mechanics and its Applications, 2019, 516 (2): 114 - 124.

[39] X Zhang, K K Lai, S - Y Wang. A new approach for crude oil price analysis based on Empirical Mode Decomposition [J]. Energy Economics, 2008, 30 (3): 905 - 918.

[40] Zarei E, Azadeh A, Khakzad N, et al. Dynamic safety assessment of natural gas stations using Bayesian network [J]. Journal of Hazardous Materials, 2017 (321): 830 - 840.

[41] Zhang H, Nguyen H, Vu D A, et al. Forecasting monthly copper price: A comparative study of various machine learning - based methods [J]. Resources Policy, 2021, 73 (10): 102189.

[42] 柴建，张雪君，史惠婷，等. 中国天然气安全形势的动态特征及传导机制 [J]. 系统工程理论与实践，2022 (3): 701 - 712.

[43] 崔焕影，窦祥胜. 基于 EMD - GA - BP 与 EMD - PSO - LSSVM 的中国碳市场价格预测 [J]. 运筹与管理，2018，27 (7): 133 - 143.

[44] 冯钰瑶，刘畅，孙晓蕾. 不确定性与原油市场的交互影响测度：基于综合集成的多尺度方法论 [J]. 管理评论，2020 (7): 29 - 40.

[45] 郭明晶，卜炎，陈从喜，等. 中国天然气安全评价及影响因素分析 [J]. 资源科学，2018 (12): 2425 - 2437.

[46] 胡振华，钟代立，王欢芳. 中国铁矿石期货市场的定价影响力研究——基于 VEC - SVAR 模型的实证分析 [J]. 中国管理科学，2018，26 (2): 96 - 106.

[47] 李洪兵，张吉军. 天然气需求影响因素分析及未来需求预测 [J]. 运筹与管理，2021，30 (9): 132 - 138.

[48] 李山，张荣. 天然气储备及开采技术投资影响下的进出口策略研究 [J]. 系统工程理论与实践，2021，41 (1): 163 - 175.

[49] 李兴，刘自敏，杨丹，等. 电力市场效率评估与碳市场价格设计——基于电碳市场关联视角下的传导率估计 [J]. 中国工业经济，2022 (1): 132 - 150.

[50] 刘建和，梁佳丽，陈霞. 我国碳市场与国内焦煤市场、欧盟碳市场的溢出效应研究 [J]. 工业技术经济，2020，39 (9): 88 - 95.

[51] 刘金培，汪漂，黄燕燕，等. 基于区间时间序列小波多尺度分解的组合预测方法 [J]. 统计与决策，2020，36 (19): 5 - 9.

[52] 卢全莹，柴建，曹蒲菊，等. 世界原油供给阻滞对中国宏观经济的冲击效应测算——以美国对伊朗实施石油制裁为例 [J]. 系统工程理论与实践，2022，42 (7): 1735 - 1754.

[53] 宋鹏，陈光明，尹梦蕾，等. 电力行业可再生能源补贴与全国碳市场协同减排效应 [J].

中国人口·资源与环境，2023，33（7）：81－93.
［54］唐国强，屈慧芳，劳齐莹．我国黄金期货与现货价格动态关系研究——基于集合经验模态分解和状态空间模型的分析［J］．价格理论与实践，2019（6）：112－115.
［55］涂闯，穆献中，胡广文，等．基于 Logistic 改进模型的中国天然气产量预测［J］．管理评论，2023，35（1）：89－96.
［56］王超，杨宝臣．碳市场对商品、金融市场的溢出效应分析［J］．南开学报（哲学社会科学版），2021（5）：110－122.
［57］王许，乔清薇，陈霄．碳排放权交易市场与新能源市场的动态相依关系研究：以我国碳市场试点为例［J］．中国矿业大学学报（社会科学版），2021（5）：110－122.
［58］魏宇，孙应玥，王瑶，等．原油市场与全球绿色经济发展的交互影响研究［J］．系统工程理论与实践，2022，42（7）：1843－1858.
［59］杨坤，魏宇，李守伟，等．地缘政治风险是中国原油期货市场的驱动因素吗？——基于小波多分辨的非参数分位数因果检验方法［J］．中国管理科学，2023，31（2）：51－62.
［60］张跃军，李书慧．投资者关注度对国际原油价格波动的影响研究［J］．系统工程理论与实践，2020，40（10）：2519－2529.
［61］周颖哲，黄健柏，谌金宇．时变视角下有色金属市场金融化的行业影响效应研究［J］．运筹与管理，2020，29（3）：177－189.
［62］朱帮助，马淑姣．基于改进希尔伯特－黄变换算法的碳市场价格多尺度分解［J］．北京理工大学学报（社会科学版），2018（5）：10－16.
［63］朱小能，袁经发．去伪存真：油价趋势与股票市场——来自“一带一路”35 国的经验证据［J］．金融研究，2019（9）：131－150.

第四章　神经网络模型及应用

本章将简要阐述神经网络模型、方法及应用，具体包括神经网络与人工神经的关系、经典神经网络类型、深度学习网络的种类及神经网络方法的主要应用领域，并以楼盘价格预测和股票价格为例，介绍神经网络以及深度学习模型的应用。

第一节　神经网络模型介绍

一、神经元与人工神经网络

（一）神经元

神经网络是由神经元构成的。神经元即神经元细胞，是神经系统最基本的结构和功能单位，分为细胞体和突起两部分。细胞体由细胞核、细胞膜、细胞质组成，具有联络和整合输入信息并传出信息的作用。突起有树突和轴突两种。树突短而分枝多，直接由细胞体扩张突出，形成树枝状，其作用是接受其他神经元轴突传来的冲动并传给细胞体；轴突长而分枝少，为粗细均匀的细长突起，常起于轴丘，其作用是接受外来刺激，再由细胞体传出给其他神经元的树突（见图4－1）。

人类的大脑是由大约 8.6^{10} 个神经元构成的，神经元之间相互连接，构成一种自适应的非线性动态系统，每个神经元的结构和功能都比较简单，但是大量神经元组成的系统却非常复杂。每个神经细胞通过它的树突和大约10000个其他神经细胞相连。这就使得人类的大脑中所有神经细胞之间连接总计可能有 10^{15} 个。如果将一个人的大脑中所有神经细胞的轴突和树突依次连接起来，并拉成一根直线，可从地球连到月亮，再从月亮返回地球。

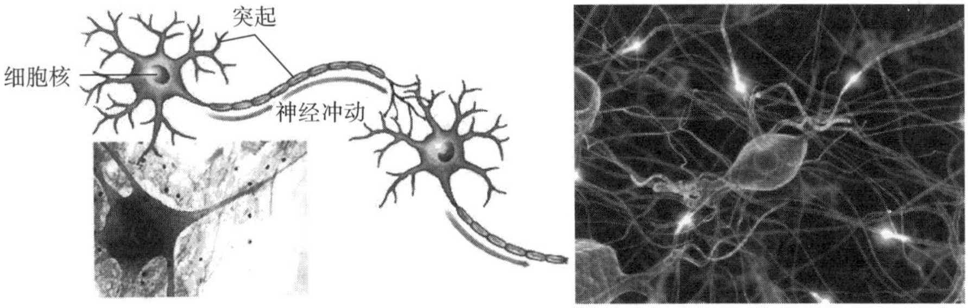

图 4－1　动物神经元和神经网络的结构

人工神经网络是对生物系统的模拟，其信息处理功能是由网络单元（神经元）的输入输出特性、网络的拓扑结构（神经元的连接方式）、连接权的大小（各神经元之间的连接强度）和神经元阈值（可视作特殊的连接权）决定的。

（二）神经元的数学表示方式

1943 年，心理学家 W. S. McCulloch 和数理逻辑学家 W. Pitts 基于神经元的生理结构，建立了单个神经元的数学模型，当时他们提出的模型叫作 MP 模型，MP 模型是一种简单的神经元数学模型。在 MP 模型中，每个神经元都接收来自其他神经元的输入信号，每个输入信号都有一个权重，表示该输入信号的重要性。神经元的输出取决于输入信号的加权和与阈值进行比较的结果。如果输入总和超过阈值，则神经元产生动作电位，否则不产生任何动作。其基本数学表示方式如图 4－2 所示。

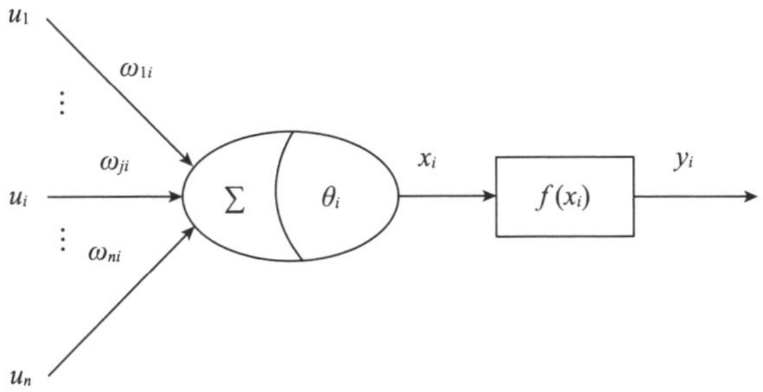

图 4－2　神经元的数学模型

单个神经元的数学模型表达式如下：

$$x = \sum_{i}^{m} u_i w_i - \theta \qquad (4-1)$$
$$y = f(x) = f\left(\sum_{i}^{m} u_i w_i - \theta\right)$$

式中，u_i 为第 i 个输入变量；m 表示输入变量的个数；w_i 表示第 i 个输入变量的权重；θ 为偏置（或阈值）；y 为输出变量；f（）则为激活函数，一般而言，这里的激活函数为非线性的，其目的是对 $\sum_{i}^{m} u_i w_i - \theta$ 的线性结果进行非线性变换。

如何利用这个神经元模型进行计算呢？可以设想一下，某个舌头上的神经元"品尝"到了某种食物的味道；这个味道可以表示为酸、甜、苦、辣、咸 5 种滋味，分别对应 x_1，x_2，…，x_5；根据该食物 5 种滋味的强弱，分别给输入向量 u = ［u_1，u_2，u_3，u_4，u_5］，赋值［1，2，0.5，3，1］。同时，根据舌头主人对不同滋味的喜好程度，可以得到 5 种滋味的权重 w_i（i =1，2，3，4，5）分别为 0.2、0.6、−0.5、0.8、0.3；而且，这个神经元对太淡的味道不敏感，综合味道必须超过 2 才能被舌头的主人感知，因此阈值 θ =2；由此，根据式（4－1），可知：

$$\begin{aligned} x &= \sum_{i}^{5} u_i w_i - \theta \\ &= 1 \times 0.2 + 2 \times 0.6 - 0.5 \times 0.5 + 3 \times 0.8 + \\ &\quad 1 \times 0.3 - 2 \\ &= 1.85 \end{aligned}$$

如果 f（）为 Sigmoid 函数（也叫 S 型函数），即 $f(x) = \dfrac{1}{1+e^{-x}}$

那么，将 x =1.85 代入 Sigmoid 函数中可得 $y = f(1.85) = 0.864$，即如果该舌头的主人对食物味道评分为［0，1］，则这种食物的味道的评分为 0.864 分。由此可知，不同的激活函数对应的输出会有较大的区别。

常用的激活函数有以下几种：

1. 对称型 Sigmoid 函数

$$f(x) = \frac{1-e^{-x}}{1+e^{-x}} \quad 或 \quad f(x) = \frac{1-e^{-\beta x}}{1+e^{-\beta x}} \qquad (4-2)$$

其函数的值域范围为［−1，1］，函数示意图如图 4－3 所示。

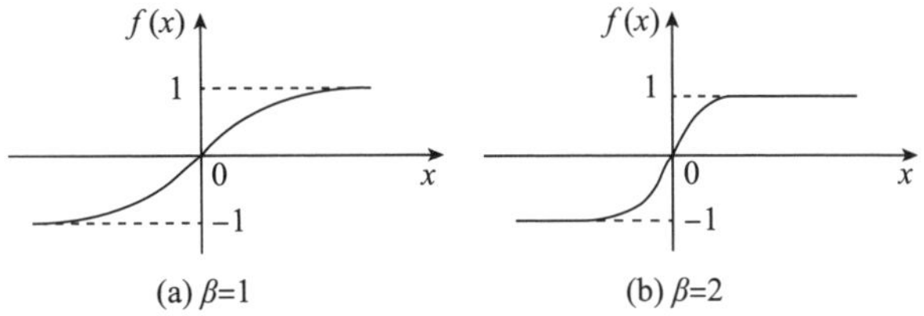

图 4－3　对称型 Sigmoid 函数示意

2. 非对称型 Sigmoid 函数

$$f(x)=\frac{1}{1+e^{-x}} \quad 或 \quad f(x)=\frac{1}{1+e^{-\beta x}},\beta>0 \tag{4-3}$$

与对称型 Sigmoid 函数不同的是其值域范围为［0，1］。其函数示意图如图 4－4 所示。

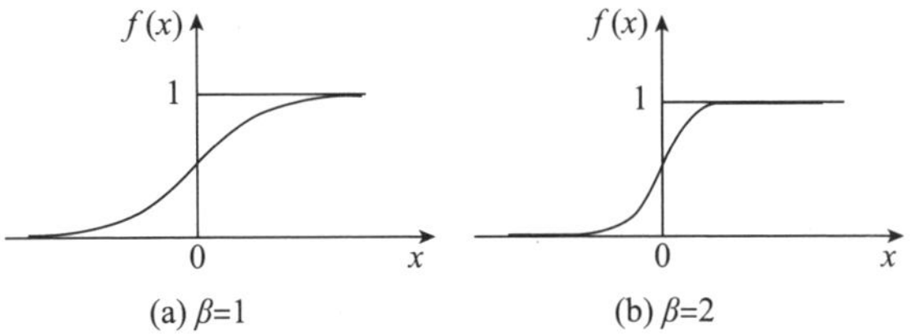

图 4－4　非对称型 Sigmoid 函数示意

3. 对称型阶跃函数

$$f(x)=\begin{cases}+1, & x\geq 0\\ -1, & x<0\end{cases} \tag{4-4}$$

采用阶跃作用函数的神经元，称为阈值逻辑单元。其函数示意图如图 4－5 所示。

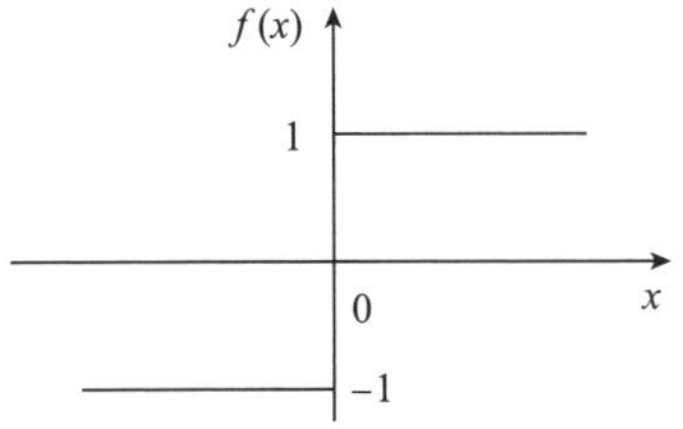

图 4－5　对称型阶跃函数示意

4. 线性函数

（1）线性作用函数，即输出等于输入，一般用于输出层神经元输出数据 $y=f(x)=x$。

（2）饱和线性作用函数为：

$$y=f(x)=\begin{cases}0 & x<0\\ x & 0\leqslant x\leqslant 1\\ 1 & x>1\end{cases} \tag{4-5}$$

（3）对称饱和线性作用函数为：

$$y=f(x)=\begin{cases}-1 & x<-1\\ x & -1\leqslant x\leqslant 1\\ 1 & x>1\end{cases} \tag{4-6}$$

三种线性函数的示意图如图 4－6 所示。

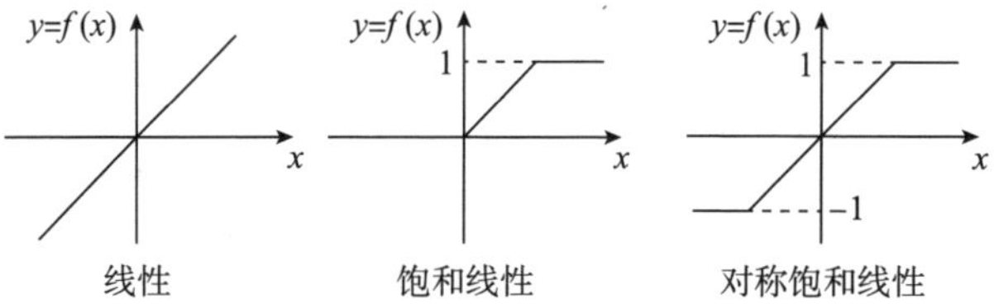

图 4－6　三种线性函数示意

5. 高斯函数

$$f(x)=e^{-(x^2/\sigma^2)} \tag{4-7}$$

其函数示意图如图 4－7 所示。

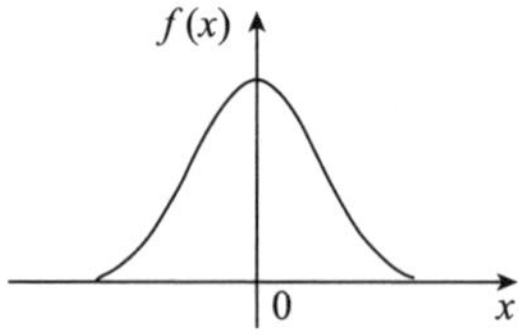

图 4－7　高斯函数示意

6. tanh 函数

tanh 函数又称双曲正切函数，其表达式为：

$$y=\frac{e^{x}-e^{-x}}{e^{x}+e^{-x}} \tag{4-8}$$

其函数示意如图 4 -8 所示。

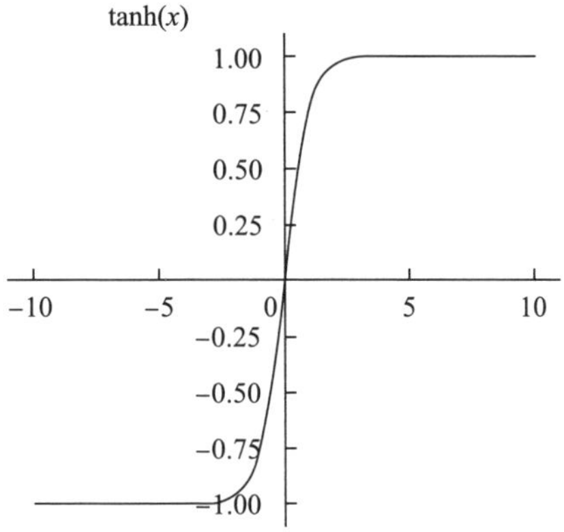

图 4 -8　tanh 函数示意

7. ReLU 函数

线性整流函数（Rectified Linear Unit，ReLU），又称修正线性单元。在卷积神经网络等深度学习网络中应用较多。其函数式为：

$$\mathrm{ReLU}=\max(0,x)$$

其函数示意图如图 4 -9 所示。

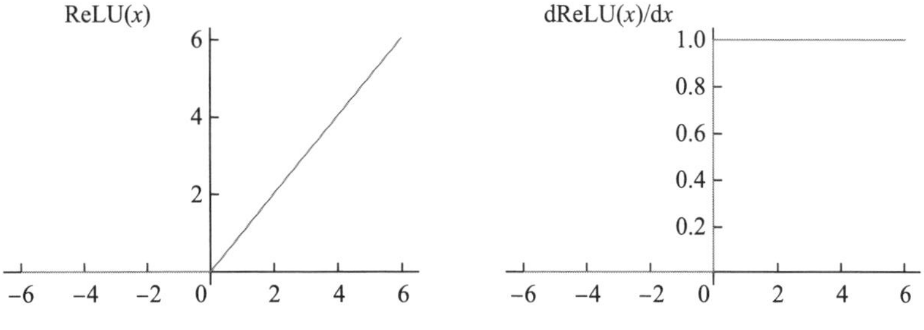

图 4 -9　ReLU 函数示意

ReLU 函数的改进型，如 Leaky ReLU 函数，如图 4 -10 所示。

人工神经网络则是多个这样的神经元相互连接，其中一个神经元的输入是另一个神经元的输出，构成网状结构。从最早的感知器神经网络至今，已经发展出来 100 多种不同类型的神经网络模型，有不少已用于解决实际问题，取得了很好的效果。

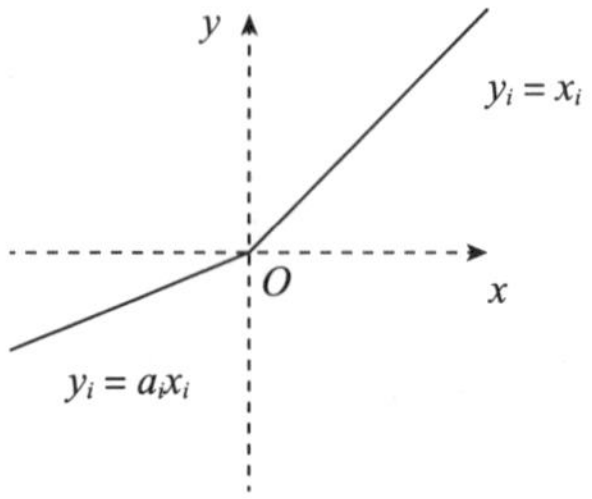

图 4-10 Leaky ReLU 函数示意

二、经典的人工神经网络

众所周知，神经网络强大的计算功能是通过神经元的互联而达到的。根据神经元的拓扑结构形式不同，神经网络可分成以下两大类。

(一) 层次型神经网络

1. 前向神经网络

神经元分层排列，按顺序连接。由输入层施加输入信息，通过中间各层，加权后传递到输出层后输出。每层的神经元只接受前一层神经元的输入，各神经元之间不存在反馈。感知器（Perceptron）网络、BP 神经网络和径向基函数（Redial Basis Function，RBF）神经网络都属于这种类型。

(1) 感知器网络

感知器网络是一种二元分类器，可以学习从一组输入特征中判断一个实例属于哪个类别。它由一个或多个感知器节点组成，每个感知器节点对应一个输入特征和一个权重。感知器网络的输出是根据输入特征的加权和通过激活函数进行处理后的结果。常用的激活函数是阶跃函数，当加权和大于某个阈值时输出 1，否则输出 0。感知器网络的结构非常简单，因此它具有易于理解和实现的优点。然而，感知器网络也存在一些限制，例如它只能处理线性可分的问题，即可以用一个超平面将不同类别的实例完全分开。对于线性不可分的问题，感知器网络无法得到正确的分类结果。

感知器网络的应用范围很广，包括模式识别、图像分类、语音识别等领域。例如，在图像分类中，可以使用感知器网络对图像进行分类，根据图像的特征进行识别和分类。此外，感知器网络也可以用于训练神经网络模型，通过调整感知器的权重和阈值来提高模型的准确性和泛化能力。

图 4－11 所示的网络是典型的多层感知器前向神经网络。最左边的称为输入层，其中的神经元称为输入神经元。最右边的是输出层，包含输出神经元。在本例中，输出层只有一个神经元。中间层则被称为隐藏层。它意味着“既非输入也非输出”。有些网络因为有多个隐藏层，所以也被称为深度学习网络。这种多层网络有时被称为多层感知器（Multilayer Perceptron，MLP）。

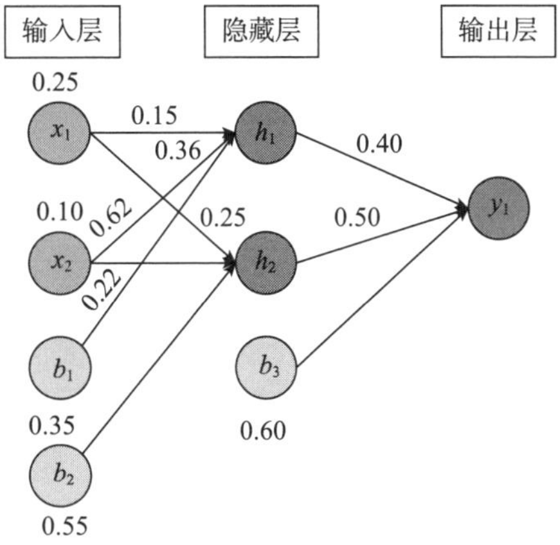

图 4－11　前向神经网络

（2）BP 神经网络

BP 神经网络是一种按照误差逆向传播算法训练的多层前馈神经网络，也是目前应用最广泛的神经网络模型之一。它由信息的正向传播和误差的反向传播两个过程组成。输入层的神经元负责接收外界发来的各种信息，并将信息传递给中间层神经元，中间隐藏层神经元负责将接收到的信息进行处理变换，根据需求处理信息。实际应用中可将中间隐藏层设置为一层或者多层隐藏层结构，并通过最后一层的隐藏层将信息传递到输出层，这个过程就是 BP 神经网络的正向传播过程。当实际输出与理想输出之间的误差超过期望时，就需要进入误差的反向传播过程。误差反向传播过程从输出层开始，误差按照梯度下降的方法对各层权值进行修正，并依次向隐藏层、输入层传播。通过不断的信息正向传播和误差反向传播，各层权值会不断进行调整，这就是神经网络的学习训练。当输出的误差减小到期望程度或者预先设定的学习迭代次数时，训练结束，BP 神经网络完成学习。

(3) 径向基函数神经网络

它是一种使用径向基函数作为激活函数的人工神经网络。它最早由布鲁姆赫德（Broomhead）和洛维（Lowe）在 1988 年建立，是一种单隐层、以函数逼近为基础的前馈神经网络。在径向基函数（Radial basis function，RBF）神经网络中，径向基函数是取值仅依赖于离原点距离的实值函数，如欧氏距离函数。神经元的输出是输入的径向基函数和神经元参数的线性组合。

RBF 神经网络具有多种用途，包括函数近似法、时间序列预测、分类和系统控制。它具有单隐层结构和径向基函数的特性，使得它能够更好地解决一些复杂的非线性问题。与传统的神经网络相比，RBF 神经网络具有更快的训练速度和更好的泛化能力。

2. 层内有互联的前向神经网络

在前向神经网络中有的在同一层中的各神经元相互有连接，通过层内神经元的相互结合，可以实现同一层内神经元之间的横向抑制或兴奋机制，这样可以限制每层内能同时动作的神经元数，或者把每层内的神经元分为若干组，让每组作为一个整体来动作。

3. 有反馈的前向神经网络

在层次网络结构中，只在输出层到输入层存在反馈，即每个输入节点都有可能接受来自外部的输入和来自输出神经元的反馈。这种模式可用来存储某种模式序列，神经认知机即属于此类，也可以用于动态时间序列过程的神经网络建模。

（二）互联型神经网络

在互联网络模型中，任意两个神经元之间都可能有相互连接的关系。其中，有的神经元之间是双向的，有的是单向的。Hopfield 网络、Boltzman 机网络属于这一类。在无反馈的前向网络中，信号一旦通过某个神经元，过程就结束了。而在互联网络中，信号要在神经元之间反复往返传递，神经网络处在一种不断改变状态的动态之中。从某个初始状态开始，经过若干次的变化，才会达到某种平衡状态，根据神经网络的结构和神经元的特性，还有可能进入周期振荡或其他如混沌等平衡状态。

三、深度学习神经网络

深度学习神经网络（Deep Learning Neural Networks）的概念最早可以追溯到2006年，由Geoffrey Hinton和他的团队提出。深度学习神经网络是通过使用多层（深度）的神经网络结构来模拟人脑处理信息的方式。从理论上说，参数越多的模型复杂度越高、容量越大，这意味着它能完成更复杂的学习任务，但如果不改变结构，仅仅通过增加隐含层的神经元个数来增加参数，往往使得模型的训练效率低，易陷入过拟合，甚至无法通过学习解决实际问题。

深度学习神经网络与传统的神经网络的主要区别在于它们的结构、学习能力和应用范围。深度学习网络包含多个隐藏层，这些隐藏层可以是非线性的，允许网络学习复杂的数据表示和模式，而且由于其深度和复杂性，通常具有更好的泛化能力。它能够自动从大量数据中学习特征，无需人工设计特征提取算法；通过多年的发展，深度学习神经网络在处理大规模数据和复杂任务方面具有明显优势，在图像识别、语音识别、自然语言处理等领域取得了革命性的进展。

当前应用较广的深度学习神经网络主要包括：卷积神经网络（Convolutional Neural Network，CNN）、循环神经网络（Recurrent Neural Network，RNN）、长短期记忆网络（Long Short - Term Memory，LSTM）、生成对抗网络（Generative Adversarial Network，GAN）、深度信念网络（Deep Belief Network，DBN）、图神经网络（Graph Neural Network，GNN）等。在经济管理领域应用较多的主要是前三种，其中LSTM是RNN的改进，将在本章第三节详细介绍。

（一）卷积神经网络

卷积神经网络（CNN）是一种多层神经网络，擅长处理图像特别是大图像的相关机器学习问题。卷积网络通过一系列方法，成功将数据量庞大的图像识别问题不断降维，最终使其能够被训练。CNN最早由Yann LeCun提出并应用在手写字体识别上（MINST）。CNN使用了一种特殊架构，适合图像分类等任务。这个架构使得CNN能快速训练（见图4 - 12）。卷积层是CNN的核心组成部分。它通过卷积核（也称为滤波器）在输入数据上滑动进行卷积操作。卷积操作具有参数共享的特性，即同一个卷积核在整个输入数据上滑动时使用相同的参数，这大大减少了模型的参数数量，降低了计算量和过拟合的风险。同时，这有助于训练深度的、多层的网络。如今，深度 CNN 或者一些近似的变化形式，被用在大多数图像识别的神经网络中。CNN 采用了三种基本概念：局部感受野（Local Receptive Fields）、共享权重（Shared Weights）和池化（Pooling）。

由于卷积神经网络本质上是对二维数据进行特征识别，因此也可以用在经济管理领域的面板数据特征识别和提取上，通过训练和学习，解决预测、分类、函数拟合等问题。

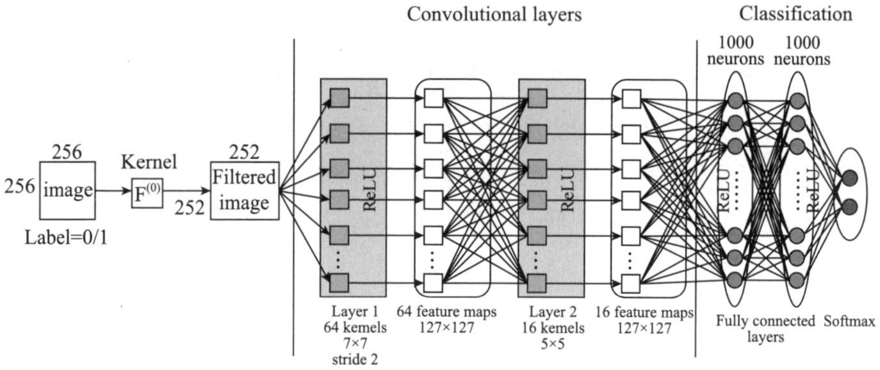

图 4-12　CNN 结构

（二）循环神经网络

循环神经网络（Recurrent Neural Network，RNN）（Rumelhart et al.，1986c）是一类用于处理序列数据的神经网络。RNN 的主要特点是具有循环结构，即它可以将当前时刻的信息与过去时刻的信息结合起来进行处理。具体来说，RNN 的隐藏层神经元不仅接收当前时刻的输入，还接收上一时刻隐藏层的输出。这种循环连接使得 RNN 能够具有记忆功能，能够记住过去的信息并影响当前的处理。

循环神经网络可以通过许多不同的方式建立。就像几乎所有的函数都可以被认为是前馈网络，本质上任何涉及循环的函数都可以被认为是一个循环神经网络。RNN 的基本结构包括输入层、隐藏层和输出层。输入层接收序列数据中的每个元素，隐藏层通过循环连接不断更新状态，输出层根据隐藏层的状态产生输出。RNN 在自然语言处理、语音识别、时间序列预测等领域得到广泛的应用，而且由于它在时间序列处理方面具有独特优势，使得其在经济管理领域的研究中也发挥了重要作用。

四、神经网络的学习与训练

人工神经网络的计算包括收集、整理数据，设计网络，数据学习与测试三大步骤，是一个反复实践的研究开发过程。

第一步：收集、整理数据，这是关系到最终结果的关键一步。这一步的具体内容主要是收集数据，对数据进行审查、分析并进行预处理，选择网络输入输出变量，将原始数据表示成人工神经网络学习的形式。

第二步：设计网络，以 BP 网络为例，这一步骤的主要任务是确定网络的拓扑、定义各层结点的个数，选择学习算法。做好这一步的关键是对应用领域和人工神经网络各种模型的特点和适用范围有详尽的了解。

第三步：数据学习与测试。主要是选择合适的参数，安排好学习计划，使网络对学习范例的输出均方误差小于允许误差，这里有必要指出的是，允许误差不宜太低，学习与测试是一个交互的过程。当然，这种反复测试的开发方式对人工神经网络的应用开发是一种牵制，实际上很难尽所有可能的网络规模与学习参数的组合。

第二节　神经网络模型的主要应用领域

神经网络作为人工智能的一个重要分支，在医疗健康、金融服务、自动驾驶、市场营销等领域的应用均表现出了令人兴奋的巨大优势（Jordan & Mitchell，2015），并在实践界和学术界取得了令人惊叹的快速发展。经济管理学研究逐渐开始重视运用神经网络的方法。

一、神经网络在工商管理中的应用

现实生活中存在海量非结构化数据。工商管理研究领域的学者采用多种神经网络方法，从这些非结构化数据中挖掘出具有管理意义的信息，对其进行变量测量，进而开展相关研究。

神经网络在工商管理中的应用主要集中在以下几个方面。一是利用神经网络技术进行员工绩效评估和人才管理，通过分析管理层或员工的能力数据及行为特征，识别出高潜力员工并优化招聘流程，帮助企业在人才管理上做出更加科学的决策；二是利用神经网络技术进行市场需求预测，通过分析历史销售数据、季节性因素和市场趋势，精确预测未来需求变化，帮助企业提高经营绩效；三是利用神经网络技术进行消费者行为分析，深入挖掘消费者的购买偏好、行为模式和需求变化，为企业提供精准的市场细分和个性化营销策略，从而提高客户满意度和品牌忠诚度；四是利用神经网络技术分析企业的财务数据、市场变化和外部经济环境，预测可能的财务风险，帮助企业及时采取应对措施，确保财务健康和稳定。例如，Malhotra 等（2018）运用 SVM 对 2002—2012 年 Execucomp 数据库中 S&P 1500 公司 2381 名 CEO 的口语文本进行人格评分，测量 CEO 的外倾性。研究发现，具有外倾性的 CEO 更有可能参与并购。胡楠等（2021）选取沪深两市 2007—2018 年所有 A 股公司的年度财务报告作为初始研究样本，提取其中的管理讨论和分析部分，利用文本分析、Word2Vec 神经网络算法和词典法构建管理者短视主义指标，得出管理者短视主义特质会导致企业减少资本支出和研发支出的结论。

二、神经网络在金融领域的应用

在金融领域，神经网络的应用主要集中在以下几个方面：一是利用神经网络建立通货膨胀预测模型，有效识别通货膨胀的潜在影响因素，实现更加准确的预测，从而帮助政府和企业制定合理的货币政策和价格控制措施；二是利用神经网络研究货币与汇率，深入分析货币供应量、利率、国际贸易等多种因素对汇率波动的影响，帮助金融机构和政府制定更为精确的货币政策和汇率管理策略；三是利用神经网络技术进行信用与投资风险评估，通过分析历史信用数据、财务指标以及市场趋势，准确识别潜在的信用违约风险和投资风险，帮助银行、金融机构和投资者做出更加科学的风险管理决策，从而降低信贷损失和投资失败的可能性。

Choudhary 和 Haider（2012）、Thakur 等（2016）在分析美国、加拿大、印度等地区的通货膨胀率时，发现神经网络模型的预测精度明显优于其他模型。这是因为神经网络模型更关注非线性关系和学习过程，可以快速找到复杂问题的解，且不需要满足线性假设，在对经济大数据或复杂变量进行预测时能很好地提高精度。Deng 等（2023）的研究对深度神经网络与 ARIMA、Prophet 等模型进行对比试验，发现神经网络通过对历史通货膨胀率、货币供应量、利率、生产总值、劳动力市场等大量经济数据进行深度学习，能够识别出复杂的非线性关系和潜在的影响因素。Medeiros 等（2019）则指出，使用 LASSO 进行变量选择后的随机森林模型在预测美国通货膨胀时的表现要优于传统随机游走模型和自回归模型。SVR 和 ELM 在通货膨胀预测方面也表现良好。

三、神经网络在政策评价中的应用

神经网络相较于传统的统计模型，能够处理更为复杂的非线性关系，同时，神经网络能够从数据中自动提取有价值的特征，捕捉复杂的时间依赖性。神经网络模型能够对政策的实施效果进行很好的评价。从政府政策和监管等研究主题来看，运用神经网络算法能够对非结构化文本中的变量进行测量。比如，Dozic 等（2019）利用人工神经网络分析了欧盟能源系统的模型，重点探讨了如何利用该模型对欧盟能源政策的效果进行评估。Lowry 等（2020）单独使用 LDA 对美国证券交易委员会意见函的主题及其相对重要性进行识别和测量，综合运用 LDA 和 KL 散度（KL Divergence）识别美国证券交易委员会意见函的边际信息价值。

对政策效果进行评价需要将政策实施前后的发展情况进行对比，学者通常会构建计量模型进行效应评估，但神经网络方法同样可以应用于政策评价。从政策文本分析方面来看，政策文件常常涉及不同领域的内容，神经网络技术能够在很好地提取文本的局部特征的同时捕捉上下文之间的联系，运用神经网络算法能够对非结构化文本中的变量进行测量。比如，陈林等（2024）通过对政策文本文件进行分词、分类、向量化等技术处理，搭建了 CNN－LSTM 模型，对各类有利于企业的政策文本进行了分类，充分利用 CNN 的特征提取能力和 LSTM 的序列建模优势，得到了较好的结果。Polyzos 等（2020）研究了英国脱欧在英国和欧盟的幸福成本，使用朴素贝叶斯分类器提取个体的幸福偏好，并利用多层前馈神经网络得到每个家庭的动态幸福函数，进一步将结果应用于模拟系统以量化分析英国脱欧的福利成本。高华川和白仲林（2019）运用时变 LASSO 方法分析英国“脱欧公投”对英镑汇率的因果效应，将英国作为接受政策干预的处理组，将日本、加拿大等 21 个国家或地区作为对照组，得到时变权重系数，通过比较英镑与合成英镑的美元汇率得到“脱欧公投”对英镑汇率的政策效果。

第三节　神经网络模型的应用案例

一、BP 神经网络预测楼盘价格

（一）案例概述

北京市某区域有一新建楼盘，房地产开发商需要为其楼盘的预售价格，即每平方米的销售均价。因此，该开发商需要参考周边的楼盘价格，通常采用的方法是市场比较法（或称市场价比较法）。这种方法是指，在市场上找到与拟定价的楼盘相似或可比的楼盘，将它们的价格作为参照物，再结合待定价楼盘的具体情况做出适当的调整。

首先，为了准确地估算楼盘的价格，通常需要构建指标体系。选取对楼盘价格有较大影响的因素来构建指标体系，如地理位置、配套设施、建筑质量、市场定位、升值空间等。然后，收集附近区域内的同类楼盘的相关指标数据以及市场均价数据，并做好整理分析，如表 4 – 1 所示。

表 4 – 1　周边楼盘的指标体系以及评分

楼盘项目	地理位置	配套设施	升值空间	建筑质量	市场定位	房屋均价
楼盘 1	0. 3125	0. 45	0. 4902	0. 7639	0. 93	3. 9
楼盘 2	0. 3125	0. 49	0. 3333	0. 8611	0. 57	6. 3
楼盘 3	0	0. 65	0. 7647	1. 0000	0. 96	3. 5
楼盘 4	0	0. 60	0. 0196	0. 8889	0. 94	3. 9
楼盘 5	0. 1875	0. 50	0. 3137	0. 5972	0. 80	5. 0
楼盘 6	0	0. 62	0	0. 8194	0. 96	3. 5
楼盘 7	1. 0000	0. 36	1. 0000	0	0. 53	6. 3
楼盘 8	0. 5000	0. 43	0. 5686	0. 1528	0. 70	4. 1
楼盘 9	0. 1875	0. 42	0. 6471	0. 7917	1. 12	5. 1
楼盘 10	0. 5000	0. 43	0. 6078	0. 6528	0. 89	5. 4
楼盘 11	0. 3125	0. 43	0. 6078	0. 8333	1. 05	4. 0
楼盘 12	0. 3161	0. 45	0. 5001	0. 7853	1. 00	4. 1

一般而言，多数评估会利用多元线性方法，构建楼盘价格与指标之间的

函数关系。然而，各指标 *Xi* 和楼盘价格 *Y* 之间并非线性关系，这样构建的模型偏差往往较大，因此，可以采用人工神经网络拟合它们之间的线性或非线性关系，更加准确地评估楼盘价格。

BP 神经网络是一种按误差逆传播算法训练的多层前馈网络，由以 Rumelhart 和 McCelland 为首的科学家小组于 1986 年提出，是最经典的神经网络模型之一，主要用于预测和函数拟合。在经济管理领域的应用也很广泛。

BP 神经网络的结构一般包含三层前馈网，即输入层、中间层（也称隐藏层）和输出层。它的特点是各层神经元仅与相邻层神经元之间相互全连接，同层内神经元之间无连接，各层神经元之间无反馈连接，构成具有层次结构的前馈型神经网络系统。

在人工神经元模型中，输入从其他神经元传来的输入信号 $x_1 \sim x_n$，通过连接权值 w_{ij}从神经元 j 到神经元 i，再通过阈值 θ 和激活函数 f 进行转换，最终输出 y_i。

BP 算法的原理是正向传播和反向传播。正向传播是输入的样本从输入层经过隐单元一层一层进行处理，通过所有隐藏层之后，传向输出层；在逐层处理的过程中，每一层神经元的状态只对下一层神经元的状态产生影响。在输出层把现行输出和期望输出进行比较，如果现行输出不等于期望输出，则进入反向传播过程。反向传播是把误差信号按原来正向传播的通路反向传回，并对每个隐藏层的各个神经元的权系数进行修改，以望误差信号趋向最小（见图 4－13）。

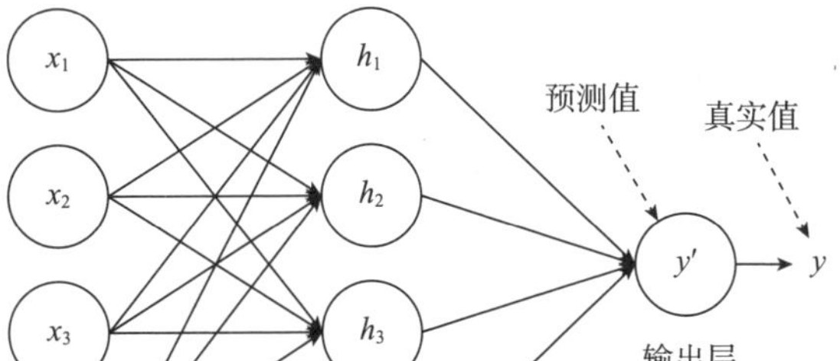

图 4－13　BP 神经网络示意图

（二）房价预测的实现

本章的神经网络案例需要使用 Matlab 软件。为了能够正常运行代码，建议读者使用 Matlab 2018 及更新版本，并且在安装时需要选择 Neural Network Toolbox、Deep Learning Toolbox 两个工具箱。如果在安装时没有选择，也可以重新运行安装程序，添加这两个工具箱。

1. 数据收集和处理

首先，在 Matlab 中创建变量 P 和 T，并将表 4－1 中的 1～6 列的数据拷贝到 P 中保存，作为神经网络的输入向量；然后将表 4－1 中最后一行的房价数据拷贝到 T 中，作为神经网络的输出向量。注意：在 Matlab 中，每一列向量代表一个样本。

最后利用 mapminmax 函数将 P 中的数据进行归一化到［0，1］之间，以准备用于训练神经网络。

```
normalized_data = mapminmax(P);% 将 data 的数据归一化到[ -1,1]之间
normalized_data = mapminmax(P, 0, 1);% 将 data 的数据归一化到[0,1]之间
```

2. 构建 BP 神经网络模型

输入层包括 5 个指标（或维度）的房屋信息，即地理位置、配套设施、建筑质量、市场定位、升值空间等，每个神经元负责一个指标的输入，因此输入层一共有 5 个神经元；输出层为房屋的均价，只有一个变量，因此输出层只需要 1 个神经元；隐藏层中的神经元数目一般根据问题的复杂性和数据的特点确定，没有明确的规则。神经元的个数过少可能会使网络经过训练后仍然无法让其达到理想的精确度；过多的神经元则有可能让网络很容易过拟合。一般而言，可以采用式（4－3）估算最佳隐藏层神经元个数：

$$N_h = N_I + N_O + a \tag{4-3}$$

式中，N_h 为隐藏层神经元的个数，N_I 为输入层神经元的个数，N_O 为输出层神经元的个数，a 为［1，10］的整数。在这里可以先尝试将隐藏层的神经元设定为 15 个。

在 Matlab 中，可以使用 feedforwardnet 函数生成 BP 神经网络。feedforwardnet 函数的语法如下：

```
net = feedforwardnet(hiddenSizes, trainFcn)
```

其中，net 表示要构建的神经网络；hiddenSizes 是隐藏层神经元的数量，默认是单个隐藏层，也可以构建多个隐藏层，如［5，8］则表示有两个隐藏层，第一层的神经元数量为 5，第二层为 8（一般包含 2 个或以上隐藏层的网络被称为深度学习网络）；trainFcn 为学习函数，默认是 trainlm。feedforwardnet 常用的学习函数如下：

（1）trainlm：Levenberg – Marquardt 算法，适用于中小型网络，收敛速度较快。

（2）trainbr：贝叶斯正则化算法，适用于大型网络。

（3）trainbfg：BFGS（Broyden – Fletcher – Goldfarb – Shanno）拟牛顿算法，适用于大型网络，通常比较稳定。

（4）traincgb：带 Powell/Beale 重启的共轭梯度算法反向传播算法训练函数。

（5）traingd：梯度下降反向传播算法训练函数。

（6）traingdm：带动量的梯度下降反向传播算法训练函数。

（7）traingdx：自适应调整学习率并附加动量因子的梯度下降反向传播算法训练函数。

（8）trainrp：RPROP（弹性 BP 算法）反向传播算法训练函数。

（9）trainscg：SCG（Scaled Conjugate Gradient）反向传播算法训练函数。

在本案例中，采用默认的训练函数 trainlm，建立 BP 神经网络的代码如下：

```
net = feedforwardnet(15)
或者 net = feedforwardnet(15, 'trainlm')
```

上述代码表示建立一个单层隐藏层，15 个隐含神经元的 BP 神经网络，其中输入层和隐藏层之间的激活函数使用默认的 tansig 函数；隐藏层和输出层之间使用默认的 purelin 函数，训练函数为 trainlm。

从图 4－14 中可以看出，输入层有 5 个神经元，对应房价指标体系中的 5 个维度（指标）；隐藏层有 15 个神经元；输出层有 1 个神经元，即房价。

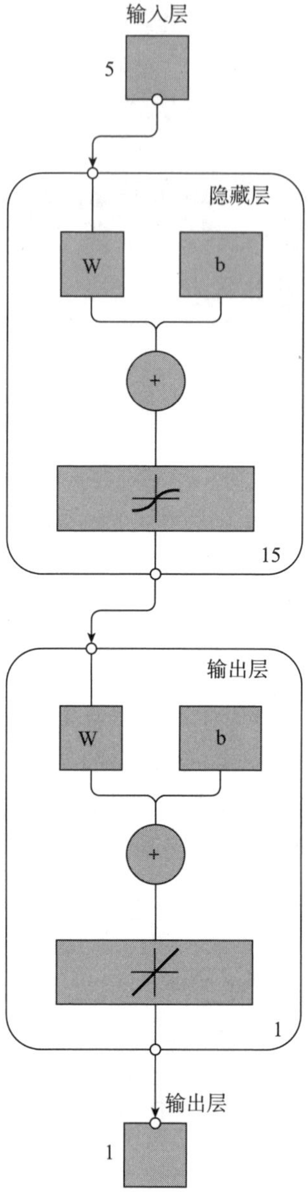

图 4－14　用于房价预测的 BP 神经网络结构

从图 4－15 中可以看出，训练通过 4 轮迭代，已经实现最小梯度的目标，误差水平达到了 8.42×10^{-23}。

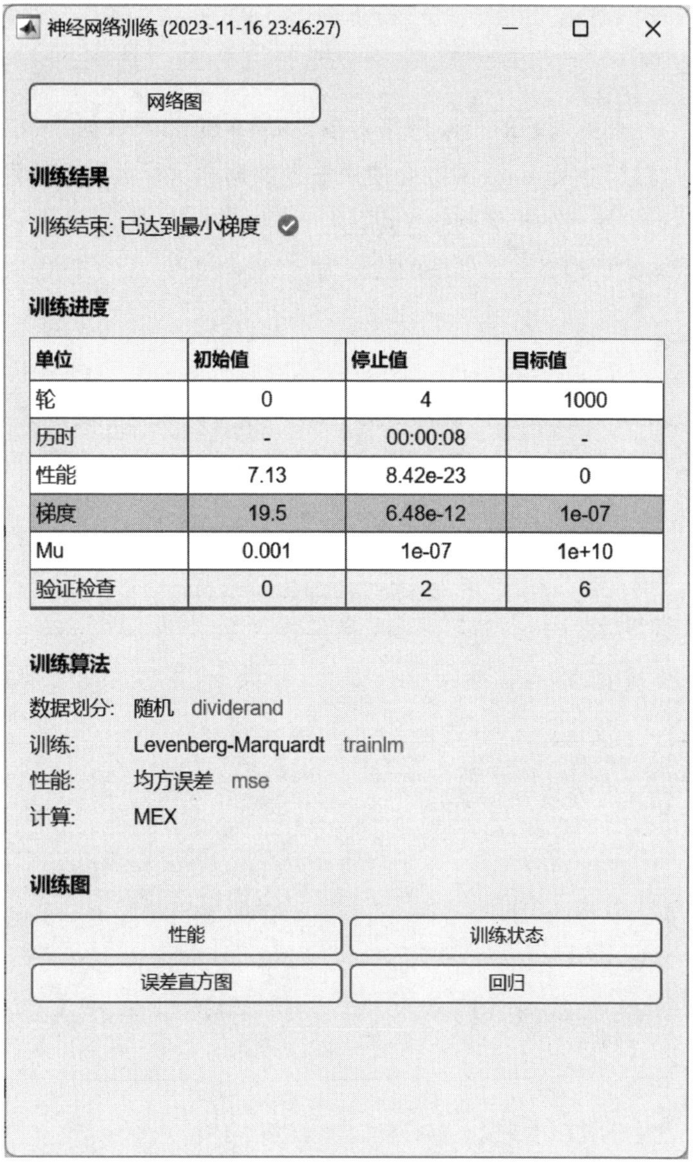

图 4－15　预测结果的展示图

3. 训练神经网络

Matlab 提供了 train（）函数对数据集进行训练，通过多次迭代，使神经网络逐渐适应数据，并学会预测房价。train（）函数的语法如下：

```
net = train(net, inputs, targets)
```

其中，net 是被训练的神经网络对象，inputs 是输入数据，targets 是目标数据。在训练过程中，train 函数会使用输入数据和目标数据对神经网络进行训练，并返回训练后的神经网络对象。

因此，本案例神经网络训练的代码为：

```
net =train(net, P, T)
```

由于 train（）函数会自动将所有样本区分为训练集、测试集和验证集，因此，如果不是特别需要，可以不用对样本进行分类。其训练结果如图 4－16～图 4－18 所示。

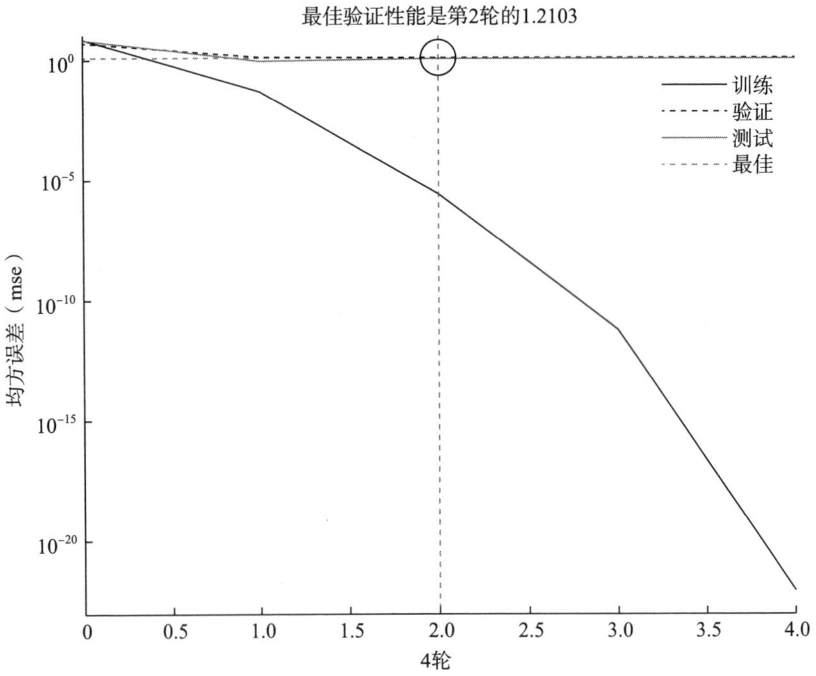

图 4－16　BP 网络的性能

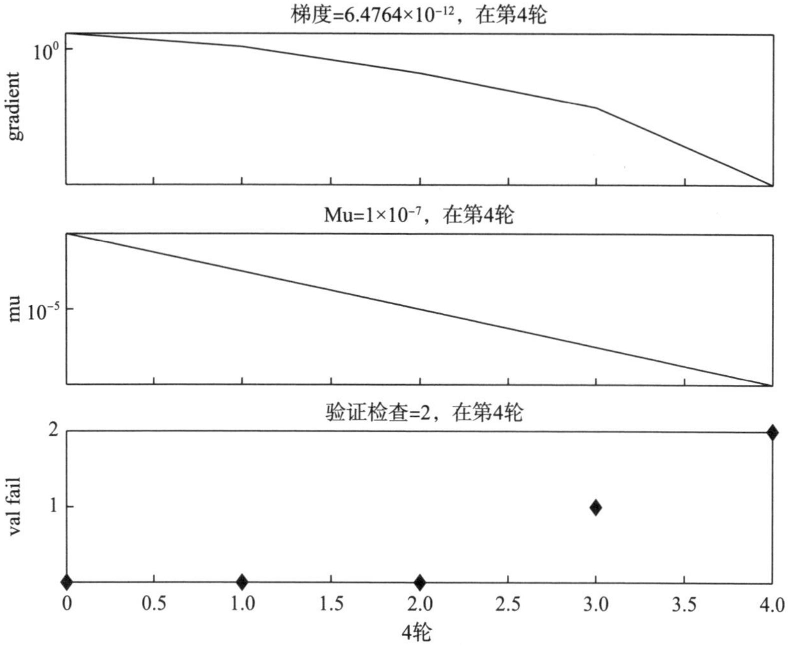

图 4－17　BP 网络的训练状态

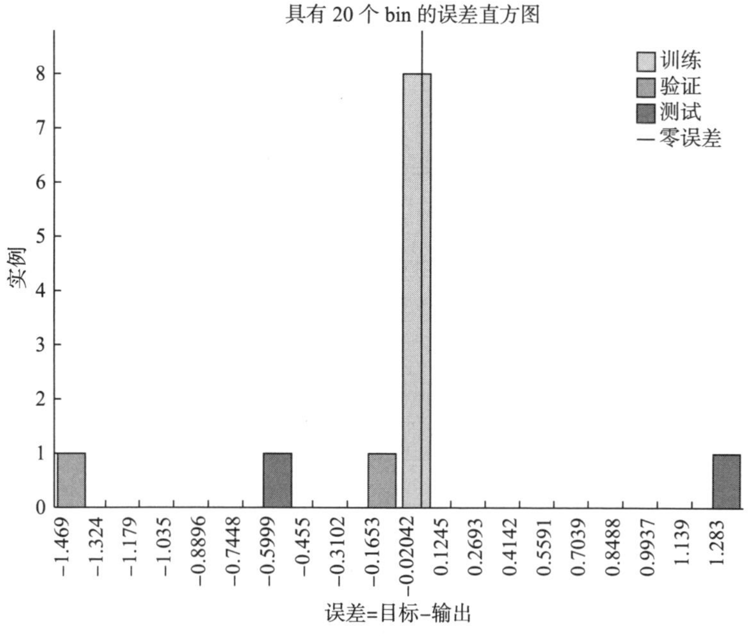

图 4－18　BP 网络的误差直方图

4. 预测新建楼盘的房价

将需要预测的新建楼盘的数据输入训练好的 BP 神经网络模型中，输入最后的预测结果。首先，将新楼盘的相关数据输入新变量 P_ newhouse 中，然后将新变量输入神经网络中。若 P_ newhouse = ［0.5，0.12，0.6，025，08］，代码如下：

```
P_ newhouse = [0.5, 0.12, 0.6, 025, 08]
Y =net(P_ newhouse)
```

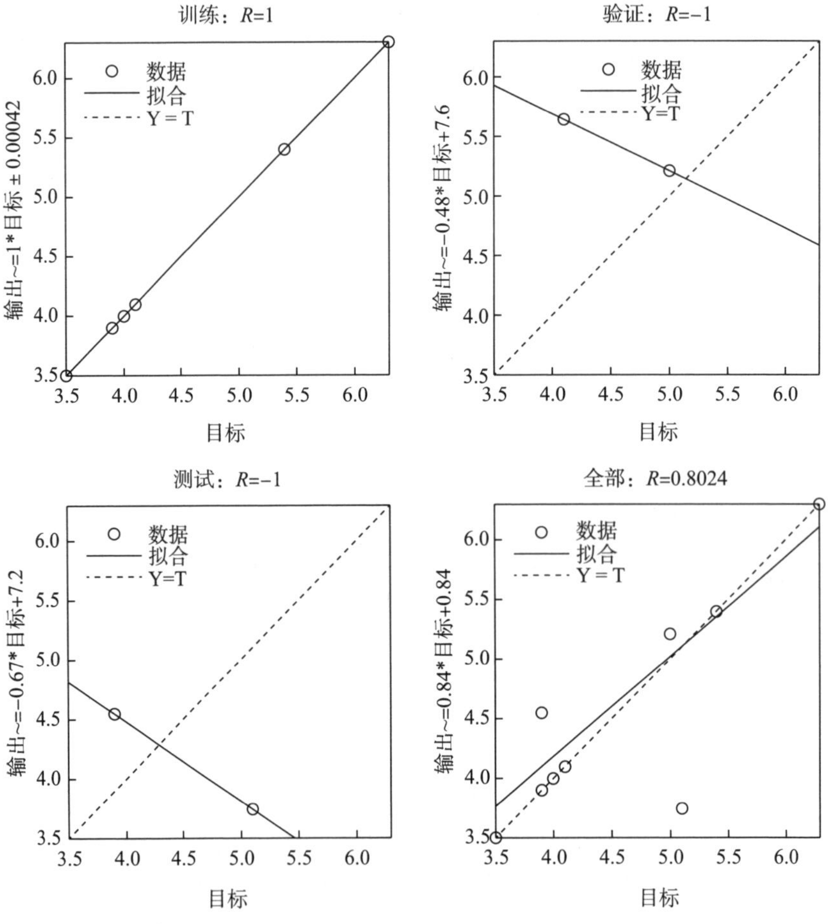

图 4－19　模型训练的拟合水平

二、深度学习网络预测股票价格

（一）案例概述

时间序列的预测是一种利用过去的数据来预测未来趋势的技术。目前，常用的时间序列预测方法有传统参数法、移动平均法、指数平滑法、Holt - Winters 法等。此外，还有一些其他的模型和算法可以用来实现时间序列预测，如状态空间模型、自回归滑动窗口模型等。由于股票价格的涨跌受到各种因素的影响，波动往往较为频繁和剧烈，因此，这些传统方法在预测股票价格方面效果一直不理想。深度学习神经网络能够逼近和拟合任意曲线，因此，可以用来对股票价格进行函数拟合，并对未来一段时间内的价格进行较为准确的预测。

时间序列的预测一般采用 RNN 特别是长短期记忆网络模型（LSTM）的方法。相较于传统的时间序列预测方法，RNN 的优势主要体现在以下几个方面：

（1）能够处理时序依赖性：RNN 通过在时间上展开神经网络，将历史信息传递到未来，从而能够处理时间序列数据中的时序依赖性和动态变化。这使得 RNN 在处理具有连续时间依赖关系的数据时具有很大的优势。

（2）自动学习模式和趋势：RNN 的深度学习算法能够自动学习时间序列数据中的模式和趋势，神经网络涉及隐藏层数、神经元数、学习率和激活函数等重要参数，对于复杂的非线性模式，深度学习模型有很好的表达能力。

（3）处理非线性关系：RNN 在时间序列预测中表现出了很大的优势，能够有效地处理非线性和长期依赖关系。通过合理的数据准备、处理和模型构建，循环神经网络可以在时间序列预测问题上取得很好的效果。

长短期记忆网络通过引入一个细胞状态来存储长期信息，并使用三个门控（输入门、遗忘门和输出门）来控制信息的流动和记忆单元的更新。这些门控机制可以有效地缓解梯度消失问题，并捕捉到序列数据中的长期依赖关系。相比之下，传统的 RNN 没有细胞状态和门控机制，难以处理长序列数据，容易出现梯度消失和难以训练的问题。而且 LSTM 具有对时间的敏感性，能够学习到时序数据中的模式和特征。这使得 LSTM 在时间序列预测、信号处理等任务中具有优势。

总之，LSTM 相对于 RNN 在时间序列预测方面具有更多的优势，可以更好地处理长序列数据、捕捉长期依赖关系、学习到时序特征，并具有更高的预测准确性和适用性。因此，本节利用 LSTM 实现股票的预测。

（二）股票价格预测的实现

Matlab 内置了用于实现 LSTM 的工具箱，“Deep Learning Toolbox”。这个工具箱提供了一系列函数和工具，可以帮助用户快速地构建、训练和部署深度学习模型，其中包括 LSTM。

1. 数据收集和处理

首先，通过 Wind 下载某股票从 2015 年 1 月 5 日到 2021 年 2 月 10 日的开盘价、最高价、最低价、成交额、成交量和收盘价（见表 4－2），包括 1490 个日数据，并将数据保存在“股票价格走势预测 .xlsx”的 Excel 文档中。

其次，利用 Matlab 中的函数 xlsread（）将该文档的数据读取到 Matlab 的工作区中。函数 xlsread（）语法如下：

```
[num, txt, raw] = xlsread(filename, sheet, 'Range')
```

其中：

filename：Excel 文件的名称（包括完整的路径，如果该文件不在当前工作目录中）。

sheet：要读取的工作表的名称或索引。

'Range'：要读取的单元格范围，可以指定为形如 'A1：B2' 的字符串，也可以省略不填，默认为整个工作表。

返回值：

num：包含从 Excel 文件中读取的数值数据的矩阵。

txt：包含从 Excel 文件中读取的文本数据的字符串数组。

raw：包含从 Excel 文件中读取的所有数据的数组，包括数值、日期和时间等。

表 4－2　股票价格数据

年	月	日	开盘价（元）	最高价（元）	最低价（元）	成交额（百万元）	成交量（股）	收盘价（元）
2015	1	5	2492.62	2676.53	2476.79	10354.92	405692100	2676.53
2015	1	6	2640.50	2676.89	2620.62	7585.31	303695100	2652.86
2015	1	7	2641.46	2686.96	2590.62	6088.84	236023600	2616.34
2015	1	8	2617.23	2658.63	2581.49	6122.87	262843700	2635.38
2015	1	9	2614.97	2677.33	2606.05	6708.18	282916700	2606.05
2015	1	12	2562.41	2562.50	2521.14	6211.28	272332700	2538.58
2015	1	13	2528.34	2550.90	2503.96	3776.63	164402200	2512.43
2015	1	14	2513.00	2522.71	2453.99	4097.18	161740600	2455.77
2015	1	15	2459.69	2486.93	2438.82	3472.97	131839900	2486.93
2015	1	16	2502.31	2502.82	2485.66	4152.55	167260900	2500.90
2015	1	19	2417.52	2465.37	2302.55	5595.72	225191900	2338.05
2015	1	20	2342.47	2400.60	2342.47	4229.98	161099100	2388.76
2015	1	21	2399.44	2459.14	2392.17	4138.05	153055900	2459.14
2015	1	22	2465.05	2479.12	2443.20	3601.14	140054700	2463.41
2015	1	23	2459.97	2468.51	2416.16	3598.47	145795700	2424.07
2015	1	26	2426.97	2465.92	2417.95	3332.97	132292800	2464.09
2015	1	27	2465.87	2478.44	2418.26	4229.42	170652300	2456.69
2015	1	28	2441.41	2456.34	2423.47	2752.83	110362200	2429.62
2015	1	29	2406.58	2431.74	2398.61	2396.36	96320900	2401.86
2015	1	30	2408.55	2450.54	2407.96	3264.53	116980500	2416.16
2015	2	2	2383.47	2393.85	2352.17	3047.20	129354900	2357.36
……	……	……	……	……	……	……	……	……
2021	1	20	17375.49	17786.33	16935.72	38140.92	301708700	17675.26
2021	1	21	17637.52	18425.26	17630.53	40081.86	369576800	18228.48
2021	1	22	18199.38	18381.71	17877.51	31329.79	285103500	18081.89
2021	1	25	18117.57	19357.96	18117.23	50539.05	360125700	19310.97
2021	1	26	19464.95	19464.95	18829.18	36694.90	277465800	18854.80
2021	1	27	18565.90	18592.47	17818.25	38372.96	300885500	18265.04
2021	1	28	17993.87	18373.86	17901.40	30241.59	229760100	18014.61
2021	1	29	18213.51	18696.13	18156.31	32172.89	270545200	18368.16

续表

年	月	日	开盘价（元）	最高价（元）	最低价（元）	成交额（百万元）	成交量（股）	收盘价（元）
2021	2	1	18400.65	18842.07	18233.51	28575.83	279418900	18324.97
2021	2	2	18381.59	19195.81	18327.88	38745.66	308243000	19178.77
2021	2	3	19182.00	19381.09	18881.17	33379.78	231400000	19171.26
2021	2	4	19044.18	19775.09	19005.98	45775.28	319243900	19281.09
2021	2	5	19327.56	19965.49	19051.60	42693.25	292633400	19501.83
2021	2	8	19655.86	20105.99	19119.58	37114.86	279403000	19507.77
2021	2	9	19562.51	19991.52	19359.70	31834.20	235234400	19991.52
2021	2	10	20170.56	21121.67	20170.56	52980.39	304941100	21005.12

最后，将数据划分为训练集（input_ train，output_ train）和测试集（input_ test，output_ test），其中前1000个日数据划分为训练集，后400个日数据划分为测试集。最后将数据归一化到［－1，1］之间。这里归一化的目的是提高训练的效率。其代码如下：

```
LSTM network
输入数据及预处理
clc
clear
close all
%读取double格式数据
[num2,ax,ay] = xlsread('股票价格走势预测.xlsx',1);
num2(:,1:3) = [];
num = [];
panx =4;
mx = size(num2,1);
for ii = 1:mx-panx
   num = [num;[reshape(num2(ii:ii + panx,:),1,(panx +1)* 6)]];
end
n = randperm(length(num));
n =1:1400;
m = 1000;
input_train = num(n(1:m),1:29);% 训练数据输出数据
output_train = num(n(1:m),30);% 训练数据输入数据
```

```
input_test = num((m+1:1400),1:29);% 测试数据输出数据
output_test = num((m+1:1400),30);% 测试数据输入数据
[inputn,inputps]=mapminmax(input_train',-1,1);% 训练数据的输入数据的归一化
[outputn,outputps]=mapminmax(output_train',-1,1);% 训练数据的输出数据的归一化 de
inputn_test=mapminmax('apply',input_test',inputps);
```

2. 构建 LSTM 神经网络模型

LSTM 是一种特殊的循环神经网络，它通过引入门控机制和细胞状态解决了传统 RNN 的长程依赖问题。LSTM 在 RNN 的基础上引入了输入门、遗忘门、输出门和细胞状态。在每个时间步，LSTM 会根据输入和上一时间步的状态来更新细胞状态和隐藏状态，并输出当前时间步的预测结果。输入层，它由一个 sigmoid 激活函数和一个点乘操作组成，用于决定哪些输入信息需要被记忆。遗忘门也由一个 sigmoid 激活函数和一个点乘操作组成，用于决定哪些上一时间步的记忆需要被忘记。遗忘门的输出结果会与上一时间步的记忆相乘，然后输入细胞状态中。输出门由一个 sigmoid 激活函数和一个点乘操作组成，用于控制当前时间步的记忆对隐藏状态的影响。细胞状态贯穿整个序列，它能够在网络中传递长距离信息。细胞状态的更新包括三个操作：输入信息的非线性变换、遗忘门的控制和候选状态的生成。最后，通过将候选状态和细胞状态进行非线性组合来更新细胞状态。

首先，使用 sequenceInputLayer 函数创建一个序列输入层，并指定输入数据的特征维度，其语法如下：

```
layer = sequenceInputLayer (inputSize, options)
```

其中，inputSize 是输入数据的特征维度，options 是一些可选参数，例如，可以指定输入数据的类型（'sequence'、'table' 或 'matrix'）。

其次，使用 lstmLayer 函数创建一个 LSTM 层，其语法如下：

```
layer = lstmLayer (hiddenSize, options)
```

其中，hiddenSize 是隐藏层的尺寸（神经元的数量），options 是一些可选参数，例如，可以指定输入数据的类型（'sequence'、'table' 或 'matrix'），以及

是否使用 peepholes（'usePeepholes'）等。

再次，创建全连接层：使用 fullyConnectedLayer 函数创建一个全连接层，指定输出尺寸，其语法如下：

```
layer = fullyConnectedLayer (outputSize, options)
```

其中，outputSize 是输出尺寸（神经元的数量），options 是一些可选参数，例如，可以指定激活函数 'ActivationFunction'、'relu' 等。

本项目的 LSTM 模型包括 6 层，包括 1 个输入层、1 个 LSTM 层、2 个全连接层、1 个 dropout 层（主要防止过拟合）以及 1 个输出层。其结构图和参数如图 4－20 所示。从图中可以看出，输入层用前 29 个日数据的序列数据预测第 30 日的股票价格，LSTM 层包含 50 个隐含神经元，最后的输出层为回归输出。总参数为 17.5k 个。

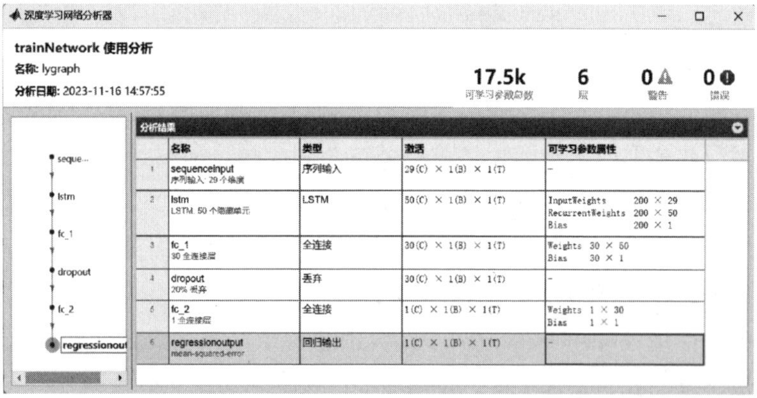

图 4－20　LSTM 网络结构分析

最后，确定网络的训练参数。在 Matlab 中，利用 trainingOptions 函数来设置训练神经网络的选项和参数。它包含多个字段，可以控制训练过程中的不同方面，如训练算法、学习率、性能目标、训练时间等，其语法如下：

```
options = trainingOptions (param1, param2, …, paramN)
```

其中，param1，param2，…，paramN 是可选的参数，可以指定不同的选项和参数值。主要参数的含义和用法如下。

（1）trainFcn：训练算法。指定用于训练神经网络的算法。常见的算法如'trainlm'（Levenberg – Marquardt 算法）、'trainsgdm'（随机梯度下降算法）、'trainscg'（Scaled Conjugate Gradient 算法）、'traincg'（Conjugate Gradient 算法）、'trainbfgs'（Broyden – Fletcher – Goldfarb – Shanno 算法）、'trainadam'（Adam 算法）。

（2）MaxEpochs：最大迭代次数。指定训练过程中最大迭代的次数。当达到最大迭代次数后，训练将停止。

（3）MiniBatchSize：每个小批量的大小。指定每个训练迭代中使用的小批量数据的大小。

（4）InitialLearnRate：初始学习率。指定训练算法的初始学习率。

（5）LearnRateSchedule：学习率调度策略。指定学习率的调整方式。

（6）'piecewise'：在训练过程中按照指定的条件进行调整。可以指定多个学习率调整点，每个点可以指定不同的学习率值。

（7）LearnRateDropPeriod：学习率下降的周期。指定学习率下降的周期，即在每个周期结束后将学习率乘以指定的下降因子。

（8）LearnRateDropFactor：学习率下降的比例。指定学习率下降的比例因子，即学习率乘以该因子后得到新的学习率。

（9）Verbose：是否显示详细信息。设置为 true 时，将在训练过程中显示详细的信息和警告；设置为 false 时，将只显示必要的消息。

（10）Plots：绘制图形选项。指定在训练过程中绘制的图形类型，如损失函数的历史纪录、性能曲线等。可以指定多个绘图选项，以查看不同方面的训练结果。

（11）ExecutionEnvironment：执行环境。指定要在哪种环境下执行训练过程，如 CPU 或 GPU。

除上述常用的参数外，trainingOptions 函数还支持其他可选参数，如正则化参数、优化目标、性能目标等，可以根据需要进行设置。本项目构建的 LSTM 网络以及训练参数的设置的代码如下：

```
2. LSTM 网络设计及训练参数设置
numFeatures = 29;%输入层维度
numResponses = 1;%输出维度
% 200 hidden units
numHiddenUnits = 50;%第一层维度
% a fully connected layer of size 50 & a dropout layer with dropout proba-
bility 0.5
layers = [ ...
    sequenceInputLayer(numFeatures)%输入层
    lstmLayer(numHiddenUnits,'OutputMode','sequence')%LSTM 层
    fullyConnectedLayer(30)%链接层
    dropoutLayer(0.2)%遗忘层
    fullyConnectedLayer(numResponses)%链接层
    regressionLayer];%回归层
lygraph = layerGraph(layers);
analyzeNetwork(lygraph);% 分析网络结构
% 确定训练选项.
maxEpochs = 60;%最大迭代次数
miniBatchSize = 20;%最小批量
options = trainingOptions('adam', ...          %解算器
    'MaxEpochs',maxEpochs, ...                 %最大迭代次数
    'MiniBatchSize',miniBatchSize, ...         %最小批次
    'InitialLearnRate',0.01, ...               %初始学习率
    'GradientThreshold',1, ...                 %梯度阈值
    'Shuffle','every - epoch', ...             %每次迭代打乱顺序
    'Plots','training - progress',...          %画图
    'Verbose',0);                              %不输出训练过程
```

3. 训练和测试网络

trainNetwork（）函数支持多种神经网络类型的训练，这里是用来进行 LSTM 训练，其训练代码如下：

```
训练网络
net = trainNetwork(inputn,outputn,layers,options);%开始训练
```

根据训练参数的设置，整个训练将进行 60 次的迭代，其训练结果如图 4－21 所示。

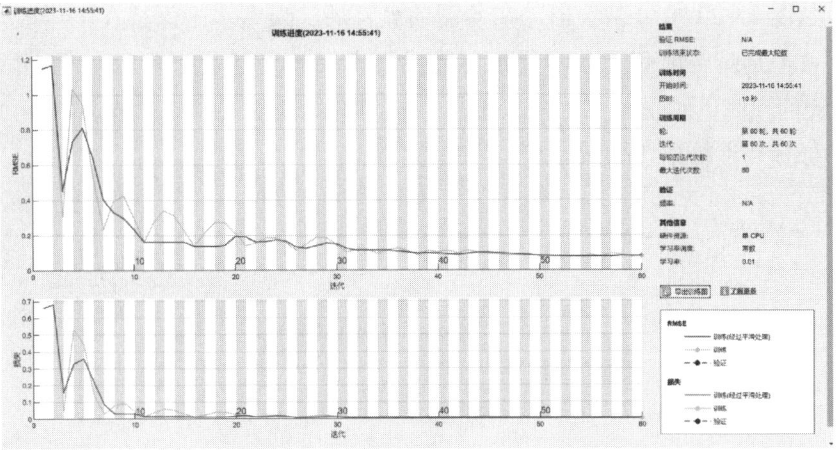

图 4－21　股票预测的训练进度及性能

从图 4－21 中可以看出，随着训练迭代次数的增加，训练的损失函数均方根误差（Root Mean Square Error，RMSE）在逐渐减少。RMSE 是评估预测模型准确度的指标。它通过计算预测值与真实值之间的误差平方和的平均值的平方根来衡量预测模型的准确性。RMSE 越小，说明预测模型的准确度越高。

然后，利用训练好的网络，对测试样本进行仿真模拟计算，计算出模拟值，并对模拟后的值与实际值进行比较，显示误差水平，如图 4－22 所示。其实现代码如下：

```
测试网络
y_pred = predict(net,inputn_test,'MiniBatchSize',20)';%测试仿真输出
y_pred = (mapminmax('reverse',y_pred',outputps))';
% y_pred0 = predict(net,inputn,'MiniBatchSize',1)';%训练拟合值
% y_pred0 = (mapminmax('reverse',y_pred0',outputps))';
y_pred = (double(y_pred));
figure%打开一个图像窗口
plot(y_pred(:,1),'k - ')%黑色实线,点的形状为*
hold on%继续画图
plot(output_test(:,1),'r - - ')%红色实线,点的形状为 o
hold off%停止画图
title('测试图')%标题
ylabel('收盘价')%Y 轴名称
legend('测试值','实际值')%标签
```

从图 4 - 22 中可以看出，在预测的最开始，误差水平保持在一个较低的水平，但是随着预测天数的增加，其误差水平越来越大。表 4 - 3 给出了前 100 天的预测值的误差率，可以看出，该网络的预测误差基本保持在 10% 以内，即预测准确率达到 90% 左右。

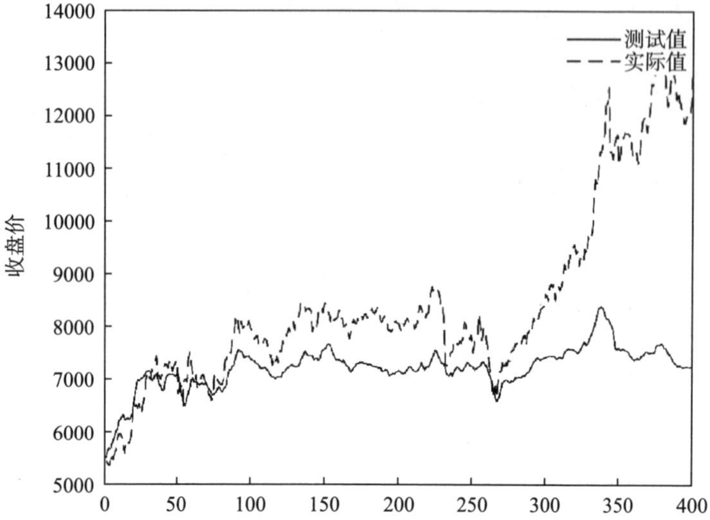

（a）真实值与预测值的对比

（b）误差水平趋势

图 4 - 22　测试集数据的误差水平

表 4－3　前 100 天的预测值的误差率

预测天数	预测值	真实值	误差率	预测天数	预测值	真实值	误差率
1	5518.18	5455.96	1.14%	51	7107.68	6733.33	5.56%
2	5635.74	5427.39	3.84%	52	6904.87	6890.25	0.21%
3	5705.05	5366.93	6.30%	53	6709.01	6887.66	2.59%
4	5676.44	5411.81	4.89%	54	6677.61	6630.51	0.71%
5	5767.25	5606.22	2.87%	55	6504.57	6996.15	7.03%
6	5858.37	5483.60	6.83%	56	6551.77	7016.72	6.63%
7	5928.93	5600.70	5.86%	57	6676.50	6951.83	3.96%
8	6032.30	5655.75	6.66%	58	6754.95	7412.66	8.87%
9	6056.77	5894.00	2.76%	59	6862.86	7517.22	8.70%
10	6230.26	5972.21	4.32%	60	7002.96	7295.17	4.01%
11	6243.23	5984.29	4.33%	61	7030.33	7104.60	1.05%
12	6310.22	5929.13	6.43%	62	6952.27	7178.65	3.15%
13	6343.60	5765.92	10.02%	63	6958.17	7106.40	2.09%
14	6238.79	5598.92	11.43%	64	6949.65	6848.43	1.48%
15	6247.94	5825.51	7.25%	65	6916.06	6954.72	0.56%
16	6280.10	5775.96	8.73%	66	6901.63	6986.03	1.21%
17	6244.81	5792.40	7.81%	67	6943.57	7065.83	1.73%
18	6259.94	5863.67	6.76%	68	6913.28	7102.73	2.67%
19	6326.23	6061.73	4.36%	69	6916.62	7024.00	1.53%
20	6512.09	6558.02	0.70%	70	6928.49	6923.32	0.07%
21	6698.74	6491.94	3.19%	71	6879.06	6883.44	0.06%
22	6881.73	6520.69	5.54%	72	6834.16	6707.86	1.88%
23	7003.64	6464.67	8.34%	73	6792.42	6703.01	1.33%
24	6979.74	6548.75	6.58%	74	6740.86	6600.52	2.13%
25	7009.07	6359.26	10.22%	75	6711.51	6730.81	0.29%
26	7026.73	6394.19	9.89%	76	6746.69	7119.19	5.23%
27	7057.93	6593.60	7.04%	77	6763.05	7038.16	3.91%
28	7089.84	6697.39	5.86%	78	6824.93	7006.16	2.59%
29	7148.26	7043.90	1.48%	79	6872.10	6939.08	0.97%
30	7171.68	7146.63	0.35%	80	6802.77	6903.59	1.46%
31	7169.25	7046.88	1.74%	81	6772.89	6905.40	1.92%

续表

预测天数	预测值	真实值	误差率	预测天数	预测值	真实值	误差率
32	7130.16	6996.64	1.91%	82	6812.50	7010.92	2.83%
33	6987.78	7192.22	2.84%	83	6854.23	7341.95	6.64%
34	7013.94	7226.67	2.94%	84	6917.58	7411.38	6.66%
35	7087.66	7351.50	3.59%	85	7077.22	7536.41	6.09%
36	7116.71	7451.91	4.50%	86	7187.62	7539.61	4.67%
37	7023.61	7074.42	0.72%	87	7192.14	7499.09	4.09%
38	6904.02	7077.75	2.45%	88	7256.00	7749.96	6.37%
39	6887.46	7001.12	1.62%	89	7270.75	7761.66	6.32%
40	6793.33	7137.11	4.82%	90	7399.82	8153.94	9.25%
41	6797.27	7216.37	5.81%	91	7486.65	8221.21	8.93%
42	6970.26	7299.61	4.51%	92	7576.70	8031.59	5.66%
43	7060.88	7285.46	3.08%	93	7549.02	7877.54	4.17%
44	7100.38	7223.96	1.71%	94	7531.13	8113.99	7.18%
45	7105.39	7366.63	3.55%	95	7513.68	7972.02	5.75%
46	7093.81	7318.38	3.07%	96	7417.66	8010.63	7.40%
47	7099.76	7165.91	0.92%	97	7440.44	8060.63	7.69%
48	7090.60	7267.40	2.43%	98	7442.27	7992.26	6.88%
49	7069.79	7320.75	3.43%	99	7448.46	8109.82	8.16%
50	7096.06	7366.91	3.68%	100	7408.56	8024.41	7.67%

本章参考文献

[1] Abadie A, Cattaneo M D. Econometric methods for program evaluation [J]. Annual Review of Economics, 2018 (10): 465 – 503.

[2] Athey S, Imbens G W. Machine learning methods that economists should know about [J]. Annual Review of Economics, 2019 (11): 685 – 725.

[3] Bartov E, Faurel L, Mohanram P S. Can Twitter help predict firm – level earnings and stock returns? [J]. The Accounting Review, 2018, 93 (3): 25 – 57.

[4] Choudhary M A, Haider A. Neural network models for inflation forecasting: An appraisal [J]. Applied Economics, 2012, 44 (20): 2631 – 2635.

[5] Choudhury P, Allen R T, Endres M G. Machine learning for pattern discovery in management research [J]. Strategic Management Journal, 2021, 42 (1): 30 -57.

[6] Choudhury P, Starr E, Agarwal R. Machine learning and human capital complementarities: Experimental evidence on bias mitigation [J]. Strategic Management Journal, 2020, 41 (8): 1381 -1411.

[7] Deng T, Bi S, Xiao J. Comparative analysis of advanced time series forecasting techniques: Evaluating the accuracy of ARIMA, prophet, and deep learning models for predicting inflation rates, exchange rates, and key financial indicators [J]. Advances in Deep Learning Techniques, 2023, 3 (1): 52 -98.

[8] Dozic D J, Urosevic B D G. Application of artificial neural networks for testing long - term energy policy targets [J]. Energy, 2019 (174): 488 -496.

[9] Dyer T, Lang M, Stice - Lawrence L. The evolution of 10 - K textual disclosure: Evidence from latent dirichlet allocation [J]. Journal of Accounting and Economics, 2017, 64 (2 - 3): 221 -245.

[10] Jordan M I, Mitchell T M. Machine learning: Trends, perspectives, and prospects [J]. Science, 2015, 349 (6245): 255 -260.

[11] Lowry M, Michaely R, Volkova E. Information revealed through the regulatory process: Interactions between the SEC and companies ahead of their IPO [J]. The Review of Financial Studies, 2020, 33 (12): 5510 -5554.

[12] Malhotra S, Reus T H, Zhu P C, et al. The acquisitive nature of extraverted CEOs [J]. Administrative Science Quarterly, 2018, 63 (2): 370 -408.

[13] Manela A, Moreira A. News implied volatility and disaster concerns [J]. Journal of Financial Economics, 2017, 123 (1): 137 -162.

[14] Medeiros M C, Vasconcelos G F R, Veiga Á, et al. Forecasting inflation in a data rich environment: The benefits of machine learning methods [J]. Journal of Business & Economic Statistics, 2019, 39 (1): 98 -119.

[15] Polyzos S, Samitas A, Katsaiti M S. Who is unhappy for brexit? A machine - learning, agent - based study on financial instability [J]. International Review of Financial Analysis, 2020 (72): 117 -130.

[16] Thakur G S M, Bhattacharyya R, Mondal S S. Artificial neural network based model for forecasting of inflation in India [J]. Fuzzy Information and Engineering, 2016, 8 (1): 87 -100.

[17] Varian H R. Big data: New tricks for econometrics [J]. Journal of Economic Perspectives,

2014，28（2）：3－28.
［18］陈林，喻金平．基于 CNN－LSTM 的惠企政策文本多分类研究. 电脑知识与技术，2024，(25)，69－72.
［19］高华川，白仲林．一种基于机器学习的时变面板数据政策评估方法［J］. 数量经济技术经济研究，2019，36（8）：111－128.
［20］胡楠，薛付婧，王昊楠．管理者短视主义影响企业长期投资吗？——基于文本分析和机器学习［J］. 管理世界，2021，37（5）：139－156.

第五章　能源环境因素分解模型及应用

本章主要关注能源环境因素分解模型及应用，重点介绍了指数分解分析模型和结构分解分析模型的分解形式、方法拓展及应用领域。在此基础上，以京津冀区域为例，从产业链视角对关键产业链路径上碳排放的影响因素进行识别，以此介绍结构分解分析模型的应用。

第一节　能源环境因素分解模型介绍

一、指数分解分析（IDA）

以 IPAT 方程为代表的环境质量影响因素分析模型、指数分解分析、结构分解分析是能源环境问题和污染气体排放问题及其影响因素的研究中常用的三大类实证研究方法（张鸿武等，2016）。IPAT 模型是 1971 年由 Enrlich 和 Holden 提出的，用于评估人类行为对环境影响的模型，基本公式为：

$$I = P \times A \times T \tag{5-1}$$

式中，I 代表环境质量（如排放水平），P 代表人口规模，A 代表人均财富，T 代表技术水平。但由于该模型的公式过于简单，且所包含的 3 个因素的弹性系数均为 1，因此无法体现不同驱动因素的区别。1994 年，Dietz 和 Rosa 在 IPAT 模型的基础上提出了 STIRPAT 模型，与 IPAT 模型的相同点是二者均建立在环境质量与影响因素之间表现为线性关系的基础上，但弥补了 IPAT 模型弹性一致性假设的局限。该模型的公式为：

$$I = \alpha P^{a} \times A^{b} \times T^{c} e \tag{5-2}$$

式中，α 为模型系数，a、b、c 分别代表 P、A、T 的弹性系数，e 是残差，以上参数的具体数值可通过统计回归的方法进行获取。式（5-2）经过取自然对数之后可以变成以下形式：

$$\ln I = \ln\alpha + a\ln P + b\ln A + c\ln T + \ln e \tag{5-3}$$

指数分解分析（Index Decomposition Analysis）发端于1871年Laspeyres提出的以基期价格为权重的指数，该方法最早应用于经济领域，可以解决产品的产量变化和价格变化对销售额的影响等经济问题。到了20世纪70年代，石油危机的爆发使能源消费问题开始得到发达国家的广泛关注，相关研究者们试图对工业能源消费变化的驱动因素进行分析。70年代末期，指数分解法第一次被用于一项关于产品组合变化对工业能源需求影响的研究中（Ang et al.，2000）。20世纪80年代，指数分解分析首次被应用于分析工业用电量，自此该方法开始广泛地应用于能源和排放相关的研究。同时，指数分解分析的方法论和实际应用不断完善并得以发展，因此到了20世纪90年代，随着气候变化和环境污染等问题日益严重，指数分解分析开始用于研究废气（如二氧化硫、二氧化碳、氮氧化合物等）排放方面的问题（张炎治、聂锐，2008）。

指数分解分析主要关注的是相关因素对总体指标的直接影响，可以评估相关因素的变化对总体指标变化的贡献程度，其目的在于研究变化的本质。分解分析的重要特征有两个：首先，分解分析是一种比较静态分析，即在指标变化的比较和分解中，只关注初始状态和最终状态，从而使分解分析具有计算方法简单易操作、分析结果直观易理解、数据需求量较小的优点；其次，分解分析需要先验知识，即在对综合指标进行分解之前就需要选定模型，这使得与计量经济学的回归统计分析方法相比，不仅自由度下降，而且缺少如t值等可以用来检验模型显著性的统计量。

但由于该方法只需要部门级常规统计数据，而且可以进行不同尺度和不同层面的分解分析，因此在具体使用上表现出更大的灵活性（Jiang et al.，2017）。Laspeyres分解和Divisia分解是最为基础的两种分解方法，但均存在不能完全分解因式包含剩余项的问题，且后者还有无法处理零值的问题，因此在这两种方法的基础上，很多学者对模型进行了优化，从而提出新的模型。例如，完全分解的Laspeyres法、算术平均除法指数法（Arithmetic Mean Divisia Index，AMDI）、对数平均Divisia分解法（Log - Mean Divisia Index，LMDI）、适应性加权Divisia分解（Adaptive Weighting Decomposition，AWD）等。在各种IDA技术中，LMDI分解具有能够处理零值、负值和缺失值的能力，并且还具有对变量变化的适应性和分解的完美性两大优势，因此被公认为是最实用、最准确的分解技术之一，在能源环境领域得到了非常广泛的应用（Ang et al.，

2000；Xu and Ang，2014）。

目前出现的指数分解模型有十几种，表 5－1 展示了其中几种应用较为广泛的模型的基本特征（杨正东、李京文，2015）。

表 5－1　不同分解方法的特征

分解方法	完全分解	一致可加	时间反转	加法乘法相通	负值时的稳健性	零值时的稳健性
Laspeyres	×	√	×	×	√	×
Marshall－Edgeworth	√	√	×	×	√	×
Fisher Ideal	√	√	×	×	√	×
Shapley/Sun	√	√	×	×	√	×
AMDI	×	×	√	√	×	×
LMDI Ⅰ	√	×	√	√	×	√
LMDI Ⅱ	√	√	√	√	×	√

运用指数分解分析的基本步骤：首先，将能源消费量、能源强度等目标量拆解成多个预定义的影响因素相乘的形式；其次，根据研究目的选择差值形式或者比值形式，求目标量的总变化量或者变化率；最后，选择合适的指数分解方法量化分解各个影响因素对目标量的相对影响。由表 5－1 可知，各种分解方法都有其优缺点，因此有不同的适用范围。当研究对象需要达到完全分解，以及需要进行多层级的分析，并且在保证没有负数出现的情况下，LMDI Ⅰ分解法仍然是适用性最广泛的指数分解方法。

（一）基础模型

指数分解分析有两种不同的分解方法，分别是加性分解和乘性分解。二者的区别在于加性分解分析侧重对因素绝对变化量的分解，最后的分解结果会有明确的物理单位；而乘性分解分析侧重对因素相对变化量的分解，最后的分解结果是以指数形式表示的无量纲量。

假设某一经济或能源环境的总量指标 E 由 m 个部门相加而成：$E = \sum_{j=1}^{m} E_j$，$E_j = y_j(x_1, x_2, \cdots, x_n)$，其中 $j = 1, 2, \cdots, m$，即y_j为次级行业部门分类，而每个部门又由 n 个元素 $y(x_1, x_2, \cdots, x_n)$组成，其中，$y(x_1, x_2, \cdots, x_n) = x_1 x_2 \cdots x_n$。$E$ 与E_{x_i}的关系式如式（5－4）所示。$x_{j,i}$表示 i 元素在 j 部门的值。从 0 到 T 时

期总量 E 由E^0变化为E^T。

$$E = \sum_{j=1}^{m} E = \sum_{j=1}^{m} y_j(x_1 x_2 \cdots x_n) = \sum_{j=1}^{m} x_{j,1} x_{j,2} \cdots x_{j,n} \tag{5-4}$$

1. 加性分解式

当考察 n 个元素对此种变化的贡献程度时，可以采用加性分解式对驱动因素进行展开分解，如式（5－5）所示：

$$\Delta E_{total} = E^T - E^0 = \sum_{i=1}^{n} \Delta E_{x_i} = \Delta E_{x_1} + \Delta E_{x_2} + \cdots + \Delta E_{x_n} \tag{5-5}$$

加性分解式一般表达式为：

$$\Delta E = \int_0^T dE = \int_0^T \sum_{j=1}^{m} dy_j = \sum_{j=1}^{m} \int_0^T dy_j \tag{5-6}$$

基于拉式指数（Laspeyres Based Index）和迪式指数（Divisia Based Index），某指标变化率的衡量方式在 IDA 中有不同的表达式。通过分解 $y(x_1, x_2, \cdots, x_n)$，可以得到基本的加性分解式：

$$\begin{aligned} dy &= \frac{\partial y}{\partial x_1} d x_1 + \frac{\partial y}{\partial x_2} d x_2 + \cdots + \frac{\partial y}{\partial x_n} d x_n \\ &\overset{las}{=} \frac{y(\cdots, x_1, \cdots)}{x_1} d x_1 + \frac{y(\cdots, x_2, \cdots)}{x_2} d x_2 + \cdots + \frac{y(\cdots, x_n, \cdots)}{x_n} d x_n \\ &\overset{div}{=} y(\cdots, x_1, \cdots) d\ln x_1 + y(\cdots, x_2, \cdots) d\ln x_2 + \cdots y(\cdots, x_n, \cdots) d\ln x_n \end{aligned} \tag{5-7}$$

$$d\ln y = d\ln x_1 + d\ln x_2 + \cdots + d\ln x_n \tag{5-8}$$

根据式（5－7）可以得到加性分解分析方法下拉式指数的一般分解式：

$$\Delta E^{las} = \sum_{j=1}^{m} \sum_{i=1}^{n} \int_0^T \frac{y_j(\cdots, x_j, \cdots)}{x_{j,i}} d x_{j,i} = \sum_{i=1}^{n} \left(\sum_{j=1}^{m} \int_0^T \frac{y_j}{x_{j,i}} d x_{j,i} \right) \tag{5-9}$$

根据式（5－7）和式（5－8）可以得到加性分解分析方法下迪氏指数的一般分解式：

$$\Delta E^{div} = \sum_{j=1}^{m} \sum_{i=1}^{n} \int_0^T y_j(\cdots, x_{j,i}, \cdots)\, d\ln x_{j,i} = \sum_{i=1}^{n} \left(\sum_{j=1}^{m} \int_0^T y_j\, d\ln x_{j,i} \right) \tag{5-10}$$

基于拉式指数和迪式指数进行分解所导致的不同结果是由于对式（5－9）和式（5－10）的积分过程的选择不同。拉式分解与迪式分解的一般分解式的根本区别在于影响因素的求导方式不同，其中拉式分解的影响因素是按照线性形式进行求导的，拉式指数将变化率表示为线性变换 $d\,x_i$；而迪式分解的影响因素是按照对数的形式进行求导的，迪式指数将变化率表示为对数变换 $d\ln x_i$。假设$\frac{y_j}{x_{j,i}}=\frac{\bar{y}_j^L}{\bar{x}_{j,i}^L}$，$y_j=\bar{y}_j^D$，则可推导出拉式指数和迪式指数情形下，$x_i$对总量变动 ΔE 的贡献率：

$$\Delta\bar{E}_{x_i}^{las}=\sum_{j=1}^{m}\frac{\bar{y}_j^L}{\bar{x}_{j,i}^L}\Delta x_{j,i}=\sum_{j=1}^{m}\Delta\bar{E}_{x_{i,j}}^{las} \tag{5-11}$$

$$\Delta\bar{E}_{x_i}^{div}=\sum_{j=1}^{m}y_j^D\Delta\ln x_{j,i}=\sum_{j=1}^{m}\Delta\bar{E}_{x_{i,j}}^{div} \tag{5-12}$$

式（5－11）中，$\Delta\bar{E}_{x_i}^{las}$表示基于拉式指数测算的来自元素$x_i$的变动对总量变动的贡献，$\Delta x_{j,i}=x_{j,i}{}^T-x_{j,i}{}^0$，$\Delta\bar{E}_{x_{i,j}}^{las}$表示的是基于拉式指数测算的来自$y_j$部门的元素$x_i$的间接变动对总量变动的贡献。同理，式（5－12）中$\Delta\bar{E}_{x_i}^{div}$表示基于迪式指数测算的来自元素$x_i$的变动对总量变动的贡献，其中，$\Delta\ln x_{j,i}=\ln x_{j,i}{}^T-\ln x_{j,i}{}^0$；$\Delta\bar{E}_{x_{i,j}}^{div}$表示基于迪式指数测算的来自$y_j$部门的元素$x_i$的间接变动对总量变动的贡献。若$\Delta\bar{E}_{total}=\sum_{i=1}^{n}\Delta\bar{E}_{x_i}^{las}=\sum_{i=1}^{n}\Delta\bar{E}_{x_i}^{div}$，那么，$\frac{\bar{y}_j^L}{\bar{x}_{j,i}^L}$和$\bar{y}_j^D$可以被完全分解，即没有残差项。否则将会出现如式（5－13）、式（5－14）所示的残差项：

$$\begin{aligned}\Delta\bar{E}_{rsd}^{las}&=\Delta\bar{E}_{total}-\sum_{i=1}^{n}\Delta\bar{E}_{x_i}^{las}=\Delta\bar{E}_{total}-\sum_{i=1}^{n}\sum_{j=1}^{m}\frac{\bar{y}_j^L}{\bar{x}_{j,i}^L}\Delta x_{j,i}\\&=\Delta\bar{E}_{total}-\sum_{i=1}^{n}\sum_{j=1}^{m}\Delta\bar{E}_{x_{i,j}}^{las}=\Delta\bar{E}_{total}-\Delta\bar{E}^{las}\end{aligned} \tag{5-13}$$

$$\begin{aligned}\Delta\bar{E}_{rsd}^{div}&=\Delta\bar{E}_{total}-\sum_{i=1}^{n}\Delta\bar{E}_{x_i}^{div}=\Delta\bar{E}_{total}-\sum_{i=1}^{n}\sum_{j=1}^{m}\bar{y}_j^D\Delta\ln x_{j,i}\\&=\Delta\bar{E}_{total}-\sum_{i=1}^{n}\sum_{j=1}^{m}\Delta\bar{E}_{x_{i,j}}^{div}=\Delta\bar{E}_{total}-\Delta\bar{E}^{div}\end{aligned} \tag{5-14}$$

综上可得，拉式指数分解情形下的加性分解式的一般式：

$$\begin{aligned}\Delta E_{total}&=\sum_{i=1}^{n}\Delta\bar{E}_{x_i}^{las}+\Delta\bar{E}_{rsd}^{las}\\&=\sum_{i=1}^{n}\sum_{j=1}^{m}\frac{\bar{y}_j^L}{\bar{x}_{j,i}^L}\Delta x_{j,i}+\Delta\bar{E}_{rsd}^{las}\\&=\Delta\bar{E}^{las}+\Delta\bar{E}_{rsd}^{las}\end{aligned} \tag{5-15}$$

迪式指数分解情形下的加性分解式的一般式为：

$$\begin{aligned}\Delta E_{total} &= \sum_{i=1}^{n}\Delta \bar{E}_{x_i}^{div} + \Delta \bar{E}_{rsd}^{div} \\ &= \sum_{i=1}^{n}\sum_{j=1}^{m}\bar{y}_j^{D}\Delta\ln x_{j,i} + \Delta \bar{E}_{rsd}^{div} \\ &= \Delta E^{div} + \Delta \bar{E}_{rsd}^{div}\end{aligned} \tag{5-16}$$

当残差项 $\Delta \bar{E}_{rsd}^{las}$、$\Delta \bar{E}_{rsd}^{div}$ 为 0 时，即为完全分解。残差项 ΔE_{rsd} 表示 ΔE_{total} 中未解释的部分，对残差项的处理是衡量分解方法优劣的重要指标之一。

2. 乘性分解式

当考察 n 个元素对总指标变化的贡献程度时，也可以采用乘性分解式对驱动因素进行展开分解。同样假设总量指标 E 从 0 到 T 时期由E^0变化为E^T，在该时期的变动用D_{total}表示，具体形式为：

$$D_{total} = \frac{E^T}{E^0} \tag{5-17}$$

则该指标的总效应可以分解为每个驱动因素影响的和，如式（5－18）所示：

$$\begin{aligned}D_{total} &= D_{x_1} D_{x_2} \cdots D_{x_n} = \prod_{i=1}^{n} D_{x_i} \\ \text{或}\ \ln D_{total} &= \sum_{i=1}^{n}\ln D_{x_i}\end{aligned} \tag{5-18}$$

根据式（5－7）的求导结果可以得到D_{total}的分解形式如式（5－19）所示：

$$\ln D_{total} = \sum_{i=1}^{n}\ln D_{x_i} \tag{5-19}$$

乘性一般分解式与加性一般分解式相比，缺点在于无法直接延伸到每个部门对某驱动因素的影响。因此需要通过寻找权重w_j，使其满足 $\sum_{j=1}^{m} w_j = 1$，从而可以得到拉式和迪式分解下元素x_i的效应在乘性分解情形下的一般分解式，分别为式（5－20）和式（5－21）：

$$\ln D_{x_i}^{las} = \sum_{j=1}^{m}\frac{\bar{w}_j^{L}}{\bar{x}_{j,i}^{L}}\Delta x_{j,i} \tag{5-20}$$

$$\ln D_{x_i}^{div} = \sum_{j=1}^{m}\bar{w}_j^{D}\Delta\ln x_{j,i} \tag{5-21}$$

综上所述，拉氏和迪氏分解在乘性分解式情形下的一般标准分解式分别如式（5－22）和式（5－23）所示：

$$\ln D_{x_i}^{las} = \Delta(\ln E) = \int_0^T \sum_{j=1}^{m} \frac{y_j(x_1, x_2, \cdots, x_n)}{x_{j,i}} d\, x_{j,i} = \sum_{j=1}^{m} \int_0^T \frac{\bar{w}_j^L}{\bar{x}_{j,i}^L} d\, x_{j,i} \tag{5-22}$$

$$\ln D_{x_i}^{div} = \Delta(\ln E) = \int_0^T d\ln E = \int_0^T E^{-1} d \sum_{j=1}^{m} y_j = \sum_{j=1}^{m} \int_0^T \bar{w}_j^D d\ln y_j \tag{5-23}$$

将式（5－7）、式（5－8）代入式（5－22）、式（5－23）中，可得其最终一般式，分别为式（5－24）、式（5－25）：

$$\ln D^{las} = \sum_{j=1}^{m} \sum_{i=1}^{n} \int_0^T \frac{\bar{w}_j^L}{\bar{x}_{j,i}^L} d\, x_{j,i} = \sum_{i=1}^{n} \left(\sum_{j=1}^{m} \int_0^T \frac{\bar{w}_j^L}{\bar{x}_{j,i}^L} d\, x_{j,i} \right) \tag{5-24}$$

$$\ln D^{div} = \sum_{j=1}^{m} \sum_{i=1}^{n} \int_0^T \bar{w}_j^D d\ln x_{j,i} = \sum_{i=1}^{n} \left(\sum_{j=1}^{m} \int_0^T \bar{w}_j^D d\ln x_{j,i} \right) \tag{5-25}$$

假设有参数条件满足当某连续中值 $\bar{y}_j$ 和 $\bar{w}_j$ 在拉氏或迪氏分解情形下，存在 $y_j = const. = \bar{y}_j^{L/D}, w_j = const. = \bar{w}_j^{L/D}$ 使得 $\ln D_{total} = \sum_{i=1}^{n} \ln D_{x_i}^{L/D}$，则称在该点取值使得此次分解达到完美分解，否则会出现残差项。因此可得含有残差项的拉氏与迪氏分解式的一般式为：

$$\ln D_{total}^{las} = \ln D^{las} + \ln D_{rsd}^{las} = \sum_{i=1}^{n} \ln D_{x_i}^{las} + \ln D_{rsd}^{las} \tag{5-26}$$

$$\ln D_{total}^{div} = \ln D^{div} + \ln D_{rsd}^{div} = \sum_{i=1}^{n} \ln D_{x_i}^{div} + \ln D_{rsd}^{div} \tag{5-27}$$

式（5－26）和式（5－27）所表示的是 n 个驱动因素对所测算的经济或能源环境指标总变动效应之和。

（二）常用的 IDA 分解方法

数据不足以及积分路径未知等现实原因，会导致指数分解过程中的积分难以计算，因此研究者们希望通过给两个端点的值做一个合理的加权平均的方法，近似代替积分结果。基于此，相关研究者们给出了各种不同的加权方法，从而产生了不同的指数分解分析方法。

其中比较简单的方法是 AMDI 分解法，该方法简单地给两个端点分别赋权重为 0.5，其加性和乘性分解形式下的公式分别为：

$$\Delta E_{x_i} = 0.5\sum_{j=1}^{m}(E_i^0 + E_i^T)\ln\left(\frac{x_{i,j}^T}{x_{i,j}^0}\right) \tag{5-28}$$

$$D_{x_i} = \exp\left[0.5\sum_{j=1}^{m}(w_i^0 + w_i^T)\ln\left(\frac{x_{i,j}^T}{x_{i,j}^0}\right)\right] \tag{5-29}$$

而应用最为广泛的方法是由 Ang 等（1998）提出的 LMDI 分解法。该方法所采用的权数是两端点值的对数平均，其加性和乘性分解形式下的公式分别为：

$$\Delta E_{x_i} = \sum_{j=1}^{m}L(E_i^0, E_i^T)\ln\left(\frac{x_{i,j}^T}{x_{i,j}^0}\right) \tag{5-30}$$

$$D_{x_i} = \exp\left[\sum_{j=1}^{m}\frac{L(E_i^0, E_i^T)}{L(E^0, E^T)}\ln\left(\frac{x_{i,j}^T}{x_{i,j}^0}\right)\right] \tag{5-31}$$

其中，$L(a, b) = \begin{cases}(a-b)/(\ln a - \ln b), & a \neq b \\ a, & a = b\end{cases}$。

加法形式和乘法形式通常被叫作 LMDI 分解法的Ⅰ型和Ⅱ型。与 Laspeyres 指数分解法相比，LMDI 分解法具有无残差项、能够达到完美分解的优点；而与 AMDI 分解法相比，LMDI 分解法又具有数据集中可容纳零值的优势，因此得到了大量应用。

Laspeyres 完全分解法有着和对数平均迪氏分解（LMDI）方法相同的优势，即计算较为简单以及分解之后没有剩余项，因此得到了广泛应用。Laspeyres 完全分解同样假设 E 可以分解成 n 个因子的乘积，即 $E = x_1 x_2 \cdots x_n$，从 0 到 T 时期总量 E 由E^0变化为E^T，从而有：

$$\Delta E_{total} = E^T - E^0 = x_1^T x_2^T \cdots x_n^T - x_1^0 x_2^0 \cdots x_n^0 \tag{5-32}$$

$$\Delta E_{total} = E^T - E^0 = (x_1^0 + \Delta x_1)(x_2^0 + \Delta x_2)\cdots(x_n^0 + \Delta x_n) - x_1^0 x_2^0 \cdots x_n^0 \tag{5-33}$$

式中，Δx_i是因子x_i在时间周期［0，T］之间的变化。在 Laspeyres 分解方法下，因子x_i对总量指标 E 的变化的贡献程度为：

$$\Delta E_{x_i} = x_1^0 x_2^0 \cdots x_{i-1}^0 \Delta x_i x_{i+1}^0 \cdots x_n^0 \tag{5-34}$$

$$\Delta E_{total} = \sum_{i=1}^{n}\Delta E_{x_i} \tag{5-35}$$

由于式（5-32）共有2^n-1项，而式（5-35）只有 n 项，因此剩余的（2^n-n-1）项被忽略，故 Laspeyres 分解方法所给出的仅是近似的分解结果。

Sun（1998）根据“jointly created and equally distributed”的原则，通过将残差均摊给各主要因素，提出了无残差项的完全分解 Laspeyres 法。在该方法中，因子x_i对总量指标 E 的变化的贡献程度为：

$$\Delta E_{x_i} = \frac{E^0}{x_i^0}\Delta x_i + \frac{1}{2}\sum_{i\neq j}\frac{E^0}{x_i^0 x_j^0}\Delta x_i \Delta x_j + \frac{1}{3}\sum_{i\neq j\neq k}\frac{E^0}{x_i^0 x_j^0 x_k^0}\Delta x_i \Delta x_j \Delta x_k + \cdots + \frac{\Delta x_1 \Delta x_2 \cdots \Delta x_n}{n} \tag{5-36}$$

修正的 Laspeyres 指数分解法多用于加法形式的分解，并且当因素数量大于 3 个时，其公式将会变得较为复杂（陈诗一，2011），而 LMDI 分解法不仅在因素数量较多时仍然保持其简明易懂的优点，且加法分解形式和乘法分解形式可以通过式（5－37）互相转换：

$$\frac{\Delta E_{x_i}}{\ln D_{x_i}} = L(E^T, E^0) = \frac{E^T - E^0}{\ln(E^T/E^0)} = \frac{\Delta E_{tot}}{\ln D_{tot}} \tag{5-37}$$

之后，还出现了 Chung 和 Rhee 于 2001 年提出的均值变化率指数法和 Albrecht 等于 2002 年提出的 Shapley 数值法，这两种方法也可以进行完全分解，但并未能够得到广泛应用（陈诗一，2011）。

为简化分解结果的一般公式，假设 E 为能源消耗总量，仅考虑生产总值和能源强度对能源消耗的影响，即 $E = \frac{E}{Y} \times Y$，令 $\frac{E}{Y} = X$，则 $E = XY$。在基期有 $E^0 = \sum_j E_j^0 = \sum_j X_j^0 Y_j^0$，在 T 期有 $E^T = \sum_j E_j^T = \sum_j X_j^T Y_j^T$，则可以得到常见的七种指数分解方法分解结果的一般公式（见表 5－2），其中前四种分解法为拉氏分解法，后三种分解法为迪氏分解法。

表 5－2　几种分解模型乘性分解下的一般分解结果

分解方法	分解结果
Laspeyres	$X_L = \sum_j X_j^T Y_j^0 / \sum_j X_j^0 Y_j^0 ; Y_L = \sum_j X_j^0 Y_j^T / \sum_j X_j^0 Y_j^0$
Paasche	$X_P = \sum_j X_j^T Y_j^T / \sum_j X_j^0 Y_j^T ; Y_P = \sum_j X_j^T Y_j^T / \sum_j X_j^T Y_j^0$

续表

分解方法	分解结果
Marshall – Edgeworth	$X_M = \sum_j X_j^T(Y_j^0 + Y_j^T)/\sum_j X_j^0/(Y_j^0 + Y_j^T)$； $Y_M = \sum_j Y_j^T(X_j^0 + X_j^T)/\sum_j Y_j^0(X_j^0 + X_j^T)$
Fisher Ideal	$X_F = \sqrt{X_L X_P}$； $Y_F = \sqrt{Y_L Y_P}$
AMDI	$X_A = \exp\left[\sum_j \bar{w}_j \ln\left(\frac{X_j^T}{X_j^0}\right)\right]; Y_A = \exp\left[\sum_j \bar{w}_j \ln\left(\frac{Y_j^T}{Y_j^0}\right)\right]; \bar{w}_j = \frac{E_j^0 + E_j^T}{2}$
LMDI Ⅰ	$X_{L\,I} = \exp\left[\sum_j \bar{w}_j \ln\left(\frac{X_j^T}{X_j^0}\right)\right]; Y_{LI} = \exp\left[\sum_j \bar{w}_j \ln\left(\frac{Y_j^T}{Y_j^0}\right)\right]$; $\bar{w}_j = \frac{L(E_j^0, E_j^T)}{L(E^0, E^T)}$
LMDI Ⅱ	$X_{L\,II} = \exp\left[\sum_j \bar{w}_j \ln\left(\frac{X_j^T}{X_j^0}\right)\right]; Y_{LII} = \exp\left[\sum_j \bar{w}_j \ln\left(\frac{Y_j^T}{Y_j^0}\right)\right]$; $\bar{w}_j = \frac{L(E_j^0/E^0, E_j^T/E^T)}{\sum_j [L(E_j^0/E^0, E_j^T/E^T)]}$

目前在能源环境领域运用 IDA 方法研究碳排放相关的问题时，Kaya 恒等式是使用最为广泛的预定义恒等式之一。Kaya 恒等式最初由日本研究者 Yoichi Kaya（1989）在 IPCC 的会议上提出，其基本公式为：

$$CE = \sum_i \frac{CE_i}{E_i} \times \frac{E_i}{E} \times \frac{E}{Y} \times \frac{Y}{P} \times P \tag{5-38}$$

式中，i 代表不同的能源种类；CE 代表碳排放总量；E 代表能源消费总量；Y 为 GDP；P 代表人口规模；$\frac{CE_i}{E_i}$代表单位能源消耗的二氧化碳排放，即各种能源的碳排放因子，为常数；$\frac{E_i}{E}$代表的是能源结构；$\frac{E}{Y}$代表单位产值的能源消耗，衡量的是能源效率；$\frac{Y}{P}$为人均总产值，衡量经济发展状况。

运用 LMDI 分解法对上述恒等式进行分解，可以得到：

$$\Delta CE = \Delta \frac{CE_i}{E_i} + \Delta \frac{E_i}{E} + \Delta \frac{E}{Y} + \Delta \frac{Y}{P} + \Delta P \tag{5-39}$$
$$= \Delta CE_{\varepsilon} + \Delta CE_{str} + \Delta CE_{eff} + \Delta CE_{eco} + \Delta CE_{pop}$$

式（5－39）体现的是驱动碳排放变化的影响因素有四个，分别是能源结构效应、能源效率效应、经济发展效应以及人口效应。

现有的以 Kaya 恒等式为基础的指数分解分析方法，包括因其独特优势已得到广泛应用的 LMDI 方法，都是将目标变量分解成多个相关因素相乘的形式，其分解结果取决于影响因素的选取，且各个因素之间会存在形式上的相互依赖性，从而可能会造成不同因素分解形式产生相悖结论的问题。除此之外，上述指数分解方法只能考察最多一个绝对量因素的变化对碳排放变动的影响，而其他绝对量因素以及分解过程中隐含的碳排放影响因素则难以被充分考虑。基于此，Vaninsky（2014）提出了广义迪氏指数分解法（Generalized Divisia Index Method，GDIM）这一新的指数分解分析框架，从而能够更加全面准确地量化考察不同因素对碳排放变动的实际贡献程度。GDIM 在 Kaya 恒等式的基础上进行变形，构建包含多个绝对量因素和相对量因素的多维因素分解模型。根据式（5－38）所示的 Kaya 恒等式对碳排放的刻画，运用 GDIM 方法的分解公式如下：

$$CE = \frac{CE}{Y} \times Y = \frac{CE}{E} \times E = \frac{CE}{P} \times P \tag{5-40}$$

$$\frac{E}{Y} = \frac{CE}{Y} \Big/ \frac{CE}{E} \tag{5-41}$$

$$\frac{Y}{P} = \frac{CE}{P} \Big/ \frac{CE}{Y} \tag{5-42}$$

式中，CE 为碳排放总量，Y 为增加值，$\frac{CE}{Y}$表示产出碳强度；E 为能源消费总量，$\frac{CE}{E}$表示能源消费碳强度；P 表示人口规模，$\frac{CE}{P}$表示人均碳排放强度；$\frac{E}{Y}$表示能源强度；$\frac{Y}{P}$代表人均增加值。为将公式简化，令$X_1 = Y$，$X_2 = \frac{CE}{Y}$，$X_3 = E$，$X_4 = \frac{CE}{E}$，$X_5 = P$，$X_6 = \frac{CE}{P}$，$X_7 = \frac{Y}{P}$，$X_8 = \frac{E}{Y}$，进而可以将上述三个公式变换成以下形式：

$$CE = X_1X_2 = X_3X_4 = X_5X_6 \tag{5-43}$$

$$X_7 = X_6/X_2 \tag{5-44}$$

$$X_8 = X_2/X_4 \tag{5-45}$$

为运用 GDIM 方法，将式（5－43）～式（5－45）进一步转换：

$$CE = X_1X_2 \tag{5-46}$$

$$X_1X_2 - X_3X_4 = 0 \tag{5-47}$$

$$X_1X_2 - X_5X_6 = 0 \tag{5-48}$$

$$X_1 - X_5X_7 = 0 \tag{5-49}$$

$$X_3 - X_1X_8 = 0 \tag{5-50}$$

设函数 $CE(X)$ 表示元素 X 对碳排放变化的贡献程度，则由上述五个公式可以构造出由相关因素所组成的雅可比矩阵ϕ_X：

$$\phi_X = \begin{bmatrix} X_2 & X_1 & -X_4 & -X_3 & 0 & 0 & 0 & 0 \\ X_2 & X_1 & 0 & 0 & -X_6 & -X_5 & 0 & 0 \\ X_1 & 0 & 0 & 0 & -X_7 & 0 & -X_5 & 0 \\ -X_8 & 0 & 1 & 0 & 0 & 0 & 0 & -X_1 \end{bmatrix}^T \tag{5-51}$$

根据 GDIM 的原理，可以将碳排放的变化量 ΔCE 分解成各因素贡献程度加总的形式：

$$\Delta CE[X|\phi] = \int_0^t \nabla CE^T(I - \phi_X \varphi_X^{+})\mathrm{d}X \tag{5-52}$$

式中，$\nabla CE = (X_2\ X_1\ 0\ 0\ 0\ 0\ 0\ 0)^T$；$I$ 为单位矩阵；ϕ_X^{+} 表示ϕ_X的广义逆矩阵，若雅可比矩阵ϕ_X中的列向量线性无关，则$\phi_X^{+} = (\phi_X^T\phi_X)^{-1}\phi_X^T$。

据此，碳排放的变化量 ΔCE 被分解为ΔCE_{X_1}、ΔCE_{X_2}、ΔCE_{X_3}、ΔCE_{X_4}、ΔCE_{X_5}、ΔCE_{X_6}、ΔCE_{X_7}、ΔCE_{X_8}八种效应之和。其中，绝对量因素为ΔCE_{X_1}、ΔCE_{X_3}、ΔCE_{X_5}，分别表示产出规模变化、能源消费规模变化以及人口规模变化对碳排放变化的影响。其余为相对量因素，ΔCE_{X_2}反映的是产出碳强度变化对碳排放变化的影响；ΔCE_{X_4}表示能源消费碳强度对碳排放变化的影响；ΔCE_{X_6}表示人均碳排放强度变化对碳排放变化的影响；ΔCE_{X_7}、ΔCE_{X_8}分别表示人均增加值变化、能源强度变化对碳排放变化的贡献程度。

（三）Prospective IDA

IDA 传统上用于研究历史能源消耗和碳排放，Ang 和 Goh（2019）将其称为“回顾性 IDA”，而在 2020 年之后，IDA 开始逐渐应用于对未来排放情景的制定和分析，称为“前瞻 IDA”（Prospective IDA），可以用于预测未来的排放水平或者分析不同模型的未来排放情景。

根据式（5－38）所示的 Kaya 恒等式，以及加性对数平均除数法（LMDI－I），碳排放总量的变动可以被分解为：

$$\Delta CE_{tot} = \Delta CE_{\varepsilon} + \Delta CE_{str} + \Delta CE_{eff} + \Delta CE_{eco} + \Delta CE_{pop} \tag{5-53}$$

$$\Delta CE_{\varepsilon} = L(CE^{T}, CE^{0})\ln\left(\frac{\varepsilon^{T}}{\varepsilon^{0}}\right) \tag{5-54}$$

$$\Delta CE_{str} = L(CE^{T}, CE^{0})\ln\left(\frac{str^{T}}{str^{0}}\right) \tag{5-55}$$

$$\Delta CE_{eff} = L(CE^{T}, CE^{0})\ln\left(\frac{eff^{T}}{eff^{0}}\right) \tag{5-56}$$

$$\Delta CE_{eco} = L(CE^{T}, CE^{0})\ln\left(\frac{eco^{T}}{eco^{0}}\right) \tag{5-57}$$

$$\Delta CE_{pop} = L(CE^{T}, CE^{0})\ln\left(\frac{pop^{T}}{pop^{0}}\right) \tag{5-58}$$

在以上分解过程的基础上，Ang 等（2015）将“前瞻性 IDA”研究分为三个应用领域：外推分析、情景时间分析和情景空间分析，如图 5－1 所示。

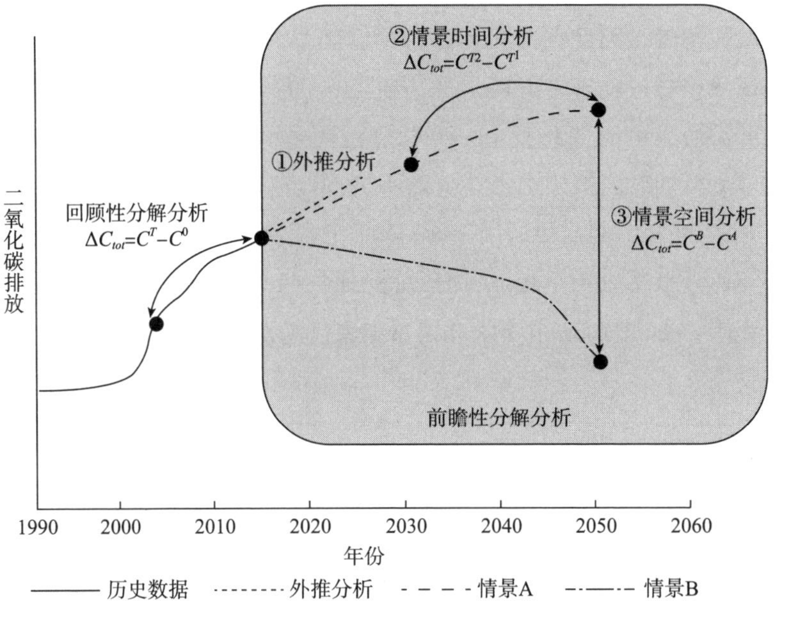

图 5－1　回顾性与前瞻性分解分析说明

其中，外推分析可以预测基于回顾性分解分析结果的未来排放轨迹，具体实现方法是运用传统 IDA 分解方法对随时间变化的历史排放量进行分解，然后通过趋势分析、技术模拟、计量经济学方法或者一般均衡模型对 IDA 中的每个驱动因素分别进行预测分析，最后将所有因素的结果结合起来，得到未来排放轨迹。

情景时间分析可以用来比较一个情景中的排放水平，即量化在排放量随时间变化的过程中，各个驱动因素的贡献程度。情景空间分析则可以用来比较在同一时点不同情景之间的排放水平。在情景空间分析中，两个不同情景 A 和 B 取代两个时间点 T 和 0，因此假设的人口规模差异对两种不同情景下碳排放差异的贡献可以写成以下形式：

$$\Delta CE_{pop} = L(CE^A, CE^B)\ln\left(\frac{pop^A}{pop^B}\right) \tag{5-59}$$

Ang 和 Goh（2019）对 60 篇运用“前瞻性 IDA”进行研究的文章做了综述，发现此类研究的特点包括以下几个方面。一是地理范围覆盖较广，涉及全球、欧盟、中国以及其他国家，还有两项关于中国省级区域的研究。二是在三个应用领域中，情景时间分析最受欢迎，情景空间分析次之。在所列举的 60 篇文章中，所有研究都对未来的排放预测进行了分析，但其中只有 16 项研究应用了外推分析的方法，由此说明，大多数研究都采用了其他方法来制定排放情景。因此在前瞻性研究中，IDA 大多数情况下并非作为制定未来排放情景或排放轨迹的工具，而主要是用于评估各情景中排放的影响因素。三是在此类研究的时间跨度上，外推分析更适合分析短期内的变化和发展，情景时空分析的时间框架则因情景的不同而产生较大差异，可以延伸到 2050 年甚至是 2100 年，因此更适用于研究短期内不会被大规模应用的新技术，如碳捕集与封存技术（CCS）、生物能源碳捕集与封存技术（BECCS）。四是几乎所有应用“前瞻性 IDA”的研究都运用了 LMDI 分解法，且大部分采用的都是加性分解方式，与“回顾性 IDA”相比，分解方式更为简单和固定。

二、结构分解分析（SDA）

（一）基础模型

1. 加法分解形式

结构分解分析（Structural Decomposition Analysis，SDA）是用于研究经济

指标跨期变化的一种方法，其定义最早由 Rose 和 Miernyk（1989）给出：“结构分解分析是识别经济变化主要来源的一种方法。它通过依次改变系数，将活动水平与原参考水平进行比较。”SDA 的基本思想是通过将经济系统中某一因变量的变动分解为与之相关的各独立自变量变动的和，以衡量每一自变量变动对因变量变动贡献的大小。Skolka（1977）首次采用 SDA 方法，将澳大利亚 1964—1970 年产出变化分解为最终需求变化、技术变化和进口替代的影响。到 20 世纪 80 年代末，采用 SDA 方法的研究逐渐增加。SDA 的优势之一在于其克服了经典投入产出技术的静态缺陷，能够对经济结构、最终需求水平和构成等进行动态评估。与 IDA 方法相比，SDA 能够区分中间消费和最终消费的影响，并允许评估上下游行业的直接和间接影响。相较于计量经济学方法，SDA 对数据收集的要求较低，通常只需要不同年度的投入产出表。结构分解方法作为一种灵活、解释性强、数据要求较低且广泛适用的经济分析工具，在经济增长、产业关联、资源使用、区域贸易和环境排放等多个经济领域的研究中得到广泛应用。

最简单的结构分解分析是将两个时期的总产出变动分解为经济技术系数的变动（用某个时期的里昂惕夫逆矩阵的变动表示）和最终需求（用最终需求列向量表示）的变动，以测算经济技术变动和最终需求变动对经济增长的贡献大小。进一步地，许多常用的经济指标，如国内生产总值、就业、能源消耗、污染排放等，都可以表示为总产出的函数。SDA 可以对影响这些经济指标变动的驱动因素进行定量测算。

假设有两个时间段（$t=0$，1）的投入产出数据可用，考虑两因素投入产出结构分解模型：

$$X_0 = L_0 Y_0 \text{和} X_1 = L_1 Y_1 \tag{5-60}$$

式中，X、L 和 Y 分别表示总产出列向量、里昂惕夫逆矩阵和最终需求列向量，下标 0、1 分别表示基准期和计算期。

$$\begin{aligned}\Delta X &= X_1 - X_0 = L_1 Y_1 - L_0 Y_0 \\ &= L_1 (Y_0 + \Delta Y) - (L_1 - \Delta L) Y_0 = (\Delta L) Y_0 + L_1 (\Delta Y)\end{aligned} \tag{5-61}$$

式中，$\Delta Y = Y_1 - Y_0$，$\Delta L = L_1 - L_0$。总产出变动被分解为以基准期最终需求（Y_0）为权重的经济技术变动效应（ΔL）和以计算期经济技术（L_1）为权重的最终需求变动效应（ΔY）。以（ΔL）Y_0 为例，（ΔL）$Y_0 = L_1 Y_0 - L_0 Y_0$，

L_1Y_0 代表用计算期的经济技术满足基准期需求所需的产量，L_0Y_0代表用基准期的经济技术满足基准期需求所需的产量，两者之差代表了经济技术变动效应。

式（5－61）也可以用另一种展开形式：

$$\begin{aligned}\Delta X &= L_1Y_1 - L_0Y_0 \\ &= (L_0 + \Delta L)Y_1 - L_0(Y_1 - \Delta Y) = (\Delta L)Y_1 + L_0(\Delta Y)\end{aligned} \tag{5-62}$$

式中，总产出变动被分解为以计算期最终需求（Y_1）为权重的经济技术变动效应（ΔL）和以基准期经济技术（L_0）为权重的最终需求变动效应（ΔY）。

以上两种方法分别通过假设在基准期和计算期不变的剩余因素的值来计算特定因素的个体效应。然而，由于两个或多个因素同时发生变化，这些假设可能产生混合效应的残差项。这种相互作用的残差项会对总变化产生直接影响。也就是说，除非基准期和计算期的经济技术水平或最终需求水平没有发生变化，否则采用两种方式测算出的经济技术变动效应和最终需求变动效应显然存在一定的差别。因此，如果考虑两解释变量对被解释变量的交互影响（两因素同时变动对总产出的影响），容易得到：

$$\begin{aligned}\Delta X &= L_1Y_1 - L_0Y_0 \\ &= (L_0 + \Delta L)(Y_0 + \Delta Y)Y_1 - L_0Y_0 \\ &= (\Delta L)Y_0 + L_0(\Delta Y) + (\Delta L)(\Delta Y)\end{aligned} \tag{5-63}$$

式中，第一项表示以基准期最终需求为权重的经济技术变动对总产出的效应，第二项表示以基准期经济技术为权重的最终需求变动对总产出的效应，第三项表示经济技术变动与最终需求变动对总产出的交互效应。

类似地：

$$\begin{aligned}\Delta X &= L_1Y_1 - L_0Y_0 \\ &= L_1Y_1 - (L_1 - \Delta L)(Y_1 - \Delta Y)Y_1 \\ &= (\Delta L)Y_1 + L_1(\Delta Y) - (\Delta L)(\Delta Y)\end{aligned} \tag{5-64}$$

式中，第一项表示以计算期最终需求为权重的经济技术变动对总产出的效应，第二项表示以计算期经济技术为权重的最终需求变动对总产出的效应，第三项表示经济技术变动与最终需求变动对总产出的交互效应。

式（5－62）和式（5－63）分别代表了拉式分解中的 Laspeyres 和 Paasche 指数方法，通过假设分别在基准年和计算年保持不变的剩余因素的值来计算特定因素的效应。为消除交互效应的影响，衡量每个驱动因素的真实贡献，Dietzenbacher 和 Los（1998）建议使用所有 $n!$ 个精确分解形式的平均值来实现理想分解（以下简称 D&L 方法）。然而，随着分解因素的增加，D&L 方法的计算量会呈指数倍增长。例如，当存在 6 个分解因素时，共有 6！=720 种分解形式。为了解决这个问题，人们提出了一些近似的方法，如取两个极性分解的平均值（Dietzenbacher and Los，1998）或任意一对“镜像”分解的平均值（De Haan，2001）。两极平均分解方法由于可以获得较为理想的分解结果且计算量较小，目前已被广泛应用。该方法的具体做法是将式（5－61）和式（5－62）的分解结果取平均值：

$$\Delta X = \frac{1}{2}(Y_0 + Y_1)(\Delta L) + \frac{1}{2}(L_0 + L_1)(\Delta Y) \qquad (5-65)$$

式中，前一项表示经济技术系数变动效应，后一项表示最终需求变动效应。

最终需求向量、里昂惕夫逆矩阵和总产出函数可以进一步分解。根据投入产出表中最终需求的结构可以看出（见表 5－3），最终需求的变化可能来自最终需求总体水平的变化，也可能来自最终需求消耗不同商品和服务相对比例的变化，还可能来自消费支出、资本形成、出口等最终需求子类别相对比例的变化。类似地，里昂惕夫逆矩阵的变化是直接消耗系数矩阵变化的结果，直接消耗系数矩阵可能反映了技术变化的各个方面，如某种产品生产配方的变化（生产汽车时使用塑料取代金属）、替代品间相对价格的变化、生产效率的提高（单位产品的材料投入减少）等。

表 5－3　投入产出表中最终需求部门结构

部门	消费支出	资本形成	……	净出口	合计
部门 1	y_{11}	y_{12}	…	y_{1k}	y_1
部门 2	y_{21}	y_{22}	…	y_{2k}	y_2
…	…	…	…	…	…
部门 n	y_{n1}	y_{n2}	…	y_{nk}	y_n
合计	f_1	f_2	…	f_k	y

首先，考虑最终需求向量的进一步分解。在某一时期影响最终需求变动

的主要因素包括以下三个方面：①最终需求水平，即最终需求总量；②最终需求分布，即最终消费、资本形成、净出口等占最终需求水平的比例；③最终需求系数矩阵，即每个特定最终需求类别内的产品组合。

在部门 n 投入产出模型中，如果有 p 类最终需求，则 t 时期的最终需求矩阵是 $Y^t_{n\times p}=\begin{bmatrix} y^t_{11} & \cdots & y^t_{1p} \\ \cdots & y^t_{ij} & \cdots \\ y^t_{n1} & \cdots & y^t_{np} \end{bmatrix}$。其中，元素 y^t_{ij} 表示 t 时期第 i 个经济部门所满足的第 j 类最终需求。令 $D^t=\sum_{j=1}^{j=p}\sum_{i=1}^{i=n} y^t_{ij}$，$B^t=\left[\sum_{i=1}^{i=n} y^t_{i1} \quad \cdots \quad \sum_{i=1}^{i=n} y^t_{ip}\right]$，

$F^t=\begin{bmatrix} \sum_{j=1}^{j=p} y^t_{1j} \\ \cdots \\ \sum_{j=1}^{j=p} y^t_{nj} \end{bmatrix}$。

其中，D^t 表示 t 时期最终需求水平；B^t_j 表示 t 时期第 j 类最终需求占最终需求水平的比例，即最终需求分布；F^t_i 表示 t 时期第 i 部门产品的比例，即最终需求系数矩阵。可以得到：

$$Y^t=D^tB^tF^t \tag{5-66}$$

最终需求变动影响可以分解为最终需求水平、最终需求分布和最终需求系数矩阵的变动效应。

$$\Delta Y=D^1B^1F^1-D^0B^0F^0 \tag{5-67}$$

采用 D&L 方法，ΔY 共有 3！=6 种精确分解形式：

$$\Delta Y=\Delta D\,B^0F^0+D^1\Delta B\,F^0+D^1B^1\Delta F$$
$$\Delta Y=\Delta D\,B^0F^0+D^1\Delta B\,F^1+D^1B^0\Delta F$$
$$\Delta Y=\Delta D\,B^1F^0+D^0\Delta B\,F^0+D^1B^1\Delta F$$
$$\Delta Y=\Delta D\,B^1F^1+D^0\Delta B\,F^0+D^0B^1\Delta F$$
$$\Delta Y=\Delta D\,B^0F^1+D^1\Delta B\,F^1+D^0B^0\Delta F$$
$$\Delta Y=\Delta D\,B^1F^1+D^0\Delta B\,F^1+D^0B^0\Delta F$$

将上述六种分解结果取平均值：

$$
\begin{aligned}
\Delta Y = & \frac{1}{3!}(\Delta D)(2B^0F^0 + 2B^1F^1 + B^1F^0 + B^0F^1) + \\
& \frac{1}{3!}[D^1(\Delta B)F^0 + D^0(\Delta B)F^1 + 2D^0(\Delta B)F^0 + 2D^1(\Delta B)F^1] + \\
& \frac{1}{3!}(2D^0B^0 + 2D^1B^1 + D^1B^0 + D^0B^1)(\Delta F)
\end{aligned}
\tag{5-68}
$$

式中，第一项为最终需求水平变动效应，第二项为最终需求分布变动效应，第三项为最终需求系数矩阵变动效应。

然后，考虑里昂惕夫逆矩阵的进一步分解。由于 $L=(I-A)^{-1}$，在两个时间段之间里昂惕夫逆矩阵（ΔL）的变化反映了直接消耗矩阵（ΔA）的变化。此处只简单地考虑直接消耗矩阵列方向的变动。直接消耗矩阵中的每一列反映了一个部门的生产配方，因此对列方向变动的详细考察是衡量经济系统中每个部门投入变化影响的一种方法。对于 n 部门的经济系统，可以得到：

$$
A_1 = A_0 + \Delta A = \begin{pmatrix} a_{110} + \Delta a_{11} & \cdots & a_{1n0} + \Delta a_{1n} \\ \vdots & \ddots & \vdots \\ a_{n10} + \Delta a_{n1} & \cdots & a_{nn0} + \Delta a_{nn} \end{pmatrix} \tag{5-69}
$$

令 $\Delta A_{(j)} = \begin{pmatrix} 0 & \cdots & \Delta a_{1j} & \cdots & 0 \\ \vdots & \vdots & \vdots & \vdots & \vdots \\ 0 & \cdots & \Delta a_{nj} & \cdots & 0 \end{pmatrix}$，代表 j 部门技术的变化。所以，

$$
\Delta A = \Delta A_{(1)} + \cdots + \Delta A_{(j)} + \cdots + \Delta A_{(n)} = \sum_{j=1}^{n} \Delta A_{(j)} \tag{5-70}
$$

此外，Rose 和 Chen（1991）还提出了一种基于新古典生产函数的双层 KLEM 方法来进一步厘清经济技术变动中的驱动因素。其中技术变化被分解为基于 KLEM 生产函数的各种 KLEM 效应（资本、劳动力、能源和材料）。这种对于技术效应的进一步分解被称为两阶段分解，在部分研究中得到了应用（Peters et al.，2007；Llop，2007；Mukhopadhyay and Forssell，2005）。

2. 乘法分解形式

前文介绍的加法分解形式考虑了两个时间段之间总产出的绝对变化（$\Delta X = X_1 - X_0$）。此外，还有一种分解形式可以考虑两个时间段内总产出的相

对变化（X_1/X_0），即乘法分解形式。但由于乘法分解形式在部门层面结果解释和模型开发方面的复杂性，因此涉及总量指标的SDA分析通常采用加法分解形式。但在分解部分强度指标变化时，乘法分解形式具有易于解释的优点，越来越多的学者采用乘法形式的结构分解模型对强度指标进行分解（前文回顾了强度指标的分解研究）。本节将采用总产出这一经济指标对乘法分解形式进行简单说明。考虑两因素投入产出结构分解模型：

$$\frac{X^1}{X^0}=\frac{L^1Y^1}{L^0Y^0} \tag{5-71}$$

式（5－71）可以被分解为两个相对变化的乘积：

$$\frac{X^1}{X^0}=\frac{L^1Y^1}{L^0Y^1}\times\frac{L^0Y^1}{L^0Y^0} \tag{5-72}$$

式中，总产出相对变动被分解为以计算期最终需求（Y^1）为权重的经济技术变动效应和以基准期经济技术（L^0）为权重的最终需求变动效应。

和加法分解形式一样，式（5－72）这种乘法分解也不是唯一的。式（5－72）也可以有另一种展开形式：

$$\frac{X^1}{X^0}=\frac{L^1Y^0}{L^0Y^0}\times\frac{L^1Y^1}{L^1Y^0} \tag{5-73}$$

式中，总产出相对变动被分解为以基准期最终需求（Y^0）为权重的经济技术变动效应和以计算期经济技术（L^1）为权重的最终需求变动效应。

在加性分解形式中，学术界广泛认为两极平均分解方法是具有代表性的分解结果。而对于乘法分解形式而言，比较常见的形式是采用上述两个分解结果的几何平均值：

$$\frac{X^1}{X^0}=\left(\frac{L^1Y^1}{L^0Y^1}\times\frac{L^1Y^0}{L^0Y^0}\right)^{\frac{1}{2}}\times\left(\frac{L^0Y^1}{L^0Y^0}\times\frac{L^1Y^1}{L^1Y^0}\right)^{\frac{1}{2}} \tag{5-74}$$

式中，前一项表示经济技术变动效应，后一项表示最终需求变动效应。

进一步地，此处将以劳动生产力为例，将两因素投入产出结构分解模型扩展为多因素投入产出结构分解模型。在n部门的投入产出模型中，定义v表示总增加值向量，l表示总劳动投入向量，α是单位总产出的劳动力投入强度向量，β是单位总产出的增加值强度向量。总劳动生产率π为：

$$\pi=\frac{v}{l}=\frac{\beta X}{\alpha X}=\frac{\beta Lf}{\alpha Lf} \tag{5-75}$$

式中，X、L和Y分别表示总产出列向量、里昂惕夫逆矩阵和最终需求列向量。考虑四因素投入产出结构分解模型，两时间段内总劳动生产率的相对变化可以表示为：

$$\begin{aligned}\frac{\pi^1}{\pi^0}&=\frac{v_1/l_1}{v_0/l_0}=\frac{\beta_1 L_1 Y_1}{\beta_0 L_0 Y_0}\times\frac{\alpha_0 L_0 Y_0}{\alpha_1 L_1 Y_1}\\&=\frac{\beta_1 L_0 Y_0}{\beta_0 L_0 Y_0}\times\frac{\alpha_0 L_0 Y_0}{\alpha_1 L_0 Y_0}\times\frac{\beta_1 L_0 Y_0}{\beta_1 L_1 Y_0}\times\frac{\alpha_1 L_1 Y_0}{\alpha_1 L_0 Y_0}\times\frac{\beta_1 L_1 Y_0}{\beta_1 L_1 Y_1}\times\frac{\alpha_1 L_1 Y_1}{\alpha_1 L_1 Y_0}\end{aligned}\tag{5-76}$$

式（5-76）也可以用另一种展开形式：

$$\frac{\pi^1}{\pi^0}=\frac{\beta_1 L_1 Y_1}{\beta_0 L_1 Y_1}\times\frac{\alpha_0 L_1 Y_1}{\alpha_1 L_1 Y_1}\times\frac{\beta_0 L_1 Y_1}{\beta_0 L_0 Y_1}\times\frac{\alpha_0 L_0 Y_1}{\alpha_0 L_1 Y_1}\times\frac{\beta_0 L_0 Y_1}{\beta_0 L_0 Y_0}\times\frac{\alpha_0 L_0 Y_0}{\alpha_0 L_0 Y_1}\tag{5-77}$$

式（5-76）和式（5-77）取几何平均，得：

$$\begin{aligned}\frac{E^1}{E^0}=&\left(\frac{\beta_1 L_1 Y_1}{\beta_0 L_1 Y_1}\times\frac{\beta_1 L_0 Y_0}{\beta_0 L_0 Y_0}\right)^{\frac{1}{2}}\times\left(\frac{\alpha_0 L_0 Y_0}{\alpha_1 L_0 Y_0}\times\frac{\alpha_0 L_1 Y_1}{\alpha_1 L_1 Y_1}\right)^{\frac{1}{2}}\times\left(\frac{\beta_1 L_0 Y_0}{\beta_1 L_1 Y_0}\times\frac{\beta_0 L_1 Y_1}{\beta_0 L_0 Y_1}\right)^{\frac{1}{2}}\times\\&\left(\frac{\alpha_1 L_1 Y_0}{\alpha_1 L_0 Y_0}\times\frac{\alpha_0 L_0 Y_1}{\alpha_0 L_1 Y_1}\right)^{\frac{1}{2}}\times\left(\frac{\beta_1 L_1 Y_0}{\beta_1 L_1 Y_1}\times\frac{\beta_0 L_0 Y_1}{\beta_0 L_0 Y_0}\right)^{\frac{1}{2}}\times\left(\frac{\alpha_1 L_1 Y_1}{\alpha_1 L_1 Y_0}\times\frac{\alpha_0 L_0 Y_0}{\alpha_0 L_0 Y_1}\right)^{\frac{1}{2}}\end{aligned}\tag{5-78}$$

式中，第一项为增加值强度水平变动效应，第二项为劳动力投入强度变动水平，第三项和第四项为经济技术变动效应，第五项和第六项为最终需求变动效应。

（二）空间结构分解模型

结构分解分析的基础模型主要用于量化经济、能源、排放和其他社会经济领域指标随时间变化的驱动力。这种量化某一时间段内某一经济指标变动驱动力的研究也称时间结构分解模型。此外，还有一种量化区域之间总指标变化驱动力的模型——空间分解模型（Spatial - Structural Decomposition Analysis，Spatial - SDA）。Spatial - SDA 最早可以追溯至 Propps 等（1993）对德国和英国二氧化碳排放量差异的研究。时间结构分解模型有助于了解一个地区表现随时间变化的历史趋势，而 Spatial - SDA 可以深入了解特定年份各地区的相对表现。Spatial - SDA 的基本思路是通过将每个区域分别与基准区域进行比较后进行间接比较，从而确保不同区域之间的可比性。下面将介绍 Spatial - SDA 的模型框架。

对于任意地区 n，假设经济指标 $y^n_{x_1,x_2,\cdots,x_m}$ 是 m 个影响因子的函数，并且

$y^n_{x_1,x_2,\cdots,x_m}=x^n_1\times x^n_2\times\cdots\times x^n_m$。以区域$n_1$和$n_2$为例，$y^{n_1}$和$y^{n_2}$之间的绝对测量差为$\Delta y^{(n_1-n_2)}=y^{n_1}-y^{n_2}$。$\Delta y^{(n_1-n_2)}$可以分解为：

$$\Delta y^{(n_1-n_2)} = \sum_{i=1}^{m}\Delta y_{x_i}^{n_1-n_2} \tag{5-79}$$

式中，$\Delta y_{x_i}^{n_1-n_2}$为影响因子x_i的影响。

如果衡量的区域数量大于等于 3，则可以采用以下三种方法进行空间分解：双边区域（B－R）、径向区域（R－R）和多区域（M－R）方法。B－R 方法是将组合中每两个区域逐一进行比较，但这会导致分解数量会随着区域数量的增加而呈指数级增加。此外，分解结果之间的联系难以解释。R－R 方法是将每个目标区域和事先选定的基准区域之间进行分解分析。这种分解方法会导致分解结果在很大程度上取决于基准区域，并且很难在目标区域之间进行比较。M－R 方法是将每个目标区域和组内平均值之间进行比较。这种方法确保了分解结果的一致性，目前被较多研究者广泛采纳。例如，对于区域n_1和n_2，对于影响因子x_i的影响可以被间接分解为：

$$\Delta y_{x_i}^{n_1-n_2}=\Delta y_{x_i}^{n_1-n_u}-\Delta y_{x_i}^{n_2-n_u} \tag{5-80}$$

式中，$\Delta y_{x_i}^{n_1-n_2}$为间接分解结果，$\Delta y_{x_i}^{n_1-n_u}$和$\Delta y_{x_i}^{n_2-n_u}$为直接分解结果，u为组内平均值。

最简单的空间结构分解分析是将两个地区的总产出变动分解为经济技术的变动和最终需求的变动，以测算经济技术变动和最终需求变动分别对经济增长的贡献大小，对于任何区域 n 的投入产出模型可以公式化为：

$$X_n=L_nY_n \tag{5-81}$$

对于一组区域$\Phi=\{1, 2, \cdots, N\}$，其组内平均值 u 的投入产出模型可以公式化为：

$$X_u=\frac{1}{N}\sum_{n=1}^{N}X_n=(I-\sum_{n=1}^{N}Z_n\times\sum_{n=1}^{N}X_n^{-1})^{-1}\times\frac{1}{N}\sum_{n=1}^{N}Y_n \tag{5-82}$$

因此，任何区域 n 和组内平均值 u 之间的绝对差异可以空间分解为：

$$X_n-X_u=\Delta L^{(n-u)}+\Delta Y^{(n-u)} \tag{5-83}$$

式中，$\Delta L^{(n-u)}$表示经济技术变动效应，$\Delta Y^{(n-u)}$表示最终需求变动效应。类似地，空间结构分解分析可以遵循基础模型的分解方式对最终需求向量、里昂惕夫逆矩阵和总产出函数进行进一步的分解。

（三）结构路径分解分析

对于SDA而言，它通常关注经济内部变化的宏观指标。但是，仅仅考虑总体指标可能会忽略经济体内部相互竞争的因素，某些部门的改善可能会由于其他部门的恶化而得不到充分体现。也就是说，传统SDA可以解读出一个行业的整体生产结构是好是坏，但无法从部门层面解释原因。除结构分解分析外，结构路径分析（Structural Path Analysis，SPA）也是一种较为常见的应用于投入产出框架的方法。SPA常常被用于确定由最终需求引致的上游关键供应链（也称生产路径）。因此，SDA可以通过和SPA结合来识别对因变量变化贡献最大的生产路径。这种由Wood和Lenzen（2009）开发的方法被称为结构路径分解（Structural Path Decomposition，SPD）。SPD能够将里昂惕夫生产结构分解为单独的生产链，跟踪关键生产链随时间的变化。

基于Taylor级数，里昂惕夫逆矩阵可以展开如下：

$$L=(I-A)^{-1}=I+A+A^2+A^3+\cdots \tag{5-84}$$

因此，整个经济系统中生产路径上的总产出可以被表示为：

$$\begin{aligned} X &= (I+A+A^2+A^3+\cdots)Y \\ &= IY+AY+A^2Y+A^3Y+\cdots \end{aligned} \tag{5-85}$$

式中，IY表示在每个部门的最终需求，这是一种从生产到消费的直接流动，如沿着电力生产部门到直接居民消费。考虑到大多数部门需要来自上游部门的投入，两层的路径会引起AY的产出，如从农业部门到食品生产部门再到居民消费。A^2Y表示三层的产出，其中3个部门参与了一个供应链。通过这种方式，在一个标准的SPA中，总产出在供应链路径的无限扩展中逐步跟踪，包括一阶、二阶、三阶等。每条路径上的总产出变化都可以使用SDA进行分解，从而得到每个社会经济驱动因素对供应链路径的影响，有助于判断具体路径的关键驱动因素。两因素分解的SPD可以写为：

$$\Delta X=(\Delta Y)I+(\Delta A)Y+A(\Delta Y)+(\Delta A)AY+A(\Delta A)Y+AA(\Delta Y)+\cdots \tag{5-86}$$

式中，第一项代表了一阶影响，它表示总产出直接归因于最终需求变化的部分。第二项和第三项是二阶分解，表示间接归因于该部门中间投入的总产出变化。其他层的影响可以用同样的方法计算。类似地，利用SPD可以分析人口、排放强度、生产结构、消费结构、经济规模等驱动因素对各供应链路径的影响。

目前，结构路径分解已经在许多研究中得到了应用。例如，Oshita（2012）利用 SPD 分析了日本 1990—2000 年碳排放变化的主要因素和关键产业链路径；Fang 和 Yand（2021）将 SDA 和 SPD 相结合，确定了四川省推动消费侧黑碳排放变化的社会经济因素和关键供应链路径；张炎治等（2021）利用 SPD 识别了中国高排放产业链及其驱动因素。

第二节　能源环境因素分解模型主要应用领域

一、IDA 主要应用领域

IDA 现已被广泛应用于能源与环境研究中的相关应用领域，分解对象包括能源需求、能源消耗、能源强度、碳排放量、碳排放强度等，主要目标是量化导致能源和环境指标随时间变化的各种潜在因素。分解分析一方面可以帮助政策制定者根据分解结果有针对性地采取政策措施，另一方面可以通过量化部门能源强度、结构变动等因素的贡献程度来了解能源或者碳排放的变化趋势，进而为预测未来能源需求或者实现碳减排等现实目标提供理论基础。

目前利用 IDA 探讨能源环境影响因素的研究主要包括三个尺度层面，分别是国家尺度、区域尺度以及部门尺度。

（一）国家尺度能源环境总量与强度分析

从表 5－4 展示的部分文献归纳总结来看，在国家尺度层面，指数分解分析已被广泛应用于中国、东盟、爱尔兰等国家的能源环境影响因素分解，所采用的具体分解方法主要以 LMDI 为主，而研究对象以碳排放或者能源相关碳排放为主。但随着 IDA 方法的不断发展和相关研究的不断开展，IDA 方法所涉及的研究对象不断丰富。例如，赵体侠等（2023）的一项研究以生态环境质量和人类活动的耦合协调度为研究对象。Liu 等（2023）的研究对象是与高温相关的超额死亡率，其采用 LMDI 方法分解了气候变化、人口增长以及老龄化对与高温相关超额死亡率的影响，分解结果表明，在高温相关死亡率的影响因素中，老龄化的作用远高于气候变化（Liu et al.，2023）。Wang 等（2023）找到了一种较为新颖的视角，以叙利亚为研究对象，分战争前期、战争初期以及战争后期三个阶段研究了战争对碳排放的影响。Fan 等（2023）在对猪肉生产和消费的生命周期碳排放量进行估计的基础上，使用 LMDI 分解模型分析了导致猪肉生产和消费引起的碳排放的四个主要因素，其中碳排放总量的 95% 以上是由猪饲料生产和运输所引起的。

表 5－4　国家尺度能源环境总量与强度分析相关研究

作者	年份	范围	时间	指标	因素个数	分解方法	是否与其他方法结合
田立新和张蓓蓓	2011	中国	2000—2008 年	人均碳排放	3	广义费雪指数（GFI）	是，最小二乘拟合法
O'Mahony 等	2013	爱尔兰	2008—2020 年	能源相关碳排放	6	LMDI	是，情景分析
Marcucci 和 Fragkos	2015	四个主要经济体	2000—2100 年	碳排放量	3	LMDI	是，综合评价模型
Ang 和 Goh	2016	东盟	1990—2013 年	电力的总排放强度	4	LMDI	否
赵体侠等	2023	中国	2000—2018 年	生态环境质量和人类活动的耦合协调度	2	LMDI	是，趋势分析、耦合协调度模型、最优参数地理探测器模型
Liu 等	2023	中国	—	高温相关超额死亡率	3	LMDI	是，暴露反应函数
Wang 等	2023	叙利亚	2000—2018 年	碳排放	4	LMDI	否
Fan 等	2023	中国	2005—2020 年	猪肉生产和消费碳足迹	4	LMDI	是，GLEAM 模型

（二）区域尺度能源环境总量与强度分析

在区域尺度层面，相关研究主要是将我国划分为几个主要地区或者对重点省（区、市）进行研究（见表 5－5）。研究对象除能源消耗、碳排放等常见总量指标外，还包括税收（韩秀兰、王久瑾，2013）、二氧化硫排放量（黄雨萌等，2018）、$PM_{2.5}$ 排放量（陆怡雅等，2019）以及水资源生态足迹（冯佳宁等，2023）等。具体分解方法的应用方面，LMDI 占主要部分，还有广义费雪指数（GFI）（黄雨萌等，2018），而且与其他模型结合的研究较少。但在运用 LMDI 等分解方法时，很多研究开始从时间和空间两个角度分别开展研究，意图获得更加全面和丰富的研究结论。例如，Chen 等（2022）对我国各个省份的居民住宅用电相关的碳排放驱动因素做了时空驱动力分解，其结果表明收入改善是大多数省份住宅用电碳排放增加的主要驱动力。

表 5-5　区域尺度能源环境总量与强度分析相关研究

作者	年份	范围	时间	指标	因素个数	分解方法	是否与其他方法结合
李国璋和王双	2008	中国东部、中部、西部三个区域	1995—2005 年	能源强度	4	LMDI	否
李国璋和王双	2008	中国东部、中部、西部三个区域	1995—2005 年	能源强度	3	广义费雪指数（GFI）	否
孙志威等	2011	天津市	2000—2008 年	能源消费碳排放	4	LMDI	否
韩秀兰和王久瑾	2013	山西省	2005—2011 年	税收	3	LMDI	否
杨正东和李京文	2015	北京市	2005—2011 年	终端能源消费量	8	扩展 LMDI	否
黄雨萌等	2018	长三角地区 26 个城市	2006—2015 年	SO_2 排放量	4	LMDI	否
陆怡雅等	2019	河北省	1990—2015 年	$PM_{2.5}$ 排放量	3	LMDI	否
Wang 等	2021	东北地区	2002—2017 年	碳排放量	6	LMDI	否
Chen 等	2022	西部、华中和华东三个区域	1997—2019 年	住宅用电碳排放	7	LMDI	否
冯佳宁等	2023	陕西省	2006—2020 年	水资源生态足迹	4	LMDI	是，水资源生态足迹模型
Sun 等	2023	中国 281 个城市	2000—2020 年；2020—2060 年	能源消耗碳排放量	5	LMDI	是，SSA - NN 模型和情景分析

（三）部门尺度能源环境总量与强度分析

在部门尺度方面，通过表 5－6 对相关研究的不完全展示可以看出，电力行业、制造业以及工业的能源环境指标受到研究者们的广泛关注。其他行业，诸如建筑业、民航业、农林牧渔业等也有所涉及。所采用的具体分解方法仍然以 LMDI 为主。为研究绝对量对总量指标的影响，许多研究开始采用 GDIM 方法。例如，邵帅等（2017）运用 GDIM 和蒙特卡洛模拟分析了我国制造业碳排放演变的驱动因素，并对碳排放的潜在演化趋势进行了动态情景分析，从而比较了碳达峰过程中相关因素的贡献差异。Yan（2017）等利用 1995—2012 年欧洲国家农业部门的相关数据，分析了农业中与能源有关的温室气体排放的主要驱动因素。刘自敏等（2019）基于电力消费量驱动消费重心变化的理论分析，通过 GDIM 对电力消费变化中 8 个影响因素的贡献度进行了分层次分析，从而得出促进电力消费量增长的主要推动力是经济规模和投资规模，而抑制其增长的主要原因是电力强度与投资效率的结论。

表 5－6　部门尺度能源环境总量与强度分析相关研究

作者	年份	范围	时间	指标	因素个数	分解方法	是否与其他方法结合
周鹏等	2007	五个主要产业部门	1995—2005 年	综合能源效率	2	LMDI	否
陈诗一	2011	工业	1998—2008 年	碳排放强度	4	LMDI	否
涂正革	2012	八个行业	1994—2008 年	碳排放量	4	优化的 Laspeyres 分解（S/S 分解）	否
姚仕萍和薛智韵	2012	制造业	2001—2010 年	SO_2 排放量	3	IDA	否
陈其霆等	2014	民航业	1985—2010 年	碳排放量	5	LMDI	否
Gu 等	2015	电力行业	2000—2020 年	碳排放量	5	LMDI	是，情景分析
张鸿武等	2016	工业	1998—2013 年	碳排放强度	3	拉氏指数和帕氏指数直接测算法	是，环境效应分解模型

续表

作者	年份	范围	时间	指标	因素个数	分解方法	是否与其他方法结合
邵帅等	2017	制造业	1995—2014 年	碳排放量	8	GDIM	是，动态情景分析（蒙特卡洛模拟）
Jiang 等	2017	42 个经济部门	1996—2012 年	碳排放量	4	LMDI	否
刘自敏等	2017	电力行业	2004—2016 年	电力消费量	8	GDIM	是，重心法
Yan 等	2017	农业（欧盟 17 个国家）	1995—2012 年	温室气体排放量	8	GDIM	否
孙祥栋等	2019	工业	2003—2016 年	电力消费	4	LMDI	否
马晓君等	2019	工业	2000—2016 年	碳排放	10	GDIM	是，脱钩努力模型
Zhou 等	2023	上海市教育建筑	2017—2019 年	碳排放量	4	LMDI	是，LEAP 模型
Wang 和 Feng	2023	辽宁省渔业	2005—2020 年	碳排放	5	LMDI	是，系统动力学

虽然研究的总量指标集中在能源消费、碳排放、污染气体排放等方面，但是行业部门得到了更深层次的分析。例如，Zhou 等（2023）将 LEAP 模型与 IDA 方法相结合，建立了一种精细的碳排放峰值预测方法，并借此研究了上海市建筑领域下的教育建筑行业相关碳排放的影响因素。同时在部门层面，将 IDA 与包括情景分析、蒙特卡洛模拟、脱钩模型、LEAP 模型以及系统动力学模型在内的其他方法结合得更为密切。以 Wang 和 Feng（2023）的研究为例，其利用 LMDI 方法的分解结果作为构建基于渔业生态体系完整性的系统动力学模型的主要变量，进而估算了 2005—2020 年辽宁省海洋渔业碳排放净排放量，并对 2021—2040 年渔业净碳排放进行了多情景预测。

随着 IDA 方法的应用角度不断扩展，其应用已不仅仅局限在能源环境相关的领域，还可以用于钢铁、非金属矿物等材料流动的分解分析，以及食品、水等使用量的分解分析，等等。随着数据质量的不断提升，或将分解分析方法与其他实证研究方法进行融合交叉创新，未来可以用于更加细分层面或者更多研究场合的影响因素分析。

（四）未来资源消耗与环境排放情景分析

从以上三个尺度的研究总结可以发现，将指数分解与情景分析、数值模拟或者预测模型相结合，可以探讨未来碳排放的缓解潜力或峰值。例如，与蒙特卡洛模拟技术相结合，分析不同政策和技术发展情形下碳排放的潜在演变趋势（邵帅等，2017）；与系统动力学模型相结合，在对海洋渔业碳排放进行核算的基础上，预测2040年海洋渔业碳排放发展趋势，探索辽宁省渔业未来的低碳发展路径（Wang and Feng，2023）。

而“前瞻性IDA”的应用就是利用IDA对未来资源消耗与环境排放情景分析的主要途径。在外推分析的应用上，O'Mahony等（2013）通过改变分解因子达到指定的活动水平，为爱尔兰制定了不同的排放情景；Lescaroux（2013）将计量经济模型与IDA方法进行结合，预测全球层面的未来工业能源需求。在情景时间分析的应用中，Yu（2018）等在利用经济—碳排放—成本（ECC）多目标优化模型研究优化能源消费结构是否有助于确保中国在2030年实现碳达峰的过程中，利用LMDI方法分析了三个不同时间段内碳排放轨迹变化的驱动因素。Zhang等（2017）将动态蒙特卡洛模拟和情景分析与扩展LMDI方法相结合，对中国工业二氧化碳排放和碳强度进行回顾性分解与前瞻性轨迹预测，寻找工业部门实现碳减排目标的有效途径。而在情景空间分析这一应用领域，Gu等（2015）在研究中国电力行业的碳减排潜力时，在利用LMDI分解碳排放的主要影响因素的基础上，假设了三种不同碳减排潜力的情景，并再次利用LMDI分解法衡量了不同因素对未来碳减排潜力的贡献程度。又如，Marcucci和Fragkos（2015）利用综合评估模型和LMDI方法比较分析了中国、印度、欧盟以及美国这四个主要经济体替代脱碳路径的短期和长期驱动因素。在以LMDI为代表的IDA方法已得到不同领域、不同层次、不同角度的大范围应用的前提下，这有望成为未来一段时期内此类研究的重点方向。

二、SDA主要应用领域

SDA模型提供了一种量化各种组成部分在理解一些观察到的经济变化中

的相对重要性的方法，近年来，这种对经济变化的度量从总产出拓展到劳动力使用、增加值、能源使用、污染排放、服务业产出等诸多方面。SDA 的结果涉及贸易（以及贸易政策）对经济的相对重要性、最终需求的一个或多个组成部分（以及税收或补贴政策）的相对重要性等。因此，SDA 方法可以用于帮助政策制定者进行决策。本节将利用代表性的示例对该方法在能源环境领域、贸易领域及其他应用领域的应用进行展示，并对一些开创性的早期研究进行回顾。

（一）能源环境分析

扩展的投入产出模型使 SDA 的应用扩展到能源和排放领域。首先，本节将采用一个简单的例子来展示 SDA 应用于能源环境领域的分析。能源消耗理论上由两个因素决定，一是生产规模，二是单位产品能源消耗系数。生产规模可用总产量表示，单位产品能源消耗系数可用能源强度表示。假设能源消耗强度矩阵为 $\hat{e}$，其元素只分布在主对角线上，e_j 表示第 j 部门生产单位总产出消耗能源的数量。总能源消耗可以被表示为：

$$E = \hat{e}X = \hat{e}LY \tag{5-87}$$

式中，X、L 和 Y 分别表示总产出列向量、里昂惕夫逆矩阵和最终需求列向量。

式（5－87）表明，能源消耗变化是由能源强度、经济技术结构、最终需求三个因素变化引起的。假设有两个时间段（$t=0$，1）的投入产出数据可用，基于加法分解形式的式（5－88）和基于乘法分解形式的式（5－89）定义了基准年和计算年之间能源消耗 E 的差异和相对差异：

$$E^1 - E^0 = \Delta E_e + \Delta E_L + \Delta E_Y \tag{5-88}$$

$$\frac{E^1}{E^0} = \Delta D_e \Delta D_L \Delta D_Y \tag{5-89}$$

式（5－89）中，下标 e 表示强度变动效应，下标 L 表示经济技术结构变动效应，下标 Y 表示最终需求变动效应。

20 世纪 70—80 年代，部分学者开始将 SDA 应用于能源环境领域。Leontief（1972）首先将 SDA 用于空气污染领域。Pløger（1983）则首次将注意力聚焦在能源领域，分析了 1966—1979 年丹麦工业能源消耗变化，考察了经济技术水平和最终需求等因素对能源消耗的影响。而后 Pløger（1985）又进一步将产出组合效应作为一个明确的因素纳入对能源消耗变化的总体分析中。Gould 和 Kulshreshtha（1986）分析了最终需求变化对能源使用的影响，确定了对能源使用影响较大的关键部门。近年来，越来越多的研究采用 SDA 模型进行能源环境领域的分析。根据 Wang 等（2017b）的研究，2000—2009 年，共有 34 篇能源和环境相关领域的论文采用了 SDA 分析；而 2010—2015 年，这一数字增长至 67 篇。基于 Web of Science 数据库，2015—2020 年，共有 259 篇能源和环境相关领域的论文采用了 SDA 分析；近三年，相关论文达到 114 篇。

能源环境领域一个重点的研究分支是对能源和排放强度指标的研究。随着越来越多的国家将强度指标纳入能源或气候变化政策的关键控制目标体系，强度指标的变化及驱动因素分析也逐渐得到了学术界的关注。在方法的选择上，由于乘法 SDA 的分解结果均为无量纲的指数形式，因此它相较于加法 SDA 更适合分解强度指标这种相对量指标的变化。2015 年，Su 和 Ang（2015）首次在能源排放领域应用了乘法 SDA，基于 Leontief 和 Ghosh 投入产出模型提出了乘法 SDA 框架。此后，乘法 SDA 被广泛用于分解能源和排放相关强度指标的变化，如能源强度（李虹、王帅，2021；Guevara et al.，2021）、碳排放强度（Yan et al.，2018）和总隐含强度（张国兴等，2017；Su and Ang，2017，2020；Yan and Su，2020）。此外，能源和排放强度的研究也被拓展至多区域投入产出模型，Wang 等（2017a）首次开发了多区域投入产出框架下的结构分解模型，量化了国际贸易对全球排放强度的影响；Wang 等（2020）利用这一框架考察了省际经济联系对中国排放强度的影响；Zhang 等（2021）利用多区域投入产出框架，采用 SDA 技术来量化六种全球价值链相关因素对全球碳排放强度变化的影响。

（二）贸易隐含资源消耗环境排放的影响因素分析

随着全球化的发展，国际贸易发展引起的隐含资源消耗和环境排放问题逐渐成为研究热点。任何一种产品的生产都会直接或间接地消耗资源或产生相关的环境排放，在整个生产链中所消耗的资源或产生的环境排放，被称为隐含资源消耗或隐含环境排放。“隐含”这一概念可以追溯到 1974 年，国际高等研究院联合会（IFIAS）首次提出了“隐含”。他们提出，“隐含”可以用来表示或计算某种资源在生产或服务过程中直接和间接消耗的总量，例如，隐含能源、隐含水和隐含土地等有关的总量。通过应用“隐含”的概念，学者们对资源消耗和环境排放的跨境转移给予了极大的关注。全球贸易的发展意味着跨境供应链的产生，经济活动产生的资源消耗或环境排放将归因于供应链中的不同国家主体。这就会导致一系列外部性问题，如能源争夺和碳泄漏（United Nations，2014；Chen and Wu，2017）。这种现象将影响已实施的环境政策的有效性，并带来额外的环境保护成本。部分国家和国际组织，如英国和经济合作与发展组织（Department for Environment，Food & Rural Affairs，2023；OECD，2021），已经开始对这些隐含流量进行监测并积极讨论对未来能源和气候政策设计的影响。

为了量化不同经济系统之间资源消耗或环境排放流量，很多研究应用了可以追踪经济系统各部门之间直接和间接供需关系的投入产出分析方法。而为了进一步识别这种隐含流量变化背后的驱动因素，SDA 是一种强有力的分析工具。依据研究范围的不同，广泛使用于国际贸易中隐含流量变化驱动因素分析的投入产出模型可分为三种类型：单区域投入产出框架下的 SDA 模型、双边贸易投入产出框架下的 SDA 模型、多区域投入产出框架下的 SDA 模型。本节将以二氧化碳为例，简单介绍目前研究中被广泛使用的多区域投入产出框架下的 SDA 模型。

首先，在多区域多部门情况下，投入产出表中各部分可以表示为：

$$\sum_{j=1}^{n}\sum_{s=1}^{m} z_{ij}^{rs} + \sum_{k=1}^{p}\sum_{s=1}^{m} y_{ik}^{rs} = X_i^r \tag{5-90}$$

$(i,j\in\{1,2,\cdots,n\})\quad(k\in\{1,2,\cdots,p\})\quad(r,s\in\{1,2,\cdots,m\})\quad n,p,m\in N$

式中，X_i^r表示区域 r 部门 i 的总产出，z_{ij}^{rs}表示区域 r 部门 i 对区域 s 部门 j 的中间投入，y_{ik}^{rs}表示区域 r 部门 i 用于区域 s 第 k 类的最终需求。

式（5－90）可以进一步改写为：

$$\sum_{j=1}^{n}\sum_{s=1}^{m} a_{ij}^{rs} X_j^s + \sum_{k=1}^{p}\sum_{s=1}^{m} y_{ik}^{rs} = X_i^r \tag{5-91}$$

式中，a_{ij}^{rs}表示区域 s 部门 j 单位总产出中来自区域 r 部门 i 的比例，即 $a_{ij}^{rs}=\dfrac{x_{ij}^{rs}}{X_j^s}$。

将式（5－91）表示为矩阵形式：

$$\tilde{A}X+\tilde{Y}=X \tag{5-92}$$

式中，$\tilde{A}=\begin{bmatrix}\tilde{A}^{11} & \cdots & \tilde{A}^{1s} & \cdots & \tilde{A}^{1m}\\ \vdots & \cdots & \vdots & \cdots & \vdots\\ \tilde{A}^{r1} & \cdots & \tilde{A}^{rs} & \cdots & \tilde{A}^{rm}\\ \vdots & \cdots & \vdots & \cdots & \vdots\\ \tilde{A}^{m1} & \cdots & \tilde{A}^{ms} & \cdots & \tilde{A}^{mm}\end{bmatrix}$为分块矩阵，其中 $\tilde{A}^{rs}=\begin{bmatrix}\tilde{a}_{11}^{rs} & \cdots & \tilde{a}_{1j}^{rs} & \cdots & \tilde{a}_{1n}^{rs}\\ \vdots & \cdots & \vdots & \cdots & \vdots\\ \tilde{a}_{i1}^{rs} & \cdots & \tilde{a}_{ij}^{rs} & \cdots & \tilde{a}_{in}^{rs}\\ \vdots & \cdots & \vdots & \cdots & \vdots\\ \tilde{a}_{n1}^{rs} & \cdots & \tilde{a}_{nj}^{rs} & \cdots & \tilde{a}_{nn}^{rs}\end{bmatrix}$；$\tilde{Y}=\begin{bmatrix}\tilde{Y}^{11} & \cdots & \tilde{Y}^{1s} & \cdots & \tilde{Y}^{1m}\\ \vdots & \cdots & \vdots & \cdots & \vdots\\ \tilde{Y}^{r1} & \cdots & \tilde{Y}^{rs} & \cdots & \tilde{Y}^{rm}\\ \vdots & \cdots & \vdots & \cdots & \vdots\\ \tilde{Y}^{m1} & \cdots & \tilde{Y}^{ms} & \cdots & \tilde{Y}^{mm}\end{bmatrix}$为分块矩阵，其中 $\tilde{Y}^{rs}=\begin{bmatrix}\tilde{y}_1^{rs}\\ \vdots\\ \tilde{y}_j^{rs}\\ \vdots\\ \tilde{y}_n^{rs}\end{bmatrix}$。

将式（5－92）的形式进一步转变，得到：

$$X=(I-\tilde{A})^{-1}\tilde{Y}=\tilde{L}\tilde{Y} \tag{5－93}$$

式中，$\tilde{L}=(I-\tilde{A})^{-1}$是里昂惕夫逆矩阵，也可将其用分块矩阵进行表示，即 $\tilde{L}=\begin{bmatrix}\tilde{L}^{11} & \cdots & \tilde{L}^{1s} & \cdots & \tilde{L}^{1m}\\ \vdots & \cdots & \vdots & \cdots & \vdots\\ \tilde{L}^{r1} & \cdots & \tilde{L}^{rs} & \cdots & \tilde{L}^{rm}\\ \vdots & \cdots & \vdots & \cdots & \vdots\\ \tilde{L}^{m1} & \cdots & \tilde{L}^{ms} & \cdots & \tilde{L}^{mm}\end{bmatrix}$，其中各项即$\tilde{L}^{rs}=\begin{bmatrix}\tilde{l}_{11}^{rs} & \cdots & \tilde{l}_{1j}^{rs} & \cdots & \tilde{l}_{1n}^{rs}\\ \vdots & \cdots & \vdots & \cdots & \vdots\\ \tilde{l}_{i1}^{rs} & \cdots & \tilde{l}_{ij}^{rs} & \cdots & \tilde{l}_{in}^{rs}\\ \vdots & \cdots & \vdots & \cdots & \vdots\\ \tilde{l}_{n1}^{rs} & \cdots & \tilde{l}_{nj}^{rs} & \cdots & \tilde{l}_{nn}^{rs}\end{bmatrix}$。

此处还可以进一步分解为：

$$\sum_{s=1}^{m} v_i^{rs}\sum_{j=1}^{n} z_{ij}^{s}+\left(\sum_{s=1}^{m} w_i^{rs}\sum_{k=1}^{p} y_{ik}^{s}+u_i^{r}\right)=X_i^{r} \tag{5－94}$$

式中，v_i^{rs}和w_i^{rs}表示区域 r 产品 i 到区域 s 中间产品和最终产品的供给系数，不同区域间的系数不同，计算方法为 $t_i^{rs}/\sum_r t_i^{rs}$，t_i^{rs} 代表区域 r 产品 i 到区域 s 的中间产品和最终产品供给量；u_i^{r}是产品 i 的出口量。

最终需求可以进一步进行分解：

$$y_{ik}^{s}=f_{ik}^{s}b_{k}^{s}d^{s} \tag{5-95}$$

式中，f_{ik}^{s}表示区域 s 的第 k 种最终需求对产品 i 的消费占所有产品的比例，b_{k}^{s}表示区域 s 的第 k 种最终需求在总最终需求中的占比，d^{s}表示区域 s 的最终需求水平。

将式（5－95）代入式（5－94）得到：

$$\sum_{s=1}^{m} v_{i}^{rs}\sum_{j=1}^{n} a_{ij}^{s}x_{j}^{s}+\left(\sum_{s=1}^{m} w_{i}^{rs}\sum_{k=1}^{p} f_{ik}^{s}b_{k}^{s}d^{s}+u_{i}^{r}\right)=X_{i}^{r} \tag{5-96}$$

进一步写为矩阵形式：

$$X=(I-VA)^{-1}(WY+U)=(I-VA)^{-1}(WFBD+U) \tag{5-97}$$

式中，$VA=\tilde{A}$，即式（5－93）中的 $\tilde{A}$，所以 $\tilde{L}=(I-\tilde{A})^{-1}=(I-VA)^{-1}$，每一项分别为：$A=\begin{bmatrix} A^{1} & \cdots & 0 & \cdots & 0 \\ \cdots & \ddots & \cdots & \cdots & \cdots \\ 0 & \cdots & A^{s} & \cdots & 0 \\ \cdots & \cdots & \cdots & \ddots & \cdots \\ 0 & \cdots & 0 & \cdots & A^{m} \end{bmatrix}$是分块矩阵，其中

$A^{s}=\begin{bmatrix} a_{11}^{s} & \cdots & a_{1j}^{s} & \cdots & a_{1n}^{s} \\ \vdots & \cdots & \vdots & \cdots & \vdots \\ a_{i1}^{s} & \cdots & a_{ij}^{s} & \cdots & a_{in}^{s} \\ \vdots & \cdots & \vdots & \cdots & \vdots \\ a_{n1}^{s} & \cdots & a_{nj}^{s} & \cdots & a_{nn}^{s} \end{bmatrix}$；$V=\begin{bmatrix} V^{11} & \cdots & V^{1s} & \cdots & V^{1m} \\ \vdots & \cdots & \vdots & \cdots & \vdots \\ V^{r1} & \cdots & V^{rs} & \cdots & V^{rm} \\ \vdots & \cdots & \vdots & \cdots & \vdots \\ V^{m1} & \cdots & V^{ms} & \cdots & V^{mm} \end{bmatrix}$是分块矩阵，其中 $V^{rs}=\begin{bmatrix} v_{1}^{rs} & \cdots & 0 & \cdots & 0 \\ \cdots & \ddots & \cdots & \cdots & \cdots \\ 0 & \cdots & v_{i}^{rs} & \cdots & 0 \\ \cdots & \cdots & \cdots & \ddots & \cdots \\ 0 & \cdots & 0 & \cdots & v_{n}^{rs} \end{bmatrix}$；$W=\begin{bmatrix} W^{11} & \cdots & W^{1s} & \cdots & W^{1m} \\ \vdots & \cdots & \vdots & \cdots & \vdots \\ W^{r1} & \cdots & W^{rs} & \cdots & W^{rm} \\ \vdots & \cdots & \vdots & \cdots & \vdots \\ W^{m1} & \cdots & W^{ms} & \cdots & W^{mm} \end{bmatrix}$是分块矩阵，其中$W^{rs}=\begin{bmatrix} w_{1}^{rs} & \cdots & 0 & \cdots & 0 \\ \cdots & \ddots & \cdots & \cdots & \cdots \\ 0 & \cdots & w_{i}^{rs} & \cdots & 0 \\ \cdots & \cdots & \cdots & \ddots & \cdots \\ 0 & \cdots & 0 & \cdots & w_{n}^{rs} \end{bmatrix}$；$F=\begin{bmatrix} F^{1} & \cdots & 0 & \cdots & 0 \\ \cdots & \ddots & \cdots & \cdots & \cdots \\ 0 & \cdots & F^{s} & \cdots & 0 \\ \cdots & \cdots & \cdots & \ddots & \cdots \\ 0 & \cdots & 0 & \cdots & F^{m} \end{bmatrix}$是分块矩阵，

其中$F^s = \begin{bmatrix} F_1^s & \cdots & 0 & \cdots & 0 \\ \cdots & \ddots & \cdots & \cdots & \cdots \\ 0 & \cdots & F_j^s & \cdots & 0 \\ \cdots & \cdots & \cdots & \ddots & \cdots \\ 0 & \cdots & 0 & \cdots & F_n^s \end{bmatrix}$，$F_j^s = [f_{j1}^s \quad \cdots \quad f_{jk}^s \quad \cdots \quad f_{jp}^s]$，且$\sum_j f_{jk}^s = 1$；

$B = \begin{bmatrix} B^1 & \cdots & 0 & \cdots & 0 \\ \cdots & \ddots & \cdots & \cdots & \cdots \\ 0 & \cdots & B^s & \cdots & 0 \\ \cdots & \cdots & \cdots & \ddots & \cdots \\ 0 & \cdots & 0 & \cdots & B^m \end{bmatrix}$是分块矩阵，其中$B^s = \begin{bmatrix} B_1^s & \cdots & 0 & \cdots & 0 \\ \cdots & \ddots & \cdots & \cdots & \cdots \\ 0 & \cdots & B_j^s & \cdots & 0 \\ \cdots & \cdots & \cdots & \ddots & \cdots \\ 0 & \cdots & 0 & \cdots & B_n^s \end{bmatrix}$，

$B_j^s = \begin{bmatrix} b_{j1}^s \\ \vdots \\ b_{jk}^s \\ \vdots \\ b_{jp}^s \end{bmatrix}$，$B_1^s = \cdots = B_j^s = \cdots = B_n$，且$\sum_k b_{jk}^s = 1$；$D = \begin{bmatrix} D^1 & \cdots & 0 & \cdots & 0 \\ \cdots & \ddots & \cdots & \cdots & \cdots \\ 0 & \cdots & D^s & \cdots & 0 \\ \cdots & \cdots & \cdots & \ddots & \cdots \\ 0 & \cdots & 0 & \cdots & D^m \end{bmatrix}$

是分块矩阵，其中$D^s = \begin{bmatrix} d_1^s & \cdots & 0 & \cdots & 0 \\ \cdots & \ddots & \cdots & \cdots & \cdots \\ 0 & \cdots & d_j^s & \cdots & 0 \\ \cdots & \cdots & \cdots & \ddots & \cdots \\ 0 & \cdots & 0 & \cdots & d_n^s \end{bmatrix}$，$d_1^s = \cdots = d_j^s = \cdots = d_n^s$；

$U = \begin{bmatrix} U^1 & \cdots & 0 & \cdots & 0 \\ \cdots & \ddots & \cdots & \cdots & \cdots \\ 0 & \cdots & U^s & \cdots & 0 \\ \cdots & \cdots & \cdots & \ddots & \cdots \\ 0 & \cdots & 0 & \cdots & U^m \end{bmatrix}$是分块矩阵，其中，$U^s = \begin{bmatrix} u_1^s & \cdots & 0 & \cdots & 0 \\ \cdots & \ddots & \cdots & \cdots & \cdots \\ 0 & \cdots & u_j^s & \cdots & 0 \\ \cdots & \cdots & \cdots & \ddots & \cdots \\ 0 & \cdots & 0 & \cdots & u_n^s \end{bmatrix}$。

此时，将温室气体排放纳入考虑：

$$E = \varepsilon X \tag{5-98}$$

代入后可得到：

$$E=\varepsilon\tilde{L}(WFBD+U)=\varepsilon(I-VA)^{-1}(WFBD+U) \tag{5-99}$$

式中，E 表示排放矩阵，它的元素e_{wi}^{r}指区域 r 部门 i 第 w 种排放。ε 表示直接影响系数矩阵，即排放系数矩阵，其元素ε_{wi}^{r}为区域 r 部门 i 单位产出产生的第 w 种排放的排放量。其矩阵形式为 $\varepsilon=\begin{bmatrix} \varepsilon_1^1 & \cdots & \varepsilon_1^r & \cdots & \varepsilon_1^m \\ \vdots & \cdots & \vdots & \cdots & \vdots \\ \varepsilon_w^1 & \cdots & \varepsilon_w^r & \cdots & \varepsilon_w^m \\ \vdots & \cdots & \vdots & \cdots & \vdots \\ \varepsilon_q^1 & \cdots & \varepsilon_q^r & \cdots & \varepsilon_q^m \end{bmatrix}$，其子矩阵$\varepsilon_w^r=[\varepsilon_{w1}^r \quad \cdots \quad \varepsilon_{wi}^r \quad \cdots \quad \varepsilon_{wn}^r]$。

接下来，采用两极平均分解方法对其进行分解，由于 $\tilde{L}=(I-VA)^{-1}$，所以：

$$\Delta\tilde{L}=\tilde{L}^1(\Delta VA)\tilde{L}^0 \tag{5-100}$$

$$\Delta XA=\frac{1}{2}\Delta X(A^0+A^1)+\frac{1}{2}(X^0+X^1)\Delta A \tag{5-101}$$

将以上分解与等式 $E=\varepsilon\tilde{L}(WFBD+U)$ 结合，可以得到：

$$\begin{aligned}\Delta E=&\frac{1}{2}\Delta\varepsilon[\tilde{L}^0(W^0F^0B^0D^0+U^0)+\tilde{L}^1(W^1F^1B^1D^1+U^1)]+\frac{1}{4}[\varepsilon^0\tilde{L}^1(\Delta V)(A^0+\\&A^1)\tilde{L}^0(W^1F^1B^1D^1+U^1)+\varepsilon^1\tilde{L}^1(\Delta V)(A^0+A^1)\tilde{L}^0(W^0F^0B^0D^0+\\&U^0)]+\frac{1}{4}[\varepsilon^0\tilde{L}^1(V^0+V^1)(\Delta A)\tilde{L}^0(W^1F^1B^1D^1+U^1)+\varepsilon^1\tilde{L}^1(V^0+\\&V^1)(\Delta A)\tilde{L}^0(W^0F^0B^0D^0+U^0)]+\frac{1}{2}[\varepsilon^0\tilde{L}^0(\Delta W)F^1B^1D^1+\\&\varepsilon^1\tilde{L}^1(\Delta W^0)F^0B^0D^0]+\frac{1}{2}[\varepsilon^0\tilde{L}^0W^0(\Delta F)B^1D^1+\varepsilon^1\tilde{L}^1W^1(\Delta F)B^0D^0]+\\&\frac{1}{2}[\varepsilon^0\tilde{L}^0W^0F^0(\Delta B)D^1+\varepsilon^1\tilde{L}^1W^1F^1(\Delta B)D^0]+\frac{1}{2}(\varepsilon^0\tilde{L}^0W^0F^0B^0+\\&\varepsilon^1\tilde{L}^1W^1F^1B^1)\Delta D+\frac{1}{2}(\varepsilon^0\tilde{L}^0+\varepsilon^1\tilde{L}^1)\Delta U\end{aligned} \tag{5-102}$$

式中，第一项为碳排放强度变化引起的环境排放变化，第二项为中间投入产品在不同区域间流动引起的环境排放变化，第三项为生产投入结构变化引起的环境排放变化，第四项为最终需求产品在不同区域间流动引起的环境排放变化，第五项为区域内每种最终需求内部分布变化引起的环境排放变化，第六项为区域内不同类型最终需求分布变化引起的环境排放变化，第七项为区域内最终需求总规模变化引起的环境排放变化，第八项为出口变化引起的环境排放变化。

上文提到的多区域投入产出框架下的 SDA 模型将不同国家的技术系数矩阵内生结合，可以捕捉所有贸易伙伴之间的贸易供应链以及反馈效应，目前在该框架下进行的驱动力分析得到了较为广泛的应用（Peters and Hertwich，2008；Wang and Zhou，2019；Zhao，et al.，2016；Yang et al.，2022；Mi et al.，2017）。同时，中国各省通过国际贸易与其他国家有着密切的关系，部分研究将中国多区域投入产出表和全球数据集联系起来，捕捉区域间和国际的反馈效应（Mi et al.，2017；Su et al.，2021）。此外，也有部分学者采用单区域投入产出框架下的 SDA 模型和双边贸易投入产出框架下的 SDA 模型。单区域投入产出框架主要应用于考察区域间贸易对单个国家或地区总资源消耗或环境排放的影响。传统的单区域投入产出模型需要假设单国的进出口商品具有相同的强度指标，但最近也有部分研究通过对不同国家碳强度的替换来改进对单国进出口中隐含碳排放核算（Liu et al.，2017；Jiang et al.，2015；顾阿伦等，2010；王丽丽等，2012）。双边贸易投入产出框架是基于单区域投入产出表将不同国家或地区的双边贸易数据进行外生链接。例如，Du 等（2011）利用该模型分析了双边贸易额、贸易结构和排放强度变化对中美贸易碳排放量的影响（Du et al.，2011）；Zhao（2016）等进行了中日贸易二氧化碳排放量变化的驱动力分析，对技术效应、规模效益和结构效应的影响进行了探讨。

除了上述基于最终贸易的研究，近年来涌现出大量关于中间贸易隐含资源消耗或环境排放的研究。中间贸易被定义为用于中间生产的产品的出口/进口，而最终贸易是指用于最终消费的产品。一系列研究比较了在中间贸易和最终贸易中的能源消耗转移（郭朝先、胡雨朦，2019）、土地使用转移（Chen and Han，2015；Wu et al.，2018）和碳排放转移（Zhao et al.，2023；Wu et al.，2020；Zhao et al.，2020）等。与中间产品贸易有关的资源消耗或环境排放研究也可以和驱动力分析结合起来。例如，Meng 等（2018）提出了一个基于多区域投入产出模型的 SDA 框架来确定最终产品和中间产品贸易中的排放驱动因素，探讨了 1995—2018 年中国中间贸易和最终贸易中能源资源的演变及其驱动因素。Xia 等（2022）量化中国与世界其他地区的中间贸易中能源消耗变化背后的不同社会经济驱动因素的贡献。

（三）其他应用领域

1. 需求侧解构

最简单的 SDA 模型是从经济技术水平和最终需求两个因素对经济指标变化的驱动力进行分析。在前文基础模型的介绍中，最终需求因素还被拓展为最终需求水平变动效应、最终需求分布变动效应和最终需求系数矩阵变动效应。近年来，随着 SDA 技术的蓬勃发展，越来越多的学者根据研究对象和研究主题的不同，采用不同的分解因素对需求侧进行了更深层次的研究。这些分解因素大致被分为两类：规模效应和结构效应。其中，需求侧的规模效应代表与人口、收入水平、消费水平等相关的经济指标的变动；需求侧的结构效应则代表与消费者篮子组成等变化相关的经济指标的变动。

在需求侧的规模效应方面，将最终需求效应扩展至人口规模效应或收入规模效应是较为常见的做法（Weiss De Abreu et al.，2021；孙艳芝等，2017；Wen et al.，2021；闫云凤，2016）。这是由于最终需求可以轻松被拆分成一些经济社会指标的乘积。例如，$Y=PSF$，其中，Y 表示最终需求向量，P 表示人口规模，S 表示人均消费量，F 表示需求结构，即各部门最终需求占最终总需求的比例。

在需求侧的结构效应部分，近年来许多研究考虑了居民消费部门内部异质性（如不同年龄群体、不同收入群体等），并在此基础上对经济、资源或环境等因素变动的驱动力因素进行了分析。Yu 等（2022）将特定年龄段的消费结构纳入 SDA 模型，将最终需求效应进一步分解为消费结构效应、消费量效应、家庭规模效应、家庭分布效应和家庭数量效应，对家庭部门间接碳排放的增长驱动力进行了考察。Yu 等（2023）考察了中国老龄居民和非老龄居民碳排放变化的影响因素，并探讨了影响的区域异质性和时间不确定性。

2. 降尺度分析

投入产出分析通常需要在三个维度上平衡数据需求和聚合水平，即部门聚合、空间聚合和时间聚合。更精细的分解级别通常是优选的，因为它提供了更大的粒度。高分辨率的投入产出数据为更高精度 SDA 模型的构建提供了可能。

在时间分解维度上，由于国家级投入产出表的数据更新存在年份间隔，传统的 SDA 模型通常以非连续年的年度投入产出数据为基础。但全球时间序列投入产出数据库（如 World Input – Output Database 和 The Eora MRIO Database）的最新发展使时间序列 SDA 成为可能。同时，考虑到能源或气候政策的推行（如可再生能源的快速发展），商品或服务的最终需求结构可能会在一年内发生显著变化，Su 等建立了基于月度数据的投入产出分析框架，并在此基础上利用 SDA 进行了驱动因素分析。这种在时间维度上数据粒度的提高将有利于揭示能源环境影响的时间特征。

在部门分解维度，通过利用微观数据对投入产出表的聚合部门进行拆分使探索影响特定行业经济变化的关键驱动因素成为可能。例如，Luo 等（2020）利用 SDA 分析了火电、水电、核电等电力子行业隐含碳排放变化的驱动力，结果强调了清洁电力设备更新或重建过程引起的隐含碳排放。Ma 等（2019）基于电力部门拆分的投入产出表探讨了能源结构、技术水平、最终需求结构和最终需求水平对中国发电部门碳排放的影响。

第三节　能源环境因素分解模型应用案例

本节将以京津冀区域为例，集成 SDA 与 SPD 方法，从产业链视角识别出碳排放的关键产业链路径及其影响因素。

一、研究方法与数据来源

（一）京津冀区域投入产出表构建

京津冀区域投入产出表的基础是全国 30 个省（区、市）多区域投入产出表。由于投入产出表编制受到年份限制，目前可获得 2002 年、2007 年、2012 年、2017 年中国多区域投入产出表（Pan et al.，2018；Zheng et al.，2021）。通过将北京市、天津市、河北省三个区域的数据保留，其他省份数据依据部门求和，合并为一个区域，称为其他省份，构建京津冀多区域投入产出表，如表 5 – 7 所示。为了消除不同年份价格波动所带来的影响，以 2007 年为基年，使用双缩减的方法合成 2002 年、2007 年、2012 年、2017 年的可比价京津冀区域投入产出表，其中，生产者价格指数的资料来源为《中国统计年鉴》（中华人民共和国国家统计局，2008）。此外，将固定资本形成和资本存量加总为“资本形成”类别，因此，京津冀区域投入产出表中的最终使用部分包括农村居民消费、城市居民消费、政府购买和资本形成四项。

表5－7　京津冀区域投入产出表基本表式

			中间使用				最终使用				其他项		总产出
			北京市	天津市	河北省	其他省份	北京市	天津市	河北省	其他省份	出口		
			$1\cdots n$	$1\cdots n$	$1\cdots n$	$1\cdots n$	$y1$	$y2$	$y3$	$y4$	EX	e	x
中间投入	北京市	$1\cdots n$	x_{11}	x_{12}	x_{13}	x_{14}	y_{11}	y_{12}	y_{13}	y_{14}	EX_1	e_1	x_1
	天津市	$1\cdots n$	x_{21}	x_{22}	x_{23}	x_{24}	y_{21}	y_{22}	y_{23}	y_{24}	E_2	e_2	x_2
	河北省	$1\cdots n$	x_{31}	x_{32}	x_{33}	x_{34}	y_{31}	y_{32}	y_{33}	y_{34}	EX_3	e_3	x_3
	其他省份	$1\cdots n$	x_{41}	x_{42}	x_{43}	x_{44}	y_{41}	y_{42}	y_{43}	y_{44}	EX_4	e_4	x_4
增加值		V	V_1	V_2	V_3	V_4							
总投入		x	x_1	x_2	x_3	x_4							

基于CEADs提供的2002—2017年30个省（区、市）分部门碳排放清单（Shan et al.，2018；Shan et al.，2020），计算碳排放强度（各个区域部门的直接碳排放量与该部门总产出之比）。由于构建的京津冀区域投入产出表包含42个经济部门，但是碳数据包含47个排放部门。因此为确保数据的分类口径一致，本案例将经济部门最终合并为29个部门，具体如表5－8所示。

表5－8　部门序号及名称

序号	部门
1	农林牧渔业
2	煤炭开采和洗选业
3	石油和天然气开采业
4	金属矿采选业
5	非金属矿和其他矿采选业
6	食品制造和烟草加工业
7	纺织业
8	纺织服装鞋帽皮革羽绒及其制品业

续表

序号	部门
9	木材加工和家具制造业
10	造纸印刷和文教体育用品制造业
11	石油、炼焦产品和核燃料加工业
12	化学工业
13	非金属矿物制品业
14	金属冶炼和压延加工业
15	金属制品业
16	通用和专用设备制造业
17	交通运输设备制造业
18	电气机械和器材制造业
19	通信设备、计算机和其他电子设备制造业
20	仪器仪表制造业
21	其他制造业
22	废品废料加工业
23	电力、热力的生产和供应业
24	燃气生产和供应业
25	水的生产和供应业
26	建筑业
27	交通运输、仓储和邮政业
28	批发和零售、住宿和餐饮业
29	其他服务业

（二）环境扩展投入产出分析

生产端碳排放核算是指一个区域内生产的所有产品产生的碳排放完全由该区域承担，不论生产的产品是服务于本区域的最终需求还是用于出口（彭水军等，2015）。然而，从生产端核算碳排放很容易造成碳泄漏（Carbon Leakage），不利于碳减排政策的实施（Rocco et al.，2020）。从消费端研究碳排放可以进一步从最终消费的视角揭示碳排放的来源（樊纲等，2010），更有利于揭示京津冀区域碳排放转移的真实情况，为碳减排政策做出正确的指导。区域间投入产出表反映了区域间不同经济部门之间的相互联系，结合各区域部门的碳排放强度，进行环境扩展投入产出分析，可以体现整个经济活动带来的环境影响（Feng et al.，2015），这种影响不仅包含各个部门为满足其最终需求的直接排放，而且包含产业部门之间经济活动所隐含的间接排放，本案例的环境指标用碳排放衡量。整个供应链直接和间接的碳排放量用区域 i 总产出x_i乘以碳排放强度 k 来计算。然而，碳排放不只是由最终需求拉动的直接和间接排放，没有进入生产环节的直接燃烧活动也会产生碳排放。2002—2017 年，京津冀区域的居民直接排放占京津冀区域总碳排放的 4.53% ~ 7.17%。因此，使用$R_{direct(i)}$标量来表示区域 i 居民直接排放（如通过供暖和开车）。区域 i 的碳排放量可以用式（5－103）计算：

$$E_{TCi} = k\,x_i + R_{direct(i)} = k\,(I - A)^{-1} y_i + R_{direct(i)} \tag{5-103}$$

式中，E_{TCi}是区域 i 的碳排放总量；k 是京津冀区域及其他省份各个经济部门的碳排放强度的行向量；x_i是在区域 i 各个部门的经济产出；A 是直接消耗系数矩阵，代表京津冀区域及其他省份各个部门生产单位总产出对相关部门的直接消耗；$(I-A)^{-1}$是里昂惕夫逆矩阵，代表各个部门为了获得单位最终产品而所需要生产的产品总量；y_i代表区域 i 各经济部门的最终需求的列向量，总的最终需求矩阵为 $y = [y_1 \quad y_2 \quad y_3 \quad y_4]$；$R_{direct(i)}$是区域 i 居民消费导致的碳直接排放。$i=1$ 代表北京，$i=2$ 代表天津，$i=3$ 代表河北，$i=4$ 代表其他省份。

（三）结构分解分析（SDA）

结构分解分析是将经济系统中某个因素的变动分解为其他各因素的变动的和，目的是测度其他各因素的变动对该因素变动的贡献大小。当前结构分解分析已经广泛应用在能源消费、环境保护等多方面的研究中（李景华，2004）。一般而言，区域碳排放受碳排放强度效应、生产技术效应、最终需求结构效应影响。为探究京津冀区域碳排放总量效应、结构效应和内部产业关联效应，本案例对京津冀区域的碳排放影响因素进行了更加深入的分解分析，进一步将碳排放强度、里昂惕夫逆矩阵和最终需求进行分解得到更加具体的影响因素。其中，最终需求进一步分解为消费结构、经济规模、人口规模 3 个因素。根据 2002—2017 年京津冀区域投入产出表，在环境扩展投入产出分析的基础上，将碳排放根据式（5－103）分解为以下影响因素：

$$E_{TCi} = k \times L \times B_i \times f_i \times p_i + R_{direct(i)} \tag{5-104}$$

式中，k 是京津冀区域及其他省份的碳排放强度，即京津冀区域及其他省份各个部门生产活动产生的碳排放量与各个部门的经济产出的比值；L 是里昂惕夫逆矩阵，代表生产结构；B_i表示区域 i 各个部门最终需求占区域 i 最终需求总量的比重，代表最终需求的消费结构；f_i是区域 i 人均消费量，即区域 i 的最终需求总量与区域 i 人口数量的比值，代表经济规模；p_i是区域 i 人口数量；$R_{direct(i)}$是区域 i 居民直接排放。其中，人口数据来自历年的《中国统计年鉴》（中华人民共和国国家统计局，2018）。

已有学者在结构分解分析的基础上进一步对里昂惕夫逆矩阵和碳排放强度进行分解，揭示生产结构和碳排放强度引起碳排放在不同区域的贡献。因此，本案例在结构分解分析的基础上，对式（5－104）中里昂惕夫逆矩阵 L 中的变化量 A 进行分解，即进一步将直接消耗系数矩阵 A 进行分解，以此揭示区域生产结构的联系与变化：

$$\begin{aligned} L &= (I-A)^{-1} \\ dL &= L_{(t)} - L_{(t-1)} = L_{(t)}\,dA\,L_{(t-1)} \end{aligned} \tag{5-105}$$

根据式（5－105）中里昂惕夫逆矩阵 L 与直接消耗系数 A 之间的关系，可以将直接消耗系数矩阵 $A = \begin{bmatrix} A_{11} & A_{12} & A_{13} & A_{14} \\ A_{21} & A_{22} & A_{23} & A_{24} \\ A_{31} & A_{32} & A_{33} & A_{34} \\ A_{41} & A_{42} & A_{43} & A_{44} \end{bmatrix}$分解为五部分。以北京市最终需求为例，$A = A_{ii}^* + A_{nn}^* + A_{1i}^* + A_{i1}^* + A_{ij}^*$。其中，$A_{ii}^*$ 表示直接消耗系数矩阵 A 中的子矩阵A_{11}，反映了北京市自产中间产品的使用结构。A_{nn}^*表示直接消耗系数矩阵 A 中子矩阵A_{ii}（$i \neq 1$）即A_{22}、A_{33}、A_{44}，反映了其他区域自产中间产品的使用结构。A_{i1}^* 表示直接消耗系数矩阵 A 中子矩阵A_{i1}（$i \neq 1$），即A_{21}、A_{31}、A_{41}，反映了北京市产业部门对其他区域中间产品的使用结构，代表北京市的后向产业关联。A_{1i}^* 表示直接消耗系数矩阵 A 中子矩阵A_{1i}（$i \neq 1$），即A_{12}、A_{13}、A_{14}，反映了其他区域对北京市中间产品的使用结构，代表北京市的前向产业关联。每个产业部门都是产业系统中的一个环节，每个部门的生产依赖于其他部门的产品和服务的投入，而每个部门的产品和服务的输出又被用作其他产业部门的投入品。$A_{ij}^* = A - A_{ii}^* - A_{nn}^* - A_{1i}^* - A_{i1}^*$ 表示其他区域生产部门之间的产业关联。由上述的关系可以得到直接消耗系数 A 的变化量是由A_{ii}^*、A_{nn}^*、A_{1i}^*、A_{i1}^*、A_{ij}^* 这 5 个因素的变化量决定的，可以用式（5－106）计算：

$$dA = dA_{ii}^* + dA_{nn}^* + dA_{1i}^* + dA_{i1}^* + dA_{ij}^* \tag{5-106}$$

同时，本案例对碳排放强度 k 这一因素进行了分解，如式（5－107）所示：

$$k = k_i + k_{-i} \tag{5-107}$$

式中，k_i为区域 i 的碳排放强度，k_{-i}为除区域 i 以外其他区域的碳排放强度。以北京市为例，k_1为北京市的碳排放强度，$k_{-1} = [0 \quad k_2 \quad k_3 \quad k_4]$ 为除北京市以外其他区域的碳排放强度。由上述的关系可以得到碳排放强度 k 的变化量是由k_i、k_{-i}这两个因素的变化量决定的，可以用式（5－108）计算：

$$dk = dk_i + dk_{-i} \tag{5-108}$$

因此，本案例使用 D&L 方法，针对式（5－104）中的第一项有 5 个因素，有5！＝120 种一阶分解形式，并且本案例对里昂惕夫逆矩阵 L 中的直接消耗系数 A 和碳排放强度 k 进行了进一步的分解。

（四）结构路径分解（SPD）

京津冀区域间各部门之间存在复杂的投入产出联系。以北京市为例，北京市的钢铁需求主要由位于河北省的首钢集团生产供应，即为满足北京市钢铁的最终需求不仅引起北京市该部门的生产活动，也引起了河北省的相关投入品的生产，以及间接引起北京市及其他区域后向产业链一系列连锁生产。因此，为进一步探究京津冀区域碳排放影响因素背后的上下游产业关系，本案例利用 SPD 模型，首先进行结构路径分析，即将里昂惕夫逆矩阵 L 分解为各个部门最终使用对其他部门产品的直接消耗和经过多个部门的间接消耗，具体如式（5－109）所示：

$$L = (I - A)^{-1} = I + A + A^2 + A^3 + \cdots \tag{5-109}$$

通过引入里昂惕夫逆矩阵的展开式可以计算出区域 i 不同阶的碳排放：

$$\begin{aligned} E_{TCi} &= k(I + A + A^2 + A^3 + \cdots) + R_{direct(i)} \\ &= kI\,y_i + kA\,y_i + k\,A^2 y_i + k\,A^3 y_i + \cdots + R_{direct(i)} \end{aligned} \tag{5-110}$$

式中，$kI\,y_i$表示区域 i 的最终需求y_i在第一阶直接消耗各部门产出引起的碳排放，该效应没有流经中间部门直接流向了最终需求，如北京居民对电力、热力的生产和供应的需求引起的碳排放；$kA\,y_i$表示区域 i 的最终需求对某一部门的直接需求所引起的对另一部门的间接需求引起的碳排放，如为满足北京居民对建筑业的需求而引起河北金属冶炼和压延加工业的投入和消耗，此排放量为二阶路径效应；kA^2y_i表示区域i的三阶路径效应；四阶以上以此类推，影响路径及相关部门更多、更细致。

在结构路径分析的基础上，对每一阶路径进行结构分解分析，具体如式（5－111）所示：

$$\begin{aligned} E_{TCi} &= kIy_i + kAy_i + kA^2y_i + kA^3y_i + \cdots + R_{direct(i)} \\ &= kIB_if_ip_i + kAB_if_ip_i + kA^2B_if_ip_i + \cdots + R_{direct(i)} \end{aligned} \tag{5-111}$$

因此，根据式（5－112）可以计算出每一阶产业路径中不同因素导致的碳排放变化量：

$$\begin{aligned} dE_{TCi} = &(dk)B_if_ip_i + k(dB_i)f_ip_i + kB_i(df_i)p_i + kB_if_i(dp_i) + \\ &(dk)AB_if_ip_i + k(dA)B_if_ip_i + kA(dB_i)f_ip_i + kAB_i(df_i)p_i + kAB_if_i(dp_i) + \\ &(dk)AAB_if_ip_i + k(dA)AB_if_ip_i + kA(dA)B_if_ip_i + kAA(dB_i)f_ip_i + \\ &kAAB_i(df_i)p_i + kAAB_if_i(dp_i) + \cdots + R_{direct(i)} \end{aligned} \tag{5-112}$$

式中，第一行是对区域i第一阶的碳排放进行结构分解，表示因素k、B_i、f_i、p_i在各部门直接流向最终使用的路径上对碳排放变化的影响；第二行是对区域i第二阶的碳排放进行结构分解，增加直接消耗系数A，表示五因素在流经两个部门的产业路径上为满足区域i最终需求导致的碳排放变化；第三行和第四行对区域i三阶效应进行分解，增加部门间直接消耗系数A_1和A_2，表示六因素在流经三个部门的产业路径上为满足区域i最终需求导致的碳排放变化。以此类推更高阶的效应涉及更多的中间部门和分解因素。通过结构路径分解分析，可以实现对区域i不同阶影响路径的深入分析，探究每条路径上碳排放强度、生产结构、消费模式、经济规模和人口规模的影响，最终确定京津冀区域的碳排放的关键路径和占主导地位的影响因素。

二、研究结果与讨论

（一）京津冀区域生产端和消费端碳排放情况

图5－2展示了2002—2017年京津冀区域生产端和消费端碳排放的变化情况。从整体来看，京津冀区域生产端碳排放，即由京津冀区域本地生产的所有产品所产生的碳排放量在2002—2012年持续增加，于2012年达到峰值（97020万吨），2017年碳排放量为95181万吨，与2012年相比有小幅下降趋

势。碳排放量降低与国家的重视程度、政策措施的出台密切相关，由于2013年《京津冀及周边地区落实大气污染防治行动计划实施细则》、2015年《京津冀协同发展规划纲要》等政策相继出台，京津冀区域碳减排取得了初步成效。

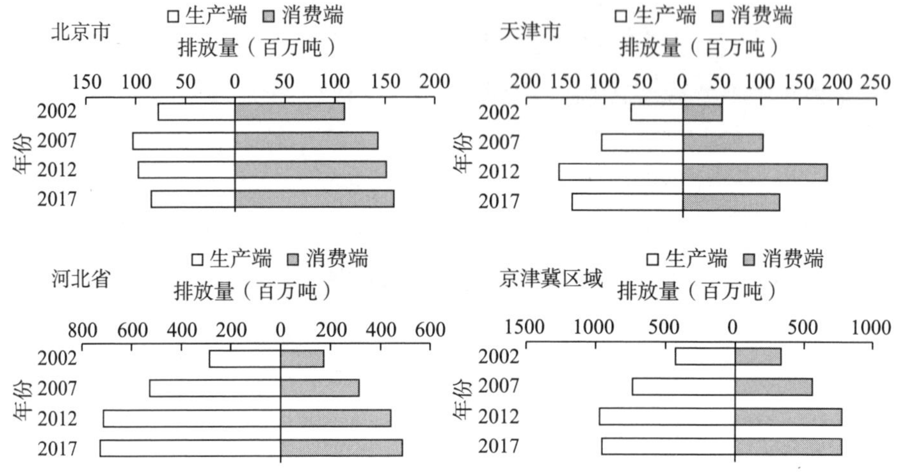

图5-2　京津冀区域2002—2017年碳排放总量

具体从每个地区来看，北京市和天津市的碳排放总量在15年间均呈现先上升后下降的变化趋势，北京市于2007年达到峰值10290万吨，天津市于2012年达到峰值（15800万吨）。2002—2017年河北省碳排放总量持续上升，2017年达到72592万吨。可见，京津冀区域碳排放量分布呈非均衡特征，河北省是京津冀区域的“碳排放大户”，远高于北京市和天津市，天津市次之，北京市最低。近年来，北京市实施了调整能源结构、优化产业结构、加大环境治理力度等一系列措施。天津市碳排放水平在北京市和河北省之间，并且天津市在借鉴北京市碳排放治理经验、推广碳排放治理模式试点等工作后也取得了显著的成效。但是，河北省的碳排放量仍然较高，不利于京津冀区域碳排放的长期治理，需要充分借助北京市、天津市的辐射带动作用，进一步优化京津冀区域的资源配置。

通过将生产端与消费端碳排放量进行对比可以发现。从整体来看，京津冀区域消费端碳排放量变化情况与生产端相同，呈先上升后下降的趋势，2012年达到峰值（77928万吨）。然而京津冀区域消费端碳排放量却始终低于生产端碳排放量，可见京津冀区域碳排放不仅由本区域最终使用所引起，还有部分是由于服务其他省份所引起的碳排放。具体从每个地区来看，2002—2017 年北京市消费端碳排放量始终高于生产端碳排放量，2012 年天津市消费端碳排放量超过生产端碳排放量，而河北省消费端碳排放量却始终低于生产端碳排放量。

图 5－3 展示了 2002—2017 年北京市、天津市、河北省各类最终需求导致的碳排放以及京津冀区域碳总排放量。从整体来看，作为京津冀区域碳排放最大贡献者的资本形成在 2002 年占总排放量的 45.17%（15027 万吨），2012 年以后资本形成贡献率有所下降。城市居民消费是京津冀区域碳排放第二贡献者，且在 2002—2017 年贡献率呈不断上升趋势。具体从每个区域来看，2002—2007 年，北京市碳排放的第一贡献者和第二贡献者分别为资本形成和

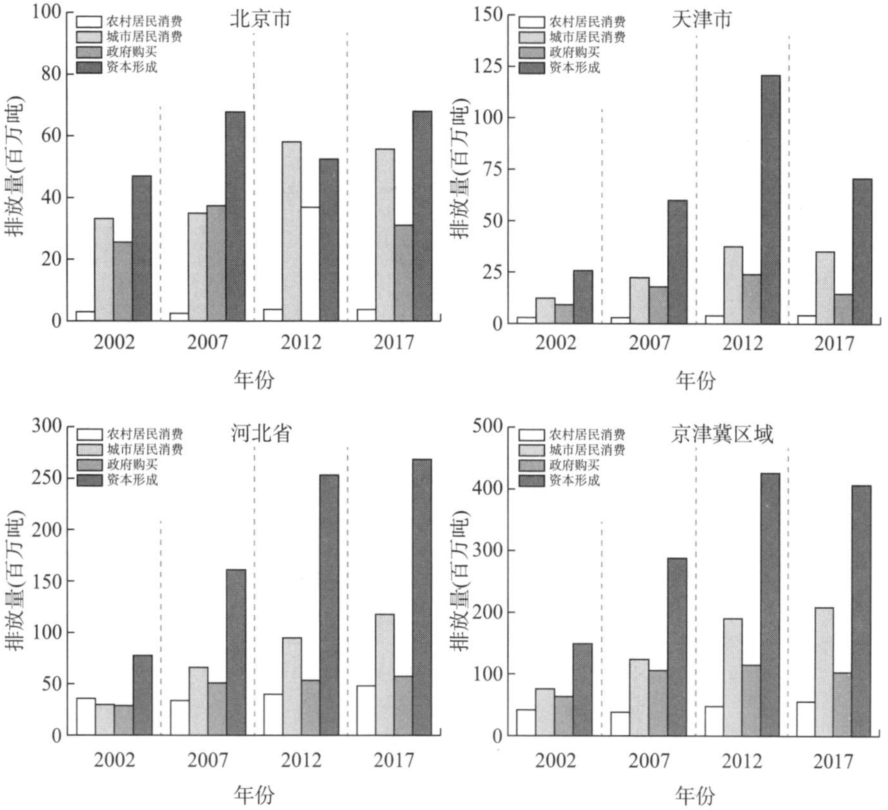

图 5－3 京津冀区域 2002—2017 年各类最终需求导致的碳排放量

城市居民消费，由于北京市不断完善轨道交通、高速铁路、建筑等基础设施建设，需要大量的高能源高碳原材料，如钢材、水泥等，进而引起北京市的碳排放。但是随着北京市人均消费水平的提高、生活方式的改变、城市化进程的推进，城市化率增至 86.20%，导致居民生活能源消费和碳排放增多，在 2012 年城市居民消费甚至超过资本形成，成为北京市第一贡献者。2002—2012 年，天津市和河北省的碳排放第一贡献者均为资本形成，贡献率呈先上升后下降趋势，天津市和河北省在 2012 年资本形成贡献率均达到峰值，分别为 64.85% 和 57.28%。天津市和河北省碳排放第二贡献者为城市居民消费，其中天津市城市居民消费贡献率呈先下降后上升趋势，而河北省城市居民消费贡献率在 2002—2017 年持续上升。天津市和河北省城市化的迅猛发展以及居民生活水平的提高，使得建筑和基础设施的需求量快速增加，特别是住房和交通部分，进而诱发大量碳排放。

（二）京津冀区域消费端碳排放变化的驱动因素

本案例对京津冀区域 2002—2017 年的消费端碳排放进行结构分解分析，图 5-4 以 2002 年为基年，分解为 6 个影响因素：碳排放强度、生产结构、消费结构、经济规模、人口以及居民直接排放，展示了各因素所导致碳排放变动的贡献百分比。经济规模是导致碳排放增加的主要因素，2002—2017 年经济规模扩大导致碳排放增加 186.48%。经济发展、生活水平的提高增加了对商品和服务的需求，从而间接增加了经济生产活动和碳排放。人口和居民直接排放作为导致碳排放增加的因素，2002—2017 年分别增加碳排放 14972 万吨和 3435 万吨，可见城市化、居民节能意识应进一步提升。碳排放强度是抵消碳排放增加的主要因素，2002—2017 年抵消碳排放 116.91%，体现了能源利用效率的提升。生产结构在 2002—2012 年导致碳排放增加 33.88%，2012 年后碳排放增速放缓，说明政府的空气治理政策、推广清洁生产技术、促进厂房设备升级等取得了一定的成效。消费结构对碳排放的影响在 2012 年前后从促进碳排放转变为抑制碳排放，2012—2017 年促进碳排放减少 5420 万吨，说明目前京津冀的消费模式正在向清洁模式转型，多措施减少碳排放。

在对京津冀区域整体 2002—2017 年的消费端碳排放进行结构分解分析的基础上，本案例进一步针对北京市、天津市、河北省三个区域分别进行结构

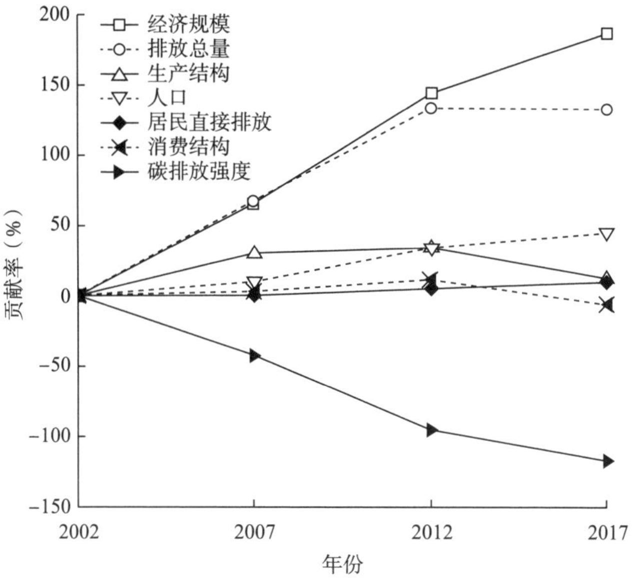

图 5－4　京津冀区域 2002—2017 年各驱动因素对碳排放变化的贡献百分比

分解分析，将生产结构中的直接消耗系数分解为本区域自产中间产品的使用结构、其他区域自产中间产品的使用结构、前向产业关联、后向产业关联、其他区域间的产业关联五部分，将碳排放强度分解为本区域碳排放强度和其他区域碳排放强度两部分，不仅细化展示了不同产业关联的影响，还明确了各因素对不同区域的贡献度。图 5－5 展示了北京市、天津市、河北省每个相邻时间内消费端碳排放的变化量和各个影响因素的贡献程度。北京市消费端碳排放在 2002—2017 年均呈上升趋势，但是上升幅度呈逐渐下降趋势，由 30.88%下降到 5.16%。2012 年是天津市消费端碳排放的转折点，此前呈上升趋势，此后在 2012—2017 年下降了 33.23%，碳减排效果显著。河北省消费端碳排放在 2002—2017 年虽然持续上升，但是增速放缓。由此可见，北京市、天津市、河北省消费端碳排放增速均呈下降趋势，说明京津冀区域碳排放量逐渐得到控制。

进一步深入分析驱动因素，可以发现 2002—2017 年，经济规模是导致北京市、天津市、河北省消费端碳排放增加的最主要因素，说明京津冀区域在经济发展的同时，消费增加，进而导致碳排放增加。人口因素对北京市、天津市、河北省均起到促进碳排放的作用，人口的增加会引起更多的最终需求，

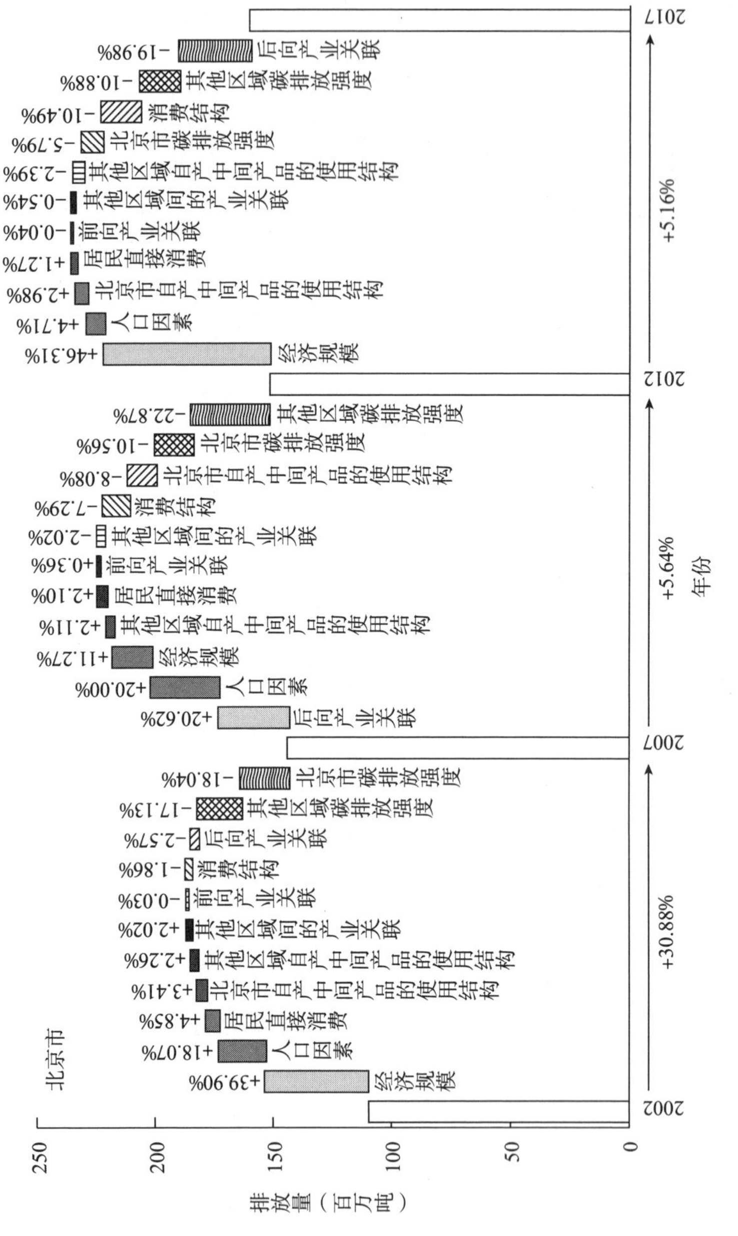
北京市
2002
经济规模 +39.90%
人口因素 +18.07%
居民直接消费 +4.85%
北京市自产中间产品的使用结构 +3.41%
其他区域自产中间产品的使用结构 +2.26%
其他区域间的产业关联 +2.02%
前向产业关联 −0.03%
消费结构 −1.86%
后向产业关联 −2.57%
其他区域碳排放强度 −17.13%
北京市碳排放强度 −18.04%
2007
后向产业关联 +20.62%
人口因素 +20.00%
经济规模 +11.27%
其他区域自产中间产品的使用结构 +2.11%
居民直接消费 +2.10%
前向产业关联 +0.36%
其他区域间的产业关联 −2.02%
消费结构 −7.29%
北京市自产中间产品的使用结构 −8.08%
北京市碳排放强度 −10.56%
其他区域碳排放强度 −22.87%
2012
经济规模 +46.31%
人口因素 +4.71%
北京市自产中间产品的使用结构 +2.98%
居民直接消费 +1.27%
前向产业关联 −0.04%
其他区域间的产业关联 −0.54%
其他区域自产中间产品的使用结构 −2.39%
北京市碳排放强度 −5.79%
消费结构 −10.49%
其他区域碳排放强度 −10.88%
后向产业关联 −19.98%
2017
+30.88%
+5.64%
+5.16%
年份
0
50
100
150
200
250
排放量（百万吨）

天津市
排放量（百万吨）
0
50
100
150
200
250
300
2002
2007
2012
2017
年份
+105.33%
+81.31%
−33.23%
经济规模 +74.11%
后向产业关联 +26.68%
消费结构 +24.48%
人口因素 +14.86%
其他区域自产中间产品的使用结构 +6.30%
其他区域间的产业关联 +2.33%
居民直接消费 +1.80%
前向产业关联 +0.17%
天津市自产中间产品的使用结构 −0.31%
其他区域碳排放强度 −21.95%
天津市碳排放强度 −23.14%
经济规模 +82.04%
人口因素 +32.56%
天津市自产中间产品的使用结构 +8.93%
其他区域自产中间产品的使用结构 +3.52%
居民直接消费 +3.21%
消费结构 +3.12%
前向产业关联 −0.12%
其他区域间的产业关联 −0.86%
天津市碳排放强度 −6.83%
后向产业关联 −12.09%
其他区域碳排放强度 −32.17%
经济规模 +10.76%
人口因素 +8.14%
天津市自产中间产品的使用结构 +5.81%
居民直接消费 +0.96%
前向产业关联 +0.06%
其他区域间的产业关联 −1.01%
其他区域自产中间产品的使用结构 −1.11%
其他区域碳排放强度 −6.39%
后向产业关联 −6.63%
天津市碳排放强度 −17.64%
消费结构 −26.18%

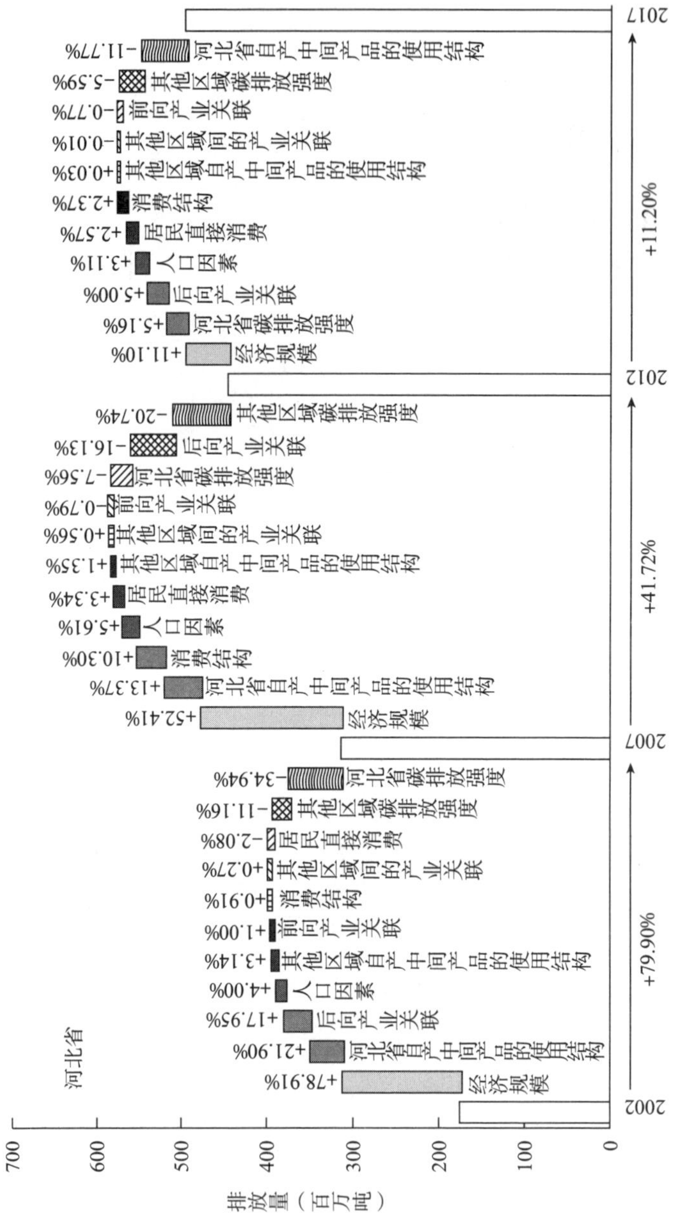

图 5－5　2002—2017 年京津冀区域各省市消费端碳排放变化的驱动因素贡献量

从而导致更多的碳排放。2002—2012 年，本区域碳排放强度在北京市、天津市和河北省始终发挥着减排作用，这意味着京津冀区域在提高能效方面的长期努力，为减少碳排放做出了积极贡献；然而在 2012—2017 年河北省碳排放强度却导致河北省碳排放增加 5.16%，需进一步加强关注河北省碳排放强度对碳排放的影响。此外，2002—2017 年，其他区域碳排放强度在北京市、天津市和河北省均发挥着减排作用，但减排效果有降低的趋势。

2002—2017 年后向产业关联、本区域自产中间产品的使用结构、消费结构和对北京市、天津市和河北省的消费端碳排放影响存在差异。后向产业关联在 2002—2007 年抵消北京市碳排放 2.57%，2007—2012 年促进北京市碳排放增长 20.62%，而在 2012—2017 年抑制北京市碳排放 19.98%，表现为先抑制后促进再抑制，这意味着北京市产业部门作为下游的产业消耗其他区域上游产业部门提供的产品过程中，跟随产品流向北京市的碳排放量出现波动，一方面是由于北京市的产业结构更新升级，另一方面是由于北京市进口发展驱动。2002—2007 年后向产业关联促进天津市碳排放增加 26.68%，而在 2007—2017 年表现为抑制作用，说明天津市产业部门作为下游的产业消耗其他区域上游产业部门提供的产品过程中，跟随产品流向天津市的碳排放量已得到控制，且成效显著；后向产业关联对河北省起到先促进后抑制再促进的作用与对北京市的作用恰恰相反，这意味着河北省产业部门作为下游的产业消耗其他区域上游产业部门提供的产品过程中，跟随产品流向河北省的碳排放量仍然较大，说明河北省从其他区域进口的高耗能产品较多，带来了隐含碳排放。

北京市自产中间产品的使用结构对北京市消费端碳排放表现为先促进后抑制再促进的作用；天津市自产中间产品的使用结构对天津市消费端碳排放表现为先抑制后促进的作用，说明北京市和天津市的各产业部门在使用本区域自产的产品和劳务过程中仍然引起碳排放的增长。而河北省自产中间产品的使用结构对河北省消费端碳排放的作用已从促进转变为抑制，其中在 2012—2017 年抵消河北省碳排放 11.77%，说明河北省各产业部门在使用本区域自产的产品和劳务过程中碳排放已得到一定的控制。

消费结构始终对北京市消费端碳排放起到抑制的作用，且抑制程度逐渐增大，2012—2017 年抵消北京市碳排放 10.49%；消费结构在 2002—2017 年对天津市消费端碳排放的作用从促进逐渐转变为抑制，其中 2012—2017 年抑制天津市碳排放26.18%，是2012—2017年抑制天津市碳排放最主要的因素。这说明北京市和天津市的转变能源消费结构、绿色低碳发展已取得一定成效。然而2002—2017年消费结构始终促进河北省消费端碳排放增加，因此需要进一步加强推动河北省的消费结构清洁化。此外，前向产业关联、其他区域自产中间产品的使用结构、其他区域间的产业关联和居民直接消费对北京市、天津市、河北省消费端碳排放的影响程度较小。

（三）影响京津冀区域消费端碳排放的关键路径

通过结构分解分析，在宏观层面对影响京津冀区域消费端碳排放的驱动因素有了一定的认识，但是忽略了京津冀区域内部门间的相互抵消作用，无法识别影响碳排放的区域间的关键路径和每条路径减排的重点。因此，参考上文京津冀区域消费端碳排放在2012—2017年开始实现碳减排，本案例利用结构路径分解对2012—2017年影响消费端碳排放变化的关键路径及影响路径的关键因素进行识别，从历史获取减排经验。由于三阶以上的产业路径影响较小，涉及中间部门多而复杂，因此本案例的关键路径分析集中于前三阶路径。

本案例首先通过结构路径分析2012—2017年京津冀区域消费端碳排放变化的前30条关键路径，进而针对前30条路径进行结构分解分析，表5－9展示了2012—2017年京津冀区域碳排放驱动因素引起碳排放变化的关键路径。其中“阶数”代表构成关键产业路径的部门数量，与表中后三列部门名称相对应：如果为1，一阶产业路径表示为“部门1→最终需求”；如果为2，二阶产业路径表示为“部门1→部门2→最终需求”；如果为3，三阶产业路径表示为“部门1→部门2→部门3→最终需求”。“序号”表示导致碳排放变化的因素路径，包括碳排放强度k、各部门间直接消耗系数（投入产出结构变动A_1和A_2）、消费结构B、人均消费量（经济规模f）、人口因素p[①]；“排放变化”表示在研究时间内“因素”在“关键产业路径”上导致的碳排放变动。

① A_2和P驱动的产业链碳排放变化不包含在前30条关键路径里，故下文不再展开讨论。

表 5－9　2012—2017 年京津冀区域各驱动因素引起碳排放变化的前 30 条关键路径

序号	阶数	排放变化（万吨）	影响方向	部门 1	部门 2	部门 3	最终使用
经济规模 f							
$f1$	2	307	↑	河北省金属冶炼和压延加工业	河北省建筑业		河北省
碳排放强度 k							
$k1$	2	1152	↑	河北省金属冶炼和压延加工业	河北省建筑业		河北省
$k2$	2	－824	↓	河北省非金属矿物制品业	河北省建筑业		河北省
$k3$	1	－478	↓	河北省其他服务业			河北省
$k4$	1	－380	↓	天津市电力、热力的生产和供应业			天津市
$k5$	2	－372	↓	其他省份非金属矿物制品业	其他省份建筑业		河北省
$k6$	2	321	↑	河北省金属冶炼和压延加工业	河北省建筑业		其他省份
投入产出结构变动 A_1							
$A_1 1$	2	－820	↓	河北省金属冶炼和压延加工业	北京市建筑业		其他省份
$A_1 2$	2	－673	↓	河北省金属冶炼和压延加工业	北京市建筑业		北京市
$A_1 3$	2	406	↑	河北省非金属矿物制品业	河北省建筑业		河北省
$A_1 4$	2	374	↑	天津市电力、热力的生产和供应业	天津市建筑业		天津市
$A_1 5$	2	－349	↓	其他省份非金属矿物制品业	北京市建筑业		其他省份

续表

序号	阶数	排放变化(万吨)	影响方向	部门1	部门2	部门3	最终使用
$A_1 6$	2	309	↑	河北省电力、热力的生产和供应业	河北省其他服务业		河北省
$A_1 7$	2	304	↑	其他省份电力、热力的生产和供应业	北京市电力、热力的生产和供应业		其他省份
消费结构 *B*							
*B*1	2	1703	↑	河北省金属冶炼和压延加工业	河北省建筑业		河北省
*B*2	2	-1315	↓	河北省金属冶炼和压延加工业	河北省建筑业		其他省份
*B*3	2	-1278	↓	其他省份非金属矿物制品业	其他省份建筑业		河北省
*B*4	2	-1113	↓	其他省份非金属矿物制品业	其他省份建筑业		天津市
*B*5	2	873	↑	河北省非金属矿物制品业	河北省建筑业		河北省
*B*6	2	-669	↓	河北省非金属矿物制品业	河北省建筑业		其他省份
*B*7	1	-617	↓	其他省份电力、热力的生产和供应业			北京市
*B*8	2	-557	↓	其他省份金属冶炼和压延加工业	其他省份建筑业		河北省
*B*9	2	-486	↓	其他省份金属冶炼和压延加工业	其他省份建筑业		天津市
*B*10	1	-472	↓	河北省电力、热力的生产和供应业			河北省

续表

序号	阶数	排放变化（万吨）	影响方向	部门1	部门2	部门3	最终使用
*B*11	2	430	↑	河北省电力、热力的生产和供应业	河北省其他服务业		河北省
*B*12	2	-421	↓	其他省份电力、热力的生产和供应业	其他省份建筑业		天津市
*B*13	3	-383	↓	其他省份电力、热力的生产和供应业	其他省份非金属矿物制品业	其他省份建筑业	河北省
*B*14	2	364	↑	河北省电力、热力的生产和供应业	河北省其他服务业		其他省份
*B*15	3	-333	↓	其他省份电力、热力的生产和供应业	其他省份非金属矿物制品业	其他省份建筑业	天津市
*B*16	1	321	↑	北京市交通运输、仓储和邮政业			北京市

注：“↑”代表促进碳排放的关键路径，“↓”代表抑制碳排放的关键路径。

从路径整体影响来看，对京津冀区域消费端碳排放增长整体影响第一大的路径为“河北省金属冶炼和压延加工业→河北省建筑业→河北省最终使用”，碳排放强度 k、消费结构 B、经济规模 f 均在该路径上起到促进碳排放的作用，增加碳排放 3162 万吨。“河北省金属冶炼和压延加工业/河北省非金属矿物制品业→河北省建筑业→河北省最终使用”路径类型和“河北省电力、热力的生产和供应业→河北省其他服务→河北省最终使用”路径对河北省消费端碳排放增长影响巨大。“河北省金属冶炼和压延加工业→北京市建筑业→北京市最终使用”和“其他省份电力、热力的生产和供应业→北京市最终使用”作为北京市的关键路径起到促进碳减排的作用。但是“北京市交通运输、仓储和邮政业→北京市最终使用”路径引起了北京市消费端碳排放增长。“其他省份非金属矿物制品业/其他省份金属冶炼和压延加工业/其他省份电力、热力的生产和供应业→其他省份建筑业→天津市最终使用”路径类型是天津市碳减排的关键路径，但是在“天津市电力、热力的生产和供应业→天津市建筑业→天津市最终使用”路径上引起天津市消费端碳排放增长374万吨。

从关键路径涉及的重要部门来看，金属冶炼和压延加工业，非金属矿物制品业，电力、热力的生产和供应业作为起始部门，建筑业作为中间部门在2012—2017年对京津冀区域消费端碳排放变动的影响较大。从京津冀区域外部角度进行分析，由于京津冀区域的需求需要由其他省份提供产品满足，进而引起其他省份的碳排放，并以河北省为最终使用的路径居多；同样为满足其他省份的需求也需要由京津冀区域提供产品，进而引起京津冀区域的碳排放。从京津冀区域内部角度分析，流经河北省的路径占主要部分，且以河北省最终使用的路径为主；北京市和天津市涉及的路径相对较少。

其中，消费结构 B 在不同的路径上起到不同的作用，在路径 $B2$、$B3$、$B4$、$B6$、$B7$、$B8$、$B9$、$B10$、$B12$、$B13$、$B15$ 中抑制消费端碳排放增长7644万吨；但是在路径 $B1$、$B5$、$B11$、$B14$、$B16$ 上发挥了增排作用，使碳排放增加3691万吨，说明河北省金属冶炼和压延加工业，河北省建筑业，河北省非金属矿物制品业，河北省电力、热力的生产和供应业，河北省其他服务业以及北京市交通运输、仓储和邮政业的消费结构清洁化有待加强。碳排放强度 k 在路径 $k2$、$k3$、$k4$、$k5$ 中抑制了2054万吨的碳排放，说明河北省非金属矿物制品业、其他省份非金属矿物制品业、河北省其他服务业和天津市电力、热力的生产和供应业实现了碳排放强度下降，能源效率较高、能源结构合理；但是在路径 $k1$、$k6$ 上起到促进碳排放的作用，说明河北省金属冶炼和压延加工品业和河北省建筑业的碳排放强度过大，导致了碳排放增长，是技术更新、节能减排重点关注的产业部门。

经济规模 f 在二阶效应路径 $f1$ 上起到促进碳排放的作用，促进消费端碳排放307万吨，从侧面反映出经济规模扩大对碳排放的促进作用有所降低。投入产出结构变动 A_1 在 $A_1 1$、$A_1 2$、$A_1 5$ 路径上导致碳排放减少了1842万吨；但是在路径 $A_1 3$、$A_1 4$、$A_1 6$、$A_1 7$ 上促进碳排放1393万吨，说明河北省非金属矿物制品业，河北省建筑业，天津市电力、热力的生产和供应业和天津市建筑业投入产出关系有待优化。可以发现使用SDA和SPD方法得到最终需求的结果不完全相同，这也再次印证针对京津冀区域重点碳排放部门和具体部门间流向治理的重要性。

本章参考文献

［1］Ang B W，Goh T. Carbon intensity of electricity in ASEAN：Drivers，performance and outlook［J］. Energy Policy，2016（98）：170－179.

［2］Ang B W，Goh T. Index decomposition analysis for comparing emission scenarios：Applications and challenges［J］. Energy Economics，2019（83）：74－87.

［3］Ang B W，Xu X Y，Su B. Multi－country comparisons of energy performance：The index decomposition analysis approach［J］. Energy Economics，2015（47）：68－76.

［4］Ang B W，Zhang F Q. A survey of index decomposition analysis in energy and environmental studies［J］. Energy，2000，25（12）：1149－1176.

［5］Ang B，Zhang F，Choi K. Factorizing changes in energy and environmental indicators through decomposition［J］. Energy，1998，23（6）：489－495.

［6］Chen G Q，Han M Y. Global supply chain of arable land use：Production－based and consumption－based trade imbalance［J］. Land Use Policy，2015（49）：118－130.

［7］Chen G Q，Wu X F. Energy overview for globalized world economy：Source，supply chain and sink［J］. Renewable and Sustainable Energy Reviews，2017（69）：735－749.

［8］Chen L，Xu L，Xia L，et al. Decomposition of residential electricity－related CO_2 emissions in China，a spatial－temporal study［J］. Journal of Environmental Management，2022（320）：115754.

［9］De Haan M. A structural decomposition analysis of pollution in the Netherlands［J］. Economic Systems Research，2001，13（2）：181－196.

［10］Department for Environment，Food & Rural Affairs. UK and England's carbon footprint to 2020［DS/OL］.（2023－08－02）. https：//www. gov. uk/government/statistics/uks－carbon－footprint.

［11］Dietzenbacher E，Los B. Structural decomposition techniques：sense and sensitivity［J］. Economic Systems Research，1998，10（4）：307－324.

［12］Du H，Guo J，Mao G，et al. CO_2 emissions embodied in China－US trade：Input－output analysis based on the emergy/dollar ratio［J］. Energy Policy，2011，39（10）：5980－5987.

［13］Fan H，Chen K，Ma H，et al. Carbon footprints in pork production and consumption in

China from 2005 to 2020 [J]. Journal of Cleaner Production, 2023 (419): 138 –252.

[14] Fang D, Yang J. Drivers and critical supply chain paths of black carbon emission: A structural path decomposition [J]. Journal of Environmental Management, 2021 (278): 111514.

[15] Feng K, Davis S J, Sun L, et al. Drivers of the US CO_2 emissions 1997 –2013 [J]. Nature Communications, 2015, 6 (1): 7714.

[16] Gould B W, Kulshreshtha S N. An interindustry analysis of structural change and energy use linkages in the Saskatchewan economy [J]. Energy Economics, 1986, 8 (3): 186 –196.

[17] Gu B, Tan X, Zeng Y, et al. CO_2 emission reduction potential in china's electricity sector: Scenario analysis based on LMDI decomposition [J]. Energy Procedia, 2015 (75): 2436 –2447.

[18] Guevara Z, Henriques S, Sousa T. Driving factors of differences in primary energy intensities of 14 European countries [J]. Energy Policy, 2021 (149): 112090.

[19] Jiang J, Ye B, Xie D, et al. Sector decomposition of China's national economic carbon emissions and its policy implication for national ETS development [J]. Renewable and Sustainable Energy Reviews, 2017 (75): 855 –867.

[20] Jiang X, Liu Y, Zhang J, et al. Evaluating the role of international trade in the growth of China's CO_2 emissions [J]. Journal of Systems Science and Complexity, 2015, 28 (4): 907 –924.

[21] Kaya Y. Impact of carbon dioxide emission on GNP growth: Interpretation of proposed scenarios [J]. Paris: IPCC Energy ang Industry Subgroup, Response Strategies Working Group, 1989.

[22] Leontief W W. Air pollution and the economic structure: Empirical results of input – output Computations [C] //Brody A, Carter A. Input – Output Techniques [M]. New York: Elsevier, 1972.

[23] Lescaroux F. Industrial energy demand, a forecasting model based on an index decomposition of structural and efficiency effects [J]. OPEC Energy Review, 2013, 37 (4): 477 –502.

[24] Liu Y, Chen S, Chen B, et al. Analysis of CO_2 emissions embodied in China's bilateral trade: A non – competitive import input – output approach [J]. Journal of Cleaner Production, 2017 (163): 410 –419.

[25] Liu Z, Gao S, Cai W, et al. Projections of heat – related excess mortality in China due to

climate change, population and aging [J]. Frontiers of Environmental Science & Engineering, 2023, 17 (11): 132.

[26] Llop M. Economic structure and pollution intensity within the environmental input – output framework [J]. Energy Policy, 2007, 35 (6): 3410 – 3417.

[27] Luo F, Guo Y, Yao M, et al. Carbon emissions and driving forces of China's power sector: Input – output model based on the disaggregated power sector [J]. Journal of Cleaner Production, 2020 (268): 121925.

[28] Ma J J, Du G, Xie B C. CO_2 emission changes of China's power generation system: Input – output subsystem analysis [J]. Energy Policy, 2019 (124): 1 – 12.

[29] Marcucci A, Fragkos P. Drivers of regional decarbonization through 2100: A multi – model decomposition analysis [J]. Energy Economics, 2015 (51): 111 – 124.

[30] Meng J, Zhang Z, Mi Z, et al. The role of intermediate trade in the change of carbon flows within China [J]. Energy Economics, 2018 (76): 303 – 312.

[31] Mi Z, Meng J, Guan D, et al. Chinese CO_2 emission flows have reversed since the global financial crisis [J]. Nature Communications, 2017, 8 (1): 1712.

[32] Mukhopadhyay K, Forssell O. An empirical investigation of air pollution from fossil fuel combustion and its impact on health in India during 1973 – 1974 to 1996 – 1997 [J]. Ecological Economics, 2005, 55 (2): 235 – 250.

[33] O'Mahony T, Zhou P, Sweeney J. Integrated scenarios of energy – related CO_2 emissions in Ireland: A multi – sectoral analysis to 2020 [J]. Ecological Economics, 2013 (93): 385 – 397.

[34] Ahmad N, Wyckoff A. Carbon dioxide emissions embodied in international trade of Goods [R]. OECD STI Working Paper, 2003 (15) .

[35] Oshita Y. Identifying critical supply chain paths that drive changes in CO_2 emissions [J]. Energy Economics, 2012, 34 (4): 1041 – 1050.

[36] P Gerilla G, Teknomo K, Hokao K. An evaluation of carbon emission changes in the Japanese housing sector from 1980 – 1995 [J]. Journal of Asian Architecture and Building Engineering, 2005, 4 (2): 509 – 515.

[37] Pan C, Peters G P, Andrew R M, et al. Structural changes in provincial emission transfers within China [J]. Environmental Science & Technology, 2018, 52 (22): 12958 – 12967.

[38] Peters G P, Hertwich E G. CO_2 Embodied in International Trade with Implications for Global Climate Policy [M]. Oxford: ACS Publications, 2008.

[39] Peters G P, Weber C L, Guan D, et al. China's growing CO_2 emissions a race between increasing consumption and efficiency gains [J]. Environmental Science & Technology, 2007, 41 (17): 5939 - 5944.

[40] Pløger E. Input - output Analyses of the changes in energy consumption in Danish industries, 1966 - 1979 [C] //Proceedings of the 4th IIASA Task Force Meeting on Input - out Modelling [M]. Berlin: Springer, 1983.

[41] Pløger E. The effects of structural changes on Danish energy consumption [C] //Input - Output Modeling: Proceedings of the Fifth IIASA Task Force Meeting on Input - Output Modeling [M]. Berlin: Springer - Verlag, 1985: 211 - 220.

[42] Proops J L R, Faber M, Wagenhals G. Reducing CO_2 emissions [M]. Berlin: Springer, 1993.

[43] Rocco M V, Golinucci N, Ronco S M, et al. Fighting carbon leakage through consumption - based carbon emissions policies: Empirical analysis based on the world trade model with bilateral trades [J]. Applied Energy, 2020 (274): 115301.

[44] Rose A, Chen C Y. Sources of change in energy use in the U. S. economy, 1972 - 1982 [J]. Resources and Energy, 1991, 13 (1): 1 - 21.

[45] Rose A, Miernyk W. Input - output analysis: The first fifty years [J]. Economic Systems Research, 1989, 1 (2): 229 - 272.

[46] Shan Y, Guan D, Zheng H, et al. China CO_2 emission accounts 1997 - 2015 [J]. Scientific Data, 2018, 5 (1): 170201.

[47] Shan Y, Huang Q, Guan D, et al. China CO_2 emission accounts 2016 - 2017 [J]. Scientific Data, 2020, 7 (1): 54.

[48] Skolka J V. Input - output anatomy of import elasticities [J]. Empirical Economics, 1977, 2 (3): 123 - 136.

[49] Su B, Huang H C, Ang B W. Input - output analysis of CO_2 emissions embodied in trade: The effects of spatial aggregation [J]. Energy Economics, 2010, 32 (1): 166 - 175.

[50] Su B, Ang B W. Multiplicative decomposition of aggregate carbon intensity change using input - output analysis [J]. Applied Energy, 2015 (154): 13 - 20.

[51] Su B, Ang B W. Multiplicative structural decomposition analysis of aggregate embodied energy and emission intensities [J]. Energy Economics, 2017 (65): 137 - 147.

[52] Su B, Ang B W. Demand contributors and driving factors of Singapore's aggregate carbon intensities [J]. Energy Policy, 2020 (146): 111817.

[53] Su B, Ang B W, Liu Y. Multi - region input - output analysis of embodied emissions and

intensities: Spatial aggregation by linking regional and global datasets [J]. Journal of Cleaner Production, 2021 (313): 127894.

[54] Sun J W. Changes in energy consumption and energy intensity: A complete decomposition model [J]. Energy Economics, 1998, 20 (1): 85 - 100.

[55] Sun Q, Chen H, Long R, et al. Can Chinese cities reach their carbon peaks on time? Scenario analysis based on machine learning and LMDI decomposition [J]. Applied Energy, 2023 (347): 121427.

[56] United Nations. Economic Commission for Africa, 2014. Contribution of working group III to the fifth assessment report of the intergovernmental panel on climate change: Mitigation of climate change [R]. (2014) . https://hdl. handle. net/10855/22514.

[57] Vaninsky A. Factorial decomposition of CO_2 emissions: A generalized Divisia index approach [J]. Energy Economics, 2014 (45): 389 - 400.

[58] Wang G, Feng Y. Assessment and prediction of net carbon emission from fishery in Liaoning Province based on eco - economic system simulation [J]. Journal of Cleaner Production, 2023 (419): 138080.

[59] Wang H, Ang B W, Su B. A multi - regionstructural decomposition analysis of global CO_2 emission intensity [J]. Ecological Economics, 2017a (142): 163 - 176.

[60] Wang H, Ang B W, Su B. Assessing drivers of economy - wide energy use and emissions: IDA versus SDA [J]. Energy Policy, 2017b (107): 585 - 599.

[61] Wang Q, Zhou Y. Uncovering embodied CO_2 flows via North - North trade - A case study of US - Germany trade [J]. Science of the Total Environment, 2019 (691): 943 - 959.

[62] Wang W, He Y, Lei Y, et al. Digital economy sectors are key CO_2 transmission centers in the economic system [J]. Journal of Cleaner Production, 2023 (407): 136873.

[63] Wang X, Li L, Zhao F. Decomposition analysis of CO_2 emissions in Northeast China: Insights from investment factors [J]. Frontiers in Energy Research, 2021 (9): 777290.

[64] Wang Z, Su B, Xie R, et al. China's aggregate embodied CO_2 emission intensity from 2007 to 2012: A multi - region multiplicative structural decomposition analysis [J]. Energy Economics, 2020 (85): 104568.

[65] Weiss De Abreu M, Ferreira D V, Pereira A O, et al. Household energy consumption behaviors in developing countries: A structural decomposition analysis for Brazil [J]. Energy for Sustainable Development, 2021 (62): 1 - 15.

[66] Wen L, Guang F, Sharp B. Dynamics in Aotearoa New Zealand's energy consumption between 2006/2007 and 2012/2013 [J]. Energy, 2021 (225): 120 - 186.

[67] Wood R, Lenzen M. Structural path decomposition [J]. Energy Economics, 2009, 31 (3): 335 - 341.

[68] Wu X D, Guo J L, Han M Y, et al. An overview of arable land use for the world economy: From source to sink via the global supply chain [J]. Land Use Policy, 2018 (76): 201 - 214.

[69] Wu X D, Guo J L, Li C, et al. Carbon emissions embodied in the global supply chain: Intermediate and final trade imbalances [J]. Science of the Total Environment, 2020 (707): 134670.

[70] Xia Q, Han M, Wu X. Evolution and drivers of energy embodied in intermediate and final trade between China and the world [J]. Earth's Future, 2022, 10 (12): 2022EF002968.

[71] Xu X Y, Ang B W. Analysing residential energy consumption using index decomposition analysis [J]. Applied Energy, 2014 (113): 342 - 351.

[72] Yan J, Su B. What drive the changes in China's energy consumption and intensity during 12th Five - Year Plan period? [J]. Energy Policy, 2020 (140): 111383.

[73] Yan J, Su B, Liu Y. Multiplicative structural decomposition and attribution analysis of carbon emission intensity in China, 2002 - 2012 [J]. Journal of Cleaner Production, 2018 (198): 195 - 207.

[74] Yan Q, Yin J, Baležentis T, et al. Energy - related GHG emission in agriculture of the European countries: An application of the Generalized Divisia Index [J]. Journal of Cleaner Production, 2017 (164): 686 - 694.

[75] Yang Y, Wang H, Löschel A, et al. Patterns and determinants of carbon emission flows along the Belt and Road from 2005 to 2030 [J]. Ecological Economics, 2022 (192): 107260.

[76] Yu M, Meng B, Li R. Analysis of China's urban household indirect carbon emissions drivers under the background of population aging [J]. Structural Change and Economic Dynamics, 2022 (60): 114 - 125.

[77] Yu S, Zheng S, Li X. The achievement of the carbon emissions peak in China: The role of energy consumption structure optimization [J]. Energy Economics, 2018 (74): 693 - 707.

[78] Yu Y Y, Liang Q mei, Liu L J. Impact of population ageing on carbon emissions: A case of China's urban households [J]. Structural Change and Economic Dynamics, 2023 (64): 86 - 100.

[79] Zhang D, Wang H, Löschel A, et al. The changing role of global value chains in CO_2 e-

mission intensity in 2000 – 2014 [J]. Energy Economics, 2021 (93): 105053.

[80] Zhang X, Zhao X, Jiang Z, et al. How to achieve the 2030 CO_2 emission – reduction targets for China's industrial sector: Retrospective decomposition and prospective trajectories [J]. Global Environmental Change, 2017 (44): 83 – 97.

[81] Zhao L, Lv Y, Wang C, et al. Embodied greenhouse gas emissions in the international agricultural trade [J]. Sustainable Production and Consumption, 2023 (35): 250 – 259.

[82] Zhao X, Wu X, Guan C, et al. Linking agricultural GHG emissions to global trade network [J]. Earth's Future, 2020, 8 (3): 1 – 15.

[83] Zhao Y, Wang S, Yang J, et al. Input – output analysis of carbon emissions embodied in China – Japan trade [J]. Applied Economics, 2016, 48 (16): 1515 – 1529.

[84] Zhao Y, Wang S, Zhang Z, et al. Driving factors of carbon emissions embodied in China – US trade: A structural decomposition analysis [J]. Journal of Cleaner Production, 2016 (131): 678 – 689.

[85] Zheng H, Bai Y, Wei W, et al. Chinese provincial multi – regional input – output database for 2012, 2015, and 2017 [J]. Scientific Data, 2021, 8 (1): 244.

[86] Zhou X, Xu Z, Yan J, et al. Carbon emission peak forecasting and scenario analysis: A case study of educational buildings in Shanghai city [J]. Journal of Building Engineering, 2023, 76: 107256.

[87] 陈其霆，陆晨婷，周德群．基于 LMDI 方法的中国民航业碳排放因素的指数分解 [J]. 天津大学学报（社会科学版），2014，16（5）：397 – 403.

[88] 陈诗一．中国碳排放强度的波动下降模式及经济解释 [J]. 世界经济，2011，34（4）：124 – 143.

[89] 樊纲，苏铭，曹静．最终消费与碳减排责任的经济学分析 [J]. 经济研究，2010，45（1）：4 – 14，64.

[90] 冯佳宁，吴少霖，李晓英，等．水资源生态足迹时空变化特征及驱动因素分析 [J]. 水利科技与经济，2023，29（9）：1 – 8.

[91] 顾阿伦，何建坤，周玲玲，等．中国进出口贸易中的内涵能源及转移排放分析 [J]. 清华大学学报（自然科学版），2010，50（9）：1456 – 1459.

[92] 郭朝先，胡雨朦．全球生产分工体系下隐含能源跨境转移研究 [J]. 中国人口·资源与环境，2019，29（12）：26 – 35.

[93] 韩秀兰，王久瑾．地方税收、经济增长与产业结构——基于对数平均 D 氏指数方法的分解分析 [J]. 税务研究，2013（12）：61 – 64.

[94] 黄雨萌，胡明月，陆馥瑛，等．全流程视角下大气污染变动的分解分析——以长三

角地区为例［J］．环境经济研究，2018，3（3）：106－120.

［95］李国璋，王双．区域能源强度变动：基于 GFI 的因素分解分析［J］．中国人口·资源与环境，2008（4）：62－66.

［96］李国璋，王双．中国能源强度变动的区域因素分解分析——基于 LMDI 分解方法［J］．财经研究，2008（8）：52－62.

［97］李虹，王帅．中国行业隐含能源消费及其强度的变动与影响因素［J］．中国人口·资源与环境，2021，31（5）：47－57.

［98］李景华．SDA 模型的加权平均分解法及在中国第三产业经济发展分析中的应用［J］．系统工程，2004（9）：69－73.

［99］刘自敏，崔志伟，朱朋虎，等．中国电力消费的动态时空特征及其驱动因素［J］．中国人口·资源与环境，2019，29（11）：20－29.

［100］陆怡雅，李闻起，汪艺晗，等．基于 LMDI 分解方法的河北省 $PM_{2.5}$ 排放驱动因素分析［J］．环境科学学报，2019，39（8）：2821－2829.

［101］马晓君，陈瑞敏，董碧滢，等．中国工业碳排放的因素分解与脱钩效应［J］．中国环境科学，2019，39（8）：3549－3557.

［102］彭水军，张文城，孙传旺．中国生产侧和消费侧碳排放量测算及影响因素研究［J］．经济研究，2015，50（1）：168－182.

［103］邵帅，张曦，赵兴荣．中国制造业碳排放的经验分解与达峰路径——广义迪氏指数分解和动态情景分析［J］．中国工业经济，2017（3）：44－63.

［104］孙祥栋，徐杨钰，李江涛，等．中国工业部门电力消费因素分解——基于修正的 LMDI 分解法［J］．中国能源，2019，41（10）：23－24，43，44－47.

［105］孙艳芝，沈镭，钟帅，等．中国碳排放变化的驱动力效应分析［J］．资源科学，2017，39（12）：2265－2274.

［106］孙志威，廖红英，宋雨燕．基于对数平均迪氏指数法的天津市能源消费碳排放分解分析［J］．环境污染与防治，2011，33（1）：83－86，91.

［107］田立新，张蓓蓓．中国碳排放变动的因素分解分析［J］．中国人口·资源与环境，2011，21（11）：1－7.

［108］涂正革．中国的碳减排路径与战略选择——基于八大行业部门碳排放量的指数分解分析［J］．中国社会科学，2012（3）：78－94，206－207.

［109］王丽丽，王媛，毛国柱，等．中国国际贸易隐含碳 SDA 分析［J］．资源科学，2012，34（12）：2382－2389.

［110］闫云凤．京津冀碳足迹演变趋势与驱动机制研究［J］．软科学，2016，30（8）：10－14.

［111］杨正东，李京文．能源因素分解模型的比较、改进与应用［J］．管理学报，2015，12（12）：1860－1864.

［112］姚仕萍，薛智韵．中国制造业 SO_2 排放估计及其指数分解分析［J］．中国社会科学院研究生院学报，2012（3）：57－61.

［113］张国兴，韩继磊，Su Bin. 中国工业氮氧化物排放和强度的结构分解分析及其减排策略［J］．中国管理科学，2024，32（7）：311－323.

［114］张鸿武，王珂英，殳蕴钰．中国工业碳减排中的技术效应：1998—2013——基于直接测算法与指数分解法的比较分析［J］．宏观经济研究，2016（12）：38－49.

［115］张炎治，冯颖，张磊．中国碳排放增长的多层递进动因——基于 SDA 和 SPD 的实证研究［J］．资源科学，2021，43（6）：1153－1165.

［116］张炎治，聂锐．能源强度的指数分解分析研究综述［J］．管理学报，2008（5）：647－650.

［117］赵体侠，朱连奇，王丽园，等．中国生态环境质量与人类活动耦合机制及其影响因子［J］．环境科学，2024，45（6）：3341－3351.

［118］中华人民共和国国家统计局．中国统计年鉴［M］．北京：中国统计出版社，2008.

［119］周鹏，Ang B W，周德群．基于指数分解分析的宏观能源效率评价［J］．能源技术与管理，2007（5）：5－8.

第六章　GTAP－E 模型介绍及其应用

本章主要介绍“经济—能源—环境”三元系统的 GTAP－E 模型，主要内容包括 GTAP－E 模型产生背景、GTAP－E 模型主要应用领域、GTAP－E 模型结构及 GTAP－E 模型的应用案例。

第一节　GTAP－E 模型产生背景

近年来，随着全球温室气体排放量的不断增加，全球气温持续上升，极端天气频繁发生，政界及学术界对气候变化、能源分化、能源价格波动及能源供应的关注度日益升高，能源经济建模系统评估成为一个亟待解决的重要问题。目前，研究能源环境问题最常用的工具是计量经济模型、投入产出分析以及可计算一般均衡（Computable General Equilibrium，CGE）模型等。然而，对于欧盟碳边境调节税影响这一问题而言，CGE 模型具有明显的优势：其一，由于碳关税尚未开征，因而没有足够的数据支持计量经济学模型的建立；其二，投入产出模型的比例性假定包含了固定比例生产函数与规模报酬不变，而 CGE 模型基于一般均衡理论建立，模型中各个微观主体均可实现各自的最优决策，实现经济的一般均衡。CGE 模型已经广泛应用于国内外各种能源环境经济问题的研究。

一般谈及经济建模主要涉及可计算局部均衡模型与 CGE 模型，可计算局部均衡模型假设经济系统仅包括一个或几个部门，其余部分的价格与收入固定；而 CGE 模型允许在一般均衡框架下，跨时间、跨区域视角下量化政策变化引起的经济波动、产业间的直接影响与间接溢出效应。随着对气候变化综合评估的研究需求日益增长，不同版本的全球 CGE 模型和数据库相应而生，值得一提的是，应用尤为广泛的是全球贸易分析（Global Trade Analysis Project，GTAP）模型及其数据库（如与温室气体排放、土地利用和生物燃料相关的数据库）。

众所周知，能源是诸多经济活动必不可少的生产要素，能源的使用通过二氧化碳排放和温室效应影响环境，能源、经济、贸易关系建模成为资源环境经济政策分析亟待解决的问题。较多研究指出，CGE 模型是资源环境经济学中重要的研究工具。例如，在研究碳关税等国际环境政策及碳排放问题时，为解决 CGE 模型的区域局限性问题，部分学者运用 GTAP 模型探究碳关税问题。然而，GTAP 模型主要应用于碳关税征收的经济福利影响分析中；且由于 GTAP 模型不涉及碳排放变量以及能源产品替代弹性问题，故该模型在碳关税的环境效应研究上应用较少。GTAP－E（Energy－Environmental version of Global Trade Analysis Project）模型则应运而生。GTAP－E 模型又被称为"能源—经济—环境"CGE 模型，已成为研究能源环境问题的重要工具之一，是 Burniaux 和 Truong（2002）在标准 GTAP 模型基础上扩展了能源替代模块，即在 GTAP－E 模型中不仅纳入了能源替代弹性，而且纳入了化石燃料燃烧产生的碳排放，并提供了国际贸易中碳排放机制。

标准 GTAP 模型作为美国普渡大学 Thomas Hertel 教授主持开发的全球一般均衡模型系统，主要用于从经济视角评估测度国际贸易、资源与环境等诸多方面的问题。GTAP－E 是标准 GTAP 模型的能源—环境版本，该模型在标准 GTAP 模型基础上增加了能源替代，即允许在企业的生产结构以及私人家庭和政府部门的消费行为中进行能源产品内部、能源与其他要素的替代（Burniaux and Truong，2002）。除能运行得到标准 GTAP 模型的宏观经济结果外，GTAP－E 模型还从经济和环境指标两个方面记录能源政策及环境政策战略变化所产生的影响。GTAP－E 模型包括对能源需求—能源资本和燃料间替代、二氧化碳核算、税收和排放交易的修正处理，因为该模型是专门为在温室气体缓解政策的背景下运用而设计诞生的。GTAP－E 模型是一种自上而下的能源政策模拟评估方法，因为它根据部门需求来估计能源投入的需求，从而产生详细的宏观经济预测结果。与传统的 GTAP 模型相比，GTAP－E 模型的主要变化是纳入了生产和消费中能源投入替代的可能性，从而可以更为详细地描述不同能源的替代可能性。GTAP－E 模型在生产结构和消费结构两个方面都纳入了能源替代，还明确考虑了资本—能源可替代性与互补性的重要问题。

GTAP－E 模型区分了生产模块中的能源投入与其他非能源中间投入，并引入了碳排放权交易与碳税变量，这为有效分析全球资源环境问题提供了重要工具。从理论上看，GTAP 模型是 CGE 模型的延伸，GTAP - E 模型则是 GTAP 模型的延伸，GTAP - E 模型有效弥补了 GTAP 模型在模拟全球气候、能源、环境、碳排放相连接问题上的不充分性。GTAP - E 模型作为一个“经济—能源—环境”三元系统的 CGE 模型，能够更为系统地考察经济政策和环境政策的“经济—能源—环境”的影响效应。

一、CGE 模型

一般均衡（General Equilibrium，GE）理论思想的起源可以追溯到 1874 年，洛桑学派的领袖——法国经济学家莱昂·瓦尔拉斯（Léon Walras）在他的论著《纯粹经济学要义》（*Elements of Pure Economics*）中，首次提出一般均衡的概念。瓦尔拉斯着重考察的是一个经济系统中各种商品和生产要素的供给和需求如何通过价格这只“看不见的手”来达到均衡关系。瓦尔拉斯把亚当·斯密“看不见的手”的思想表达为一组方程式。CGE 模型正是基于这样一个思想，用一组方程式来刻画经济系统中各部门、各变量之间的相互作用。

CGE 模型最根本的原理是以一般均衡理论为基础，以一组数学方程为核心，以一系列外生变量与内生变量为重点的反映整个社会的宏观层面与产业层面的经济活动。CGE 模型是一个基于新古典微观理论且内在一致的宏观经济模型。因为 CGE 模型可以用来全面评估政策的实施效果，许多发展中国家以及发达国家开始运用该模型来评估能源危机以及税收和贸易政策改革的效果。CGE 模型的发展与经济政策分析的需求、计算机技术的发展、宏观经济模型的发展以及经济理论的发展有着密切的关系。20 世纪 50 年代，各国经济政策的分析重点在于经济中长期的均衡发展策略，线性的静态或动态投入—产出模型作为分析经济各部门之间互相依赖关系的宏观经济模型成为当时最实用的经济模型，但其缺点是很难描述出各经济单位的经济行为及价格机制在经济运作过程中的作用。

1960 年，挪威 Leif Johansen 博士建立了第一个真正意义上的 CGE 模型——挪威多部门增长模型（MSG）。但是由于早期的经济学家更多地关注 CGE 模型的研究以及计算机技术的限制，CGE 模型的理论与应用都发展较慢。重要的是，早期世界各国经济政策的分析重点在于经济中长期的均衡发展策略，线性的静态或动态投入—产出模型作为分析经济各部门之间互相依赖关系的宏观经济模型已经满足当时政策分析的需要。后来，随着经济政策分析的重点转移到分配机制上，尤其是发展中国家如何解决经济成长后仍存在的分配与贫穷等问题，原有的线性的静态或动态投入产出模型模拟分析具有一定的局限性。相较于投入产出模型，CGE 模型在处理这些问题方面显得更有优势，因而开始快速发展。

另外，一些突发性的经济事件，如能源价格的突然上涨等巨大的经济冲击的出现，也为 CGE 模型的开放利用提供了更多机会。典型的案例便是 1973 年第一次石油危机爆发时，绝大多数基于传统计量模型的预测都失准，传统的经济计量学近乎被摧毁。在基于历史数据的时间序列回归方程上显示出石油价格并非经济活动的一个重要决定因素。而在 CGE 模型中，原油作为投入出现在生产函数中，其价格的上涨可以通过生产、消费和贸易等途径扩散至整个经济系统，可以较为容易地预测石油价格波动对经济增长、就业以及收入分配等的影响。因此，CGE 模型迅速成为国际油价波动影响分析最主要的政策分析工具。同时加上计算机技术的快速提高，CGE 模型逐渐在全球范围内成为最主要的经济政策分析工具之一，其对决策的影响也随之不断扩大。随着经济政策分析需求的变化、计算机技术的发展以及经济理论的创新，CGE 模型也在不断改进，以更好地适应政策分析的需要，如经济理论在动态优化方面的一些成果逐渐被引入 CGE 模型以更好地刻画决策者的决策行为。

在运用 CGE 模型进行贸易政策分析方面，历史最悠久的要数澳大利亚，从 20 世纪 70 年代中期开始，澳大利亚就启动了 IMPACT 项目并建立了名为 ORANI 的 CGE 模型。挪威政府很早就对 Johansen（1960）的研究非常感兴趣，不过这个研究尚未完全应用于政府的决策支持中。类似地，由 Richard Stone 教授及其团队所主持构建的剑桥增长模型，也只是偶尔在政府决策中发挥咨询作用，但这个模型一直作为个人学术研究工具而保持至今。荷兰政府正式资助建立了一个 CGE 模型用于经济管理决策，比利时和西班牙也是如此。在应用 CGE 模型提供贸易政策建议方面最为活跃的专家无疑要数 John Whalley，他不仅在英国推动了政策模型的分析应用，还用 CGE 模型对不同的多边贸易和贸易协定进行了效果分析。在这个过程中，Whalley 很可能比其他任何人在推动 CGE 模型在实际政策分析中的应用方面发挥了更大的作用。当然也有许多人对 CGE 模型存有怀疑，而 Whalley 总是非常坦率地回答这些疑问，因为经济学还是一个有待完善的学科，而经济学的应用更是如此；如果我们客观地对这些实证模型进行优缺点比较，在某些方面 CGE 模型往往比其他更早的经济预测方法更加具有优势。

自 CGE 模型诞生开始，贸易政策便是 CGE 模型的一个重要应用领域，尤其在发展中国家，由于贸易和分配问题通常是政策制定者最优先考虑的方面，因此 CGE 模型经常被应用于这些方面的分析。从最早的韩国模型，发展中国家的模型逐渐应用到不同的政策问题上。最初的研究问题主要聚焦于经济增长战略，如进口替代、工业化或出口导向型战略。这一时期的模型着重国内劳动力和其他资源在现代化和工业化进程中的分配问题。在 20 世纪 70 年代，CGE 模型始终关注这类问题，并逐渐将重点转到国内分配和最优贸易政策方面。在 20 世纪 80 年代初期的信贷和商品市场大崩溃发生以后，发展中国家 CGE 模型研究的重点逐渐转移到稳定发展和结构调整方面。经过长期的发展，现在 CGE 模型已经可以广泛应用于不同的经济体制和经济问题研究，而且在每种情景下它都能提供不同的政策含义。

发达国家的贸易 CGE 模型主要关注贸易保护问题。绝大多数研究考虑单边政策的效应，这些研究往往是高度综合的，而且大多采用边界贸易自由化的比较静态分析。后一类特点可能是一个误解，即认为 CGE 模型最适用于评估存在贸易的多个部门同时自由化的问题。实际上，与局部均衡模型相比，CGE 模型确实更适用于分析这类问题，但这并不意味着逆命题也成立，即并不能说局部均衡模型比 CGE 模型更适用于评估单部门的贸易政策。实际上恰好相反，CGE 模型最吸引人之处并不在于它可以分析多部门同时发生外生的政策冲击，而在于它可以对每个单独贸易政策的所有影响进行全面追踪和分析。

早期的贸易模型发展主要有两大推动力，一是把 Heckscher - Ohlin 理论进行实际应用的愿望，二是对多边贸易关系日益密切的重视。这也分别产生了两种相互联系但又有所区别的不同方式，即单国 CGE 模型和多国 CGE 模型。前一种方式占主导地位，它主要关注详细的国内经济结构刻画，而把世界上的其他国家作为一个整体，通常是一个被动的实体。多国模型则主要关注那些对一个经济区起作用的贸易政策，如欧洲经济共同体或者太平洋经济区。在多国模型中对一些重点国家单独进行了经济结构设定——当然要比单国模型概括得多，而把其他国家合并为一个地区。在一些政策分析小组里，如加拿大和澳大利亚的研究小组，都同时拥有两种模型，利用单国模型对国内政策变化进行详尽分析，而用多国模型对多边贸易关系进行较为详细的分析。

CGE 模型量化评估与各种“假设”情景的结果相关的价值的能力，使经济学家能够对有关经济政策的辩论做出强有力的贡献。CGE 建模者对政府政策的成本和收益提供了有影响力的分析，如北美自由贸易协定（NAFTA），以及允许中国加入 WTO 的协议。CGE 模型也常常被用于量化油价上涨和劳动力迁移等市场冲击的影响。在 CGE 模型中描述相互关系的一种方法是将它们描述为国民经济中收入和支出的循环流动。

为了满足对其产品的需求，生产商购买橡胶轮胎和自行车座椅等投入品。他们还雇佣生产要素（包括劳动力和资本），并向他们支付工资和租金，并且最终以工资和资本租金收入的形式流入私人家庭。家庭把收入花在商品和服务上，向政府纳税并把储蓄存起来。政府用税收收入购买商品和服务，投资者用储蓄购买资本投资品，用于未来的生产活动。家庭、政府和投资对商品和服务的综合需求构成了经济中的最终需求。企业根据这种需求生产商品和服务，这反过来又决定了投入需求、要素就业水平、家庭工资和租金收入等，形成循环流动。如果将贸易引入这种循环流动，我们将考虑进口在满足部分国内需求方面的作用，并将增加出口需求作为国内商品需求的额外来源。最后，可以将税收和补贴等政策视为“价格楔子”，不仅可以提高或降低买卖双方之间的商品价格，还可以将其视为直接影响家庭收入水平的转移，从而影响他们的消费、储蓄和税收水平。

CGE 模型是“真实的”模型。“真实的”模型不包括货币，不描述金融市场或总体价格水平的变化（如通货膨胀或通货紧缩），也不反映货币政策的影响，如货币供应量的增加。CGE 模型有各种形状和大小。尽管存在这种多样性，但大多数模型都会使用相同的核心方法来描述供给和需求、要素市场、储蓄和投资、贸易、税收和法规。在本书中，当我们介绍一个“标准”CGE 模型时，我们将集中讨论这些共享的核心要素，这是一个静态（单一时期）、单一或多国 CGE 模型，具有固定的生产要素禀赋，如劳动力和资本。

静态 CGE 模型提供了一个经济体在受到冲击（如税收）导致其生产资源以或多或少有效的方式重新分配时的前后比较。静态模型可以有力地讲述经济冲击的最终赢家和输家。然而，一个值得注意的缺点是它们没有描述调整路径。调整过程可能包括失业和混乱的时期，无论在新的平衡中预期的利益有多大，都可能造成很高的社会代价。一个标准的 CGE 模型假设一个经济体的生产要素是固定供给的，除非它们在模型实验中被改变。例如，假定劳动力的规模是固定的，资本设备的可用数量不变。通常，模型描述的是模型冲击后的中期调整期。这段时间足够长，足以让要素的固定供给根据各行业的工资和资本租金的变化而改变就业，但对于要素生产率的长期变化、劳动力规模的增长或资本存量积累来说，这段时间可能太短了。

最早的单国贸易模型是 1972 年由 Evans 建立的，他采用一个线性规划的方法，但这个模型显示出对贸易政策过度专业化的影响效果。这个问题在后来被不完全替代的贸易假定解决，迄今为止，主要的模型仍然采用这种假设。到 20 世纪 80 年代早期，Dervis、de Melo 和 Robinson（1982）、Dixon 等（1982）以及 Whalley（1985）的模型基本奠定了现在标准 CGE 模型的框架，不过总体而言，现在的模型仍然存在自第一代 CGE 模型就具有的一个主要缺点，即完全竞争性的 Heckscher－Ohlin 设定，第一代 CGE 模型对于结构参数也没有进行足够严格的取值。当然，许多模型构建者开始放松该假设，如 Dixon 等引入 Krugman 模型及 Melitz 模型假设到 CGE 模型中，对推进模型进步做了有益的尝试。

CGE 模型方法上的缺点在一定程度上阻碍了其被政策制定者广泛接受，但与以前的实证模型相比，在这方面并无太大的区别。正如 Whalley（1989b）所述，CGE 模型的一些缺陷来自其他一些实证经济分析所共有的缺陷，并不是模型本身的问题。只要某些假设能被准确地阐述和理解，那么 CGE 模型可以为政策制定者提供可信的预测结果，而且随着 CGE 模型被不断地改进，其设计逐步完善。与局部均衡模型相比，一个设定详细而且估计良好的 CGE 模型可以提供更多稳健且详细的政策模拟效果，从而为我们的经济学解释提供有力的说明工具。对于某些特别的产业细节问题或者产品差异问题，局部均衡分析可能是唯一可行的方法，但即使在这些领域，利用 CGE 模型对那些被忽略的效果进行粗略估计也比没有更好一些。

二、GTAP 模型

GTAP 模型是由美国普渡大学开发的一个涵盖全球多个国家（地区）、多部门的 CGE 模型，可以用于分析贸易政策、环境变化、福利效应等方面的影响。GTAP 模型构建的一般均衡的分析框架，除能考虑传统 CGE 模型研究的问题外，最突出的优势在于灵活的定量评估分析关税削减、贸易补贴政策及区域贸易协定等国际贸易政策引致的国际贸易条件和进出口的波动，以及各国福利变化等影响。后续许多学者也以美国普渡大学开发的 GTAP 模型为基础，不断改进与完善有关理论模块和传导机制，完善各国数据库及有关参数，拓展构建了其他多个全球可计算一般均衡模型系统。GTAP 模型自 1993 年构建以来，在国际经济发展、技术进步和国际贸易领域得到广泛应用，成为世界银行、国际货币基金组织（IMF）等国际机构和各国政府研究国际问题的重要模型政策工具之一。

GTAP 模型是当前世界上应用最为广泛的全球多国 CGE 模型，拥有完善的模型系统与基础数据，其中基础数据涵盖各国投入产出数据、双边贸易数据、贸易保护数据及能源数据等（石敏俊等，2018）。简化版的 GTAP 模型操作软件主要由主程序（RunGTAP）与子程序（GTAPagg）两部分组成，前者基于新古典经济理论设定了一系列经济方程，形成了一个简单易操作的友好界面；而后者涵盖了全球各个地区的进出口、产业产出、生产总值等真实经济数据，用于将多国家多部门的基础数据压缩整合到研究所需的国家与部门数据中。

标准 GTAP 模型的原理主要依据新古典主义经济理论，不同生产要素与商品的供给与需求之间存在相互作用关系。在利润最大化、成本最小化等优化条件的约束下，经济主体的决策行为将对原有市场产生冲击，致使生产要素和商品数量、价格发生变动，并通过联动效应扩散至整个经济体，直至新的均衡状态存在。GTAP 模型的运行原理是依据新古典经济学理论将政策情形变动对最初的出清市场的“冲击”，求解出世界经济体在冲击之后的新均衡。冲击导致的各个变量的变动即冲击造成的影响。GTAP 模型的优势在于能够定量评估关税削减、贸易补贴、环境变化等诸多领域的问题。

标准 GTAP 模型包括生产模块、消费模块、政府模块、贸易模块、最终需求模块等，每个模块对相应的经济主体都构建了行为机制方程。模型假设市场是完全竞争的，生产的规模报酬不变，生产者最小化生产成本，而消费者效用最大化，市场均衡状态下所有产品市场和要素市场全部出清（Hertel，1997）。GTAP 模型涵盖了主要经济体的生产、消费、政府支出等行为方程，并通过对外贸易连接构建多经济体多部门的 CGE 分析框架，用以评估关税减让、技术进步等贸易相关因素变动对全球各经济体的影响。以进口关税减免为例，通过 GTAP 模型进行政策情景模拟，不仅能够观测前后均衡状态对比下进口国市场各部门商品、要素及其他经济指标的变化情况，还可以同时讨论对其他经济体相关商品进出口产生的替代和转移效应，进而反映商品价格、要素供求、要素补偿、国内生产总值和社会福利水平等受到的影响。

标准 GTAP 是一个比较静态模型，模型假定市场处于完全竞争的状态，且生产的规模报酬不变。在这两个前提假设下，生产者以生产成本最小化为原则进行生产，而消费者以效用最大化为原则进行消费。在此基础上，均衡状态时要求所有产品市场和生产要素市场全部出清，而总供给和总需求决定产品市场及要素市场同时出清时（均衡状态）内生变量的数值。标准 GTAP 模型同时还假定，共有五种生产要素——土地、资本、熟练劳动力、非熟练劳动力以及自然资源，三个代表性主体——私人家庭、政府和厂商；生产函数采用固定替代弹性（CES）函数，消费函数为固定差异弹性（CDE）函数形式；假定劳动力在国内可以自由流动，土地在部门间不流动；根据 Armington 假说，国内生产的商品和进口商品之间不能完全替代，国家间通过商品贸易和资金流动建立联系。

标准 GTAP 模型假设市场完全竞争，生产的规模报酬不变，生产者最小化其成本，消费者最大化其效用，所有产品和要素市场出清。产品的生产函数采用嵌套的 CES 函数，中间投入品由国内和国外产品通过常弹性转换（CET）函数复合而成，国外产品按原产地进行分类（阿明顿假设），并通过 CES 方程复合为单一的进口产品。在要素市场上，劳动力可以在国内自由流动，土地不是完全流动的，因此不同用途的土地价格可能不一致。每个国家只有一个账户，所有的收入包括税收和禀赋收入都汇总到这个账户，并通过 C－D 函数，以固定比例将收入分配到消费、投资及政府购买 3 个部门。私人消费采用 CDE 函数，政府购买采用 C－D 函数。另外，GTAP 模型中还包含国际银行和国际运输部门两个国际部门，各国（或各地区）的储蓄汇总于国际银行，并根据资本回报率在各国（或各地区）之间进行分配。国际运输部门主要用来平衡到岸价（CIF）和离岸价（FOB）的差异，并通过双边贸易将世界各国联系起来。标准 GTAP 模型的基本框架如图 6－1 所示。

标准 GTAP 模型以世界各国的社会核算矩阵为数据库基础，由于模型中变量数并不完全等于方程数，因此需要添加相应的“闭合”来保证模型的唯一均衡解。一般而言，宏观闭合有四种主要形式：新古典闭合、约翰森闭合、凯恩斯闭合和新凯恩斯闭合。在传统的静态 GTAP 模型中，一般采用新古典闭合作为宏观闭合路径。新古典闭合的主要特征是假定投资、储蓄、资本存量、劳动力供给等变量外生不变，根据价格变化达到均衡。但是通过贸易政策等促进资源流动和市场竞争会提高资本回报率，进而会增加储蓄和投资。资本存量的增加会降低资本回报率，最终资本回报率回归均衡值。这种资本的动态积累效应不同于任何由人力资本和技术进步引起的长期、永久增长效应，因为随着时间的推移，它最终会下降到零，这种资本市场闭合方式衡量了静态的资源配置收益和动态的资本累积收益。

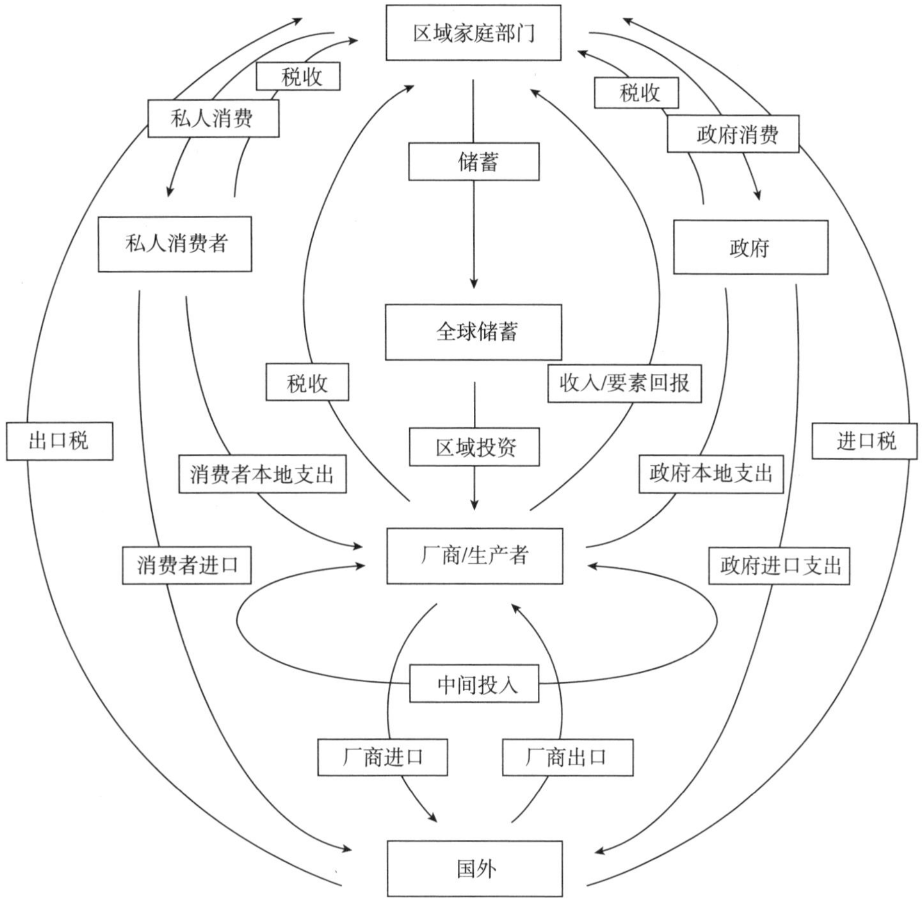

图 6－1　标准 GTAP 模型的基本框架

资料来源：Hertel（1997）。

但是，在标准 GTAP 模型中既没有能源与要素之间的替代，也没有能源内部的替代。在考虑将能源替代纳入标准 GTAP 模型时，我们首先必须解决两个重要问题：第一个问题涉及在“自上而下”和“自下而上”方法之间的选择；第二个问题与能源和资本投入之间的互补性/可替代性有关。其中，GTAP - E 模型的数据构建主要基于社会核算矩阵，该数据纳入了碳税收入与支出的完整账户，以及对碳排放交易的特定处理。GTAP - E 模型的构建主要参照 Rutherford 等（1997）的 CETM 模型、ABARE（Australian Bureau of Agricultural and Resource Economics）（1996）的 MEGABARE 模型，以及经济合作与发展组织（OECD）的 Burniaux 等（1992）的 GREEN 模型。

在标准 GTAP 模型中将能源替代纳入生产模块的生产要素时，通常有两种不同的方法，即“自下而上”和“自上而下”。“自下而上”方法通常从底层详细处理能源生产过程或能源生产技术，然后提出以下问题：鉴于对能源服务的特定需求水平（根据某些活动的产出水平来定义，如旅行、供暖、空调、照明，甚至钢铁制造等），根据所采用的能源技术和投入水平，满足这些需求的最有效方法是什么？“自下而上”方法的优点在于能够将生产新技术或未来技术均纳入能源生产结构。相对而言，“自上而下”方法则是从宏观经济的详细描述开始，然后从对各个部门通过高度汇总的生产或成本函数的产出的需求中得出对能源投入的需求。这使它比“自上而下”方法中计量经济学指定的“生产函数”更具现实性。

“自上而下”方法的优势在于有历史证据支持生产函数规范中隐含的假设行为响应，而“自下而上”的技术规范可能缺乏这种行为内容。为了利用这两种方法的优点，可以将“自上而下”（宏观计量经济学或可计算的一般均衡）模型与“自下而上”的过程模型“联系”起来，并同时求解这两个模型。然而，许多理论在计算方面的困难是由上述方法所导致的。因此，在某些情况下，一个“部分链接”是追求或一个过程模型模拟的方法是使用。与这些“部分”的方法链接虽然有一定的优势，但这种方法的代价是增加了复杂性的模型规范，还需要有额外的数据和参数要求加以支撑。由于存在这些困难，以及希望提供一种可广泛使用的能源模型。相反，一般建议使用一种简单的“自上而下”的方法，它可以结合该领域现有的“自上而下”模型的大多数重要特征。

三、GTAP－E 模型

随着能源环境领域的问题日渐得到重视，相应的模型工具也不断加以拓展。GTAP－E 模型是 Burniaux 和 Truong（2002）在标准 GTAP 模型基础上，通过在生产模块新增能源替代性等特征构建的，其扩展了各国不同产业的碳排放量，并改进了生产、消费、碳税以及福利分解等模块设计。McDougall 和 Golub（2007）进一步将 GTAP－E 模型在算法、数据、福利分解等方面加以修改完善。与标准 GTAP 模型相同，GTAP－E 模型详细刻画了各地区生产者、私人家庭、政府等主要经济体的行为方式，构建了能够反映区域经济运行方式的局部均衡体系。

具体来说，相较于标准 GTAP 模型，GTAP－E 模型的生产模块内嵌了多个层次的 CES 函数，资本与能源产品之间可以相互替代。生产结构的最上层嵌套结构与 GTAP 模型相同，企业最优化利用基本生产要素和中间投入，采用里昂惕夫生产函数进行刻画。GTAP－E 模型的基本生产要素除包含土地、劳动力、自然资源外，还包含资本—能源复合要素（见图 6－2）。资本与能源之间可以相互替代，该模块利用 CES 生产函数进行刻画，举例而言，对于能源价格来说，资本价格上升，企业将会多用能源产品替代资本投入品。

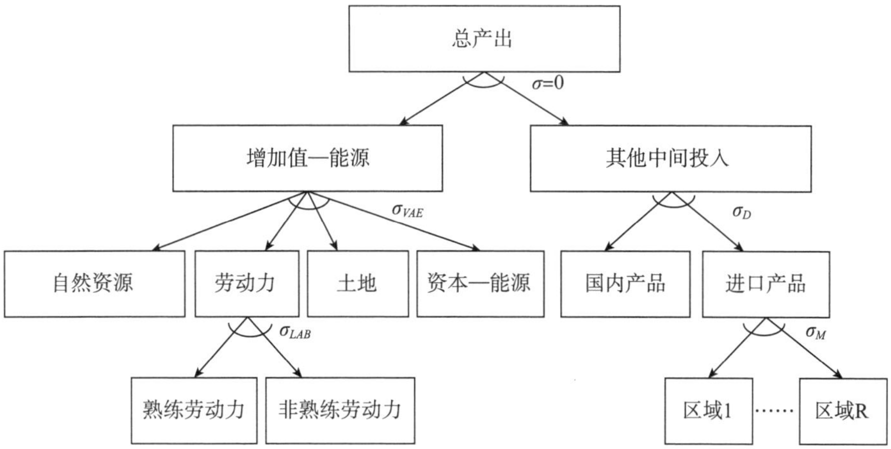

图 6－2　GTAP－E 模型生产结构

进一步细化要素结构，将能源产品划分为电力和非电力复合要素，非电力复合要素又可以进一步分解为煤炭、原油、天然气和石油产品，每级复合结构都采用 CES 生产函数。在消费模块中，利用 CDE 函数模型化消费者行为，能源产品作为一组与其他消费品存在相互替代关系，而在能源产品组内不同能源产品也可以相互替代。值得注意的是，GTAP - E 模型假定同类能源的碳排放系数在各区域之间完全相同，即给定某种能源产品，在不同地区该能源产品的碳排放系数是恒定的。在不同地区，不同产业能源的使用量存在差异，导致不同能源产品的碳排放量存在差异。

第二节　GTAP - E 模型主要应用领域

GTAP 模型被广泛应用于国际贸易、环境政策、气候变化等政策模拟分析中，伴随中国在世界政治经济领域中的重要地位不断凸显，国际上利用 GTAP 模型对中国经贸政策进行量化分析的研究不断增多。中国学者运用 GTAP 模型模拟国际贸易政策及能源环境政策的研究起步相对较晚，主要聚集于区域经济一体化和气候变化两大方面。基于全球可计算一般均衡模型模拟预测贸易自由化政策、减排政策对宏观经济和碳排放的潜在影响（Vennemo et al.，2008；Song et al.，2015；Siriwardana，2015）。

一、GTAP 模型在贸易领域的应用研究

GTAP 模型在贸易领域的应用研究较为广泛。GTAP 模型被广泛应用于各种自由贸易协定的影响研究中，已成为 WTO、世界银行、国际复兴开发银行和 IMF 等国际机构分析国际贸易、能源经济和评估自然灾害等问题的重要工具之一。GTAP - Dyn 模型基于标准 GTAP 模型，加入跨地区的资本流动、资本积累和投资的适应性等机制，适用于模拟世界经济对政策的中长期反馈效应，是能够获取长期比较动态预测结果的动态递归全球贸易分析模型。学者们运用 GTAP 模型研究区域一体化的经济效应，如崔连标等（2013）运用 GTAP 模型研究新丝绸之路战略对中国及中亚五国的经济影响；石敏俊等（2018）运用 GTAP 模型研究上海合作组织对丝绸之路经济带贸易伙伴的经济影响；魏景赋和高丽娜（2020）运用 GTAP 模型研究中日韩自贸区贸易效应；徐林清和蒋邵梅（2021）通过 GTAP 模型分析区域全面经济伙伴关系协定（RCEP）与全面与进步跨太平洋伙伴关系协定（CPTPP）各自逐步削减关税

和技术性贸易壁垒后可能产生的经济效应；刘斌和刘颖（2021）运用 GTAP 模型进行 RCEP 对中日经贸关系影响的探究；郭际等（2023）运用 GTAP 模型探究中欧班列战略通道对沿线典型国家经济的影响；肖雨彤等（2023）运用 GTAP 模型模拟中国与“一带一路”沿线国家能源合作的经济效应；张晓静和涂佳佳（2023）借鉴 GTAP 模型模拟分析 RCEP 框架下构建中日韩自由贸易协定（FTA）对中日韩敏感产业合作可能产生的影响；李月和郑晓雪（2023）运用 GTAP 模型分析 RCEP 对两岸三地经济及贸易网络格局的影响。研究表明，香港地区和台湾地区加入 RCEP 将为两地区的宏观经济发展提供动力。

GTAP 模型也可以用于研究其他外部冲击的影响效应，如新冠疫情的经济效应等。新冠疫情作为突发事件，对整个世界经济造成了严重影响。许多学者运用 GTAP 模型评估新冠疫情的经济影响：McKibbin 等（2020）、Narayanan（2020）和 Choi 等（2022）将新冠疫情冲击纳入 GTAP 模型，估算新冠疫情对全球经济的负面影响，发现新冠疫情对全球的 GDP、贸易量、工资、就业均有负面影响。朱启荣等（2020）运用 GTAP 模型评估了新冠疫情对我国宏观经济和产业的影响，并检验我国应对新冠疫情的对策效果。周玲玲和张恪渝（2021）运用 GTAP 模型分析新冠疫情对贸易增加值的影响效应，新冠疫情将对世界产生重大冲击，不同国家或地区的影响程度有所差异，其中对美国、欧盟和中国的冲击较为严重。杨宏恩等（2022）运用 GTAP 模型探讨“中日韩＋传染病防治”项目的现实可行性。汤碧和李妙晨（2022）运用 GTAP 模型模拟了中美贸易摩擦和新冠疫情两种情景下大豆进口受到的影响，结果表明两种情景下我国大豆总进口量都会缩减，同时大豆进口成本上升，且两者叠加影响更大。孙嘉泽等（2022）运用 GTAP 模型分析新冠疫情对全球经济及价值链结构的影响，研究发现新冠疫情对全球经济的影响在长短期内差异显著，短期内新冠疫情导致全球主要经济体的 GDP 和进出口总量明显下滑，在经历短暂反弹后，长期内全球经济将逐步回归到基准情景下的增长水平。杨振山和魏嘉男（2023）运用 GTAP 模型模拟新冠疫情对中国经济的影响效应，研究表明新冠疫情使得 GDP 显著下滑，各经济主体和各行业部门都受到了严重影响，新冠疫情冲击对居民消费的负向影响尤为显著，交通运输、住宿、餐饮业等受到的冲击最大。

此外，GTAP 模型也可以进行碳关税问题的研究。碳达峰是实现碳中和的基础和前提，碳达峰的时间和峰值会对实现碳中和的时长和难度造成影响，实现以二氧化碳为主的温室气体排放达峰是各国应对气候变化和可持续发展的重要问题之一（刘宇等，2014；鲁传一、陈文颖，2021），而区域经济一体化合作能缓解节能减排政策短期对经济造成的负面冲击。帅传敏等（2013）采用 GTAP 8.0 模拟分析了欧盟、美国、日本分别和同时征收碳关税对中国农产品贸易的影响；黄庆波等（2014）运用 GTAP 模型分析美国、欧盟等发达国家（地区）在四种情境下征收碳关税对中国出口结构和社会福利的影响；郭晴等（2014）采用 GTAP 8.0 模拟欧盟、美国、日本分别和同时征收碳关税时对世界经济和产品贸易的影响；陈红蕾和纪远营（2015）运用 GTAP 模型探究美国征收碳关税对中美贸易的经济效应影响；兰天等（2018）运用 GTAP 模型分析“美国对国内征收碳税、美国对国内征收碳税并对中国高碳工业品征收碳关税、中美两国同时征收相同强度的国内碳税”三种情境下的经济效应；侯升平（2019）运用 GTAP 模型分析碳关税对中国塑胶行业出口贸易的影响，研究发现一旦美国对中国开征碳关税，中国包括塑胶行业在内的贸易出口将减少、贸易条件将恶化；许明（2023）运用 GTAP 模型评估 RCEP 生效叠加碳达峰实现对中国出口贸易的影响，并在此基础上进一步评估美国和欧盟普遍主张的碳关税政策的潜在影响。

二、GTAP 模型研究的局限性

随着研究问题的深入，GTAP 模型研究能源环境问题的局限性凸显出来，部分学者开始运用 GTAP - E 模型研究碳税领域问题。Majocchi 等（2002）借助 CGE 模型，发现碳关税能够提升欧盟成员国的竞争力，减少内部失业。Nijkamp 等（2005）解决如何将经常讨论的国际排放交易、联合实施和清洁发展机制等工具纳入 CGE 模型的问题。Peterson 和 Lee（2009）将国内贸易和运输边际纳入 GTAP - E 模型，解决了原有模型低估了在国内边际固定或将碳税视为具有可变国内边际的消费税时实现特定减排目标所需的碳税水平的问题。Long 和 Kim（2014）运用 GTAP - E 模型模拟越南在 2004 年开始征收碳税的经济效应，并区分了能源密集型部门与非能源密集型部门，发现碳税有可能成为越南减少二氧化碳排放和推广新能源和可再生能源的驱动力。Nong 和 Siriwardana（2018）模拟在提高非农业部门的能源效率和利用农业部门的禀赋因素提高资源效率的方法下，减排基金对澳大利亚经济的影响。以当前 25.5

亿澳元或 18.6 亿美元的预算，澳大利亚在 2015—2020 年只能实现 2.25 亿吨二氧化碳的最低累积减排目标。Siriwardana 和 Nong（2021）运用 GTAP－E 模型分析选定的主要排放地区从国内环境过渡到广泛的国际联系的经济和环境结果。尹伟华（2021）运用 GTAP－E 模型探究不同减排政策下碳税征收的影响，研究发现发达经济体与中国征收同等碳税，造成中国实际 GDP、居民福利大幅下降，经济持续衰退，不能有效应对发达经济体碳关税威胁；发达经济体与中国征收差异化碳税，会使全球碳排放量大幅下降，且中国实际 GDP、居民福利下降幅度得到有效控制。韩晶和朱伟林（2022）构建了动态视角下的 GDYNEPS 模型探究碳税对国际资本流动的影响及机制，研究表明在全球减排的现实背景下，在模拟减排政策对宏观经济影响时，有必要将其他国家的排放政策纳入模型之中，仅纳入一国减排政策的宏观经济模型倾向于高估减排政策对宏观经济的影响，且碳税强度越大，估计误差越大。

逐渐地，部分学者开始运用 GTAP－E 模型研究碳关税的经济福利效应。栾昊和杨军（2014）运用 GTAP－E 模型通过模拟美国 30 美元/吨和 60 美元/吨碳关税的研究指出，此举可能导致我国 GDP 分别降低 0.69% 和 1.3%，贸易条件分别降低 0.46% 和 0.86%，碳排放量分别降低 14.04 吨和 25.87 吨。陈红蕾和纪远营（2015）运用 GTAP 模型模拟碳关税经济效应，研究分别设置了 20 美元/吨、40 美元/吨和 60 美元/吨三种碳关税情景。随着研究问题的深入，学者开始关注碳定价及其他能源环境问题的经济影响。Avetisyan（2018）运用改进的 GTAP－E 模型分析了全球碳定价对国际贸易和国家间货物运输方式选择的影响，以及由此导致的国际运输排放的变化。Wu 等（2022）基于 GTAP－E 的 CGE 模型与碳流分解分析相结合的反事实模拟研究，在 NDC 情景下，基于生产的排放和基于消费的排放泄漏率分别为 12.58% 和 9.66%。下面进一步通过前后产业联动对跨境碳流进行分解。

第三节　GTAP－E 模型结构介绍

本节主要介绍 GTAP－E 模型的基本结构，为了详细介绍 GTAP－E 模型的特点，这里将标准 GTAP 模型结构与 GTAP－E 模型结构进行对比分析。GTAP－E 模型是 Burniaux 和 Truong（2002）在 GTAP 模型基础上，通过在生产模块新增能源要素替代等特征构建，并由 McDougall 和 Golub（2007）进一步在算法、数据、福利分解等方面加以修改调整。与标准 GTAP 模型相同，GTAP－E 模型详细刻画了各地区生产者、家庭、政府等主要经济体的行为方式，构建了能够反映区域经济运行方式的局部均衡体系。在此基础上，通过引入区域间的投资机制和国际贸易联系，将各地区子系统连接构成多区域的一般均衡体系。值得注意的是，GTAP－E 模型与 GTAP 模型的区别在于生产模块的设计，GTAP－E 模型在 GTAP 模型基础上将生产模块中的能源投入与其他非能源中间投入进行了区分，考虑了能源投入与基本生产要素的替代性。因此，GTAP－E 模型可以更为准确地追溯生产过程中的能源能耗，以考察经济政策和环境政策产生的“经济—能源—环境”影响。

标准 GTAP 模型涵盖居民、企业、政府 3 个经济主体，涉及生产投入、消费、政府购买、储蓄、税收、转移支付、进出口等经济生产活动，共分为生产模块、消费模块、企业模块、政府模块以及闭合模块 5 个子模块。标准 GTAP 模型的主要假设有 4 个：厂商完全竞争并且规模报酬不变；私人家庭部门的效用函数为 CDE 函数形式；采用阿明顿假设（1969）来处理双边贸易，即进口商品与本国商品间存在不完全替代关系；存在一个世界银行用来协调全世界的储蓄和消费。在 GTAP 模型的分析框架中，首先对各个国家的政府支出、私人消费、厂商生产等行为建立子模型，然后将这些子模型通过国际贸易的活动联合形成一般均衡模型，各子模型中主体的反应行为都需要有一系列假设前提，包括生产假设、需求假设、贸易假设和全球服务假设等。

GTAP－E 模型的理论假设和结构与标准 GTAP 模型大致相同，这里不再赘述。与 GTAP 标准模型不同的是，GTAP－E 模型假设能源产品为一种生产要素投入，将其从中间商品投入品中取出，并与土地、资本、熟练劳动力、非熟练劳动力、自然资源五种生产要素进行加总合成增加值—能源束。相应地，在政府部门、私人家庭、投资模块中对能源产品消费和非能源产品消费进行了区分。此外，GTAP－E 模型还新增了碳交易、碳税、碳排放模块等。

一、生产模块

（一）标准 GTAP 模型

标准 GTAP 模型中生产厂商的生产函数采用树形结构。假定生产函数遵循生产可分离性（Separability）与规模报酬不变（Constant Returns to Scale，CRS）的原则。生产者的主要投入分为原始投入与中间投入。在可分离性假设下，厂商对原始投入的最优使用决策不受中间投入物价格变动的影响。同时在规模报酬不变的假定下，生产者要素投入使用比例也不会因为生产数量的变动而变化。该树形结构的顶层主要刻画生产者对中间投入与初始总投入的需求结构，在 Leontief 生产函数的假定下，生产者中间投入与初始总投入与总产出呈固定比例关系。这种设定的主要优点在于可以大幅降低模型中需要估计的参数数量。树形结构底层左边描述了初始投入与生产的关系。假定初始投入与产出遵循 CES 关系，不同初始要素之间的替代弹性相等。据此对初始投入进行加总，可以得到加总初始投入（Aggregate Primary Input）。树形结构的右边描述了中间投入与生产的关系，其中包括两层：第一层为国产品与进口品之间的替代关系，通过 CES 函数形成了一个复合中间投入品；第二层为不同来源进口中间投入品之间的替代关系，同样地，不同中间投入品之间也是通过 CES 函数进行替代。

（二）GTAP－E 模型

在 GTAP－E 模型的生产模块，生产者遵循成本最小化原则，以最小化成本实现最优的要素投入组合。生产者的部门产出共包括六层 CES 生产函数的嵌套（见图 6－3）。第一层是刻画“增加值—能源”束与非能源中间投入产品的嵌套；第二层描述各生产要素与能源中间投入的复合，以及非能源中间投入束的构成；第三层重点说明了资本—能源的嵌套方式；第四层将能源分为电力能源束和非电力能源束；第五层则分为煤炭能源束与非煤炭能源束；第六层说明原油、成品油、天然气嵌套生成非煤炭能源束。所有的生产部门集合为 A（Agent），所有的商品部门集合为 C（Commodity）。生产模块的生产函数则是采用两层嵌套的 CES 函数形式，在第一层生产函数中，合成要素投入与合成品中间投入以 CES 函数的形式形成总产出（或总供给）；在第二层生产函数中，增加值部分的生产函数假设只投入劳动和资本两种生产要素；中间投入部分的生产函数采用 Leontief 形式。

GTAP－E 模型的生产模块内嵌了多个层次的 CES 函数，资本与能源产品可以相互替代。与 GTAP 模型相同，GTAP－E 模型生产结构的最上层嵌套，是企业最优化利用基本生产要素和中间投入，该部分采用里昂惕夫生产函数进行刻画。GTAP－E 模型的基本生产要素除包含土地、劳动力、自然资源外，还包含资本—能源复合要素。资本与能源之间可以相互替代，该模块利用 CES 生产函数进行刻画。相较于资本价格，如果能源价格上升，企业将会多用能源产品替代资本投入品；反之则相反。GTAP－E 模型中进一步将能源产品划分为电力和非电力复合要素，非电力复合要素又可以进一步分解为煤炭、原油、天然气和石油产品，每级复合结构都采用 CES 生产函数。

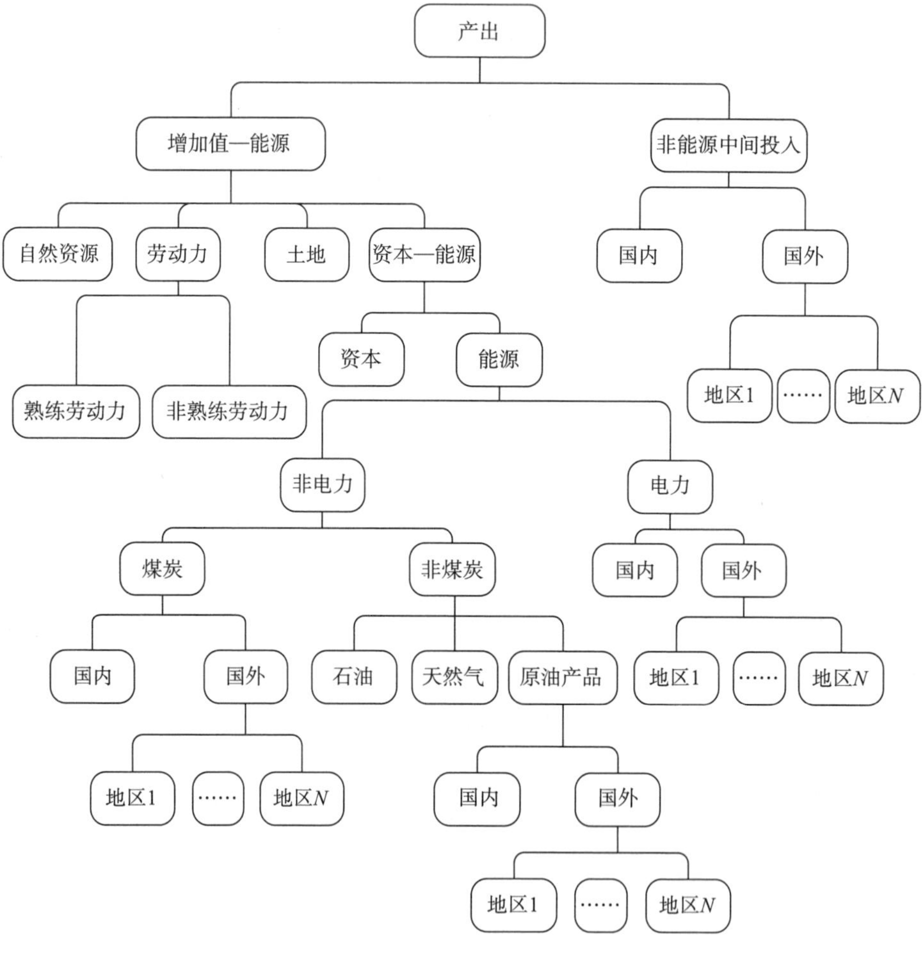

图 6－3　GTAP－E 模型生产模块结构

二、消费模块

（一）标准 GTAP 模型

标准 GTAP 模型的消费模块存在如此假定：私人消费与私人储蓄，假设政府消费支出对于所有商品都是 C－D 函数。私人消费与政府消费居民的收入主要来自劳动力报酬、资本要素收入、政府部门对居民的转移支付以及企业部门的转移支付。在标准 GTAP 模型中某国（或地区）的总需求则由私人消费（Private Consumption）、政府消费（Government Consumption）及投资支出（Investment）三部分，通过柯布—道格拉斯效用函数（Cobb－Douglas Utility Function）构成，其中私人消费由各自的 CDE 函数决定需求的产品结构，政府消费是通过柯布—道格拉斯效用函数决定每种产品的消费，而不同产品部门通过 CES 函数决定国内采购和进口采购的比例。

1. 私人消费方面

具体而言，区域家庭单位的行为包含政府支出、私人家庭支出与储蓄。假定该地区家庭单位追求效用最大化，鉴于使用柯布—道格拉斯效用函数，使得可支配收入分配与当期消费比例被固定。在私人家庭支出方面，考虑私人家庭单位消费非齐次性（Non－homothetic），并且考虑人口成长的影响，私人家庭单位采用 CDE 函数。该假定的优点在于允许个别产品消费的收入弹性与价格弹性存在估计的空间，以便能够有效运用已有文献的需求收入弹性与价格弹性来进行模型的校准（胡冰川，2007）。

2. 投资支出方面

投资支出遵循 Leontief 生产函数，总投资主要来源于名义投资，与总储蓄量等价。此处总储蓄量等于国内总储蓄量与国外净资本流入量的总和。本国产品与进口产品的总复合产品的投资支出遵循 CES 生产函数。投资品也是由本国产品与进口产品复合而成。

3. 政府支出方面

在政府支出方面，政府部门的总支出在各种商品之间的分配，同样运用柯布—道格拉斯效用函数来处理，这样能够使政府维持确定的支出比例。在开放经济格局下，政府的产品需求包括国内产品和进口产品，而国内产品与进口产品能够通过 CES 函数构建起关系。区域支出函数具有显著的优势，同时也具有一定的缺点。设定区域支出的最大优势是区域效用函数提供的明确的福利指标。特定情形下的政策模拟可能会导致以较低的相对价格来储蓄，而政府支出和私人家庭商品束具有相对较高的价格。如果是真正的私人家庭购买力下降，而储蓄和政府消费却在增加，地区家庭状况会更好吗？没有区域效用函数则无法有效地回答这个问题。解决该福利衡量问题的另一种方法是固定水平实际储蓄和政府购买，并仅关注私人家庭消费。但对于私人消费仅略高于最终消费需求的50%的部分区域，迫使区域经济最终需求的所有调整私人消费似乎相当极端。假定以C-D函数确定支出的固定份额，也就是说收入的增加意味着储蓄、政府支出以及私人消费的增加。而GTAP模型最大的缺点在于无法与政府税收预算直接挂钩，则在GTAP模型中没有减税意味着降低政府支出。在一定程度上，减税措施减轻了超额负担，实际收入增长，实际政府支出也会增加。因此，需要对政府支出做出相应的假设。

（二）GTAP-E模型

GTAP-E模型对消费模块的处理沿袭GTAP模型，假设每个地区存在一个代表性家庭，该家庭通过其拥有的生产要素等方式获得收入，并将该收入用于私人消费、政府消费和储蓄。具体地说，政府部门和私人家庭都遵循效用最大化原则，政府消费以C-D函数消费为了保证对能源产品具有相同的收入弹性和替代弹性，采用CDE支出函数。在消费模块中，私人家庭的行为通过利用CDE函数模型化，使得能源消费品与其他消费品之间存在相互替代关系，而在能源消费品组内的不同能源产品也可以相互替代。

在GTAP-E模型中，消费主体（私人家庭、政府）对能源产品与非能源产品的消费通过嵌套函数进行区分，并以CES函数或CDE函数刻画能源产品与非能源产品的替代关系（见图6-4和图6-5）。具体来看，在GTAP-E模型中，政府、私人家庭、投资的对产品消费的分配修改为能源产品与非能源产品的聚合函数。其中，私人消费由各自的CDE决定能源产品和非能源产品的消费结构；政府消费和投资消费都根据CES决定能源产品和非能源产品的消费。而能源产品组和非能源产品组根据阿明顿假设决定国内产品和国外产品的消费。

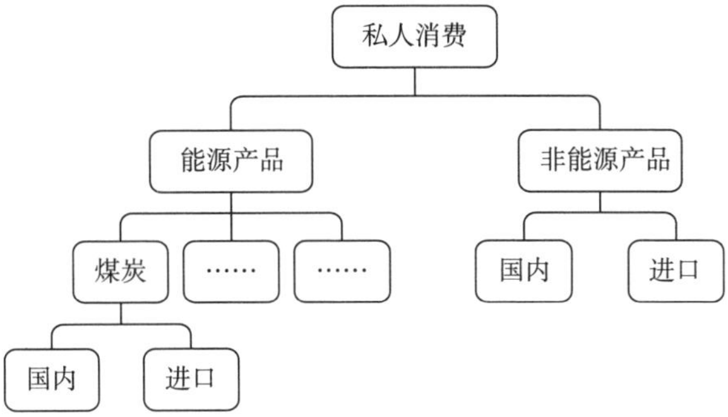

图 6－4　GTAP－E 模型的私人消费模块

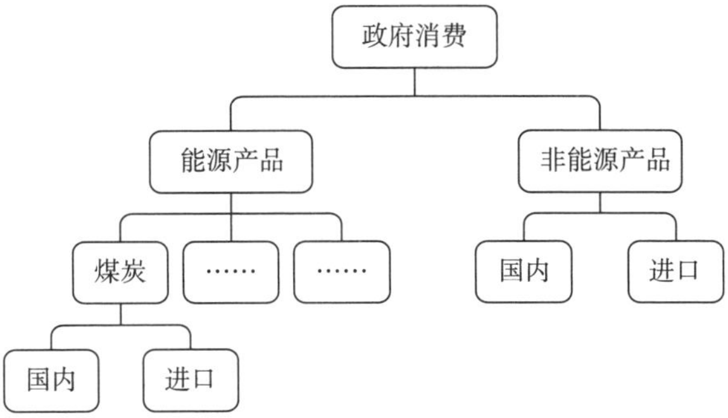

图 6－5　GTAP－E 模型的政府消费模块

三、碳排放模块

GTAP－E 模型假设产品在不同使用环节的碳排放强度不同，且在同一使用环节的产品也会由于来自不同国家而导致碳排放强度不同。值得注意的是，GTAP－E 模型中碳排放量追踪主要根据产品的使用环节引致的碳排放计算，其中产品生产带来的碳排放取决于含碳能源消耗，这不同于直接追踪经济系统初级化石能源消耗引致的碳排放。

GTAP－E 数据库在 GTAP 数据库的基础上增加了各国家（地区）的二氧化碳排放数据。模型假定二氧化碳的排放量与排放源的使用量成正比。碳排放数据主要基于 Lee（2007）二氧化碳排放数据库，Lee（2007）的二氧化碳排放数据展示了来自企业中间用途、家庭和政府的能源商品消费的二氧化碳排放数据，包括国内和进口来源。能源商品包括煤炭开采，原油、天然气开采，石油产品、电力和天然气的生产和输配。电力的二氧化碳排放量等于零，所有其他非能源商品也是如此。GTAP 数据库中的能源数据不是来自提供的投入产出表，而是来自国际能源署扩展的能源平衡。对于能源工业的投入，这些规定区分了不排放“转型”流量和排放“能源部门”流量，既不涉及燃烧也不涉及转化的流动，如涉及煤炭清洗的流动。

GTAP－E 数据库在 GTAP 数据库的基础上增加了各个国家或地区的二氧化碳排放数据 ECO_2（i，r，s，t）。ECO_2（i，r，s，t）是一个四维变量，其中 i 代表碳排放源；r 表示碳排放类型，包括国内和进口两种类型；s 代表发生排放活动的部门；t 代表发生排放活动的区域。具体公式如下：

$$CO_2(r,i) = CO_2DG(i,r) + CO_2DP(i,r) + CO_2IG(i,r) + \mathrm{sum}[I, CO_2IF(i,j,r)] + \mathrm{sum}[I, CO_2DF(i,j,r)] \tag{6-1}$$

碳排放总量等于厂商使用国内产品与进口产品进行生产的碳排放、私人家庭消费国内产品与进口产品产生的碳排放、政府消费国内产品与进口产品产生的碳排放。假设排放量与使用量成正比，则 gco_2fd（i，j，r）$=qfd$（i，j，r）。

而碳排放量存在以下关系：

$$\begin{aligned} CO_2(r,i) \times gco_2(r,i) = {} & \mathrm{sum}[j, PROD\_COMM, CO_2IF(i,j,r) \times gco_2fm(i,j,r) + \\ & CO_2DF(i,j,r) \times gco_2fd(i,j,r)] + \\ & CO_2DG(i,r) \times gco_2gd(i,r) + CO_2IG(i,r) \times gco_2gm(i,r) + \\ & CO_2DP(i,r) \times gco_2pd(i,r) + CO_2IP(i,r) \times gco_2pm(i,r) \end{aligned} \tag{6-2}$$

式中，CO_2DF 表示厂商使用国内产品的排放量系数，CO_2IF 表示厂商使用进口产品的排放量系数，CO_2DP 表示私人消费国内产品的排放量系数，CO_2IP 表示私人消费进口产品的排放量系数，CO_2DG 表示政府消费国内产品的排放量系数，CO_2IG 表示政府消费进口产品的排放量系数，gco_2fd 表示厂商使用国内产品的排放量，gco_2fm 表示厂商使用进口产品的排放量，gco_2gd 表示政府使用国内产品的排放量，gco_2gm 表示政府使用进口产品的排放量，gco_2pd 表示私人消费国内产品的排放量，gco_2pm 表示私人消费进口产品的排放量。

四、碳税模块

碳排放模块主要设定原则如下：为了体现国家间的碳排放权交易，GTAP－

E 模型将世界的所有国家分成了两个区域。一个区域代表各国之间存在碳排放许可证交易，另一个区域代表不存在碳交易。GTAP－E 模型假定，在存在碳交易的情况下，各国的碳排放配额与实际的碳排放可以不相同，但是区域/国家组的碳配额和碳排放总量必须是相同的。由于碳交易量使国家组实施的碳税税率相同，所以碳税（NCTAXB）是一个区域级的变量。此外，GTAP－E 模型新增了一个碳配额购买变量（pempb）以保证政策模拟时可以施加或者放松碳排放限制。

$$pempb(b) = gco_2tb(b) - gco_2qb(b) \tag{6-3}$$

如果施加碳交易，那么 pempb 为外生变量，NCTAXB 为内生变量；否则，pempb 为内生变量，NCTAXB 为外生变量。在存在碳交易情况下，各地区的碳配额是外生变量，并且各地区的碳配额加总后可得到国家总的碳配额总量。当不存在碳交易的情况下，配额变量则没有任何意义。为了使模型求解，模型引入以下公式：

$$pemp(r) = gco_2t(r) - gco_2q(r) \tag{6-4}$$

在排放权交易中，地区的实际排放（gco_2t）和排放配额（gco_2q）可能会出现分歧，但区域层面的实际排放（gco_2tb）和排放配额（gco_2qb）必须一致。由于排放交易使集团内部的碳税相等，因此 NCTAXB 是集团层面的变量。

另外，GTAP－E 模型假定碳税率是一个名义税率。当名义碳税率为外生变量时，会使初始碳税税率不为零，那么模型价格就会不同质。因此，为了提供一个价格同质的无约束碳排放闭合条件，GTAP－E 模型还引入了区域层面的实际碳税（RCTAX）。值得注意的是，GTAP－E 模型假定同类能源的碳排放系数在各区域之间完全相同，即给定某种能源产品，在不同地区该能源产品的碳排放系数是恒定的。在不同地区、不同产业的能源产品使用量存在差异，会导致不同能源产品的碳排放量存在差异。

五、贸易与运输模块

（一）标准 GTAP 模型

标准 GTAP 模型通过贸易流建立起国家（地区）间的联系，本国产品和来自不同地区的进口产品是不完全替代品，即遵循阿明顿假设，通过设定的不变替代弹性来表征该假设。当某国（地区）经济模型构建完成，在其中引入国际贸易的商品和资金流动（全球银行部门），进而形成多国经济模型。此时，进口产品与本国产品存在一定的替代关系，采用阿明顿假设进行产品复合，即把进口产品与国内产品视为不同的产品，相互间具有不完全替代关系。在某国（地区）开放经济情形下复合产品需求束的表达式为：

$$X = [a_m X_m^b + a_d X_d^v]^{\frac{1}{b}} \tag{6-5}$$

式中，X 为某种产品的总供给量，b 为国内产品与进口产品之间的替代弹性，X_m和 X_d分别为进口产品和国内产品，a_m和 a_d分别为进口产品和国内产品的市场份额。在贸易条件的进口方面，较高的价格会减少福利，就像这样做一样与商品一起隐含进口的保证金服务的较高价格产品。因此，进口产品均按其离岸价计算，国际贸易和运输服务所反映的 CIF 价格的模型分别建模。由于与全球银行的交易必须平方为好，该地区家庭购买储蓄的情况可能会显示出贸易条件变化。但是，节省价格的定义方式是倾向于使这些影响最小化。

由于政府干预主要表现在征税与补贴上，经济体系中存在两类价格：市场价格（Market Prices）与消费者或生产者等行为主体面对的价格（Agent's Prices）。本国生产者的供给价格加上生产税（或减去补贴），等于产品在国内市场的市场价格。此时该商品存在三种流向：其一，该商品用于国内使用，此时国内消费者面对的国内产品价格为国内市场价格与国内消费税之和；其二，该商品转移到虚拟的运输部门，那么，该国内市场价格将直接决定运输成本的高低；其三，该商品出口到国外，则 FOB 等于国内市场价格与出口税（出口补贴）之和。进口国进口商品的市场价格加上消费税，为该进口商品的消费价格。假如进口品存在不同进口来源地，则该总进口商品的平均价格为平均进口价格。总进口品与进口国国内生产商品可以组成一个商品束，其平均价格即消费者面对的复合价格（见图 6-6）。

在交通运输方面，标准 GTAP 模型中含有国际银行和国际运输部门两个国际部门，不同国家（地区）的储蓄汇总到国际银行，在各个国家之间的分配主要依据资本回报率的高低。国际运输部门主要负责地区之间产品的运输，*CIF* 和 *FOB* 之间的差异，并通过双边贸易将世界各国联系起来。标准 GTAP 模型中进出口商品价格表达式如下：

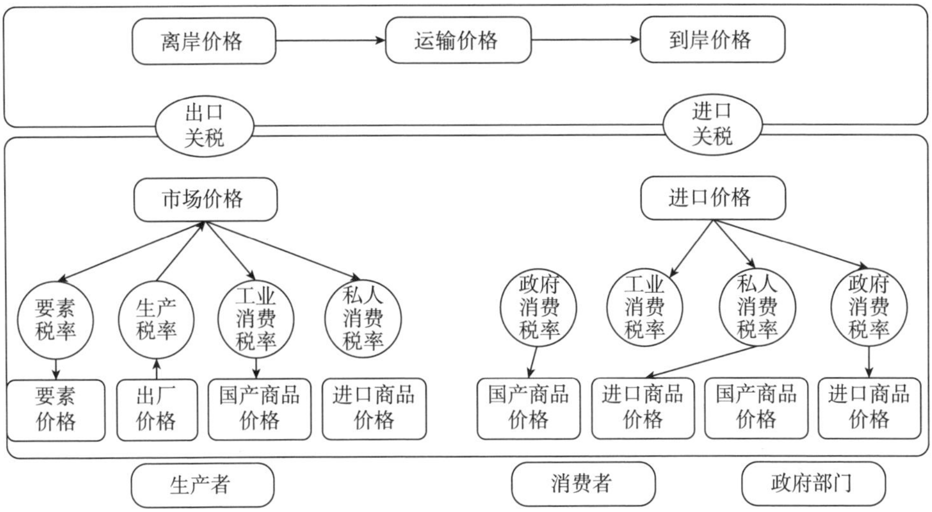

图 6－6 标准 GTAP 模型的价格对应关系

$$
\begin{aligned}
P^{FOB} &= P^{EX}(1+T^{EX}) \\
P^{CIF} &= P^{FOB}(1+F) \\
P^{IM} &= P^{CIF}(1+T^{IM})
\end{aligned}
\tag{6-6}
$$

式中，P^{FOB}表示某种产品的离岸价，P^{CIF}表示某种产品的到岸价，P^{EX}表示出口商品的国内市场价格，P^{IM}表示进口商品国内价格，T^{EX}和 T^{IM}分别表示出口关税和进口关税（或补贴），F 为运费。

标准 GTAP 模型通过商品生产上的投入产出技术关系和消费上的替代关系，将国民经济中的各部门（商品）联系成一个整体，产品的生产采用嵌入的常系数替代弹性方程为：

$$X_c^i = [a_{ck}^i(K_c^i)^b + a_{cl}^i(L_c^i)^b]^{\frac{1}{b}} \tag{6-7}$$

式中，X_c^i 为国家（地区）i 产品 c 的产出，K_c^i 表示国家（地区）i 产品 c 投入的资本要素量，L_c^i 表示国家（地区）i 产品 c 投入的劳动要素量，a_{ck}^i为国家（地区）i 产品 c 资本投入在产出中所占的份额，a_{cl}^i表示国家（地区）i 产品 c 劳动投入在产出中所占的份额，b 为投入要素劳动与资本间的不变替代弹性。通过劳动力和资本的要素投入形成了产品产出。

具体来说，标准 GTAP 模型中的国际间运输服务活动由一个特定的国际运输部门完成，而该国际运输部门的生产活动采用 C－D 函数。由于缺乏足够的数据将运输出口产品与特定路线关联起来，故将运输服务合并为单一的复合国际运输商品。较高的出口价格增强区域福利，其影响取决于出售的出口量进入世界市场。但是，不仅是普通的商品和服务在模型中按给定区域导出，也有国际贸易和向全球运输部门的运输服务销售，必须计算在内。各地区还出口投资服务的销售，以满足全球储蓄的需求，这也将成为影响区域贸易条件的潜力。全球采购商希望最大限度地降低跨部门购买服务的成本受 CES 偏好功能影响的区域。

（二）GTAP－E 模型

类似标准 GTAP 模型的国际贸易模块，GTAP－E 模型根据阿明顿假设，认为国产品、进口品之间存在不完全替代关系，特定国家对某种产品的总需求是该国产品与进口品的 CES 函数加总，而该国关于某种产品的总产出以 CET 函数在国内市场与世界市场之间进行分配。总需求的 CES 函数仍追求效用最大化，总供给的 CET 函数遵循成本最小化假设，实现商品在国内市场和世界市场之间的最优分配关系。

六、宏观闭合模块

标准 GTAP 模型采用新古典闭合条件，即劳动需求等于劳动供给，资本需求等于资本供给。在达到一般均衡时，经济系统中各个市场包括商品市场、要素市场以及国际市场的外汇收支均达到市场出清的状态。CGE 模型需在所有相关参数、基期均衡价格及数量都确定的情况下，才能进行政策模拟，因此 GTAP 模型的相关参数是由 GTAP 数据库的基期数据与外在给定弹性反求得到模型系数，模型参数与系数的求解过程称为模型的校准（Calibration）。

在模型校准外弹性之给定有三种方法：计量方法推估、文献总结归纳与专家判断法。文献总结归纳与专家判断法较计量方法推估的准确度低，但所需成本耗费较低，资料也较容易取得。GTAP 模型采用新古典全球封闭法则，基本上由文献总结归纳法设定弹性，数据库中的弹性区分如下：①CDE 最小支出函数之替代与所得弹性；②各区域内产品与进口品之阿明顿弹性；③个别进口来源之间的阿明顿弹性；④原始投入之间的替代弹性；⑤不完全移动要素间的转换弹性；⑥资本存量的预期净报酬率弹性。其中，阿明顿弹性设定来自 SALTER 贸易模型。

在标准 GTAP 模型中，每个区域都包括以下 3 个余额：储蓄—投资、贸易余额、政府支出—政府收入（政府赤字）。这 3 个总体余额并非各自独立的，而这些总体余额的决定是传统总体经济模型的课题，总体调节机制构成了这个模型的宏观经济闭合（Macroeconomic Closure），假设初始状态总体余额均处于均衡。宏观经济闭合的设定是指给定模型一个外生冲击干扰均衡时，经济体回归到均衡状态的规则。因此，当对该模型设定一个政策情境时，模型会模拟出政策冲击对总体经济行为或产业部门的变化。由于宏观经济闭合不是基于模型中理性行动者的最优行为，关于总体调整不同的宏观闭合假设可能会导致不同的结果。

与 GTAP 模型理论结构类似，GTAP－E 模型的理论基础是瓦尔拉斯的一般均衡理论，即通过价格传导机制决定资源的配置方式、实现经济系统均衡。经济系统均衡包括以下几个条件：商品市场出清、要素市场出清、投资储蓄平衡、政府收支平衡以及国外账户平衡。上述描述的经济均衡的闭合情形，属于 GTAP－E 模型中标准的闭合准则。关于是否存在碳排放的“灵活机制”，GTAP－E 模型还存在对应的闭合准则。简言之，不同的闭合准则意味着选择不同的外生变量，从而满足经济系统的均衡以及“可计算”。

综上所述，GTAP－E 模型相较于标准 GTAP 模型扩展，主要体现在以下四个方面：①GTAP－E 模型将原有 GTAP 模型中使用的能源种类扩充为五种：煤炭、石油、天然气、石油炼制品、电力，并将不同生产部门所使用的这五种能源数量纳入生产模块。②GTAP－E 模型中引入体现减排政策的碳税制度，碳税的课征对象为模型中所有的经济主体（生产企业、私人家庭和政府部门），碳税作为一项能体现价格的经济减排型政策，其原理是针对能源的碳含量征税。故含碳量越高的能源品种所需缴纳的碳税越高，如化石燃料（煤炭、石油等）。③GTAP－E 模型将 CES 函数形式应用于不同能源品种在生产环节的投入使用情况，通过能源品种之间不停的替代弹性充分反映和探究碳税的价格诱因，从而对经济主体对于能源消费的选择产生影响。④GTAP－E 模型将 IPCC 对不同燃料类型燃烧产生的碳排放计算方法与 IEA 的相关能源碳排放数据纳入模型体系，构建了国际碳排放交易机制。

第四节 GTAP－E 模型应用案例：碳关税的经济效应

一、案例背景

2019 年，《欧洲绿色新政》重提“碳边境调节机制”即碳关税引起各方关注，随后欧盟开展了一系列活动，推进碳关税制定和立法进程。2019 年 12 月，欧盟委员会在《欧洲绿色协议》中提出了一个新的增长战略，旨在将欧盟建立成一个现代的、资源高效的、有竞争力的经济体，最迟在 2050 年实现温室气体净零排放，经济增长与资源使用脱钩。2021 年 3 月 10 日，欧洲议会表决通过《建立符合世贸组织要求的欧盟碳边境调节机制（CBAM）》的决议，2021 年 7 月 14 日，欧盟委员会公布提交欧洲议会和欧盟理事会审议的《建立碳边境调节机制》的提案，开启了碳关税正式立法进程。欧盟碳边境调节机制于 2023 年 10 月开始试运行，过渡期至 2025 年底，2026 年正式起征，并在 2034 年之前全面实施。至此，欧盟将成为世界上第一个征收碳关税的经济体。

伴随 2023 年 5 月 17 日欧盟碳边境调节机制（Carbon Border Adjustment Mechanism，CBAM）正式生效，中国作为全球最大的出口国和二氧化碳排放国将面临贸易成本上升的问题，中国也是欧盟重要的贸易伙伴，欧盟 CBAM 的实施可能导致中国对欧盟出口的下跌，甚至影响整个世界经济。CBAM 也称碳关税（Carbon Tariff），是指欧盟进口商基于进口商品的含碳量通过购买 CBAM 证书的形式缴纳税费，以平衡欧盟境内外碳排放成本的机制设计。CBAM 起源于欧盟碳排放交易体系（European Union Emission Trading Scheme，EU ETS），本质是免费碳排放配额的替代方案。2005 年欧盟建立了 EU ETS，要求覆盖企业根据碳排放量购买碳配额。然而，欧盟境内高耗能行业认为高额碳成本会引起产业从欧盟转移到减排政策力度较弱的地区，引发碳泄漏问题。许多研究指出，欧盟是为了限制碳泄漏而提出了 CBAM。

毋庸置疑，碳减排措施可能通过贸易渠道产生额外成本，实施碳减排的发达国家可以通过对未实施碳减排的进口国征收边境税调节或碳关税（Keen and Kotsogiannis，2014），征收碳关税会对未实施碳减排的发展中国家的出口和国内经济造成负面影响（张友国等，2015），这种单边措施引致的贸易扭曲很可能造成国家和地区之间的相互反制，甚至引发贸易冲突（许明，2022）。

目前，学术界关于 CBAM 的争议颇多，部分学者认为这是降低碳泄漏的手段之一，Bollen 等（2011）认为碳关税的存在将消除碳泄漏的风险，有助于在全球范围内降低温室气体的排放。Drake（2018）则认为，碳关税的存在不能够让碳泄漏消失，但能降低温室气体的排放。Bohringer 等（2015）同 Drake（2018）观点一致，也认为征收碳关税在一定程度上缓解了碳泄漏，但无法彻底消除碳泄漏。而另一部分学者将 CBAM 视为一种贸易保护手段，认为碳关税或 CBAM 实质上是一种新型绿色贸易壁垒，会扰乱国际贸易秩序，同时碳关税违反了 WTO 国民待遇和最惠国待遇的基本规则，也违背了《联合国气候变化框架公约》（1992 年）及《京都议定书》（1997 年）确定的“共同而有区别的责任”原则，因此与国际法律法规存在一定的冲突。

另外，CBAM 对不同国家（地区）的经济福利效应存在显著差异。作为一种新型绿色贸易壁垒，国内外学者对碳关税产生的出口效应进行了深入研究，其普遍认为碳关税会对被征收国的出口产生不利影响（黄庆波等，2014）。Larch 和 Wanner（2017）认为，虽然欧盟 CBAM 能够减少全球碳排放和碳泄漏，但是这种减少以降低全球贸易流量和降低发展中国家社会福利为代价，极不利于发展中国家的发展。Clora 等（2023）认为，CBAM 可以减少高耗能与贸易暴露型部门的泄漏和产出损失。胡继立等（2023）运用 GTAP－E 模型分析欧盟 CBAM 设计的环境有效性。罗必雄等（2024）采用清华大学开发的中国全球能源模型分析欧盟 CBAM 对国际经济、贸易、产业格局的影响。Magacho 等（2023）分析了 CBAM 的引入对欧盟贸易伙伴的影响，特别关注其对发展中经济体和新兴经济体的潜在社会经济和外部后果。

全球气候变化事关人类前途命运，世界各国努力为缩短各国减排目标与全球温控目标之间的排放差距积极开展行动，中国于 2020 年明确提出要“力争于 2030 年前达到峰值，努力争取 2060 年前实现碳中和的目标”；日本、加拿大、韩国也已经做出在 2050 年以前实现碳中和目标的承诺。1992 年《联合国气候变化框架公约》、1997 年《京都议定书》和 2016 年《巴黎协定》相继签订，成为 3 份应对气候变化的全球性文件。欧盟作为气候问题的主要倡导者和推动者，早在2005年就建立了碳排放权交易机制，目前已建成世界上最大、发展最完善的碳交易市场。2021年7月14日，欧盟委员会提出了“Fit for 55”“一揽子”行动计划，正式提出了建立欧盟CBAM。第一个具有代表性意义的碳关税正式落地。《CBAM临时协议》已于2023年5月16日正式生效，并从2023年10月1日起开始实施。作为一个负责任的大国，中国积极践行《巴黎协定》自主减排承诺，中国践行自主减排承诺付出了怎样的经济代价？无视中国的自主减排贡献，欧美发达国家（地区）仍以抑制碳泄漏为名征收碳关税并有可能形成碳关税联盟，会对中国经济产生怎样的影响？因此，选用一个合适的评估模型工具进行评估成为解决上述问题的先决条件。

碳关税的应对措施主要是针对中国等发展中经济体而言，可分为被动应对和主动应对两类措施。在被动应对碳关税措施下，中国等发展中经济体并不主动减排，而是利用现存的法律法规来消除碳关税的法理基础。在主动应对碳关税措施下，中国等发展中经济体主动在国内采取减排措施，降低碳排放（崔连标等，2013）。主动应对碳关税是一种积极应对气候变化的心态，但是缺少定量化支持，在实际操作中也面临诸多困难。中国作为碳排放最多的发展中国家，如何提前选择好应对措施，化解发达经济体碳关税的负面影响，对推进中国实现节能减排、可持续发展以及应对气候谈判都具有重要意义。

二、模型设定及数据方案

（一）模型选择

GTAP－E模型是标准GTAP模型在环境领域的一个拓展应用，是分析能源环境问题的重要工具之一。GTAP－E模型将能源作为一种要素投入纳入生产结构中（Burniaux and Truong，2002），引入了碳税变量和碳排放权交易机制，并对生产、消费、碳税以及福利分解等模块进行了相应的修改（McDougall and Golub，2007）。与标准GTAP模型不同，GTAP－E模型将生产模块中的能源投入与其他非能源中间投入进行了区分，并考虑了能源投入与其他基本生产要素的替代性。在此基础上，GTAP－E模型可以更准确地追溯生产过程中的能源消耗，以考察政策变化产生的“经济—能源—碳排放”影响。因此，GTAP－E模型是一种研究能源政策、气候政策模拟的重要工具。

GTAP－E模型在研究欧盟CBAM问题上也得到广泛应用。Peterson和

Schileich（2007）运用 GTAP－E 模型探究欧盟 15 国碳关税实施对本国和欧盟其他国家在竞争力以及环境效应上的影响，结果表明实施碳关税对减少碳泄漏的作用很小。Mörsdorf（2022）基于 GTAP－E 模型，选定 50 美元/吨的碳价，讨论了 CBAM 在三种不同情形下（只考虑三种能源密集产业的直接碳边境税、考虑间接排放的碳边境税、在考虑间接排放的基础上增加出口退税）的有效性。Beck 等（2023）研究丹麦碳泄漏与碳税密切相关，且碳泄漏率存在较强的部门异质性。胡继立等（2023）将《联合国气候变化框架公约》的碳排放数据中的工业过程排放数据按照其与直接排放的比例整合到 GTAP 数据中，并运用 GTAP－E 模型模拟不同情景下碳边境调节机制实施前后的碳泄漏率，验证环境有效性。孟猛和郑昭阳（2024）利用 GTAP－E 模型在系统评估《巴黎协定》自主减排影响的基础上，进一步模拟分析欧盟征收碳关税、美日欧形成碳关税联盟以及低碳技术提升对中国贸易和福利的影响，并探究其影响机制。

GTAP－E 模型是一个多区域、多部门的全球可计算一般均衡模型，能够有效刻画经济系统各部门之间及经济系统与能源系统的相互关联与相互影响，进而评估能源环境政策对主要经济体的经济福利效应。综上所述，选用 GTAP－E 模型能够系统分析欧盟碳关税对世界经济、对不同贸易伙伴的福利及对进出口的影响情况。

（二）数据合并及情景设定

本部分主要基于第 10 版 GTAP－E 数据库模拟分析欧盟碳关税对中国出口贸易及经济的影响。该数据库含有 141 个国家（地区）65 个部门，为了便于分析，根据经济关联情况与研究内容将 141 个国家（地区）合并划分为 10 个国家（地区），产业部门则压缩整合为 20 个行业部门，主要保留了与能源相关的产业部门（见表 6－1）。

表 6－1　国家与部门分类

国家/地区	产业部门	
中国	农业	黑色金属
欧盟 27 国	煤炭	其他金属
美国	石油	金属制品
英国	天然气	电子产品

续表

国家/地区	产业部门	
加拿大	煤油制品	电气设备
日本	其他矿物质	机械设备
韩国	化学制品	汽车及零部件
澳大利亚	基础制药	其他交通设备
墨西哥	橡胶塑料	电力
世界其他	其他矿产制品	其他

资料来源：笔者整理而得。

1. 情景方案设定

文中设定一个基准方案和三个政策模拟方案，通过对比政策模拟方案与基准方案，分析欧盟实施碳关税后对世界及中国碳排放的影响。

2. 基准方案

基准方案反映的是到2023年各国自然增长的情景，采用递归动态方法将GTAP－E第10版数据的人口、熟练劳动力、非熟练劳动力、资本和GDP数据加以升级，得出2023年的基准情景。

3. 政策模拟方案（P）

本书参考已有研究设置碳关税情景模拟，分别设置低、中、高30美元/吨、60美元/吨、90美元/吨三类政策情景。即欧盟针对相应的进口产品征收30美元/吨的碳关税（P1）；欧盟针对相应的进口产品征收60美元/吨的碳关税（P2）；欧盟针对相应的进口产品征收90美元/吨的碳关税（P3），其他假设与基准方案完全一致。

三、模拟结果分析

本部分主要从总体经济、进出口贸易、价格指数变化、碳排放变化方面着手，分析不同政策情景下欧盟征收碳关税的经济效应。

（一）总体经济

从表6－2中可以清楚地看出，在不同的政策情景下，欧盟征收碳关税导致不同国家（地区）的GDP发生了变化。欧盟27国GDP在三种政策情景下分别下降0.19019%、0.38613%、0.58071%。而作为欧盟主要的贸易伙伴，中国、美国、英国等国家的 GDP 呈小幅上升。就结果而言，在三种政策情景下中国 GDP 分别增长了 0.00783%、0.01383%、0.01854%。原因在于，欧盟在征收碳关税后虽起到保护其国内产品的作用，但也减少了欧盟与其他贸易伙伴的贸易往来。欧盟在征收碳关税后导致中国出口欧盟下降而增加中国出口其他贸易伙伴。

表 6－2 三种政策情景下不同国家（地区）GDP 的变化 单位：%

国家/地区	情景 1	情景 2	情景 3
中国	0.00783	0.01383	0.01854
欧盟 27 国	－0.19019	－0.38613	－0.58071
美国	0.00218	0.00394	0.00542
英国	0.00996	0.01793	0.02448
加拿大	0.00663	0.01133	0.01481
日本	0.01114	0.02083	0.02941
韩国	0.01621	0.02936	0.04032
澳大利亚	0.00919	0.01603	0.02131
墨西哥	0.00171	0.00289	0.00371
其他	－0.01203	－0.02270	－0.03215

数据来源：根据 GTAP－E 结果整理。

（二）进出口贸易

表 6－3 和表 6－4 分别展示了三种政策情景下各个国家（地区）进出口变化的情况。通过模拟结果可以明显看出，欧盟征收碳关税后对世界不同国家（地区）的进出口贸易都产生了很大的影响，且随着碳关税强度增加，影响愈加严重。就欧盟 27 国而言，三种政策情景下进口分别下降了 0.89642%、1.68861%、2.39952%；出口分别下降了 0.13310%、0.38411%、0.69929%。就中国而言，三种政策情景下出口分别下降了 0.32660%、0.56477%、0.74446%，进口分别增长了 0.17672%、0.31203%、0.41834%。原因可能在于欧盟征收碳关税导致中国出口欧盟货物减少，同时中国与欧盟的贸易发生了贸易转移。

表 6－3 三种政策情景下不同国家（地区）进口的变化 单位：%

国家/地区	情景1	情景2	情景3
中国	0.17672	0.31203	0.41834
欧盟27国	－0.89642	－1.68861	－2.39952
美国	0.20054	0.34974	0.46431
英国	0.04758	0.06006	0.05074
加拿大	0.08236	0.14055	0.18352
日本	0.22369	0.40139	0.54659
韩国	0.13033	0.23922	0.33259
澳大利亚	0.15599	0.27372	0.36625
墨西哥	0.06666	0.11380	0.14785
其他	0.01471	0.01498	0.00729

数据来源：根据 GTAP－E 结果整理。

表 6－4 三种政策情景下不同国家（地区）出口的变化 单位：%

国家/地区	情景1	情景2	情景3
中国	－0.32660	－0.56477	－0.74446
欧盟27国	－0.13310	－0.38411	－0.69929
美国	－0.46211	－0.79611	－1.04558
英国	－0.29906	－0.52273	－0.69584
加拿大	－0.18552	－0.30821	－0.39180
日本	－0.42244	－0.73266	－0.96757
韩国	－0.15042	－0.25751	－0.33547
澳大利亚	－0.26820	－0.45942	－0.60030
墨西哥	－0.15048	－0.24836	－0.31302
其他	－0.08828	－0.14346	－0.17770

数据来源：根据 GTAP－E 结果整理。

（三）价格指数变化

通过表 6－5 可以看出，在三种政策情景下，中国价格指数分别增长了 0.00173%、0.00317%、0.00443%，而欧盟 27 国的价格指数分别增长了 0.00142%、0.00315%、0.00505%，超过世界大部分国家（地区）的价格增长幅度。这里价格指数上升主要由于欧盟征收碳关税，引致世界产品尤其含碳量较大的产品价格的大幅上升。

表 6－5　三种政策情景下不同国家（地区）价格指数的变化　　单位：%

国家/地区	情景 1	情景 2	情景 3
中国	0.00173	0.00317	0.00443
欧盟 27 国	0.00142	0.00315	0.00505
美国	0.00166	0.00303	0.00422
英国	0.00093	0.00174	0.00247
加拿大	0.00139	0.00252	0.00347
日本	0.00214	0.00393	0.00546
韩国	0.00174	0.00323	0.00455
澳大利亚	0.00150	0.00276	0.00386
墨西哥	0.00151	0.00270	0.00369
其他	0.00035	0.00065	0.00094

数据来源：根据 GTAP－E 结果整理。

（四）碳排放变化

从表 6－6 中可以清晰地看出，在三种政策情景下欧盟碳关税对不同国家（地区）的碳排放的变化情况。就欧盟 27 国而言，欧盟征收碳关税后碳排放显著降低，尤其是碳税越高，碳排放降低越显著。三种政策情景下分别减少 9.45842%、15.77834%、20.62077%。就中国而言，三种政策情景下碳排放分别增加了 0.03116%、0.06158%、0.09126%。而对其他经济体的影响也如此。

表 6－6　三种政策情景下不同国家（地区）碳排放的变化　　单位：%

国家/地区	情景 1	情景 2	情景 3
中国	0.03116	0.06158	0.09126
欧盟 27 国	－9.45842	－15.77834	－20.62077
美国	0.09308	0.17184	0.24000
英国	0.20276	0.37192	0.51751
加拿大	0.04043	0.07731	0.11205
日本	0.16835	0.31604	0.44700
韩国	0.15366	0.28840	0.40801

续表

国家/地区	情景 1	情景 2	情景 3
澳大利亚	0.06094	0.12042	0.17743
墨西哥	0.06692	0.12974	0.18910
其他	0.25037	0.47067	0.67001

数据来源：根据 GTAP－E 结果整理。

整体而言，欧盟 CBAM 的实施对其自身经济发展造成不利的影响，同时也会对世界其他国家（地区）造成一定影响，尤其是与欧盟经济贸易往来密切的国家（地区）。而碳边境调节机制的实施的确会降低欧盟的碳排放，但增加了其他国家（地区）的碳排放，形成了碳泄漏情况。

本章首先介绍了 GTAP－E 模型的基本概况及应用背景；其次，梳理了 GTAP 模型及 GTAP－E 模型的应用研究；再次，详细介绍了 GTAP－E 模型的基本结构；最后，给出了 GTAP－E 的实际应用案例。GTAP－E 模型作为 GTAP 模型的能源扩展模型，更加适用于评估能源结构调整、环境政策评估、能源结构转型、能源技术创新等相关问题的研究。

第一，能源安全分析。能源安全问题也是当前各界关注的重点话题，GTAP－E 模型可以用于评估不同国家（地区）的能源供应安全性，并分析供应中断对国际贸易和全球能源市场的潜在影响。

第二，能源政策评估。GTAP－E 模型可用于评估碳定价、能源补贴、能源效率改进等不同能源政策对国际能源贸易、国际能源价格和全球能源供应的影响效应。这将有助于政府和国际组织制定更加可持续的能源政策。

第三，环境政策评估。研究人员可以使用 GTAP－E 模型来分析碳排放限制、污染控制政策等环境政策对全球贸易格局、产业结构和环境质量的影响。这有助于及时了解评估环境政策实施可能带来的环境效应。

第四，气候变化政策研究。学者也可以利用 GTAP－E 模型来研究应对气候变化的政策，如减少温室气体排放、增加可再生能源使用等对全球经济和能源市场的影响。

第五，技术创新和能源转型研究。GTAP－E 模型可以帮助我们系统评估新能源技术的推广和能源系统的转型对全球产业和贸易格局的影响，以及如何促进对可持续能源的采用。

第六，贸易政策评估。GTAP－E 模型可用于评估能源贸易政策变化（如关税、贸易壁垒、贸易协定等）对国际能源贸易和全球能源产业的影响。这对国际贸易谈判和政策制定至关重要。

总体来讲，学术界运用 GTAP－E 模型评估碳税、碳关税及其他环境政策的经济效应。GTAP－E 模型在能源、环境和贸易政策领域的应用非常广泛，可以帮助政府、国际组织和研究机构更好地理解各种政策措施对全球经济和贸易体系的影响，从而更加有效地制定政策和规划未来发展方向。GTAP－E 模型自 2002 年开发以来经历了 20 多年的发展与完善，但 GTAP－E 模型在模拟运行方面仍存在一些不完备之处，如模型中不存在非二氧化碳排放模块，在模拟非二氧化碳排放的影响时仍具有局限性等。后续研究可以继续改进、优化 GTAP－E 模型的设定，使模型设定更加贴近真实世界，以确保模型模拟得更加精确。

本章参考文献

[1] Antimiani A，Costantini V，Martini C，et al. The GTAP－E：Model description and improvements [M]. Berlin：Springer，2012.

[2] Avetisyan M. Impacts of global carbon pricing on international trade，modal choice and emissions from international transport [J]. Energy Economics，2018 (76)：532－548.

[3] Beck U R，Kruse－Andersen P K，Stewart L B. Carbon leakage in a small open economy：The importance of international climate policies [J]. Energy Economics，2023 (117)：406－447.

[4] Burfisher M E. Introduction to computable general equilibrium models [M]. Cambridge：Cambridge University Press，2021.

[5] Burniaux J M，Truong T P. GTAP－E：An energy－environmental version of the GTAP model [J]. GTAP Technical Papers，2002：18.

[6] Choi Y，Kim H，Lee Y. Economic consequences of the COVID－19 pandemic：will it be a barrier to achieving sustainability? [J]. Sustainability，2022，14 (3)：16－29.

[7] Clora F，Yu W，Corong E. Alternative carbon border adjustment mechanisms in the European Union and international responses：Aggregate and within－coalition results [J]. Energy Policy，2023 (174)：413－454.

[8] Drake D F. Carbon tariffs：Effects in settings with technology choice and foreign production

cost advantage [J]. Manufacturing & Service Operations Management, 2018, 20 (4): 667 - 686.

[9] Dxion PB, Parmenter B R, Sutton J, et al. ORANI: A multisectoral model of the Australian economy [J]. Economic Modelling, 1982 (142): 356 - 372.

[10] Fan J L, Dong Y, Zhang X. How does "the Belt and Road" and the Sino - US trade conflict affect global and Chinese CO_2 emissions? [J]. Environmental Science and Pollution Research, 2020 (27): 38715 - 38731.

[11] Fischer C, Fox A K. Comparing policies to combat emissions leakage: Border carbon adjustments versus rebates [J]. Journal of Environmental Economics and Management, 2012, 64 (2): 199 - 216.

[12] Hertel T. Global Frade Aralysis: Modelling and Applications [M]. Cambridge: Cambridge University Press, 1997.

[13] Hübler M. Can carbon based import tariffs effectively reduce carbon emissions? [R]. Kiel Working Paper, 2009.

[14] Larch M, Wanner J. Carbon tariffs: An analysis of the trade, welfare, and emission effects [J]. Journal of International Economics, 2017 (109): 195 - 213.

[15] Magacho G, Espagne E, Godin A. Impacts of the CBAM on EU trade partners: Consequences for developing countries [J]. Climate Policy, 2023, 24 (2): 243 - 259.

[16] McDougall R, Golub A. GTAP - E: A revised energy - environmental version of the GTAP model [J]. GTAP Research Memorandum, 2007: 1 - 61.

[17] Mckibbin W J, Fernando R. The Global Macroeconomic Impacts of COVID - 19: Seven Secenarios [R]. CAMA Working Paper, 2020: 19.

[18] Mörsdorf G. A simple fix for carbon leakage? Assessing the environmental effectiveness of the EU carbon border adjustment [J]. Energy Policy, 2022 (161): 512 - 596.

[19] Narayanan B, Villafuerte J. Estimating the economic impact of COVID - 19: a supply side analysis [J]. 2020.

[20] Nijkamp P, Wang S, Kremers H. Modeling the impacts of international climate change policies in a CGE context: The use of the GTAP - E model [J]. Economic Modelling, 2005, 22 (6): 955 - 974.

[21] Nong D, Siriwardana M. Potential impacts of the emissions reduction fund on the Australian economy [J]. Energy Economics, 2018 (74): 387 - 398.

[22] Peters J C. GTAP - E - Power: An electricity - detailed economy - wide model [J]. Journal of Global Economic Analysis, 2016, 1 (2): 156 - 187.

［23］ Peterson E B, Lee H L. Implications of incorporating domestic margins into analyses of energy taxation and climate change policies ［J］. Economic Modelling, 2009, 26（2）: 370－378.

［24］ Peterson E B, Schleich J. Economic and environmental effects of border tax adjustments ［R］. Working Paper Sustainability and Innovation, 2007.

［25］ Siriwardana M, Nong D. Nationally Determined Contributions （NDCs） to decarbonise the world: A transitional impact evaluation ［J］. Energy Economics, 2021（97）: 105－184.

［26］ Tsigas M E. Structure of GTAP ［C］// Hertel T W. Global Trade Analysis: Modeling and Applications ［M］. New York: Cambridge University Press, 1997.

［27］ Vennemo H, Aunan K, et al. Benefits and costs to China of three different climate treaties ［J］. Resource and Energy Economics, 2009, 31（3）: 139－160.

［28］ Wu L, Zhou Y, Qian H. Global actions under the Paris agreement: Tracing the carbon leakage flow and pursuing countermeasures ［J］. Energy Economics, 2022（106）: 795－804.

［29］ Zhang Z, Chen W. Embodied carbon transfer between China and the Belt and Road Initiative countries ［J］. Journal of Cleaner Production, 2022（378）: 534－569.

［30］ Zhong J, Pei J. Beggar thy neighbor? On the competitiveness and welfare impacts of the EU's proposed carbon border adjustment mechanism ［J］. Energy Policy, 2022（162）: 112802.

［31］ 陈红蕾，纪远营．美国征收碳关税对中美贸易的经济效应影响研究——基于 GTAP 模型的实证分析［J］．经济与管理评论，2015，31（3）：53－59.

［32］ 崔连标，朱磊，范英．碳关税背景下中国主动减排策略可行性分析［J］．管理科学，2013，26（1）：101－111.

［33］ 丁纯，曹雪琳．欧盟碳边境调节机制对中国贸易的影响：基于动态递归 GTAP－E 模型的模拟分析［J］．世界经济研究，2024（2）：18－33，135.

［34］ 杜运苏，刘艳平，金山．CPTPP 对全球制造业分工格局的影响——基于总值和增加值贸易双重视角［J］．国际经贸探索，2020，36（11）：67－81.

［35］ 郭际，齐梦龙，吴先华．中欧班列战略通道对沿线典型国家经济的影响研究［J］．中国软科学，2023（8）：11－19.

［36］ 郭晴，帅传敏，帅竞．碳关税对世界经济和农产品贸易的影响研究［J］．数量经济技术经济研究，2014，31（10）：97－109.

［37］ 韩晶，朱伟林．碳税对国际资本流动的影响及其机制分析——基于 GTAP 模型的模拟分析［J］．国际商务（对外经济贸易大学学报），2022（6）：121－136.

[38] 侯升平．碳关税对中国塑胶行业出口贸易的影响——基于 GTAP 模拟的研究 [J]. 山东社会科学，2019（11）：134－139.

[39] 胡冰川，徐枫，董晓霞．国际农产品价格波动因素分析——基于时间序列的经济计量模型 [J]. 中国农村经济，2009（7）：86－95.

[40] 胡继立，柳敬园，陈润凡．欧盟碳边境调节机制设计的环境有效性研究 [J]. 欧洲研究，2023，41（3）：8，135－153.

[41] 黄庆波，王孟孟，薛金燕，等．碳关税对中国制造业出口结构和社会福利影响的实证研究 [J]. 中国人口·资源与环境，2014，24（3）：5－12.

[42] 姜婷婷，徐海燕．欧盟碳边境调节机制的性质、影响及我国的应对举措 [J]. 国际贸易，2021（9）：38－44.

[43] 兰天，张建国，海鹏．ACESA 背景下中国工业品贸易被动碳关税与主动碳税选择研究：基于 GTAP 模型的实证分析 [J]. 软科学，2018（8）：82－85.

[44] 李月，黄柯达，郑晓雪．RCEP 背景下中国内地对台湾地区贸易壁垒调查的潜在经济冲击研究 [J]. 厦门大学学报（哲学社会科学版），2024（4）：77－89.

[45] 李善同，段志刚，胡枫，等．政策建模技术：CGE 模型的理论与实现 [M]. 北京：清华大学出版社，2009.

[46] 刘斌，刘颖．区域全面经济伙伴关系协定对中日经贸关系影响探究 [J]. 北京大学学报（哲学社会科学版），2021，58（3）：120－128.

[47] 刘斌，赵飞．欧盟碳边境调节机制对中国出口的影响与对策建议 [J]. 清华大学学报（哲学社会科学版），2021，36（6）：185－194，210.

[48] 刘宇，吕郢康，全水萍．“一带一路”战略下贸易便利化的经济影响——以中哈贸易为例的 GTAP 模型研究 [J]. 经济评论，2016（6）：70－83.

[49] 鲁传一，陈文颖．中国提前碳达峰情景及其宏观经济影响 [J]. 环境经济研究，2021（1）：10－30，200.

[50] 栾昊，杨军．美国征收碳关税对中国碳减排和经济的影响 [J]. 中国人口·资源与环境，2014，24（1）：70－77.

[51] 罗必雄，顾阿伦，陈向东，等．欧盟碳边境调节机制与国际产业格局：基于全球可计算一般均衡模型的影响评估 [J]. 清华大学学报（自然科学版），2024（8）：1492－1501.

[52] 孟凡鑫，李芬，刘晓曼，等．中国“一带一路”节点城市 CO_2 排放特征分析 [J]. 中国人口·资源与环境，2019，29（1）：32－39.

[53] 孟猛，郑昭阳．环境保护抑或贸易保护：发达国家征收碳关税对中国的经济影响分析 [J]. 经济体制改革，2024（3）：159－165.

［54］彭水军，余丽丽．几种减排方案对宏观经济及碳排放的影响——基于贸易自由化背景的模拟分析［J］．厦门大学学报（哲学社会科学版），2017（1）：1－12.

［55］沈智扬，白凯璇，陈雪丽．“一带一路”沿线国家碳排放影子价格与减排潜力［J］．国外社会科学，2022（1）：133－143，199.

［56］石敏俊，美丽古丽，黄文，等．丝绸之路经济带背景下上海合作组织国家贸易自由化的经济效应——基于 GTAP 模型的政策模拟分析［J］．管理评论，2018，30（2）：3－12.

［57］帅传敏，张钰坤．中国消费者低碳产品支付意愿的差异分析——基于碳标签的情景实验数据［J］．中国软科学，2013（7）：61－70.

［58］孙嘉泽，李慧娟，杨军．新冠肺炎疫情对全球宏观经济和价值链结构的影响［J］．财经问题研究，2022（1）：52－62.

［59］汤碧，李妙晨．后疫情时代我国大豆进口稳定性及产业发展研究［J］．农业经济问题，2022（10）：123－132.

［60］屠新泉，金兴雪，秦若冰．欧盟碳边境调节机制及贸易影响分析［J］．东南学术，2023（5）：67－76.

［61］王连芬，梁筠怡，陈湘杰，等．国际贸易中“一带一路”国家需求对中国的经济环境影响［J］．系统工程理论与实践，2023，43（5）：1249－1266.

［62］王谋，吉治璇，康文梅，等．欧盟“碳边境调节机制”要点、影响及应对［J］．中国人口·资源与环境，2021，31（12）：45－52.

［63］王鑫静，程钰，丁立，等．“一带一路”沿线国家科技创新对碳排放效率的影响机制研究［J］．软科学，2019，33（6）：72－78.

［64］魏景赋，高丽娜．中日韩自贸区贸易效应研究——基于 GTAP 模型的假设分析［J］．东北亚经济研究，2020（6）：55－68.

［65］魏景赋，阴艺轩．RCEP 对区域经济一体化水平的影响研究——基于贸易壁垒削减的 GTAP 模拟预测［J］．西安交通大学学报（社会科学版），2023，43（2）：29－40.

［66］魏玮，文长存，崔琦，等．农业技术进步对农业能源使用与碳排放的影响——基于 GTAP－E 模型分析［J］．农业技术经济，2018（2）：30－40.

［67］肖京，张洁．碳关税的国际现状与我国的应对之策［J］．中国石油大学学报（社会科学版），2023，39（4）：12－21.

［68］肖雨彤，陈军，肖建忠．中国与“一带一路”国家能源合作的经济效应研究［J］．云南财经大学学报，2023，39（7）：16－27.

［69］徐林清，蒋邵梅．贸易协定的对冲效应——基于 GTAP 模型的 RCEP 和 CPTPP 对比研究［J］．亚太经济，2021（6）：52－59.

[70] 许明. RCEP 生效的出口贸易红利及美欧征收碳关税的应对 [J]. 亚太经济，2022 (4)：54 – 61.
[71] 杨宏恩，焦永香，陈冉，等. “中日韩 + 传染病防治”合作对区域发展的潜在价值——基于 GTAP 模型的政策模拟分析 [J]. 中国软科学，2022 (5)：147 – 158.
[72] 杨振山，魏嘉男. “双循环”背景下中国疫情经济影响及政策评估——基于全球贸易模型分析 [J]. 中国软科学，2023 (4)：11 – 19.
[73] 尹伟华. 不同减排政策下碳税征收的影响及政策选择——基于碳达峰、碳中和目标的分析 [J]. 广东财经大学学报，2021，36 (5)：16 – 26.
[74] 余娟娟，余东升，张辉. “一带一路”倡议对沿线国家碳排放的影响 [J]. 中国人口·资源与环境，2023，33 (5)：75 – 84.
[75] 余丽丽，彭水军. 贸易自由化对中国碳排放影响的评估和预测——基于 GTAP – MRIO 模型和 GTAP – E 模型的实证研究 [J]. 国际贸易问题，2017 (8)：121 – 130.
[76] 岳立，杨玉春. “一带一路”沿线国家绿色全要素能源效率的时空分异研究——基于超效率 DEA 模型和 GML 指数法 [J]. 经济问题探索，2019 (6)：111 – 119.
[77] 张晓静，涂佳佳. RCEP 生效与中日韩敏感产业合作 [J]. 东北亚经济研究，2023，7 (2)：34 – 47.
[78] 张友国，郑世林. 征税标准与碳关税对中国经济和碳排放的潜在影响 [J]. 世界经济，2015 (2)：167 – 192.
[79] 赵玉焕，范静文，易瑾超. 中国—欧盟碳泄漏问题实证研究 [J]. 中国人口·资源与环境，2011，21 (8)：113 – 117.
[80] 周玲玲，张恪渝. 特朗普税改对中美价值链重构的影响 [J]. 财贸经济，2019，40 (11)：20 – 34.
[81] 周玲玲，张恪渝. 新冠肺炎疫情对中国参与全球价值链的影响研究 [J]. 工业技术经济，2021，40 (9)：31 – 38.
[82] 朱启荣，孙明松，杨伟东. 新冠肺炎疫情对我国经济影响的评估：基于 GTAP 模型的实证 [J]. 统计与决策，2020 (21)：91 – 96.

本章附录 1：GTAP－E 模型的操作运行

GTAP－E 模型代码有 GEMPACK 版本与 GAMS 版本，我们可以根据各自的习惯进行选择。GTAP－E 模型的 GEMPACK 版本又分为界面操作（RunGTAP）与代码运行两种。这里简单介绍界面操作的相关步骤。

1. 启动 RunGTAP

启动 RunGTAP 要查看 RunGTAP 的运行情况，请双击桌面上的 RunGTAP 图标。您将看到以下显示：

RunGTAP：

File　Copy　View　Version　Tools　Help

Title　RunGTAP　Version　Closure　Shocks　Solve

2. 版本更改 Version | Change

在 RunGTAP 的主菜单中 Version | Change是更改模型版本的含义，点击 Version 后可以看到下拉菜单 Change，在此可以进行模型版本的选择与更替。

3. 查看 View | TAB files | Main Model

这里的主模型“Main Model”是出现在“标签文件”旁边的几个菜单选项中的第一个。单击“选项卡文件”后，您需要将鼠标向右滑动，并在突出显示“主模型”后松开鼠标按钮。

4. 返回到 RunGTAP Edit Search Help

现在通过单击编辑器菜单中的 Back to RunGTAP 返回到 RunGTAP。

5. 模拟冲击 Shock

在 Shock 中选择要冲击的变量及冲击幅度即可。

6. 模型运行 Solve

设定好冲击后，直接单击 Solve 便可进行模型求解。

7. 结果查看

等待模型运行完毕，可以直接查看结果。

以上是使用 RunGTAP 进行模拟冲击的简单步骤，仅供参考。

本章附录 2：碳关税等值换算过程

由于在标准的 GTAP－E 模型中未设置碳关税变量，同时可以将碳关税视为额外征收的进口关税。在实际问题中如果需要将碳关税引入 GTAP－E 模型，则需将其等值换算为进口关税（碳关税的从价税税率），即在计算各区域向欧盟出口产品所含的隐含碳排放基础上，将从量征收的碳关税税率转换成碳关税的从价征收的碳关税税率。碳关税等值换算过程如下：

第一步，计算直接碳排放强度。各行业直接碳排放强度由 GTAP－E 数据库中二氧化碳基础数据中各个产业使用国内能源产品和进口能源产品排放的二氧化碳加总而成，行业部门的总产出则由 GTAP－E 数据库基础数据提供。

第二步，计算欧盟各行业的完全需求矩阵。根据汇总后的数据库中基础数据库提供的各行业直接消耗系数矩阵 A，以及投入产出基本原理，$B=(I-A)^{-1}$，运用 Matlab 软件进行数据处理，得到不同国家不同行业的完全需求矩阵。其中 A 是欧盟本国生产的直接消耗系数矩阵，结合各部门的直接排放强度 e_i 可得出各部门产品的隐含碳排放 c_j：

$$c_j = \sum_{i=1}^{n} e_i b_{ij} \tag{1}$$

在碳关税的税率转化上，假定碳关税征收标准为 30 美元/吨，在 GTAP－E 模型中中国出口美国产品的到岸价格为 $VCIF_j$，则欧盟对商品 j 征收碳关税的总额为 $x \cdot VCIF_j \cdot C_j$。在 GTAP－E 模型中进口关税冲击的引入通过 $VPM_j = VCIF_j \cdot tms_j$，其中 tms_j 为中国产品 j 面临的美国征收的进口关税强度；VPM_j 为中国出口产品 j 进入美国的市场价格（包含进口关税），关税强度等于中国出口产品进入美国的市场价值与出口产品到岸价之比。改变关税强度使关税多征收的部分等于碳关税总额，可得：

$$VCIF_j \cdot tms_j \cdot t\hat{m}s_j = x \cdot VCIF_j \cdot C_j \tag{2}$$

式中，$t\hat{m}s_j$ 为关税强度 tms_j 的变化百分比，式（2）则表示征收碳关税后，关税增加的部分需要等于碳关税的总额。化简式（2）得出碳关税的税率转化方式：

$$t\hat{m}s_j = \frac{x \cdot VCIF_j \cdot C_j}{VPM_j} \tag{3}$$

GTAP－E 数据库提供了 $VCIF_j$ 和 VPM_j 的相关数据，文中通过测算部门产品的隐含碳排放 C_j，就可以根据式（3）得到相应碳关税的进口关税等值（$t\hat{m}s_j$）。

基于 GTAP－E 第 10 版数据库提供的碳排放量（P）、总产出（X）、中间投入产出矩阵（A）、出口产品的到岸价值（$VCIF$）、出口产品入境后的市场价值（VPM）等相关数据，则根据公式可推算出相应的中国、欧盟、美国、英国、加拿大等国家（地区）进口产品的碳关税等值税率。

第七章　环境健康效应经济损失模型及应用

第一节　环境健康效应经济损失模型介绍

一、环境健康效应经济损失概论

（一）环境污染对公众健康效应的影响

环境污染对公众健康产生广泛而深远的影响。环境污染主要分为空气污染、水污染、土壤污染、噪声污染和固体废物污染等多个方面，对公众健康的影响主要有以下几个方面。

（1）空气污染对公众健康的影响表现在呼吸系统问题、心血管系统问题、提高早逝风险等。首先，空气中存在的有害颗粒物和化学物质，如颗粒物、挥发性有机化合物、氮氧化物和臭氧等，容易引发呼吸系统疾病，如哮喘、慢性阻塞性肺疾病等。其次，空气污染与心血管疾病（如心脏病、脑卒中等）的关联性增加，可能加剧高血压、动脉硬化等问题。同时，空气污染还增加了癌症的患病风险，提高了死亡风险。

（2）水污染对公众健康的危害包括导致传染病暴发和慢性中毒等。首先，水中存在的有害化学物质和微生物污染可能导致传染病的暴发，如肠胃感染、腹泻和肝炎等，从而威胁公众健康。其次，饮用受污染水源可能引入有毒金属（如铅、汞等）和有机污染物（如农药残留等），从而引发慢性中毒。

（3）土壤污染对公众健康存在危害。第一，土壤污染会引发食物污染问题，受污染的土壤可能使农作物和植物吸收有毒物质，进而进入食物链，影响食品的安全性，增加人们摄入有害物质的风险。第二，与受污染土壤直接接触，尤其与有毒物质直接接触，还可能导致皮肤问题和呼吸系统疾病等健康问题。第三，受污染的土壤中的有害物质可能通过渗透进入地下水，污染地下水资源，危及人类饮水安全。

（4）噪声污染对公众健康造成负面影响。第一，持续或高强度的噪声污染可能引发听力损伤，甚至导致耳聋。第二，噪声污染还干扰睡眠，影响生物节律，进而影响免疫系统和代谢功能。第三，长期处于噪声环境中可能诱发焦虑、抑郁等心理健康问题，对个体的精神健康构成威胁。

（5）固体废物对健康的潜在威胁有四个方面的表现。首先，不适当地处理医疗废弃物和生物性废弃物可能导致传染病的传播。其次，废物堆置中的有害成分可能会污染土壤。再次，固体废物会通过降水或地表径流进入河流和湖泊，导致水体的污染。最后，一些有机固体废物在适宜温度下被微生物分解，会释放出有害气体。在其运输和处理过程中，也可能产生有害气体和粉尘，从而对公众健康构成潜在威胁。

综上所述，环境污染会对公众健康产生多方面的负面影响。因此，加强环境保护、减少污染源、改善环境质量，是确保公众健康和福祉的重要措施。本章主要讨论大气污染物 $PM_{2.5}$污染对公众健康的影响。

（二）$PM_{2.5}$污染对公众健康效应的影响

1. $PM_{2.5}$的来源和组成成分

$PM_{2.5}$又称细颗粒物，是指大气中的悬浮颗粒物中直径小于等于 2.5 微米的微小颗粒物。这些颗粒物是空气污染中的重要组成部分，由于其尺寸极小，能够悬浮在空气中较长时间，也能深入到人体的呼吸道和肺部，对公众健康和环境造成严重影响。$PM_{2.5}$主要有自然来源和人为来源两种途径。

（1）自然来源和人为来源

自然生成的 $PM_{2.5}$污染源包括地表风扬尘土、火山灰、森林火灾、漂浮的海盐、花粉、真菌孢子、细菌等。在自然界中，风沙现象可细分为浮尘、扬沙、沙尘暴和强沙尘暴。尽管我国是沙尘危害相对严重的国家，但考虑到沙尘暴中 $PM_{2.5}$的粒径较大，其对公众健康的危害较为有限。

人为产生的 $PM_{2.5}$主要来自人类的生产和生活活动。这些污染源主要包括交通污染源消费石油等产生大量的 $PM_{2.5}$，如机动交通工具（如车辆、火车等）；工业污染源燃烧煤炭和石油，其中包括各类工业过程，如钢铁、有色金属、水泥以及石油化工等。这些活动所排放的 $PM_{2.5}$中含有大量有害物质，如有机物、化学物质以及重金属等；此外，生活污染源也在 $PM_{2.5}$的生成中占据重要地位，包括煤炭、木材、石油液化气以及天然气的燃烧，尤其在采暖季节和城市建设过程中。造成公众健康问题的 $PM_{2.5}$主要由人类生产和生活活动产生。

综上所述，大气中的 $PM_{2.5}$来源分为自然生成和人为产生两大类。自然生成的 $PM_{2.5}$主要来源于地球表面和自然现象，而人为排放的 $PM_{2.5}$主要来自人类的交通、工业和生活等。这些源头的差异直接影响了 $PM_{2.5}$的成分和特性。

（2）组成成分

$PM_{2.5}$并非单一的化学实体，而是由多种化学物质组成的复杂混合物。主要组分由空气中的有机成分和无机成分在炭核上的吸附所形成。$PM_{2.5}$内含有大量的成分，其中包括离子、金属元素、多环芳烃（PAHs）等，涵盖数十种甚至上百种有机物质和无机物质。$PM_{2.5}$的毒性与其化学成分紧密相关，因此不同成分的 $PM_{2.5}$毒性存在显著差异。

①离子成分：$PM_{2.5}$中富含多种阴离子和阳离子，主要包括氟离子、氯离子、硝酸盐离子、碳酸盐离子、钠离子、氨离子、钾离子、钙离子和镁离子等。一般而言，在 $PM_{2.5}$中的离子成分中，硫酸盐离子、硝酸盐离子和氨离子这三种离子占较大比例，分别为 47.4%、28.3%和 17.6%。此外，钾离子占2.1%、钠离子占 1.6%、钙离子占 1.4%、碳酸盐离子占 0.7%、镁离子占0.3%、氟离子占 0.1%。

②金属元素成分：$PM_{2.5}$颗粒物中的金属元素成分广泛，涵盖了自然界众多元素。主要的金属元素包括铝、钙、镁、钾和钠等，这些元素通常源自土壤和大气中的气溶胶。此外，还含有钡、铁、镉、镍、钛、铅、溴、铬、铜、锰、硒、锌和钒等重金属元素。这些金属元素的存在是因为人类活动，如工业排放、交通尾气以及燃煤等，使这些元素进入大气中并附着在颗粒物上。

③有机成分：$PM_{2.5}$的有机成分主要指的是吸附或沉积在颗粒物上的有机物，包括有机碳以及一些 PAHs，其中部分 PAHs 物质具有强烈的致癌、致畸和致突变毒性。具体而言，$PM_{2.5}$中的有机成分涵盖碳氢化合物、脂肪酸、含氮有机物、含氧有机物、含硫有机物、有机金属化合物、有机卤素以及一些生物性物质（如细菌、病毒等病原微生物）等。

④$PM_{2.5}$中的元素碳和有机碳具有不同的来源和性质。元素碳（Elemental Carbon，EC）源自化石燃料和生物质含碳燃料的不完全燃烧，是一种污染源

的追踪物。在冬季采用煤炭取暖的地区，颗粒物中 EC 的浓度较高。而有机碳（Organic Carbon，OC）则涵盖了直接污染源排放的一次有机碳化合物和经由光化学反应等途径生成的二次有机碳化合物。通过测量 OC/EC 的比值，可以评价颗粒物的转化过程。如果 EC 和 OC 来自相同的源头，那么在该地区，污染源排放的一次 OC/EC 比值是固定的。当实测值超过这一固定比值时，多余的 OC 就是由二次转化产生的。因此，在一般情况下，较大的 OC/EC 值表示该地区的二次过程更加活跃，光化学作用的时间更长，二次污染程度更为严重。

2. 开展 $PM_{2.5}$污染与公众健康研究的意义

2022 年全国地级以上城市的 $PM_{2.5}$浓度年均值达到 29 微克/立方米，距世界卫生组织指定的 $PM_{2.5}$参考值 5 微克/立方米差距较大，$PM_{2.5}$污染依然对公众健康存在很多危害。因此，开展 $PM_{2.5}$污染与公众健康研究具有重要的科学意义、健康意义、社会意义和政策意义。

（1）科学意义

$PM_{2.5}$污染与公众健康研究对于了解环境污染与公众健康之间的关系，揭示污染物对人体公众健康的影响机制具有重要的科学意义。通过分析 $PM_{2.5}$的组分、来源、浓度等，可以确定主要的有害成分和污染源，为制定有针对性的环境保护和公众健康政策提供科学依据。此外，研究还可以揭示不同人群、不同年龄段和不同地理区域对 $PM_{2.5}$的敏感性差异，为更精准的公众健康风险评估提供支持。

（2）健康意义

$PM_{2.5}$污染与公众健康研究是保护公众健康的基础。细小颗粒物能够直接进入人体呼吸道和肺部，其特殊的生物学特性使其能够携带有毒物质深入人体，对多个器官产生危害。研究已经发现，长期接触高浓度的 $PM_{2.5}$与多种严重的公众健康问题相关，包括哮喘、慢性阻塞性肺疾病等呼吸系统疾病，心脏病、脑卒中等心血管疾病，癌症和早逝等。科学研究的成果可以为政府制定公众健康政策、制定环保法规提供有力支持，从而保护人们的身体健康。

（3）社会意义

$PM_{2.5}$污染与公众健康研究关乎整个社会的福祉。由环境污染带来的公众健康问题不仅影响个人和家庭，还导致医疗资源的浪费和社会经济负担的增加。大规模的公众健康问题可能导致劳动力减少，工作效率下降，甚至影响国家整体的经济增长。研究 $PM_{2.5}$与公众健康的关系可以为政府决策提供科学依据，推动环境保护政策的制定和实施，降低公众健康风险，维护社会稳定。

（4）政策意义

$PM_{2.5}$污染与公众健康研究为制定环境政策提供了重要的科学支持。可以通过模型预测不同政策措施对 $PM_{2.5}$浓度和公众健康效应的影响，为政府决策者提供科学依据，促使政府更加重视环境保护，制定更为切实可行的措施。此外，研究结果还可以监测环境改善措施的效果，为政策的调整和优化提供反馈。

3. $PM_{2.5}$污染对公众健康的危害

$PM_{2.5}$污染对公众健康造成的危害非常严重，影响涉及呼吸系统、心血管系统、免疫系统等。

（1）呼吸系统影响

①呼吸道刺激增加：$PM_{2.5}$中的有害化学物质和颗粒物能够刺激呼吸道黏膜，导致喉咙痛、咳嗽、咳痰等不适症状。②呼吸系统疾病增加：长期暴露于高浓度的 $PM_{2.5}$可能导致呼吸系统疾病，如哮喘、慢性阻塞性肺疾病等。$PM_{2.5}$中的细小颗粒物可以进入肺部深处，对肺组织造成损伤，加重疾病进程。

（2）心血管系统影响

①心脏病风险增加：高浓度的 $PM_{2.5}$与心血管疾病（如心脏病和脑卒中等）的关联性增加。$PM_{2.5}$可能通过炎症反应、自由基产生等机制影响心血管系统，导致血压升高、心律失常等问题。②心血管死亡风险升高：长期暴露于高浓度 $PM_{2.5}$的人群面临心血管死亡增加的风险。

（3）免疫系统影响

①免疫抑制降低：$PM_{2.5}$的有害物质可能干扰免疫系统的正常功能，导致免疫抑制，使人体更容易感染。②过敏和气喘增加：$PM_{2.5}$可能增加过敏反应和气喘症状的风险，尤其是儿童和易感人群。

（4）癌症风险增加

$PM_{2.5}$中含有的一些物质，如 PAHs、重金属等，被认为是潜在的致癌物质。长期暴露于这些物质中可能增加癌症风险，尤其是肺癌。

（5）早逝和寿命缩短

生命威胁增加：长期暴露于高浓度 $PM_{2.5}$的人群，尤其是老年人和患有慢性疾病的人，面临早逝风险增加的威胁。$PM_{2.5}$对心血管系统、呼吸系统和整体健康的影响可能导致寿命缩短。

（6）儿童和老年人易感性增加

对儿童健康的影响。儿童的呼吸系统和免疫系统发育尚未完全成熟，因此更容易受到$PM_{2.5}$的影响。暴露于高浓度$PM_{2.5}$可能导致儿童呼吸问题、免疫问题甚至发育问题。对老年人健康的影响。老年人的生理功能逐渐下降，对环境变化的适应能力较弱，因此更容易受到$PM_{2.5}$的影响，增加呼吸系统和心血管系统疾病的风险。

综上所述，$PM_{2.5}$污染对公众健康的危害是多方面的，涉及多个器官系统，尤其会对呼吸系统和心血管系统造成严重影响。为了保护公众健康，减少$PM_{2.5}$污染对公众健康的不利影响，必须采取积极的环境保护措施，减少污染源的排放，改善大气质量。

4. $PM_{2.5}$污染对公众健康影响的作用机制

（1）$PM_{2.5}$与呼吸系统疾病

$PM_{2.5}$影响呼吸系统疾病的作用机制涉及多个方面，包括直接的生物学效应和间接的炎症反应等。以下是常见的作用机制。

①直接毒性作用：$PM_{2.5}$中的微小颗粒物具有很强的渗透性，能够深入呼吸道和肺部细胞中。其中可能含有有害化学物质、金属元素等，这些物质能够直接对细胞和组织造成损伤。通过氧化应激和细胞损伤，$PM_{2.5}$可能导致细胞膜的破坏、细胞凋亡（死亡）等，进而影响呼吸系统的正常功能。

②炎症反应：$PM_{2.5}$中的颗粒物和有害物质可以刺激呼吸道黏膜和肺部组织，引发炎症反应。炎症反应可能导致局部的组织肿胀、充血，释放炎症介质如细胞因子、白细胞趋化因子等。这些炎症介质进一步引发细胞损伤、细胞凋亡、纤维化等，加剧呼吸系统疾病的发展。

③自由基产生：$PM_{2.5}$中的颗粒物和化学物质可能通过氧化还原反应产生活性氧自由基，进而导致氧化应激。自由基能够损伤细胞膜、蛋白质和核酸等生物分子，引发细胞损伤和炎症反应，影响呼吸系统的正常功能。

④免疫系统影响：暴露于高浓度$PM_{2.5}$可能影响免疫系统的正常功能。$PM_{2.5}$可能干扰免疫细胞的活性和功能，导致免疫功能下降，使人体更容易感染。此外，免疫系统异常也可能导致自身免疫性呼吸系统疾病的发生，如自身免疫性肺部疾病。

⑤神经内分泌系统影响：$PM_{2.5}$的有害物质可能影响神经内分泌系统的平衡，进而影响呼吸系统的调节。这可能包括激活炎症反应、影响神经传导、调节免疫功能等，从而导致呼吸系统疾病的发展。

⑥空气道屏障被破坏：$PM_{2.5}$可以损伤肺泡和气道上皮细胞，破坏空气道的防护屏障。这会使呼吸道更容易受到病原体、有害物质的侵袭，增加呼吸系统感染的风险。

（2）$PM_{2.5}$与心血管系统疾病

$PM_{2.5}$对心血管系统疾病的影响涉及多个复杂的生物学和生理学机制，包括直接损害、炎症反应、氧化应激、自律神经调节等。以下是$PM_{2.5}$影响心血管系统疾病的主要作用机制。

①炎症反应：$PM_{2.5}$中的颗粒物和有害物质可以引发全身性炎症反应，尤其是血管内膜炎症。这可能导致血管内皮细胞的损伤和功能紊乱，加剧动脉粥样硬化的发展。炎症反应也会引发白细胞黏附和血小板聚集，促进血管病变的形成。

②氧化应激：$PM_{2.5}$中的颗粒物和化学物质可能通过氧化还原反应产生活性氧自由基，导致氧化应激。自由基能够损伤细胞膜、蛋白质和核酸等生物分子，引发细胞损伤和炎症反应。氧化应激可能影响血管内皮功能、促进动脉粥样硬化的进展。

③血小板活化和凝血功能：$PM_{2.5}$的暴露可能导致血小板活化和凝血功能增加，增加血栓形成的风险。这可能导致心脏病和脑卒中等严重的心血管事件。

④内皮功能损伤：$PM_{2.5}$可以直接损伤血管内皮细胞，减少一氧化氮（NO）的产生。NO是一种血管扩张剂，有助于维持血管的舒张状态。血管内皮功能受损可能导致血管收缩、血压升高等问题。

⑤心电生理影响：暴露于高浓度$PM_{2.5}$可能导致心电生理的变化，如心率变异性降低。心率变异性是心脏健康的重要指标，其降低可能与心血管疾病风险增加相关。

⑥血管损伤和粥样硬化：$PM_{2.5}$暴露可能导致血管内膜损伤和粥样硬化斑块的形成。血管内膜损伤使低密度脂蛋白更容易渗透进血管壁，促进粥样硬化斑块的形成。这些斑块可能导致血管狭窄和阻塞，引发心血管事件。

⑦气道交感神经传导：$PM_{2.5}$可能通过干扰气道交感神经的传导，影响心血管系统的调节。这可能导致心率增加、心律失常等问题。

（3）$PM_{2.5}$的致癌作用

$PM_{2.5}$中的一些成分被认为具有潜在的致癌作用，尤其某些有害物质和化学物质，如PAHs、重金属、挥发性有机化合物等。以下是$PM_{2.5}$的致癌作用可能的机制。

①PAHs的致癌作用：PAHs是一类含有多个芳香环的有机分子，部分成员被确认为强致癌物质。在$PM_{2.5}$中，PAHs是常见的致癌物质。这些化合物可以吸附在颗粒物表面，被人体吸入后进入呼吸道和肺部，其中一些成分可能通过代谢反应形成活性代谢产物，进而与DNA结合，导致DNA损伤和突变，最终增加癌症风险。

②重金属的致癌作用：一些重金属（如镍、铬、砷等）被认为在$PM_{2.5}$中可能存在，而且与致癌有关。这些重金属可以与DNA结合，干扰DNA修复过程，导致基因突变和肿瘤形成。

③挥发性有机化合物（VOCs）的致癌作用：VOCs是大气中的一类有机污染物，如苯、甲苯、二甲苯等。一些VOCs被认为具有致癌潜力。这些化合物在空气中挥发，被吸入人体后可能通过代谢反应形成活性代谢产物，引发DNA损伤和细胞突变，从而导致癌症发生。

④氧化应激和炎症：$PM_{2.5}$中的颗粒物和有害物质可能通过氧化应激和炎症反应促进DNA损伤和细胞突变。氧化应激可以产生活性氧自由基，这些自由基能够引发DNA链断裂和氧化损伤。炎症反应可能通过释放炎症介质（如细胞因子）进一步损伤细胞和组织，增加癌症风险。

⑤免疫抑制：暴露于$PM_{2.5}$可能导致免疫抑制，影响免疫系统的正常功能。免疫系统对防止癌细胞的形成和扩散具有重要作用，因此免疫抑制可能使机体更容易受到癌症的侵袭。

⑥血管损伤和炎症：$PM_{2.5}$的致癌作用可能涉及血管损伤和炎症反应。炎症和血管损伤可能导致血管内膜的异常，增加癌症风险。

（三）公众健康效应变化产生的经济损失

公众健康产生的经济损失主要体现在以下几个方面。

（1）医疗支出增加：$PM_{2.5}$污染引发的公众健康问题导致医疗支出的大幅增加。治疗与$PM_{2.5}$污染相关的疾病，如呼吸系统疾病、心血管疾病、水源污染引发的肠胃感染等，需要花费大量的医疗费用，包括诊断、治疗、药物和康复等方面。

（2）失去劳动生产力：在疾病导致的生病和康复期间，公众在工作岗位上的劳动生产力受到削减，导致个人和社会因此失去一定的经济效益。

（3）早逝和寿命缩短：早逝会造成潜在的经济损失，包括失去劳动力、未来潜在收入和家庭稳定性等。

（4）健康保险成本上升：$PM_{2.5}$污染导致的健康问题增加了医疗费用。这可能会导致健康保险费用上升，影响家庭和企业的经济负担。

（5）环境修复成本：治理和修复 $PM_{2.5}$污染造成的损害也需要昂贵的成本。政府和企业需要投入资金来清理污染、修复生态系统，并采取措施以防止进一步的污染。

（6）降低旅游和投资吸引力：严重的 $PM_{2.5}$污染可能降低一个地区的旅游吸引力和投资机会。$PM_{2.5}$污染严重的地方可能因为恶劣的大气质量而失去游客和投资者，从而影响当地经济。

（7）生态系统服务减少：环境污染可能破坏生态系统的功能，减少它们为人类提供的诸如水源保护、气候调节、生物多样性维护等生态系统服务。这可能导致更大范围的社会问题和经济问题。

总体来说，$PM_{2.5}$污染所带来的公众健康问题不仅对个体和家庭造成了负担，还对社会和国家经济造成了影响。

二、暴露健康效应评价

（一）基本概念

暴露是指人与环境中污染物接触的过程，如人需要呼吸空气获取氧气，但这也是通过鼻腔呼吸与空气污染物暴露的过程。环境污染的健康效应始于人体接触环境。无论污染物多毒，只要不接触它，就不会产生健康效应。通常，暴露量越大，带来的健康效应也越显著。

暴露量的大小主要在于三个方面：一是环境媒介中污染物的浓度分布。不同类型的污染物在环境媒介中的存在方式和分布状态存在差别，所以污染物在不同环境媒介中的浓度分布不同，人体对其暴露途径也不同，浓度越高，对人体健康的危害也就越大。二是人和污染物的暴露路径通常为由呼吸摄入、由口摄入和经皮肤接触。空气中的污染物主要是通过呼吸进入人体，水中的污染物可通过口腔摄入并同时通过皮肤接触暴露，土壤中的污染物则可以同时通过呼吸、口腔和皮肤进行暴露。三是人们接触污染物的方式，这对污染物暴露有重大影响。以摄入含有污染物的食物为例，吃的次数越多，人体对污染物的暴露量就越大。人体短期暴露于某些污染物，可能会产生中毒、过敏等应激反应；长期暴露会引起更严重的健康危害，如慢性病，甚至癌症，尤其对老年人、孕妇和儿童，他们更容易受到环境污染的危害。

（二）健康效应评估

1. 常见暴露参数

暴露参数用来评估人类暴露于环境污染物的行为特征，如身体特征参数、摄入参数、活动时间模式参数和其他参数。暴露途径的不同导致了暴露参数可以分为消化道、呼吸道和皮肤暴露。人体吸入空气中的污染物是导致呼吸道受到暴露的主要原因，可以使用暴露参数中的呼吸频率等测算。人体消化道的暴露主要是由土壤中污染物的摄入、食物或水源引起，可以使用水分摄入、土壤/灰尘摄入和饮食等暴露参数测算。然而，我国不同地区的人们在饮食和水分摄入方面存在显著差异，并且饮食结构随着时间的推移发生了显著变化。皮肤暴露是因为污染物由皮肤接触并进入人体，可以使用渗透系数和皮肤黏附系数来测算。

暴露参数的精确性与研究方法息息相关，不同暴露参数的暴露途径和研究方法有所不同。使用问卷调查可以获得水分摄入量和膳食摄入量等摄入量参数。采用问卷调查、视频和日志记录等方法可以对暴露参数中的行为模式参数进行调查和研究。由于不能基于研究人群的主观行为和感受对土壤/灰尘摄入量、呼吸频率、皮肤渗透系数、皮肤黏附系数等进行评估，通常使用动物实验或体外实验等方法进行测量。

2. 暴露—反应关系模型

（1）时间序列研究

①广义线性模型（GLM）

GLM 是经典线性模型的发展和延续。可通过 GLM 对时间序列进行研究，并获得超额的相对风险度（ER 值）以及暴露—反应关系系数（β 值或 RR 值）来测算后续的人群健康风险。

在 GLM 中，因变量 Y 的每个数据值 Y_t 相互独立，并且它们服从各种指数型分布，常见的有高斯分布、逆高斯分布、伯努利分布、泊松分布、伽马分布、二项分布等。GLM 的一般形式如下：

$$gE(Y_t)=\beta_0+\beta Z_t+ns(\text{time},df)+\text{as. factor}(\text{DOW})+ns(X_t,df)+\text{intercept} \tag{7-1}$$

式中，$E(Y_t)$ 代表第 t 日的公众健康终端发生数的期望值，β_0 为截距，Z_t 代表污染物 Z 在第 t 日的日浓度，β 代表居民暴露于污染 Z 的暴露—反应关系系数，ns 代表自然平滑样条函数，df 代表自由度，time 为时间变量，DOW 为星期几效应的指示变量，X_t 为在第 t 日的温度等气象因素，intercept 表示截距。

②广义相加模型（GAM）

GAM 由 Hastie 等对 GLM 的改进而来，它包括参数和非参数两部分。它指出了解释变量和因变量之间的线性和非线性关系，并基于线性和非线性因素形成了一个综合模型。GAM 不仅可以将各种不同分布的解释变量和因变量进行拟合，还可以将一些解释变量和因变量之间的非线性关系运用平滑函数代替线性回归系数来表示。这使该模型得到了更广泛的应用。GAM 的基本模型是：

$$g[E(Y)]=\beta_0+f_1(X_1)+f_2(X_2)+\cdots+f_n(X_n) \tag{7-2}$$

式中，Y 为因变量；$E(Y)$ 为因变量的数学期望；g 为连接函数；β_0 为截距；X_1，…，X_n 为解释变量；$f_1(X_1)$，…，$f_n(X_n)$ 为连接解释变量的平滑函数，通常使用光滑样条函数拟合。

GAM 不需要在建模前对因变量与解释变量间的关系进行分析，可以对数据进行更高的自由度拟合，特别是像选择回归样条等这类具有很好拟合效果的方法，将因变量和每个解释变量分别建模，相加得到 GAM，最后计算参数。但 GAM 忽略了解释变量事件的相互作用。

③分布滞后模型（DLM）

在涉及时间序列数据的回归分析中，通常由于决议者的心理、经济变量本身、制度和技术等因素，自变量需要一段时间才能对因变量产生完全的作用，同时由于经济活动具有连续性，因变量的当前变化往往会受到其过去取值水平的影响，即不仅包括自变量的当前值，还包括其滞后值（过去值）的模型称为 DLM。多元回归是 DLM 的核心思想，其一般步骤为：第一，确定滞后期；第二，选择合适的方法对模型进行估计；第三，对得到的回归方程和回归系数进行显著性检验。

DLM 公式如下：

$$y_t = \alpha + \beta_0 x_t + \beta_1 x_{t-1} + \beta_2 x_{t-2} + \cdots + \beta_k x_{t-k} + \mu_t \tag{7-3}$$

$$y_t = \alpha + \beta_0 x_t + \beta_1 x_{t-1} + \beta_2 x_{t-2} + \cdots + \mu_t \tag{7-4}$$

式（7-3）为有限滞后模型，式（7-4）为无限滞后模型。其中，β_0为滞后模型的短期效应或短期乘数，代表当期自变量 x 变化一个单位对因变量 y 的影响；t 为时期；β_k（$k=1$，2…）为滞后模型的动态乘数或延迟乘数，代表以往各期自变量 x 变化一个单位对因变量 y 的影响大小；k 为滞后自变量的滞后期长度；μ_t为随机扰动项。

（2）病例交叉研究

病例交叉研究由美国学者 Maclure 首次提出，该方法旨在研究短期暴露对健康效应终端的影响。它的核心理念是通过对暴露情况在健康效应终端发生前后的比较，来判断暴露与健康效应终端之间是否有关联。

①条件 Logistic 回归

条件 Logistic 回归是一种常用的统计方法，它在构造条件似然函数时考虑了反映层因素，并在模型中消除了反映层因素的参考，从而减少了模型中要估计的参数数量，降低了对样本容量的要求。在病例交叉研究中，条件 Logistic 回归是最常使用的统计方法之一。以下是该方法的公式：

$$\text{Logit}(P) = X_1\beta_1 + X_2\beta_2 + X_3\beta_3 + \cdots + X_p\beta_p \tag{7-5}$$

式中，P 代表是否发生健康效应终端的二分类变量；X_1、X_2、X_3……X_P 是各个协变量，包括污染物因素和气象因素等；β_1、β_2、β_3……β_p是各个协变量暴露—反应关系的系数。

②Poisson 回归模型

$$\log E(Y) = \sum_{i=1}^{i} \beta_i X_i \tag{7-6}$$

式中，$\log E$（Y）为连接函数；Y 为健康效应终端的发生数；E（Y）为健康效应终端发生数的期望值；X_i表示各个协变量，包括污染物因素和气象因素等；β_i是各个协变量暴露—反应关系的系数。

（3）队列研究

由于队列研究可以直接量化研究对象健康效应终端的发生率，因此可以直接计算暴露组和非暴露组之间的率比和率差，即 RR 和归因危险度 AR。

$$RR = \frac{\text{暴露组发病率(或死亡率)}}{\text{对照组发病率(或死亡率)}} \tag{7-7}$$

$$AR = \frac{\text{暴露人群中发病或死亡归因于该暴露的部分}}{\text{全部发病或死亡}} \tag{7-8}$$

RR 大于或小于 1 表示暴露因素对健康效应终端有影响，当其大于 1 时，表示暴露因素是健康效应终端的有害因素，且 RR 越大，暴露因素对健康效应终端的有害影响就越大；当 RR 小于 1 时，表示暴露因素是健康效应终端的有利因素，且 RR 越小，暴露因素对健康效应终端的有利影响就越大。

AR 表示暴露者中完全由某暴露因素所致的发病率或死亡率。

生存分析法也适用于队列研究数据的分析，最典型的是 COX 风险比例回归模型，公式如下：

$$h(t,X) = h_0(t) \times \exp(\beta_1 \times x_1 + \beta_2 \times x_2 + \cdots + \beta_n \times x_n) \tag{7-9}$$

式中，X 为预测因子或协变量；$\beta_1 \times x_1 + \beta_2 \times x_2 + \cdots + \beta_n \times x_n$ 为协变量 X 的线性组合，β 为暴露—反应关系系数；h（t，X）表示在 t 时刻，协变量为 X 的个体的风险函数；h_0（t）为基线风险函数，表示协变量 X 全为零时的风险，对所有个体一样，所以个体之间的风险差别仅在于协变量的不同；exp（$\beta_1 \times x_1 + \beta_2 \times x_2 + \cdots + \beta_n \times x_n$）称为部分风险函数，对每个个体不一样。

（4）横断面研究

可以将 Logistic 回归模型、多元线性回归模型、广义线性模型、广义相加模型、主成分分析法和生存分析法用于横断面的研究，并通过选择的模型来测算暴露—反应关系系数。

在用多元线性回归模型进行分析时，应当注意到，在多元线性回归模型中，其预测值与因变量值的差（残差）必须符合正态分布。

在 Logistic 回归模型中，自变量的选取要以统计学方法为基础，同时要考虑方便、可解释、易于获取等因素。最佳模式的选取可分为三类：第一类是逐步法，第二类是向前法，第三类是向后法。

3. 健康效应评估模型

（1）健康风险评估的通用模型

将各种浓度范围的污染数据与流行病学参数，如暴露—反应关系系数 β 值、健康效应终端的基线发生率（$1/10^5$）、人群归因危险度比例（AP）相关联，以计算出由污染暴露导致的住院率、死亡率和发病率等，再结合暴露人口规模，可估计由污染暴露造成的病例数或死亡人数。AP 是污染暴露部分的人群健康效应终端发生率占人群总发生率的比例，其公式为：

$$AP = \frac{\sum\{[\beta(C) - 1] \times P(C)\}}{\sum\{[\beta(C) \times P(C)]\}} \tag{7-10}$$

式中，$\beta(C)$ 表示目标人群暴露于污染物的暴露—反应关系系数，$P(C)$ 表示暴露人群与目标人群的比值，C 表示污染物浓度。

在进行城市污染健康风险评估中，通常假设城市人群均暴露于污染物中，即 $P(C)=1$。式（7－10）可简化为：

$$AP = \frac{\sum[\beta(C) - 1]}{\sum\beta(C)} \tag{7-11}$$

根据目标人群健康效应终端的基线发生率（BI），可通过式（8－12）计算人群归因于污染暴露导致的健康效应终端的发生率（IE）：

$$IE = BI \times AP \tag{7-12}$$

结合目标人群的数量（N），可以通过式（7－13）估算可归因于暴露的健康效应终端的发生数（NE）：

$$\begin{aligned} NE &= N \times IE \\ &= N \times BI \times \frac{\sum[\beta(C) - 1]}{\sum\beta(C)} \end{aligned} \tag{7-13}$$

（2）短期暴露的健康风险评估

在短期暴露的急性健康风险评估中，应利用时间序列研究或病例交叉研究所得到的人群相对危险程度值，来估算由污染导致的额外死亡数量（可避免的死亡数量）或额外患/发病数量（可避免的患/发病数量）。

在污染物变化 ΔC 的情况下，人群相对危险度为：

$$NE = N \times BI \times \frac{\sum[\exp(\beta \times \Delta C) - 1]}{\sum\exp(\beta \times \Delta C)} \tag{7-14}$$

式中，β 表示暴露—反应关系系数，即污染浓度每上升 1 单位，人群健康效应终端危险上升的相对值；ΔC 表示污染物浓度 C 与参考浓度（C_0）之间的差值。

人群死亡的发生是一种概率很小的事件，符合统计学上的泊松分布。如果暴露的差值不是很大，可以假设泊松比例风险模型的曲线关系为直线关系，其数学表达式为：

$$\Delta X = X \times \left\{\frac{\exp[\beta \times (C - C_0)] - 1}{\exp[\beta \times (C - C_0)]}\right\} = X \times \left\{1 - \frac{1}{\exp[\beta \times (C - C_0)]}\right\} \tag{7-15}$$

式中，ΔX 表示超额死亡人数，X 表示拟评估地区每日死亡人口数，β 表示暴露—反应关系系数。

（3）长期暴露的健康风险评估模型

对于长期暴露的健康风险评估，可以利用队列研究或横断面研究获得的暴露—反应关系系数进行分析。在队列研究中，可以得出暴露—反应关系系数 β。在固定评估人群范围的情况下，假设人群总人数保持不变，则：

$$\beta = \frac{X_e}{X_0} \quad X_0 = \frac{X_e}{\beta}$$

$$\Delta X = X_e - X_0 = X_e - \frac{X_e}{\beta} = X_e \times \left(\frac{\beta - 1}{\beta}\right) \tag{7-16}$$

式中，ΔX 表示超额健康效应终端发生数；X_e表示污染暴露条件下的健康效应终端发生数；X_0表示无污染或污染物浓度符合国家标准时，出现健康效应终端的次数。

慢性健康风险评估，在可以获得基线死亡率的情况下，可采用基于泊松回归的 COX 比例风险回归模型估算人群超额死亡数，计算公式如下：

$$\Delta X = N \times BI \times \beta \times (C - C_0) \tag{7-17}$$

（三）不确定性和敏感性分析

1. 不确定性分析

（1）不确定性分析来源

①模型的不确定性

在污染定量健康风险评估模型中，模型的可靠性受到所使用参数不确定性的影响，包括暴露评估和暴露—反应关系系数的不确定性。此外，人群基线健康数据的可获得性以及参考浓度的选择也会对模型的稳定性产生影响。由于城市空气污染影响了所有人群，很难获得该人群在没有污染暴露下的基准健康状况，因此往往使用现有的实际发生率代替，但这可能会高估人群的健康风险。出于对评估目标和现实条件件的影响，参考浓度的选择需要综合考虑，不同的评估者可能会选择不同的参考浓度，因此得出的风险评估结果也会有所不同。

②暴露评估的不确定性

由于未考虑室内污染物对暴露的影响以及室内外浓度和成分的差异，直接使用地面监测站获取的污染物浓度进行暴露评估可能会导致人群的实际暴露水平被低估，并增加评估结果的不确定性，在某些情况下可能会导致评估结果存在偏差。

③暴露—反应关系系数的不确定性

大部分环境污染对健康效应终端的暴露—反应关系系数基于人群流行病学数据得出。虽然考虑了污染物的特征，但没有考虑个体差异对目标人群健康危害的影响，因此评价方法本身存在一定的不确定性。计算短期急性健康影响暴露—反应关系系数的时间序列研究属于生态学研究，可能会遇到无法测量的混杂因素，除此之外，模型参数的选择将直接影响暴露—反应关系系数，并且存在一定的不确定性。

④其他不确定性因素分析

污染物浓度的变化范围、多种污染物混合暴露所产生的综合效应、人群流动情况的变化、患病或死亡率等基线数据的准确性，也会使评估结果产生不确定性。

（2）不确定性分析方法

在模型不确定性分析中，蒙特卡洛方法是最常用的方法。其原理主要是从输入参数的概率密度函数中随机抽样，并对模型进行多次运行，从而得到概率统计分布的模型输出。应用传统蒙特卡洛方法包括三个步骤：获取随机抽样输入参数概率分布，在模型中输入所有参数抽样值的组合并进行模型仿真，统计分析模型的输出结果。蒙特卡洛方法通常需要大量采样并多次运行模型，有时这种方法只适用于简单的模型，而对于计算量较大的模型来说，它需要耗费大量的时间和资源。对于复杂的模型来说，改进蒙特卡洛方法可以大幅提高计算速度，而对其改进通常需要对输入参数进行有效抽样，以减少输入参数组合的数量。

拉丁超立方体采样是在改进的蒙特卡洛方法中被广泛应用的采样方法，

它改进了采样策略能够做到以较小的采样规模获得较高的采样精度，蒙特卡洛和拉丁超立方体采样方法均被广泛运用于环境模型的不确定性分析。

2. 敏感性分析

敏感性分析可以细分为局部敏感性分析和全局敏感性分析，并且这两种分析方法已经得到了广泛的研究和应用。局部敏感性分析研究了模型输出响应如何受单个输入变量在局部范围内变化的影响。最常见的局部敏感性分析方法包括一次一个变量（OAT）法和微分分析（DA）法。局部敏感性分析方法虽然容易，只需要极少的计算量并且方便构建，但在描述模型参数的空间分布形态方面存在明显不足，并且无法体现出变量之间的相互作用。相反，全局敏感性分析则探讨了多种模型变量的影响及其对模型反映的效果，因而能够弥补局部敏感性分析方法的不足。回归分析法、莫里斯（Morris）筛选法、功能分析法（FAST）以及 RSA 法可以用来进行全局敏感性分析。通过这些方法，可以评估系统中各个因素对整体结果的敏感程度。

（1）OAT 法

OAT 法的基本原理是计算每个变量在其最佳估计值的微小变化（如增加或减少 10%）所引起的模型输出的变化率，该变化率的绝对值反映了变量的敏感度。

（2）DA 法

首先利用泰勒级数对模型进行展开，根据展开式计算模型输出对目标变量的一阶偏微分函数值。通过计算各个变量的一阶偏微分函数值，得到每个参数对系统的敏感程度。但 DA 法只适用于模型在局部可微的情况下，并且计算偏微分函数的难度较大，需要依赖特定的软件。

（3）回归分析法

通过随机抽样生成参数样本序列，回归分析计算每个样本的模型响应，并进行线性回归，建立多元线性模型：

$$y = b_0 + \sum_{i=1}^{k} b_i x_i + \varepsilon \tag{7-18}$$

式中，y 代表模型的因变量，x_i代表模型的自变量，k 表示变量的数量，ε 表示误差项，b_i代表与x_i对应的线性回归模型的系数。每个变量的敏感性可以通过皮尔逊相关系数、标准回归系数、斯皮尔曼等级相关系数或偏相关系数等指标来表示，这些指标的含义可能不同，但它们都能反映出变量的敏感性。

（4）Morris 筛选法

Morris 在 1991 年首次提出了 Morris 筛选法，随后被 Campolongo 等进一步完善。这是一种被广泛应用于全局敏感性分析的方法。Morris 筛选法的基本思路是选取模型中某一变量在整个变化范围内进行微小扰动，其他变量保持不变，然后评价变量的轻微扰动所导致的结果响应的变化，这就是他们所提出的“基础效应”的概念。记 $y(x)=y(x_1,x_2,\cdots,x_i,\cdots,x_n)$，其中，$x_i$为模型某一输入变量，$y(x)$ 为模型运行后所得到的目标函数，n 为输入变量的数量。用 $d_i(j)$ 表示第 i 个输入变量第 j 组样本的基本效应，则：

$$d_i(j)=(y^*-y)/\Delta_i \tag{7-19}$$

式中，y^* 为输入变量变化后的输出值；y 为输入变量变化前的输出值；Δ_i 为输入变量 i 的变幅；$j=1$，2，…，t（t 为重复抽样次数）。

可以用修正后的均值 μ_i^* 和标准差σ_i评估输入变量的敏感性：

$$\mu_i^*=\frac{1}{t}\sum_{j=1}^{t}|d_i(j)| \tag{7-20}$$

$$\sigma_i=\sqrt{\frac{1}{t-1}\sum_{j=1}^{t}[d_i(j)-\mu_i]^2} \tag{7-21}$$

式（7－20）中，μ_i^* 反映输入变量的敏感度，其数值越大，表示输入变量的敏感性越高；式（7－21）中，σ_i表示输入变量之间的非线性效应或相互作用的程度，σ_i越大，输入变量之间的相互作用越显著。

（5）RSA 法

RSA 法是在 20 世纪 70 年代末由 Young 等首次提出。该方法的步骤如下：首先，在可行参数空间内，按照多元一致分布的原则，使用蒙特卡洛采样方法生成一组参数集合。其次，根据预先设定的条件，利用生成的参数对模型进行模拟，以行为和非行为为基础的二元划分原则进行参数识别。通过使用 K－S 检验或边缘累积分布函数等方法来评估参数对模型的影响程度，可以根据参数的边缘累积分布与原始分布之间的距离来判断参数对目标函数的影响程度，距离越大表示参数的影响越显著，其灵敏度也越高。

三、健康效应经济损失评价方法

在评估 $PM_{2.5}$污染所带来的健康经济影响时，一般会考虑两个方面的损失。首先是医疗开支，以及由于疾病和死亡而造成的工资和经济损失；其次是人们愿意为减少污染而支付的成本。目前，国内外常用的估算公众健康损失的方法包括人力资本法、疾病成本法和支付意愿法。

（一）人力资本法

人力资本法是一种衡量健康效应经济损失的方法，它基于健康状况对劳动力生产力的影响。该方法专注于疾病或健康问题对个体和社会劳动力的影响，包括工作时间减少、工作效率下降、早逝以及治疗和康复过程中的时间成本。将人看作劳动力，而劳动力作为生产要素之一，生活和工作在受污染的环境中，可能会因疾病或早逝而耽误生产或丧失劳动力。这导致了生产能力降低，需要社会承担医疗和丧葬费用，并且可能需要他人（非医务人员）的护理，同时还会影响其他人的工作时间。这些都构成了社会的经济损失。人力资本法通过考虑个体失去寿命或工作时间所对应的价值来估算环境质量的价值。这种方法一般用于评估环境污染对人体健康造成的经济损失，分为直接经济损失和间接经济损失两类。直接经济损失包括预防和医疗费用，以及死亡和丧葬支出；间接经济损失则涉及病人和非医务人员的护理，以及因陪伴病人影响工作时间而带来的经济损失。人力资本法的步骤包括：识别环境中致病的特征因素，确定其与疾病发生率之间的关系，评估受健康风险影响的人口规模，使用治疗成本、工资减损和生命价值来估计患病和早逝的成本。使用人力资本法需要满足以下条件：建立环境污染与人体健康之间的直接因果关系，可计算失去生产时间的经济价值，以及已知的医疗保健费用。

（1）人力资本的计算公式

直接经济损失：

$$\text{患病}: L_{11} = a \cdot R_r \cdot c \tag{7-22}$$

$$\text{死亡}: L_{12} = a \cdot R_d \cdot (c + b) \tag{7-23}$$

间接经济损失：

$$\text{患病}: L_{21} = a \cdot LD \cdot P \tag{7-24}$$

$$\text{死亡}: L_{22} = a \cdot LL \cdot P \tag{7-25}$$

式（7-22）~式（7-25）中，L_{11}、L_{12}代表直接经济损失，L_{21}、L_{22}则代表间接经济损失；a 表示 $PM_{2.5}$ 污染因素在发病或死亡原因中的百分比；R_r 表示患病人数；R_d 为死亡人数；c 表示每名患者的医疗费用；b 则为每名患者的丧葬费用；LD 表示病患和丧葬过程中耽误的总工作日；P 为人均国民收入；LL 则表示因早逝与平均寿命相比所损失的总工作日。

(2) 修正的人力资本法

如果环境遭受污染破坏，导致原本环境功能下降，对人们的健康造成伤害，不仅削弱了个人的劳动能力，还对整个社会产生了负担。修正后的人力资本法可以估算此类损失。由污染引发的健康损失等同于失去的劳动日所创造的净产值和医疗费用的总和。可以使用式（7－26）来计算损失的数值：

$$S = M \cdot [P \cdot \sum_{i}^{n} T_i \cdot (L_i - L_{0i}) + P \cdot (L_i - L_{0i}) \cdot H_i + \sum_{i}^{n} Y_i \cdot (L_i - L_{0i})] \tag{7-26}$$

式中，S 代表环境对人体健康的损失值，P 是人力资本，M 表示受污染覆盖的区域人口，T_i 表示 i 种疾病患者的人均丧失劳动时间，H_i 为 i 种疾病患者陪床人员的平均误工时间，Y_i 则是 i 种疾病患者平均医疗费用，L_i、L_{0i} 分别是清洁区和污染区 i 种疾病患者的发病率。

（二）疾病成本法

疾病成本法是另一种评估健康效应经济损失的方法，其侧重点在于医疗保健和治疗方面的开支，同时也包括因疾病引发的其他直接费用和间接成本。直接费用包括医疗费用、药品费用等，间接成本则牵涉到由疾病造成的劳动力生产力减少和家庭照顾成本增加等。

1. 直接费用

疾病的直接费用主要分为直接医疗费用和直接非医疗费用两部分。直接医疗费用由诊断、治疗、持续护理、康复以及临终医疗护理等产生的费用构成。直接非医疗费用则涵盖了使用非医疗资源产生的费用，其中包括因治疗而发生的交通费、住宿费以及家人照顾病人所耗费的时间。这些费用无法从医院或医保数据库中获取，因此可以通过对患者及其家属进行问卷调查，以获取就医所需的交通、伙食、住宿和陪护等数据。在成本范围和成本数据获取方式方面的差异，国内外主要采用以下几种直接费用计算方法：总成本法、疾病特殊成本法、对照法、回归法、基于患病率和基于发病率的方法，以及自上而下和自下而上的方法。

（1）总成本法

总成本法涵盖了被诊断为某种疾病的患者在住院或门诊以及药店购药过程中产生的全部费用，无论这些费用是否与所研究的疾病直接或间接相关。因此，总成本法并不能明确解释单一疾病的成本，在当前的研究中应用较少。

（2）疾病特殊成本法

疾病特殊成本法仅计算与所研究疾病直接相关的费用，包括在医院住院或门诊以及药店购药过程中发生的检查、住院、药品等费用，而不考虑并发症、后遗症或药物不良反应等产生的费用。因此，在计算过程中，这种方法忽略了并发症等因素，可能会低估最终的实际成本。

$$\text{疾病成本} = \text{疾病相关门诊费} + \text{疾病相关住院费} + \text{疾病相关药品费} \tag{7-27}$$

（3）对照法

对照法将研究人群划分为两类：一类是研究组，由患有特定疾病的人群构成；另一类是对照组，不包含所研究疾病的个体。这种方法对研究人群的分组要求较高，需要明确识别影响疾病成本的主要配对因素，并收集全面的数据以实施匹配对照法来估算疾病成本：

$$\text{疾病成本} = \text{患病组的平均费用} - \text{对照组的平均费用} \tag{7-28}$$

（4）回归法

是否患有该疾病作为研究中对照组分类的唯一标准。在将患者按照标准分组后，将构建计量经济学模型，把人口统计学特征和与疾病相关的因素作为控制变量纳入模型中，是否患有该疾病将作为解释变量：

$$y_1 = \beta_1 x_1 + \beta_2 x_2 + \cdots + \varepsilon_1 \tag{7-29}$$

$$y_2 = \beta_3 y_1 + \beta_1 x_1 + \beta_2 x_2 + \cdots + \varepsilon_2 \tag{7-30}$$

式（7-29）和式（7-30）中，y_1表示共患多病，x_1表示年龄，x_2表示其他人口统计学因素，y_2表示疾病成本，β_1、β_2和β_3分别代表x_1、x_2和y_1的回归系数，ε_1和ε_2表示误差项。上述回归方程不仅纠正了由多种疾病共存引起的偏差，还能够展示年龄等变量对疾病成本的直接和间接影响结果。

（5）基于患病率和基于发病率的方法

基于患病率和基于发病率的方法是两种从社会角度计算特定疾病总成本的方法。患病率指的是在某一特定时间内，特定人群中患有某种疾病的新旧病例所占的比例。发病率则表示在一定时间段和特定人群中，某疾病新发病例的频率，即在某时间段内某特定人群中新病例数与同期暴露人口数的比值。某时期的患病率可被视为该时期起始点。

$$\text{基于患病率的疾病成本} = \text{总人数} \times \text{患病率} \times (\text{次均门诊费} \times \text{年均就诊次数} + \text{次均住院费} \times \text{年均住院次数} + \text{其他}) \quad (7-31)$$

$$\text{基于发病率的疾病成本} = \text{总人数} \times \text{发病率} \times (\text{次均门诊费} \times \text{年均就诊次数} + \text{次均住院费} \times \text{年均住院次数} + \text{其他}) \quad (7-32)$$

（6）自上而下和自下而上的方法

自上而下法是一种通过综合分析医院临床数据计算疾病成本的方法，如接诊、咨询、死亡率等数据。在该方法中，特定疾病的人均成本通过将该疾病患者的总成本除以患病人数计算得出，具体公式如下：

$$\text{某疾病人均成本} = \text{所有人门诊费用}/\text{就诊人数} + \text{所有人住院总费用}/\text{住院人数} + \text{总药品费用}/\text{购药人数} \quad (7-33)$$

$$\text{某疾病人均成本} = \text{所有人门诊费用}/\text{就诊人数} + \text{所有人住院总费用}/\text{住院人数} + \text{总药品费用}/\text{购药人数} \quad (7-34)$$

自下而上法是一种基于患者医疗记录的方法，通过按照疾病不同类别的消耗资源情况进行详细的分项计算。首先，对健康投入的数量进行估计，然后对健康投入的单位成本进行估算。具体的计算公式如下：

$$\begin{aligned}\text{疾病成本} &= \text{投入数量} \times \text{单位成本}\\ &= \text{门诊次数} \times \text{次门诊费} + \text{住院天数} \times \text{每天住院费} + \text{药品数量} \times \text{药品单价(公式)疾病成本}\\ &= \text{投入数量} \times \text{单位成本}\\ &= \text{门诊次数} \times \text{次门诊费} + \text{住院天数} \times \text{每天住院费} + \text{药品数量} \times \text{药品单价}\end{aligned} \quad (7-35)$$

自下而上法需要有患者挂号、门诊、取药及住院等详细的分类和详尽的数据，比其他成本计算法费时费力，但能得到更准确的数据，反映某疾病对资源利益的格局。

2. 间接成本

间接成本是指由疾病所导致的劳动力有效工作时间减少或工作能力降低，从而对社会经济或社会生产造成产出损失，包括由发病、失能等引起的生产力减损、收入减少，以及因早逝而造成未来收入损失的现值。

疾病成本研究在多个层面上具有重要作用和意义：首先，它揭示了不同疾病给患者和社会经济带来的经济负担，从而有助于确定如何优先分配有限的卫生资源。其次，它能够指出哪些疾病的预防或治疗可能带来更大的价值。此外，疾病成本研究可以从各个利益相关者的角度分析疾病对各方的影响。最后，它为相关疾病的全面经济评估提供了重要信息，为成本—效果分析和成本—收益分析中的成本评估提供了分析框架。

（三）支付意愿法

支付意愿法是一种衡量经济损失的方法，通过调查人们为规避健康风险或疾病所愿意支付的金额来实现。这种方法能够通过多种途径，如问卷调查、市场行为观察等，获得人们对公共健康的支付意愿信息。通过这种方式，可以准确评估人们对公共健康的实际价值，从而量化健康效应所造成的经济损失。

在进行支付意愿法评估时，通常采取意愿调查的方法，用以推导对空气改善的价值，同时还可探究公众对风险的认知和态度。此方法基于心理测量和意愿调查设计相关问卷，并通过随机抽样方式进行访谈。问卷内容主要围绕以下四个方面展开：

（1）公众对 $PM_{2.5}$ 的认知涵盖多个方面，包括了解程度、其对社会的影响程度、$PM_{2.5}$ 健康风险发生的可能性、后果严重性、持续时间、可控性、平等性、人为性，以及对家人健康的影响程度和自愿性。

（2）公众对 $PM_{2.5}$ 健康风险的情感态度包括恐惧、忧虑、愤怒、现实满意度和未来乐观度五个方面。

（3）支付意愿是指通过支付卡式提问，了解公众在 $PM_{2.5}$ 年平均浓度降低不同程度情况下愿意支付的金额，并探究其不愿意支付的原因。

（4）研究对象的经济社会特征方面，涵盖了性别、年龄、受教育水平、收入、职业、健康状况等多个因素。

支付意愿法是一种通过调查人们愿意为避免某种健康风险或疾病而支付多少钱来评估经济损失的方法。可以通过问卷调查、市场行为观察等方式来获取人们对公众健康的支付意愿信息。

在评估 $PM_{2.5}$ 污染造成的健康经济损失方面，人力资本法、疾病成本法以及支付意愿法等在国际范围内被广泛采用。在实际应用中，为了更精准地评估健康效应的经济损失，需要根据研究目标、数据可用性和研究对象特点的不同，选择合适的方法更准确地评估健康效应的经济损失。

第二节　环境健康效应经济损失模型主要应用领域

环境健康效应经济损失模型是一种重要的工具，用于评估环境污染、生态破坏以及其他环境因素对人类健康和经济造成的影响。这种模型在多个领域都有广泛应用。

一、环境政策制定和管理

（一）评估政策效果

通过模拟环境污染和健康效应之间的关系，评估不同政策措施对环境健康和经济损失的影响。有助于政策制定者了解和比较不同政策的实际效果，制定更有效的环境政策。

（二）制定和调整政策目标

环境健康效应经济损失模型可以帮助政策制定者明确政策目标，制定符合国家和社会需求的政策。同时，该模型还可以根据政策实施过程中的实际效果，调整政策目标和方向，以期达到更好的政策效果。

（三）预测政策影响

环境健康效应经济损失模型可以预测政策实施对环境健康和经济损失的影响。有助于政策制定者更好地了解政策实施的风险和挑战，做出更好的决策。

（四）评估政策成本效益

环境健康效应经济损失模型可以帮助政策制定者评估政策的成本效益，以便更好地平衡政策的投入和产出。

总体来说，环境健康效应经济损失模型为政府和环保组织提供了一种方法，以评估不同环境政策和管理措施对公众健康和经济的影响。这些政策可能涉及空气质量改善、水污染防治、废物管理、可再生能源推广等。通过对模型的评估，决策者能够更好地理解环境政策的成本和效益，从而更有效地进行环境管理和政策制定。

二、环境影响评估

（一）评估环境污染对健康的影响

环境健康效应经济损失模型可以评估不同程度的环境污染以及不同污染物对人类健康的影响，为预防疾病和改善公共健康提供科学依据。

（二）制订污染控制计划

使用环境健康效应经济损失模型分析环境污染物对健康的影响，制订针对不同污染物的污染控制计划，可有效地减少环境污染对人类健康的影响。

（三）评估环境污染的经济损失

环境健康效应经济损失模型可以用来评估不同环境管理措施的经济效益。比较不同污染治理技术的成本效益，选择最经济有效的污染治理方案。

（四）预测环境影响

环境健康效应经济损失模型可以用来预测环境污染对健康的影响。该模型考虑了环境污染对人类健康的长期影响，可以用来预测环境污染的长期健康影响，为环境影响预测提供参考。

总体来说，环境健康效应经济损失模型在环境影响评估方面具有重要的应用价值。在新项目、政策或行为出现时，环境健康效应经济损失模型可以用于评估其对环境和人类健康的影响。这种评估可以帮助决策者预测可能的环境风险和健康影响，从而采取措施减轻或避免负面影响，并确保可持续发展的目标得到实现。

三、环境监测和管理

（一）环境风险评估

通过使用环境健康效应经济损失模型，可以评估不同污染物和污染源对人类健康的影响。有助于政府、企业和公众了解哪些污染物和污染源对健康影响最大，以便采取有针对性的监测和控制措施。

（二）政策制定

在环境监测和管理中，环境健康效应经济损失模型可以帮助决策者评估不同环境保护措施的经济效益和社会效益，有助于政府制定平衡环境保护和经济发展之间的政策，实现可持续发展。

（三）国际合作

环境健康效应经济损失模型可以在国际层面上评估环境污染和生态破坏对全球健康和经济的影响。这有助于各国政府合作，共同应对全球性的环境问题。

（四）环境科学研究

环境健康效应经济损失模型为环境科学领域提供了一个新的视角，可以用来研究环境污染与健康之间的关系。该模型为环境流行病学研究提供了定量分析方法，有助于揭示环境污染的健康影响机制。

总体来说，环境健康效应经济损失模型在环境监测和管理方面具有广泛的应用价值，可以为政府提供有关环境健康和经济损失的重要信息。环境保护机构和监管部门可以利用环境健康效应经济损失模型来监测环境污染和生态破坏的程度，及时采取措施防止和减轻环境健康效应带来的经济损失。这种模型可以帮助监管部门优化监测网络和资源配置，以更有效地保护环境和公众健康。

四、企业责任和社会责任

（一）企业的社会责任

环境健康效应经济损失模型可以帮助企业评估其生产活动对环境健康的影响，为企业提供有关环保投资决策的依据。企业可以根据模型结果，制定相应的环保措施，履行社会责任，提高企业的社会形象。

（二）企业可持续发展

通过使用环境健康效应经济损失模型，企业可以更好地平衡环境保护和经济发展之间的关系。有助于企业在追求经济效益的同时，关注环境保护和社会责任。

（三）公众意识提升

通过使用环境健康效应经济损失模型，可以提高公众对环境健康问题的认识，促进环境保护意识的提升和行动的采取。环境健康效应经济损失模型可以帮助公众了解环境污染、气候变化、生态系统退化等问题对人类健康和经济的影响，从而促进社会各界共同努力，保护环境、改善生态、提升健康水平。

（四）环境保险

保险公司可以利用环境健康效应经济损失模型来评估环境风险，设计相应的环境保险产品，并为企业和个人提供风险管理和保障服务。这种保险可以为受灾群体提供财务支持，减轻环境灾害和健康危机带来的经济压力，促进灾后恢复和重建。

综上所述，环境健康效应经济损失模型在环境经济学、环境保护、可持续发展和公共卫生等领域都发挥着重要作用，为决策者提供了重要的决策支持和政策建议，促进了环境保护和人类福祉的持续改善。

第三节　环境健康效应经济损失模型应用案例

2018 年发布的《打赢蓝天保卫战三年行动计划》（中华人民共和国中央人民政府，2018）明确要求“协同减少温室气体排放”。碳和 $PM_{2.5}$的“同根同源同步性”使二者具有显著的协同效应，煤炭消费产生的 $PM_{2.5}$协同减排会减少公众健康损失。2020 年，习近平主席在第七十五届联合国大会提出“3060”碳达峰碳中和目标，实现“双碳”目标是一个长期而艰难的过程，需要立足于中国国情。2021 年 10 月发布的《关于完整准确全面贯彻新发展理念做好碳达峰碳中和工作的意见》明确指出到 2030 年，单位国内生产总值碳排放比 2005 年下降 65% 以上；非化石能源消费比重达到 25% 左右，到 2060 年，非化石能源消费比重达到 80% 以上（Xie et al.，2018）。自 21 世纪初联合国政府间气候变化专门委员会（Intergovernmental Panel on Climate Change，IPCC）明确协同效应概念以来，开展温室气体减排政策、措施对局地大气污染的协同效益极为活跃，充分证实了温室气体减排政策能产生可观的区域环境质量和健康效益。

自 2001 年 IPCC 首次明确提出协同效益以来，国内外开展了大量 CO_2和 $PM_{2.5}$协同效应及对公众健康效益的研究（He et al.，2010；Zhang et al.，2021）。国际上更多的是量化气候变化政策对区域大气污染物减排的协同效益研究（Bollen et al.，2009；Vennemo et al.，2009），国内则多集中在大气污染防治对气候变化的协同效益，且协同效益的研究主要针对全国层面或城市层面以及工业、交通等部门，缺少煤炭能源消费产生的碳和 $PM_{2.5}$ 协同减排效益研究（邢有凯等，2020；李云燕、宋伊迪，2021）。开展煤炭消费排放的碳和 $PM_{2.5}$ 协同效应的研究，通过煤炭消费排放的碳和 $PM_{2.5}$ 协同度核算未来"双碳"目标下煤炭消费碳减排带来的 $PM_{2.5}$ 减排的健康效益，产生的公众健康收益将降低减排成本，为未来减缓气候变化和防治空气污染政策的制定提供坚实的科学依据。本案例采用 LMDI 分解中国煤炭消费产生的 $PM_{2.5}$ 排放量影响因素，分析碳排放协同度、煤炭排放强度、能源结构、能源强度、人均 GDP、人口数量 6 个因素对 $PM_{2.5}$ 的减排效应，并分析 6 个因素对 $PM_{2.5}$ 排放量变化的贡献。根据碳和 $PM_{2.5}$ 协同度预测 2030 年、2035 年、2050 年、2060 年煤炭消费产生的 $PM_{2.5}$ 排放，采用暴露—反应关系函数计算 2012—2060 年 $PM_{2.5}$ 污染造成的公众健康经济损失，以及未来协同减排活动带来的公众健康经济效益。本案例采用的模型如下。

一、对数平均迪氏指数法（LMDI）分解

1998 年 LMDI 由 Ang（2015）提出，作为指数分解法的一个重要分支，能够解决分解结果中的零值问题，且分解结果不包含残差，在能源和碳排放等相关研究中得到广泛应用。本案例采用 LMDI 分解法对 2012—2017 年煤炭消费 $PM_{2.5}$ 排放量影响因素进行分解，通过调研文献将对煤炭消费产生的 $PM_{2.5}$ 排放影响因素分解为碳排放协同度、煤炭排放强度、能源结构、能源强度、人均 GDP 和人口 6 个因素，全国煤炭消费 $PM_{2.5}$ 排放量可分解为：

$$PM = \sum_{i=1}^{n} PM_i = \sum_{i=1}^{n} \left(\frac{PM_i}{C_i} \times \frac{C_i}{Coal_i} \times \frac{Coal_i}{EN_i} \times \frac{EN_i}{GDP_i} \times \frac{GDP_i}{P_i} \times P_i \right) \tag{7-36}$$

$$= \sum_{i=1}^{n} PC_i \times CI_i \times ES_i \times EI_i \times GDPC_i \times P_i$$

$$\Delta PC = \sum_{i=1}^{n} \frac{PM_i^t - PM_i^{t-1}}{\ln PM_i^t - \ln PM_i^{t-1}} \times \ln \frac{PC_i^t}{PC_i^{t-1}} \tag{7-37}$$

式（7－36）和式（7－37）中，i 为第 i 个省市，n 为 30 个省（区、市），t 为年份，PM_i 为 $PM_{2.5}$ 排放量，C_i 为碳排放量，$Coal_i$、EN_i、GDP_i 和 P_i

分别为煤炭消费量、能源消费量、GDP 和人口。PC 是单位碳排放的 $PM_{2.5}$ 排放量，即碳排放协同度。CI、ES、EI、$GDPC$、P 分别表示煤炭排放强度、能源结构、能源强度、人均 GDP 和人口。ΔPC 为碳的协同效应，反映了煤炭消费碳排放对 $PM_{2.5}$ 排放的影响，ΔCI、ΔES、ΔEI、$\Delta GDPC$、ΔP 5 个因素对 $PM_{2.5}$ 排放的影响同 ΔPC。

二、中国未来排放动态评估模型

中国未来排放动态评估模型（Dynamic Projection model for Emissions in China，DPEC）是由清华大学开发的不同政策背景下中国主要大气成分未来排放动态变化数据库。根据 DPEC 预测的碳排放量，采用线性外推法根据 2017 年二氧化碳和 $PM_{2.5}$ 协同度对 2030 年、2035 年、2050 年和 2060 年的 $PM_{2.5}$ 排放量进行预测，前人研究发现煤炭消费产生的 $PM_{2.5}$ 排放量占 $PM_{2.5}$ 排放总量的 63%（中国煤炭消费总量控制方案和政策研究项目课题组，2014）。煤炭消费产生的 $PM_{2.5}$ 排放量预测公式为：

$$PM_i = 63\% \times PC_i \times C_i \tag{7-38}$$

式中，i 为第 i 个省市，PM_i 为 i 省的 $PM_{2.5}$ 排放量，PC_i 为 i 省 2017 年碳排放协同度，C_i 为碳排放量。预测未来 $PM_{2.5}$ 排放量后，依据 Dong 等（2019）的研究，假设对各个省（市）$PM_{2.5}$ 浓度的监测高度一致，将各个省（市）$PM_{2.5}$ 排放量的值除以区域面积得到 $PM_{2.5}$ 的浓度数据。

三、公众健康效应核算模型

（一）公众健康效应核算

暴露—反应系数是空气质量单位变化所带来的居民健康效应终点的变化，对定量评价空气污染对居民健康的影响具有重要意义。采用流行病学暴露—反应关系（2021）定量评估 2012—2017 年和碳中和情景下 2030 年、2035 年、2050 年和 2060 年 $PM_{2.5}$ 减排所带来的健康效应，具体公式为：

$$E = P \times \Delta R = PR\left\{1 - \frac{1}{e^{[\beta \times (C - C_0)]}}\right\} \tag{7-39}$$

式中，P 为暴露人口数目，R 为 $PM_{2.5}$ 实际浓度下的健康效应，β 为暴露—反应系数，C 和 C_0 分别是 $PM_{2.5}$ 的实际浓度和阈浓度值。计算 $PM_{2.5}$ 暴露浓度下患病、住院及早逝人数，本案例 $PM_{2.5}$暴露阈值选取 WHO（2021）空气质量基准浓度限值 5 微克/立方米作为 $PM_{2.5}$健康损害价值评估的评价基准值。$PM_{2.5}$暴露健康效应终端包括死亡率（呼吸系统疾病、心血管系统疾病和肺癌）、住院率（呼吸系统疾病和心血管系统疾病）、患病率（慢性支气管炎和哮喘）。

（二）公众健康经济效益评估

当前 $PM_{2.5}$公众健康经济效益评估的方法主要有统计生命价值、疾病成本法、人力资本法和支付意愿法等（李惠娟等，2020）。本案例采用常用的货币化健康效益的方法是给避免过早死亡赋值，即用统计生命价值（Value of a Statistical Life，VSL）来定义个人避免过早死亡带来的健康效益（黄德生、张世秋，2013）。公式为：

$$V_{ti} = VSL_{ti} \times E_{ti} \tag{7-40}$$

式中，t 为第 t 年，V_{ti}为第 t 年 i 省的死亡健康损失，VSL_{ti}为第 t 年 i 省的 VSL 值，E_{ti}为第 t 年 i 省的健康效应变化。

选用疾病成本法核算呼吸系统疾病和心血管系统疾病住院成本。取慢性支气管炎患病成本为 VSL 的 40%（Viscusi et al.，1991），哮喘患病成本采用黄德生和张世秋（2013）的研究结果，根据各城市居民的收入差异，利用效益转换方法得到不同城市的慢性支气管炎和哮喘患病成本。

本案例采用 CEADs 的 2012—2017 年中国 30 个省（区、市）煤炭消费碳排放量，DPEC 的 2030 年、2035 年、2050 年和 2060 年碳中和目标下的中国 30 个省（市）碳排放量，中国多尺度排放清单模型（Multi - resolution Emission Inventory for China，MEIC）的 2012—2017 年中国 30 个省（区、市）$PM_{2.5}$排放量，根据煤炭消费产生的 $PM_{2.5}$量为 $PM_{2.5}$排放总量的 63%（Xue，2019），折算省级煤炭消费的 $PM_{2.5}$排放量。中国 30 个省（区、市）的煤炭消费量、能源消费总量、GDP、人口数据来自中国及各省（市）的能源统计年鉴和中国统计年鉴。采用 Jin 等（2020）给出的 VSL 估计值 554 万元，来核算个人避免过早死亡带来的健康效应，健康终端的基线发生率来自《中国卫生健康统计年鉴》（2012—2017 年），暴露—反应系数及公众健康效应基线数据见表 7 - 1。

表 7－1　$PM_{2.5}$暴露—反应关系的健康终端和公众健康效应基线数据

健康效应终端		目标人群	暴露—反应关系系数（%）		基线发生率均数（‰）	文献
			系数（β）	95%CI		
死亡率	呼吸系统疾病	全人群	1.43	(0.85, 2.01)	0.650	谢鹏等，2009
	心血管系统疾病	全人群	0.53	(0.15, 0.90)	1.537	谢鹏等，2009
	肺癌	全人群	9.55	(2.67, 24.86)	0.487	谢志祥等，2019
住院率	呼吸系统疾病	全人群	1.09	(0, 2.21)	21.900	刘晓云等，2010
	心血管系统疾病	全人群	0.68	(0.43, 0.93)	8.550	刘晓云等，2010
患病率	慢性支气管炎	全人群	10.09	(3.66, 15.59)	6.940	王桂芝等，2017
	哮喘	全人群	2.10	(1.45, 2.74)	11.900	谢鹏等，2009

本案例采用 LMDI 分解法对 2012—2017 年中国煤炭消费 $PM_{2.5}$排放影响因素进行分析，分解结果如图 7－1 所示。中国煤炭消费 $PM_{2.5}$排放量逐年减少，从其他 6 个影响因素对 $PM_{2.5}$排放量变化的贡献来看，碳排放协同度、能源结构、能源强度对 $PM_{2.5}$减排具有积极作用，2012—2013 年能源强度对促进 $PM_{2.5}$减排贡献最大，为 67.8%，碳排放协同度减排贡献为 27.1%，能源结构减排贡献为 5.1%；2013—2017 年碳排放协同度对促进 $PM_{2.5}$减排贡献最大，

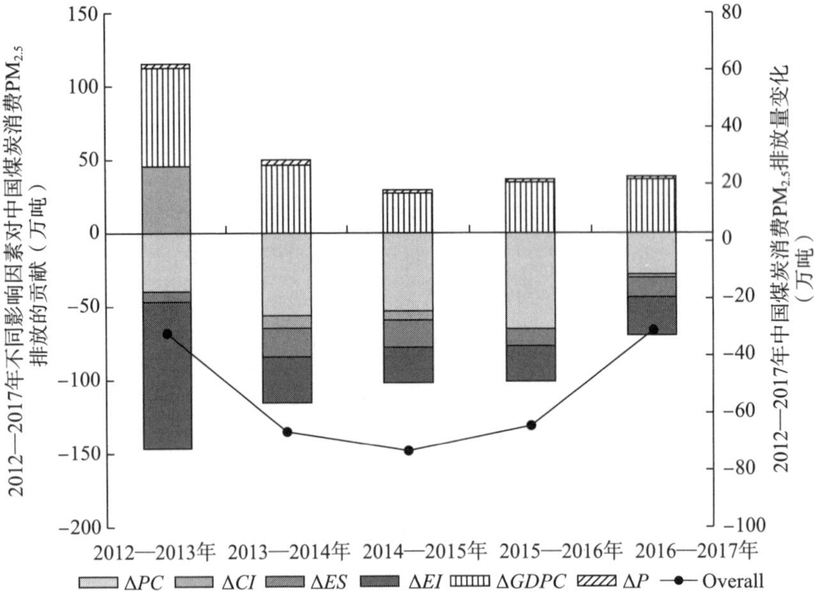

图 7－1　2012—2017 年中国煤炭消费 $PM_{2.5}$排放影响因素分解

为 41.3% ~64.7%，其次是能源强度减排贡献为 23.1% ~37.7%，能源结构的减排贡献最小为 11.9% ~19.4%，即促进 $PM_{2.5}$减排的主要影响因素为碳排放的协同效应，其次是能源强度，意味着减少碳排放和提高能效能够有效减少 $PM_{2.5}$排放量。引起 $PM_{2.5}$排放增加的主要驱动因素为人均 GDP 和人口数量，2012—2017 年人均 GDP 对 $PM_{2.5}$排放增加的贡献为 58.4% ~95.0%，人口数量排放增加的贡献为 2.4% ~7.2%，其中经济增长会显著增加大气环境污染负担，2012—2017 年煤炭排放强度的贡献有正有负，降低单位煤炭排放强度促进 $PM_{2.5}$减排的能力较弱。

基于上述分析，碳排放协同度、能源强度和人均 GDP 对煤炭消费 $PM_{2.5}$排放有显著影响，煤炭排放强度、能源结构和人口数量对煤炭消费 $PM_{2.5}$排放影响相对较弱；加快经济发展与煤炭消费产生的 $PM_{2.5}$脱钩速度，增强碳排放的协同效应是减少 $PM_{2.5}$排放的最佳途径。

本案例对 30 个省（区、市）煤炭消费 $PM_{2.5}$排放量进行分解。结果显示，$PM_{2.5}$排放具有很强的局地性，不同省（区、市）煤炭消费 $PM_{2.5}$排放变化量差异较大。运用 ArcGIS 将 2012—2017 年 30 个省（区、市）煤炭消费 $PM_{2.5}$排放变化量可视化，并用 Natural Breaks（Jenks）方法对各省（区、市）煤炭消费 $PM_{2.5}$排放贡献量进行重分类，分解结果反映出 2012—2017 年 30 个省（区、市）的煤炭消费 $PM_{2.5}$排放变化量均下降，绿色越深的省（市）说明对中国煤炭消费 $PM_{2.5}$减排贡献越大，白色省（区、市）无相关数据不纳入分析。经济较发达地区和资源型城市的减排力度最大，其中河北和山东是 $PM_{2.5}$减排量最大的省份，分别达到 26.84 万吨和 24.13 万吨，其次是河南、山西、四川、湖北、江苏、内蒙古和辽宁对煤炭消费 $PM_{2.5}$减排起到了积极的推动作用。

图 7-2 为 2012—2017 年 30 个省（区、市）煤炭消费 $PM_{2.5}$排放量变化的分解结果。从省（区、市）空间角度来看，煤炭消费 $PM_{2.5}$排放量的变化有很大的差异，促进煤炭消费 $PM_{2.5}$排放减少的主要因素为碳排放协同度、能源结构和能源强度，不同省份各减排因素贡献有显著不同，山西、河北、河南等 14 个省碳排放协同度的减排贡献最大，说明碳减排政策的实施有效促进了 $PM_{2.5}$的协同减排。贵州、湖北、四川等 7 个省能源强度的减排贡献最大，说明各省（区、市）能源强度降低能减少 $PM_{2.5}$的排放。这种差异由各省（区、

市）碳减排政策以及能源消费情况不同所致。引起煤炭消费 $PM_{2.5}$ 排放增加主要因素为人均 GDP 和人口数量，其中人均 GDP 对排放增加的贡献最大且是绝对促进作用，煤炭排放强度对 $PM_{2.5}$ 排放变化的贡献有正有负，对上海、贵州、吉林、陕西等 6 个省（区、市）的 $PM_{2.5}$ 排放增加具有正向作用，促进 $PM_{2.5}$ 减排的作用较弱，主要是由于区域的 $PM_{2.5}$ 排放来源复杂。

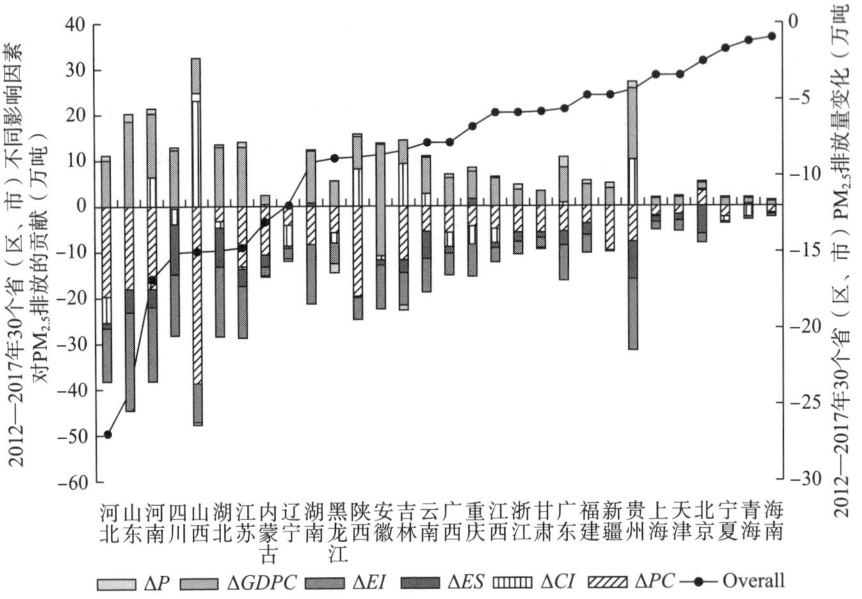

图 7-2　2012—2017 年 30 个省（区、市）煤炭消费 $PM_{2.5}$ 排放因素分解

在 DPEC 数据库中，Ambitious - pollution - Neutral - goal 情景由能源经济转型与最佳污染控制政策（BHE）组合而成。在此情景下 $PM_{2.5}$ 排放量显著减少。本案例 $PM_{2.5}$ 排放预测根据 DPEC 中二氧化碳的预测值计算。2030 年和 2035 年，本案例预测值大于 DPEC 可能是因为中国尚处于能源结构转型初期，协同效应潜力尚未释放。到 2050 年和 2060 年，中国可再生能源占主导，且碳捕集技术和碳汇等碳吸收措施使本文预测数据小于 DPEC。

30 个省（区、市）煤炭消费产生的 $PM_{2.5}$ 的浓度依次是 2030 年、2035 年、2050 年、2060 年 $PM_{2.5}$ 浓度分布图，可以看出 2030—2060 年中国 30 个省（区、市）的 $PM_{2.5}$ 浓度逐年下降。深蓝色区域表示 $PM_{2.5}$ 浓度小于 WHO 空气质量基准浓度限值 5 微克/立方米，蓝色越深表示 $PM_{2.5}$ 浓度越小，白色表示无相关数据，不在研究范围。

2030 年中国中部和东部地区 $PM_{2.5}$污染较为严重，其中北京、上海、天津和山东污染最为严重。2035 年中国中部和东部地区 $PM_{2.5}$污染依旧较为严重，中国南部 $PM_{2.5}$污染较 2030 年有显著改善，其中江西省 $PM_{2.5}$污染下降到了 5 微克/立方米以下。2050 年中国中部和东部地区 $PM_{2.5}$污染问题显著改善。北京、上海和天津 $PM_{2.5}$浓度分别为 24.7 微克/立方米、11.7 微克/立方米和 10.6 微克/立方米。除此之外所有省（区、市）煤炭消费产生的 $PM_{2.5}$的浓度均降到了 5 微克/立方米以下。2060 年中国 30 个省（区、市）煤炭消费产生的 $PM_{2.5}$的浓度均降到 5 微克/立方米以下，“双碳”目标下煤炭消费产生的 $PM_{2.5}$协同减排潜力巨大，未来实现大气污染健康经济损失持续下降。

本案例采用暴露—反应函数分析 $PM_{2.5}$减排量对公众健康的效益。分析显示，2012—2060 年 $PM_{2.5}$排放造成的死亡、住院和患病人数先上升后下降。2013 年死亡人数最多达到 20.7 万人（95% *CI*：7.3 万 ~ 40.2 万人）。2013 年住院人数最多达到 105.7 万人（95% *CI*：13.2 万 ~ 197.5 万人）。2013 年患病人数最多达到 305.1 万人（95% *CI*：147.9 万 ~ 424.1 万人）。

2012—2060 年中国煤炭消费产生的 $PM_{2.5}$污染所带来的公众健康经济损失结果如图 7 – 3 所示，到 2050 年和 2060 年 $PM_{2.5}$污染造成的健康经济损失为负值，表明未来由于碳减排带来的 $PM_{2.5}$减排，使中国煤炭消费产生的 $PM_{2.5}$的浓度低于 5 微克/立方米，中国煤炭消费产生的 $PM_{2.5}$污染控制产生显著的健康效益。

图 7 – 3（a）为呼吸系统疾病、心血管疾病和肺癌死亡的健康经济损失，其中肺癌死亡是主要的死亡健康经济损失，2014 年高达 5505 亿元（95% *CI*：1694 亿 ~ 11750 亿元），心血管疾病和呼吸系统疾病死亡的健康经济损失相对较小；图 7 – 3（b）为呼吸系统疾病和心血管疾病住院的健康经济损失，主要的住院健康经济损失为呼吸系统疾病，2013 年损失最高，为 67 亿元（95% *CI*：0 ~ 130 亿元）；图 7 – 3（c）和图 7 – 3（d）分别为慢性支气管炎和哮喘患病的健康经济损失，其中 2014 年慢性支气管炎患病的健康经济损失高达 9982 亿元（95% *CI*：3959 亿 ~ 14331 亿元），是经济损失最高的健康效应终端，哮喘患病的健康经济损失是经济损失最低的健康效应终端，2014 年为 11 亿元（95% *CI*：8 亿 ~ 14 亿元）。

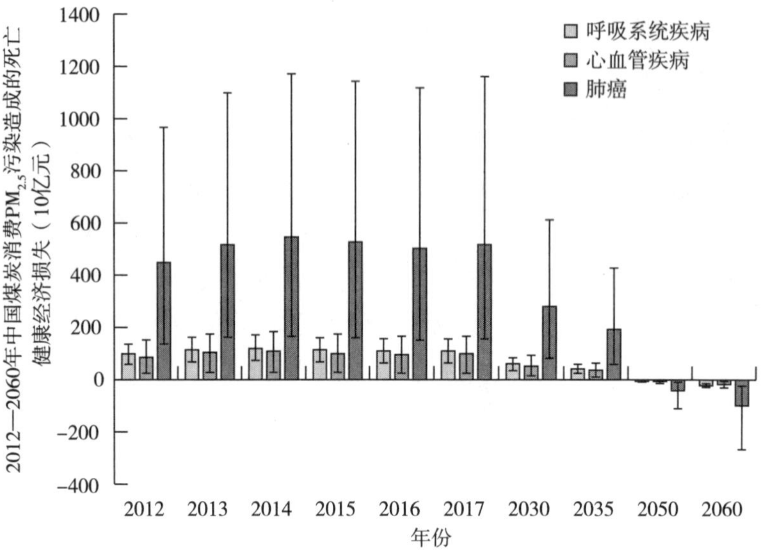

2012—2060年中国煤炭消费$PM_{2.5}$污染造成的死亡健康经济损失（10亿元）
1400
1200
1000
800
600
400
200
0
−200
−400
呼吸系统疾病
心血管疾病
肺癌
2012
2013
2014
2015
2016
2017
2030
2035
2050
2060
年份

（a）

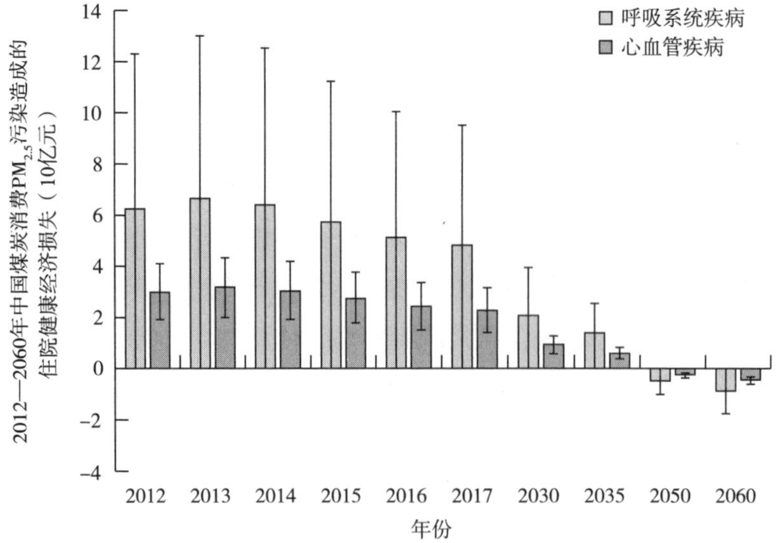

2012—2060年中国煤炭消费$PM_{2.5}$污染造成的住院健康经济损失（10亿元）
14
12
10
8
6
4
2
0
−2
−4
呼吸系统疾病
心血管疾病
2012
2013
2014
2015
2016
2017
2030
2035
2050
2060
年份

（b）

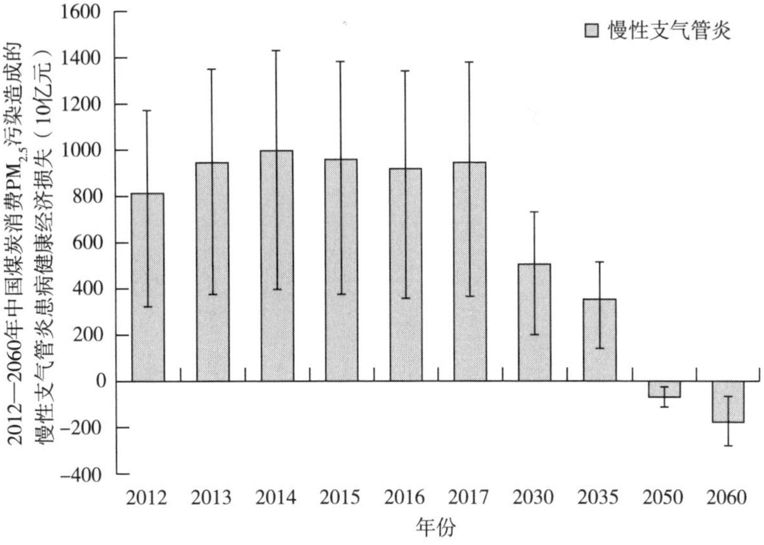

（c）

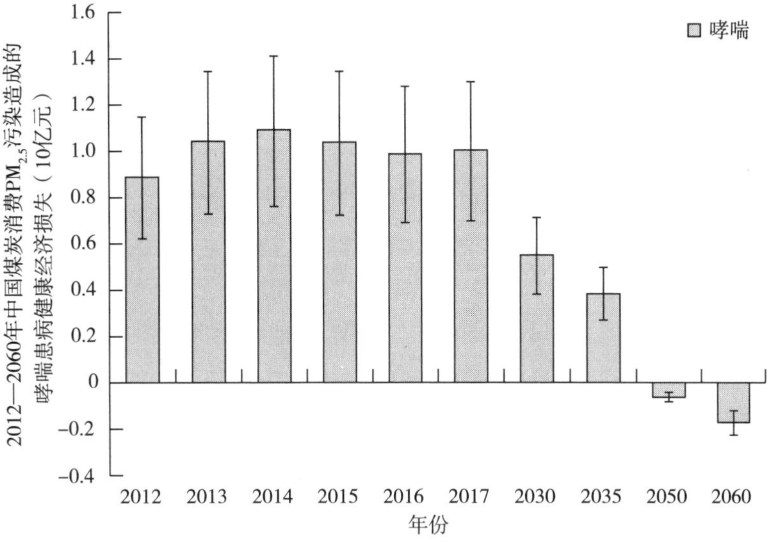

（d）

图 7－3　2012—2060 年中国煤炭消费 $PM_{2.5}$ 污染造成的健康经济损失

图 7-4 显示 2012—2017 年中国煤炭消费产生的 $PM_{2.5}$ 污染所带来的总健康经济损失。2014 年的总健康经济损失最高，达到 17919 亿元，相当于当年 GDP 的 2.6%，2013 年总健康经济损失为 17002 亿元，占 GDP 比重最高，为 2.7%，2013 年之后我国健康经济损失占 GDP 的比重逐年降低，到 2017 年健康经济损失占 GDP 的比重为 2.0%，可能是由于 2013 年之后我国颁布了一系列减污降碳的政策，能效的提高以及能源消费结构转变等措施助力 $PM_{2.5}$ 减排。

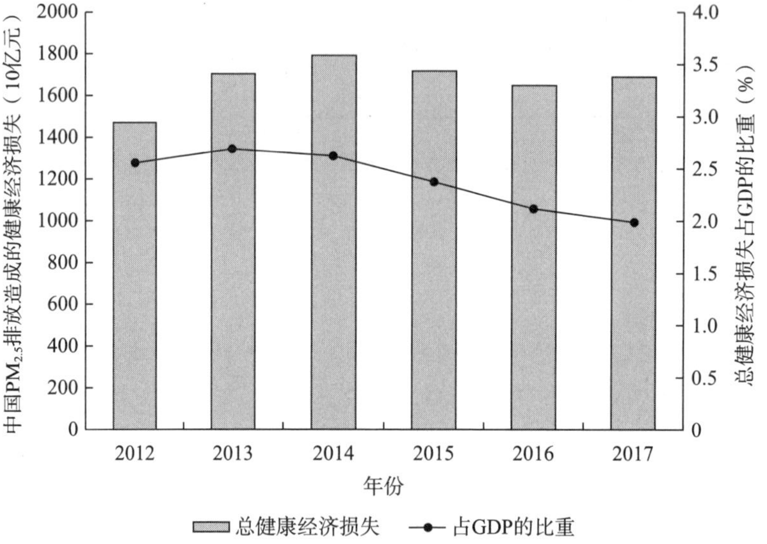

图 7-4　2012—2017 年中国煤炭消费 $PM_{2.5}$ 污染的总健康经济损失及占 GDP 的比重

基于上述分析，表明我国面临温室气体减排和大气污染防治的双重压力，温室气体和大气污染物协同减排具有重要的战略意义。2012—2017 年中国煤炭消费 $PM_{2.5}$ 排放量逐年减少，碳排放协同度、能源强度是促进 $PM_{2.5}$ 减排的主要因素，引起 $PM_{2.5}$ 排放增加的主要驱动因素为人均 GDP。不同省份各减排因素贡献有显著不同，碳排放协同度的减排贡献最大，经济发展是导致 $PM_{2.5}$ 排放增加的主要因素；2030 年、2035 年中国中部和东部地区煤炭消费产生的 $PM_{2.5}$ 的污染较为严重，到 2050 年煤炭消费产生的 $PM_{2.5}$ 的污染问题显著改善，2060 年所有省（区、市）煤炭消费产生的 $PM_{2.5}$ 的浓度均能达到 WHO 空气质量基准浓度限值以下，“双碳”目标下煤炭消费产生的 $PM_{2.5}$ 协同减排潜力巨大；2013 年 $PM_{2.5}$暴露的健康效应最大。2014 年的总健康经济损失最高，到 2050 年公众健康经济损失为负值，$PM_{2.5}$污染控制开始产生正健康收益。

本章参考文献

[1] Ang B W. LMDI decomposition approach：A guide for implementation [J]. Energy Policy, 2015 (86)：233 –238.

[2] Bell M L, Davis D L, Cifuentes L A, et al. Ancillary human health benefits of improved air quality resulting from climate change mitigation [J]. Environmental Health, 2008, 7 (1)：1 –18.

[3] Bollen J, van der Zwaan B, Brink C, et al. Local air pollution and global climate change：A combined cost – benefit analysis [J]. Resource and Energy Economics, 2009, 31 (3)：161 –181.

[4] Cai W J, Zhang C, Zhang S H, et al. The 2021 China report of the Lancet Countdown on health and climate change：Seizing the window of opportunity [J]. The Lancet, 2021, 6 (12)：932 –947.

[5] Dong F, Yu B, Pan Y. Examining the synergistic effect of CO_2 emissions on $PM_{2.5}$ emissions reduction：Evidence from China [J]. Journal of Cleaner Production, 2019 (223)：759 –771.

[6] Dong Z, Li L, Lei Y L, et al. The economic loss of public health from $PM_{2.5}$ pollution in the Fenwei Plain [J]. Environmental Science and Pollution Research, 2021, 28 (28)：2415 –2425.

[7] Ebi K L, Ogden N H, Semenza J C, et al. Detecting and attributing health burdens to climate change [J]. Environmental Health Perspectives, 2017, 125 (8)：85 –104.

[8] He K, Lei Y, Pan X, et al. Co – benefits from energy policies in China [J]. Energy, 2010 (35)：4265 –4272.

[9] Jin Y, Andersson H, Zhang S. Do preferences to reduce health risks related to air pollution depend on illness type? Evidence from a choice experiment in Beijing, China [J]. Journal of Environmental Economics and Management, 2020 (103)：302 –355.

[10] Lara A R, Laurent D, Prof M T. Internalising health – economic impacts of air pollution into climate policy：A global modelling study [J]. The Lancet Planetary Health, 2022, 6 (1)：40 –48.

[11] Liu S, Xing J, Wang S, et al. Health benefits of emission reduction under 1.5 °C path-

ways far outweigh climate – related variations in China [J]. Environmental Science and Technology, 2021 (55): 10957 – 10966.

[12] Peng W, Yang J, Lu X, et al. Potential co – benefits of electrification for air quality, health, and CO_2 mitigation in 2030 China [J]. Applied Energy, 2018 (218): 511 – 519.

[13] Plachinski S D, Holloway T, Meier P J, et al. Quantifying the emissions and air quality co – benefits of lower – carbon electricity production [J]. Atmospheric Environment, 2014 (94): 180 – 191.

[14] Shao S, Li X, Cao J, et al. China's economic policy choices for governing smog pollution based on spatial spillover effects [J]. Economic Research Journal, 2016 (9): 73 – 88.

[15] Tang R, Zhao J, Liu Y, et al. Air quality and health co – benefits of China's carbon dioxide emissions peaking before 2030 [J]. Nature Communacations, 2022 (13): 1 – 9.

[16] Vennemo H, Aunan K, He J, et al. Benefits and costs to China of three different climate treaties [J]. Resource and Energy Economics, 2009, 31 (3): 139 – 160.

[17] Viscusi W K, Magat W A, Huber J. Pricing environmental health risks: Survey assessments of risk – risk and riskdollar trade – offs for chronic bronchitis [J]. Journal of Environmental Economics and Management, 1991, 21 (1): 32 – 51.

[18] Wang P, Lin C K, Wang Y, et al. Location – specific co – benefits of carbon emissions reduction from coal – fired power plants in China [J]. Nature Communacations, 2021 (12): 1 – 11.

[19] WHO. Global air quality guidelines 2021 [M]. Geneva: World Health Organization, 2021.

[20] Xie Y, Dai H C, Xu X H, et al. Co – benefits of climate mitigation on air quality and human health in Asian countries – ScienceDirect [J]. Environment International, 2018 (119): 309 – 318.

[21] Xue W B, Wu W L, Fu F, et al. A study on the impact of coal consumption on $PM_{2.5}$ pollution in China [J]. Journal of Environmental. Management. 2016, 8 (2): 94 – 98.

[22] Yang X, Teng F, Wang X, et al. System optimization and co – benefit analysis of China's deep de – carbonization effort towards its INDC target [J]. Energy Procedia, 2017 (105): 3314 – 3319.

[23] Yin P, Brauer M, Cohen A J, et al. The effect of air pollution on deaths, disease burden, and life expectancy across China and its provinces, 1990 – 2017: An analysis for the Global Burden of Disease Study 2017 [J]. The Lancet Planetary Health, 2020, 4 (9): 386 –

398.

[24] Zhang S, An K, Li J, et al. Incorporating health co－benefits into technology pathways to achieve China's 2060 carbon neutrality goal: A modelling study [J]. Lancet Planet Health, 2021, 5 (11): 808－817.

[25] 中国煤炭消费总量控制方案和政策研究项目课题组．煤炭使用对中国大气污染的贡献 [EB/OL]．(2014－10－12) [2024－06－02]．http://cn. chinagate. cn/reports/2014－10/21/content_ 33824166. htm.

[26] 高庆先，高文欧，马占云，等．大气污染物与温室气体减排协同效应评估方法及应用 [J]．气候变化研究进展，2021，17 (3)：268－278.

[27] 国家统计局．中国能源统计年鉴 [M]．北京：中国统计出版社，2020.

[28] 国家卫生健康委员．中国卫生健康统计年鉴 [M]．北京：中国协和医科大学出版社，2017.

[29] 黄德生，张世秋．京津冀地区控制 $PM_{2.5}$ 污染的健康效益评估 [J]．中国环境科学，2013，33 (1)：166－174.

[30] 贾璐宇，王艳华，王克，等．大气污染防治措施二氧化碳协同减排效果评估 [J]．环境保护科学，2020，46 (6)：19－26，43.

[31] 李惠娟，周德群，魏永杰．空气污染的健康经济损失评价研究进展 [J]．环境科学研究，2020，33 (10)：2421－2429.

[32] 李云燕，宋伊迪．碳中和目标下的北京城市道路移动源 CO_2 和大气污染物协同减排效应研究 [J]．中国环境管理，2021，13 (3)：113－120.

[33] 刘晓云，谢鹏，刘兆荣，等．珠江三角洲可吸入颗粒物污染急性健康效应的经济损失评价 [J]．北京大学学报（自然科学版），2010，46 (5)：829－834.

[34] 陆潘涛，韩亚龙，戴瀚程．1.5℃和2℃目标下中国交通部门2050年的节能减排协同效益 [J]．北京大学学报（自然科学版），2021，57 (3)：517－528.

[35] 王桂芝，武灵艳，陈纪波，等．北京市 $PM_{2.5}$ 污染健康经济效应的 CGE 分析 [J]．中国环境科学，2017，37 (7)：2779－2785.

[36] 谢鹏，刘晓云，刘兆荣，等．我国人群大气颗粒物污染暴露—反应关系的研究 [J]．中国环境科学，2009 (10)：1034－1040.

[37] 谢志祥，秦耀辰，郑智成，等．京津冀大气污染传输通道城市 $PM_{2.5}$ 污染的死亡效应评估 [J]．环境科学学报，2019 (3)：843－852.

[38] 邢有凯，毛显强，冯相昭，等．城市蓝天保卫战行动协同控制局地大气污染物和温室气体效果评估——以唐山市为例 [J]．中国环境管理，2020，12 (4)：20－28.

[39] 中华人民共和国中央人民政府．国务院关于完整准确全面贯彻新发展理念做好碳达

峰碳中和工作的意见［N/OL］. 2021－09－24. http：//www.gov.cn/zhengce/2021－10/24/content_ 5644613.htm.

［40］中华人民共和国中央人民政府. 国务院关于印发打赢蓝天保卫战三年行动计划的通知［N/OL］. 2018－07－03. http：//www.gov.cn/zhengce/content/2018－07/03/content_ 5303158.htm.

第八章　生命周期评价及应用

生命周期评价是资源环境领域的重要方法之一。它通过提供有关资源和环境影响的定量数据，为资源管理和环境政策的决策提供重要支持。本章首先介绍了生命周期评价的基本知识，包括方法的起源与发展、框架步骤、评价工具，以及生命周期清单的三类编制方法。其次，从责任分配、工业企业和政府管理三个方面归纳总结了生命周期评价的主要应用领域。最后，以我国无废城市建设试点先进适用技术为例演示了如何开展生命周期评价。

第一节　生命周期评价介绍

一、生命周期评价简介

（一）起源与发展

一种产品、工艺或活动从原材料开采，到加工、包装、运输和销售，然后由消费者使用、维护，最终再循环或作为废弃物处理和处置的整个过程称为生命周期。而生命周期评价（Life Cycle Assessment，LCA）是指对整个过程的环境影响进行分析，并在此基础上探讨可能的削减手段和策略。

生命周期评价最早出现在20世纪60年代末、70年代初。1969年，美国可口可乐公司委托美国中西部资源研究所对饮料包装瓶的全生命周期资源消耗和污染排放进行了分析。根据研究结果，可口可乐公司抛弃了过去长期使用的玻璃瓶包装，转而采用塑料瓶包装。此后，世界范围内的多家研究机构也相继开展了一系列针对其他包装替代品的类似研究。

20世纪70年代，由于全球石油危机的爆发，生命周期评价工作从污染物的排放转向了能源分析与规划，随后又扩展到对废弃物问题的研究。20世纪

90 年代初，在可持续发展理念的影响下，生命周期评价进入快速发展时期。1990 年，国际环境毒理学和化学学会（SETAC）首次主持召开了有关生命周期评价的国际研讨会，并出版了“LCA 指南”。接着，国际标准化组织（ISO）开始筹划 LCA ISO 14040 系列标准的制定，开展了 LCA 方法和程序的国际标准化工作。其间，第一批学术论文也开始发表在 *Journal of Cleaner Production*、*Resources*，*Conservation & Recycling*、*International Journal of LCA*、*Environmental Science & Technology*、*Journal of Industrial Ecology* 等学术期刊上。与此同时，生命周期评价也被写入部分政策和环境规制文件，开始发挥越来越大的作用。

自进入 21 世纪以来，生命周期评价受到越来越多的关注。2002 年，联合国环境规划署和 SETAC 发起了生命周期倡议（Life Cycle Initiative），旨在将生命周期思想付诸实践，并通过更好的数据和指标改进相关模型方法。欧洲生命周期评估平台（European Platform on Life Cycle Assessment）成立于 2005 年，致力于促进有质量保证的生命周期数据、方法和研究的可用性、交流和使用，以为（欧盟）公共政策制定和商业发展提供可靠的决策支持。一些国家（如美国、荷兰、丹麦、法国、日本、韩国等）也制订计划和组织培训，研究和推广生命周期评价的方法学。近年来，随着人们对环境问题的日益关注，生命周期评价得到了进一步的发展。例如，伴随气候变化成为全球的焦点问题，多个国家已先后提出建立基于生命周期的碳足迹核算标准。

（二）框架步骤

根据 ISO 14040，生命周期评价的框架包含四部分（见图 8－1）。首先是研究目标与范围，其次是清单分析，再次是影响评价，最后是结果解释。

1. 研究目标与范围

这是生命周期评价的第一步，旨在确定生命周期评价的评价目标，再根据评价目标来确定研究范围，包括功能单位、系统边界以及环境影响类型等。

（1）评价目标

评价目标是生命周期评价的出发点和立足点。这一步骤要求明确地表述评估的目的与范围、应用意图，进而陈述开展该项研究的理由以及它的使用对象，即研究结果的接收者或预期交流对象。因为根据使用对象的不同，研究的组织开展方式也可能是不同的。

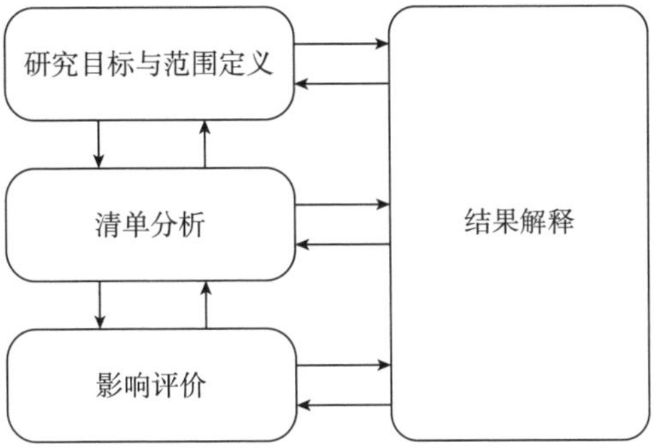

图 8－1　生命周期评价框架

一般生命周期评价的目的主要是对特定产品或过程中的环境影响进行评价，以获得改进该种产品环境表现的结果，最终指导实际的生产生活。大多数情况下生命周期评价是做横向对比，也就是在几种产品之间进行对比。如果是在生产前开展评价，很可能是设计 2～3 个替代方案，然后对比这些方案中哪个对环境可能更友好。例如未来低碳发展路线的选择，在研究过程中可能会对比几种不同的发展模式，然后基于评价结果确定哪种发展模式可能会更优。如果产品已经投入生产，其目的往往是评价产品的生产流程，并在将干扰和额外成本降到最低的前提下，尽可能地改善其环境表现。

（2）研究范围

研究范围包括多个方面的内容，包括围绕满足研究目的确定功能单位、系统边界以及时空范围等。

①功能单位

生命周期评价要求清晰地了解目标产品或过程的功能，进而设定一个可比的功能单位，用于评价研究对象的环境绩效。功能单位指能够进行最终比较的计量单位，根据研究对象的不同可能会不同。由于要对结果进行对比，同一个生命周期评价内的不同产品应该使用同一个功能单位，如重量单位或体积单位。功能单位应明确定义且可测量，同时要考虑产品的寿命以及使用的数量和频率。

②系统边界

系统边界的准确界定对生命周期评价目标的顺利实现至关重要。一个典型的生命周期主要包括四个阶段，分别是原材料阶段、加工制造阶段、使用阶段和最终处置阶段。产品在任何一个生命周期阶段都可能会对环境资源造成影响。一方面，产品可能需要从环境中获取资源以维持其生产过程；另一方面，它可能会向自然界排放各种废弃物和污染物，这一来一去都会对自然环境造成影响。

生命周期评价相关研究通常将产品的第一阶段，也就是原材料阶段，比喻为产品的摇篮，将最后一个阶段，即废弃物处理阶段，比喻为产品的坟墓。因此，整个生命周期被视为一个从“摇篮到坟墓”的过程。如果研究的目标是进行完整的产品生命周期分析，比如前文提到的可口可乐公司要选择塑料瓶还是玻璃瓶，那么需要进行从“摇篮到坟墓”的全面研究。

然而，有些研究需求可能并不需要对整个生命周期进行分析，而是根据核算的目的和对象来调整生命周期评价的边界范围。例如，在计算中国对美国的出口贸易中的隐含资源转移时，只需要考虑前两个阶段，即原材料阶段和加工制造阶段（也称“摇篮到大门”阶段）。这是因为只有这两个阶段的污染排放留在中国。产品出口到美国后，由美国消费者使用，最终的废弃物处理阶段也发生在美国，因此不需要考虑在内。在这种情况下，可以根据研究的具体要求，灵活调整生命周期评价的范围。

③时空范围

除了系统边界，开展生命周期评价还要非常注意地理边界和时间边界的区分与厘定。地理边界可以理解为空间范围的划分，一方面，涉及环境影响的地理区域范围（见表 8 - 1）。可以看到，有些环境问题是地方性、区域性的，影响范围只限于局部地区，如淡水资源耗竭以及河流湖泊的富营养化问题。而有些问题是全球性的，影响范围波及全球，如全球变暖、能源资源耗竭等问题。

另一方面，生命周期评价涉及大量基础数据，其中很多数据存在地理差异，即在不同的地理区域上是不同的，地理边界选择有误会影响评价结果。以计算一台电脑生命周期碳排放为例。电脑在使用阶段会消耗电力，虽然电力在全世界各个地方提供的能量是相同的，但是电的来源不同，引发的碳排放也有所不同。以往的区别主要来源于用于发电的化石能源种类不同，如国外可能使用石油发电，中国可能使用煤发电。这两种发电方式有所不同，造成的碳排放也有所不同。

表 8－1　生命周期评价环境影响类型及其空间影响范围

环境影响类型		影响领域			空间范围	
		自然资源枯竭	人体健康风险	生态系统健康风险	全球性	区域性
不可再生资源耗竭	矿产资源	+			√	
	能源资源	+			√	
可再生资源耗竭	淡水资源	+				√
	土地资源	+	（+）	（+）		√
环境负荷	全球变暖		（+）	+	√	
	臭氧层耗竭		（+）	（+）	√	
	光化学烟雾		+	+		√
	环境酸化		（+）	+		√
	富营养化			（+）		√
	人体毒性		+			√
	水生生态毒性		（+）	+		√
	陆生生态毒性		（+）	+		√

资料来源：赵桂慎等（2021）。

注：＋表示存在的直接影响；（＋）表示潜在的间接影响。

近年来，许多国家都在进行能源转型，从依赖化石能源逐渐转向可再生能源。越来越多的电力供应来自可再生能源，如风力发电和太阳能发电。可再生能源的碳排放较化石能源低，如果在某产品使用的电力中可再生能源发电比例较高，那么该产品的碳排放就会较低；反之，如果可再生能源发电比例较低，碳排放则较高。因此，为了便于核算不同电力来源的碳排放数据，专门建立了电网排放因子数据库。在研究中，需要特别注意选择准确、可靠的数据。

时间边界也是一个非常重要的话题。在经济学中，时间具有非常大的价值，同样数目的钱在现在和未来具有不同的价值。同样地，环境资源问题也会因为时间尺度不同而产生不同的后果。时间边界选择不同，研究的问题和结果都会有所不同。例如，二氧化碳是最常见的温室气体，除二氧化碳以外，常见的温室气体还有甲烷和氧化亚氮等。三种气体化学性质不同，在大气中随时间产生的化学反应也有所不同，因此造成全球变暖的效果也不同。研究中通常通过全球变暖潜力指数将甲烷和氧化亚氮按照导致全球变暖的效果折算成二氧化碳当量，即将 1 千克二氧化碳使地球变暖能力作为 1，甲烷和氧化亚氮均以其相对数值来表示。经过科学家的计算，假如以 20 年为一个时间尺度，这期间甲烷造成的全球变暖效果是二氧化碳的 72 倍，而氧化亚氮是二氧化碳的 289 倍。如果把这个时间尺度拉长到 100 年，这两个折算比例就会发生改变，其中甲烷的变暖效应降低到二氧化碳的 25 倍，而氧化亚氮是二氧化碳的 298 倍。

2. 清单分析

清单分析是指对产品、工艺或活动在整个生命周期内的资源、能源需求以及对环境的排放进行量化分析。清单分析的目的是建立以产品功能单位为衡量标准的产品的系统输入和输出。其中输入主要是资源的使用，如能源、矿产品、水资源等；输出主要是污染物的排放，如碳排放、大气污染、固体废物或者水污染物等。生命周期清单分析包括制作生命周期全流程图、数据收集、数据核实、进一步完善系统边界、数据处理和汇总等步骤。进行清单分析是一个反复的过程，随着对系统的进一步了解以及数据可能存在的限制，可能需要改变数据收集对象和收集方法。

在各步骤中，最主要和最困难的工作就是收集数据，并使用数据库建立完整的生命周期模型。当研究的产品较为复杂时，应有分解的程序。如石油提炼可能产生多种产品，需要对每种产品独立进行追踪。通过数据收集，生命周期模型量化描述了产品生命周期全过程发生的各种资源消耗和环境排放。将各个过程汇总求和，可以得到各项资源消耗和环境排放的全生命周期总量。这也被称作生命周期清单结果，是后续进一步计算分析的基础。

3. 影响评价

影响评价是指对清单分析中辨识出来的环境负荷的影响做定量或定性的描述和评价。这一步难度较大，主要目的是把上一步建立的资源消耗和环境排放清单项目合并在一起，转化为常见的、人们最关心的资源环境影响类型指标。生命周期影响评价主要包括以下三个步骤。

（1）影响分类

这一步将清单分析得到的物流和能流原始数据归到不同的环境影响类型中（见表 8－1）。影响类型通常包括资源耗竭、人类健康影响和生态健康影响三个大类。每个大类下又包含许多小类，如生态健康影响包含全球变暖、臭氧层破坏、酸雨、光化学烟雾和富营养化等。需要注意的是，一种原始数据可能同时具有不同的影响效应，如氯氟烃（CFC）的排放可能同时引发全球变暖和臭氧层破坏效应。

需要注意的是，并非任何一个生命周期评价都需要将所有的环境影响考虑在内，要根据研究目标去确定环境影响的具体类型。例如，如果需求方关心的是低碳发展问题，那么只需计算和分析碳排放数据；如果他们关注水资源的节约利用，那么只需计算和分析水资源相关数据；如果需求方仅关心土地资源，如土壤面积占用或土壤污染等问题，那么只需计算和分析土地资源数据。根据需求方的具体关切点，可以有针对性地选择和进行相应的资源分析，以满足其特定的可持续发展目标和需求。

（2）特征化

现有生命周期评价一般默认原始的环境干扰（输入或输出）与环境影响之间存在一种线性关系，由于性质不同的生态健康影响因子对同一种环境影响的贡献潜力是不一样的，因此需要建立环境影响与数据清单之间的联系，这个过程就是特征化。“当量系数法”（Equivalent Factor）是特征化最常见的方法，即以某影响类型中某种生态健康影响因子为基准，把其影响潜力视为1，然后将其他影响因子与其比较，从而得出各类影响因子的相对影响潜力大小，即当量系数，进而计算不同影响类型的环境影响潜值。目前，全球变暖、富营养化等环境影响已经建立了比较统一的当量模型。例如，用臭氧消耗潜值（ODP）指数，可以定量比较不同物质分子对臭氧层造成的影响。各种环境影响类型及主要影响因子的当量系数见表8－2。

（3）可选步骤

在上述特征化工作的基础上，生命周期评价还可以进一步对结果进行加工。如结果的标准化，即将结果与基准值（全球、全国或某一地区的资源消耗或环境排放的总量或均值数据）进行对比。这一步的基本原理是提供时间和空间视角，并帮助验证结果。此外还有加权评估。这一步的目的是确定不同影响类型的贡献大小，即权重，以便得到一个数字化的可供比较的单一指标。比如，一个评估者或者一个国际标准组织可能会认为臭氧消耗影响的重要性是能见度下降的2倍，并相应地将权重系数应用到各个不同的环境影响上。常见的权重确定方法有目标距离法、专家组评议法、层次分析法三种。

表 8－2　环境影响类型及主要影响因子的当量系数

环境影响类型	排放物质	当量系数	环境影响类型	排放物质	当量系数
全球变暖	CO_2	1	光化学烟雾	C_2H_4	1
	CH_4	21		HC（烃类化合物）	0.416
	N_2O	298		CH_4	0.007
	SF_6	22200		汽油	0.398
臭氧层耗竭	CFC－11（一氟三氯甲烷）	1	人体毒性	1，4－DCB（1，4－二氯苯）	1
	HALON－1201（溴二氟甲烷）	1.4		莠去津	4.5
				氧化乐果	44
	CFC_S	0.959	水体毒性	1，4－DCB	1
	CCL_4	1.09		莠去津	5000
环境酸化	SO_2	1		氧化乐果	170
	NH_3	1.88	土壤毒性	1，4－DCB	1
	NO_x	0.7		莠去津	6.6
	SO_x	1		氧化乐果	0.8
富营养化	PO_4^{3-}	1		Cu	14
	TP	3.06		Zn	25
	NO_x	0.13		Cd	170
	NO_3^-	0.42		Pb	33
	NH_3	0.33			

资料来源：Huijbregts 等（2000）；邓南圣和王小兵（2003）。

4. 结果解释

生命周期解释指结合研究目标和范围，根据一定的评价标准，对生命周期清单分析和（或）影响评价结果进行辨识、量化、核实和评价，对影响评价结果做出分析解释，包括说明主要的环境影响来自哪里，哪个环节是薄弱环节和存在潜在改善机会，最终为达到产品的生态最优化目的提出改进建议。执行生命周期解释的一个关键目的是确定最终结果的置信度，并以公平、完整和准确的方式传达这些结果。因此，这一步骤还应包括不同方案对比的结论以及数据质量评估的结论等，如对可能存在影响却没有被纳入评估范围的要素做出解释。

（三）评价工具

生命周期评价经过多年的发展，已经有很多成熟的模型工具和数据库可供选用，以下是几个典型的模型工具和数据库的介绍。

1. ecoinvent

ecoinvent 数据库是由瑞士苏黎世的 ecoinvent 协会开发的，是一个生命周期清单（LCI）数据库。其支持各种类型的可持续性评估，能够帮助用户跟踪其产品在整个供应链中对环境的影响，并了解其结果。此外，它还有很强的灵活性，允许根据用户的需要对数据进行加工。ecoinvent 数据库被广泛应用于多个生命周期软件（包括下文提到的 Simapro、GaBi 和 openLCA），在世界范围内的影响非常大。

ecoinvent 数据库包含超过 2 万个可靠的 LCI 数据集，涵盖了包括农业和畜牧业、建筑业、化学品和塑料、能源、林业和木材、金属、纺织品、运输、旅游住宿、废物处理和回收、供水以及其他工业部门在内的一系列行业。由于 ecoinvent 数据库是一个基础数据库，其目的是涵盖与所选产品或服务最相关的地理区域的活动。因此，ecoinvent 数据库中的每项活动都有一个地理位置，使用国际公认的缩写作为数据集名称的一部分。同时，由于地理覆盖面取决于数据质量和可用性。因此，数据库中的几乎每个活动都有一个代表全球流程的数据集，即全球平均产量。

2. Simapro

Simapro 是由荷兰 PRe Consultant 公司开发出的影响评估软件，是数据库最丰富的 LCA 软件之一。其特色是具有详尽的制造阶段数据库，且可以选择图文输出方式，使使用者操作更为简便。Simapro 以系统和透明的方式轻松建模和分析复杂的生命周期，通过确定供应链中每个环节的热点，衡量产品和服务从原材料的提取到制造、分销、使用和处置等生命周期阶段对环境的影响。

3. GaBi

GaBi 是德国 Sphera Solutions GmbH 集团运营的环境影响评估软件及数据库。GaBi 拥有 1.5 万个计划和流程，由数倍于此的单元流程实例构建，并在很大程度上基于该集团与公司、协会和公共机构在全球合作期间收集的原始数据。GaBi 所有单个数据集都是统一标准，因为它们的开发方法和边界一致。

GaBi 有一个独特的年度升级计划：每年 GaBi LCA 数据库中的所有内容都会完全更新，为用户提供最新的 LCI 数据和影响方法。

4. openLCA

openLCA 是一个开源和免费的可持续性和生命周期评估软件，具有以下特点：快速、可靠地开展可持续性评估和（或）生命周期评估；对计算和分析结果提供非常详细的解释；在整个生命周期中，按流程或影响类别在地图上进行可视化展示；易于共享；将生命周期成本计算和社会评估顺利融入生命周期模型；用户友好，具有多种语言的用户界面；先进高效，有存储库和协作功能。

二、生命周期清单编制方法

生命周期评价的核心步骤之一是编制和分析 LCI，目前有三种方法被用于这一步骤，包括从下至上的过程分析方法、从上至下的投入产出方法以及结合过程分析法和投入产出法的混合分析方法。

（一）过程分析方法

过程分析是一种从下至上的方法，旨在通过详细研究产品或过程的各个组成部分，追溯系统整个生命周期的环境影响。该方法沿着产业链下游向产业链上游的生产过程层层追溯产品的各个生产过程对环境的影响，下面以水泥为例来演示过程分析方法是怎么开展的（见图 8－2）。

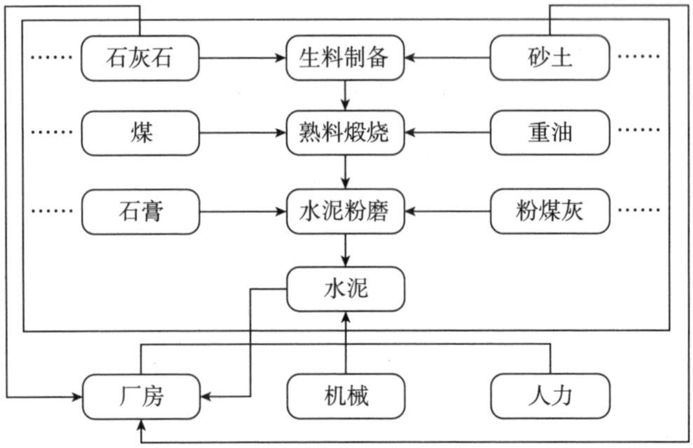

图 8－2　水泥的过程分析方法

水泥的生产主要经过三个步骤，即生料制备、熟料煅烧和水泥粉磨。过程分析方法会分别追溯这三个过程的输入和输出清单，如生料制备需要石灰石和砂土的投入、熟料煅烧需要煤和重油的投入、水泥粉磨需要石膏和粉煤灰的投入，而熟料煅烧需要消耗化石能源等。接下来，这些原材料的生产也需要经过不同的生产流程和不同原材料的投入，如重油是从原油冶炼而来。追溯会一直持续下去，直到原始矿产的开采阶段，即社会经济与自然生态系统的交界面。过程分析方法将所有子过程的环境影响进行加总即得到水泥全生命周期的环境影响，即图 8－2 中的方框内容。

可以看到，过程分析方法的结果非常详细，能够全面地了解和评估目标产品的环境影响。然而，该方法也存在追溯耗时费力的缺点。当前在工业化大生产背景下，各产业分工非常细化，每种产品的生产由多个生产环节组成，每个环节可能涉及多种原材料的投入。因此，对目标产品全产业链过程进行追溯将引出无穷无尽的关联，如水泥的生产还可能涉及厂房、机械和人力的投入。单纯的过程分析方法无法对所有过程进行完全的追溯，通常在有限的几个步骤后就被迫截断，由此带来无法避免的“截断误差”，如水泥的追溯通常会忽略厂房、机械和人力的投入。而有时候，部分追溯可能会发生循环，如水泥的生产需要厂房，而厂房的建造又需要水泥。在现实中研究者一般不会自行追溯目标产品或过程的全生命周期，而是从现有的数据库中选用合适的强度数据，将其近似为输入或输出产品造成的环境影响。由于研究难以开展，可供过程分析方法使用的基础排放强度数据数量有限，很多时候不得不采用来自其他国家或者多年前的数据。由于不同经济体生产的同种产品的环境影响各不相同，这些数据有可能给出错误甚至相反的结果。

（二）投入产出方法

1. 经济投入产出表

投入产出方法与过程分析方法正好相反，是一种从上至下的方法，最早是由美国经济学家里昂惕夫提出的。他于 1936 年在《经济学和统计学评论》中发表了关于投入产出的首篇论文——《美国经济制度中投入产出数量关系》，1973 年他因为投入产出系列工作获得了第五届诺贝尔经济学奖。投入产出方法结合了苏联国民经济计划平衡思想和瓦尔拉斯的一般均衡思想，旨在通过建立基于投入产出表的数学模型，研究国民经济各个部门之间相互依存、相互制约的数量关系。

投入产出方法的核心是经济投入产出表（见图8－3）。经济投入产出表是以矩阵形式来描述国民经济的各个部门在一定时期（一般以一年为标准）生产活动中投入来源和产出使用的去向，是国民经济核算体系的重要组成部分。

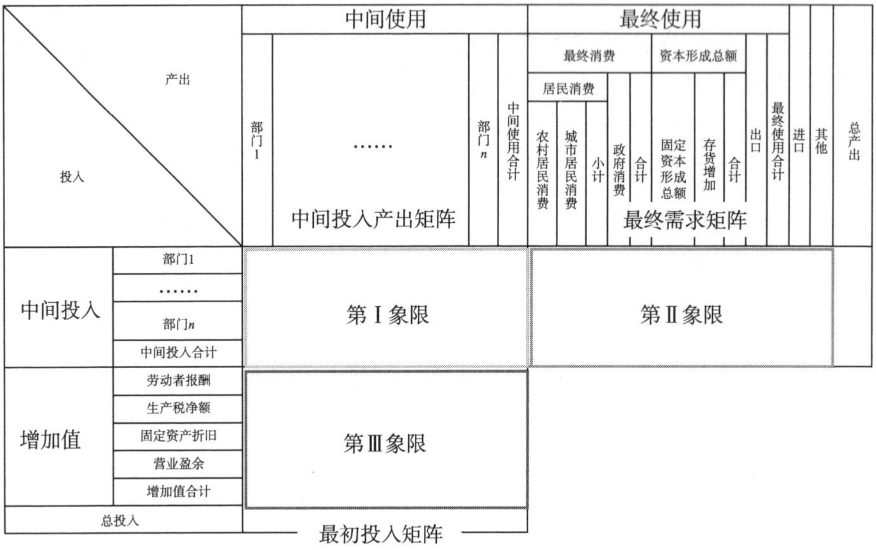

图8－3　经济投入产出表

投入产出表主要分成三个象限。第一象限为中间投入产出矩阵，描述的是部门和部门之间相互关联、相互依存的关系。行方向代表每个部门跟其他部门的中间投入关系，即每个部门的产出如何分配到其他部门。以农业部门为例，农业部门产出农产品，农产品会分配到其他部门被用作中间投入进行进一步的加工，如出售给副食品部门加工成副食品。列方向代表每个部门在生产活动中消耗的其他部门的产品。同样以农业部门为例，农业部门的生产活动需要消耗拖拉机部门生产的拖拉机、化肥部门生产的化肥、农药部门生产的农药等。每个部门都需要通过消耗其他部门的中间产品才能完成本部门的生产，这其中包括消耗自身生产的产品。例如，在石油开采过程中，油井会消耗部分开采出的石油，提供能量继续开采下一批石油。这部分中间投入和产出可以用投入产出表对角线上的数据反映。

第二象限为最终需求矩阵，主要从行方向来看，表示每个产业部门生产的产品的最终使用情况，即每个部门生产的最终产品如何进行分配。以农业部门生产的粮食为例，一部分粮食被用作中间产品，供其他部门使用；另一部分则直接用于最终消费，例如供农村和城市居民食用，或供政府为全社会提供公共服务。此外，部分部门的最终产品可能会形成固定资本。比如建筑部门，建筑部门建造的房屋不仅在当年使用，并且会持续多年使用；机械设备部门生产的机械设备也会形成固定资产。此外，如果今年生产的产品没有完全销售出去，则会记为存货增加。存货增加可以是正值，也可以是负值，正值表示存货上升，负值表示存货下降。它包括购进的原材料、燃料和储备物资，以及产成品、在制品和半成品等存货。如果是一个国家的投入产出表，还需要考虑进出口的平衡关系。由此一来，列方向主要反映各项最终使用的规模及其构成。

第三象限为最初投入矩阵，反映各产品部门的增加值及其构成情况。每个部门出售产品获得的收入除了用于购买其他部门的中间产品，剩下的一部分会作为工资发给工人，一部分会用于缴税，还有一部分会用于资产折旧，剩下的为营业盈余。

经济投入产出表存在一系列平衡关系，其中与生命周期评价相关的主要是行方向的平衡关系。假设投入产出表有 n 个部门，$z_{i,j}$表示从部门 i 投入到部门 j 的经济流，d_i表示部门 i 提供给最终使用的经济流，x_i表示部门 i 的总经济产出，则行方向平衡关系可以表达为：

$$x_i = \sum_{j=1}^{n} z_{i,j} + d_i \tag{8-1}$$

即部门 i 的总经济产出等于部门 i 提供的中间使用加上最终使用。

2. 生态投入产出方法

投入产出方法于 20 世纪 70 年代被应用到生态环境领域，计算产品的能源和劳动强度，后续也被应用于分析产品和服务不同的环境影响。图 8－4 给出了任一部门 i 的生态投入产出平衡关系。

其中，F_i为直接投入生产部门 i 的生态要素，如化石能源、矿产资源与水资源等，ε_i表示部门 i 产品的生态要素强度，即一单位产品造成的全部环境影响。图 8－4 中的生态要素流平衡关系可表示为以下方程：

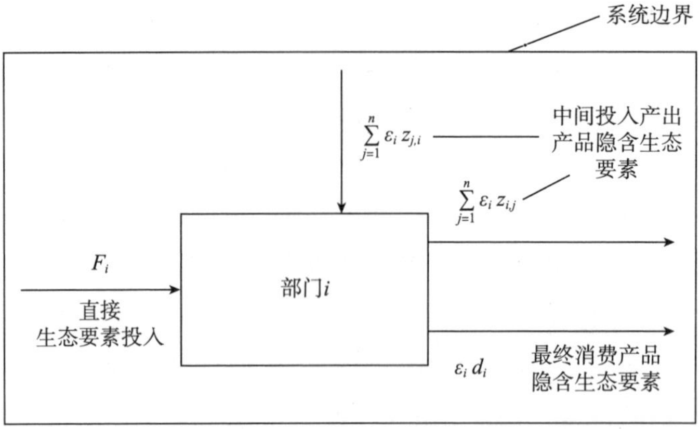

图 8-4　生态投入产出方法

$$F_i + \sum_{j=1}^{n} \varepsilon_j z_{j,i} = \varepsilon_i\left(\sum_{j=1}^{n} z_{i,j} + d_i\right) \tag{8-2}$$

对于包含 n 个部门的经济系统，式（8-2）可以进一步表示为矩阵形式：

$$\boldsymbol{F} + \boldsymbol{\varepsilon Z} = \boldsymbol{\varepsilon X} \tag{8-3}$$

其中：

$$\boldsymbol{F} = [F_i]_{1\times n}, \boldsymbol{\varepsilon} = [\varepsilon_i]_{1\times n}, \boldsymbol{Z} = [z_{i,j}]_{n\times n},$$
$$\boldsymbol{X} = [x_{i,j}]_{n\times n}, \text{当 } i=j \text{ 时}, x_{i,j} = x_i, \text{当 } i\neq j \text{ 时}, x_{i,j} = 0$$

因此，各部门各产品相应地体现生态要素强度，即环境影响可以通过式（8-4）计算：

$$\boldsymbol{\varepsilon} = \boldsymbol{F}(\boldsymbol{X} - \boldsymbol{Z})^{-1} \tag{8-4}$$

投入产出方法克服了过程分析方法的“截断误差”（Bullard et al.，1978），操作省时省力。但是，受基础投入产出数据的限制，投入产出方法通常只能大致将近乎无限多的产品划分为有限的类别（类别数通常介于数十至数百之间，用投入产出表中的部门来表征），然后再同时计算每个产品类别（部门）平均的环境影响数据。因此，投入产出方法得到的结果是针对整个部门平均的强度，只能用于该部门典型产品的环境影响评价。而当目标产品并非这些部门的典型产品时，应用该数据带来的误差可能会很大。如生活垃圾的处理在中国 2017 投入产出表中归属公共设施管理及土地管理业，现行主流处理手段（填埋和焚烧）的环境影响可以近似认为等于该部门的平均强度结果。然而，先进的废弃物处理技术只是在小范围内试点（见本章第三节案例研究)，并非废弃物处理部门的典型产品，对环境产生的影响也并不能用该部门的平均数据来衡量。假如需要对比同一部门内两种不同产品的环境影响(如前文提到的产品包装的选择，这也正是大多数生命周期评价的研究目标)，投入产出分析的结果不适用。

此外，投入产出方法只能涵盖各部门典型产品的生产阶段，即从“摇篮到大门”，无法用于分析后续的使用及报废阶段（尽管这些阶段的环境影响，可能由投入产出表中的其他部门覆盖，如回收再利用部门)。因此，投入产出方法的适用场合有限。由于宏观尺度的经济投入产出数据一般可得，且对宏观尺度经济体进行过程分析可能非常烦琐，一般使用投入产出方法来研究宏观经济体，如世界经济、国家经济或区域经济的环境影响，以及不同经济体之间贸易隐含的环境影响转移问题。

（三）混合分析方法

综上所述，过程分析方法和投入产出方法各有优越性。考虑到投入产出方法能够完整涵盖所有对象之间的普遍关联，而过程分析方法能够对微观对象进行有针对性的分析，Bullard 等（1978）于 20 世纪 70 年代首先提出了结合两者优点（同时避免两者缺点）的混合分析方法。经过几十年的发展，混合分析方法取得了很大进展。

Crawford 等（2018）在综述了混合分析方法研究进展的基础上，根据过程分析方法和投入产出方法混合程度的不同将现有混合分析方法归为四类（见图 8 -5)。

1. 层级混合法

这种方法旨在结合投入产出方法和过程分析方法的系数扩展目标产品或过程的系统边界。该方法首先由 Bullard 等（1978）在 Bullard（1975）早期工作的基础上开发。在该方法中，基于过程分析的数据和基于投入产出的数据之间的界限是由用户定义的，因此可能有很大的灵活性。例如，有些评估使用从投入产出表中得出的系数来表示与生产过程有关的所有输入和输出，使用和废弃物处理阶段则使用过程数据来建模，如 Wang 等（2012）评估生物质气化系统。与此相反，研究者也可以首先进行广泛的过程分析，而仅在没有详细的过程数据时使用基于投入产出的系数来近似表征产品上游阶段的环境影响。例如，Zhai 和 Williams（2010）在评估光伏系统时就采用了这种方法。层级混合法在四类混合分析方法中被应用得次数最多，但也存在“截断误差”和重复计算等问题。

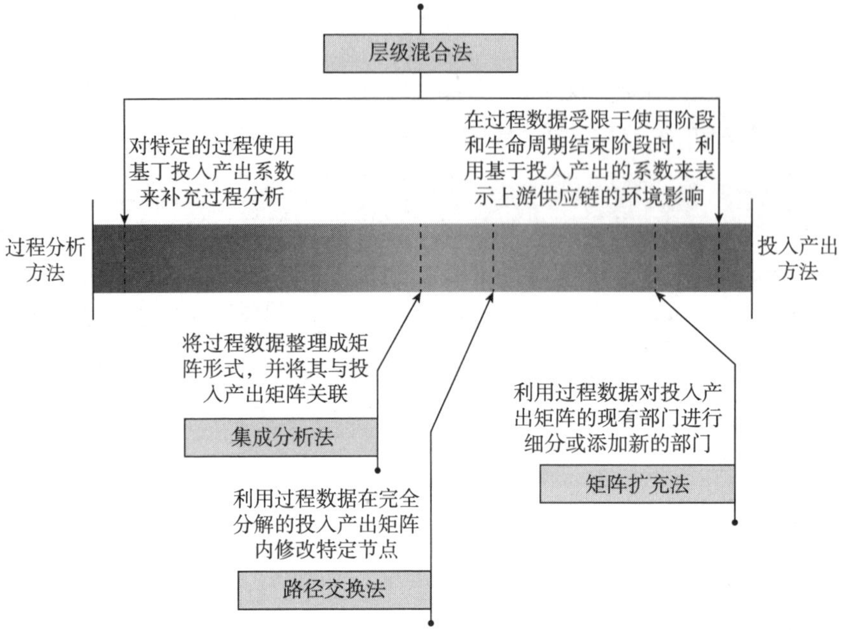

图 8 – 5　混合分析方法谱系

资料来源：Crawfora et al.（2018）。

2. 路径交换法

这种方法指对投入产出矩阵进行数学分解，然后在不改变数据完整性的前提下，基于详细的过程分析数据识别和修改部分路径。该方法最早由 Treloar（1997）提出，Lenzen 和 Crawford（2009）的研究使其更加规范化。在数学上，里昂惕夫逆公式［$(I-A)^{-1}$］可以被分解为从零开始到理论上无穷大的一系列阶段，其中每一项都代表供应链的一个层次。在此基础上，Treloar（1997）进一步将该方程分解为离散节点，这些节点组合在一起时将代表供应链每一级每个部门的每一个输入。通往目标产品所在部门的一系列离散节点即构成一条路径，可以根据需要引入过程分析数据修改其中的某些特殊节点，再计算新供应链下的特定产品或过程的环境影响。Olivier 和 Manfred（2010）使用这种方法评估了大学的环境表现，通过调整供应链来表征不同的情景。路径交换法较为复杂，且对数据的要求非常高，因此应用相对较少。

3. 矩阵扩充法

这种方法也常被称作基于投入产出的混合方法，主要做法是直接修改投入产出矩阵，以创建一个或多个额外的经济“部门”。该方法最早由 Joshi（1999）开发，主要用于评估一个特定的商品或服务，或者是一个大部门中的子部门，如 Wiedmann 等（2011）对风力发电的研究；或者是尚未纳入投入产出表的部门，如 Malik 等（2015）对澳大利亚生物燃料的研究。该方法有两种应用方式，可以是将现有部门划分为多个子部门，也可以创建一个新的部门。第一种方式被 Joshi（1999）称为模型Ⅲ。该模型先假设子部门的所有投入都与原部门成比例，然后使用可用的过程分析清单数据修改它们，过程分析数据不可用的则保持原样。第二种方式被 Joshi（1999）称为模型Ⅱ，十分适用于新兴技术和部门的生命周期评价。其中过程分析清单数据被用于模拟新部门的物质投入需求，而非物质投入可近似使用同类别部门的投入数据。在两种方式中，产出通常都被假设为与原部门一致。该方法旨在减少投入产出方法固有的聚合误差，即将很多不完全一致的产品或产业加总为一个部门带来的误差，但并不能完全克服。

4. 集成分析法

这种方法首先将过程分析数据表示为一个技术矩阵，然后将其连接到投入产出表上，最后通过严格的矩阵计算来开展相关分析。该方法将过程和投入产出数据集成在同一个矩阵框架内，使用一组称为上游和下游截止矩阵的向量来连接两套数据。这些向量用于表示从投入产出矩阵到某一过程的投入（上游截止矩阵），以及投入产出部门对货物和服务的购买（下游截止矩阵）。该方法最早由 Suh 和 Huppes（2000）提出，其优点是将过程分析和投入产出数据整合到同一个框架体系中。该方法自提出后有很多相关应用，如 Acquaye 等（2012）使用这一方法评估了不同情景下生物燃料对英国经济的潜在影响。集成分析法在引入过程分析数据的同时并未从投入产出表中减去相关项目，有可能会造成重复计算。此外，该方法较为费时费力。

第二节　生命周期评价主要应用领域

生命周期评价结果可以应用到多个领域。首先，生命周期评价可用于政策制度和市场体系的建设，包括制定各种奖惩政策和制度，鼓励低碳绿色的产品和技术的应用。其次，生命周期评价也可以用来制定各行业各产品的评价标准体系。政府可以依据标准对产品实行市场准入等管理。企业也可以按照相关评价标准，编制自己产品的技术评价报告，经过第三方的审核，可以用在产品的市场宣传和企业的品牌建设当中。最后，生命周期评价结果也可以用于绿色采购和绿色消费上，从而最终为全社会的可持续生产和消费提供方法和数据的支撑。下面将从责任分配、工业企业和政府管理三个方面分析生命周期评价的主要应用领域。

一、在责任分配中的应用

生命周期评价的结果不仅可以为微观层面，如生产者与消费者之间的责任分配提供科学依据和数据支持，还可以为宏观层面，如国际责任分配和国际政策制定提供重要的信息和数据支持。

（一）生产者和消费者责任分配

生命周期评价对于构建生产者与消费者之间的责任分配机制至关重要。生产者利用生命周期评价的结果来标识其产品的环境性能，并通过对产品的认证向消费者传达此类信息。正是通过透明地呈现产品生命周期环境表现，消费者能够在购买决策中识别出环境性能更佳的产品和承担责任更大的生产者，进而激励生产者不断改进技术以满足商品市场日益增长的可持续性与环保性。当然，生命周期评价也可用于启发消费者，让他们了解自己的购物和消费决策对环境的影响，这有助于培养更加负责任、更加可持续的消费行为。通过生命周期评价，消费者和生产者之间的信息会更加对称，推动形成更加负责任的生产和消费模式，有助于营造透明、健康的市场环境。

（二）国家责任分配

在国际视角下，生命周期评价可以帮助国家了解其进出口产品的环境影响，从而促使各国在贸易谈判中更好地协商环境责任，以确保在全球供应链中各个环节的环境责任得到平衡和合理分配。与此同时，生命周期评价有助于国家与国家开展合作，定位环境问题的薄弱点，共同应对全球性环境问题。

二、在工业企业中的应用

（一）产品开发与设计

在产品开发和设计过程中，一些工业企业可能会委托专业人员开展生命周期评价，其内容涉及如何设计一个低碳环保的产品；或者在两套生产流程中选择哪一套对环境更为友好的问题，如前文提到的玻璃瓶和塑料瓶的选择。工业企业通过生命周期评价确定和采用更加可持续的、环保的生产方式生产对环境更为友好的产品，满足日益增长的可持续发展要求。

（二）环境市场

环境市场是指一系列与环境保护、资源管理和可持续发展相关的市场和交易机制。这些市场和机制的主要目标是推动工业企业采取更环保的做法，减少对自然资源的消耗、降低环境污染和碳排放。

全球范围内最主要的环境市场之一是碳排放交易市场。在碳排放交易市场中，企业每年初由国家政府等组织分配一定的碳排放配额，企业在配额内可以免费排放相应数量的碳。然而，如果企业的排放超过配额，就需要购买额外的碳排放权。这种权利可以从没有用完其配额的企业购买。相反，企业如果排放未超过配额，剩余的权利可以出售给其他企业。在这一过程中，生命周期评价成为关键工具。企业在生命周期评价的指导下设计组织最优化的生产流程，以最大限度地降低其在碳排放交易市场上的碳排放成本。

过去，环境市场还包括由《京都议定书》规定的清洁发展机制（CDM）。在这一机制下，发达国家有减排的责任，而发展中国家没有这一责任。当发达国家无法履行减排义务时，可以向发展中国家购买减排额。在 CDM 下，企业可通过生命周期评价评估未来可能的减排额及预测参加 CDM 可能获得的收益。尽管随着《京都议定书》到期，该机制的重要性有所减弱，但相关经验对于企业基于生命周期评价结果参与当前碳排放交易市场仍具有借鉴意义。

（三）企业决策战略计划

工业企业作为一个营利性主体，开展生命周期评价的目的主要在于通过低碳环保的产品设计实现经济效益最大化。工业企业领导层可在决策中充分考虑产品整体生命周期对环境的影响，进而有针对性地塑造其对社会负责任的形象，为树立企业的环保竞争优势提供机会。

三、在政府管理中的应用

(一) 制定环境政策与建立环境产品标准

生命周期评价在制定环境政策和环境产品标准方面发挥着重要作用。政府在制定具体且有效的环境政策时，并非凭主观决定，而是需要依据详细的分析结果。由此政府可通过生命周期评价进行深入的调研和核算，全面了解产品或服务在其整个生命周期内的环境影响，制定更有针对性的法规和标准，以促使企业采取更环保的生产和运营方式。

(二) 实施生态标志计划

生命周期评价的结果对实施生态标志计划同样至关重要。生态标志是为那些在其生命周期中对环境影响较小的产品或服务颁发的认证，消费者可以通过认证标志轻松识别符合特定环保标准的产品或服务。政府可以基于生命周期评价的结果设计和实施生态标志计划，以鼓励企业生产更可持续的产品，进而引导市场向更环保的选择方面迈进。

(三) 优化政府的能源、运输和废物管理方案

在能源管理方面，政府通过生命周期评价能够深入了解各种能源在获取、转换和使用过程中的环境影响。在此基础上，政府可优化其能源管理方案，鼓励可再生能源的使用，减少对高碳能源的依赖，降低温室气体排放。

在运输管理方面，生命周期评价可用于分析不同运输方式的环境影响，包括道路、铁路、航空和海运。政府可以借助这些评估结果来改进交通规划，推动可持续交通模式，减少交通拥堵、尾气排放和能源消耗。

在废物管理方面，通过分析产品或服务的整个生命周期，政府可以确定废物产生的主要环节，并提出减少、回收或处理废物的建议，有助于实施更为综合和环保的废物管理方案，减轻对土壤、水体和大气的污染。

(四) 提供公众有关产品和原材料的资源信息

利用生命周期评价的信息，政府可以向公众提供关于产品和原材料的详细资源信息。透明的信息公开可以提高消费者的意识，促使他们做出更为环保和可持续的购买决策，同时也有助于传授公众关于生态和环保的知识。此外，基于生命周期评价的结果，政府可以推动建立产品标签和认证制度，使

消费者能够更容易地识别和选择那些对环境影响较小的产品。这有助于形成市场上的绿色消费趋势，推动企业朝着更可持续的方向发展。

（五）国家环境管理体系的建立

生命周期评价是建立国家环境管理体系的重要工具。通过监测产品和服务的生命周期环境影响，政府可以尽早发现潜在的环境问题，并采取预防措施，以减少或避免不可逆的环境破坏。例如，中国政府提出建设产品碳足迹数据库，该数据库将成为未来管理体系的一部分，用于规范和约束相关产品的生产，促进产业向更可持续的发展方向转变。

（六）绿色采购

政府的绿色采购策略也需要生命周期分析的支持。政府可以利用生命周期评价的结果指导采购决策，选择对环境影响较小的产品和服务，发挥政府的榜样作用，推动社会整体供应链的可持续发展。

第三节　生命周期评价案例

本节基于层级混合分析方法提出了废弃物处理技术的生命周期碳排放核算框架，并提出了净碳排放、碳减排和考虑碳减排后的净经济成本等指标用于评估各技术的综合环境和经济效益。此外，研究结合我国“无废城市”建设试点先进适用技术（以下简称无废技术）的详细清单和中国碳排放强度数据库开展了案例研究，评价了相关技术的生命周期碳排放及减碳成本收益。

一、引言

全球范围内人为产生的固体废物（以下简称废弃物）数量持续增加。根据世界银行的报道，预计到 2050 年，全球废弃物产生量将达到 38.8 亿吨，较 2020 年增加 73%（The World Bank，2022）。截至目前，全球废弃物的处理方式分布如下：37% 被填埋，33% 被直接倾倒，11% 经过现代焚烧处理，仅有 19% 通过回收和堆肥实现物质回收（Silpa et al，2018）。这显示了离实现 100% 可持续的废弃物处理方式还有很长的路要走。

为了实现废弃物的可持续管理，“无废社会”这一先进理念正在全球范围内逐渐普及。这一理念并不意味着完全不产生废弃物或完全实现废弃物的可回收利用，而是旨在最小化废弃物的产生、最大化资源循环利用，并以环境友好的方式处理废弃物（国务院，2018）。1995 年，澳大利亚首都堪培拉通过一项法案，计划在 2010 年实现无废目标，成为世界上第一个正式设立此目标的城市。瑞典是建设无废社会最成功的国家之一，其废弃物回收产业十分发达。截至 2016 年，瑞典国内只有不到 1% 的生活废弃物被填埋，而其他废弃物以不同的方式得到回收利用（Sverige，2016）。

根据统计数据，2019 年我国各城市产生了高达 2.35 亿吨的生活垃圾（国家统计局，2021），而这些废弃物的主要处理方式还是不可持续的混合焚烧（33.1%）和混合填埋（62.3%）（住房和城乡建设部，2020）。为了有效处理废弃物并实现可持续发展，我国生态环境部于 2018 年启动了“无废城市”试点项目，在全国范围内选定了 11 个“无废城市”试点。2022 年，生态环境部再次发布“十四五”时期“无废城市”建设名单，“无废城市”的建设已扩展为 113 个城市和 8 个特殊地区。按照该计划的指导方针，实施“无废城市”要采取三项具体举措，即减量、循环利用和环境友好处置。其中，“减量”意味着降低资源消耗及废弃物的产生，“循环利用”则是指将使用后的产品转化为其他资源，而“环境友好处置”追求在收集、运输、存储和处理废弃物的过程中最小化对环境和人体健康的不良影响。

作为“无废城市”的配套建设项目，生态环境部于 2019 年发布了《“无废城市”建设试点先进适用技术汇编》。这些技术被认为实现了废弃物的减量化和循环利用，然而是否满足环境影响尽可能小尚未经过科学系统的核算和验证。考虑到“双碳”目标是我国当前最重大的战略决策之一，本书以碳排放作为环境影响的代表性指标，提出了废弃物处理技术生命周期碳排放核算框架。在此基础上，研究结合我国“无废城市”建设试点先进适用技术 LCI 和中国碳排放强度数据库开展案例研究，评价了相关无废技术的生命周期碳排放及减碳成本收益。研究结果可用于评估我国废弃物处理技术的环境效率，从而为我国废弃物处理的低碳化管理和“无废城市”的建设提供数据支持。

二、文献综述

废弃物处理是重要的温室气体排放源之一。数据显示，2016 年废弃物管理对全球碳排放的贡献约为 5%（The World Bank，2018）。目前已有大量研究关注废弃物处理技术的碳排放核算，过程分析方法被广泛应用于这些研究中。其具体做法是追踪废弃物处理系统中的关键过程，将所有过程的碳排放相加，最终得到系统总温室气体排放量。相关研究得出的结果非常详细，但不同研究设定的系统边界存在很大的差异，从而存在结果不可比的问题（Bernstad and Jansen，2012）。例如，Laurent 等（2014）对废弃物管理系统的 222 个过程分析研究进行了批判性审查，发现生命周期评价在废弃物处理活动和除家庭废弃物的其他废弃物类型中的应用被严重忽视。Khandelwal 等（2019）回顾了 2013 年以来发表的全球范围内的市政废弃物管理的过程分析研究，发现很少有研究将生命周期成本和社会影响考虑在内。与此同时，过程分析方法的结果存在严重的“截断误差”（Bullard et al.，1978）。例如，以往研究大多忽略了除能源消耗外的其他碳排放来源，如设施建造和设备制造产生的排放。

与过程分析方法相比，投入产出方法能够考虑各工业部门之间的联系，从而避免了“截断误差”（Leontief，2018）。但是投入产出方法只能给出废弃物处理行业的平均碳排放量，无法用于比较不同废弃物处理技术（均属于废弃物处理行业）的碳排放量。20 世纪 70 年代，Bullard 等（1978）提出了一种混合分析方法，将过程分析方法和投入产出方法结合起来，用于评估各种系统的生命周期环境影响。这个方法已经被广泛应用于评价各种产品和服务的环境影响（Dong et al.，2013；Shao et al.，2014；Shao and Chen，2013），但目前只有个别研究将其应用到废弃物处理领域（Dong et al.，2014；Yu et al.，2020；Zhao et al.，2018）。已有研究大多数都未能使用与目标废弃物处理设施建设时间和地点相一致的碳排放强度数据，可能导致评估结果出现偏差。此外，这些研究在开展废弃物处理技术经济成本评估时并未考虑将碳减排的收益考虑在内。

三、研究方法

本书基于混合分析方法提出了废弃物处理技术的生命周期碳排放核算框架，并提出了净碳排放、碳减排和考虑碳减排后的净经济成本等指标，以评估各技术的综合效率。

（一）废弃物处理技术生命周期碳排放核算框架

废弃物处理技术的生命周期可以分为建造阶段、运行阶段和最终处置阶段。其中建造阶段主要涉及废弃物处理设施的建筑和设备投入，运行阶段主要涉及设施的日常运营和维护，而最终处置阶段主要涉及设施的拆除和可能的再利用。废弃物处理技术的全生命周期碳排放量（E_{total}）包括直接碳排放量（E_{direct}）和间接碳排放量（$E_{indirect}$），可以表示为：

$$E_{total} = E_{direct} + E_{indirect} \tag{8-5}$$

式中，直接碳排放是指在废弃物处理设施现场产生的温室气体排放，比如燃烧废弃物产生的二氧化碳。而间接碳排放指除直接排放以外的全部碳排放，即产业链碳排放。废弃物处理的每个阶段都可能产生直接和间接的碳排放，其具体来源见图 8－6。

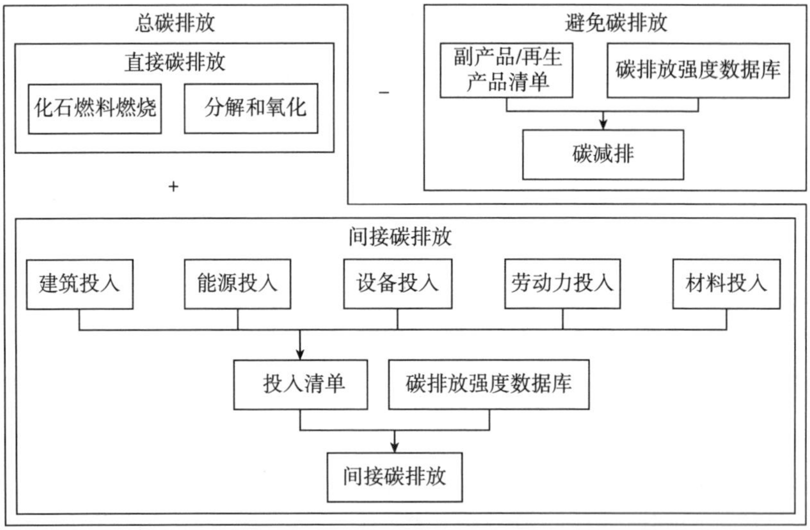

图 8－6　废弃物处理技术的全生命周期碳排放核算框架

在运行阶段，一些废弃物处理技术可能会产生副产品；而在最终处置阶段，废弃物处理工程的部分产品可能会被回收再利用（再生产品）。由于这些副产品和再生产品（为了简洁起见，本书将两者统称为副产品）能够被再次利用，从而避免了这些产品生产阶段可能产生的碳排放（$E_{avoided}$）。因此，废弃物处理技术的净生命周期碳排放（E_{net}）等于总碳排放（E_{total}）减（副产品）避免的碳排放（$E_{avoided}$），可表示为：

$$E_{net} = E_{total} - E_{avoided} \tag{8-6}$$

下面将具体论述直接碳排放、间接碳排放和避免碳排放的核算方法。

1. 直接碳排放

废弃物处理技术的直接碳排放（E_{direct}）来源于两个方面，分别是化石燃料燃烧（E_f）和废弃物的分解/氧化过程（$E_{d/o}$）。公式可以写作：

$$E_{direct} = E_f + E_{d/o} \tag{8-7}$$

（1）化石燃料燃烧

化石燃料主要用于为废弃物处理的各种设备供能，如焚烧炉等。此外，废弃物的运输过程也会使用部分化石燃料，如汽油等。化石燃料燃烧产生的直接碳排放量可以通过以下公式进行计算：

$$E_f = \sum_{j=1}^{n} \varepsilon_j^f \times W_j^f \tag{8-8}$$

式中，ε_j^f和W_j^f分别代表第j种化石燃料的碳排放因子和使用量。

（2）废弃物的分解/氧化

废弃物通常含有大量有机物质，这些有机物质在废弃物处理过程中会被分解（Decomposition）和氧化（Oxidation），从而产生温室气体。计算废弃物分解和氧化产生的碳排放量可以使用以下公式：

$$E_{direct} = \varepsilon_{d/o} \times W_{d/o} \tag{8-9}$$

式中，$\varepsilon_{d/o}$和$W_{d/o}$分别表示废弃物分解和氧化过程的碳排放因子和总量。

2. 间接碳排放

本书采用层级混合方法核算废弃物处理技术的间接碳排放，具体分为以下四个步骤。

（1）借助过程分析方法建立废弃物处理技术全生命周期各阶段的投入清单

按照惯例，本书将投入划分为建筑、能源、设备、劳动力、材料和其他六类。其中建造阶段主要考虑了材料投入、施工设备投入、废弃物处理设备投入、能源投入以及人力等服务投入，运行阶段主要考虑了运营和维护废弃物处理设施的各项投入，最终处置阶段主要考虑了废弃物处理设施的拆除、物料的清理和回收工作涉及的各项投入。

（2）为所有投入选择合适的隐含碳排放强度数据库

由于生产效率和经济结构的不同，不同经济体生产的同一产品，甚至同一经济体在不同年份生产的同一产品均具有不同的碳排放强度。因此隐含碳排放强度数据库需要满足两个要求：①时间方面，目标技术的产品投入应当是在数据库所关注的时间段内生产的；②空间方面，目标技术的产品投入应当来源于数据库所关注的经济体。建议采用多区域投入产出模型（MRIO）和多尺度投入产出模型（MSIO）的数据库，因为它们考虑了不同区域之间的联系，比传统的单区域投入产出模型更准确（Chu et al.，2022；Shao et al.，2017；Shao et al.，2016）。

（3）为清单中的每项投入确定所属的生产部门及隐含碳排放强度

在确定数据库的基础上，根据各项投入的性质确定该产品的生产部门，从而得到各项投入的隐含碳排放强度，即生产部门的隐含碳排放强度。由于投入产出统计中的产品部门数量有限（通常在几十到几百之间），大部分产品的生产部门较为直观，但也有部分产品无法快速确定其生产部门，这时就需要对投入产出统计规则进行详细研读和分析。

（4）计算废弃物处理技术的全生命周期间接碳排放

将每项投入的隐含碳排放强度（ε_j）与其货币成本（C_j）相乘，得到该投入的隐含碳排放量（$E\,C_j$）。废弃物处理技术全生命周期的间接碳排放量（$E_{indirect}$）可以通过将所有投入的隐含碳排放量相加得出，可表示为：

$$E_{indirect} = \sum_{j=1}^{n} E\,C_j = \sum_{j=1}^{n} (\varepsilon_j \times C_j) \tag{8-10}$$

3. 避免碳排放

废弃物处理技术的副产品可分为燃料和非燃料产品两类。对于非燃料产品来说，避免碳排放量等于该产品生产过程中释放的温室气体排放量，核算方法与间接碳排放类似。然而，副产品如果用于替代化石燃料，计算避免碳排放量时不仅要考虑产品生产过程中的碳排放量，还需要考虑副产品与化石燃料燃烧之间的直接碳排放差距。所以公式可以写成：

$$E_{avoided} = \sum_{j=1}^{n} (\varepsilon_j^b \times C_j^b) + \begin{cases} \sum_{k=1}^{m} \varepsilon_{f,k}^b \times W_{f,k}^b - \sum_{j=1}^{n} \varepsilon_j^b \times W_j^b, fuel \\ 0, non-fuel \end{cases} \tag{8-11}$$

式中，C_j^b代表第j个副产品的货币成本；$W_{f,k}^b$和$\varepsilon_{f,k}^b$分别表示被副产品替代的第k种化石燃料的重量和碳排放因子；而W_j^b和ε_j^b分别表示第j个副产品的重量和碳排放因子。

（二）环境效益指标

本书将功能单位设置为废弃物处理技术处理的一重量单位废弃物。为了评估无废技术的环境效益，本书提出了两个指标。一个是净碳排放，指废弃物处理技术处理一单位废弃物的生命周期净碳排放量，可以通过以下公式计算：

$$NE = E_{net} / W_w \tag{8-12}$$

式中，W_w指的是废弃物处理技术整个生命周期处理废弃物的总重量。

另一个指标是碳排放收益（ER），被定义为处理一单位废弃物时，目标废弃物处理技术相对现行主流废弃物处理技术减少的碳排放量，可以通过以下公式计算：

$$ER = AE - NE \tag{8-13}$$

式中，平均碳排放（AE）是指主流废弃物处理技术处理一单位废弃物的平均碳排放量。

（三）经济效益指标

废弃物处理技术处理一单位废弃物的净经济成本（$N_{economic}$）是指总经济成本减去副产品的经济收益，可以通过以下公式计算：

$$NC_{economic} = \left(\sum_{j=1}^{n} C_j - P_{by-products}\right) / W_w \tag{8-14}$$

式中，$P_{by-products}$表示副产品的经济价值。

废弃物处理技术在整个生命周期内减少的碳排放可以在碳交易市场上出售，从而获得额外的经济收益。考虑碳减排经济收益后的净经济成本（$NC_{emission}$）可以通过以下公式计算：

$$NC_{emission} = NC_{economic} - ER \times P_{cs} \tag{8-15}$$

式中，P_{cs}代表碳交易市场中的碳价格。

（四）数据来源

本书的研究主要涉及三类数据。第一类数据是废弃物处理技术 LCI 数据，这些数据主要来源于生态环境部公布的《“无废城市”建设试点先进适用技术汇编》（生态环境部，2019）。通过仔细筛选（如排除清单不完整的技术），本书最终确定了十种无废技术用于案例研究（见表 8-3），其中包括七种污泥处理技术（TS1～TS7），两种生活垃圾处理技术（TD1 和 TD2），以及一种混合垃圾（污泥和厨余垃圾）处理技术（TM1）。由于缺乏可用数据，最终处置阶段被忽略。因此，清单数据包括每种无废技术建造和运行阶段所需的材料、机械、能源和其他种类投入的经济价值，以及每年的废弃物处理重量和副产品产量。

表 8－3　案例无废技术清单

代号	名称	垃圾处理量（万吨/年）	副产品年产量
TS1	有机废弃物干式厌氧发酵技术及装备	5.50	7300 吨有机肥、183 万立方米生物天然气
TS2	有机垃圾（如餐厨垃圾、绿化垃圾、城市污泥、粪渣污泥等）小型化协同处理技术及装备	3.65	11000 吨燃料颗粒
TS3	污泥闪蒸干化耦合热解气化技术	4.38	3300 吨制砖用材料
TS4	污泥资源化处理技术	47.45	—
TS5	污泥低温物理深度减量化技术	3.65	—
TS6	污泥热水解资源化处置成套技术	5.84	—
TS7	新型高效市政污泥圆盘式蒸汽干化设备	10.95	—
TD1	大型多级液压往复翻动式炉排生活垃圾焚烧技术	60.00	130 万立方米沼气
TD2	生活垃圾机械生物预处理和水泥窑协同处置技术	3.65	26.67 万吨垃圾衍生燃料 RDF
TM1	市政污泥与餐厨垃圾分质分相高效协同厌氧消化技术	18.25	3000 吨工业油脂、800 万度电

第二类数据是隐含碳排放强度。考虑到二氧化碳和甲烷对全球变暖的综合贡献占据了 92%（Victor et al.，2014），本书重点考虑了这两种温室气体。研究共涉及四类直接碳排放强度数据：ε_j^f、$\varepsilon_{d/o}$、$\varepsilon_{f,k}^b$和ε_j^b，这些数据均来源于前人的研究（Guo and Dai，2017；Liu et al.，2021；Lou et al.，2015；Wang et al.，2014；李欢等，2011；吴文伶等，2021；熊娅等，2013）。间接碳排放强度数据则选用了本研究组基于多尺度投入产出分析得到的 2017 年中国经济碳排放强度数据库（Shao et al.，2022）。计算环境和经济收益还需要用到中国主流废弃物处理的平均碳排放值，相关数据来源于中国产品碳足迹因子数据库（China City Greenhouse Gas Working Group，2022）。

第三类数据是经济数据。中国主流废弃物处理技术平均经济成本来自前人的研究（Fan et al.，2022；Wang et al.，2020；Yang et al.，2015），碳价格数据则来自中国碳排放交易市场。

四、结果

（一）无废技术的碳排放

根据式（8－11），副产品避免的碳排放可以抵消一部分无废技术的总生命周期碳排放。图 8－7 展示了案例无废技术的净碳排放值，即总生命周期碳排放减副产品避免的碳排放。无废泥处理技术处理 1 吨污泥产生的净碳排放量为 79.2 ～253.1 千克二氧化碳当量/吨。在七种技术中，TS1 处理单位污泥产生的净碳排放量最低。TD1 和 TD2 的净碳排放量分别为 196.2 千克二氧化碳当量/吨和 24.2 千克二氧化碳当量/吨。TD2 的副产品是一种垃圾衍生燃料，每年可以替代大约 5 万吨标准煤。鉴于煤在燃烧过程中会释放大量碳，因此该副产品避免的碳排放量非常显著。TM1 的净碳排放量为 137.8 千克二氧化碳当量/吨。

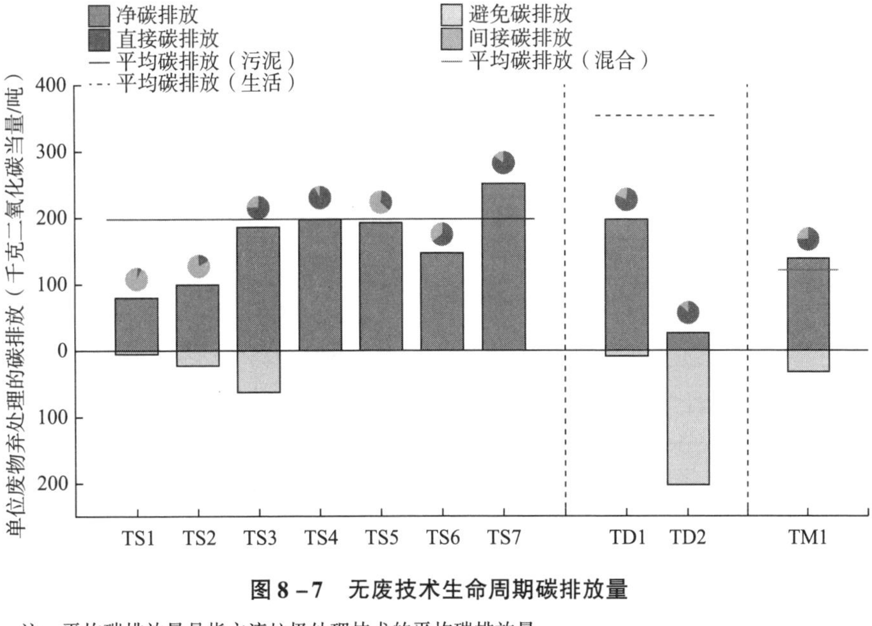

图 8－7　无废技术生命周期碳排放量

注：平均碳排放量是指主流垃圾处理技术的平均碳排放量。

图 8 - 7 还展示了中国主流废弃物处理技术处理污泥、生活垃圾和混合垃圾的平均碳排放量。通过计算无废技术净碳排放量和主流废弃物处理技术平均碳排放量之间的差值，可以得出无废技术的碳减排量。除了 TS4 和 TS7，大多数无废技术的净碳排放量低于中国主流污泥处理技术的平均碳排放量，碳减排范围为 3.9 ~117.8 千克二氧化碳当量/吨。其中，TS1 的碳减排效果最好。TD1 和 TD2 都具有较大的碳减排量，分别为 157.0 千克二氧化碳当量/吨和 329.0 千克二氧化碳当量/吨。然而，TM1 的碳减排量是负值（-17.9 千克二氧化碳当量/吨），这意味着 TM1 处理每单位废弃物排放的碳排放量比主流处理技术多。

（二）无废技术的碳排放结构

图 8 - 7 展示了无废技术的直接和间接碳排放结构。总体来说，使用电力设备的无废技术的直接碳排放比例较低，因为它们能够避免化石燃料燃烧直接产生的碳排放。而 TS3、TS4、TS6 和 TS7 在废弃物处理过程中直接使用燃料焚烧了污泥，因此直接碳排放大于间接碳排放。TD1 和 TD2 的直接碳排放也大于间接碳排放。这是因为 TD1 也涉及生活垃圾的焚烧，因此产生了较高的直接碳排放。而 TD2 将废弃物加工成可用于窑炉的垃圾衍生燃料，其生产过程类似于垃圾的半焚烧，因此也产生了较高水平的直接碳排放。TM1 在废弃物处理过程中产生了大量甲烷，并在现场将其燃烧用于发电，因此导致直接碳排放大于其间接碳排放。

图 8 - 8 展示了试点无废技术的间接碳排放结构。显然，即使是处理相同种类废弃物的技术，其间接碳排放结构也存在很大差异。在处理污泥的七种无废技术中，能源投入导致的间接碳排放比其他方面的投入更多，这是因为污泥处理技术通常涉及降低污泥含水量的过程。为了提高这一过程的效率，需要对污泥废弃物进行加热，从而需要大量的能源投入，由此产生了大量的碳排放。当采取自然干燥手段时，比如 TS4 和 TS6，其能源投入导致的碳排放比例较低。对于 TD1，建筑和设备投入是间接碳排放的主要来源；而对于 TD2，这些来源只占其间接碳排放中很小的比例。劳动力投入则是 TD2 和 TM1 主要的间接碳排放源。

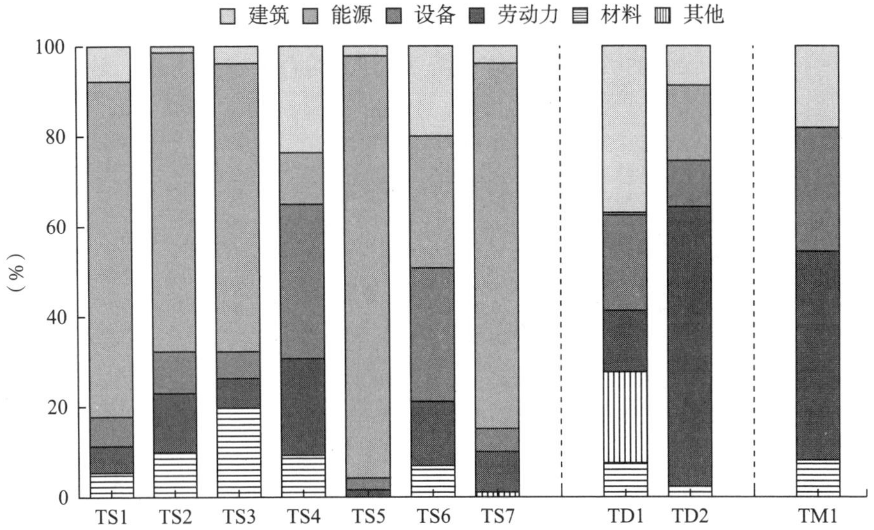

图 8－8　无废技术间接碳排放结构

（三）无废技术的成本收益分析

在评估废弃物处理技术效益时，不仅需要考虑经济成本收益，还需要考虑环境成本收益。本书提出了考虑环境收益后的净经济成本指标，即用总经济成本减碳减排的收益，见式（8－15）。中国目前有 9 个区域碳交易市场，不同交易市场的碳价格存在较大差异。因此，本书将交易量加权后的平均碳价格（57.5 元/吨二氧化碳当量）应用于计算案例无废技术碳减排带来的经济收益（见图 8－9）。根据结果，在考虑碳减排收益后，TS1～TS7 的净经济成本为 54.4～305.2 元/吨，其中，TS4 的数值最低，而 TS5 数值最高。TD1 和 TD2 的净经济成本分别为 207.9 元/吨和 170.1 元/吨。当对比污泥和生活垃圾处理技术时，TS4 和 TD1 可被认为是最优的选项。至于 TM1，它的净经济成本在考虑碳排放收益后为 148.9 元/吨。

通过与中国目前主流废弃物处理技术的平均成本进行比较，可以看出，所有的无废技术在经济效益方面较当前的主流废弃物处理技术都具有优势。具体来说，污泥处理技术的净成本大幅降低了 249.7～500.5 元/吨。TD1 和 TD2 的净成本分别比当前主流技术低 39.5 元/吨和 77.4 元/吨，而 TM1 的净成本比当前主流技术低 283.8 元/吨。考虑到中国的碳市场价格相对较低，未来可能逐步与世界其他地区的碳价格接轨，本书将欧盟碳排放交易系统中的碳价格也用于计算案例无废技术的碳减排收益（见图8－9）。结果显示，如果某项技术具有较强的碳减排能力（如TD2），随着碳价格上涨，碳减排的收益将显著降低经济成本。然而，如果某项无废技术的净碳排放量高于主流废弃物处理技术的平均碳排放量（如TS7），随着碳价格上涨，经济成本将增加。

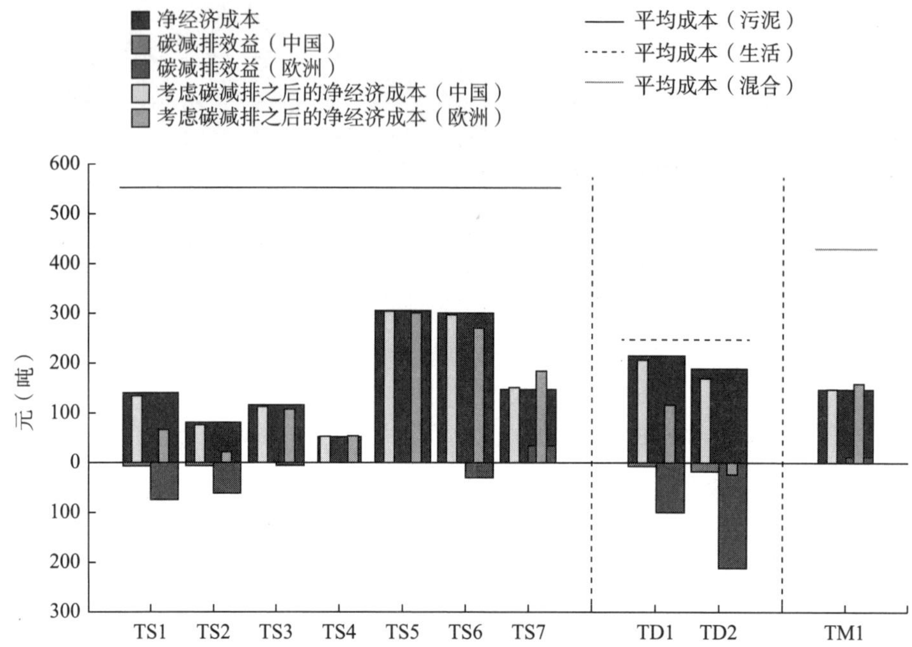

图8－9　无废技术考虑碳减排收益后的净经济成本

注：平均成本代表主流污泥、生活垃圾和混合垃圾处理技术成本。

五、讨论

我国计划在2030年之前实现碳达峰，并在2060年之前实现碳中和。同时，根据《中华人民共和国国民经济和社会发展第十四个五年规划和2035年远景目标纲要》，我国将推广城市污泥集中焚烧的无害化处理，目标是到2035年实现城市污泥90%的无害化处理率（国务院，2021）。为了实现生活垃圾的无害化处理，我国致力于推进小型生活垃圾焚烧设施的建设，目标是到2025年县级地区基本实现生活垃圾焚烧处理能力全覆盖（国家发展和改革委员会，2022）。鉴于废弃物处理是碳排放的重要来源之一，因此是否减少碳排放也应作为评价废弃物处理技术时需要考虑的重点。本书的研究结果显示，大部分无废技术可以在减少废弃物的同时减少碳排放量。因此，建立无废社会将有助于同时推动低碳发展。未来应进一步普及废弃物处理技术生命周期碳排放的核算，以实现减少碳排放和建设无废社会的双重目标。

此外，研究表明，TD2 技术由于能源副产品的产出（RDF）具有显著的碳减排效益。其他无废技术也产出了能源副产品，例如，TS1 可以生产生物天然气。因此，建议将无废技术的能源副产品产出列为衡量其优越性的指标之一。这样也可以同时推进废弃物减量和碳减排，实现更加可持续的未来。

我国正在积极推进碳市场体系的建设，尤其强调加快国家核证自愿减排量（CCER）的备案和批准。CCER 是我国碳交易市场中采用的一种特定形式的碳信用或碳抵消，涵盖多个领域，其中包括废弃物处理。对于 CCER 废弃物处理项目的减排计算，目前大多数评估只关注项目的直接排放，导致报告结果和实际减排效果存在差异。本书提出的系统核算框架可计算废弃物处理技术全生命周期碳排放，从而为 CCER 的开展提供更全面的数据。

无废技术的碳排放还有进一步减少的潜力。例如，在废弃物处理过程中可以捕获和储存直接的碳排放。与此同时，由于电力、建筑和设备投入占无废技术间接碳排放的一半以上，这些行业的脱碳也会通过供应链降低无废技术的生命周期碳排放。以电力为例，截至 2021 年，我国煤炭发电在全国总发电量中占比高达 68.03%（国家统计局，2023）。未来随着全国范围内可再生能源发电技术的不断推广，煤炭发电将逐步被可再生能源发电替代，电力生产碳排放的减少将进一步提升主要依赖电力的废弃物处理技术（如污泥处理技术）的碳减排潜力。

具体来说，每减少 10% 的电力碳排放，污泥处理技术的碳排放将减少 3% ~7%。陈怡等（2020）发现，与 2015 年相比，到 2035 年我国电力发电的碳排放强度将降低约 38%。据计算，这最终将使污泥处理技术的碳减排能力增加 12.54% ~26.51%。改变能源基础设施是一个复杂而长期的挑战，特别对于像我国这样的大国。在这个转变过程中，政府可以实施激励措施，促进可再生能源在废弃物处理技术中的应用。例如，对于选择与可再生能源发电厂而非传统发电厂合作的废弃物处理设施，应该给予补贴或信用额度。需要注意的是，在使用本书提出的框架核算生命周期碳减排量时，应该用区域可再生能源电力的碳排放强度替代原始电力的碳排放强度。

六、总结

包括中国在内的多个国家正在大力推进建设旨在减少、回收和无害化处理废弃物的无废社会。然而，目前的工程实践往往只考虑废弃物处理技术的经济成本和收益，对其环境成本和收益了解甚少。为此，本书基于过程分析方法和投入产出方法相结合的混合分析方法，提出了系统核算框架用于追踪废弃物处理技术的生命周期碳排放，并设计了净碳排放、碳减排和考虑碳减排后的净经济成本三个指标来评估废弃物处理技术的环境效益和经济效益。在此基础上，研究开展了案例研究，评价了我国“无废城市”建设试点先进适用技术的生命周期碳排放及减碳收益。

在污泥处理方面，案例无废技术的净碳排放范围为 79. 2 ~ 253. 1 千克二氧化碳当量/吨，生活垃圾为 24. 2 ~ 196. 2 千克二氧化碳当量/吨，混合垃圾则为 137. 8 千克二氧化碳当量/吨。除 TS4、TS7 和 TM1 之外，大部分无废技术都具有碳减排的附加收益。污泥和生活垃圾处理技术的碳减排分别是 3. 9 ~ 117. 8 千克二氧化碳当量/吨、157. 0 ~ 329. 0 千克二氧化碳当量/吨。与其他污泥和生活垃圾处理技术相比，TS1 和 TD2 表现出明显的优势。

值得注意的是，各种无废技术的直接和间接碳排放比例存在明显差异。本书涉及的所有无废技术在经济成本方面相较于当前主流技术都有明显优势，其中 TS4 和 TD1 优势更加明显。未来，随着电力生产碳排放的减少，污泥处理技术的碳减排潜力将进一步扩大。

本章参考文献

[1] Acquaye A A, Sherwen T, Genovese A, et al. Biofuels and their potential to aid the UK towards achieving emissions reduction policy targets [J]. Renewable & Sustainable Energy Reviews, 2012, 16 (7): 5414 - 5422.

[2] Arunima M, Manfred L, Ralph P J, et al. Hybrid life - cycle assessment of algal biofuel production [J]. Bioresource Technology, 2015 (184): 436 - 443.

[3] Bernstad A, la Cour Jasen J. Review of comparative LCAs of food waste management systems - Current status and potential improvements [J]. Waste Management, 2012, 32 (12): 2439 - 2455.

[4] Bullard C W, Penner P S, Pilati D A. Net energy analysis: Handbook for combining process and input - output analysis [J]. Resources & Energy, 1978, 1 (3): 267 - 313.

[5] Bullard H. The energy cost of goods and services [J]. Energy Policy, 1975, 3 (4): 268 - 278.

[6] China City Greenhouse Gas Working Group. China Products Carbon Footprint Factors Database (CPCD) [DB/OL]. 2022. http://lca.cityghg.com/.

[7] Chu Y, Pan Y, Zhan H, et al. Systems accounting for carbon emissions by hydropower plant [J]. Sustainability, 2022, 14 (11): 6939.

[8] Crawford R H, Bontinck P A, Stephan A, et al. Hybrid life cycle inventory methods - A review [J]. Journal of Cleaner Production, 2018: 1273 - 1288.

[9] Dong H, Geng Y, Xi F, et al. Carbon footprint evaluation at industrial park level: A hybrid life cycle assessment approach [J]. Energy Policy, 2013 (57): 298 - 307.

[10] Dong Hn, Ohnishi S, Fujita T, et al. Achieving carbon emission reduction through industrial & urban symbiosis: A case of Kawasaki [J]. Energy, 2014 (64): 277 - 286.

[11] Fan Z, Dong H, Geng Y, et al. Life cycle cost - benefit efficiency of food waste treatment technologies in China [J]. Environment, Development and Sustainability, 2022, 25 (6): 4935 - 4956.

[12] Guo Q, Dai X. Analysis on carbon dioxide emission reduction during the anaerobic synergetic digestion technology of sludge and kitchen waste: Taking kitchen waste synergetic digestion project in Zhenjiang as an example [J]. Waste Management, 2017 (69): 360 - 364.

[13] Huijbregts M A, Thissen U, Guinée J B, et al. Priority assessment of toxic substances in life cycle assessment. Part I: Calculation of toxicity potentials for 181 substances with the nested multi - media fate, exposure and effects model USES - LCA [J]. Chemosphere, 2000, 41 (4): 541 - 573.

[14] IPCC. Climate change 2014: Mitigation of climate change [M]. Cambridge: Cambridge University Press, 2014.

[15] Joshi S. Product environmental life - cycle assessment using input - output techniques [J]. Journal of Industrial Ecology, 1999, 3 (2 - 3): 95 - 120.

[16] Kaza S, Yao L, Bhada - Tata P, et al. What a waste 2.0: A global snapshot of solid waste management to 2050 [M]. Washington DC: World Bank Group, 2018.

[17] Khandelwal H, Dhar H, Thalla A K, et al. Application of life cycle assessment in municipal solid waste management: A worldwide critical review [J]. Journal of Cleaner Produc-

tion, 2019 (209): 630 – 654.

[18] Laurent A, Bakas I, Clavreul J, et al. Review of LCA studies of solid waste management systems – Part I: Lessons learned and perspectives [J]. Waste Management, 2014, 34 (3): 573 – 588.

[19] Lenzen M, Crawford R. The path exchange method for hybrid LCA [J]. Environmental Science & Technology, 2009, 43 (21): 8251 – 8256.

[20] Leontief W. Environmental repercussions and the economic structure: An input – output approach [M]. New York: Routledge, 2018.

[21] Liu Y, Chen S, Chen A J, et al. Variations of GHG emission patterns from waste disposal processes in megacity Shanghai from 2005 to 2015 [J]. Journal of Cleaner Production, 2021, 295 (3): 326 – 338.

[22] Lou Z, Bilitewski B, Zhu N, et al. Environmental impacts of a large – scale incinerator with mixed MSW of high water content from a LCA perspective [J]. Journal of Environmental Sciences, 2015 (30): 173 – 179.

[23] Olivier B, Manfred L. Evaluating the environmental performance of a university [J]. Journal of Cleaner Production, 2010, 18 (12): 1134 – 1141.

[24] Shao L, Chen G Q, Chen Z M, et al. Systems accounting for energy consumption and carbon emission by building [J]. Communications in Nonlinear Science & Numerical Simulation, 2014, 19 (6): 1859 – 1873.

[25] Shao L, Chen G Q. Water footprint assessment for wastewater treatment: Method, indicator, and application [J]. Environmental Science & Technology, 2013, 47 (14): 7787 – 7794.

[26] Shao L, Guan D, Wu Z, et al. Multi – scale input – output analysis of consumption – based water resources: Method and application [J]. Journal of Cleaner Production, 2017 (164): 338 – 346.

[27] Shao L, Guan D, Zhang N, et al. Carbon emissions from fossil fuel consumption of Beijing in 2012 [J]. Environmental Research Letters, 2016, 11 (11): 114 – 128.

[28] Shao L, Wu Z, Zhan H, et al. Systems accounting for carbon emissions by hydropower plant [A] //The Open Research Fund Program of State key Laboratory of Hydroscience and Engineering (sklhse – 2021 – B – 05) . Project data [J]. 2022.

[29] Silpa K, Yao L, Perinaz B – T, et al. What a Waste 2.0: A Global Snapshot of Solid Waste Management to 2050 [M]. Washington, DC: World Bank, 2018.

[30] Suh S, Huppes G. Gearing input – output model to LCA, part I: General framework for hy-

brid approach [J]. CML－SSP Working Paper, CML, Leiden University, Leiden, The Netherlands, 2000.

[31] Sverige Avfall. Hushållsavfall i siffror: kommun－och länsstatistik 2011 [Z]. Malmö: Avfall Sverige, 2016.

[32] The World Bank. Solid waste management [Z]. 2022. https://openknowledge. worldbank. org/entities/publication/d3f9d45e－115f－559b－b14f－28552410e90a.

[33] Treloar G J. Extracting embodied energy paths from input－output tables: Towards an input－output－based hybrid energy analysis method [J]. Economic Systems Research, 1997, 9 (4): 375－391.

[34] Victor D G, Zhou D, Ahmed E H M, et al. Climate change 2014: Mitigation of climate change [R]. Contribution of Working Group III to the Fifth Assessment Report of the IPCC, 2014: 111－150.

[35] Wang C, Zhang L, Yang S, et al. A hybrid life－cycle assessment of non－renewable energy and greenhouse－gas emissions of a village－level biomass gasification project in China [J]. Energies, 2012, 5 (8): 2708－2723.

[36] Wang X, Jia M, Chen X, et al. Greenhouse gas emissions from landfill leachate treatment plants: A comparison of young and aged landfill [J]. Waste Management, 2014, 34 (7): 1156－1164.

[37] Wang Z, Lv J, C Fu Gu, et al. Environmental and economic performance of an integrated municipal solid waste treatment: A Chinese case study [J]. Science of the Total Environment, 2020, 709 (Pt. 1).

[38] Wiedmann T O, Suh S, Feng K, et al. Application of hybrid life cycle approaches to emerging energy technologies—the case of wind power in the UK [J]. Environmental Science & Technology, 2011, 45 (13): 5900－5907.

[39] Yang G, Zhang G, Wang H. Current state of sludge production, management, treatment and disposal in China [J]. Water Research, 2015 (78): 60－73.

[40] Yu Q, Li H, Deng Z, et al. Comparative assessment on two full－scale food waste treatment plants with different anaerobic digestion processes [J]. Journal of Cleaner Production, 2020 (263): 621－625.

[41] Zhai P, Williams E D. Dynamic hybrid life cycle assessment of energy and carbon of multicrystalline silicon photovoltaic systems [J]. Environmental Science & Technology, 2010, 44 (20): 7950－7955.

[42] Zhao W, Yu H, Liang S, et al. Resource impacts of municipal solid waste treatment sys-

tems in Chinese cities based on hybrid life cycle assessment [J]. Resources, Conservation and Recycling, 2018 (130): 215 – 225.
[43] 陈怡，田川，曹颖，等. 中国电力行业碳排放达峰及减排潜力分析 [J]. 气候变化研究进展，2020，16 (5)：632.
[44] 邓南圣，王小兵. 生命周期评价 [M]. 北京：化学工业出版社，2003.
[45] 国家发展和改革委员会. 国家发展改革委等部门关于加强县级地区生活垃圾焚烧处理设施建设的指导意见 [Z]. 2022. https：//www. ndrc. gov. cn/xwdt/tzgg/202211/t20221128_ 1342283. html.
[46] 国家统计局. 中国统计年鉴 2020 [M]. 北京：中国统计出版社，2021.
[47] 国家统计局. 中国统计年鉴 2023 [M]. 北京：中国统计出版社，2024.
[48] 国务院. “无废城市” 建设试点工作方案的通知 [Z]. 2018. https：//www. gov. cn/zhengce/content/2019 – 01/21/content_ 5359620. htm.
[49] 国务院. 中华人民共和国国民经济和社会发展第十四个五年规划和 2035 年远景目标纲要 [Z]. 2021. https：//www. gov. cn/xinwen/2021 – 03/13/content_ 5592681. htm.
[50] 李欢，金宜英，李洋洋. 生活垃圾处理的碳排放和减排策略 [J]. 中国环境科学，2011，31 (2)：259 – 264.
[51] 生态环境部. “无废城市” 建设试点先进适用技术汇编 (第一批) [Z]. 2019
[52] 吴文伶，刘星，冯建华，等. 建筑工程施工机械碳排放研究 [J]. 施工技术，2021，50 (13)：118 – 120.
[53] 熊娅，王强，宋英豪，等. 强化污泥利用水解反应器改善碳源与污泥减量作用研究 [J]. 环境科学，2013 (7)：2748 – 2751.
[54] 住房和城乡建设部. 2019 年城市建设统计年鉴 [M]. 北京：中国统计出版社，2020.
[55] 赵桂慎，于法稳，尚杰. 生态经济学 (第二版) [M]. 北京：化学工业出版社，2021.

第九章　双重差分法及应用

本章简要阐述了双重差分法及应用，具体内容包括：第一节介绍双重差分法的基本原理、基本假设、平行趋势检验的检验方法，以及双重差分法的前沿进展和扩展方法；第二节介绍当考虑资源环境外部性产生空间溢出效应时，同心环分析对标准 DID 方法的拓展，并对双重差分法在资源环境经济领域的应用进行概述；第三节通过几个应用案例，展示双重差分法及其扩展方法的应用。

第一节　双重差分法介绍

20 世纪 80 年代以来，随着经验研究范式经历了一场“可信性革命”，从统计推断转向因果推断，识别经济变量之间的因果关系成为经验研究的核心问题，双重差分法等准实验方法逐渐流行起来。本节对双重差分法的主要内容、前沿进展和扩展方法进行简要的介绍。

一、因果关系与潜在结果框架

现代经济研究逐渐形成了成熟的方法论（章上峰、许冰，2015），同样适用于资源环境经济研究。第一，观察经济现象，归纳特征性事实，提出研究问题；第二，建立经济理论和模型进行理论研究，揭示经济规律，解释特征性事实；第三，将理论模型转化为计量经济学模型进行经验研究，对理论进行检验；第四，根据理论研究和经验研究的结论提出针对性政策建议。

20 世纪 80 年代以来经验研究经历了一场“可信性革命”（Angrist and Pischke，2010），推动研究范式由统计推断转向因果推断，着重探讨经济变量之间的因果关系。以往的经验研究集中于统计推断，利用样本估计总体，并关注估计结果的统计显著性，侧重探讨经济变量之间的相关关系。经验研究范式对潜在内生性问题的担忧，促使越来越多的经验研究聚焦于因果推断，通过寻找外生的经济政策冲击，利用观测数据，采用准实验或实验方法，识别经济变量之间的因果关系。要想识别经济变量之间的因果关系，首先要理解因果关系的内涵，在此基础上，通过研究设计（也被称为识别策略），构造适宜的控制组模拟随机实验，进行因果推断。其中，基于潜在结果框架定义因果关系，以及将随机实验思想作为因果识别的基础，是因果推断的关键内容。

经济学中的因果关系是基于 Neyman - Rubin 的潜在结果框架（反事实框架）定义的。因果推断关注处理变量对结果变量的影响，其中，处理变量通常是一项政策。例如，1998 年批准实施的酸雨控制区或者二氧化硫污染控制区（以下简称“两控区”）政策对空气质量的影响。根据是否受到“两控区”政策的影响，个体 i 分别有处理和控制两种状态，用$D_i=1$ 和$D_i=0$ 来表示。在政策实施之前，无论个体是否处于“两控区”，都有受到“两控区”政策影响（$D_i=1$）和没有受到“两控区”政策影响（$D_i=0$）两种状态。每个处理状态都对应一个潜在结果：

$$Y_i=\begin{cases}Y_i^1, D_i=1\\ Y_i^0, D_i=0\end{cases} \tag{9-1}$$

式中，Y_i^1表示个体 i 在受到“两控区”政策影响情况下的潜在结果，Y_i^0表示个体 i 在没有受到“两控区”政策影响情况下的潜在结果。在政策实施之后，两种潜在结果只有一个能被观测到，“两控区”内个体 i 受到“两控区”政策的影响，能够观测到潜在结果Y_i^1，观测不到潜在结果Y_i^0，而“两控区”外的个体 j 没有受到“两控区”政策的影响，能够观测到潜在结果Y_j^0，观测不到潜在结果Y_j^1。

经济学中的因果效应指的是，政策实施导致同一时间同一个体两种处理状态下的潜在结果产生差异。对于个体 i 而言，$Y_i^1-Y_i^0$的潜在结果差异，就是“两控区”政策实施的因果效应。因为观测不到个体 i 的潜在结果Y_i^0，所以因果推断的关键是通过采用适宜的识别策略，构造并估计出观测不到的潜在结果（反事实结果），将同一个体接受处理与否的比较，转化为处理组个体与控制组个体的比较，得到多个个体的平均因果效应。

随机实验思想是因果推断构造识别策略的基础。在理想的自然科学研究中，采用控制实验方法，只允许感兴趣变量变化，将其他因素都控制不变，观察结果变量的变化，就是感兴趣变量造成的因果效应。计量经济学模型中通过引入控制变量，在保持这些变量不变的情况下探讨感兴趣变量对结果变量的影响，就是借鉴了控制实验的思想。然而，通常无法控制所有其他因素保持不变，进行严格的控制实验。这是因为经济主体之间存在差异。例如，不同的人对环境污染的敏感性不同。为此，Fisher（1935）采用不同于控制实验的思路提出了随机实验的思想，将个体分为实验和控制两组，实验组个体受到政策的影响，两组个体结果变量的差异，就是实验政策对结果变量的因果影响。随机分组使得两组个体除感兴趣变量之外，其他影响因素在统计分布上是相似的，从而排除其他影响因素的影响。随机实验通常作为因果推断的理想情形和参考系，包括实验室实验、实地实验、调查实验等类型。

考虑到进行随机实验的成本、时间和道德等因素（Rubin，1974），在经济学研究中，通常基于观测数据，采用双重差分（Difference - in - Differences，DID）法等准实验方法，通过研究设计和数据分析，得到尽量接近随机实验的因果效应。不是处于实验目的而发生的政策冲击或突发事件，使个体被近似随机地分为实验组和控制组的情况，被称为准实验或自然实验。例如，A 地区上调了电价，但相邻 B 地区的电价却保持不变，若两个地区的市民在事前并不知道哪个地区会调整电价，则不会自我选择住在哪个地区，从评估电价上调的政策效应角度，这两个地区的市民被近似随机地分为实验组（上调电价）和控制组（电价保持不变）。

在工具变量、匹配方法、断点回归、合成控制、回归控制等诸多准实验方法中，DID 法是应用最为广泛的一种方法。如图 9 - 1 所示，使用 DID 法的中文期刊论文数量呈现明显的增长趋势，特别是 2016 年以后，DID 法得到广泛应用，发文量迅猛增长。

二、DID 的基本原理

我们通过简单的情形说明 DID 法的基本原理。1998 年在 175 个城市实施了“两控区”政策，那么，这项环境政策会导致城市经济发展产生什么样的政策效果呢？根据政策实施时间和是否受到政策影响，设置组别虚拟变量 $treat_i$ 和时期虚拟变量 $post_t$，可以将观测数据分成四个子样本。

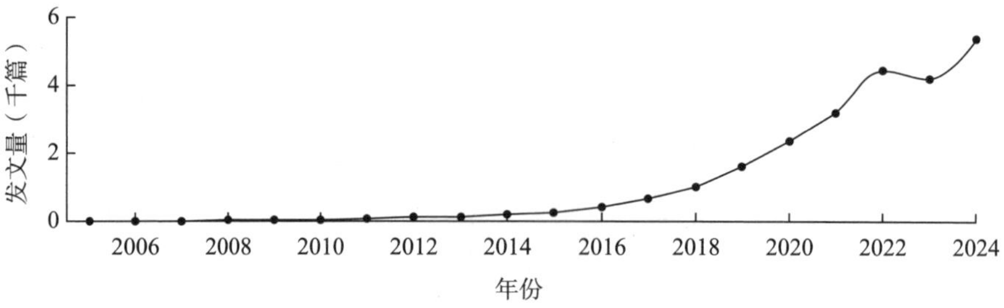

图 9－1　使用 DID 法的中文期刊论文数量

注：2005—2023 年，主题、篇名、摘要或关键词出现 DID 法或“倍差法（DID）”，经济与管理科学分类下的所有核心期刊和 CSSCI 期刊学术论文；2024 年为预测值。

表 9－1　观测数据的四个子样本

	政策实施前 $post_t=0$	政策实施后 $post_t=1$
实验组 $treat_i=0$	实验组政策实施前	实验组政策实施后
控制组 $treat_i=1$	控制组政策实施前	控制组政策实施后

表 9－1 中，$post_t=0$ 表示政策实施前的年份，即 1998 年以前，$post_t=1$ 表示政策实施后的年份，即 1998 年及以后；$treat_i=1$ 为实验组，表示“两控区”内的城市，$treat_i=0$ 为控制组，表示其他地区的城市。政策虚拟变量 D_{it} 的取值为：

$$D_{it}=treat_i\times post_t=\begin{cases}1, & i\in \text{实验组且 } t\in \text{政策实施后}\\0, & \text{其他}\end{cases} \tag{9-2}$$

政策虚拟变量是组别和时期两个虚拟变量的交互项，只有实验组在政策实施后的取值为 1，其他情况取值为 0。根据上述变量界定，DID 法的计量经济学模型如下：

$$y_{it}=\alpha+\beta_1 treat_i\times post_t+\beta_2 treat_i+\beta_3 post_t+\varepsilon_{it} \tag{9-3}$$

式中，$i=1, \cdots, n$ 和 $t=1, \cdots, T$ 分别表示第 i 个城市和第 t 年，被解释变量 y 度量了城市经济发展；ε 表示随机扰动项。其中，β_1 为双重差分估计量，被用来度量政策效应。

$$\begin{aligned}\hat{\beta}_1 &= [\mathbb{E}(Y_{it}^1 | treat_i = 1, post_t = 1) - \mathbb{E}(Y_{it}^0 | treat_i = 1, post_t = 0)] - \\ &\quad [\mathbb{E}(Y_{it}^0 | treat_i = 0, post_t = 1) - \mathbb{E}(Y_{it}^0 | treat_i = 0, post_t = 0)] \\ &= [\mathbb{E}(Y_{it}^1 | treat_i = 1, post_t = 1) - \mathbb{E}(Y_{it}^0 | treat_i = 0, post_t = 1)] - \\ &\quad [\mathbb{E}(Y_{it}^0 | treat_i = 1, post_t = 0) - \mathbb{E}(Y_{it}^0 | treat_i = 0, post_t = 0)] \\ &= [\mathbb{E}(Y_{it}^1 | treat_i = 1, post_t = 1) - \mathbb{E}(Y_{it}^0 | treat_i = 1, post_t = 1)] + \\ &\quad [\mathbb{E}(Y_{it}^0 | treat_i = 1, post_t = 1) - \mathbb{E}(Y_{it}^0 | treat_i = 1, post_t = 0)] - \\ &\quad [\mathbb{E}(Y_{it}^0 | treat_i = 0, post_t = 1) - \mathbb{E}(Y_{it}^0 | treat_i = 0, post_t = 0)]\end{aligned} \tag{9-4}$$

为了便于理解，把实验组和控制组在政策实施前后的系数变化情况进行整理，如表 9－2 所示。

表 9－2　DID 模型的系数含义

	$post_t = 0$	$post_t = 1$	*difference*
$treat_i = 0$	α	$\alpha + \beta_3$	β_3
$treat_i = 1$	$\alpha + \beta_2$	$\alpha + \beta_1 + \beta_2 + \beta_3$	$\beta_1 + \beta_3$
difference	β_2	$\beta_1 + \beta_2$	$\text{DID} = \beta_1$

表 9－2 中，对于控制组城市（$treat_i = 0$），“两控区”政策实施前后的经济发展水平分别是 α 和（$\alpha + \beta_3$），二者的差异是 $\Delta Y_{control} = \beta_3$，这表明时期虚拟变量 $treat_i$ 估计系数 β_3 体现的是经济发展水平随时间的增长趋势；对于实验组城市（$treat_i = 1$），“两控区”政策实施前后的经济发展水平分别是（$\alpha + \beta_2$）和（$\alpha + \beta_1 + \beta_2 + \beta_3$），二者的差异是 $\Delta Y_{treat} = \beta_1 + \beta_3$，其中包含了经济发展水平随时间的增长趋势和“两控区”政策的作用。用实验组在“两控区”政策实施前后经济发展水平的平均变化 ΔY_{treat}，减控制组在“两控区”政策实施前后经济发展水平的平均变化 $\Delta Y_{control}$，得到“两控区”政策对实验组城市的影响效应为 $\Delta Y_{treat} - \Delta Y_{control} = \beta_1$。$\beta_1$ 是实验组的平均变化与控制组的平均变化之差，被称为双重差分估计量，识别的是实验组个体的平均处理效应。在两期数据中展示双重差分估计量，如图 9－2 所示。

图 9－2 中，实心圆点表示观测结果，空心圆点表示实验组政策实施后的反事实结果。实验组政策实施后观测结果与反事实结果的差值，可以从实验组两期增量中减去实验组与控制组的“实验前差异”得到，这部分就是双重差分估计量，也就是感兴趣的因果效应。

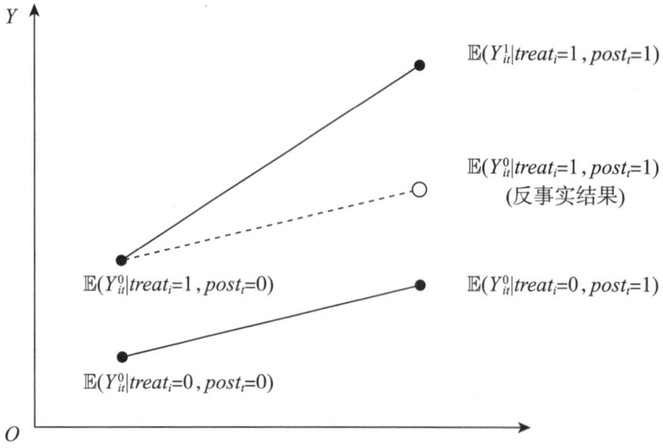

图 9－2　双重差分估计量示意图

在政策冲击发生在同一时点的情况下，常用时间固定效应θ_t和个体固定效应μ_i分别代替式（9－3）中的组别虚拟变量$post_t$和时期虚拟变量$treat_i$，控制更多的个体特征和时间特征。此外，还需要控制一系列影响处理变量的控制变量，在具体操作中，引入控制变量的期初值或不随时间变化的变量 X_i 与时间虚拟变量（或时间趋势项）λ_t 的交互项，即控制变量向量 $\boldsymbol{X}_{it} = \boldsymbol{X}_i' \times \lambda_t$，从而把比较限制在控制变量相同的子样本内。回归方程如下：

$$y_{it} = \alpha + \beta\, treat_i \times post_t + \gamma' \boldsymbol{X}_{it} + \lambda_t + \mu_i + \varepsilon_{it} \tag{9-5}$$

三、DID 的基本假设和主要特点

本部分介绍 DID 法的基本假设和适用条件，并通过将因果推断方法与传统计量方法、机器学习方法进行比较，说明 DID 法的适用条件。

（一）DID 法的基本假设

1. 平行趋势假设和条件平行趋势假设

平行趋势假设，也被称为共同趋势假设，指的是若处理组未受到政策影响，则其反事实的变动趋势与控制组的变动趋势相同。

$$\mathbb{E}(Y^0_{it} - Y^0_{it-1} \mid treat_i = 1) = \mathbb{E}(Y^0_{it} - Y^0_{it-1} \mid treat_i = 0) \tag{9-6}$$

通过在回归方程中引入控制变量（政策实施前的个体特征），可以将上述平行趋势假设放松为条件平行趋势假设，把变动趋势的比较限制在个体特征相同的子样本内，即允许变动趋势随个体特征差异而不同。

$$\mathbb{E}(Y_{it}^{0}-Y_{it-1}^{0}\,|\boldsymbol{X}_{it},treat_{i}=1)=\mathbb{E}(Y_{it}^{0}-Y_{it-1}^{0}\,|\boldsymbol{X}_{it},treat_{i}=0) \quad (9-7)$$

2. 共同区间假设

共同区间假设要求总体中既有实验组个体，也有控制组个体。在满足共同区间假设的情况下，才能将同一个体接受处理与否的比较，转化为处理组个体与控制组个体的比较，得到平均因果效应。

3. 外生性假设

外生性假设要求控制变量外生于政策冲击，即不会受到政策实施的影响。在实际操作中，通常在回归方程中引入控制变量的期初值与时间虚拟变量（或时间趋势项）的交互项，以满足外生性假设的要求。若在回归方程中引入时变控制变量，控制变量可能会受到政策实施的影响，则可能会产生样本选择偏差。

4. 稳定性假设（SUVTA）

稳定性假设要求政策实施不会产生溢出效应，即不会对控制组个体产生影响。然而，资源环境问题具有明显的区域特征，资源环境外部性产生空间上的溢出在现实中是经常发生的（Deschenes and Meng，2018；Feng et al.，2020）。若政策实施对控制组个体产生影响，则控制组的变动趋势不能作为实验组的反事实变动趋势。

（二）DID 法与机器学习方法的区别和联系

以 DID 法为代表的因果推断方法，基于大样本理论（渐近理论），侧重因果推断，预测能力较弱。因果推断方法常使用假定较强的函数形式，如线性回归模型，其估计系数具有较强的可解释性，具有相应的经济学含义。

机器学习方法基于最优化、算法，侧重预测，因果推断能力较弱。为了得到较好的预测结果，机器学习方法常采用较为灵活的函数形式，如神经网络等内部机制难以解释的“黑箱”方法，估计系数的可解释性较弱。

因果推断方法与机器学习方法的比较见表 9－3。

表 9－3　因果推断方法与机器学习方法的比较

方法	理论基础	预测	因果推断	可解释性
因果推断	大样本理论	弱	强	强
机器学习	最优化、算法	强	弱	弱

（三）DID 法的适用条件

DID 法的优点体现在可以避免两类错误的反事实推断：

第一，避免实验组政策实施前后比较的错误反事实推断。从表 9－2 中可以看出，实验组政策实施前后的结果变量分别是（$\alpha+\beta_2$）和（$\alpha+\beta_1+\beta_2+\beta_3$），二者的差异是（$\beta_1+\beta_3$），其中包含时间趋势$\beta_3$和政策效应$\beta_1$。DID 法进一步剔除了时间趋势$\beta_3$，得到感兴趣的因果效应$\beta_1$。

第二，避免政策实施后实验组与控制组比较的错误反事实推断。从表 9－2 中可以看出，政策实施后，控制组和实验组的结果变量分别是（$\alpha+\beta_3$）和（$\alpha+\beta_1+\beta_2+\beta_3$），二者的差异是（$\beta_1+\beta_2$），其中包含了实验组与控制组本身的差异$\beta_2$和政策效应$\beta_1$。DID 法进一步剔除了组间差异$\beta_2$，得到感兴趣的因果效应$\beta_1$。

（四）DID 法的注意事项

标准 DID 法需要排除各种混淆性政策的影响。传统 DID 法的政策冲击发生在同一时点，可能混淆了其他同期实施政策的影响，为此需要进行一系列稳健性检验，排除竞争性假说。

四、平行趋势假设的检验方法与事件研究法

平行趋势假设是 DID 法的关键识别假设，因而，论证平行趋势假设是否成立是应用 DID 法的标准步骤之一。

（一）平行趋势假设的检验方法

从严格意义上讲，平行趋势假设无法直接检验，这是因为处理组个体接受干预后的反事实结果无法观测，政策实施前两组的变动趋势相同，也不能保证政策实施后两组的时间趋势也平行。在经验研究中，可以通过观察的处理组和控制组事前趋势是否相同，为平行趋势假设提供间接证据。具体来说，采用以下几种方法：

第一，绘制时间趋势图。可以在一张图中分别绘制实验组和控制组结果变量的时间趋势图，通过直观观察判断政策实施前两组的时间趋势是否平行。这种方法的优点是直观展现数据的原始信息，局限性体现在：观察图形判断得到的结论较为主观。

第二，进行均值差异检验。通过对控制变量进行均值差异检验，又被称

为平衡性检验（Balancing Test），检验控制变量的均值在实验组和控制组是否存在显著差异，作为平行趋势假定的间接检验。

第三，采用事件研究法检验事前趋势是否平行。事件研究法又被称为动态DID法，是对DID法在政策冲击发生在多个时点情况下的拓展。在式（9－5）中将交互项$treat_i \times post_t$（$t \in \{1, \cdots, T\}$）细分为组别虚拟变量$treat_i$和各时期虚拟变量$year_\tau$（$\tau = 2, \cdots, T$）的交互项：

$$y_{it} = \alpha + \sum_{\tau=2}^{T} \beta_\tau \times treat_i \times year_\tau + \gamma' \boldsymbol{X}_{it} + \lambda_t + \mu_i + \varepsilon_{it} \qquad (9-8)$$

式中，$year_\tau$为第τ期的时期虚拟变量。为了避免T个交互项与固定效应完全共线性，需要在回归方程中少添加一个交互项。例如，$treat_i \times year_1$，此时少添加的时期被称为基期。在实际操作中，通常选择政策实施前一期作为基期。事件研究法第τ期系数β_τ估计的是第τ期平均处理效应与基期平均处理效应的差值。政策实施后的估计系数，显示了政策实施的动态处理效应。

为了判断事前趋势是否平行，通常对政策实施前所有估计系数的联合显著性进行F检验（陈强，2023）。若政策实施前所有估计系数联合不显著，则可接受事前平行趋势假设。

（二）事件研究法与DID法的联系和区别

事件研究法与DID法的联系在于：事件研究法是DID法的一般化。事件研究法的估计系数是若干个2×2DID估计量的加权平均。若DID法放松事后各期估计系数相等的约束条件（$\beta_0 = \cdots = \beta_L$），则一般化为事件研究法（Miller，2023）。

事件研究法与DID法的联系体现在：二者的识别假设不同，DID法的识别假设较为严格。DID法要求处理效应在组群和时间维度上不存在异质性，而事件研究法允许处理效应在时间维度上存在异质性（张子尧和黄炜，2023）。

五、交错DID与异质性处理效应稳健估计方法

以上介绍的标准DID法，隐含假设政策在同一时点实施。现实中，资源环境政策通常在不同城市分批进行试点推广，政策效应随时间发生变化，即存在异质性处理效应，此时为交错DID情形。交错DID情形下的异质性处理效应稳健估计方法是目前计量经济学的研究前沿。

（一）交错 DID 情形

交错 DID 情形具有两个特征：第一，个体开始受到政策影响的时间不尽相同；第二，个体受到政策影响后，不存在政策退出或逆转。在政策冲击发生在多个时点的情况下，实验组个体受到政策影响的时间不一致，直接将政策虚拟变量D_{it}作为核心解释变量，这种情形被称为交错 DID、交叠 DID 或时变 DID。实验组在政策实施后D_{it}取值为 1，其他情况取值为 0。回归方程如下：

$$y_{it} = \alpha + \beta D_{it} + \gamma' \boldsymbol{X}_{it} + \lambda_t + \mu_i + \varepsilon_{it} \tag{9-9}$$

在交错 DID 的情形下，可以定义相对于政策实施时间的相对时间虚拟变量$year_l$（$l = -K, \cdots, L$），则式（9－8）可以表示为：

$$y_{it} = \alpha + \sum_{l=-K}^{-2} \beta_l \times treat_i \times year_l + \sum_{l=0}^{L} \beta_l \times treat_i \times year_l + \gamma' \boldsymbol{X}_{it} + \lambda_t + \mu_i + \varepsilon_{it} \tag{9-10}$$

式（9－10）中，不包含政策实施前一期与组别虚拟变量的交互项，即将政策实施前一期作为基期。事件研究法系数β_l估计的是第 l 期与基期的平均处理效应之差。在交错 DID 的情形下，传统 DID 方法的估计结果存在偏差，而事件研究法能够得到政策效应的一致估计。

（二）交错 DID 情形的潜在估计偏差

在异质性处理效应存在的情况下，每个个体的影响效应既可以随个体 i 而变，也可以随年份 t 而变，此时，式（9－9）中的 β 需要表示成 β_{it}的形式：

$$y_{it} = \alpha + \beta_{it} \times D_{it} + \gamma' \boldsymbol{X}_{it} + \lambda_t + \mu_i + \varepsilon_{it} \tag{9-11}$$

式（9－11）中，使用传统双向固定效应（TWFE）模型估计交错 DID 模型会产生估计偏误。产生估计偏误的原因在于：将早处理组作为晚处理组的控制组，由于“坏控制组”的结果变量已经受到政策影响，这个 2×2DID 估计量的权重是负的（Goodman－Bacon，2021）。

（三）交错 DID 情形的异质性处理效应稳健估计方法

为了克服交错 DID 情形下 TWFE 估计量的估计偏误，计量经济学家提出了 CS－DID 估计（Callaway and Sant'Anna，2021）、Bacon 分解（Goodman－Bacon，2021）、交互加权估计（Sun and Abraham，2021）、二阶段 DID（Gardner，2022）、堆叠回归（Cengiz et al.，2019）等异质性处理效应稳健估

计方法（见表9－4）。相关综述参考黄炜等（2022）、Baker等（2022）、刘冲等（2022）、张子尧和黄炜（2023）、许文立（2023）等。

表9－4　异质性处理效应稳健估计方法的比较

作者（年份）	可利用的对照组	处理期的时期数	处理类型	数据结构	参数/非参数估计	时变协变量
de Chaisemartin和D'Haultfoeuille（2018，2020，2021，2022）	上一期刚处理	处理前两期	二值型、连续型（w/o stayers）、多个处理、交叠、多个处理值、进入—退出	（非）平衡面板和重复截面	参数	是
Imail和Kim（2021）			二值型、交叠、进入—退出		非参数	
Borusyak等（2021）	从未处理/还未处理	处理前多个时期	二值型、交叠、三重差分	面板和重复截面	参数	是
Sant'Anna和Zhao（2020）			非交叠	面板/重复截面	参数	
Callaway和Sant'Anna（2021）	从未处理/还未处理	处理前一期	二值型、交叠	平衡面板和重复截面	参数	否
Sun和Abraham（2021）	上一期刚处理		二值型、交叠	面板	参数	
Gardner（2021）			二值型、交叠		参数	
Clarke和Tapia－Schythe（2020）			二值型、交叠		参数	
Dettmann等（2022）			二值型、交叠、可变处理时期	面板	非参数	
Wooldridge（2021）			二值型、交叠、非线性回归		参数	否
Arkhangelsky等（2021）			二值型、交叠	平衡面板		是
Cengiz等（2019）	"干净"的控制组（每一个都有不同的固定效应）		二值型、交叠			

续表

作者（年份）	可利用的对照组	处理期的时期数	处理类型	数据结构	参数/非参数估计	时变协变量
Freyaldenhoven 等（2022）			二值型、交叠、连续型、不可观测混淆因子			是
Goldsmith - Pinkham 等（2022）			二值型、相互排斥的多处理			
Houngbegji 等（2016）					半参数	

资料来源：作者根据许文立和孙磊（2023）整理而得。

六、DID 的扩展方法

在标准 DID 法的基础上，本部分介绍 DDD 法、强度 DID 法、合成 DID 法等扩展方法。

（一）三重差分法

当平行趋势假设不满足时，实验组与控制组的双重差分无法完全去掉时间趋势，此时，需要对 DID 法进行改进。三重差分（Difference - in - Differences - in - Differences，DDD）法由 Gruber（1994）首次提出，随后得到广泛的应用。2010—2017 年，经济学顶级期刊 AER、JPE 和 QJE 发表了 32 篇使用 DDD 法的论文（Olden and Møen，2022）。DDD 法的主要思想是引入第三个维度“组别”g_i，通过比较不同组别间的的实验组和对照组，在政策实施前后结果变量变化的差异，从而识别政策效应。DDD 法的回归方程为：

$$y_{it} = \alpha + \theta_1 g_i \times treat_i \times post_t + \theta_2 treat_i \times post_t + \theta_3 g_i \times post_t + \gamma' \boldsymbol{X}_{it} + \lambda_t + \mu_i + \varepsilon_{it} \tag{9-12}$$

式中，θ_1 为 DDD 估计量。

（二）强度 DID 法

现实中，有很多资源环境政策，虽然在全国范围内同一时间统一实施，但政策对不同地区的作用力度不同，此时处理变量不是虚拟变量，而是连续变量，这种情形被称为强度 DID。强度 DID 法不仅关心政策实施与否的处理效应，还关心政策实施的边际效应。强度 DID 法也适用于全国统一实施政策，不存在“从未处理组”的情形。强度DID法通常使用TWFE进行估计。

（三）合成DID法

合成DID法（SDID法）是一种将DID法和合成控制法有机结合起来的方法。DID法适用于大量个体接受处理且满足平行趋势假设的情形，通过引入个体固定效应和时间固定效应来控制选择效应。合成控制（SC）法适用于单个或少量个体接受处理的情形，通过调整个体权重，消除事前趋势（Pre - trends），从而削弱了对平行趋势假设的依赖。SDID法兼具DID和SC的优点，主要思想是在平行趋势假设不成立的情况下，通过加权使实验组和控制组的时间趋势平行。类似于SC，SDID法重新加权并匹配事前趋势，以削弱对平行趋势假设的依赖。类似于DID，SDID法引入固定效应，允许有效的大面板推断。SDID法使用加权最小二乘法（WLS）估计TWFE模型。例如，许文立和孙磊（2023）利用SDID法作为DID法的稳健性检验，分析了中国碳排放权交易对能源消费结构的影响。

第二节　双重差分法在资源环境经济领域的主要应用

本节首先介绍了当考虑资源环境外部性产生空间溢出效应时，同心环分析对标准DID法的拓展，然后对DID及其扩展方法在资源环境经济领域的应用进行概述。

一、资源环境外部性与同心环DID法

当考虑资源环境外部性产生空间溢出效应时，标准DID法会产生有偏的估计。标准DID法建立在稳定性假设成立的基础上，而稳定性假设要求个体之间不存在交互影响，从而不考虑由外部性产生的空间溢出效应。然而，资源环境问题具有明显的区域特征，资源环境外部性产生空间上的溢出在现实中是经常发生的（Deschenes and Meng，2018；Feng et al.，2020）。例如，一个地区大气污染的加重或改善会对周边地区的空气质量产生影响。因此，在空间溢出效应存在的情况下，稳定性假设并不成立，标准DID法对平均处理效应的估计是有偏的（Li and Li，2020；Pan et al.，2020）。随着地理坐标数据和处理软件的广泛应用，有必要将标准DID法扩展为考虑空间溢出效应的

情形。

在空间溢出效应存在的情况下，常见的处理方法为在标准 DID 模型中加入是否受空间溢出效应影响的虚拟变量，或者将实验组相邻地区从对照组中排除（Kline and Moretti，2014；Neumark and Kolko，2010）。将实验组相邻地区从对照组中排除的方法，把距离实验组地区一定距离以内的地区排除出对照组，例如，5 千米、10 千米、15 千米和 20 千米，依次排除并分别采用标准 DID 法进行估计，这一系列估计结果呈现了平均处理效应受实验组相邻地区作为对照组影响的敏感程度，以及空间溢出效应可能存在的证据。这种方法需要指定处理效果变为 0 的确切距离。Butts（2023b）指出，在标准 DID 模型的基础上引入是否受空间溢出效应影响的虚拟变量，不能很好地估计空间溢出效应。这是因为这种方法可能将没有受空间溢出效应影响地区的上述虚拟变量取值为 1，从而对空间溢出效应的估计趋近 0。

为了改进上述方法，新近研究采用同心环分析（Concentric Ring Analysis）拓展标准 DID 法，建立了考虑空间溢出效应的 DID 模型（以下简称同心环 DID）（Clarke，2017；Zheng et al.，2017；Lu et al.，2019；Butts，2023a；Butts，2023b；陈强远等，2024）。这种方法的好处体现在以下两个方面：一方面，在一定的假设条件下，得到处理效应的一致估计，并得到作为距离函数的处理效应曲线，方便研究者了解政策实施对不同距离个体的影响，而不仅仅知道平均影响；另一方面，灵活估计溢出效应，更加全面地了解一定距离范围内的平均溢出效应。

在实验组地区对控制组地区存在空间溢出效应的情况下，标准 DID 法的 TWFE 估计量是对总效应的有偏估计。具体来说，若溢出效应与总效应的符号相同，则总效应的估计将衰减到零；若溢出效应与总效应的符号相反，则总效应的估计将增加。同心环 DID 法的主要思路是：首先识别出政策的溢出范围，然后将处于溢出范围内的样本予以剔除，将剩余样本作为对照组进行实证分析（郭峰等，2023）。Lu 等（2019）在 DID 法基础上，使用了同心环分析方法，选择把距离开发区 2 千米、4 千米、6 千米直到 20 千米的非开发区村庄依次从对照组中删去，然后观察政策影响是否发生变化（杨继东、刘诚，2021）。下面对同心环 DID 法进行详细介绍。

为了估计总效应和溢出效应，假定溢出效应是“局部的”，在标准 DID 法的 TWFE 模型式（9－9）中，引入同心环虚拟变量$Ring_i$，若控制组个体 i 在同心环之内，即到最近实验组个体的距离在一定范围内（如 0～60 千米），受到溢出效应的影响，则 $Ring$ 取值为 1；若控制组个体 i 在同心环之外，不再受到溢出效应的影响，则 $Ring$ 取值为 0。在回归方程（9－13）中，可以同时估计总效应和溢出效应：

$$y_{it} = \alpha + \beta_{total} D_{it} + \beta_{spill}(1 - D_{it}) Ring_i + \gamma' \mathbf{X}_{it} + \lambda_t + \mu_i + \varepsilon_{it} \qquad (9-13)$$

在满足溢出效应平行趋势假定的情况下，即同心环内的控制组个体与同心环外的控制组个体具有相同的趋势，式（9－13）中的β_{total}是对总效应的一致估计，β_{spill}估计了一定距离范围的同心环内所有观测值的平均溢出效应。

单一同心环方法使用一个虚拟变量来表示到最近实验组个体的距离在一定范围内（如 0～60 千米）。多个同心环方法使用若干个虚拟变量来表示到最近实验组个体的距离每隔一个固定的距离，例如，使用$Ring_{i1}$、$Ring_{i2}$、$Ring_{i3}$和$Ring_{i4}$四个虚拟变量，分别表示到最近实验组个体 0～15 千米、16～30 千米、31～45 千米和 46～60 千米的四个圆环。在式（9－13）中，使用多个同心环虚拟变量替代一个虚拟变量，可以更灵活地估计溢出效应。

$$y_{it} = \alpha + \beta_{total} D_{it} + \sum_{j=1}^{n} (1 - D_{it}) Ring_{ij} \delta_j + \gamma' \boldsymbol{X}_{it} + \lambda_t + \mu_i + \varepsilon_{it} \qquad (9-14)$$

个体 i 位于同心环 j 内虚拟变量$Ring_{ij}$取值为 1。β_{total}仍然是对总效应的一致估计。每个估计系数δ_j估计了同心环 $j(j=1, \cdots, n)$ 内控制组个体的平均溢出效应。对不同距离同心环内平均溢出效应的估计，可以使研究人员更好地了解溢出效应随距离变化的性质。上述估计依赖于一个更严格的平行趋势假设，即每个同心环内的控制组个体与同心环外的控制组个体具有相同的趋势。

图 9－3 通过一个简单的例子，比较了单一同心环方法与多个同心环方法对溢出效应的估计结果。纵轴是政策实施前后结果变量的变化量，横轴是到最近实验组个体的距离。图 9－3 中反事实趋势结果变量的变化量为 2，为了直观表示，实验组个体观测值的横轴取值为 0。

如图 9－3 所示，单一同心环方法使用一个虚拟变量来表示到最近实验组个体的距离为 0～60 千米。通过估计式（9－13）得到红色拟合线与反事实趋势之间的差异约为0.6，即平均溢出效应的估计值为0.6。单一同心环方法对0~60千米平均溢出效应的估计，无法体现0~15千米个体的平均溢出效应超过1，以及40~60千米个体的溢出效应趋近0的特征。

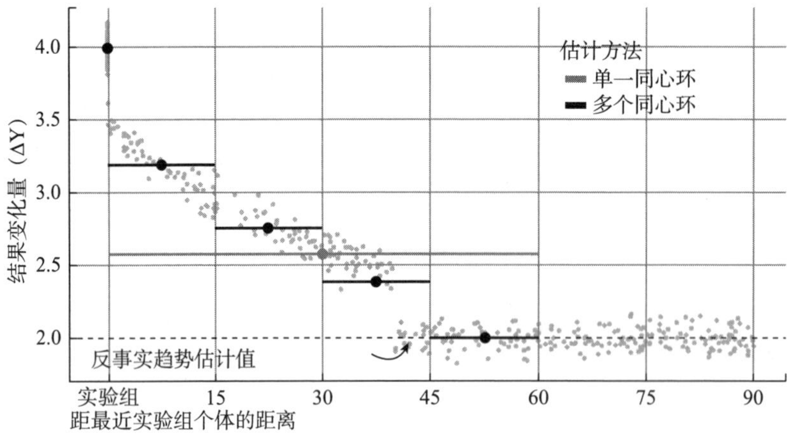

图9-3　单一同心环方法与多个同心环方法估计溢出效应比较

资料来源：Butts（2023a）。

多个同心环方法每隔15千米使用一个虚拟变量，共计使用四个同心环虚拟变量分别表示到最近实验组个体0~15千米、16~30千米、31~45千米和46~60千米的四个圆环。与单一同心环方法相比，多个同心环方法能够更灵活地估计溢出效应，从而可以更为详细地了解一定距离范围内的平均溢出效应的特点：第一，多个同心环方法能够捕捉到溢出效应随距离增加而减少的特征；第二，多个同心环方法对超过最大溢出距离（40千米）圆环（45~60千米）内个体平均溢出效应的估计值接近0。

在标准同心环DID法的基础上，Butts（2023b）提出一种改进的非参数估计量，这个估计量以数据驱动的方式选择同心环的数量和位置，并且不需要说明处理效果变为0的确切位置。为了做到后者，这个估计量充分利用了更强的“共同邻居趋势”假设，即反事实趋势在距离上是恒定的，而标准同心环DID法只要求每个同心环中的平行趋势在平均意义上成立。

除此之外，在空间溢出效应存在的情况下，另一种解决思路是将DID的交互项政策虚拟变量引入空间杜宾模型（SDM）、空间误差模型（SEM）等各种空间计量经济学模型，产生了空间杜宾—双重差分模型（SDM-DID）等空间双重差分模型。这方面内容可以参考 Diao 等（2021）、Jia 等（2021）、Sun 等（2023）等的研究。

二、DID 及其扩展方法在资源环境经济领域的应用概述

在资源环境经济领域，已有研究围绕环境规制与经济发展之间的关系，以及自然资源繁荣与经济发展之间的关系，进行了大量的理论和实证研究，分别形成了“波特假说”和“资源诅咒假说”的代表性观点。

“波特假说”认为适宜的环境规制会倒逼企业进行绿色技术创新，使补偿性收益超过环境治理成本，从而让环境保护与经济发展保持互补关系（Porter，1991；Porter and Van der Linde，1995；Ramanathan et al.，2017）。自“波特假说”被提出以来，学术界对其进行了广泛的验证，遗憾的是，环境保护与经济发展是互补关系还是替代关系的研究结论并不一致（Berman and Bui，2001；张成等，2011；Alpay et al.，2002；涂正革、谌仁俊，2015；盛丹、张国峰，2019）。

自然资源对于经济发展而言，是一种“祝福”还是“诅咒”，引起了学术界的广泛争论（Van der Ploeg，2011；Badeeb et al.，2017；Arezki et al.，2017；邵帅等，2021；Acemoglu et al.，2023）。一种观点认为，丰裕的自然资源是对经济发展的“祝福”，这是因为自然资源是工业化和经济发展的重要引擎（Watkin，1963；Wright，1990；Winters et al.，2021）。美国、德国、英国、加拿大和澳大利亚等较早实现工业化国家的资本积累和经济腾飞，与其拥有丰裕的煤矿和铁矿等自然资源密切相关。自 20 世纪 60 年代以来，伊朗、委内瑞拉等自然资源丰裕国家的经济陷入低迷，瑞士、日本、“亚洲四小龙”等自然资源匮乏国家（地区）呈现明显赶超趋势，二者形成鲜明对比，人们对这一现象的关注和讨论形成了“资源诅咒假说”（Auty，1993；Sachs and Warner，1995，2001；Gylfason，2001）。随后，大量研究证实，“资源诅咒”现象在跨国层面或同一国家内部不同地区层面存在（Gylfason and Zoega，2006；李江龙、徐斌，2018；Apergis and Katsaiti，2018；Wang et al.，2021；Katovich，2024）。

在对“波特假说”和“资源诅咒假说”进行实证检验的过程中，面临的主要识别挑战是以双向因果关系、遗漏变量偏差等为来源的内生性问题。内生性问题是“波特假说”研究争论和“资源诅咒假说”研究争论产生的一个重要原因。例如，自然资源开发与经济发展之间可能存在双向因果关系，经

济发展可能反过来影响自然资源开发进程，并且许多影响经济发展的不可观测因素可能影响自然资源开发，因而实证研究发现的自然资源开发对经济发展的促进或抑制作用，可能是一种统计假象，而不是一个稳健的研究结论（Van der Ploeg and Poelhekke，2016）。

随着经济学经验研究“可信性革命”的进步和政策评估研究的风靡，经济学家将资源环境经济纳入其研究领域，利用水力压裂法带来的页岩气革命、环境规制政策试点等外生冲击，采用 DID 法等准实验方法解决识别中的潜在内生性问题，探讨环境规制、资源型城市转型等政策的有效性问题（Greenstone and Gayer，2009；Samii，2016；Panhans and Singleton，2017）。

Deschenes 和 Meng（2018）在《环境经济学手册》第七章中指出，DID 法等准实验方法，从根本上改变了环境经济学领域。这体现在，2000 年以后才出现的应用准实验方法的环境经济学论文，现在已经占到了著名经济学期刊上发表论文的三成以上。除此之外，在资源环境经济领域，了解感兴趣资源环境政策对特定结果的因果影响，对于资源环境政策的设计和调整而言，至关重要。

Deschenes 和 Meng（2018）回顾了 2000—2017 年采用准实验方法的 557 篇环境经济学论文，这些论文发表在 10 本英文经济学顶级期刊上。他们认为，过去 20 年准实验方法在环境经济学中的应用越来越多，到 2017 年，32% 的论文采用了准实验方法（90 篇）。其中，DID 法（包括 DDD 法和合成控制法）最受欢迎，占所有准实验论文的 50%（45 篇）。他们指出，环境经济学领域发表准实验论文的研究话题，集中在以下几个方面：第一，《清洁空气法》（CAA）等环境政策的社会收益，关注的结果变量包括空气污染、劳动力市场表现和生产率、健康、房屋价值等；第二，空气污染的社会收益，关注的结果变量包括健康、房屋价值、劳动力市场表现和生产率、学校表现等；第三，温度波动的经济影响，关注的结果变量包括农业表现、健康、GDP 增长率等。他们认为，除空气污染和温度外，有毒化学品、水污染等其他环境产品的准实验研究较少，存在潜在的研究机会。

Sills 和 Jones（2018）在《环境经济学手册》第九章中指出，因果经验主义方法将环境保护等政策措施的有效性问题纳入经验研究，在过去 10 年中，基于实验和准实验影响评估的证据越来越多（Imbens and Wooldridge，2009）。这些研究重点关注保护区、分权和管理权下放到社区，以及生态系统服务费等环境保护政策对环境、地方福利等环境社会结果的影响。

DID 及其扩展方法被广泛应用于环境治理政策的政策效应评估，探讨大气污染治理、水污染治理、碳减排等领域环境规制政策的环境经济社会影响及其作用机制。

在大气污染治理政策评估方面，相关研究使用 DID 法，以及 DDD 法等 DID 的扩展方法，探讨了“两控区”“十一五规划”将二氧化硫减排目标纳入地方政府政绩考核、引入自动化的空气质量监测系统、《大气污染防治行动计划》（以下简称“大气十条”）、中国空气污染控制重点城市（KCAPC）政策等环境规制政策的环境效应、经济效应和社会效应，关注的结果变量包括出口、FDI、污染排放、经济发展、劳动力需求等。代表性研究如表 9-5 所示。

表 9-5 DID 及其扩展方法在大气污染治理政策评估中的应用

序号	政策名称	方法	代表性文献	主要结论
1	“两控区”	DDD	Hering 和 Poncet（2014）	“两控区”政策减少了出口
2	“两控区”	DID + DDD	Cai 等（2016）	“两控区”政策减少了 FDI
3	“十一五规划”	DDD	Shi 和 Xu（2018）	“十一五规划”出台降低了出口
4	“两控区”和“十一五规划”将二氧化硫减排目标纳入地方政府政绩考核	DID	Chen 等（2018）	环保政绩考核降低了二氧化硫排放量和 GDP 增长率
5	三批次引入自动化的空气质量监测系统	RD + DID	Greenstone 等（2022）	PM_{10}浓度增加了 35%，增加了人们对口罩和空气过滤器的在线搜索
6	“大气十条”	DID	Yao 等（2022）	“大气十条”的实施带来空气质量改善，减缓认知功能衰退速度
7	KCAPC	PSM - DID	Liu 等（2021）	二氧化硫排放降低约 26%，制造业劳动力需求减少约 3%

在水污染治理政策评估方面，相关研究使用 DID 及其扩展方法，探讨了“十一五计划”将 COD 减排目标纳入地方政府政绩考核、江苏省太湖地区纺

织印染行业废水提标政策、“河长制”等环境规制政策的环境效应、经济效应和社会效应，关注的结果变量包括工业集聚、污染排放、企业转移、劳动力需求等。代表性研究如表9－6所示。

表9－6　DID及其扩展方法在水污染治理政策评估中的应用

序号	政策名称	方法	代表性文献	主要结论
1	“十五计划”首次将环境保护和减少污染排放作为国家战略发展目标	DID + DDD + DDDD	Cai 等（2016）	省内有河流经过的最下游县域与水污染相关的经济活动（工业企业产值、工业企业数目、新增工业企业数目等）显著增加，增幅达20%
2	“十一五计划”将COD减排目标纳入地方政府政绩考核	DID + DDD	Kahn 等（2015）	环保政绩考核降低了COD排放量
3	“十一五计划”将COD减排目标纳入地方政府政绩考核	DID + DDD	Chen 等（2018）	环保政绩考核虽然减少了长江中下游地区污染行业产值，却促使污染企业向长江上游转移
4	江苏省太湖地区纺织印染行业废水提标政策	DID	Liu 等（2017）	COD管制政策降低了COD排放和企业劳动力需求
5	“河长制”	DID	沈坤荣和金刚（2018）	“河长制”达到了初步的水污染治理效果，但并未显著降低水中的深度污染物

在碳减排政策评估方面，相关研究使用DID及其扩展方法，探讨了碳排放权交易体系（ETS）试点、低碳城市试点等环境规制政策的环境效应、经济效应和社会效应，关注的结果变量包括污染排放、企业生产率、绿色创新、资本投入、劳动力需求、能源转型等。代表性研究如表9－7所示。

表9－7　DID及其扩展方法在碳减排政策评估中的应用

序号	政策名称	方法	代表性文献	主要结论
1	碳排放权交易试点	DID	Cui 等（2021）	减少企业排放；对就业和资本投入有负面影响，激励企业提高生产率

续表

序号	政策名称	方法	代表性文献	主要结论
2	碳排放权交易试点	DID	Shi 等（2022）	减少了各种类型的碳排放，且这种减少效果是长期的
3	碳排放权交易试点	DID + 空间 DID	Sun 等（2023）	降低了能源领域绿色技术创新
4	低碳城市试点	DID + 空间 DID	Lee 等（2022）	通过降低能源消费、优化能源结构和降低能源强度，对本地能源转型产生积极影响
5	低碳城市试点	DID	Yang 等（2023）	降低了企业的用电强度；通过节能和绿色创新效应改善了企业的电力消费，从长期来看可提高企业的节能意识和能源效率

此外，既有研究还使用 DID 及其扩展方法，探讨了中央环保督察、环保机构垂直管理改革、领导干部自然资源离任审计、节能减排财政政策综合示范城市等环境规制政策的环境效应、经济效应和社会效应（黄溶冰等，2019；沈坤荣、周力，2020；赵阳等，2021；孙晓华等，2022；姜雅婷、杜焱强，2023；Tan et al.，2024）。

DID 及其扩展方法，广泛应用于评估资源枯竭型城市扶助政策等资源型地区转型发展政策的环境效应、经济效应和社会效应，以及检验非预期的自然资源繁荣或衰退的经济影响。2008 年以来，以高压水砂破裂法作为技术支撑的页岩气革命在美国迅速蔓延。这一外生冲击，为检验自然资源收入的经济影响提供了一个良好的契机。已有研究采用 DID 法等因果推断方法，实证检验了页岩气开发对经济发展（Allcott and Keniston，2018）、个人就业和收入（Feyrer et al.，2017；Winters et al.，2021）、贷款（Gilje et al.，2016；Gilje，2019）、房价（Muehlenbachs et al.，2017；Gibbons et al.，2021）、公共服务水平（Bartik et al.，2019）、新生儿健康（Hill，2018）、消费者债务积累（Brown，2021）、污染排放（Acemoglu et al.，2023）等变量的影响。代表性研究如表 9－8 所示。

表 9-8 DID 及其扩展方法在资源型地区转型发展政策评估中的应用

序号	政策名称	方法	代表性文献	主要结论
1	资源枯竭型城市扶助政策	DID	孙天阳等（2020）	显著提高了地区人均 GDP 和就业率
2	资源枯竭型城市扶助政策	DID	Yu 等（2022）	通过降低资源依赖性提高能源效率
3	英国颁发页岩气勘探许可证	DID + DDD	Gibbons 等（2021）	颁发许可证没有影响房价，但水力压裂引起地震活动导致房价下降 3.9% ~4.7%
4	美国“页岩气革命”	DID	Cookson 等（2022）	“页岩气革命”给个人带来的意外现金收入，使债务收入比降低 2.4%
5	美国煤炭产业的能源转型	DID	Du 和 Karolyi（2023）	能源转型导致就业下降 6%，工资下降 4%，经济流动性和获取金融服务的便利性减轻了上述负面影响
6	巴西近海石油发现	CS - DID	Katovich（2024）	实现资源发现预期收入城市的收入和支出大幅增长，但未能改善公共产品的提供或刺激经济活动；经历发现公告但未实现预期收入的城市，收入、投资和公共产品供应长期下降

简约式估计（包括 DID 法）与结构式估计相结合，是 DID 法在资源环境经济领域的前沿应用。Chen 等（2024）结合 DID 法和结构模型估计，分析了 2006 年实施的“千家企业节能行动”政策对企业集团网络的影响，发现虽然被监管企业通过减少产出的方式降低了企业的能源消耗，但是其将原有的部分产能和利润转移给集团内同行业的关联方企业，并且这种关联方转移无法完全弥补企业节能政策导致的产出损失。

第三节 双重差分法应用案例

本节通过几个典型案例，具体说明 DID 及其扩展方法的实际应用。

一、标准 DID 法的应用案例

Chen 等（2018）利用 2005 年底中国政府将二氧化硫减排目标纳入官员政绩考核体系的政策冲击，使用 DID 法研究了基于目标的绩效评价体系能否激励地方官员，以放慢经济增长为代价实施环境监管政策。他们建立的计量回归模型如下：

$$y_{ct} = \beta TCZ_c \times Post\,2005_t + \delta_c + \gamma_t + Z_c \times f(t) + \varepsilon_{ct} \qquad (9-15)$$

式中，c 和 t 分别表示城市和年份；被解释变量 y_{ct} 包括二氧化硫排放量和经济增长率；$TCZ_c \times Post\,2005_t$ 为核心解释变量；TCZ_c 为城市 c 是否隶属“两控区”的虚拟变量，“两控区”城市取值为 1，否则为 0；$Post\,2005_t$ 在 2005 年以后赋值为 1，2005 年及之前取值为 0；δ_c 和 γ_t 分别为城市固定效应和年份固定效应；Z_c 为决定城市是否隶属“两控区”的前定变量（中国政府用来选择“两控区”城市的七个关键标准），而 $f(t)$ 为时间的三次项多项式，$Z_c \times f(t)$ 是二者的交互项。为控制潜在的异方差和自相关，将标准误聚类到城市层面。表 9－9 汇报了回归结果。

表 9－9　回归结果

	(1)	(2)	(3)	(4)	(5)	(6)
	ln（SO_2）			*GDP_ Growth*		
$TCZ \times Post2005$	−0.260***	−0.164**	−0.146**	−0.797**	−0.949***	−0.846***
	(0.065)	(0.066)	(0.068)	(0.317)	(0.328)	(0.328)
被解释变量均值	1.338	1.338	1.338	12.170	12.170	12.170
城市固定效应	是	是	是	是	是	是
年份固定效应	是	是	是	是	是	是
TCZ Controls $\times f(t)$		是	是		是	是
Other Controls × *Post*2005			是			是
样本量	4283	4283	4283	4288	4288	4288
样本期	2001—2015 年	2001—2015 年	2001—2015 年	2001—2015 年	2001—2015 年	2001—2015 年
调整的 R^2	0.837	0.846	0.847	0.499	0.543	0.546
聚类数	286	286	286	286	286	286

注：***、**、* 分别表示显著性水平为 1%、5% 和 10%。

从表9－9中可以看出，无论是对于二氧化硫排放量还是GDP增长率，核心解释变量的回归系数均显著为负。这些结果表明，2005年将污染排放纳入官员考核体系有助于改善环境质量，但也带来了经济增长减速。具体而言，2005年政策导致二氧化硫排放量降低14.6%，考虑到对数二氧化硫排放量的平均值为1.338，估计表明该政策导致排放量减少了5564吨。而经济增长率下滑0.846%，考虑到GDP年增长率的平均值为12.17%，估计表明该政策导致GDP增长率降低了6.9%。

满足识别假设的一个必要条件是，“两控区”城市和非“两控区”城市在政策实施前的结果具有相似的时间趋势。具体来说，如果在政策实施前很长一段时间内存在相似的时间趋势，而在政策实施后出现差异，则表明这种差异趋势可能是由政策实施引起的。为此，他们采用了Jacobson等（1993）介绍的事件研究法，估计以下计量回归方程：

$$y_{ct} = \sum_{t=2001}^{2015} \beta_t TCZ_c \times \gamma_t + \delta_c + \gamma_t + Z_c \times f(t) + \varepsilon_{ct} \tag{9-16}$$

在式（9－16）中，选择2005年作为基期，$\{\beta_t\}$捕捉的是相对于政策实施前一年，“两控区”城市和非“两控区”城市之间的结果差异。图9－4绘制了各时期的估计系数和95%置信区间。

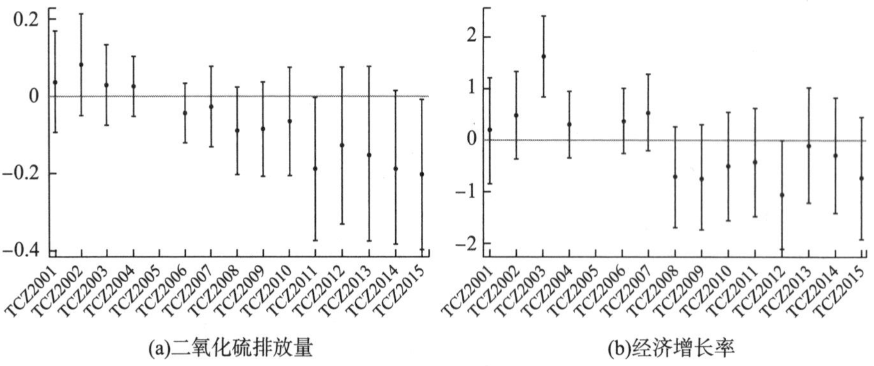

图9－4 动态效应图

从图9－4（a）中可以看出，2001—2004年，估计系数是正的，都不显著，并且在大小上是稳定的，这表明在处理前，“两控区”城市和非“两控区”城市之间的二氧化硫排放量存在共同的趋势。从图9－4（b）中可以看出，尽管有一些波动，但2001—2004年的所有估计系数都是正值，大多数不显著，“两控区”城市和非“两控区”城市之间的GDP增长率没有明显的趋势。

从图9-4中，也可以看出政策的动态效应。在图9-4（a）中，“两控区”城市和非“两控区”城市之间的二氧化硫排放量差异，在政策实施后的2006年立即降至负值，并继续呈负值，且幅度越来越大。在图9-4（b）中，2006年和2007年的估计值是正值，与政策实施前时期的估计系数相似，自2008年以来估计系数变为负值，这些结果表明，政策变化对GDP增长率的影响有一定的滞后性。

综上，Chen等（2018）的研究发现，2005年底中国政府将二氧化硫减排目标纳入官员政绩考核体系的政策，显著降低了二氧化硫排放量，同时也显著降低了GDP增长率。

二、交错DID法的应用案例

自然资源的发现往往伴随延迟和不确定的生产结果，资源发现的不确定性给资源管理带来了挑战。Katovich（2024）利用巴西近海石油发现的外生冲击，在一个事件研究框架中（Sun and Abraham，2021），使用CS-DID估计方法，识别资源发现和随后的收入实现冲击对地方公共财政、公共产品提供和政治的动态影响。对于城市m和年份t，E_m表示城市m首次受资源发现公告影响的时期，$K_{mt}=t-E_m$表示事件发生前或发生后的年数。建立的事件研究框架如下：

$$Y_{mt}=\sum_{k\neq -1}[1(K_{mt}=k)]\beta_k+\delta_m+\gamma_t+\varepsilon_{mt} \tag{9-17}$$

式中，Y_{mt}表示城市层面的结果变量，1（$K_{mt}=k$）表示相对时间虚拟变量，δ_m和γ_t分别为城市固定效应和年份固定效应，标准误聚类到城市层面。β_k是从第一次资源发现公告开始，在暴露时间长度k上的平均处理效应。

CS-DID估计方法是Callaway和Sant'Anna（2021）提出的组—时间平均处理效应估计方法，主要思路是根据政策实施年份的不同，将个体划分为若干组群（Cohorts），以从未实验组和尚未实验组作为对照组，使用“长差分”来估计组群平均处理效应，以解决由交错处理时间和异质性处理效应带来的偏误。

假设资源发现和随后的收入实现是近似随机的，受资源发现公告影响的城市是实验组，1999 年以后钻探了海上油井但没有资源发现的城市是从未处理过的对照组。使用 CS－DID 估计方法估计事件研究框架［式（9－17）］，得到图 9－5。

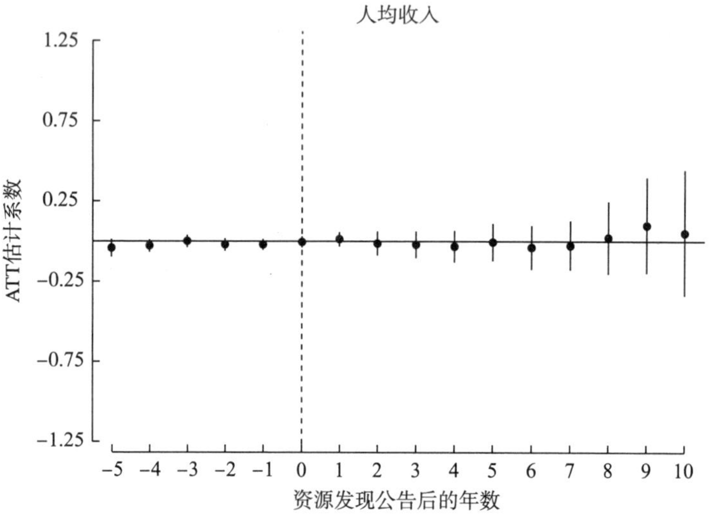

图 9－5　资源发现公告对人均收入的影响

从图 9－5 中可以看出，资源发现公告对人均收入的平均影响几乎为零。

考虑到资源发现的不确定性，可以根据预期石油收入与实际石油收入之间的差异，进一步将实验组分为“满意”（Satisfied）或“失望”（Disappointed）两种类型。其中，“满意”的实验组指的是经历资源发现公告且收到预期石油收入的城市，“失望”的实验组指的是经历资源发现公告但未收到预期石油收入的城市。在事件研究框架式（9－17）中，使用 CS－DID 估计方法分别将“满意”的实验组城市、“失望”的实验组城市与对照组城市进行比较，识别资源发现公告和随后收入实现的动态因果效应。图 9－6 展示了资源发现不确定性对总收入和分类收入影响的事件研究结果，图 9－7 展示了资源发现不确定性对支出和公共就业影响的事件研究结果，在每张小图中分别绘制“失望”的实验组城市、“满意”的实验组城市，相较于对照组城市的估计系数和置信区间。

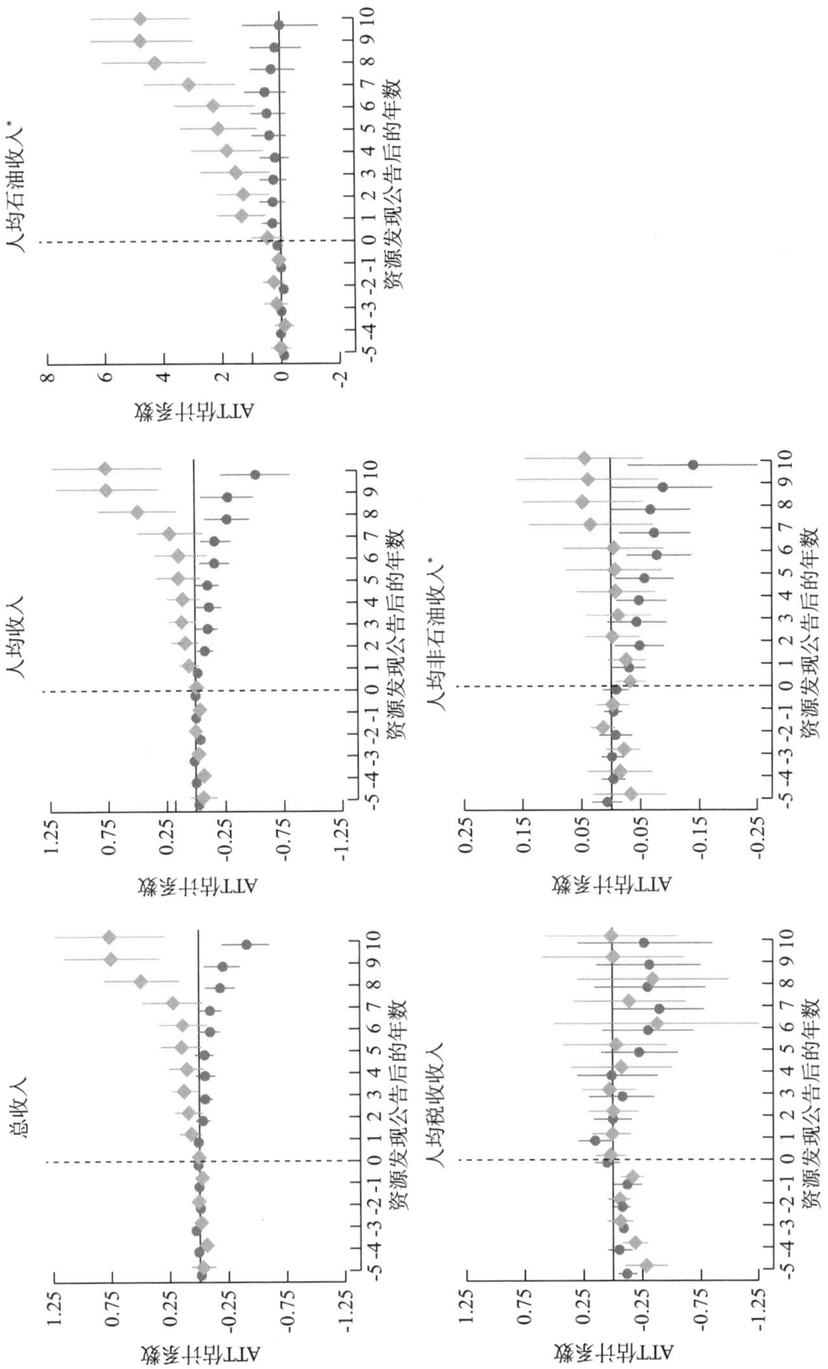

图 9－6　资源发现不确定性对总收入和分类收入的影响

注：● 表示"失望"的实验组城市的动态处理效应（资源发现但未实现收入），◆ 表示"满意"的实验组城市的动态处理效应（资源发现且实现收入）。

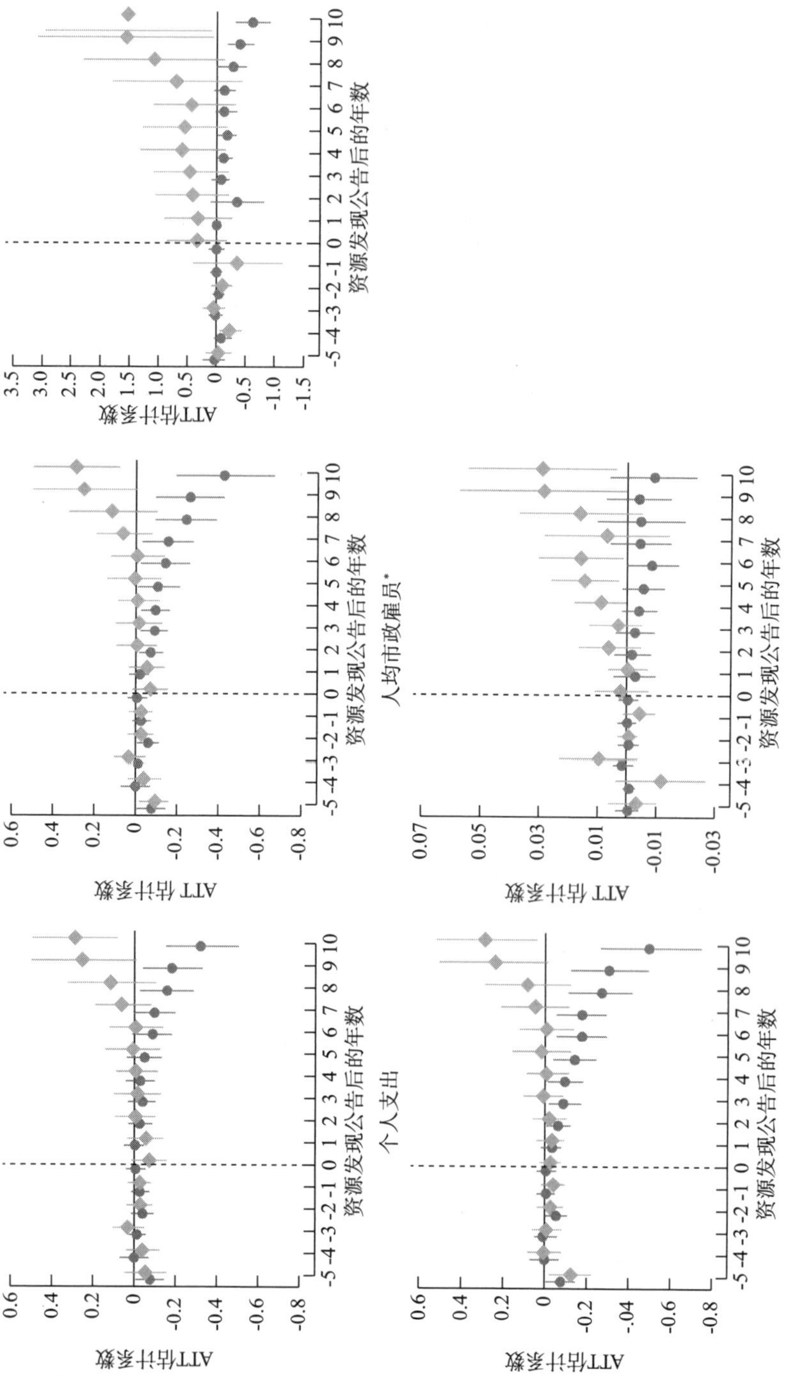

图 9－7 资源发现不确定性对支出和公共就业的影响

从图 9－6 和图 9－7 中可以看出，相较于对照组城市，在实现资源发现预期收入的“满意”的实验组城市中，人均总收入在首次发现后 10 年增加了 88%，人均石油收入增加了 6872%，人均支出增加了 25%，人均教育和卫生支出分别增加了 37% 和 42%。相较于对照组城市，在经历资源发现公告但未收到预期石油收入的“失望”的实验组城市中，石油收入在资源发现后 10 年保持不变，但人均总收入下降了 45%，主要原因是税收收入下降 34%，以及来自联邦和州政府的其他转移支付下降 16%。除此之外，“失望”的实验组城市人均支出下降 39%，人均投资下降 76%，人均教育和医疗支出分别下降 40% 和 30%。公共产品提供和经济活动指标大幅下降。

综上，Katovich（2024）研究发现，资源发现的不确定性给资源管理带来了挑战，对资源发现影响的研究，有必要考虑实现资源预期收入城市与未实现资源预期收入城市之间的差异。

三、强度 DID 法的应用案例

为什么在同样的政策红利下各地区仍然表现出巨大的增长差异？这种增长差异和地区差距究竟是如何形成的？观察改革开放以来的事实不难发现，政策红利与资源禀赋的互动是一个十分重要的因素，然而，既有研究对此的探讨却较少。比如，政策红利是否会通过资源禀赋作用于增长差异？其中的作用机制是什么？应该如何利用不同地区的禀赋特征推出相应的政策来缩小地区差距？这些问题亟待回答。

我国自 2013 年下半年开始实施“长江经济带发展战略”，张鑫宇等（2023）利用“长江经济带发展战略”的政策冲击和强度 DID 法，从政策红利与地理资源禀赋互动的角度，揭示了地区增长差异的形成原因及其作用机制。为检验“长江经济带发展战略”与内河航运禀赋的互动对地区增长差异的影响，构建了强度 DID 模型：

$$\ln Economic\ Growth_{it} = \beta_0 + \beta_1 Yangtzebelt_t \times Depth_i + \sum_j \beta_j Control_{2012} \times Trend + \gamma_t + \mu_i + \varepsilon_{it} \tag{9-18}$$

式中，被解释变量为经济增长（ln *Economic Growth*），分别用 GDP 的对数值（ln*GDP*）和人均 GDP 的对数值（ln*PGDP*）来度量；核心解释变量是“长江经济带发展战略”与内河航运禀赋的互动，用交互项 $Yangtzebelt_t \times Depth_c$

来表示。其中，$Yangtzebelt_t$为表示“长江经济带发展战略”实施前后的虚拟变量，2014 年及以后取值为 1，2014 年以前取值为 0；$Depth_c$为城市 c 的内河航运禀赋，用航道水深来度量，匹配到城市 c 下辖各县区 i。控制变量 $Control_{2012}$ 包括经济和地理控制变量，引入控制变量与时间趋势项 $Trend$ 的交乘项，其中，经济控制变量取政策实施前 2012 年的数值。γ_t 和 μ_i 分别代表时间和地区固定效应。标准误聚类到城市层面。表 9 – 10 汇报了回归结果。其中，第（1）列和第（3）列的被解释变量是 GDP 的对数值（ln*GDP*），第（2）列和第（4）列的被解释变量是人均 GDP 的对数值（ln*PGDP*）；前两列未加入控制变量，后两列加入了控制变量。

表 9 – 10　回归结果

	(1)	(2)	(3)	(4)
	ln*GDP*	ln*PGDP*	ln*GDP*	ln*PGDP*
Yangtzebelt × *Depth*	0.035***	0.043***	0.044***	0.047***
	(0.009)	(0.011)	(0.011)	(0.012)
控制变量	否	否	是	是
县级固定效应	是	是	是	是
时间固定效应	是	是	是	是
样本量	23752	21469	18633	17526
R^2	0.980	0.946	0.980	0.950

注：***、**、* 分别表示显著性水平为 1%、5% 和 10%。

从表 9 – 10 的回归结果可以看出，与参照组地区相比，“长江经济带发展战略”与内河航运禀赋的互动显著地促进了实验组地区的经济发展，经过计算，平均而言，使 GDP 和人均 GDP 分别提高了 2.49% 和 2.66%。

满足“平行趋势假设”是采用 DID 法的重要前提，因而需要对事前平行趋势进行检验，也就是要求“长江经济带发展战略”实施之前，实验组地区和参照组地区的经济增长趋势相同，不存在显著差异。将“长江经济带发展战略”实施的前一年（2013 年）作为基准年，采用事件研究法对事前平行趋势进行检验，回归系数在“长江经济带发展战略”实施前后的变化趋势如图 9 – 8 所示。

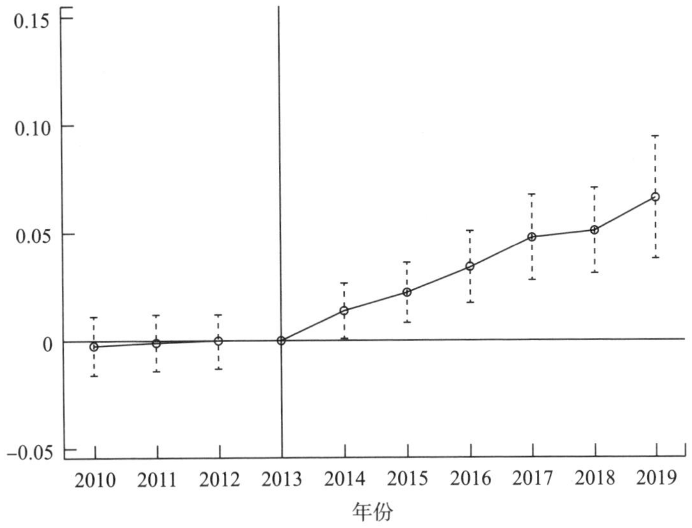

（a）ln*GDP*

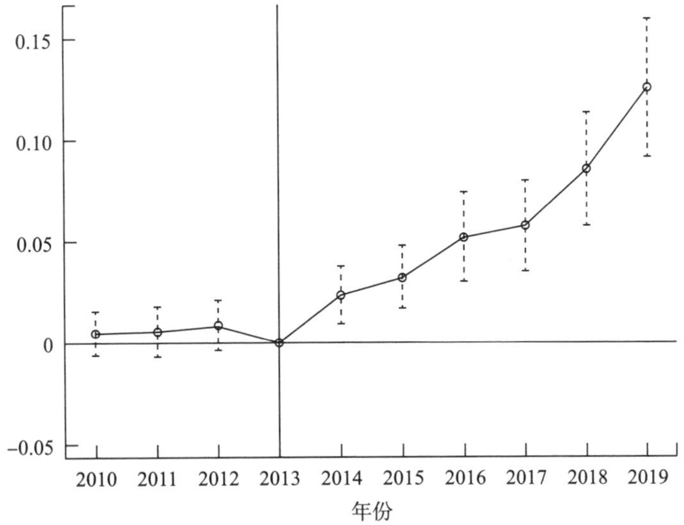

（b）ln*PGDP*

图9－8　动态效应图

从图9－8（a）中可以看出，在“长江经济带发展战略”实施之前，估计系数在5%的水平下跟0没有显著差异，说明与政策实施前一年（2013年）相比，实验组和参照组地区的GDP和人均GDP不存在显著差异，表明不存在事前趋势；另外，从政策实施的当年（2014年）开始，估计系数在5%的水平下显著为正，且影响程度呈逐年增大的趋势，说明“长江经济带发展战略”与内河航运禀赋的互动显著地促进了实验组地区的经济发展，且这种促进作用具有持续性。参考 Suarez 和 Zidar（2016）的做法，对“长江经济带发展战略”实施前后的估计系数是否联合显著进行 F 检验。结果表明，无论被解释变量为 ln*GDP*，还是 ln*PGDP*，在“长江经济带发展战略”实施之前，估计系数联合不显著；在“长江经济带发展战略”实施之后，估计系数在 1% 的水平下联合显著不为 0，这说明二者互动带来的政策效应，并不是由实验组和参照组地区之间固有的经济发展趋势导致的。

采用标准 DID 法缓解潜在的“选择性偏误”（Selection Bias）问题。在基准回归中，采用航道水深度量地理禀赋，在这种强度 DID 设计中，处理强度为连续型，需要满足“强平行趋势”假定，即对于所有处理强度，受到特定处理强度干预地区经济增长与真正受到该处理强度干预地区经济增长的平均变化相等，否则估计结果可能会产生“选择性偏误”问题（Callaway et al.，2021）。为了缓解潜在的“选择性偏误”问题，参考 Beerli 等（2021），将内河航运禀赋 *Depth* 进行离散化处理后，采用标准 DID 法重新进行估计。具体来说，采用虚拟变量 *Endowment* 度量城市是否具有内河航运禀赋，若县区的航道水深大于 0，则该县区具有内河航运禀赋，*Endowment* 取值为 1，否则取值为 0。从表 9 - 11 的第（1）列和第（2）列可以看出，离散化核心解释变量（$Yangtzebelt \times Endowment$）的估计系数在 1% 的水平下显著为正，说明估计结果是稳健的。

表 9 - 11　稳健性检验回归结果

	(1)	(2)	(3)	(4)
	ln*GDP*	ln*PGDP*	ln*GDP*	ln*PGDP*
长江经济带航道水深			0.049 ***	0.053 ***
			(0.012)	(0.013)
长江经济带航运禀赋	0.182 ***	0.178 ***		
	(0.018)	(0.021)		
控制变量	是	是	是	是
县级固定效应	是	是	是	是
时间固定效应	是	是	是	是

续表

	(1)	(2)	(3)	(4)
	ln*GDP*	**ln*PGDP***	**ln*GDP***	**ln*PGDP***
样本量	18633	17526	16211	15196
R^2	0.980	0.951	0.978	0.950

注：***、**、*分别表示显著性水平为1%、5%和10%。

排除地理上溢出效应的影响。考虑到长江经济带范围内不具备内河航运禀赋的参照组地区，可能由于存在地理上的溢出效应，受到“长江经济带发展战略”与内河航运禀赋互动的影响，从而对政策效应识别产生干扰。为此，去掉长江经济带地区中航道水深为0的样本，将非长江经济带地区的县区作为参照组，重新进行回归，结果如表9－11的第（3）列和第（4）列所示。回归结果说明政策效应识别受到溢出效应的影响较小，估计结果是稳健的。

综上，张鑫宇等（2023）的研究发现，“长江经济带发展战略”的政策红利释放依赖内河航运禀赋，“长江经济带发展战略”与内河航运禀赋的互动显著地促进了长江经济带地区的经济发展。

四、同心环 DID 法的应用案例

为了说明在估计政策效应时考虑空间溢出的重要性，Butts（2023a）使用 Kline 和 Moretti（2014）的数据，采用同心环 DID 法重新分析了一项水利资源开发项目——田纳西河流域管理局（TVA）计划对农业和制造业就业的影响。TVA 计划是一项始于1934年的大规模联邦投资，以大坝修建为核心，通过公共基础设施的建设，推动纳西河谷地区的经济现代化。为了比较1940—1960年（短期效应）或1940—2000年（长期效应）TVA 范围内的处理县和 TVA 范围外的控制县之间的结果变化，Kline 和 Moretti（2014）建立的计量回归方程为：

$$y_{i,t}-y_{i,1940}=\alpha+\tau\,\mathrm{TVA}_i+\gamma X_{i,1940}+(\varepsilon_{i,t}-\varepsilon_{i,1940}) \qquad (9-19)$$

式中，TVA_i为 i 县是否在 TVA 范围内的虚拟变量，y 是一组结果变量，处理前的控制变量$X_{i,1940}$与$Post_t$相交互，以允许不同地区有不同的长期趋势。为了尽可能满足平行趋势假设，他们基于一组控制变量$X_{i,1940}$，使用 Logistic 回归来预测是否在 TVA 范围内，只保留预测概率前 75% 的观测值。

标准 DD 方法将 TVA 范围内地区与 TVA 范围外地区进行比较，依赖于平行趋势假设和 SUTVA 假设成立，在溢出效应存在的情况下，对处理效应的估计会产生偏差。可能存在的溢出效应具有以下性质：①农业就业：TVA 范围内地区工资的提高将吸引农业工人离开附近的 TVA 范围外地区，会对 TVA 范围外地区的农业就业产生负向溢出效应。②制造业：TVA 对制造业的影响是不确定的。如果 TVA 给附近的 TVA 范围外地区带来廉价的电力和集聚经济，会对 TVA 范围外地区的制造业产生正向溢出效应；如果 TVA 使企业由 TVA 范围外地区迁移到 TVA 范围内地区，会对 TVA 范围外地区的制造业产生负向溢出效应。

Kline 和 Moretti（2014）认识到了溢出效应存在情况下标准 DID 法的可能问题，从对照组样本中删除了与 TVA 范围内地区相邻的县。然而，由于 TVA 计划的规模较大，溢出效应的影响范围可能更广，即使删除相邻的县，仍可能存在估计偏差。Butts（2023a）采用同心环 DID 法，以更加严格的方式控制溢出效应，消除标准 DID 法的估计偏差，并检验溢出效应随距离变化的特征，建立的计量回归方程为：

$$y_{i,t} - y_{i,1940} = \alpha + \mathrm{TVA}_i \tau + \sum_{j \in Dist} Ring_{ij}\delta_j + X_{i,1940}\beta + (\varepsilon_{i,t} - \varepsilon_{i,1940}) \quad (9-20)$$

其中，$Dist = \{(0, 50], (51, 100], (101, 150], (151, 200]\}$，单位为英里，溢出变量$Ring_{ij}$为距离 TVA 范围内地区在区间 $j \in Dist$ 内的虚拟变量，图 9-9 用不同的块状填充每个距离区间来显示上述四个溢出变量。系数δ_j估计了每个距离区间内控制组的平均溢出效应。只要溢出效应不发生在距离 TVA 范围内地区 200 英里以外的地方，τ 将是对“总”效应的无偏估计。

1940—2000 年的长期效应估计结果见表 9-12，第（1）列是标准 DID 法 τ 的估计值，第（2）列是同心环 DID 法 τ 的估计值，第（3）~（6）列是溢出效应δ_j的估计值，估计值可以解释为结果变量的 10 年增长率。采用标准 DID 法的估计发现 TVA 使农业就业率每 10 年下降 5.14%，使制造业就业率每 10 年增加 5.60%。

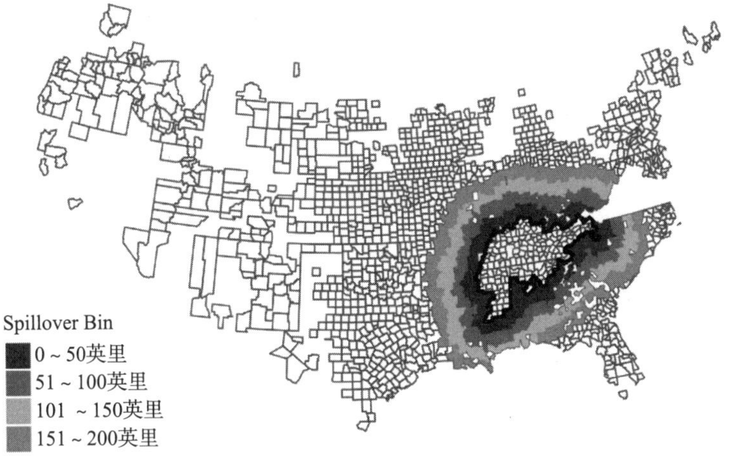

图 9 – 9　TVA 有效样本和溢出变量

注：图中绘制了用于估计的所有县。位于距离区间｛(0, 50]，(51, 100]，(101, 150]，(151, 200]｝内的县，以英里为单位，用不同的颜色填充。

表 9 – 12　TVA 的长期效应回归结果

被解释变量	(1)	(2)	(3)	(4)	(5)	(6)
	TVA	TVA	(0, 50]	(51, 100]	(101, 150]	(151, 200]
农业就业	−0.0514***	−0.0739***	−0.0371***	−0.0164	−0.0298***	−0.0157*
	(0.0114)	(0.0142)	(0.0002)	(0.0114)	(0.0096)	(0.0088)
制造业就业	0.0560***	0.0350	−0.0203***	−0.0245	−0.0331*	−0.0296**
	(0.0161)	(0.0218)	(0.0006)	(0.0281)	(0.0189)	(0.0142)

注：***、**、* 分别表示显著性水平为 1%、5% 和 10%；每一行对应一个结果变量；样本期为 1940—2000 年。

采用同心环 DID 法的估计发现，对于农业就业，在 TVA 附近的控制组地区，农业就业有所下降。0 ~ 50 英里的控制组地区，农业就业每 10 年下降 3.71%，51 ~ 100 英里每 10 年下降 1.64%，101 ~ 150 英里每 10 年下降 2.98%，151 ~ 200 英里每 10 年下降 1.57%。可能原因是 TVA 县的高薪制造业工作吸引了附近县的农场工人移民。由于 TVA 对控制组地区的溢出效应是负的，标准 DID 法低估了 TVA 对农业就业的负面影响，大约 40%，同心环 DID 法的估计表明，TVA 使农业就业每 10 年下降 7.39%，而标准 DID 法的估计是每 10 年下降 5.14%。

对于制造业就业，在 TVA 附近的控制组地区，制造业就业有所下降。

由于 TVA 对控制组地区的溢出效应是负的，标准 DID 法高估了 TVA 对制造业就业率的正面影响，大约 40%。同心环 DID 法的估计表明，TVA 使制造业就业率每 10 年增加 3.5%，而标准 DID 法的估计是每 10 年增加 5.6%。将表 9 - 12 的估计结果绘制到图 9 - 10 中，可以直观展示溢出效应的影响范围。从图 9 - 10（b）中可以看出，随着距离的增加，估计系数的绝对值变大，说明负向溢出效应变大。

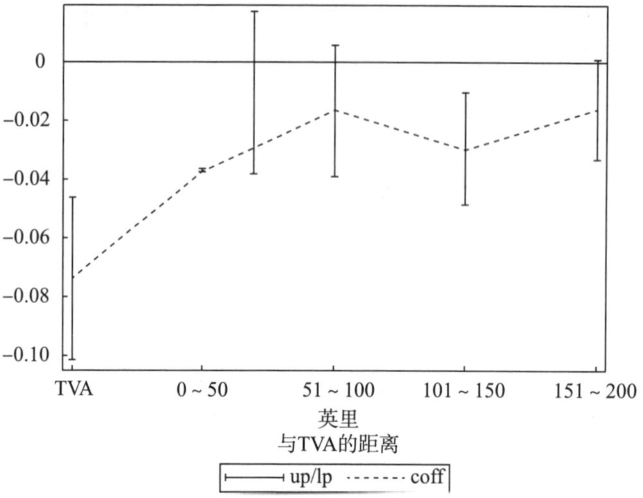

（a）农业就业

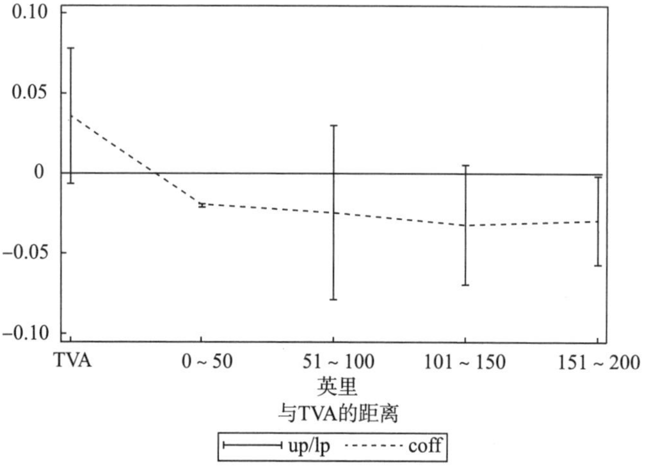

（b）制造业就业

图 9 - 10　溢出效应的影响范围

注：0 ~ 50 英里估计系数的置信区间较小。

为了了解 TVA 计划的溢出效应如何随着时间的推移而发展，表 9－13 使用 1940—1960 年的数据估计了 TVA 计划的短期效应。

表 9－13 TVA 计划的短期效应回归结果

被解释变量	(1)	(2)	(3)	(4)	(5)	(6)
	TVA	TVA	(0, 50]	(51, 100]	(101, 150]	(151, 200]
农业就业	0.0940***	0.0856*	－0.0062	－0.0042	－0.0303	－0.0039
	(0.0275)	(0.0444)	(0.0474)	(0.0448)	(0.0403)	(0.0297)
制造业就业	0.0894***	0.0993**	0.0228	0.0225	－0.0055	－0.0066
	(0.0324)	(0.0432)	(0.0510)	(0.0561)	(0.0347)	(0.0253)

注：***、**、* 分别表示显著性水平为 1%、5% 和 10%；每一行对应一个结果变量；样本期为 1940—1960 年。

从表 9－13 中可以看出，对于农业就业，与长期不同的是，TVA 附近的控制组地区在短期内并未出现明显的农业就业下降，可能的原因是长期移民成本低于短期成本。对于制造业就业，在距 TVA100 英里范围内，制造业就业有可能出现正增长，而在 101～200 英里内，影响几乎为零。短期溢出效应比较小，可能的原因是短期内企业不太可能搬迁；长期溢出效应比较大，可能的原因是新企业会选择地点进入，而在位企业会被取代。上述结论说明，溢出效应会随着时间的推移而改变，因为长期成本和短期成本不同。

综上，在溢出效应存在的情况下，标准 DID 法对处理效应的估计会产生偏差，而同心环 DID 法可以消除标准 DID 法的估计偏差，并揭示溢出效应随距离变化的特征。

本章参考文献

[1] Acemoglu D, Aghion P, Barrage L. Climate change, directed innovation, and energy transition: The long－run consequences of the shale gas revolution [J]. National Bureau of Economic Research Working Paper Series, 2023: 31657.

[2] Allcott H, Keniston D. Dutch disease or agglomeration? The local economic effects of natural resource booms in modern America [J]. The Review of Economic Studies, 2018, 85 (2): 695－731.

[3] Alpay E, Kerkvliet J, Buccolaand S. Productivity growth and environmental regulation in

Mexican and US food manufacturing [J]. American Journal of Agricultural Economics, 2002, 84 (4): 887 -901.

[4] Angrist J D, Pischke J. The credibility revolution in empirical economics: How better research design is taking the con out of econometrics [J]. Journal of Economic Perspectives, 2010, 24 (2): 3 -30.

[5] Apergis N, Katsaiti M. Poverty and the resource curse: Evidence from a global panel of countries [J]. Research in Economics, 2018, 72 (2): 211 -223.

[6] Arezki R, Ramey V A, Sheng L. News shocks in open economies: Evidence from giant oil discoveries [J]. The Quarterly Journal of Economics, 2017, 132 (1): 103 -155.

[7] Bartik A W, Currie J, Greenstone M. The local economic and welfare consequences of hydraulic fracturing [J]. American Economic Journal: Applied Economics, 2019, 11 (4): 105 -155.

[8] Badeeb R A, Lean H H, Clark J. The evolution of the natural resource curse thesis: A critical literature survey [J]. Resources Policy, 2017 (51): 123 -134.

[9] Baker A C, Larcker D F, Wang C C. How much should we trust staggered difference - in - differences estimates? [J]. Journal of Financial Economics, 2022, 144 (2): 370 -395.

[10] Beerli A, Ruffner J, Siegenthaler M. The abolition of immigration restrictions and the performance of firms and workers: Evidence from Switzerland [J]. American Economic Review, 2021, 111 (3): 976 -1012.

[11] Berman E, Bui L T. Environmental regulation and productivity: Evidence from oil refineries [J]. Review of economics and statistics, 2001, 83 (3): 498 -510.

[12] Brown J P. Response of consumer debt to income shocks: The case of energy booms and busts [J]. Journal of Money, Credit and Banking, 2021, 53 (7): 1629 -1675.

[13] Butts K. Difference - in - differences estimation with spatial spillovers [J]. Working Paper, 2021. https: //doi. org/ 10. 48550/arXiv. 2105. 03737.

[14] Butts K, JUE. Insight: Difference - in - differences with geocoded microdata [J]. Journal of Urban Economics, 2023 (133): 403 -493.

[15] Cai H, Chen Y, Gong Q. Polluting thy neighbor: Unintended consequences of China's pollution reduction mandates [J]. Journal of Environmental Economics and Management, 2016 (76): 86 -104.

[16] Cai X, Lu Y, Wu M. Does environmental regulation drive away inbound foreign direct investment? Evidence from a quasi - natural experiment in China [J]. Journal of Development Economics, 2016 (123): 73 -85.

[17] Callaway B, SantAnna P H. Difference – in – differences with multiple time periods [J]. Journal of Econometrics, 2021, 225 (2): 200 – 230.

[18] Cengiz D, Dube A, Lindner A. The effect of minimum wages on low – wage jobs [J]. The Quarterly Journal of Economics, 2019, 134 (3): 1405 – 1454.

[19] Chen Q, Chen Z, Liu Z. Regulating conglomerates: Evidence from an energy conservation program in China [J]. American Economic Review (conditional accept), 2023.

[20] Chen Y J, Li P, Lu Y. Career concerns and multitasking local bureaucrats: Evidence of a target – based performance evaluation system in China [J]. Journal of Development Economics, 2018 (133): 84 – 101.

[21] Cookson J A, Gilje E P, Heimer R Z. Shale shocked: Cash windfalls and household debt repayment [J]. Journal of Financial Economics, 2022, 146 (3): 905 – 931.

[22] Cui J, Wang C, Zhang J. The effectiveness of China's regional carbon market pilots in reducing firm emissions [J]. Proceedings of the National Academy of Sciences, 2021, 118 (52): e2109912118.

[23] Deschenes O, Meng K C. Quasi – experimental methods in environmental economics: Opportunities and challenges [A] // Dasgupta P, Pattanayak S K, Smith V K. Handbook of Environmental Economics [M]. Amsterdam: Elsvier, 2018.

[24] Du D, Karolyi S A. Energy transitions and household finance: Evidence from US coal mining [J]. The Review of Corporate Finance Studies, 2023, 12 (4): 723 – 760.

[25] Feng T, Du H, Lin Z. Spatial spillover effects of environmental regulations on air pollution: Evidence from urban agglomerations in China [J]. Journal of Environmental Management, 2020 (272): 110998.

[26] Feyrer J, Mansur E T, Sacerdote B. Geographic dispersion of economic shocks: Evidence from the fracking revolution [J]. American Economic Review, 2017, 107 (4): 1313 – 1334.

[27] Gardner J. Two – stage differences in differences [J]. Working Paper, 2022: 2207.05943.

[28] Gibbons S, Heblich S, Timmins C. Market tremors: Shale gas exploration, earthquakes, and their impact on house prices [J]. Journal of Urban Economics, 2021 (122): 303 – 313.

[29] Gilje E P. Does local access to finance matter? Evidence from US oil and natural gas shale booms [J]. Management Science, 2019, 65 (1): 1 – 18.

[30] Gilje E P, Loutskina E, Strahan P E. Exporting liquidity: Branch banking and financial in-

tegration [J]. The Journal of Finance, 2016, 71 (3): 1159 – 1184.

[31] Goodman – Bacon A. Difference – in – differences with variation in treatment timing [J]. Journal of Econometrics, 2021, 225 (2): 254 – 277.

[32] Greenstone M, He, Jia R. Can technology solve the principal – agent problem? Evidence from China's war on air pollution [J]. American Economic Review: Insights, 2022, 4 (1): 54 – 70.

[33] Greenstone M, Gayer T. Quasi – experimental and experimental approaches to environmental economics [J]. Journal of Environmental Economics and Management, 2009, 57 (1): 21 – 44.

[34] Gruber J. The incidence of mandated maternity benefits [J]. American Economic Review, 1994 (84): 622 – 641.

[35] Gylfason T, Zoega G. Natural resources and economic growth: The role of investment [J]. World Economy, 2006, 29 (8): 1091 – 1115.

[36] Hering L, Poncet S. Environmental policy and exports: Evidence from Chinese cities [J]. Journal of Environmental Economics and Management, 2014, 68 (2): 296 – 318.

[37] Hill E L. Shale gas development and infant health: Evidence from Pennsylvania [J]. Journal of Health Economics, 2018 (61): 134 – 150.

[38] Imbens G W, Wooldridge J M. Recent developments in the econometrics of program evaluation [J]. Journal of Economic Literature, 2009, 47 (1): 5 – 86.

[39] Jacobson L S, Lalonde R J, Sullivan D G. Earnings losses of displaced workers [J]. American Economic Review, 1993: 685 – 709.

[40] Jia R, Shao S, Yang L. High – speed rail and CO_2 emissions in urban China: A spatial difference – in – differences approach [J]. Energy Economics, 2021 (99): 205 – 271.

[41] Kahn M E, Li P, Zhao D. Water pollution progress at borders: The role of changes in China's political promotion incentives [J]. Economic Policy, 2015, 7 (4): 223 – 242.

[42] Katovich E S. Winning and losing the resource lottery: Governance after uncertain oil discoveries [J]. Journal of Development Economics, 2024 (166): 103 – 204.

[43] Kline P, Moretti E. Local economic development, agglomeration economies, and the big push: 100 years of evidence from the Tennessee Valley Authority [J]. The Quarterly Journal of Economics, 2014, 129 (1): 275 – 331.

[44] Lee C, Feng Y, Peng D. A green path towards sustainable development: The impact of low – carbon city pilot on energy transition [J]. Energy Economics, 2022 (115): 306 – 343.

[45] Li J, Li S. Energy investment, economic growth and carbon emissions in China—Empirical

analysis based on spatial Durbin model [J]. Energy Policy, 2020 (140): 411 -425.

[46] Liu M, Shadbegian R, Zhang B. Does environmental regulation affect labor demand in China? Evidence from the textile printing and dyeing industry [J]. Journal of Environmental Economics and Management, 2017 (86): 277 -294.

[47] Liu M, Tan R, Zhang B. The costs of "blue sky": Environmental regulation, technology upgrading, and labor demand in China [J]. Journal of Development Economics, 2021 (150): 602 -610.

[48] Lu Y, Wang J, Zhu L. Place - based policies, creation, and agglomeration economies: Evidence from China's economic zone program [J]. American Economic Journal: Economic Policy, 2019, 11 (3): 325 -360.

[49] Muehlenbachs L, Spiller E, Timmins C. The housing market impacts of shale gas development [J]. American Economic Review, 2015, 105 (12): 3633 -3659.

[50] Olden A, Møen J. The triple difference estimator [J]. The Econometrics Journal, 2022, 25 (3): 531 -553.

[51] Pan H, Cong C, Zhang X. How do high - speed rail projects affect the agglomeration in cities and regions? [J]. Transportation Research Part D: Transport and Environment, 2020 (88): 1 -15.

[52] Panhans M T, Singleton J D. The empirical economist's toolkit: From models to methods [J]. History of Political Economy, 2017, 49 (S): 127 -157.

[53] Porter M E. American's green strategy [J]. Scientific American, 1991 (264): 168.

[54] Porter M E, Linde C V D. Toward a new conception of the environment - competitiveness relationship [J]. Journal of Economic Perspectives, 1995, 9 (4): 97 -118.

[55] Ramanathan R, He Q, Black A. Environmental regulations, innovation and firm performance: A revisit of the Porter hypothesis [J]. Journal of Cleaner Production, 2017 (155): 79 -92.

[56] Samii C. Causal empiricism in quantitative research [J]. The Journal of Politics, 2016, 78 (3): 941 -955.

[57] Shi B, Li N, Gao Q. Market incentives, carbon quota allocation and carbon emission reduction: Evidence from China's carbon trading pilot policy [J]. Journal of Environmental Management, 2022 (319): 615 -650.

[58] Sills E O, Jones K. Chapter 9 - Causal inference in environmental conservation: The role of institutions [A] //Dasgupta P, Pattanayak S K, Smith V K. Handbook of Environmental Economics [M]. Amsterdam: Elsivier, 2018.

[59] Suárez Serrato J C, Zidar O. Who benefits from state corporate tax cuts? A local labor markets approach with heterogeneous firms [J]. American Economic Review, 2016, 106 (9): 2582 – 2624.

[60] Sun L, Abraham S. Estimating dynamic treatment effects in event studies with heterogeneous treatment effects [J]. Journal of Econometrics, 2021, 225 (2): 175 – 199.

[61] Sun Y, Shen S, Zhou C. Does the pilot emissions trading system in China promote innovation? Evidence based on green technology innovation in the energy sector [J]. Energy Economics, 2023 (126): 906 – 984.

[62] Tan J, Liu T, Xu H. The environmental and economic consequences of environmental centralization: Evidence from China's environmental vertical management reform [J]. China Economic Review, 2024 (84): 102 – 127.

[63] Van Der Ploeg F, Poelhekke S. The impact of natural resources: Survey of recent quantitative evidence [J]. Journal of Development Studies, 2016, 53 (2): 1 – 12.

[64] Wang S, Sun X, Song M. Environmental regulation, resource misallocation, and ecological efficiency [J]. Emerging Markets Finance and Trade, 2021, 57 (3): 410 – 429.

[65] Watkins M H. A staple theory of economic growth [J]. Canadian Journal of Economics and Political Science, 1963, 29 (2): 141 – 158.

[66] Winters J V, Cai Z, Maguire K. Causal effects of the fracking boom on long – term resident workers [J]. Journal of Regional Science, 2021, 61 (2): 387 – 406.

[67] Yang S, Jahanger A, Hossain M R. Does China's low – carbon city pilot intervention limit electricity consumption? An analysis of industrial energy efficiency using time – varying DID model [J]. Energy Economics, 2023 (121): 606 – 636.

[68] Yao Y, Lv X, Qiu C. The effect of China's Clean Air Act on cognitive function in older adults: A population – based, quasi – experimental study [J]. The Lancet Healthy Longevity, 2022, 3 (2): 98 – 108.

[69] Yu W, Peng Y, Yao X. The effects of China's supporting policy for resource – exhausted cities on local energy efficiency: An empirical study based on 284 cities in China [J]. Energy Economics, 2022 (112): 106 – 165.

[70] Zheng S, Sun W, Wu J. The birth of edge cities in China: Measuring the effects of industrial parks policy [J]. Journal of Urban Economics, 2017 (100): 80 – 103.

[71] 陈强. 高级计量经济学及 Stata 应用 [M]: 高等教育出版社, 2014.

[72] 陈强. 计量经济学及 Stata 应用 (第二版) [M]: 高等教育出版社, 2023.

[73] 陈强远, 殷赏, 程芸倩, 孙久文. 围绕创新链布局产业链: 基于中关村科技园周边

新企业进入的分析［J］. 中国工业经济，2024，(01)：75－92.

［74］黄溶冰，储芳. 中央环保督察、绩效考核压力与企业“漂绿”［J］. 中国地质大学学报（社会科学版），2023（1）：70－86.

［75］黄炜，张子尧，刘安然. 从双重差分法到事件研究法［J］. 产业经济评论，2022（2）：17－36.

［76］郭峰，曹友斌，熊云军，等. 国家级新区设立与企业空间布局：基于镇级面板数据的分析［J］. 经济研究，2023，58（08）：191－208.

［77］李江龙，徐斌. “诅咒”还是“福音”：资源丰裕程度如何影响中国绿色经济增长?［J］. 经济研究，2018（9）：151－167.

［78］姜雅婷，杜焱强. 中央生态环保督察如何生成地方生态环境治理成效？——基于岱海湖治理的长时段过程追踪［J］. 管理世界，2023（11）：133－151.

［79］刘冲，沙学康，张妍. 交错双重差分：处理效应异质性与估计方法选择［J］. 数量经济技术经济研究，2022（9）：177－204.

［80］邵帅，尹俊雅，王海，等. 资源产业依赖对僵尸企业的诱发效应［J］. 经济研究，2021，(11)：138－154.

［81］沈坤荣，金刚. 中国地方政府环境治理的政策效应——基于“河长制”演进的研究［J］. 中国社会科学，2018（5）：92－115.

［82］沈坤荣，周力. 地方政府竞争、垂直型环境规制与污染回流效应［J］. 经济研究，2020（3）：35－49.

［83］盛丹，张国峰. 两控区环境管制与企业全要素生产率增长［J］. 管理世界，2019（2）：24－42.

［84］孙天阳，陆毅，成丽红. 资源枯竭型城市扶助政策实施效果、长效机制与产业升级［J］. 中国工业经济，2020（7）：98－116.

［85］涂正革，谌仁俊. 排污权交易机制在中国能否实现波特效应？［J］. 经济研究，2015（7）：160－173.

［86］许文立. 双重差分法的最新理论进展与经验研究新趋势［J］. 广东社会科学，2023（5）：51－62.

［87］许文立，孙磊. 市场激励型环境规制与能源消费结构转型——来自中国碳排放权交易试点的经验证据［J］. 数量经济技术经济研究，2023（7）：133－155.

［88］孙晓华，袁方，翟钰，等. 政企关系与中央环保督察的治理效果［J］. 世界经济，2020（6）：207－236.

［89］杨继东，刘诚. 产业政策经验研究的新进展——一个文献综述［J］. 产业经济评论，2021（6）：31－45.

[90] 张成，陆旸，郭路，等．环境规制强度和生产技术进步［J］．经济研究，2011，(02)：113－124.

[91] 张鑫宇，汤向俊，刘瑞明．政策红利、地理禀赋与增长差异——来自“长江经济带发展战略”的证据［J］．学术月刊，2023（7）：46－60.

[92] 张子尧，黄炜．事件研究法的实现、问题和拓展［J］．数量经济技术经济研究，2023（9）：71－92.

[93] 章上峰，许冰．中国经济非稳态增长典型事实及解析［J］．数量经济技术经济研究，2015（3）：94－110.

[94] 赵阳，沈洪涛，刘乾．中国的边界污染治理——基于环保督查中心试点和微观企业排放的经验证据［J］．经济研究，2021，(7)：113－126.